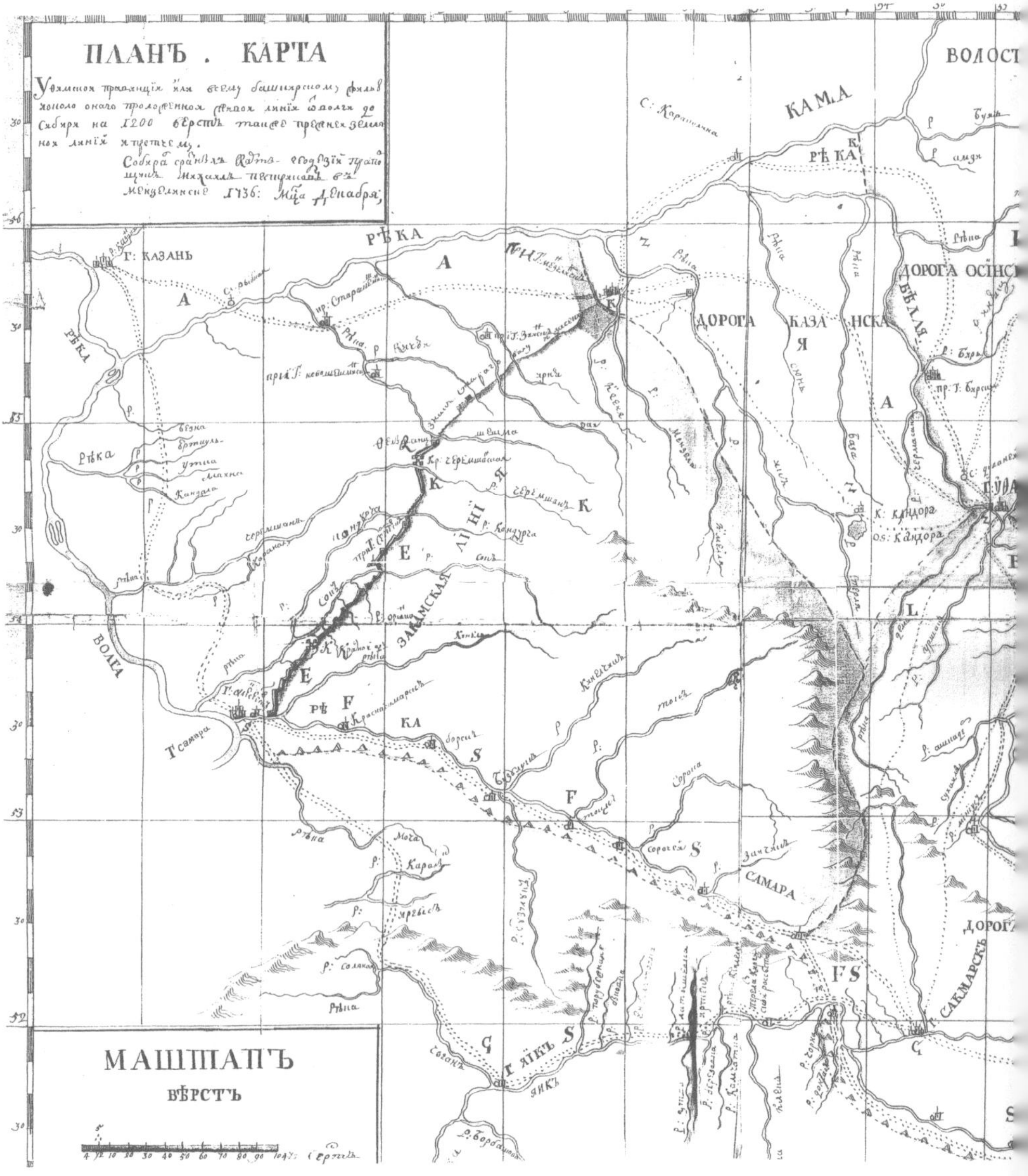

「ウファー地方および全バシキーリアに築かれた要塞を示す地図(1736 年)」(出典：РГДА. Ф. 192. Оп. 1. Д. 5)

ロシア帝国民族統合史の研究

植民政策とバシキール人

豊川浩一 著

北海道大学出版会

本書を両親と家族に捧げる

ロシア帝国民族統合史の研究——目　次

序論　植民および民族政策史研究と「バシキール問題」……1
Ⅰ　植民史研究および民族政策史研究の基本的問題点……3
1　ロシア国家の拡大と植民の問題　3
2　民族政策と民族政策史研究　10
Ⅱ　バシキール史研究の諸問題……13
1　「進歩史観」、「闘争史観」そして「自立的民族史観」　13
2　「併合」問題　17
3　民族の問題　24
4　「農民戦争」論　28
5　研究視角　33
Ⅲ　史料について……36
1　刊行史料　36
2　未刊行史料　40
Ⅳ　本編の構成について……42
第一章　モスクワ国家支配前夜のバシキーリア……63
Ⅰ　バシキーリアの地誌と社会……63
1　地誌　63

2　種族連合「バシコルト」　64
3　行政区分　65
4　社会構造　68
5　社会的状況　75
II　ノガイ・オルダ、カザン・ハン国およびシビル・ハン国支配下のバシキーリア ……76
1　ノガイ・オルダ支配下の南東バシキーリア　76
2　カザン・ハン国支配下の西・北西バシキーリア　79
3　シビル・ハン国支配下の北東(ウラル以東の)バシキーリア　81
第二章　「併合」の実態 ……87
I　カザン・ハン国の崩壊 ……87
1　一六世紀モスクワ国家をめぐる国際環境　87
2　モスクワ国家とカザン・ハン国　89
3　カザン・ハン国崩壊後の沿ヴォルガと南ウラル　91
II　モスクワ国家への「併合」過程 ……95
1　イヴァン四世の「恵与状」　95
2　経　過　96
イ　西バシキーリアの臣従　96／ロ　中央・南バシキーリアの臣従　99／ハ　北東バシキーリアの臣従　108
3　「併合」受容の問題点　112

4 「併合」受容の「条件」 114
イ モスクワ国家の「条件」 114／ロ バシキール人の「条件」 116
III 「併合」後の諸変化 117
1 モスクワ国家とバシキール人社会――ヤサーク貢納と軍役 117
イ ヤサーク貢納とその意義 117／ロ 軍役 121
2 バシキール人社会の変化――奴隷制、搾取そして抵抗 122
イ 奴隷制 123／ロ 搾取 124／ハ 抵抗 125

第三章 一七～一八世紀初頭の諸蜂起 137
I 「併合」後のバシキーリア行政 137
II 一六六二～六四年の蜂起 139
1 経 過 139
2 蜂起の成果 148
III 一六八一～八四年の蜂起 149
1 経 過 149
2 蜂起の成果 156
IV 一七〇四～一一年の蜂起 157
1 第一段階（一七〇四～〇六年） 157
2 第二段階（一七〇七～〇八年） 167

3　第三段階（一七〇八～一一年）――ブラーヴィンの乱とバシキール人　170
4　蜂起の成果　173

第四章　オレンブルク建設とバシキール人……183

I　オレンブルクの建設……183
1　オレンブルク研究　183
2　行政都市ウファー　184
3　И・К・キリーロフの「草案」とオレンブルク建設　186
イ　ロシアの南東政策とキリーロフ　186／ロ「草案」の目的　188／ハ　中央アジアへの進出計画　189／ニ　進出の政治的意味　192／ホ「バシキール問題」　193
4　オレンブルクの移転――В・Н・タティーシチェフとИ・И・ネプリューエフ　198

II　バシキール人の抵抗……204
1　オレンブルク遠征隊とバシキール人　204
2　一七三五～三六年の蜂起　207
3　一七三七～三八年の蜂起　213
4　一七三九～四〇年の蜂起あるいはカラサカルの叛乱　217
イ　原因――人口統計調査　217／ロ　蜂起――カラサカルの「ハン僭称」　218／ハ　鎮圧と蜂起の志向　223

III　オレンブルクと諸民族……226
1　民族政策　226

2　宗教政策　229

Ⅳ　オレンブルクの社会と経済……230

1　オレンブルク県の住民構成　230

2　農業と工業　233

3　商　業――中央アジアとの交易　234

4　囚　人　237

5　市内の状況　238

第五章　南ウラルへの植民……255

Ⅰ　南ウラルにおける植民過程……255

1　南ウラルの重要性　255

2　南ウラルにおける植民　257

3　植民による人口増加　259

Ⅱ　植民政策とバシキール人社会……263

1　植民の「合法化」　263

2　バシキール人社会の変化――「共同体」内の階層化　265

3　租税政策　268

イ　ヤサークの廃止と塩専売制　268／ロ　チェプチャーリとボブィーリの抵抗　272

4　軍　役　275

5　宗教政策　276

第六章　南ウラルの「開発」……285
Ⅰ　一八世紀バシキーリアの変貌……285
1　バシキーリアにおける新たな波　285
2　基本方針としての一七三六年二月一一日付け布告　287
3　「布告」と土地問題　290
Ⅱ　工場建設と植民……293
1　南ウラルにおける工業発展　293
2　И・B・トヴョルドゥィショフの進出　297
3　バシキール人の苦難　302
4　農業の進展と植民政策　304
Ⅲ　一七五五年の蜂起あるいはバトゥィルシャの叛乱……308
1　新たな負担　308
2　契　機　309
3　経　過　311
4　敗　北　318
5　意　義　321
Ⅳ　新法典編纂委員会……323

1　主　張　323
2　動　揺　325

第七章　プガチョーフ叛乱(上)……335

I　叛乱参加の背景……335
1　植民・民族政策　335
2　オレンブルクとバシキール人　338

II　バシキール人の叛乱参加過程……339
1　バシキール人への「布告」　339
2　バシキール人の積極的参加　342
3　オレンブルク包囲戦　347

III　バシキール人の行動……350
1　バシキール人の攻撃対象　350
イ　農村　350／ロ　工場　351／ハ　製塩所　355
2　バシキール人、工場登録農民そして「工場労働人」——連帯の形成　357
3　叛乱からの後退　359

第八章　プガチョーフ叛乱(下)……369

I　一八世紀バシキール人社会とサラヴァト父子……369

1　サラヴァト裁判　369
イ　文献と史料について　369／ロ　裁判の経緯　371
2　サラヴァト父子とロシア　375
イ　父ユライ・アズナリン　375／ロ　族長＝郷長としてのユライ　376／ハ　バシキール人の利益を守るユライ　377／ニ　サラヴァト・ユラーエフ　380
II　叛乱軍におけるサラヴァト……383
1　叛乱への参加　383
2　サラヴァトの活動　386
3　サラヴァトと工場　388

第九章　バシキーリア行政の確立……397
I　カントン行政システムとは何か……397
II　カントン行政システム導入以前の状況——エカチェリーナ二世の地方行政改革……399
1　カントン行政システム導入の背景　399
2　プガチョーフ叛乱直後のバシキーリア行政——「オレンブルク異教・国境局」の設置　401
3　総督制の創設　403
4　導入以前のバシキール人社会とO・A・イゲリストローム　407
5　「オレンブルク・イスラーム聖職者協議会」の創設　408
III　カントン行政システムの導入と実施……411

1　一七九八年四月一〇日付け布告　411
2　新たな行政区分と郷の解体　414
3　「カントン―ユルター村」構造　417
Ⅳ　カントン行政システムによる住民統制……418
1　移動の制限　418
2　嘆願と民会の禁止　419
3　民族の「隔離」政策　420
Ⅴ　軍事勤務……421
1　軍事的な特徴　421
2　軍務内容　421
3　経済的負担　423
Ⅵ　新たな改革……425
1　管区制　425
2　監督官体制　426
3　一八三五年の蜂起　427
4　カントン行政システムの終焉と新たな政策――労役と担税民化　429
5　チェプチャーリとボブィーリの軍隊編入　431
第十章　帝政ロシアにおける植民・民族政策の基本型……441

Ⅰ　伝統的な民族政策　441
1　民族分断化政策　441
2　土地問題　443
Ⅱ　新たな民族政策（上）……446
1　政策遂行の前提　446
2　税制改革──人頭税制　447
3　国家勤務──軍役と労役　451
イ　軍役　451／ロ　労役　453
Ⅲ　新たな民族政策（下）……456
1　一七～一八世紀の特殊状況　456
2　対ムスリム改宗政策の特質と諸問題　460
3　教育と洗礼　464
4　宗教政策の変更　465
Ⅳ　民衆の抵抗……467
結　論……477
おわりに　487
参考文献一覧

ロシア語要旨
事項索引
人名・地名索引

絵・図・表・地図一覧

絵 1　В. И. スーリコフ『イェルマークによるシベリア征服』(1895 年制作)　8

図 1　キプサク族の「シェジェレ」　37
図 2　オレンブルク市遠景(手前の川はヤイーク川――後にウラル川と改称される)　201
図 3　18 世紀の刑罰　224-225
図 4　オレンブルクをめぐる人々(В. Н. タティーシチェフ，П. И. ルィチコーフ，И. И. ネプリューエフ，アブル＝ハイル・ハン)　228
図 5　オレンブルクの商館(Гостиный двор)　237
図 6　オレンブルクにある П. И. ルィチコーフの家(現在の外観)　239
図 7　ウラルの工場　299-300
図 8　ヤイーク・カザーク　348
図 9　サラヴァト・ユラーエフ　371
図10　サラヴァト・ユラーエフとユライ・アズナリン父子をウファーからロゲルヴィクへ終身懲役囚として送ることに関するウファー郡官房の決定(1775 年 10 月 2 日)　374
図11　ウラル・ヴォルガ地域の諸民族(ヴォルガ・カザークと「キルギス人」，バシキール・カントンのカザーク，バシキール人，バシキール・カントンの下士官と佐官)　413
図12　オレンブルクにあるカルヴァン＝サライ(現在)　430

表 1　バシキール諸氏族のタムガ(紋章・標識・印章)の例　74
表 2　歴代のオレンブルク遠征隊長官(後に委員会委員長)および県知事　200
表 3　プガチョーフ叛乱(1773～75 年)前夜のオレンブルク地方の人口　233
表 4　オレンブルク市内の商品価格(1770 年)　241
表 5　南ウラル地域(オレンブルク県)の人口　260
表 6　オレンブルク県内の担税民と非担税民の人口比較　261
表 7　オレンブルク県の民族別人口比較　261
表 8　ヤサーク税徴収額の変動　269
表 9　18 世紀後半の南ウラルにおける工場数　293
表10　全ロシア，南ウラルおよびトヴォルドゥィショフとミャースニコフの銅融解量　294
表11　18 世紀におけるイギリスとロシアの銑鉄生産量　294
表12　ロシア人工場主による土地購入状況　303
表13　バシキーリア内における住民の叛乱参加状況(1774 年末ウファー郡の資料か

ら）　345
表14　ウファー＝オレンブルク総督　406

地図 1　ロシアの領土拡大(1550〜1905年)　5
地図 2　1755年当時のバシキーリアにおける行政区分――《дорога》　66
地図3-1　17〜19世紀の南東バシキール人の種族構成と分布　69
地図3-2　17〜19世紀の北東バシキール人の種族構成と分布　70
地図3-3　17〜19世紀の南西バシキール人の種族構成と分布　71
地図 4　カザン・ハン国の版図(1437〜1552年)　90
地図 5　1552年のイヴァン四世のカザン遠征　92
地図 6　バシキーリアのロシア国家への「併合」過程　97
地図 7　17〜18世紀ロシアと蜂起　163
地図 8　18世紀のバシキーリア　199
地図 9　18世紀のバシキーリアにおける工場設立状況　296
地図10　18世紀後半におけるバシキーリアの種々の農業経営地域　306
地図11　プガチョーフ叛乱関係地図　336
地図12　カントン行政システム導入後のバシキーリア　415

凡例

暦：本文中の暦は特に断らない限りすべて旧露暦である。現在の西暦に直すには、一八世紀においては一一日、一九世紀においては一二日を加えるとよい。

単位：一アルティン＝三銅カペイカ
一ヴェルスタ＝一・〇七キロメートル
一カパー＝六〇束
一サージェン＝二・一三メートル
一チェトヴェリーク＝二六・三リットル
一チェートヴェルチ＝〇・五五ヘクタール
一デシャチーナ＝一・〇九ヘクタール
一プード＝一六・四キログラム
一フント＝四〇九・五グラム
一ルーブリ＝一〇〇カペイカ

括弧：本文中の（　）および引用文中の〔　〕は筆者による補足である。引用文中の（　）は史料の編者による補足である。

文献表記：ロシア語文献の表記については、最近のロシアの慣例に従い、筆者名をイタリックに、書名・論文名をブロック体にした。
また雑誌名および所収書名は／／の後に、編者名は／の後に記した。

用語

アイマク(аймак)：種族の下位区分で、郷の一部。共同体としての意味もある。

アウル(аул)：集落、村。

アマナート(аманат)：人質。非ロシア人住民からロシア国家に臣従の保証として連れて来られた人々。それ以外に、蜂起鎮圧後に恭順の証しとして提出させられたりもした。

異族人(инородцы)：帝政時代、ロシアに臣従した非スラヴ系諸民族の総称。狭義には、モンゴル系、チュルク系、フィン系の諸民族を指す。

受け容れられた者(припущенник)：バシキール人によって居住が認められた流入者で、その多くは土地賃借り農民・雇い農民である。

ウルス(улус)：遊牧民の封建的領地。遊牧民の共同体の意味としてキビトカ、あるいはウラル以東のバシキール人村落を意味する。

オルダ(орда)：遊牧民の本営や種族連合を指す。単に地方や領域を指す場合もある。

官署(приказ)：モスクワ国家の中央官庁。カザン宮廷官署は旧カザン・ハン国の支配領域を掌握する官庁であり、シベリア官署創設(一六三七年)までロシア国家によって新たに獲得された東方地域全体の行政的責任を担っていた。ピョートル一世の県制度の導入(一七〇八年)により、バシキーリアはカザン県、後にウファー郡の管轄に入った。

キビトカ(кибитка)：本来、天幕(そこから敷衍して遊牧民の共同体)という意味であるが、本編では指導者のいる本営を指す。

旧儀派・分離派(старообрядчество, раскол)：一七世紀中葉にニコン総主教の典礼改革の受け容れを拒否し、正教会から分離した分派の総称。

郷(волость)：ウファー郡のロシア人やタタール人住民にとっては行政単位を、またバシキール人にとっては種族の連合を意味したが、一八世紀には行政領域の単位ともなった。

シェジェレ(шежере)：バシキール人に伝わる先祖代々の事蹟について述べた口伝史料。

相続地(вотчина)：ロシア側の史料では父祖伝来の土地を指す。ただしバシキール人が土地に対して明確な観念を持っていたかどうかは不明である。

族長・長老(старшина)：バシキール人社会の(種族・氏族)共同体の指導者。一八世紀では、共同体による選挙の後、県知事がそれを任命するが、後には形骸化して有力者の家系による世襲が多くみられた。

タイシャ(тайша)：カルムィク人封建領主・族長の称号。

タルハン(тархан)：バシキール人封建的上層の代表者。個人的に軍役を遂行する代わりにヤサークを納めず土地を所有するなど一連の特権を享受した。

タムガ(тамга)：バシキール人や他の非ロシア人が自らの種族の一員であることを示す紋章・標識・印章。共同体所有および私有の土地であることを示すためそれを記した札が村落の境界や放牧地の境界に立てられたり、文書に署名の代わりとして使用されたりした。

チェプチャーリ(тептярь)：ロシア国内から主にウファー郡へやって来た非バシキール人。バシキール人との関係においては、彼らと特別の文書を取り交わしてバシキール人の土地に住み着いた者たちを指す。

チューバ(тюба)：バシキーリアにおける郷の下位区分。通常、最小区分単位である。大多数の場合はアイマクの一部であるが、ときにはアイマクに相当する場合もある。ただし、シベリア道の住民にとってチューバは幾つかの郷が集まったものを指す。

道(дорога/даруга)：一八世紀末までウファー郡とカザン郡で使われた行政区分。ウファー郡はカザン道、ノガイ道、オサ道およびシベリア道の四道に分けられる。

盗賊(воровство)：一七～一八世紀において、叛乱を含む当局に反対するあらゆる行為を指す言葉。これに対し、政府側に立つ人々は「忠実な」あるいは「(より)良き」人々と呼ばれた。

バシキーリア(Башкирия)：近世・近代ロシア史上に現れるバシキール人が居住する地域・領域。最近ではそれは使われず、九～一〇世紀に種族連合を形成した時の名称である「バシコルト」に起源を持つ「バシコルトスタン(Башкортостан)」という名称が広く使用されているが、本編では最近の状況を述べる時には「バシコルトスタン」、それ以外については「バシキーリア」を用いる。

バトゥィール(батырь)：英雄、勇士。経済・社会的な状況においては、しばしば共同体構成員の出身であるが、なかには封建的上層出身者もいた。バシキール人社会内部で秀でた指導者もこのように呼ばれた。

併合（присоединение）：ソ連時代の歴史用語。諸民族はロシア国家に強制ではなく自らの意思で加わったとする考え方である。現在、独立した旧ソ連構成国家の歴史学ではそれに否定的な見解が出されている。

ボブィーリ（бобыль）：ロシア国内各地からやって来て、バシキール人の土地に住み着いた非バシキール人。土地を所有しているバシキール人との関係においては、彼らに対して地代として貢租を支払う者と支払わない者とがいた。チェプチャーリとの違いは、チェプチャーリがバシキール人と文書契約を交わしているのに対し、ボブィーリは何の許可も受けずに住み着いた点である。

ミシャーリ（мишарь）：ウラル地方のタタール勤務人。後、ヴォルガ＝タタール人の一グループを指す。

ムルザ（мурза）：タタールの封建的家系の称号。豪族。

ヤサーク（ясак）：シベリア・ウラル地方の先住民が支配者に納める税金。その多くは狐・貂・ビーバーなどの毛皮や蜂蜜で納めていた。

ヤスィーリ（ясырь）：戦争捕虜。奴隷。

ヤルリィク（ярлык）：キプチャク・ハンの発する特許状・命令書。

ユルタ（юрта）：バシキール人の種族的結合体およびその共同体。その意味からウルスに近い。

利得者（прибыльщик）：地方住民に様々な税金を課すことによって国家を豊かにすることを義務付けられた中央から派遣された官僚。徴税人という意味としても使われる。

「この広大で豊かな県には、最近までロシアの君主による統治を知らなかった半開の民族が多く住んでいた。彼らがひっきりなしに起す蜂起、法と社会生活への不慣れ、軽率さと残酷さ、これらは彼らを服従させておくために政府の側からの絶え間ない監視を必要とした。種々の要塞が都合の良いところに建設され、古来ヤイーク川沿岸を占有していたカザークの大部分が移住させられたのである」(A・C・プーシキン『大尉の娘』)

序論　植民および民族政策史研究と「バシキール問題」

植民およびそれによって引き起こされる民族の問題は紛れもなくロシア史を構成する重要な要素である。本編はこの問題を南ウラルのバシキーリアに焦点を当てながらロシア帝国の植民・民族政策の推移と特徴を考察しようとするものである。時代的には一八世紀を中心にしながらも、ロシアが東方進出を図った一六世紀中葉のカザンおよびアストラハンの征服から近代化を目指した一九世紀半ばまでを視野に入れている。バシキール人に代表される「異族人(инородцы)」は約三百年にわたりロシア政府によっていかなる地位を与えられ、その結果、彼らはロシアの国家や社会、ひいてはロシア人をどのように認識し、いかに対応していったのであろうか。彼らの考えや想いといったものを表現したものにプガチョーフ叛乱に代表される蜂起やその他のプロテストがある。本編ではそうした行動に現れた「異族人」の動向や志向を一つの手がかりにして論を進める。

以上の問題設定の背景には、植民と民族の問題をロシア史さらには世界史の一事例としてみながらも、異なる二つの世界(あるいは文明)が出会った際の相互関係のあり方を詳細に検討するという筆者の意図がある。文明論の他者認識に関しては多くの議論があるが、さしあたり次の考え方を指摘するに止める。パレスティナ出身の思想家Ｅ・Ｗ・サイードは近代西洋の世界観の一つを「オリエンタリズム」としてそれを批判したが、この批判は世界各地の地域紛争の原因や解決を模索している今日のわれわれにとっても他者認識や異文化理解に関する根源的な問題提起となっている。(1) またフランスの文化人類学者Ｃ・レヴィ＝ストロースによると、停滞する未開社会と進歩する文明社会とに世界を二分し、後者が前者を支配し克服すべきだという従来の考えは西洋中心主義に基づく誤りである。未開社会の野生の思考と文明社会の科学的思考との間に価値の差異はないという。(2) こうした他者認識の議論については、ヨーロッパ人に野蛮と未開についてその相対性を説いたモラリスト、モンテーニュの「食人種」論(3)に源を辿ってもあながち間違いではないし、現代世界においては尚のことその問題を避けて通ることはできない。ロシアの歴史からすると、ロシアは異民族に対して対等の関係を取り結んでいったとはいいがたいが、実際に両世界はどのように出会い、また異民族にどう対応していったのであろうか。

序論ではロシアの全般的な植民と民族政策に関する従来の研究を概観する。その上で、バシキーリアにおけるその政策を展開する際に発生した様々な問題点――それを本編では一括して「バシキール問題」と名付けることにする――を考えるための前提、さらにプガチョーフ叛乱に代表される諸蜂起になぜバシキール人が積極的に走ったのかという点などについて研究を紹介し、それらを批判的に検討することがここでの課題である。

Ⅰ　植民史研究および民族政策史研究の基本的問題点

1　ロシア国家の拡大と植民の問題

まず、民族政策と表裏一体である植民の問題である。ロシア史をすぐれて植民の歴史としてとらえる見方は伝統的な歴史観といえる。鳥山成人が指摘するように、ロシア史に関する植民理論の成立と発展はそれ自体ロシア史学史における重要なテーマであった[4]。帝政時代の最も秀でた歴史家の一人であるC・M・ソロヴィヨーフ（一八二〇～七九年）とB・O・クリュチェフスキー（一八四一～一九一一年）のモスクワ帝国大学の師弟は、「ロシアの歴史は植民された国土の歴史である」と規定した[5]。事実、モスクワ国家、ロシア帝国およびソ連の時代を通して、その領土的な拡張と発展はロシアの歴史にとって極めて重要な要素となっていた。もちろんロシアの支配に組み込まれた民族の側からすると、それは「征服」ないし「併合」から「同化」に至る長く険しい歴史であった。

ロシア史に関する植民理論を打ち立て、この理論を国家理論にまで高めたソロヴィヨーフについてみると、彼はロシア史における植民の意義を次のように特徴付けている。

それ〔ロシアの国土〕は、植民を待ち、歴史を待っていた広大な処女地であった。それゆえ、古きロシアの歴史は植民の行われる国土の歴史である。そのため、広い空間で人口の絶えざる激しい移動がみられる。すなわち、森を焼いて豊かな土壌が用意されるが、移住者はそこに永くはとどまらない。仕事（труд）が苦しくなると、住民は新たな場所を求めて出かける。至るところで移住者は受け容れられたからである。〔中略〕人口は移動する。スラヴ人の植民者、遊牧民でもある農耕民（кочевник-земледелец）はマサカリとカマとスキを持って絶えず東北へ前進し、フィン系の狩人たちのなかに入っていく。このような動きやすさ、あいまいさ、そして不便だとわかるとすぐ移る習慣から、半定着性、一つの場所に対する執着の欠如が起こった。〔中略〕いよいよ国家の必要は増大し、国家の機能は複雑になったのに、国土は植民されつつある国の性格を失っていなかった。国家がその利益に諸部分の利益を従属させる際、どのような困難に出会わなければならなかったかは容易に理解できる。(6)

クリュチェフスキーには植民や移住についての個別研究はないが、彼にあっても植民問題が自身のロシア史観のなかで中心的な位置を占めたことは、「ロシアの歴史は植民された国土の歴史である」という、先に述べた広く人口に膾炙された指摘に端的に示される。彼はその『ロシア史講義』第一巻（初版一九〇四年）のはじめで「基本的事実としての植民」を次のように述べている。(7)

何世紀もの間、このスラヴ住民は〔ロシアの〕全平原をある程度の均等をもってくまなく占めるにはまったく十分ではなかった。しかも、その歴史生活と地理的環境の条件によって、彼らがこの平原に広がったのは人口増による漸次的なものではなく、すなわち分布〔強調原文。以下同じ〕ではなくて移住によるものであり、渡り鳥のように地方から地方へ移って住み慣れた場所を捨てて新住地に腰を据えたのであった。〔中略〕ロシアの歴史は植民された国土の歴史である。その植民の地域は、その国家領域とともに拡大していった。時には衰退し、時には昂揚しつつ、この長く古い運動は今日に至るまで続いている。それは農奴制の廃止とともに強まったのであるが、そのとき、それが長い間人為的に押し込められ強制的に押し止められていた中央黒土地帯諸県からの住民流出が始まったのである。そこから住民は各方面への流れとなってノヴォロシアへ、カフカースへ、ヴォルガを越えてさらにカスピ海のかなたへ、特にウラルを越えてシベリアへ、太平洋の岸辺

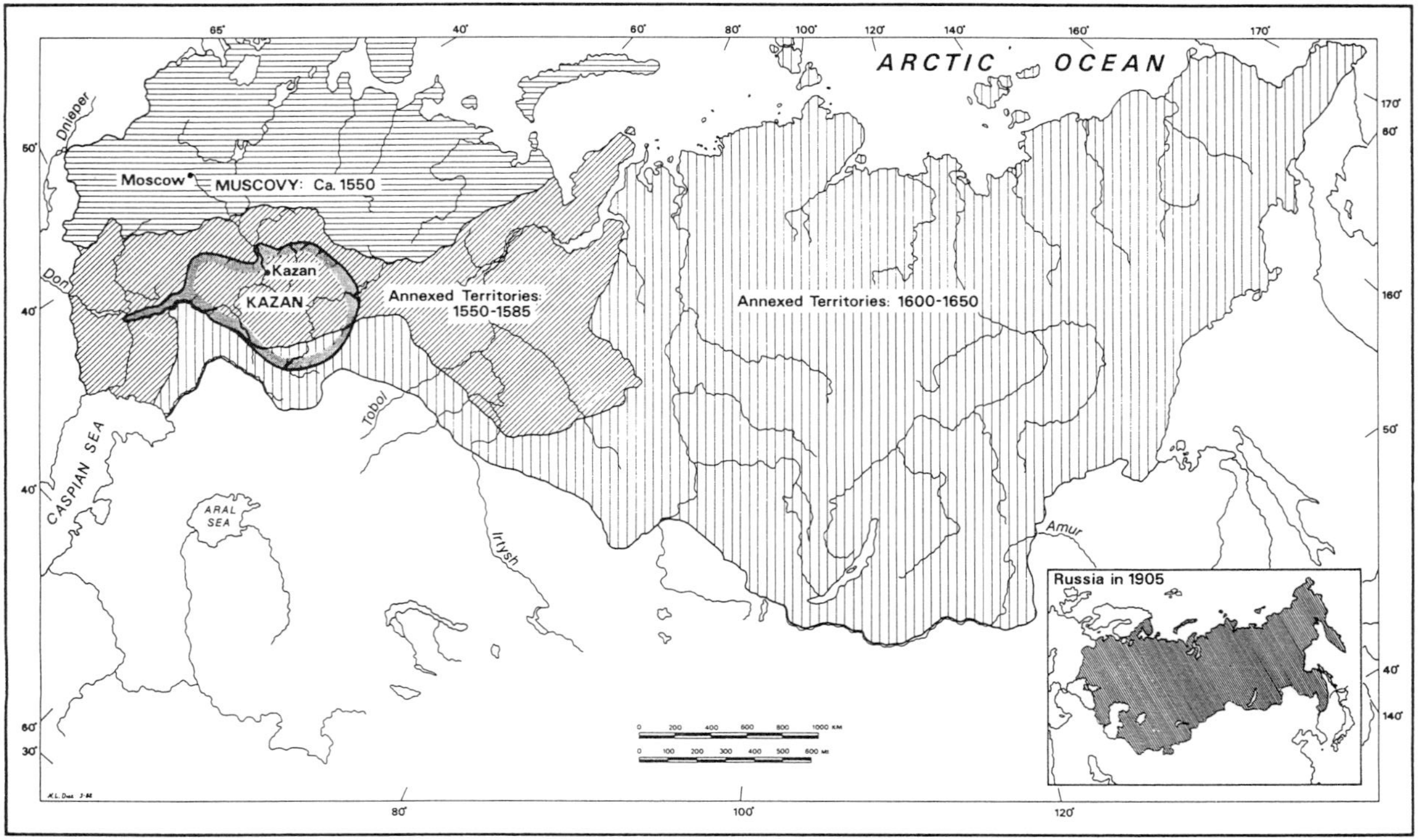

地図１　ロシアの領土拡大(1550～1905年)

出典：Rorlich, A-A. *The Volga Tatars, A Profile in National Resilience.* California, Hoover Institution, Stanford University, 1986, p. 32.

にまで達した。〔中略〕このように移住、すなわち国土の植民はわが歴史の基本的事実であり、そのすべての他の諸事実はそれと遠かれ近かれ関連をもっている。(8)

またクリュチェフスキーによると、ロシアの「農民は土地所有者との契約によって他人の土地に住んでいる自由な耕作民であった。その自由は農民の移転〔выход、強調原文。以下同じ〕あるいは退去（отказ）、すなわち土地を放棄して他の土地へ、ある土地所有者から他の土地所有者へ移る権利のなかに表現された」(9)という。これはロシアの農民が本来持っていた「（移転の）自由」についての観念を的確に表現したものであり、後に農民の逃亡や農奴制の発生を考える上で避けて通ることができない論点を提供している。

この「植民理論」はК・Д・カヴェーリン（一八一八～八五年）やБ・Н・チチェーリン（一八二八～一九〇四年）に代表される「国家学派」のロシア史観の重要な構成要素となった。(10)その後、クリュチェフスキーの弟子で立憲民主党（Кадеты）のリーダーともなったП・Н・ミリュコーフ（一八五九～一九四三年）は「ロシア史を何よりも植民の歴史として特徴付け、そこからロシア人の放浪的生活とロシア史における権力・国家の役割の重要性を説明しようとした」のである。(11)その同じ学派のリーダーで、革命後に「ブルジョア史学」のレッテルを貼られてモスクワ大学を追放された学長経験者にしてアカデミー会員であったМ・К・リュバーフスキー（一八六〇～一九三六年）には、「植民理論」を実証的に検証し、死後半世紀を経て刊行された『ロシア植民史概観』がある。そのなかで彼は次のように述べる。

ロシア民族の歴史の主要な部分に民族の領土的拡張（территориальная экспансия）、すなわち一部は放置され、一部はすでに他の民族集団（народность）によって占有されている土地への、東ヨーロッパと北アジアの広大な空間（простор）への拡張がある。その結果、この新参者と一緒に住まわざるを得なくなり、また一時的にそこから新しい土地に出かけて行かざるを得なくなるのだが、そのような土地への移住（расселение）がある。

この移住はロシア革命前の全歴史を占めている。〔中略〕それゆえ一九世紀後半～二〇世紀初頭の著名な歴史家〔クリュチェフスキー〕によって発言されたロシアの歴史は本質的に絶え間ない国土の植民の歴史である、という規定は正しいのである。(12)

以上の考え方は革命期以降のロシア人の亡命とあいまって、西側世界のロシア史家にも広まり受け継がれた。第二次世界大戦前後の西側における草分け的なロシア史家であり、その後の歴史学界に影響を及ぼしたイギリスの歴史家B・H・サムナー(一八九三～一九五一年)は、「ロシア帝国は多民族の地、また植民の地であり続けている」とし、「ロシア史を通して一つの支配的なテーマは辺境であった。人手の入らない地域の天然資源を支配するための闘争というテーマ、それはロシア民族が絶えず動くことであり、他の民族の征服や彼らとの混交によって大陸の奥へと拡大していった」(13)、と述べた。また、ペテルブルク生まれの著名な美術史家で、パリに亡命したW・ヴェイドレ(一八九五～一九七九)は、ロシア語で広々とした空間、自由や自由闊達な境地などを意味する「プラストール(простор)」という語で表現される果てしのないロシアの大地の広がりほど無限を感じさせるものはないとし、それをロシア農民の植民運動と関連させて考えようとした。(14)このことはロシアの歴史や文化を考える上で植民が中心的な要素となっていることをはっきりと示している。

たしかにモスクワ国家はイヴァン四世(雷帝、在位一五三三～八四年)によって「アジアへの窓」であるカザンおよびアストラハンの占領に成功した時期(一五五二年および一五五六年)以来シベリアに注目し、同地域の獲得と開発に着手した。絵画を通して民衆の啓蒙を目指す「移動展派」に属した歴史画家B・И・スーリコフ(一八四八～一九一六年)の傑作「イェルマークによるシベリア遠征」(一八九五年)はロシアの武力によるシベリア征服の様子を象徴的に描いている絵画として有名であるが、その絵はイヴァン四世時代から始まるロシア国家の領土拡張とそれがもたらす結果をまさに暗示している。

絵1　В. И. スーリコフ『イェルマークによるシベリア征服』(1895年制作)
(国立ロシア美術館所蔵：サンクト・ペテルブルク)

またアメリカ合衆国における一八世紀ロシアの政治・外交史の専門家J・P・ルドンの言葉も、帝政ロシアの植民問題を支える当時の思想的背景を考える上で示唆に富む。「エカテリーナ〔二世、在位一七六二〜一七九六年、表記は訳文のまま〕の治世は、『土への回帰』、ロシアの地理と富の自覚、将来におけるロシアの偉大な発展への確信によって特徴づけられる。ロシア・ナショナリズムの発展は、上述の地方制度改革と、様々な『地誌調査』・旅行記の出版とによって刺激された新しい社会意識と不可分であった」[15]。この発言は、一八世紀ヨーロッパの思想的潮流であった啓蒙思想がロシアの植民政策や民族政策の上で果たした大きな役割、および当時の社会的な雰囲気でもあった領土拡大の意図をよく示している。一七・一八世紀のヨーロッパ諸国では、官房学派のユスティ(?〜一七七一年)やゾンネフェルト(一七三二〜一八一七年)が国富増進の重要な要因として住民人口の増加をあげていたが、彼らの人口増加奨励論・外国人入植論の議論はロシアにも影響を及ぼした。事実、エリザヴェータ女帝(在位一七四一〜六一年)時代にはヨーロッパ人のロシア入植が計画され、エカチェリーナ二世がそれを具体化していったのである[16]。

シベリアに関する研究についても、この地に対して本格的に学問的な関心が向けられた一八世紀から、その成果がシベリア学術遠征などの面で民族学の分野を中心に現れ始めた[17]。それと同時に、歴史研究の分野でも優れた研究が上梓されたのである[18]。研究の流れを大別すると次のようになる。革命前にあっては、植民において民衆の果たした役割は無視され[19]、国家および貴族層等の役割が重視されていたといえる。いわゆる先述の「国家学派」のロシア史観である[20]。しかし他方では、農民による植民を問題にし、それを当時の基本的な社会制度である農奴制の強化との関係で解明しようとする歴史家も現れた。彼らはまた、植民、農耕の導入および農法の発展の上で果たしたロシア人農民の進歩的役割をも説明しようとしたのである[21]。

これに対し、革命後、旧ソ連の歴史家たちの主流は、農民による植民それ自体が政府の対農民課税政策および農奴制に反対する階級的プロテストの一形態であるとみなしてきた[22]。たとえば、植民史研究の第一人者であったB・И・シュンコーフによると、すでに一七世紀の西シベリアはヨーロッパ・ロシアから自らの意思でやって来た農奴農民によって「満たされていた」という[23]。同じく植民史の研究者であるA・A・プレオブラジェーンスキーは、ウラルと西シベリアの両地域を研究して農民のいわゆる合法的退去(легальный уход)が数的には優勢であり、逃亡は稀であったと述べている[24]。いずれにせよ農民たちが自らを束縛する領主の存在しない自由を享受できる土地へと移住していったのは事実である[25]。

日本におけるシベリアの開拓や植民についての研究は戦前に遡ることができるが[26]、本格的な研究はいちはやくB・И・シュンコーフの研究を日本に紹介した三上正利の論考に始まる[27]。しかしシベリア地方の民族間関係を概観した原暉之が指摘するように、「植民と(それに対する地方住民の)抵抗」、つまりいわゆる「辺境」を民族的対立関係において認識し研究するようになったのは近年になってからである[28]。

上記の視点は旧ソ連史学においては欠落しているかないしは希薄であった。たとえば当該地域の植民に関する重要なЮ・M・タラーソフの研究(『南ウラルにおけるロシア農民の植民——一八世紀後半〜一九世紀前半』)はわれわれに当時の南ウラルにおける植民の詳細な状況を説明しているにもかかわらず、バシキール人およびその他の非ロシア人が、プガチョーフ叛乱時、ツァリーズムに対し共同で闘った点を指摘するに止まる。[29] 現在のロシア史学でもその問題点が解消されたとはいいがたい。[30] そのような観点からではロシア人とバシキール人を含めた非ロシア人との関係についてより正確な歴史認識を得ることはできない。本編で筆者が「植民と抵抗」という視点を重視するのはそのためである。

2　民族政策と民族政策史研究

他方、植民を被った地方の社会は大きな変化を余儀なくされた。ラージン蜂起以前の沿ヴォルガ諸民族ヤサーク民の悲惨な状態は地方当局に宛てた彼らの嘆願書によく表現されている。そのなかから二つ引用しよう。一つはスヴィヤシスク郡のチュヴァーシ人、いま一つはヤドリンスク郡のマリ人のものである。

私どもはスヴィヤシスク郡のアラ川沿いに住んでいる者ですが、私どもの周囲にスヴィヤシスクの色々な領主が住んでおります。彼らは私どもチュヴァーシ人をこの土地から追い出そうとしています。領主たちは己の用件のため（для своих дел）あらゆる品物を持って方々の町へ出かけ、私どもの村へ来てたくさんの荷馬車を取り、私どもの燕麦、乾草、鵞鳥や鶏など様々な食料品を無理に取り上げています。そして夜は私どもにその番をさせます。もし私どもが荷馬車を与えぬと、彼ら領主は私どもを打ち据え、障害を負わせます（увечат）。それから領主たちは私どもの荷馬車に乗って遠い町へ出かけますが、御して行った私どもの兄弟はそれっきり消息不明となり、私どもがどんなに捜しても分からないのです。[31]

ヤドリンスク郡のヤサーク民であるマリ人はロシア人官僚の横暴を訴えている。

近ごろ私どものマルフォヴァ村へ検査の役人が派遣されて来ました。彼は部下の者と一緒に二〇軒のチェレミス人〔現称マリ人〕の家を掻きまわし、小屋から馬や牛やすべての家畜を奪い、穀物も金も着物もありとあらゆる財物を跡形(без остатка)もなく取って行きました。その後も役人からこのような略奪を受ける心配があります。(32)

ロシア国家による植民・民族政策の展開を考える上で、ヴォルガ流域およびウラル地域に焦点を絞ることは極めて重要である。というのも一六世紀を通してモスクワ国家によって最初に「征服」・「併合」されていったのがこの地方であり、また民族間の関係や住民の複雑な対応も同地域においてこそ特徴的であったからである。言い換えると、後のロシア国家の植民・民族政策の基本的なシステムがこの地域で形成されていった。とりわけこうした問題が先鋭的に現れたのが南ウラルに位置するバシキーリアであった。

しかし他方で、旧ソ連および現代ロシアの歴史学においてロシア国家の多民族的性格を包括的に扱った研究はほとんどないという問題がある。その最大の原因はロシア史学の伝統そのものにあった。「国家学派」の流れを汲む歴史家たちはロシア国家による地方の征服過程とその進展に注目したが、彼らはある種ナショナリスト的立場からロシア国家の領土的獲得の成功、およびその役割を称えることに努めてきた。このことはとりもなおさず彼らに国家によって包摂された非ロシア民族やその社会に対する批判的・否定的な考え方や態度をとらせたり、帝国の発展に対する諸民族の寄与を過小評価させたりした。(33) その結果、上で述べたように、民族政策に関する個別研究はあるものの、ロシア国家とヴォルガ流域およびウラル地方との関係を包括的に扱った研究はあまり行われなかったのである。(34) 他方、帝政時代以来、ロシアでは伝統的に地方史研究は盛んでユニークな研究も行われてきた。(35) 革命後も民族地域の研究者を含めて、歴史家たちはいわば郷土史的な研究に従事してきたのであるが、(36) 実証的かつ理論的な研究は必ずしも多くはない。しかも帝政時代や旧ソ連時代の歴史学界よりも政治的・社会的な束縛から解き放たれてきた欧米における研究の方が独創的で活発であった。

以上のような研究史上の問題はあるものの、われわれはまず何よりも一七～一八世紀ロシア帝国の民族政策を先駆的に研究し、いまなおその価値を失っていないH・Γ・アッポローヴァ女史の研究(37)をあげねばならない。そこでは軍事＝官僚制的国家(すなわち絶対主義国家)ロシアにおける民族政策の展開が理論的に考察されている。旧ソ連以外では、その立場がロシア中心主義——換言すれば大ロシア主義——史観という問題点を有するものの、亡命ロシア人で法制史家であったB・ノルドの研究(38)が注目される。これはツァーリ支配下での立法、ヴォルガ流域地方における帝国の行政システム、および植民の状況について信頼に足る全般的な展望を与えてくれる。それ以外にも、タタール人、モルドヴァ人、バシキール人などの歴史に関して概観する東洋学者B・シュプラーの研究(39)があり、一六～一九世紀におけるロシア政府による民族政策の基本モデルを簡潔に展望したアメリカ合衆国のM・ラーエフの論文(40)、等もある。

なかでもラーエフの研究は民族政策の時代区分を行っている点で有益である。彼によると、帝政ロシアの時代には領土拡大にあたって伝統的な民族政策がとられたという。すなわち、第一段階の征服(conquest)ないし獲得(acquisition)、第二段階の併合(incorporation)、そして第三段階の同化(assimilation)という方法である。これら伝統的な方法はカザンやアストラハンが征服されたイヴァン四世時代の一六世紀にすでに「開発され」、一八世紀前半のピョートル一世(大帝、在位一六八二～一七二五年)が行った国家の近代化を図る時期にも採用された。それは一九世紀に至るまでロシア帝国の基本政策であった。しかし注意しなければならないのは、各段階への移行が明瞭に区別されえないということである。本編の筆者は大枠ではラーエフの理論がロシア帝国の民族政策の展開を論じる上で有効なものと考えているが、詳細に検討すると批判的にならざるを得ない。またA・カッペラーによる浩瀚な研究は一六～一九世紀のヴォルガ中流域地方における諸民族の全般的な動向を扱いながら、ロシア帝国の民族政策とそれに対する地方住民の対応が旧ソ連時代の各共和国の刊行史料に基づいて詳しく論じられているのが特長であるが、それとても完全に実証的というわけではない[41]。

II　バシキール史研究の諸問題

1　「進歩史観」、「闘争史観」そして「自立的民族史観」

本編で扱う一六世紀から一九世紀まで、ロシア国家によるバシキーリアをその領域と行政システムへ組み込む一連の過程、ならびにそれによって生じる諸問題については、以下に述べるような研究の流れがある。

革命以前には、一八世紀のП・И・ルィチコーフ、Н・М・カラムジーン、一九世紀のС・М・ソロヴィヨーフ、В・А・ノヴィコーフ、Н・Н・フィルーソフ、В・Н・ヴィテフスキーおよびМ・И・ウメトバーエフたちが、バシキーリアのロシア国家への臣従過程、バシキール人の経済・生活・文化、同地方の植民、ツァリーズムの政策、一七〜一八世紀のバシキール人蜂起等について広範囲にわたる歴史事実の蒐集を行った[42]。現在に至るも同時代人である彼らの研究は史料的な価値を有している。

他方、そうした研究には様々な問題点があったのも事実である。たしかにルィチコーフ、カラムジーン、ノヴィコーフおよびウメトバーエフたちは、バシキール人が平和的にロシア国家の一員として加わったこと、およびバシキール人蜂起の民衆的な性格とその重要な役割について具体的に記している。しかし、彼らの研究の底流には、ヨーロッパ中心主義的で「進歩」をよしとし、遅れた文明に進んだ文明への同化を促す態度、言い換えれば人類の普遍的法則として「進歩」を信じる一八世紀ヨーロッパの啓蒙主義的な精神が脈打っていた。一九世紀に入ると、歴史家たちはもはや歴史の単線的発展を至上命題としないロマン主義の洗礼を受けながらも、ヨーロッパ史共通の図式にあてはまらないもの、さらにはロシアの世界史における役割を評価する一種ナショナリスト的な考えに基づいてバシキール人の原初的な社会経済的、政治的そして文化的な制度・習慣・道徳をすべて時代後れで野蛮なものとし、バシキール人に特有な活動や行為、特にその蜂起は反動的なものとみなした。

総じて、革命以前の多くの歴史家たちは、バシキール人経済の根幹である遊牧・牧畜経済を非生産的で遅れた経営、また一七〜一八世紀のバシキール人社会を氏族社会であると規定し、翻って農耕や農耕民、そして農耕民の生活を理想化した。その結果、ロシア人歴史家たちの多くはバシキーリアにおけるロシアやロシア人、特にツァリーズムの役割を美化することになった。全体としてみるならば、その研究は一面的で傾向のあるものとみなすことができるのであり、彼らはバシキーリアにおけるツァリーズムの究極的な目的である先住民の「同化」や「ロシア化」という目的に沿って——意識するとしないに関わらず——研究していたともいえるのである。(43)

これに対して、Н・А・チュローシニコフ、А・Ф・リャザーノフ、Ш・П・ティペーエフ、П・Ф・イシェリコーフなどソ連時代初期の研究者たちは、バシキール人とツァリーズムの相互関係を客観的に性格付けることに心を砕いた。(44)彼らの研究では、バシキール人とロシア人とは平等な権利を持つ隣人とみなされたが、バシキーリアにおけるロシアの政策は軍事力によって民族を従属させようとする「植民主義者的な政策」とされた。そのなかで異彩を放っているのがクリュチェフスキーの後継者で一九二〇年代にウファーに流されたМ・К・リュバーフスキーの未刊行の研究である。これはロシア植民史という大きな枠組みのなかでしかも豊富な史料に依拠してバシキーリア史を考えている点で極めて重要である。(45)その後、一九三〇〜五〇年代を中心に活躍した——そのうち幾人かは、現在も健在で研究を続けている——A・П・チューローシニコフ、B・И・レーベヂエフ、H・B・ウスチュゴーフ、A・H・ウスマーノフ、H・Ф・デミードヴァ、P・Г・クゼーエフたちの研究は、一六世紀中葉から一八世紀に至るバシキール史の多くの主題を明らかにし、またその特殊性を評価した。それらは特に史料に基づきロシア国家によるバシキーリアの「自発的(自由意思による)併合」について明らかにしつつ、バシキール人社会における社会経済的な側面、植民の過程、一七〜一八世紀の諸叛乱の歴史について具体的な研究を行うという点で功績があった。(46)

しかし他方で、彼らを含め一九四〇年代以降の研究は本質的な問題を孕んでいた。歴史家の多くは階級闘争の理論で「武装」しながらも、その実やはりヨーロッパ中心主義的な考えに立脚し、ツァリーズム、ロシア史および過去の出来事に対する革命前からの方法論を継承していた。けだし、ソ連体制のなかで、研究者は帝政時代のロシア史学が持っていた伝統的な考え方に回帰していたのである。このような考え方は後のバシキール史研究の方向を決定付けることになったが、それは何よりも一七〜一八世紀のロシアの植民政策に反対して発生したバシキール人蜂起に関するH・B・ウスチュゴーフと彼の後継者たちの研究に最もよく表れている。それによると、バシキール人の運動は「反動的」で「将来の見通しがない」反封建的な運動であると規定されたが(この点、農民運動に関する旧ソ連時代初期の研究が抱えていた問題と同じである)、これはすなわちバシキール人蜂起すべてを歴史的意義のないものとして否定することと同義であった。ウスチュゴーフの考えはかつてのソ連史学によって公認され、歴史教科書にも採用されることになった。(47)その集大成が『バシキール自治共和国史概説』(第一巻、第一・二部、ウファー、一九五六、五九年)である。(48)

現在のバシコルトスタン共和国の歴史学は上記の「公式見解」を批判し、アメリカ合衆国の歴史家A・S・ドンネリーの研究書の翻訳・刊行にみられる如く、新しい方向を模索している。そうしたなかで、И・Г・アクマーノフ編『一七〜一八世紀のバシキール人の諸蜂起』(ウファー、一九八九年、第一版、一九九二年、第二版)と題するバシキール国立大学(現バシコルトスタン国立大学)の特別講義用要綱[49]は上述の問題点とともに、新しい動きを示す絶好の例である。ソ連崩壊(一九九一年)という歴史的事件を境に、その前後に出版された二つの版の違いは政治上の一大変革が歴史研究上のエポック・メイキングとなったことを教えてくれる。二つの冊子の大きな違いは、まずマルクス・レーニン主義文献の扱い方に現れる。第一版では、階級闘争理論に関して、研究史とは別に、「マルクス・レーニン主義古典における封建期の階級的・民族的解放運動の諸問題」と題して特別な地位が与えられていた。第二版では、書かれている内容に変化はないものの、それは研究史を扱う章の第二節「封建期の民族運動に関するマルクス主義の古典」とされるに止まっている。民衆運動については、日本のロシア史研究者の間で早くから問題にされてきた「農民運動の特殊性、すなわち自然発生性、地方性、非組織性、素朴な君主主義」、そして農民叛乱の展望が扱われ、「他の社会的諸勢力の側から、すなわちブルジョアジーやプロレタリアートの側からの彼らを指導する必要性に関するマルクス、エンゲルスそしてレーニン[50]」という表現が第二版では削られている。次いで民族解放運動に対する評価についてであるが、「被抑圧大衆の社会闘争の成分としての民族解放に対するマルクス主義古典による評価。植民政策およびその帰結に関するマルクスとエンゲルス(第二版――植民政策、搾取の方法、および植民地行政に関するマルクスとエンゲルス)[51]」、となっている。ここでは、構成が簡略になっているようにみえるが、実はより詳細に植民政策を検討しようとする姿勢が現れている。民族解放運動の形態と方法に関する考え方については、「民族＝解放運動の形態と方法に関するマルクスとエンゲルス。東方諸民族、すなわちバシキール人とタタール人に対するロシアの進歩的役割に関するマルクスとエンゲルス」と題して[52]、東方諸民族に関するエンゲルスの有名な理論を継承している点が注目される。結論についても大きな違いがみられる。一第二版では「一七〜一八世紀のバシキール人蜂起は、同時に、階級的運動でもあり、民族解放運動でもある。一連の否定的な性格にもかかわらず、一七～一八世紀のバシキーリアにおける蜂起は全般的に地方史上およびロシア史上、歴史的にみて大きな進歩的な事件であった」[53]、というのである。ここにバシコルトスタンにおける歴史学界の大きな――「自立的民族史観」の確立とでも呼びうるような――転換がみられるのである。その後、この著者は上記と同じ標題のモノグラフを刊行することになる。[54] 以上の考えを基にバシコルトスタン史学の現在の到達点を示しているのが概説『古代から一九世紀六〇年代までのバシコルトスタン史』(ウファー、一九九六年)[55]である。

2 「併合」問題

一五五二年のカザン占領から一九世紀後半までにロシア国家の領土はいわゆる「辺境」とされる民族地域の「併合(присоединение)」により飛躍的に拡大した。[56] しかし各地域の社会経済的発展の段階は一様ではなく、そのため政府は政策遂行の方法や手段を幾度も変更せざるを得なかったが、それがある程度成功したのはロシア国家の特徴であり、そのためこの分野の研究の重要性は極めて高い。[57] 旧ソ連時代の研究によると、各地域の「併合」は主に民族地域の人々の「自由意思」に基づく行動とみなされ、しかも「併合」はロシアと民族地域相互の政治経済的発展において重要な役割を果たしたとも考えられてきた。[58]

こうした「併合」に関する全般的な研究の流れのなかで、バシキーリア「併合」についての研究は次の二つの点で特徴的といえる。

第一に、「併合」前後の一五～一六世紀に関する専門研究が極めて少ないということである。その理由として、ロシア語の史料が僅かしか存在していないこと、バシキール語やその他のチュルク語による史料――当時にあってはアラビア文字で書かれたタタール語史料――も少なく、その研究も不足していることがあげられる。[59] しかしそれよりさらに大きな原因がある。バシキール人はカザン・タタール人やシベリア・タタール人と同様にチュルク系民族グループに属していたが、一五～一六世紀前半の史料（特にロシアの年代記）では、バシキール人とタタール人とが明確に区別されておらず、このことが研究を困難にしているのである。事実、年代記の記述だけでなく、当時の旅行家の記録においても、彼らは「タタール人」と呼ばれていた[60]。さらに当時、バシキーリアはカザン・ハン国、シビル・ハン国およびノガイ・オルダの三勢力によって分断されており、それゆえこの地方の住民は統一的な政治組織ないし機構を形成できなかった[61]。以上のことも自民族語で書かれた一連の文書史料を彼らが持たなかった原因となっている。

第二の特徴は、バシキーリア「併合」に関して伝統的に二つの相反する見方が存在しているということである。つまり、「併合」がバシキール人の「自由意思」によるものなのか[62]、あるいはロシア帝国の「強制」によるものなのか[63]、というまったく異なる二つの考え方である。この見解の対立は単に刊行・未刊行の史料が少なく、その解釈をめぐって意見が分かれるということだけに原因があるのではない。それ以外に、否それよりもむしろ研究者自身による史料批判の方法およびその政治的・思想的立場など様々な状況によって見解が左右されているのである。

帝政時代における「自由意思」説の先駆けとして前述のC・M・ソロヴィヨーフをあげることができる。彼はカザン・ハン国支配下の五民族――すなわち、チェレミス人（現称マリ人）、モルドヴァ人、チュヴァーシ人、ヴォチャーク人（現称ウドムルト人）およびバシキール人――の「併合」について記しながら、「カザン占領後のイオアン〔＝イヴァン四世〕の最初の仕事は、これらの民族に対し、〔上記五民族を〕モスクワの臣民にすること、つまり彼らがカザンに対してそうであった関係を〔モスクワと〕結ぶように勧める使者を派遣することであった。そのことに彼らは同意したのである[64]」、と述べている。

他方、「強制」説ないしは「征服」説を唱える研究者たちは地方（すなわち民族地域）の歴史家や郷土史家にそれが多い。たとえば一八世紀中葉までの同地方の歴史を書いた一九世紀の歴史家にして郷土史家のB・H・ヴィテフスキーは豊富な古文書史料を駆使してバシキール人は徐々に「征服」されていったと述べる。つまり、「カザン帝国の崩壊とともに、ノガイ人たちはロシアの権力に怯え、ヴォルガやウラルの以東へ、またクバンへと逃れていった。〔中略〕バシキーリアは一撃によって征服されることはなかったが、しかし事実われわれがみるように、徐々に一歩一歩征服されたのである」[65]。そして彼によると、僅かの中断があったにせよ、「ロシア政府と地方の異族住民（инородческие населения）[66]、特にその地方の基幹的住民であるバシキール人との間断なき闘いは二世紀以上続いた」[67]、という。

「併合」の時間的な幅をどのように設定するかということによって見解も分かれるであろう。「併合」問題に関しては上記二つの考え方の中間的な見方もあるが、大別すれば以上のように分けられる。こうした論争は帝政時代よりはむしろソ連時代にこそ――そして現代のロシアおよびバシコルトスタンの歴史学においても――明確になった。

たとえば一八世紀のバシキール人蜂起（一七五五年のバトゥィルシャの乱）に関する研究の第一人者A・П・チュローシニコフは、「強制」説の立場からバシキール人が自らの意思によってロシア帝国に臣従したとする考えを批判した。彼によるとバシキーリア獲得はロシアによる侵略と長期にわたる闘争の結果だというのである[68]。

これに対し、一七世紀中葉のバシキール人蜂起を研究し史料集の編纂者でもあるH・B・ウスチュゴーフは「自由意思」説の立場から次のように指摘する。「モスクワ・ツァーリへの臣従をバシキール人領主（феодалы、社会の上層を意味する）は主従関係（вассальтет）と考えており、モスクワの君主を自らの主君（сюзерен）であるとみなし、彼に恩義を感じて自発的な勤務（добровольная служба）をした。この勤務とヤサーク貢納は自発的なものであったので、もし主従関係の条件が何かの理由で家臣(вассал)にとって受け容れがたいものとなれば、この自発性には廃棄の権利(право отъезда)も想定されていたのである」[69]。

「併合」問題の専門家A・H・ウスマーノフは同じく「自由意思」説の立場から、ロシア国家によるバシキーリア「侵略」という説が優勢であった背景には、研究者側に史料が不足していたことに加えて、彼らに何よりも諸民族の歴史におけるツァリーズムの有害な役割を示そうとする意図があったとした。歴史家はツァーリ専制の植民的性格を強調しながらバシキール人に対するツァーリ政府の陰の側面のみを取り上げたが、結果的にバシキール民族と大ロシア民族との有益な経済的・文化的接触の問題を明らかにしなかった。その点、相互影響力の視点が欠如していたという[70]。かくして「自由意思」説は旧ソ連史学では通説となったのである[71]。しかもそうした見解はバシキーリアの場合だけではなく、他の地域についても同様であった。

また、「併合」を推し進めようとする人々の社会構成などの問題については様々な見解があるが[72]、「併合」の歴史的意義について旧ソ連史学では大枠で意見の一致がみられた。それをバシキーリアにおける人口や都市に詳しい現代の歴史家У・Х・ラフマトゥーリンは次のように要約している。第一に、カザン・ハン国支配下での法外なヤサーク徴収から相応なヤサーク徴収へ移行したこと。第二に、商業活動の可能性が開かれたこと。第三に、遊牧地が増大したこと。第四に、ロシアとの同盟によって隣接遊牧民による攻撃からの防衛が容易になったこと。そして第五に、全体として「併合」はバシキール人諸種族の利益にかなうものであった[73]。しかし、こうした地方のロシア国家への「併合」を「進歩的」であるとするいまではもはや「伝説」となった考えは、マルクスやエンゲルスの影響を強く受けたものであることは論をまたない。「〔前略〕ロシアは東方に対して実際に進歩的な役割を果たしている。〔中略〕ロシアの支配は黒海、カスピ海および中央アジア、またバシキール人やタタール人にとって、文明を普及するものとしての役割を果たしている」[74]、と。

「併合」に関する以上の通説的見解は一九五〇年代の民族に関するスターリン・テーゼを歴史学界が受け容れた結果といえる。旧ソ連史学の民族政策研究にとって試金石となったアメリカ合衆国の歴史家A・S・ドンネリーによる『ロシアによるバシキーリアの征服、一五五二～一七四〇年：帝国主義の事例研究』(一九六八年)[75]の刊行に対する旧ソ連の歴史家たちの対応はそのことをよく示している。ドンネリーは旧ソ連史学の「併合」問題には興味を示さず、ロシア国家によるバシキーリアの武力「征服」の様子を具体的に提示する。彼の研究は同地で展開された民族政策に関する西側での最初の研究であるが、出版された当初、旧ソ連ではこの本に対する批判的・否定的な評価が支配的であった。当時、通説として流布していた、バシキーリア、チュヴァーシア、マリー・エリ、ウドムルチア、カザフスタン等の、いわゆる「地方」のロシア国家への「自由意思」による「併合」という観点からして、またそれを祝してスターリン晩年の一九五〇年代に盛んに行われた華やかな祝典や公式的な学術会議、さらには一九五三年におけるその死の直後から顕著になった各共和国の通史や史料集の刊行に際して、ドンネリーのような研究は甚だ厄介な存在であった[76]。その結果、ドンネリーの著書は「ブルジョア的」という烙印を押されることになった。「帝国主義の事例研究」という副題そのものが、ロシア国家への諸民族の「併合」を「自由意思」によるものとした旧ソ連史学の見解からするとまさに批判されねばならない対象であった。というのも、すべての民族にとり、「併合」は全体的に「進歩的な」意味があるとされていたからである[77]。

民族問題に関するスターリン・テーゼに対する批判も近年では鮮明になってきているが、テーゼによって導き出された図式は次の三点に要約される。第一に、ロシア国家への「併合」前夜(一六世紀前半)、非ロシア人社会はロシア帝国よりも発展していなかった。第二に、概していえば、「併合」は「自発的」なものであった。そして第三に、しかもそれは諸民族に「進歩的」状況をもたらした[78]。この考えに歴史学は規定・翻弄されてきた。それを現代のタタール史家C・X・アーリシェフはタタールーリアの場合について次のように批判する。まず、先の図式の第一点目について。「併合」を同地方に対するモスクワ国家によるいわば対外的な関心からよりも、ロシア国内の現象から考えるべきであるという。この地方におけるモスクワ国家の利害の対応は、旧ソ連史学がしばしば論じてきたように、オスマン帝国の拡張に対する防衛的な対応でも、また一五世紀以降の地方住民側からの援助要求に応える利他主義的な行動でもなかった。[79] その利害は、むしろロシアの国内的要因によるもので、土地への貪欲な欲求を持った新たな領主層の勃興にあった。アーリシェフはそれを帝国主義そのものだと断じた。[80] 第二の点に関しても、「併合」における「自発的」という側面を否定する。[81] 第三の点に関して、「併合」は民族的な独立の喪失、ならびに独裁的な支配と植民地主義という二重の軛による従属、そして他の非ロシア人との正常な接触を阻害したとされるタタール人自身にとって否定的な結果を招いたことを無視ないしは軽視すべきではないと述べる。[82] その際、彼は中央ヴォルガ地帯の征服や「併合」を客観的にみて「進歩」であるとみなす人々に次の相互に関連する二つの点を考慮に入れることを促す。一つは、「進歩」や「正義」の基準は必ずしも自明なこと、また普遍的なものではないということ。いま一つは、特別な事件の帰結としての進歩的な結果というものは、必ずしもこれらの出来事を正当化するものではなかったということである。[83]

さらに「併合」に関する通説的解釈およびその進歩的意義の強調に対して、先のウスマーノフさえもバシキーリア「併合」そのものについてではないにせよ次のように述べていることを想起せねばならない。「一五五二年以来、カザン・ハン国は主権国家として存在することを止めた。その領域と住民は、いかなる自治の徴候もなくロシア国家の一員となった。地方のかくの如き状況は大十月社会主義革命まで存在した」[84]、と。

こうした地方からの批判とは別に、中央においても新たな動きがみられるようになった。カフカース中世史の専門家A・П・ノヴォセーリツェフの「日ソ歴史学者シンポジウム――第九回会議」(一九八九年)での発言はその顕著な例である。[85] 当時のソ連の歴史教育における民族の扱い方に関する歴史家吉田悟郎の質問に対する答えのなかで、彼は「自発的併合(добровольное присоединение)」という問題を例に次の二点を指摘した。第一に、「自発的併合」を論ずる際に、各民族の状況および「併合」の様子について具体的に検討する必要性を強調した。つまり、最初から諸民族が「自発的併合」に向かったとすべきではなく、個々の事例毎に具体的に考察することが大事であるという。さらに、「自発的併合」よりは「臣従化(вассальтет)」の場合の方が事例としては多く、また実際の「臣従化」の意味を問うべきであるともいう。第二に、「自発的併合」が客観的にいかなる歴史的意義をもたらしたのか、その検討の方がより重要であるとした。この指摘は現在でも「併合」問題を考える上で有効であろう。本編の第二章で述べるように、現存する史料には「併合」という文言はなく、モスクワ国家への「加入(вхождение)」、ないしはモスクワ国家への「臣従(вассаль, подданство)」という言葉がみられるのである。

　ごく最近では、ヴォルガ・ウラル地域の諸民族のモスクワ国家への「自発的併合」という考えについて、これはカザンの脅威、その義務やヤサークといった重圧からの解放を強調したM・H・チホミーロフの見解に旧ソ連史学が支配された結果であるとして批判が出てきている[86]。また、ソ連の崩壊後、独立した旧ソ連構成共和国のなかにはその国とロシアとの歴史的相互関係の見直しがすでに行われているところもある。たとえば、カザフスタンでは諸オルダ(ジュズ)のロシア帝国への「併合」の性格とその結果について大幅な修正が求められている。このテーマの論点は次の点に尽きる。すなわち、カザーフがロシア国家の構成員に自らの意思でしかも平和裡に入ったこと(добровольное и мирное вхождение)の否定である。この地域におけるロシアの政策は略奪的なものであり、その後の結果はもっぱら否定的なものであった。ロシアはカザーフ人から彼らの国家機構を奪い、民衆から民族の富を略奪し、より良い土地を奪取した。多くの刊行物のなかでは、こうしたロシアは「血に飢えた北の猛獣(кровожадный северный хищник)」として描かれている。また、ツァリーズムはそこに住む諸民族にとって無慈悲な抑圧者でもあったという[87]。

現在のバシコルトスタン共和国では、バシキール語とロシア語の双方による著書の刊行が盛んであり、その多くは民族的高揚を目指した地域史・郷土史の掘り起こしが中心となっているが、タタルスタンやカザフスタンの場合とは異なり「併合」を積極的に否定する動きを示してはいない。しかし、近年の政治状況の変動は先にあげたA・S・ドンネリーやR・ポルタルの著書がバシコルトスタン共和国でロシア語に訳された上で出版されるなど学問上の大きな変化をもたらしているのである。(88)

3　民族の問題

上記のことに関連して、旧ソ連史学ではバシキール史の特徴である一七〜一八世紀の諸蜂起に現れた民族的対立ないし民族関係という重要な問題は従来まったく無視され、論じられることはなかった。大祖国戦争以前にすでに刊行の準備が整っていた先の『バシキール自治共和国史概説』をめぐる一連の論争がそのことをよく示している。スターリン時代の一九四六年二月、ソ連邦科学アカデミー歴史研究所においてその内容が検討され、当時刊行が予定されていた『概説』は批判に晒された。その時の論点は大きく二つに分けられる。一つは、階級対立の軽視、すなわちバシキール人社会内部における上層の果たした役割、および彼らをバシキール人大衆と対立させた利害の衝突や社会的諸関係が明確に説明されていないという点。いま一つは、バシキール人とロシア人とを反目させた要因を過大に評価し、両者の融合の諸契機が見逃されているというものであった。(89)

こうした批判を受け容れて刊行された『概説』では、バシキール人のロシア人に対する「民族的敵対」を斥ける根拠として次の二点が強調された。第一に、ロシア人に対する敵対行動を一部のバシキール人「封建的上層(феодальная верхушка)」による動きであるとした。本来、バシキール人民衆はロシアのツァリーズムに反対しても、その行動の本質はロシア人に対する敵対的行為ではないというのである。(90) 第二には、彼らの信奉するイスラームが両民族間の友好関係の強化を妨げたという。つまりその伝道および宗教的狂信がバシキール人民衆の意識を損ない、それが原因となって彼らはロシア人に対して敵対的態度をとるようになったという点である。(91)

『概説』以前に発表されたバシキール人に関する民族学の泰斗С・И・ルデンコの研究もかつてのソ連史学の公式見解と同じであった。彼によると、両民族間には反目はなく、彼らの共通の敵はツァリーズムや工場主であったという。(92)

先の『概説』と同じ年の一九五六年に刊行された『ソ連邦史概説(封建制の時代：一八世紀後半のロシア)』の執筆者の一人Н・Ф・デミードヴァも、民族的対立ではなく、民族の枠を越えた封建的支配者と被支配者との階級対立を強調した。女史によると、封建的支配者は遊牧地割当の権利を保有し、自らに都合の良い土地を獲得した。農耕への移行に際して、彼らはより多くの土地を取得したり、時には共同体の土地を直接支配したりした。こうした状況を通してバシキール人民衆のなかには上層に対する不満が増大した。しかし一八世紀の第三・四半期におけるバシキーリアでは、このような階級対立は他の諸民族においても同様に顕著であり、バシキール人はロシア人の農民や労働者とともに農奴制に対して立ち上がったとも述べているのである。(93)

旧ソ連におけるプガチョーフ叛乱研究の第一人者であったВ・В・マヴロージンは、叛乱前夜のバシキール人とロシア人の「封建的上層」である工場主、領主および官吏たちとの間には激しい対立があったとするが、そのマヴロージンも民族的敵対については何も述べてはいないのである。(94) 同じくプガチョーフ叛乱に関する史料編纂の泰斗でもあるР・В・オフチーンニコフも、叛乱時に現れたバシキール人による工場破壊・焼却という行動を全ロシア人に対する民族的敵意の表現とはみていない。(95) しかし、旧ソ連構成国の歴史家のなかには、ロシアに対する民族的敵意を露わにしていたとみなす人々もいるのである。

以上のような民族的対立を過小評価するかつてのソ連史学に対して、欧米の研究者はどのような見解をとってきたのであろうか。フランスにおけるロシア史学を長きにわたりリードしてきたR・ポルタル（一九〇六～一九九四年）は、ソ連で「ロシア農民戦争」研究が盛んになる以前の一九四〇年代、すでに一八世紀バシキール史とプガチョーフ叛乱について一連の研究を発表していた。彼はプガチョーフ叛乱前夜、反ロシア的雰囲気と階級的意識とがバシキール人社会にともに存在していたことに注目している。一八世紀バシキール史を扱った論文のなかで、彼は一七五五年の蜂起に言及し、バシキール人は工場、ロシア人、植民者さらには大ロシアから逃亡してバシキーリアにやって来た人々を等しく嫌悪しており、この蜂起に民族運動としての性格があったことを指摘した。[96]と同時に、いま一つの論文において、プガチョーフ叛乱前夜には前述の「伝統的に受け継いできた反ロシア感情」の他に、階級意識の覚醒があったともいう。「この階級意識の中に、ロシア人、非ロシア人および工場主に対する敵意が等しく含まれていた」が、工場主に対する敵意の方が自分たちの上層に対するそれよりも強く、そのことがロシア人との間に一つの階級的紐帯を形成する可能性を与えたというのである。[97]ちなみに、この「階級的紐帯論」とでもいうべき考え方――この見解はフランス革命史研究におけるG・ルフェーヴルのいわゆる「複合革命論」に繋がっているであろう――が、第二次世界大戦中から戦後に活躍したこのフランス人ロシア史家の方法論の根幹となっていたと考えられる。

欧米の研究者たちはこのポルタルの考えに多かれ少なかれ影響を受けている。その一人に一八世紀ロシア史研究の分野で指導的な役割を果たしてきたアメリカ合衆国の歴史家M・ラーエフがいる。生まれ故郷のロシアを離れ、ヨーロッパとアメリカで教育を受けたという経験は無視できないと思われるが、彼によるとバシキール人とロシア政府の間には「現代風にいえば民族問題と呼ばれうるもの」が存在しており、それがバシキール人のプガチョーフ叛乱参加の大きな要因になったという。ヤイーク・カザークとの関係が必ずしも良好ではなく、またあらゆるロシア的なものに対する嫌悪が強かったにもかかわらず、ヤイーク・カザークが指導する叛乱にバシキール人は参加したと述べる[98]。近代の民衆運動に関する研究を著したP・アヴリッチも、プガチョーフ叛乱前夜のバシキール人は植民者に対して憎悪と同時にロシア人を含めた他の民族との連帯に期待していたという[99]。

欧米以外でもバシキール人の歴史に関する研究はある。たとえば、バシキール民族主義運動の指導者で革命時に赤軍に参加し、その後、ボルシェヴィキ政権と決別してバスマチ運動に身を投じ、後年トルコに逃れて教鞭をとった碩学3・B・トガン（ヴァリドフ）（一八九〇～一九七〇年）の研究がそうである。その数奇な運命と経験、ならびに豊かな学識に裏打ちされた幾多のバシキール史についての著作があるにもかかわらず、彼は一七～一八世紀におけるバシキール人蜂起における階級闘争の側面、民族的反抗および社会的要求等についてはとりたてて言及していない。バシキール人の諸蜂起はロシアが対外戦争等の外的困難を背負っていた時期に発生したものであると述べるに止まっている[100]。

このように、ポルタルに代表される西欧その他の研究者たちは、旧ソ連の研究者たちとは異なり、バシキール人の「民族的敵対」という点を決して過小評価することはなかった。それがプガチョーフ叛乱中のある時期においては階級的連帯の形成と矛盾することなく共存していたのだという。とはいえ、もちろんそれは崩れやすいものであった。強い問題意識を内包するポルタル自身の研究は、一九五〇年代の『バシキール自治共和国史概説』やその前後の史料集の刊行以前に行われたため、実態的な究明が十分になされているとはいいがたい。また、最近のバシコルトスタンにおける研究は自民族の基本的なアイデンティティの一つを一七～一八世紀の諸蜂起に求める傾向はあるものの、ロシアとの関係についてはタタルスタンやカザフスタンの場合ほど対決姿勢を強めていない。以上のことを踏まえて、筆者は階級間での連帯とならんで民族間関係という視点をも重視する。

一七〜一八世紀に頻繁に発生する蜂起はバシキール史の特徴であるが、そのなかでも規模と志向の点で際立っていたプガチョーフ叛乱について、かつてのソ連史学はその全般的な性格を次のように規定していた。「蜂起者の構成が各種各様の色合いを持っていたにもかかわらず、蜂起はその要求と闘争の方法において、終始一貫して農民的性格をはっきりもっていた」[101]。こうした定義はソ連時代におけるプガチョーフ叛乱研究の金字塔であるB・B・マヴロージン編著『一七七三〜一七七五年のロシア農民戦争——プガチョーフ叛乱』(全三巻、レニングラード、一九六一、六六、七〇年)[102]にも受け継がれた。否、むしろ先の規定がより明確にされたといっても過言ではない。この三巻本の編者であり一九五〇年代から八〇年代後半まで三〇年以上にわたりソ連のプガチョーフ叛乱研究を指導してきたマヴロージン自身は、プガチョーフが農民と労働者に宛てた布告やマニフェストそれぞれの内容には差異はないとした。つまり労働者も一七世紀には農民であり、一八世紀後半の彼らはいまや工場主を根絶することを目標とし、己の土地に帰ることを目指したのだという[103]。E・И・グラザートヴァ女史も同じ本のなかで、非ロシア人の利益がロシア人の利益と完全に一致していたと述べる[104]。

しかし、右のような通説的解釈に対し、他方では叛乱者たちの間での統一の欠如がすでに指摘されている。その急先鋒であるM・A・ラフマトゥーリンは次の三つの点をあげて批判した。第一に、農民層の間での不一致。つまり、御料地・国有地・貴族所領の各農民層の間での利害の不一致である。第二に、カザーク内部における、上層カザークと下層カザークの間での利害関係が一致していないこと。第三に、非ロシア人と工場で働く人々の間の関係においても不一致がみられたという[105]。一九六〇年代末、豊富なアルヒーフ史料を駆使して研究書を著したA・И・アンドルーシチェンコも同様の見解をとっている。彼はカテゴリーの異なる民衆がそれぞれ自らの利益を目指して叛乱に参加したことを指摘したのである。[106] アンドルーシチェンコやラフマトゥーリンのように、プガチョーフ陣営内において必ずしも根本的には利害関係の一致はみられなかったという考えは、欧米の研究者の間ではより一般的なようであった。[107]

旧ソ連時代末期以降、先の農民的性格を叛乱のなかにみようとするのは強引すぎるとし、その点を批判する動きも出てきた。しかしながら、そうした傾向は旧ソ連や現代ロシアのみならず欧米においてもみられるもののまだ主流となった感はない。[108]

筆者は、叛乱の農民的性格および叛乱参加者相互間の利益の一致を強調する通説的解釈より、ラフマトゥーリンやアンドルーシチェンコの主張のように、カテゴリーの異なる民衆各自の追求する目標には相違があったとする見解の方が事実に近い歴史認識であると考えている。このように、旧ソ連時代の「農民戦争」という規定に対する批判を内包しながら論ずる点も本編の研究視角の一つである。

プガチョーフ叛乱研究に一大貢献をなしたマヴロージン編著の三巻本の出版以後も旧ソ連ならびにロシア、さらには欧米や日本でも叛乱研究は盛んである。[109] とりわけ一九七四年一一月、カザンでプガチョーフ叛乱終結二〇〇年を記念して行われたシンポジウムは、その叛乱の民族的性格を明らかにするという意味から重要であった。[110] このシンポジウムは沿ヴォルガ地方の非ロシア人住民がいかに積極的に参加したかを示す史料の紹介を主たる報告内容としていた。そのことは地方の歴史家たちが各民族の叛乱参加の状況を具体的に研究しようとする傾向が出てきたことを示している。かくの如き旧ソ連を構成していた諸民族の歴史家たちによる研究の隆盛は注目すべき動向の一つであるが、そうした動きは専門研究の分野だけではなく、アルヒーフ史料の刊行についてもいえるのである。[111] T・И・ベーリコフはカルムィク人参加の様子、[112] ならびにその指導者となったФ・И・デルベチェフについての研究を著した。[113] すでに述べたС・Х・アーリシェフ[114]は中央沿ヴォルガ地帯のタタール人参加の状況を論じ、特に叛乱前夜のタタール人社会の叙述に優れている。[115] 一方、ニジェゴロド県のロシア人を含めたモルドヴァ人、チュヴァーシ人、タタール人の参加状況についてはМ・Д・クルマチョーヴァが研究書を刊行している。[116] また近年、女史はウラルとヴォルガ沿岸諸都市の住民の参加状況に関する研究を著した。[117]

しかし本編で注目するのはИ・М・グヴォーズジコヴァによるバシキール人指導者の一人サラヴァト・ユラーエフに関する裁判記録を基にした伝記的研究である。[118] これは上述の諸研究に較べて実証性に優れ、いままで不明の点の多かったバシキーリア内の叛乱経過についてかなり詳しく明らかにしている。またごく最近になって女史はこれまでの研究の集大成として『Е・И・プガチョーフ指導下の農民戦争期およびその前夜のバシコルトスタン』(ウファー、一九九九年)という新たな研究書を著した。[119] なお、同じく最近、別の著者によるバシキーリアにおけるプガチョーフ叛乱に関する著作が刊行された。もはや「農民戦争」という表題が付されていないこの本はイデオロギー的な偏向を持たずに研究することを強調し、叛乱に参加したり政府側に立ったりとその立場を時々の状況において変え、さらには動向のつかめなくなったりした一九二名のバシキール人長老(старшина)に関する個人的な経歴が付されている点が有益である。[120]

キンジヤ・アルスラーノフとならんでプガチョーフ叛乱期にバシキール人指導者となったサラヴァト・ユラーエフについての研究は少なくない。その理由の第一は、彼がバシキール人の民族的英雄ないしは指導者ということに留まらず、才能ある即興詩人であったという点からもバシキール人自身やさらにはロシア人の注目を惹いたためである。理由の第二は、関連史料が比較的多く残されていたことによる。この点、キンジヤ・アルスラーノフの場合、叛乱中の一七七四年九月に行方不明となり、サラヴァトやその父ユライ・アズナリンのように裁判・尋問記録が残されていない。

サラヴァトに関する研究には蓄積がある。『大尉の娘』(一八三六年刊行)を執筆するのに先立ち、А・С・プーシキンが一八三四年に著した『プガチョーフ叛乱史』にすでに彼の軍事的活動を記録した箇所がある。史料を利用して彼を専門的に扱った最初のものは、匿名で新聞『オレンブルク県通報』(一八四七年一月二五日付け)に掲載された「サラヴァト・ユラーエフ、シャイタン＝クデイスク郷のバシキール人」と題する一文である。[121] しかし、本格的な研究は一八七〇〜九〇年代にかけて始まったといえる。モスクワ帝大時代、自然科学・人類学・民族愛好協会の会員であったФ・Д・ネフョードフもその一人である。彼はこのバシキール人英雄の人物像を再構成し、プガチョーフの戦友としてサラヴァトの人間形成の過程を明らかにした。[122] 文学者にして郷土史家のМ・В・ロッシエフスキーはサラヴァトに関する裁判・尋問記録を利用し、彼の軍事行動や政府による処罰について調べ、彼を民衆の英雄、隊長にして「僭称者」プガチョーフの寵児とまで呼んだ。[123] また、ロシア帝室地理学協会会員でウファー県統計委員会の官僚でもあったР・Г・イグナーチエフはサラヴァトと民衆運動の関係を指摘し、彼の活動を高く評価した。[124] これら三人の研究はサラヴァト・ユラーエフに対して強いシンパシーを抱いて行われたのである。[125]

一方、サラトフ県文書委員会のメンバーであったП・Л・ユージンはウファーにおける裁判資料を基礎に研究しながらも、ロシア的愛国主義の立場に立ち、叛徒に対する反感・敵意を露わにしている。[126] また、陸軍中将にして歴史家のН・Ф・ドゥブローヴィンはアルヒーフ史料を駆使した三巻にも及ぶ浩瀚なるプガチョーフ叛乱に関する著作のなかで、サラヴァトについても多くの頁を割き、彼に関する多数のエピソードを紹介した。しかし彼の利用した裁判文書はサラヴァトの刑罰に限定されていた。[127] その他にも、上述の研究を基礎にして多数の文献が上梓されたのである。[128] このように革命前のサラヴァト研究は限られた史料に基づいて行われ、また彼の役割が必ずしも正当に評価されたものではなかった。

革命後、サラヴァトに関する研究が幾つか発表されたが、[129]概していえば、旧ソ連および現代ロシアの歴史家たちによる彼に対する評価は極めて高い。「三巻本」の共同執筆者の一人で、バシキーリアにおける運動を担当したB・M・パネヤフは、サラヴァトについての裁判記録を広範囲に利用し、叛乱の第一段階を叙述しているほどである。[130]

現在、バシコルトスタンで多く出版されている文献は、最近の政治状況を反映してサラヴァトを民族の英雄とみなすだけでなく、いわば「神格化」の傾向にあるともいえる。[131]二〇〇四年六月、サラヴァトの生誕二五〇周年を記念してバシコルトスタンをあげて行われた様々な集会や学術会議、および出版事業は以上のことをよく表している。[132]

旧ソ連・ロシア以外ではサラヴァトについての詳細な研究は少なく、管見によれば、一九六六年にアンカラで再版された『カザンのトルコ人たち』と題する書物に彼に関する記述が僅かにあるだけである。[133]これはイグナーチエフの研究に主に依拠しながらサラヴァトを重要人物とみなしている。その理由は、彼がプガチョーフの戦友ということだけではなく、オレンブルク地方に住むバシキール人たちや他のムスリムの叛乱にとり、その指導者となったという点からもそうであった。それゆえバシキール人たちはいまも彼を敬愛しているという。[134]

以上のような研究にも、当時の社会状況、特にロシアが同地方で展開した植民政策とそれに対する地方住民の対応を視野に入れる必要がある。われわれはこうした視点に立ち、サラヴァトおよびその父ユライ・アズナリンの行動を通して、バシキール人社会とロシアの関係の一端をより詳細に検討し、彼らバシキール人がどのような対応を迫られていったのかをみることにする。

5　研究視角

最近のロシアおよびバシコルトスタン史学の顕著な傾向として、ドンネリーの本のロシア語訳出版にみられるように、イデオロギーに依拠する——あるいは「縛られる」——旧ソ連時代の研究姿勢の見直し、ロシア・ソ連史におけるバシキール史の位置付けというよりもバシキール史の独自性を強調する動きが指摘できるのである。[135]アメリカ合衆国での研究も注目すべきで、一八世紀後半から革命までに至る帝国の秩序形成の一事例をバシキーリアにみようとするC・R・スタインヴェーデルの研究、[136]近代国家論の観点から革命時のタタール＝バシキール共和国創設構想を論じるD・E・シェイファーの労作[137]が現れた。A・J・フランクはイスラーム・アイデンティティの形成という観点からバシキール人とタタール人の歴史を検討している。[138]また日本においても、西山克典が帝政末期のバシキーリアとセミレチエの研究を通して帝国的な編成のあり方を問うている。[139]しかし本編の筆者は、一六世紀中葉から一九世紀中葉までの三〇〇年間を以下に述べるように、ロシア国家がバシキーリアをその領域と行政システムに組み込む一繋がりの過程であると考えている。これが従来の研究とは大きく異なる点である。

一六世紀半ば以降、モスクワ国家とロシア帝国による上記の地域や民族に対する「征服・獲得→併合→同化」(M・ラーエフ)という一連の政策は民族地域に様々な問題を引き起こした。ただし、民族に対する諸政策をラーエフのように規定するには大枠としては賛成しえても、いま少し史料に基づく綿密な分析とそれに基づいた時代区分が必要である。いずれにせよ、ツァリーズムによる一六世紀中葉以降の民族地域における一連の政策、およびそれに関連する民族の連帯と各民族内部の結束を弱めることを目的としたいわば民族分断化政策(伝統的な「分割して統治せよ(divide et impera)」政策)の遂行にもかかわらず、政府はこの地方の重要性を一七世紀まで十分に認識していたとはいえなかった。その時までのロシア国家と諸民族の関係は毛皮等地方の特産物で納めるヤサーク税の徴収といわばその見返りとしての土地の安堵を通して成り立つ契約的な臣従関係（вассальтет）そのものであり、ロシア国家は諸民族に一定の自由と自治を保証するというものであった。

上記の関係に変化がみられるようになるのは一七世紀後半からであるが、ピョートル一世の時代になってその傾向が一層顕著となった。当時、軍事＝官僚制国家の推し進めた軍事と行政の両面における近代化およびそれと相互に関連しながら成長した諸産業の発展に伴い、原料の供給地として民族地域の重要性が認識されるようになった。それゆえ、この時期、国制の改編とその確立を通して、政府は民族地域に対しても従来の政策を変更するに至ったのである。ロシア国家と諸民族の関係はもはやかつての契約的な臣従関係ではなく、両者の関係をさらに一歩踏み込んで強制的な支配＝従属関係に変えようとするものであった。その特殊な状況や身分の変更ないしは廃止によって、彼らの保持していた自由や自治を撤廃し、ロシア人に対する既存の諸制度を諸民族に対しても適用し、その上で彼らを支配しようとしたのである。

一八世紀ロシア帝国の基本政策は民族地域の経済開発であったが、それは当然のことながら地域によって差異がみられた。遊牧・牧畜が盛んなウラル地域、特に南ウラルのバシキーリアでは鉄や銅の鉱石を中心とする豊富な地下資源が発見され、冶金産業などの重工業が興り、これがロシアやさらには世界の産業と経済を支えていた。それに対し、タターリアやチュヴァーシアのあるヴォルガ中流域では地下資源に乏しく、代わりに軽工業、農業、林業および漁業が盛んであり、また中央アジアから西シベリアにかけて広がるカルムィキアとカザフスタンでは遊牧そのものが重要な産業であった(140)。

A・カッペラーの研究によると、この地方に対する一八世紀ロシア帝国の基本姿勢は、諸民族をヤサーク税徴収の対象とする異民族としてではなく、国有地農民すなわちロシア人農民と規定することによって、諸民族が従来そうであったような特殊な身分や状況に対し「総体的な攻撃」を行うことであったとし、彼は次の三点を指摘している。第一には、非ロシア人諸民族上層の有していた特権に対する攻撃。第二には、ヤサーク民の特殊な地位に対するそれ。第三に、アニミズム、イスラーム、仏教など諸民族が帰依していた宗教——あるいはその精神的な価値体系——に対する攻撃、の以上三点である(141)。これらに加えて、本編の筆者は帝政ロシアの民族政策を考える上で伝統的政策としてとられてきた隣接する諸民族間に対するいわば「分断化政策」、およびロシア人の世俗の領主や聖界の領主による諸民族に対する土地収奪も重要であったと考えている。そうした政策を通じて、ロシア政府は諸民族をいわば「ロシア人農民」として把握することになったのである。

一八世紀末から一九世紀に至り、この地域におけるロシア帝国の植民・民族政策の基本的課題は、経済的側面が強調され、豊富な資源のある「辺境」民族地域をいわば「植民地」として、従来にもまして「本国」ロシア中央部の諸産業に対する原料供給地に変えていくことであった(142)。そのため一層地方支配強化を政府は目指した。バシキーリアでは一八世紀末に設置される「カントン行政システム」がそれを担うことになった。ここに至り、バシキーリアはロシア帝国に完全に組み込まれたといえるのである。

以上の過程を研究史上の論点に沿いながらも、バシキール史固有の土地の相続的所有、税制、正教キリスト教への強制的改宗、さらには労役や兵役といった種々の問題を軸にクロノロジカルに論を展開するのが本編の趣旨である。

III　史料について

1　刊行史料

バシキール史に関する刊行史料について、大きく分けてロシア国家の政策を示す史料とバシキール人の動きを示す史料とに分けられる。さらにそれらはバシキール人自身によるものとロシア人の手になるものに分類される。

バシキーリアのロシア国家への加入状況については、バシキール人の証言を含んでいる口伝史料である「シェジェレ(шежере)」が重要である[143]。これはアラビア語起源で、文字通りには「樹木」を意味する語と「血縁関係」を意味する語とが結合し、さらに新しい意味として「系統樹」という内容を持つに至った。チュルク語諸語でも同様に「系統」の意味である。バシキール民族学の泰斗P・Г・クゼーエフは次のように述べる。「シェジェレ」は「氏族や種族に固有の書かれざる歴史」であり、共同体の構成員は「一〇世代前から一五世代前までの自分の先祖の名前を記憶していなければならなかった」[144]、と。この「シェジェレ」は一九世紀の歴史家や郷土史家によって様々に訳されているが[145]、クゼーエフはこれを「系統年代記(генеалогическая летопись)」と名付けた(図1を参照[146])。

なお、バシキール人たちは固有の文字を有していなかった。イスラーム・スンナ派の受容とともに、バシキール人社会にアラビア文字が入ってきたのである。バシキール人は二〇世紀初頭までそれを利用することになる。アラビア文字による初期の「シェジェレ」のテキストは一六世紀のものであり、いわゆるチュルク語で書かれた確実なテキストはやっと一七〜一八世紀になってからのものである。[147]

けだし、「シェジェレ」を一言で述べると次のようになる。バシキール人の歴史に関する彼ら自身の手になる重要な情報を有している写本である。しかも、バシキーリアにおける社会および歴史、彼らバシキール人の思想的成長について説明を与え、「カザン・ハン国と自由獲得のために闘う西バシキール人の衝突について述べてい

図１　キプサク族の「シェジェレ」

出典：Башкирские шежере/Кузеев Р. Г. (составление, перевод текстов, введение и коментарии) Уфа, 1960. С. 264.

る」独特な史料でもある。[148]

バシキール人の「シェジェレ」に関する本格的な研究とその刊行はクゼーエフに拠るところが大きい。[149]彼によって編集された史料を基礎に研究したA・H・ウスマーノフは、この史料がバシキーリア「併合」についての研究や他の一連の諸問題、すなわち一七世紀までのバシキール人の社会体制、民族の起源に関する問題等の研究にとって重要であるという。[150]これは口伝史料という性格のため利用上の制約があることは否めないが、ここではクゼーエフによって編集された史料集、および最近刊行された『バシキール人の系譜図』[151]が根本史料の一つとなる。

他方、ロシア国家の政策や考え方を示し、かつロシア人によって書かれたものとしては、ロシアの年代記が重要な史料となる。[152]「シェジェレ」と同様に、年代記もその記述についての信憑性という点では問題があり、それを記した修道士たちを取り巻く種々の環境を十分に考慮しなければならないのは当然である。この点に関して、旧ソ連の中世史家Л・B・チェレプニーンが、モスクワの年代記は中央集権国家形成の初めから全ロシアの地統一とモスクワの正当性という観念を宣伝した、と述べたのは示唆的である。[153]またキリスト教世界の中心はモスクワであるという宗教政治思想である「モスクワ＝第三ローマ」論も、ロシアにおける首府としてモスクワの役割を正当化するための論拠となっただけではなく、モスクワ国家による諸地域併合を正当化する上で理論的役割を担ったのも事実である。[154]年代記が書かれた背景にあるのは、モスクワが宗主権を持つという観念やその権力の正当性・合法性を単に宣伝したり、表明したりするのを助けるというだけではなかった。それらと並んで、歴史のなかに「神の意思」をみようとする観念も人々――特に、写本作成に携わった唯一の階層である修道士たち――を年代記の執筆へと駆り立てた。[155]しかも、執筆にあたり、彼らは直接的ないし間接的に国家の干渉のもとに置かれており、とりわけイヴァン四世とピョートル一世の時代にはツァーリ自ら歴史著述に積極的であった。[156]こうした傾向が常に年代記には存在することを認識していなければならない。

ロシア国家への加入以後の時代については、バシキール人およびロシア人双方の手になる社会経済的状況や抵抗の記録を含んだバシキール人社会全体に関する史料(『バシキール自治共和国史史料』)[157]、この地方を調査旅行したロシア人や外国人科学アカデミー会員の記録[158]も高い史料的価値を有している。さらには各種の統計資料はその数字の意味するところをどのように理解すべきかという問題はあるものの、当時の諸課題を考える上で有益な情報をわれわれに提供する史料である。

なお、本編では、バシキール史を時系列的に考察するにあたり研究史上重要とされる問題点を扱っているため、それぞれの分野で利用した史料が異なっている。たとえば、ロシア国家に加わった後のバシキール人諸蜂起を扱う第三章ではその動向について情報を伝える裁判文書を含む政府側の史料[159]、オレンブルク建設とそれに抵抗するバシキール人の動きを中心テーマとする第四章では政府に提出されたИ・К・キリーロフの「草案」[160]、植民の問題を扱う第五章では人口調査資料[161]を含む各種の統計資料が主に利用されている。一八世紀の地方社会の変貌を主題としている第六章では蜂起についての記録[162]、布告[163]および工場設立をめぐる諸史料[164]、新法典編纂委員会代議員に宛てた地方住民の要望書[165]や蜂起の指導者にしてミシャーリ人ムッラーでもあったバトゥィルシャのエリザヴェータ女帝に宛てた手紙(嘆願書)[166]、またプガチョーフ叛乱へのバシキール人の参加状況を扱った第七・八章では『プガチョーフ叛乱』(三巻本)[167]とプガチョーフ叛乱期の裁判史料[168]が基本的な史料である。バシキーリアにおけるカントン行政システムの導入とそれによる同地方統合の最終段階を検討している第九章ではエカチェリーナ二世時代の『国務諮問会議議事録』[169]や政府の布告など[170]が基礎史料である。いずれにせよバシキール人による史料——極めて少ないが——とロシア側のそれとが事実全体を相互に補完してくれるという意味で、異なる種類の史料を併用しながら考察することが肝要である。

この他にも、筆者は、限定的にしか利用はできないものの、当時の様子を描いた文学作品や絵画も時代の雰囲気を語る史料として欠かせないという考えを持っている。これらはわれわれに当時の社会のより活き活きとしたイメージを抱かせてくれる「史料」である。

2、未刊行史料

未刊行史料については、一八世紀バシキーリアに関するものを中心に、モスクワのロシア国立古法文書館(РГАДА)、同軍事史文書館(РГВИА)、同国立図書館手稿部(ОР РГБ)、ペテルブルクのロシア国立歴史文書館(РГИА)、同海軍史料館(РГАВМФ)、同歴史研究所古文書部(Архив СПбИИ РАН)、同国民図書館手稿部(ОР РНБ)、バシコルトスタン共和国の中央国立歴史文書館(ЦГИА РБ)、および同科学アカデミー・ウファー学術センター学術文書館(НА УНЦ РАН)に所蔵されている史料を利用した。

史料は以下のように区分できる。第一はロシア国家の制度や政策に関する史料である。まずオレンブルク建設関係の史料群がある(РГАДА. Ф. 248. Оп. 3. Кн. 134, 136)。これらは、同文書館に所蔵されている他の同系列の文書と並んで(РГАДА. Ф. 248. Оп. 3. Кн. 135, 137, 138, 139, 140)、オレンブルク建設およびその後の同地方の状況について述べている史料である。その膨大な史料は現地のオレンブルク遠征隊からその監督官庁である元老院へ宛てた報告が主であるが、同地方に要塞(オレンブルク)を建設するにあたり、土地の選定、先住民であるバシキール人の行動や蜂起、それに対する鎮圧の様子、カザーフ人(一八世紀のロシア側史料では「キルギス人」ないし「キルギス・カイサク人」と称されていた)の状況、ロシア人の移住や植民、諸民族のキリスト教化、など多岐にわたる問題が扱われている。その史料のなかに現地当局者の考えがよく表明されており、そこから彼らの目を通してではあるが、先住民の置かれていた状況も窺い知ることができるのである。またオレンブルク遠征隊によって作成されたオレンブルクの地図とオレンブルク要塞線の所在地図、一七九一年に作られたウファー総督管区図などが参考になる(РГАДА. Ф. 192. Оп. 1. Д. 3, 4, 5、本書表見返しと裏見返し)。「カントン行政システム」を導入する総督О・А・イゲリストロームのバシキーリア支配に対する考えを示す文書も重要である(РГИА. Ф. 1345. Оп. 98. Д. 240)。

第二はバシキール人の動向を示す史料である。一七～一八世紀のバシキール人蜂起に関する史料があるの史料(РГАВМФ. Ф. 233. Д. 16; Архив СПбИИ РАН. Ф. 36. Оп. 1. Д. 438, 442)。一七五五年蜂起の全貌はロシア国立古法文書館所蔵の史料(РГАДА. Ф. 7. Оп. 2. Д. 1781. Ч. 1-5)にみることができるが、その指導者バトゥィルシャのアッピール(チャガタイ・トルコ語からのロシア語訳)など主要部分はА・П・チューローシニコフ編集のもとすでに一九四一年に準備が整いながらも刊行されることのなかった『バシキール自治共和国史史料(第二巻)』に納められている(НА УНЦ РАН. Ф. 3. Оп. 2. Д. 139)。また一七六七年、エカチェリーナ二世によって招集された新法典編纂委員会の地方代議員に対する地元からの要望書(РГАДА. Ф. 342. Оп. 1. Д. 109. Ч. XI. XII)にはオレンブルク県の様々な範疇に属する民衆からの請願が含まれている。とりわけ注目されるのはウファー郡(уезд)のバシキール人タルハンたちからの要望書(Л. 211-233)およびイセト郡(провинция)に住むバシキール人からのそれ(Л. 263-272)である。後者の史料は後に公刊されるが[171]、これらは非ロシア人の社会的願望が明確な形で表現されたものとして貴重な史料といえる。新法典編纂委員会における地方代議員への要望書は一九世紀になってかなりの部分が刊行されたにもかかわらず、非ロシア人の要望書だけはなかなか公刊されなかった。その点に帝政時代の民族政策の一端を垣間見ることができる。またプガチョーフ叛乱期のバシキール人の動向に関する史料も重要である(РГАДА. Ф. 6. Д. 415, 416, 427, 429, 467, 490, 512, 593, 627, 677; РГИА. Ф. 892. Оп. 1. Д. 384)。

第三は一八世紀バシキーリアの社会状況全般を知る補助的な史料である。一七八七年、ウファーの土地関係、商人の数およびその状況に関する史料（Архив СПбИИ РАН. Ф. 36. Оп. 1. Д. 495）、П・И・ルィチコーフによって書かれたオレンブルク県の地形や地誌等に関する史料がある（Архив СПбИИ РАН. Ф. 36. Оп. 1. Д. 521）。

Ⅳ　本編の構成について

本編は、バシキーリアの歴史をロシアの植民および民族政策に対して一貫して異議申し立てをした歴史としてみる構想のもと、筆者が一九八〇年代前半以降発表してきた諸論文に大幅に手を加えて一つのモノグラフとすべく全面的に書き改めたものである。そのため、叙述の上で若干の重複はあるものの、旧稿といえどもその原形を留めていない。以下では、それぞれの章の基となった論文と各章の目的について簡単に述べることにする。

第一章はいわば書き下ろしの文章である。ロシア国家への加入以前のバシキーリアの状況を概観しながら、第二章以下で展開する近代バシキーリア史の出発点を明確にする。

第二章は「ロシア帝国における地方の併合過程——バシキーリア併合の問題をめぐって」（『スラヴ研究』三七号、一九九〇年）に基づき、「バシキール問題」発生の原因ともなる一六〜一七世紀バシキーリアのロシア国家への「併合」過程が問題にされている。その意味とともに、ロシア国家への加入によってバシキーリアがどのように変化したのか、また同地域はロシア国家によっていかなる地位を与えられたのかをも詳細に検討することを目指している。端的にいえば、新たに打ち立てられたロシア国家とバシキール人との関係を問うているのである。そのため、その時期のバシキーリアを、加入前夜の状況、加入の過程、およびその後の変化、の以上三期に分けて考察している。

第三章は未発表の書き下ろしで、ロシア国家への加入後に多発する一七～一八世紀初頭のバシキール人諸蜂起の経緯を扱っている。蜂起発生の原因と経過、ならびにその結果を時代状況のなかで理解し、またロシア各地の民衆の動向とも関連させて考えようとした。蜂起にこそ近代バシキール史の特徴がよく現れているからである。

第四章は「一八世紀ロシアの地方社会――プガチョーフ叛乱前夜におけるオレンブルクとオレンブルク・カザーク」（山本俊朗編『スラヴ世界とその周辺』、ナウカ、一九九二年、所収。後に Оренбург и оренбургское казачество во время восстания Пугачева 1773-1774 гг. M., 1996 の第二章に収録）と「一八世紀ロシアの南東植民政策とオレンブルクの建設――I・K・キリーロフのいわゆる『草案』について」（松里公孝編『ロシア・イスラム世界へのいざない』、スラブ研究センター研究報告シリーズ七四号、二〇〇〇年）を基礎にしている。一八世紀中葉以降、ロシアの植民政策の拠点となる要塞都市オレンブルク建設の状況を通して、それに対するバシキール人たちの認識と行動、ならびにロシア帝国にとってのこの都市の重要性、等を当時の国内状況と国際関係の両面から考察する。またオレンブルクに住んでいた住民の状況、都市とバシキール人の関係をも論じている。

第五章は「ロシアにおける植民問題――一八世紀の南ウラルを中心にして」（『史観』一一二冊、一九八五年）を基に、一八世紀の南ウラル（バシキーリア）に焦点を当てて、同地における植民状況を検討しながら、帝政ロシアの遂行した植民政策とバシキール人社会の関係の変化をみている。それによって一八世紀ロシアの抱えた植民の様々な問題を浮かび上がらせようとする。

第六章は「プガチョーフ叛乱前夜のバシキール人――その社会的変貌」（『社会経済史学』四九巻二号、一九八三年）に依拠している。そこでは一八世紀後半に発生したプガチョーフ叛乱前夜のバシキール人の動向に注目しながら、ロシア人入植後のバシキーリア社会の変化が論じられている。特に一七三五年のバシキール人蜂起鎮圧に際して発布された一七三六年二月一一日付け布告の検討を通して、同地方における植民の様子と工場建設の状況、さらにはそれに対するバシキール人の対応と一七五五年叛乱を扱っている。以上の考察により、続く第七・八章で展開するバシキール人のプガチョーフ叛乱への積極的な参加の原因を理解する鍵が与えられる。

第七章は「プガチョーフ叛乱におけるバシキール人の参加過程」(『ロシア史研究』三五号、一九八二年)に基づき、一八世紀ロシア最大の民衆運動であるプガチョーフ叛乱のなかでバシキール人は具体的にいかなる行動を示したのかという点を、バシキール人指導者キンジヤ・アルスラーノフの行動を通して考える。そのために、プガチョーフのバシキール人に宛てた呼び掛け、叛乱の具体的な推移、およびバシキール人の対応に焦点を当てる。これに加えて、プガチョーフ叛乱に対する旧ソ連史学の「農民戦争」という通説的な規定を批判的に検討することをも重要な課題としている。

第八章は「バシキール人サラヴァト・ユラーエフ――プガチョーフ叛乱研究の最新の動向に寄せて」(『ロシア史研究』四二号、一九八六年)と「プガチョーフ叛乱に関する一史料――サラヴァト裁判から」(『古代ロシア研究』一六号、一九八六年)を基礎にしている。ここでは、いま一人のバシキール人指導者サラヴァト・ユラーエフがプガチョーフ叛乱中にどのような活動をしていったのかが、拘束後の彼の供述を主な史料として考察されている。特に、ロシア政府の展開した植民政策や民族政策に対し、バシキール人の族長という指導的立場から彼がいかなる行動をとったのかを明らかにする試みである。

第九章は「バシキーリアにおける軍事・行政改革――カントン行政システムの導入とその意義」(『駿台史学』一〇三号、一九九八年)により、最終的な「同化」を目的に一八世紀末に導入され、一九世紀中葉まで続いた行政区分としてのカントン制とそれに基づく様々な行政制度――それを「カントン行政システム」と称する――について、またその導入の経過・制度の概観等が検討されている。この制度を通して、一六世紀以降展開されたロシア国家の民族政策が最終段階に入るのである。

第十章は「帝政ロシアの民族政策——一八世紀のヴォルガ流域とウラル」(『スラヴ研究』三九号、一九九二年)に基づいている。いわば結論への序章となるこの章では、一八世紀を中心としながらも、広くヴォルガとウラル地方においてロシア国家が展開した植民・民族政策の基本的な方向性や方針を明らかにしている。

結論では、上で展開してきた議論をまとめ、[172] 残された問題と今後の研究の方向性を示そうとする。

（1） エドワード・W・サイード(板垣雄三・杉田英明監訳／今沢紀子訳)『オリエンタリズム』、平凡社、一九八六年。さらには、テッサ・モーリス鈴木(大川正彦訳)『辺境から眺める：アイヌが経験する近代』、みすず書房、二〇〇〇年、のなかで「進歩」や「近代性」の名のもとで同化を正当化する問題性の指摘を本編の筆者も重視する。

（2） C・レヴィ＝ストロース(大橋保夫訳)『野生の思考』、みすず書房、一九七〇年。

（3） モンテーニュ(原二郎訳)『エセー』、岩波文庫、一九六五年、第一巻第三一章。

（4） 鳥山成人「ペ・エヌ・ミリュコーフと『国家学派』」、『スラヴ研究』一二号、一九六八年(『ロシア・東欧の国家と社会』、恒文社、一九八五年、第九章、二七九頁)。本編中の植民理論は上記鳥山論文の整理に依拠している。また土肥恒之「移住と定住の間——近世ロシア農民再考」、『一橋論叢』第一二二巻第四号、一九九九年も参照されたい。植民問題にロシア史の特質をみた帝政期の歴史家たちの業績は、旧ソ連時代のそれをはるかに凌駕している。たとえば、ヴォルガ中流域の植民を扱ったペレチャトコヴィチ(*Перетяткович Г.* Поволжье в XVII и начале XVIII века (Очерки из истории колонизации края). Одесса, 1882)、南部ステップへの入植を研究したバガレーイ(*Багалей Д. И.* Очерки из истории колонизации и быта степей окрайны Московского государства. М., 1887)、一七世紀の外モスクワ地方の植民を扱ったゴチエー(*Готье Ю. В.* Замосковный край в XVII в. Опыт исследования по истории экономического быта. М., 1906)の研究などを参照。

（5） *Ключевский В. О.* Сочинения. Т. 1. М., 1956. С. 31(八重樫喬任訳『ロシア史講話』一、恒文社、一九七九年、三七頁)。

（6） *Соловьев С. М.* История России с древнейших времен. Кн. II. Т. 4. 1960. С. 648. なお、訳出にあたっては、前掲鳥山論文の訳を参考にした。

（7） *Ключевский В. О.* Указ. соч. С. 31(八重樫喬任、前掲訳書、三七頁)。

（8） Там же. С. 30-31（八重樫喬任、前掲訳書、三七―三八頁）。

（9） *Ключевский В. О.* Указ. соч. Т. 2. М., 1956. С. 291（八重樫喬任訳『ロシア史講話』二、三三二頁。土肥恒之訳『ロシア農民と農奴制の起源』、未来社、一九八二年、一一頁）。

（10） *Кавелин К. Д.* Собрание сочинений Т. 1. СПб., 1897. С. 570-571.

（11） *Милюков П. Н.* Очерки по истории русской культуры. Ч. 1. СПб., 1904 (5-е изд.). С. 54.

（12） *Любавский М. К.* Обзор истории русской колонизации. М., 1996. С. 73. これは一九三〇年代に完成していた原稿を最近編集刊行したものである。クリュチェフスキーの後継者としてモスクワ大学教授であったリュバーフスキーは、一九二六年に「ブルジョア史学」のレッテルを貼られてウファー医科大学に移された一九三〇年代前半、バシキーリアその他ロシア全土の植民に関する膨大な史料の抜書きと未刊行の原稿を残している（なお、バシキーリアの植民に関しては註（45）を参照）。上記の研究は、植民を経済だけでなく、生活と文化を含む広範囲な現象としてとらえ、そこにロシア史の本質的な意義を認めている点で重要である。また、彼はロシアにおける歴史地理学の創設者としても記憶されるべきである。

（13） Sumner, B. H. *Survey of Russian History*. London, 1944, pp. 9-56.

（14） W・ヴェイドレ（山本俊朗・野村文保・田代裕共訳）『ロシア文化の運命』、冬樹社、一九七二年、三三―三五頁。なお、川端香男里はロシア人の自然感情を的確に表現するものとしてこの「プラストール」という語に注目している（川端香男里『ロシア――その民族とこころ』、悠思社、一九九一年、二―五頁）。

（15） ジョン・P・ルドン（松里公孝訳）「一八世紀のロシア（一七〇〇―一八二五）」、和田春樹・家田修・松里公孝編『講座スラブの世界③スラブの歴史』、弘文堂、一九九五年、所収、六九―七〇頁。なお、坂内徳明は一八世紀を学術探検・調査を含めた「旅行の世紀」とみている（坂内徳明「アレクサンドル・ラヂーシチェフ『ペテルブルクからモスクワへの旅』の時代」、『一橋大学研究年報　人文科学研究』三八号、二〇〇一年）。

（16） この点については、鈴木健夫「近代ロシアへのドイツ人入植の開始――ドイツ諸地域からヴォルガ流域へ」、鈴木健夫編『「ヨーロッパ」の歴史的再検討』、早稲田大学現代政治経済研究所、一九九七年、所収、を参照されたい。ユスティとゾンネフェルトたちの「進歩の概念」とそのロシアへの影響については次を参照されたい。Jones, R. E. *Provincial Development in Russia, Catherine II and Jackob Sievers*. New Jersy, Rutgers University Press, 1984, Ch. II. またごく最近、エカチェリーナ時代のヴォルガ沿岸におけるドイツ人植民に関する次のような史料集が刊行された。Немцы-колонисты в век Екатерины/Лыкова Е. Е., Осекина М. И. (сост.) М., 2004.

(17) たとえば、本章、註(42)であげるП・И・ルィチコーフ以外に、註(158)であげるИ・И・レピョーヒンやП・С・パラース、И・П・ファリク、およびИ・Г・ゲオルギ(*Георги И. Г.* Описание всех в Российском государстве обитающих народов. СПб., 1774)などの研究がある。

(18) 研究史については次を参照されたい。*Тарасов Ю. М.* Русская крестьянская колонизация южного Урала. Вторая половина XVIII–первая половина XIX в. М., 1984. С. 16–33.

(19) Там же. С. 16. Ю・М・タラーソフはこのような見解を持つ歴史家として次の人々をあげている。М・М・シチェルバートフ、Н・М・カラムジーン、М・П・ポゴジーン、Г・Ф・ミルレル、Д・И・イロヴァーイスキーである。

(20) Там　же. 同じくタラーソフはそのような考えを持つ歴史家として、С・М・ソロヴィヨーフ、К・Д・カヴェーリン、Б・Н・チチェーリン、С・В・エシェーフスキー、Н・А・フィルーソフ、В・О・クリュチェフスキー、Д・И・バガレーイをあげているが、本編で指摘した通り、直接その流れに入る研究者はカヴェーリンとチチェーリンである。

(21) Там же. タラーソフは次の歴史家をあげている。Н・オガノフスキー、М・ボゴスローフスキー、И・Н・ミクラシューフスキー、П・А・ソコローフスキー、Н・М・ヤドリンツェフ、Н・Н・フィルーソフである。なお、本文中に述べたような評価は革命後も変わっていない(См. *Руденко С. И.* Башкиры. Историко-этнографические очерки. М.-Л., 1955. С. 35; Очерки по истории Башкирской АССР. Т. 1. Ч. 1. Уфа, 1956. С. 272; *Тарасов Ю. М.* Указ. соч. С. 59, 171)。

(22) Там же. С. 21.

(23) *Шунков В. И.* Очерки по истории земледелия Сибири (XVII век). М., 1956. С. 43.

(24) *Преображенский А. А.* Урал и Западная Сибирь в конце XVI- начале XVIII в., М., 1972. С. 57.

(25) 逃亡農民については土肥恒之の諸論考に詳しい。さしあたり、土肥恒之「逃亡農民をめぐる若干の問題」、『ロシア史研究』三九号、一九八四年を参照されたい。また、逃亡農民によって自らの土地を奪われたバシキール人たちのプロテストについては次を参照のこと。Donnelly, A. S. *The Russian Conquest of Bashkiria, 1552–1740, A Case Study in Imperialism.* New Haven & London, Yale University Press, 1968, p. 48. なお、そのロシア語訳は次である。Доннелли А. С. (перевод с английского языка Л. Р. Бикбаевой). Завоевание Башкирии Россией 1552–1740. Страницы истории империализма. Уфа, 1995.

(26) 第二次世界大戦中の日本の政策を反映しつつなされたバフルーシン作品の翻訳(外務省調査局訳『スラブ民族の東漸』、新時代社、一九四三年)に代表される仕事がある。原著は翻訳の意図とは別に、内容も豊かで問題意識もわれわれに近いものがある。

(27) 三上正利「一七世紀西シベリアの植民と農業開拓」、『史淵』九一輯、一九六三年。

(28) 原暉之「シベリアにおける民族的諸関係——南シベリア遊牧民地帯を中心に」、『史苑』四二巻一・二号、一九八二年、三頁。この「植民と抵抗」という視点は青木節也の論考が嚆矢であろう。青木節也「ユーラシア革命の現代史によせて」、『ロシア史研究』三二号、一九八〇年。同「ロシア革命における植民地の運命によせて」、『季節』四、一九八〇年。他に、民族間関係を扱ったものとして次のような邦語による研究もある。中井和夫『ソヴェト民族政策史——ウクライナ一九一七～一九四五』、御茶の水書房、一九八五年。木村英亮『スターリン民族政策の研究』、有心堂、一九九三年。西山克典『ロシア革命と東方辺境地域——「帝国」秩序からの自立を求めて』、北海道大学図書刊行会、二〇〇二年(なお、この本に対する私見は『ロシア史研究』七一号、二〇〇二年を参照されたい)。

(29) *Тарасов Ю. М.* Указ. соч. С. 5; См. *Руденко С. И.* Указ. соч. С. 38.

(30) たとえば現代ロシアの歴史家Б・Н・ミローノフをあげることができる(*Миронов Б. Н.* Социальная история России периода империи (XVIII- начало XX в.). Генезис личности, демократической семьи, гражданского общества и правового государства. Т. 1. СПб., 1999. С. 19-74)。

(31) *Ванаг Н. Н.* Краткий очерк истории народов СССР. Ч. 1. Л., 1932. С. 47-48(ロシア問題研究所・大竹博吉訳『ロシア民族史』第一巻第一分冊、ナウカ、一九三六年、六九—七〇頁). なお、原文には史料の出典が明記されていない。

(32) Там же. С. 48(前掲訳書、七〇頁)。

(33) Pelenski, J. *Russia and Kazan, Conquest and Imperial Ideology, 1438-1560s.* Mouton, 1974, pp. 2-3.

(34) 註(12)で挙げたリュバーフスキーの研究がある。

(35) 次の植民史研究を参照されたい。*Перетяткович Г.* Указ. соч.

(36) См. *Ташкин С. Ф.* Инородцы Поволжско-Приуральского края и Сибири по материалам Екатерининской Законодательной Комиссии. Вып. 1. Оренбург, 1921; *Шунков В. И.* Очерки по истории колонизации Сибири в XVII- начале XVIII в. М.-Л., 1946. また、旧ソ連の各共和国や自治共和国から刊行された通史と史料も重要である。

(37) *Аполлова Н. Г.* К вопросу о политике абсолютизма в национальных районах России в XVII в.//Абсолютизм в России (XVII-

XVIII вв.). Сборник статей. М., 1964.

(38) Nolde, B. *La Formation de l'Empire Russe: Etudes, notes et documents*. t. 1-2, Paris, 1952-53.

(39) Supler, B. "Die Wolga-Tataren und Bashkiren unter russicher Herrschaft," *Der Islam. Zeitschrift für Geschichte und Kultur des islamishen Orients*. 29, 1949/50, S. 142-216.

(40) Raeff, M. "Pattern of Russian Imperial Policy toward the Nationalities," in Edward Allworth (ed.), *Soviet Nationality Problem*. London & New York, Columbia University Press, 1970. 本文にあげるラーエフ論文の要約については拙稿「ロシアの東方植民と諸民族支配」、原暉之・山内昌之編『講座スラブの世界②民族』、弘文堂、一九九五年、三〇一三三頁を参照されたい。

(41) Kappeler, A. *Russlands Erste Nationalitäten: Das Zarenreich und die Völker der Mitteren Wolga vom 16. bis 19. Jahrhundert*, Köln & Wien, 1982.

(42) *Рычков П. И.* История Оренбургская. (1730-1750). Оренбург, 1896 (Изд. 1-е, 1759); *Он же.* Топография Оренбургской губернии. Ч. 1-2. Оренбург, 1887 (Изд. 1-е СПб., 1767); *Карамзин Н. М.* История государства Российского. ТТ. VIII, IX. СПб., 1892; *Соловьев С. М.* История России с древнейших времен. Кн. III. Т. 6, Кн. V. Т. 10. М., 1960; *Новиков В. А.* Очерки колонизации Башкирского края//Историческая библиотека. СПб., 1878. №12; *Он же.* Сборник материалов для истории Уфимского дворянства. Уфа, 1903 (Изд. 1-е, 1879); *Фирсов Н. Н.* Инородческое население прежнего Казанского царства и колонизация закамских степей. Казань, 1869; *Он же.* Колонизация Волжско-Камского края и связанная с ним политика. Казань, 1930; *Витевский В. Н.* Неплюев и Оренбургский край в прежнем его составе до 1758 г. Историческая монография. 2ТТ. Вып. 1-4. Казань, 1889-1897; *Уметбаев М. И.* Краткий курс татарской граматики. Казань, 1901.

(43) *Тоган З. В.* Воспоминания. Кн. 1. Уфа, 1994. С. 18-19.

(44) *Типеев Ш. И.* Очерки по истории Башкирии. Уфа, 1930; *Ишериков П. Ф.* Салават Юлаев—вождь башкирского народа и сподвижник Пугачева//Преподавание истории в школе. 1951. №1.

(45) ОР РГБ. Ф. 364 (Любавский М. К.). Карт. 5. Ед. хр. 1. Очерк башкирских восстаний в XVII и XVIII вв. Уфа, нач. 1930-х гг.; Карт. 6. Ед. хр. 1, 2. Очерки по истории башкирского землевладения и землепользования в XVII, XVIII и XIX вв. Уфа, 1933; Карт. 7. Ед. хр. 1, 2а-б, 3. Вотчинники-башкиры и их припущенники в XVII-XVIII вв. Историческая справка. Уфа, 1935; Карт. 7. Ед. хр. 5а-б.

Русская помещичья и заводская колонизация Башкирии в XVII, XVIII и первой четверти XIX века. Свод и первоначальная обработка архивных материалов. Уфа, 1936; Карт. 8. Ед. хр. 1. Материалы по дореволюционной истории Башкирии. Вып. 1. Выборы в Уфимской провинции депутатов в Екатерининсую комиссию 1767 года и данные им от различных национально-сословных групп населения наказы. Уфа, 1933 などがある。

(46)　*Чулошников А. П.* Феодальные отношения в Башкирии и башкирские восстания XVII и первой половины XVIII вв.//Материалы по истории Башкирской АССР. Ч. 1. М.-Л., 1936; *Он же.* Восстание 1755 г. в Башкирии. М.-Л., 1940; *Устюгов Н. В.* Башкирское восстание 1662-1664 гг.//Исторические записки. Т. 24 1949; *Он же.* Башкирское восстание 1737-1739 гг. М.-Л., 1950; *Он же.* Из истории русской крестьянской колонизации Южного Зауралья в XVIII веке//Ежегодник по аграрной истории Восточной Европы. 1958 г. Таллин, 1959; *Он же.* Основные черты русской крестьянской колонизации Южного Зауралья в XVIII в.//Вопросы истории Сибири и Дальнего Востока. Новосибирск, 1961; *Он же.* Крестьянская колонизация южной части Соликамского уезда//Материалы по истории сельского хозяйства и крестьянства СССР. Вып. 5. М., 1962; *Демидова Н. Ф.* Социально-экономическое отношение в Башкирии в первой половине XVIII в.//400-летие присоединения Башкирии к Русскому государству. Уфа, 1958; *Она же.* Управление Башкирией в первой трети XVIII в.//Исторические записки. Т. 68 1961; *Она же.* Отражение политики русского правительства в Башкирии в гербах и печатях ее города XVII-XVIII вв.//Южноуральский археографический сборник (Далее—ЮАС). Вып. 1. Уфа, 1973; *Кузеев Р. Г.* Очерки исторической этнографии башкир (род-племенные организации башкир в XVII-XVIII вв.). Ч. 1. Уфа, 1957; *Он же.* Башкирские шежере и присоединение Башкирии к Русскому государству//Советская этнография. 1957. №4; *Он же.* Новые источники о присоединении Башкирии к Русскому государству//Материалы научной сессии, посвященной 400-летию присоединения Башкирии к Русскому государству. Уфа, 1958; *Он же.* Численность башкир и некоторые этнические процессы в Башкирии в XVI-XX вв.//Археология и этнография Башкирии (Далее—АЭБ). Т. III. Уфа, 1968; *Он же.* Развитие хозяйства башкир в X-XIX вв. (К истории перехода башкир от кочевого скотоводства к земледелию)//АЭБ. Т. III. Уфа, 1968; *Он же.* Краткий очерк этнической истории башкирского народа//АЭБ. Т. V. Уфа, 1973; *Он же.* Источники по истории Башкирии до XVI в.//ЮАС. Вып. 1. Уфа, 1973; *Он же.* Происхождение башкирского народа. М., 1974; *Он же.* К вопросу об этнографическом источниковедении//ЮАС. Вып. 2. Уфа, 1976; *Он же.* Добровольное присоединение Башкирии к Русскому государству—Поворотный пункт в истории края//Историческое значение добровольного присоединение Башкирии к Русскому государству. Уфа, 1982; *Кузеев Р. Г. и Юлдашбаев Б. Х.* 400 лет вместе с русскими народами. Уфа, 1957.

(47) *Тоган З. В.* Указ. соч. С. 19-20. ただし、ウスチュゴーフが実際に本文で述べたように考えていたのかどうかは不明である。彼について語るН・Ф・デミードヴァ女史やН・Е・ベクマハーノヴァ女史の語る師についての思い出から察するに、旧ソ連体制下でウスチュゴーフの苦しい選択であったような印象を受ける(二〇〇四年における筆者の両女史との対話から)。

(48) Очерки по истории Башкирской АССР. Т. 1. Ч. 1, 2. Уфа, 1956, 1959.

(49) *Акманов И. Г.* Башкирские восстания XVII-XVIII вв./Программа спецкурса/Уфа, 1989 (Изд. 1-е), 1992 (Изд. 2-е).

(50) Там же. С. 1.

(51) Там же.

(52) Там же. С. 1-2.

(53) Там же. С. 10-11.

(54) *Акманов И. Г.* Башкирские восстания XVII- начала XVIII вв. Уфа, 1993.

(55) История Башкортостана с древнейших времен до 60-х годов XIX в./Усманов Х. Ф. (ответ. ред.) Уфа, 1996.

(56) 一六～一九世紀におけるウラル、沿ウラル、シベリア、ウクライナ、カフカース、カザーフおよび中央アジア諸民族の併合過程とロシアの多民族国家への変貌の歴史が、ロシア・ソ連史の重要で現実的な問題の一つであることは論をまたない(См. *Кузеев Р. Г.* Добровольное присоединение Башкирии...)。

(57) たとえば、バシキーリアの場合に関してはА・Н・ウスマーノフの研究、一七世紀のヴォルガとカルムィキアおよび一七三〇～四〇年代のカザーフ(小オルダと一部中オルダについて)の場合に関してはН・Г・アッポローヴァの研究がある(*Усманов А. Н.* Присоединение Башкирии к Русскому государству. Уфа, 1949; *Он же.* Присоединение Башкирии к Русскому государству. Уфа, 1960; *Он же.* Добровольное присоединение Башкирии к Русскому государству. Уфа, 1982; *Аполлова Н. Г.* Присоединение Казахстана к России в 30-х годах XVIII века. Алма-Ата, 1948; См. Известия АН Казахской ССР. Серия общественных наук. 1982. №3)。

(58) *Аполлова Н. Г.* Указ. стат. С. 355-356. なお、本編では《присоединение》の訳語に「編入」ではなく、「併合」をあてる。

(59) *Усманов А. Н.* Присоединение... 1960, С. 3-4; *Он же.* Добровольное присоединение... С. 5.

(60) *Усманов А. Н.* Присоединение... 1960, С. 3-4; *Он же.* Добровольное присоединение... С. 5.

(61) そのことはバシキール人が民族意識を形成しえなかったことに影響を及ぼしたであろう。

(62)「自由意思」説をとる歴史家には次のような人々がいる。В・Н・タティーシチェフ、И・К・キリーロフ、П・И・ルィチコーフ、Н・М・カラムジーン、С・М・ソロヴィヨーフ、Д・Н・ソコローフ、М・И・ウメトバーエフ、Р・Г・イグナーチエフ、Н・В・ウスチュゴーフ、А・Н・ウスマーノフ、等である。

(63)「強制」説をとる歴史家には次のような人々がいる。В・Н・ヴィテフスキー、В・А・ノヴィコーフ、В・И・フィローネンコ、Ш・П・ティペーエフ、П・Ф・イシェリコーフ、М・カルミン、П・М・ライモフ、А・П・チュローシニコフ、等である。

(64) *Соловьев С. М.* История России с древнейших времен. Кн. III. Т. 6. М., 1960. С. 477.

(65) *Витевский В. Н.* Н. И. Неплюев и Оренбургский край в прежнем его составе до 1758 г. Вып. 1. Казань, 1889. С. 127.

(66) ヴィテフスキーによると、「異族住民」とは、バシキール人、メシチェリャーク(ミシャーリ)人、チュヴァーシ人、モルドヴァ人、チェプチャーリ、ボブィーリ、タタール人、カルムィク人およびキルギス人を指す(Там же. С. 118)。

(67) Там же.

(68) *Чулошников А. П.* Феодальные отношения в Башкирии и башкирские восстания XVII и первой половине XVIII в. С. 3-64.

(69) *Устюгов Н. В.* Башкирское восстание 1662-1664 гг. С. 44.

(70) *Усманов А. Н.* Присоединение... 1960. С. 20-21; *Он же.* Добровольное присоединение... С. 34-35. なお、ウスマーノフ自身にはバシキーリア併合について註(57)であげた三つの研究書があるが、最初に著した一九四九年のモノグラフでは「強制」説をとっていた。しかし、一九六〇年および八二年のそれでは、Н・В・ウスチュゴーフ、С・ニグマトゥーリンおよびВ・グレーデリの批判を受け容れて見解を変え、「自由意思」説に立った(Там же. С. 35-36)点は注目されねばならない。なお、八二年版のモノグラフは六〇年版を加筆・訂正したものであるが、ウファー建設について新たな章が付け加えられているのが特徴である。

(71) См. Очерки истории СССР. Период феодализма. Конец XVII в. М., 1955. С. 674-682(А・Н・ウスマーノフとН・В・ウスチュゴーフの共同執筆である); *Руденко С. И.* Указ. соч.; Очерки по истории Башкирской АССР. Т. 1. Ч. 1. С. 56-66(なお、当該箇所の執筆者はА・Н・ウスマーノフである); *Кузеев Р. Г.* Очерки исторической этнографии башкир; *Кузеев Р. Г. и Юлдашбаев Б. Х.* Указ. соч. и т.д.

(72) Там же. С. 50.

(73) *Рахматуллин У. Х.* Население Башкирии в XVII-XVIII вв. М., 1988. С. 21.

(74) エンゲルスのマルクスへ宛てた一八五一年五月二三日付けの書簡である。*Маркс К. и Энгельс Ф.* Сочинения. Т. 27. М., 1950 (Изд. 2-е). С. 241(邦訳『マルクス・エンゲルス全集』第二七巻、大月書店、一九七一年、二二九頁。ただし、ロシア語訳は邦訳と齟齬がある)。

(75) Donnelly, A. S. *op. cit.*

(76) *Кузеев Р. Г.* Профессор истортии Алтон Стюарт Доннелли. Alton S. Donnelly (перевод с английского языка Л. Р. Бикбаевой). Завоевание... С. 8-9.

(77) Там же.

(78) Lazzerini, E. J. "Tatarovedenie and the 'New Historiography' in the Soviet Union: Rising the Interpretation of the Tatar-Russian Relation," *Slavic Review*, vol. 40, no. 4, 1981; *Алишев С. Х.* Присоединение народов Среднего Поволжья к Русскому государству//Татария в прошлом и настоящем. Сборник статей. Казань, 1975. スターリンのテーゼを受け容れた研究として、バシキール史に関しては *Усманов А. Н.* Присоединение... 1960 があり、カザーフ史については Известия АН Казахской ССР. Серия общественных наук. 1982. №3(これに関して、森川晴「(書評)『カザーフ共和国科学アカデミー通報、社会科学編』一九八二年、三号」、『東洋学報』六五巻一・二号、一九八四年も参照されたい)がある。しかし、カザフスタンでの最近の研究動向については註(87)にあげた文献が示しているように大きな転換を迎えている。また、シベリア史における「併合」の意義についてはさしあたり吉田俊則「シベリア植民初期のロシア人社会について」、『ロシア史研究』四七号、一九八九年、四二頁を参照されたい。なお、吉田はシベリア史に関してオクラドニコフの考えを引用しながら、「併合」の意味について次のように述べる。第一に、地方分離主義者の認識の克服。第二に、「併合」前夜にシベリア諸民族の置かれていた社会経済的諸関係がロシアのそれよりもはるかに低い段階にあったこと。そして第三に、「併合」の過程そのものの平和的・和解的性格が説かれる(同、四二頁)。これは、本文中でも述べるスターリン・テーゼの影響を受け容れた考え方であり、「併合」についての筆者の考えは、本論で展開されているように、吉田の考えとは異なっている。また、田中陽兒・倉持俊一・和田春樹編『ロシア史2』(世界歴史体系)、山川出版社、一九九四年、所収の倉持俊一の手になる補註22(「辺境地域のロシアへの併合と『ソ連』の歴史叙述」、二五八—二五九頁)も筆者の見方に近い。

(79) アーリシェフは「トルコの脅威」について、これはいわば「作られた見解」として批判している(*Алишев С. Х.* Истори-

ческие судьбы народов Среднего Поволжья XVI-начало XIX в. М., 1990. С. 15)。ウスマーノフは『バシキーリアのロシア国家への併合』と題する本の初版（一九四九年）においては「トルコの脅威」については触れていなかったが、六〇年版では明確にその点を打ち出している。なお、その後のアーリシェフの研究は、タタール人を中心にしながらも、一六～一九世紀の中央沿ヴォルガ地帯における諸民族の歴史研究へと向かっている（*Алишев С. Х.* Указ. соч.）。

(80) *Алишев С. Х.* Указ. стат. С. 174-177 и сл.; *Он же.* Указ. соч. С. 16.

(81) *Он же.* Указ. стат. С. 181-182.

(82) Там же. С. 179.

(83) Там же. С. 180-183.

(84) *Усманов А. Н.* Татарские исторические источники XVII-XVIII вв. Казань, 1972. С. 25.

(85) 一九八九年六月四日（日）（第二日目）、法政大学で行われた。なお、これは口頭による発言であり、しかも質問に対する返答という性格上、その発言内容の利用は限定的なものとならざるを得ない。

(86) Присоединение Среднего Поволжья к Российскому государству. Взгляд из XXI века. 《Круглый стол》 в Институте российской истории РАН. 14 ноября 2002 г. М., 2003. С. 60. なお、チホミーロフの考えは以下の論文を参照されたい。*Тихомиров М. Н.* Присоединение Чувашии к Русскому государству//Советская этнография. 1950. №3.

(87) *Моисеев В. А.* Россия—колонизатор или миссионер?//Россия—Казахстан: соврменные мифы и историческая реальность (Сборник научных и публицистических статей). Барнаул, 2001. С. 54. この論文はНезависимая газета. 20 апреля 1993 г. に掲載された論文の再録である。なお、タタルスタンでこれと似た考えを展開しているものとして次がある。*Имамов В.* Запрятанная история Татар (Национально-освободительная борьба татарского народа в XVI-XVIII веках за создание независимого государства). Казань, 1994. これは当時の政治状況である主権国家さらには独立の要求について時代を遡って主張し補強する目的で書かれている。しかし、こうした見解は一つの傾向を示しているが、それぞれの地域で主流となっているかどうかは不明である。なお、Н・Е・ベクマハーノヴァ女史は、女史と同じカザーフ人であるモイセーエフがなぜかくも「併合」問題について強い否定的な見解を出したのか理解ができないと述べている（二〇〇四年六月の女史との懇談にて）。

(88) 「自発的併合」について、バシコルトスタン史学では依然それを支持している（*Асфандияров А. З.* Еще раз о характере присоединения Башкортостана к России//Востоковедение в Башкортостане: История. Культура. Ч. III. Уфа, 1992; *Акманов И. Г.* Еще

раз о присоединения башкир к Русскому государству//Ядкяр. 1996. №1)。ドンネリーの著書のロシア語訳は註(25)を参照。ポルタルの労作のロシア語訳は *Роже Порталь*. Башкирия в XVII-XVIII вв./Пер. с франц. и немец. Сост. И. В. Кучумов. Уфа, 2000; *Он же*. Урал в XVIII веке. Очерки социально-экономической истории/Пер. с французского Л. Сахибгареевой. Уфа, 2004である。ちなみに近年の欧米の歴史学界では、バシコルトスタン(バシキーリア)に限らず一六～一九世紀のロシア東部国境の形成、および沿ヴォルガ地域・ウラル・シベリアの諸民族に関する重要な研究が現れた。前述のA・カッペラーの他に、カルムィク人の歴史を扱ったM・ホダールコフスキーやシベリア征服をテーマにしたW・B・リンカーンらの研究がそれである(Kappeler, A. *op. cit*; Khodarkovsky, M. *Where Two Worlds Met: The Russian State and the Kalmyk Nomads, 1600–1771*. Ithaca & London, Cornell University Press, 1992; idem, *Russia's Steppe Frontier: The Making of a Colonial Empire, 1500–1800*. Bloomington & Indianapolis, Indiana University Press, 2002; Lincoln, W. B. *The Conquest of a Continent, Siberia and Russians*. New York, Random House, 1993)。これらの研究は上記の広範な地域に住む諸民族を抱接しながら進むロシア国家の領域形成を考える上で有益なものとなっているばかりではなく、現代ロシアの歴史家たちも積極的に彼らの研究成果を受け容れようとしているのが特徴的である(*Акманов И. Г.* Башкортостан и Россия; взаимоотношения в середине XVI-первой половине XVII вв.//Alton S. Donnelly (перевод с английского языка Л. Р. Бикбаевой). Завоевание... С. 17; *Тоган З. В.* История башкир. История тюрков и татар. Уфа, 1994. С. 9; *Он же*. Воспоминания. Кн. 1. Уфа, 1994, С. 8)。

(89)　*Устюгов Н. В.* Хроника в Институте Истории Академии Наук СССР//Вопросы истории. 1949. №8-9. なお、帝政ロシア・ソ連史学およびロシア史学の諸研究を含めた学問的潮流については、日本でも次の諸論考に代表される研究がある。和田春樹「戦後ソ連における歴史家と歴史学――ソ連歴史学史ノート(その一)[一九四五―四九年]」、『ロシア史研究』二五号、一九七六年、一〇頁、同「流れの変化に抗する歴史家たち――一九六四―六六年」、『ロシア史研究』三二号、一九八〇年、同「転換するソ連歴史学――一九六八―一九七〇年」、『社会科学研究』三七巻五号、一九八五年、土肥恒之「『ブルジョア史学』と『マルクス主義史学』の狭間で」、『一橋大学社会科学古典資料センター』Study Series, No. 34, 一九九六年、同『岐路に立つ歴史家たち――二〇世紀ロシアの歴史学とその周辺』、山川出版社、二〇〇〇年。

(90)　Очерки по истории Башкирской АССР. Т. 1. Ч. 1. Уфа, 1956. С. 228, 248.

(91)　Там же. С. 269.

(92)　*Руденко С. И.* Указ. соч. С. 38.

(93) Очерки истории СССР. Период феодализма. Россия во второй половине XVIII в. М., 1956. С. 657, 659.
(94) *Мавродин В. В.* Крестьянская война в России в 1773-1775 годах: Восстание Пугачева. Т. 1. Л., 1961. С. 495.
(95) Документы ставки Е. И. Пугачева, повстанческих властей и учреждений. М., 1975. С. 424.
(96) Portal, R. "Les Bashkirs et le gouvernement russe au XVIIIe siècle," *Revue des Etudes Slaves*, t. 22, 1946, p. 100.
(97) idem, "Pugačev: une révolution manquée," *Etudes d'histoire moderne et contemporaine*, t. 1, Paris, 1947, p. 76（山本俊朗訳「ロシア農民一揆に関する一考察――プガチョーフの乱とロシア社会」、早稲田大学社会科学研究所ソ連東欧部会編『ソ連東欧社会の展開』亜紀書房、一九七〇年、所収、六四頁）。
(98) Raeff, M. "Pugachev's Rebellion", in R. Forster & J. P. Greene (eds.), *Preconditions of Revolution in Early Modern Europe*. Baltimore & London, 1970, pp. 184-185.
(99) Avrich, P. *Russian Rebels, 1600-1800*. New York, 1976, pp. 197-198（白石治朗訳『ロシア民衆反乱史』、彩流社、二〇〇二年、二〇九―二一二頁）。
(100) *Encyclopedia of Islam*. New Edition, vol. 1, London, Luzac & Co., 1970, p. 1076. なお、次のようなトルコ側の研究も参照されたい。Abdullah Battal-Taymas, *Kazan Türkleri: Türk tarihinin hazîn yaprakları*. Ankara, 1966. (İst., 1925). また、近年トガンの「回想録」がトルコ語からロシア語に翻訳された（*Тоган З. В.* Воспоминания. Кн. 1, 2. Уфа, 1994, 1997）。トルコ語からの日本語訳（未完）は次を参照されたい。小山皓一郎・山内昌之・小松久男訳・註「ゼキ・ヴェリディ・トガン自伝(1)―(8)」、『史朋』（北海道大学文学部東洋史談話会）、四号、五号、六号、七号、九号、一〇号、一四号、一九号、一九七六年四月、一九七六年一〇月、一九七七年四月、一九七七年一〇月、一九七八年一〇月、一九七九年四月、一九八二年一月、一九八六年二月。
(101) ソビエト科学アカデミー版（江口朴郎他訳）『世界史（近代3）』、東京図書、一九六一年、九五四頁。ロシア農民戦争に関するソ連史学の動向については田中陽兒論文（田中陽兒「『ロシア農民戦争』論の再検討――ソビエト史学の新動向をめぐって」、『ロシア史研究』二二号、一九七四年）を、また一九五〇年代から六〇年代にかけての旧ソ連史学における「農民戦争」論争の整理については石戸谷重郎の論文を参照されたい（石戸谷重郎「一七世紀初頭ロシア農民戦争のクロノロジー」、『歴史学研究』二六〇、一九六一年）。
(102) Крестьянская война в России в 1773-1775 годах: Восстание Пугачева/Мавродин В. В. (ответ. ред.) 3 ТТ. Л., 1961, 1966, 1970.

(103) Там же. Т. 3, С. 466.

(104) Там же. Т. 3, С. 99.

(105) *Рахматуллин М. А.* Крестьянская война в России 1773-1775 годов//История СССР. 1973. №6. С. 49.

(106) *Андрущенко А. И.* Крестьянская война 1773-1775 гг. на Яике, в Приуралье, на Урале и в Сибири. М., 1969. С. 316.

(107) Avrich, P. *op. cit.*(白石治朗、前掲訳書); Portal, R. “Pugačev...”(山本俊朗、前掲訳書); Raeff, M. “Pugachev's Rebellion”.

(108) *Соловьев В. М.* Актуальные вопросы изучения народных движений (Полемические заметки о крестьянских войнах в России)//История СССР. 1991. №3. また、ボロートニコフの乱についてではあるが、次も参照されたい。*Скрынников Р. Г.* Спорные проблемы восстания Болотникова//История СССР. 1989. №5. 欧米の研究として注目すべき次の論文がある。Khodarkovsky, M. “The Stepan Razin Uprising: Was It a ‘Peasant War’?” Jahrbücher für Geschichte Osteuropas 42, 1994, H. 1. たしかに、現代ロシアの歴史学界では「農民戦争」という表題がつかない傾向にあるが、それでもなお「農民戦争」という理論そのものをロシア史学は払拭していないようにみえる(たとえば、*Гвоздикова И. М.* Башкортостан накануне и в годы Крестьянской войны под предводительством Е. И. Пугачева. Уфа, 1999 をみよ)。

(109) その例をわれわれはB・И・ブガーノフ著『プガチョーフ(偉人伝シリーズ)』(*Буганов В. И.* Пугачев. М., 1984)の刊行にみることができる。旧ソ連以外で、近年の主な研究として次の諸研究があげられる(Alexander, J. T. *Autocratic Politics in a National Crisis: The Imperial Russian Government and Pugachev's Revolt, 1773-1775.* Bloomington & London, Indiana University Press, 1969; idem, *Emperor of the Cossacks: Pugachev and the Frontier Jacquerie of 1773-1775.* Lowrence & Kansus, Coronado Press, 1973; Peters, D. Politische und gesellshaftlische Vorstellungen in der Aufstandsbewegung unter Pugacev (1773-1775). *Forschungen zur osteuropäischen Geschichte,* Bd. 17, 1973)。特に、ドイツ農民戦争と比較した上で、プガチョーフ叛乱を「農民戦争」と規定する旧ソ連史学の公式的見解に疑問を呈した旧西ドイツのドロテア・ペータースの研究は重要である。また、拙著(Оренбург и оренбургское казачество во время восстания Пугачева 1773-1774 гг. М., 1996)に対する書評で、E・B・アニーシモフが展開した見解も参照されたい(cf. *Acta Slavica Iaponica,* Tomus XV, 1997, pp. 137-139)。

(110) Проблемы историографии и источниковедения Крестьянской войны 1773-1775 годов в России//История СССР. 1975. №4.

(111) См. Крестьянская война 1773-1775 гг. на территории Башкирии. Сборник документов. Уфа, 1975; Крестьянская война под

предводительством Емельяна Пугачева в Чуваши. Сборник документов. Чебоксары, 1972.

(112) *Беликов Т. И.* Участие калмыков в Крестьянской войне под руководством Е. И. Пугачева (1773-1775 гг.). Элиста, 1971.

(113) *Он же.* Ф. И. Дербетев－сподвижник Е. И. Пугачева. Элиста, 1978.

(114) なお、本章で詳述したように、アーリシェフのタタール史についての見解は注目に値する。

(115) *Алишев С. Х.* Татары Среднего Поволжья в Пугачевском восстании. Казань, 1973.

(116) *Курмачева М. Д.* Крестьянская война 1773-1775 гг. в Нижегородском крае. Горький, 1975.

(117) *Она же.* Города Урала и Поволжья в Крестьянской войне 1773-1775 гг. М., 1991.

(118) *Гвоздикова И. М.* Салават Юлаев. Исследование документальных источников. Уфа, 1982 (Изд. 3-е. 2004).

(119) *Она же.* Башкортостан накануне и в годы Крестьянской войны под предводительством Е. И. Пугачева. 本論の研究史に関しては、主にグヴォーズジコヴァ女史の整理に依拠した（*Она же.* Салават Юлаев. С. 8-11）。

(120) *Таймасов С.* Восстание 1773-1775 гг. в Башкортостане. Уфа, 2000.

(121) Салават Юлаев, башкирец Шайтан-Кудейской волости//Оренбургские губернские ведомости. 25 января 1847 г. №4.

(122) *Нефедов Ф. Д.* Движение среди башкир перед Пугачевским бунтом. Салават, башкирский батыр//Русское богатство. 1880. Октябрь.

(123) *Лоссиевский М. В.* Пугачевский бригадир Салават и Фариза//Газ. Волжско-Камское слово. Казань, 1882. №221.

(124) *Игнатьев Р. Г.* Башкир Салават Юлаев...//Известия общества археологии, истории и этнографии при имп. Казанском университете. Т. 11. Вып. 2, 3 иб. Казань, 1893, 1894.

(125) *Гвоздикова И. М.* Салават Юлаев. С. 9.

(126) *Юдин П. Л.* Суд и казны Салаватки (К истории пугачевского бунта)//Исторический вестник. Т. 73. 1883.

(127) *Дубровин Н. Ф.* Пугачев и его сообщники. Т. 3. СПб., 1884. С. 318.

(128) Россия. Полное географическое описание нашего отечества. Урал̆ь и Приуралье/Семенов-Тян-Шанский В. П. (ред.) Т. 5. СПб., 1914. С. 475-477 и др.; Энциклопедический словарь/Брокгауз Ф. А. и Ефрон И. А. (ред.) Т. XXVIII. СПб., 1900. С. 109; *Гвоздикова И. М.* Салават Юлаев. С. 9-10.

(129) *Николаев А. Н.* Вождь башкирского народа, пугачевский бригадир Салават Юлаев//Исторический журнал. 1940. №11; *Ищериков П. Ф.* Указ. стат.; Салават Юлаев. К 200-летию со дня рождения. Уфа, 1952; Очерки по истории Башкирской АССР. Т. 1. Ч. 1. Уфа, 1956;

Панеях В. М. Кинзя Арсланов и Салават Юлаев//Лимонов Ю. А. Мавродин В. В. Панеях В. М. Пугачев и пугачевцы. Л., 1974.

(130) Крестьянская война в России. Т. 2. С. 150, 154 и др.; Т. 3. С. 50, 51 и др.

(131) サラヴァト・ユラーエフ研究の第一人者であるグヴォーズジコヴァ女史と筆者の会話（一九九三年九月一四日）による（詳しくは、拙稿「『現代版プガチョーフ叛乱』遠征――オレンブルク、ウファー、カザン（一九九三年九月）」、『窓』八九、一九九四年、一六頁を参照されたい）。

(132) 二〇〇四年六月四日にはサラヴァト生誕二五〇年を記念する研究集会がウファーで開催され、その報告集が刊行された。Идея свободы в жизни и творчестве Салавата Юлаева. Уфа, 2004. また百科事典も壮観である。Салават Юлаев. Энциклопедия. Уфа, 2004.

(133) Abdullah Battal-Taymas, *op. cit.*, s. 94. これは、一九二五年、イスタンブールでアラブ文字により出版された本の再版である。山内昌之によると、二つの版には部分的な差異があるという。

(134) *Ibid.* なお、この本とその著者についての解説、および部分訳は小山皓一郎「ヴォルガ・タタールまたはカザン・トルコ人について」、『えうゐ（ロシアの文学・思想）』二号、一九七五年を参照されたい。なお、坂井弘紀はサラヴァトを謡った「ユライとサラヴァト」などバシキール人の間に伝わるフォークロア研究を進めている（坂井弘紀「バシコルトスタン（バシキール）に伝わる『ノガイ体系』の特徴」、『千葉大学ユーラシア言語文化論集』五号、二〇〇二年、一六四頁）。

(135) История Башкортостана с древнейших времен до 1917 г. Уч. Пособие/Баш. Ун-т. Уфа, 1991; *Буканова Р. Г.* Города и городское население Башкирии в XVII–XVIII вв. (Учебное пособие). Уфа, 1993; *Она же*. Города-крепости юго-востока России в XVIII веке: История становления городов на территории Башкирии. Уфа, 1997; *Юлдашбаев Б. Х.* Новейшая история Башкортостана. Уфа, 1995; Хрестоматия по истории Башкортостана: Документы и материалы с древнейших времен до 1917 г./Ф. Х. Гумеров (сост.) Уфа, 1996. Ч. I, 2001. Ч. II; *Смирнов Ю. Н.* Оренбургская экспедиция (комиссия) и присоединение Заволжья к России в 30–40-е гг. XVIII века. Самара, 1997.

(136) Steinwedel, C.R. "Invisible Threads of Empire: State, Religion, and Ethnicity in Tsarist Bashkiria, 1773–1917," Unpublished Ph.D. Dissertation, Columbia University, 1999.

(137) Schafer, D.E. "Building Nations and Building States: The Tatar-Bashkir Question in Revolutionary Russia, 1917–1920," Unpublished Ph.D. Dissertation, University of Michigan, 1995.

(138) Frank, A. J. "Islamic Regional Identity in Imperial Russia: Tatar and Bashkir Historiography in the Eighteenth and Nineteenth Centuries," Unpublished Ph.D. Dissertation, Indiana University, 1994.

(139) 西山克典、前掲書。

(140) *Аполлова Н. Г.* К вопросу о политике абсолютизма в национальных районах России в XVII в.//Абсолютизм в России (XVII-XVIII вв.). Сборник статей. М., 1964. С. 357; Kappeler, A. *op. cit.*, S. 18.

(141) *Ibid.*, S. 244f., 270.

(142) *Аполлова Н. Г.* Указ. стат. С. 357.

(143) Башкирские шежере/Кузеев Р. Г. (составление, перевод текстов, введение и коментарии). Уфа, 1960.

(144) Там же. С. 8.

(145) たとえば、B・ユマートフは伝承(предание)、Д・Н・ソコローフは年代記(летопись)、M・B・ロッシエフスキーは編年誌(хроника)、П・С・ナザーロフは歴史記録(историческая запись)とした(Там же. С. 7)。

(146) Там же.

(147) アラビア文字によるより早い時期の「シェジェレ」のテキストは一六世紀に作成されたものであるが、それらは後世の写本として残されていた(Там же. С. 177-178)。

(148) Там же. С. 9, 164-165, 216; *Валеев Д. Ж.* Национальный суверенитет и национальное возрождение: из истории борьбы башкирского народа за самоопределение. Уфа, 1994. С. 33. こうした伝承史料としての「シェジェレ」は、単にバシキール人だけのものではなく、カザーフ人、トゥルクメン人、キルギス人、モンゴル人および他の諸民族にも存在していた。しかも、それらは шежере、тайра、тарих 等の異なる名称を持っていた(Там же. С. 10)。

(149) 彼には、註(143)であげた他に、註(46)であげたような一連の史料紹介がある。*Кузеев Р. Г.* Башкирские шежере и присоединение Башкирии к Русскому государству; *Он же.* Новые источники о присоединения Башкирии к Русскому государству.

(150) *Усманов А. Н.* Добровольное присоединение... С. 20.

(151) なお、クゼーエフによって編集されたものの他に、種族によって異なる幾つもの「シェジェレ」のヴァリアントが存在する(*Асфандияров А. З.* Башкирские источники//Историческое значение... С. 19-20)。また『系譜図』は Башкирские родословные. Выпуск первый. Издание на русском языке. Уфа, 2002 である。これはクゼーエフ編集の史料集と重複する「シェジェレ」を掲載してもいるが、新たな「シェジェレ」を収録し、さらにはクゼーエフの訳とも異なっていて参考になる。

(152) Полное собрание русских летописей. Т. XIII. первая половина. СПб., 1904.

(153) *Черепнин Л. В.* Русская историография до XIX века. Курс лекции. М., 1957. С. 78–108; *Усманов М. А.* Татарские исторические источники XVII–XVIII вв. Казань, 1972. С. 17.

(154) Историография истории СССР. 1, М., 1961. С. 46–47. なお、「モスクワ＝第三ローマ」論に関して、邦語文献では次の論考がある。栗生沢猛夫「モスクワ第三ローマ理念考」(金子幸彦編『ロシアの思想と文学――その伝統と変革の道』、恒文社、一九七七年、所収)。

(155) *Черепнин Л. В.* Указ. соч. С. 42, 58, 93, 112 и др.

(156) Очерки истории исторической науки в СССР. Т. 1. М., 1955. С. 77, 171–173.

(157) Материалы по истории Башкирской АССР. Ч. 1. М.-Л., 1936; Т. I. М., 1960; Т. III. М., 1949; Т. IV. Ч. 1, 2. М., 1956; Т. V. М., 1960; Т. VI. Уфа, 2002. 第五巻と第六巻との刊行の間に四〇年の歳月が流れた。第六巻はオレンブルク遠征隊の動向とそれに対する蜂起などバシキール人の異議申し立てを含んでいる。その内容の浩瀚さもさることながら、Н・Ф・デミードヴァの一九五三年に書かれたという署名入りの「古文献学的序文」は、その序文の書かれた年代の重み(そして表題の変更)とともに、読者に感銘を与えずにはおかない。なお、第二巻はさまざまな理由から刊行されなかった(拙稿「〈ロシア滞在記〉ウファーでの発見!!」『ロシア史研究ニューズレター』五八号、二〇〇五年)。

(158) たとえば、註(42)であげたП・И・ルィチコーフによる一連の研究の他、*Лепехин И. И.* Продолжение записок путешествия академика Лепехина. Полное собрание ученых путешествии по России. Т. IV. СПб., 1822; *Паллас П. С.* Путешествие по разным провинциям Российского государства. Ч. 1. 2. Кн. 1. СПб., 1773; *Фальк И. П.* Записки путешествия. Т. 6. Ч. 2. СПб., 1824 などがある。

(159) Материалы по истории Башкирской АССР. Ч. 1. М., 1936.

(160) ОР РГБ. Ф. 222. Карт. XI. Л. 142–172; Материалы по истории России. Сборник указов и других документов, касающихся управления и устройства Оренбургского края. 1734 год. По архивным документам тургайского областного правления/Добросмыслов А. Н. (сост.) Т. 1. Оренбург, 1900.

(161) *Кабузан В. М.* Изменения в размещении населения России в XVIII– первой половине XIX в. М., 1971; *Он же.* Русские в мире. Динамика численности и расселения (1719–1989). Формирование этнических и политических границ русского народа. СПб., 1996.

(162) Материалы по истории Башкирской АССР. Ч. 1. М.-Л., 1936; Т. IV. Ч. 2. М., 1956.

(163) Полное собрание законов Российской Империи. СПб., 1830. Т. IX. №6890 を中心とする諸法令。

(164) *Сигов И.* Народ и посессионные владения на Урале//Русское богатство. 1899. №3; *Струмилин С. Г.* История черной металлургии в СССР. Феодальный период (1500–1860 гг.). Т. 1. М., 1954.

(165) Наказ башкир Уфимской провинции в Уложению комиссию/Кулбахтин Н. М. (сост.) Из истории гайнинских башкир. Уфа, 1996.

(166) Письмо Батырши императрице Елизавете Петровне/Хусаинов Г. В. (сост.) Уфа, 1993.

(167) Пугачевщина. ТТ. 3. М.-Л., 1926. 1929. 1931.

(168) Крестьянская война 1773–1775 гг. на территории Башкирии. Сборник документов.

(169) Архив Государственной Совета. Т. 1. СПб., 1869.

(170) Полное собрание законов Россиской Империи. СПб., серия-II.

(171) 註(165)にあげた史料がそれである。

(172) 以上の内容を簡潔にまとめたものとして拙稿「ロシアとバキシール人――帝政ロシア民族政策の一事例」、豊川浩一編『前近代ロシアにおける都市と地方の社会的結合の諸形態に関する研究』、平成一〇～一三年度科学研究費補助金基盤研究(A)(1)研究成果報告書、二〇〇二年がある。

第一章　モスクワ国家支配前夜のバシキーリア

Ⅰ　バシキーリアの地誌と社会

1　地誌

バシキール人の居住地域はヴォルガ川、カマ川、トボール川およびヤイーク川(現ウラル川)の上流と中流の間に挟まれたウラル山脈の両側に広がっていた。この地域は有用鉱物に富み、森林やステップが広がり、満々と水をたたえる川が流れている。ベラ川までの南ウラル西方の傾斜面は針葉樹林および落葉樹林が生い茂り、そのなかに肥沃な黒土を含む広大なステップ地帯が点在している。またバシキーリアの南部をこんもりと茂った森が覆っていた。ベラ川、ステルリ川、アシカダル川、ジョーマ川の渓谷には落葉松の森林地帯が混在している広々とした灌木地帯が伸びていた。バシキーリアの大部分、特にウラル山脈以東のトボール川とオビ川の流域は広大な放牧地を含む「はねがや」のステップであった。(1)

ここには次のような動物たちが生息している。森には熊・狼・山猫・穴熊・狐・貂・りす・大鹿、湖には鴨や鵞鳥など。川とりわけヴォルガ川からはチョウザメの類が獲れ、またビーバー・かわうそも棲んでいた。(2) それらは「ロシアの真珠」と呼ばれるほど現在も豊かなウラルの自然の一部を成している。

狩猟や漁撈にも従事していたバシキール人の基本的な生業は遊牧・牧畜で、この経営には広い牧草地が必要であった。なぜなら夏だけではなく冬にも家畜――一八世紀以降、その足の速さゆえにロシア帝国陸軍で活躍することになる馬、および羊、雌牛、駱駝など――を養うための広大な土地が不可欠だったからである。また野生の蜜蜂を飼育する養蜂業も彼らの重要な生業となった。これも後のヤサークの対象となった。(3) ロシアでは現代に至るもバシキール産の蜂蜜は有名で珍重されている。

基本的には半遊牧で牧畜を営んでいたバシキール人も、北西部、さらには一七〜一八世紀を通じて南部および東部の住民のなかには、ロシア人入植者との接触によって定着して農耕に従事する者も現れた。それでも定住農耕に移行したのはバシキーリア全体でみるならば僅かな地域にしか過ぎず、一六世紀後半までこの地方における大部分の住民は半遊牧を営んでいた。(4)

2　種族連合「バシコルト」

碩学3・B・トガン(ヴァリドフ)によると、一〜二世紀にはブルズヤン、ウセルガン、タミヤン、ガイナ、カングリン、キプサク(キプチャク)、ユルマティン(ユルマトゥイ)、エネイ、タビンを含んだ一連のチュルク系諸種族の連合としてバシキール人たちは南ウラルの広範な領域に広がっていた。(5) イデリ川(ヴォルガ川の古称)沿岸および山側地帯(ウラル山脈)に居住していたバシキール人について伝える古チュルクの伝説によってヴォルガ中流域にブルガールが現れるまでそのことが裏付けられており、九～一〇世紀のアラブの著述家たちがバシキール人を昔から南ウラルの住民であるかのように描いてきたのは偶然ではなかったのである。(6) この時期に形成された種族連合が「バシコルト」と呼ばれた。

幾世紀にもわたるバシキール人の歴史のなかで、何よりも紀元後の一〇〇〇年間が際立っている。その初頭、南および南東からやって来た遊牧チュルク系諸種族が連合し、ウラルとヴォルガの広大な土地を占め、地方の種族を服属させながら、バシキール人の種族集団を形成していった。この一〇〇〇年間に、当の種族集団はチュルク系の人々の移動や移住という新しい流れを経て強固になり、発展し続けたのである。それと並んでバシキール人の社会経済的な変動や発展、社会的分化そして上層階級の出現がみられるようになったのである。(7)

続いて一三世紀前半に始まるモンゴル人の南ウラルへの侵入がバシキール人の歴史に大きく関わってきた。三〇〇年以上にわたりバシキール人はまずキプチャク・ハン国の支配下に、その後はノガイ・オルダ、カザン・ハン国、シビル・ハン国、および部分的にはアストラハン・ハン国の支配下に入ったのである。(8)

3　行政区分

行政区分に関して、バシキーリアはキプチャク・ハン国時代の遺制とされる「道(дорога)」という四つの行政区分から成り立っており、それはロシア支配下でも存在していた(地図2を参照)。

「道」の語源については、旧ソ連時代、キプチャク・ハン国史の専門家A・ヤクボフスキーの説(9)と言語学者B・B・ラードロフの説(10)の二説が有力であるが、両者とも《дорога》の語源となる《дapyгa》を本来行政職と考えていた点で一致している。おそらくモンゴル諸国家内では一定領域の代表者がそのように呼ばれていたのであろう。(11)

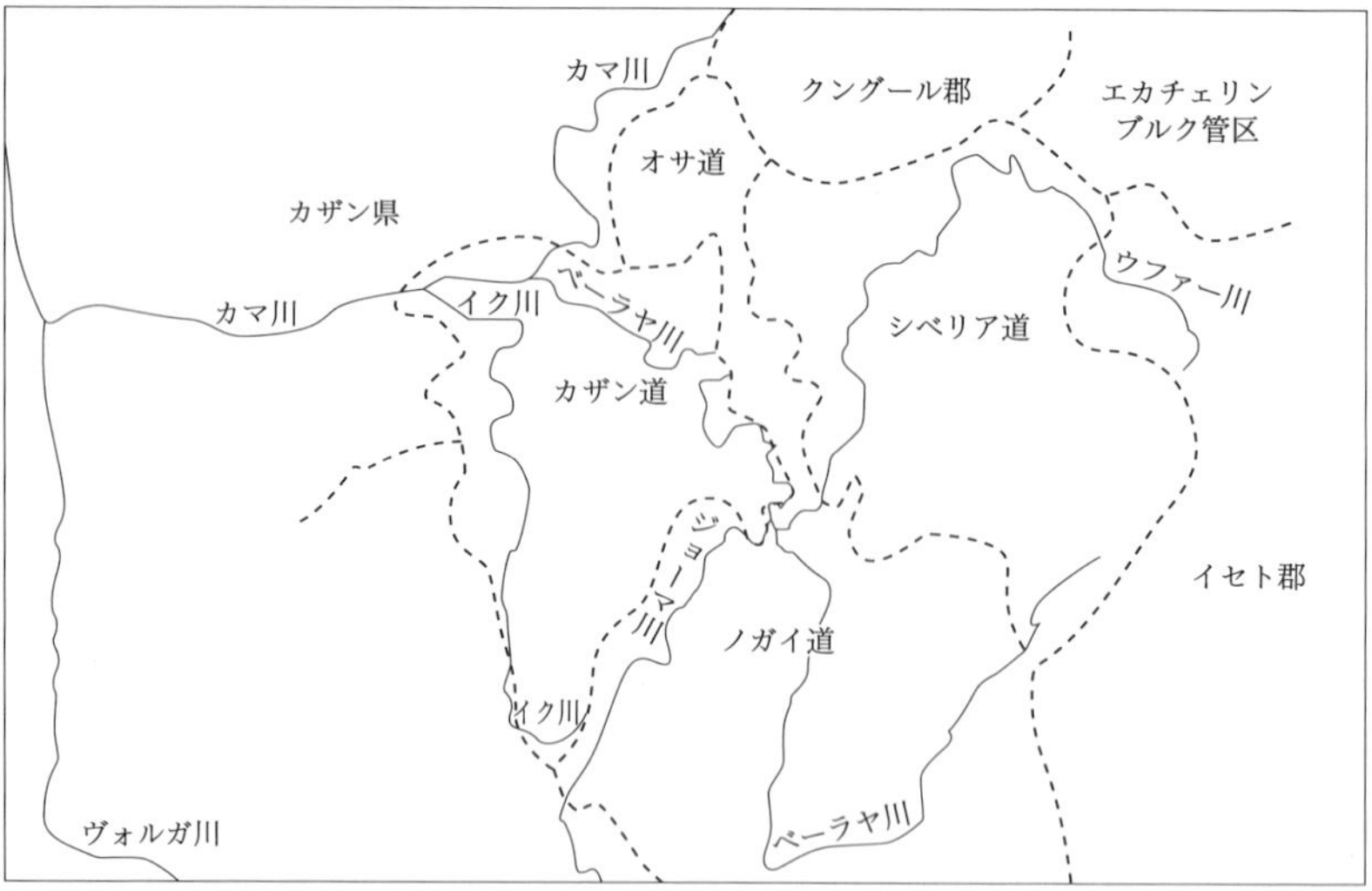

地図2　1755年当時のバシキーリアにおける行政区分――《дорога》

出典：*Янгузин Р.* Хозяйство и социальная структура башкирского народа в XVIII-XIX вв. Уфа, 1998. С. 23.

キプチャク・ハン国時代、バシキーリアは行政的にまとまりのある幾つかの領域に分かれており、《даруга》がその長となっていた。この《даруга》たちが、第一にヤサーク税の徴収に従事し、第二にその支配下の種族の族長および同様に他の責任ある人々が賦役の遂行や税の徴収を監視する役割を担っていた。このような任務を負った人々によって支配された地域が、比較的長い期間変更されることのない行政単位として後世ロシアの史料に《дорога》という名称で現れるのである。これはピョートル一世により地方の治安維持・強化を目的とする一七〇八年の県制度導入の後も県に組み込まれることなくエカチェリーナ二世時代の「カントン」導入に至る一七八九年まで県と併存し続けることとなった[12]。

一五～一六世紀には、すでに《даруга》という語は行政職というよりはむしろバシキーリア四地域（カザン道、ノガイ道、シベリア道およびオサ道）の呼称となっていた[13]。このことは、カザン・ハンのサイプ＝ギレイが一五二三年に免税特権を有するタルハン(тархан)たる権利を九名の領主たちに与えた有名なヤルリィク(ярлык、命令書ないし特許状)によって証明されている。その史料から、当時、カザン・ハン国は《даруга》と呼ばれる行政管区に分割されていたことが分かるのである。(14)

以下、バシキーリアの行政・領域上の変化を二〇世紀に至るまで概観しておこう。

バシキーリアがロシア国家に組み込まれると、そこはカザン宮廷官署の管轄下にあるウファー郡(уезд)の構成要素となった。一五七四年にその基礎が築かれたウファーがその中心である。郡は上で述べた四つの「道」によって分割されていた。すなわち西部のカザン道、中央および南部のノガイ道、東部のシベリア道、そしてウファーから北へベーラヤ川右岸に沿ってカマ川にまで達するオサ道である。これらは行政的にはさらに郷に分けられており、種族＝氏族制を根幹に形成されていた郷は一八世紀まで存続した。

一八世紀前半においては次のようである。一七〇八～二八年、バシキーリアの大部分はカザン県の一部であるウファー郡(провинция)に入った。二八～三一年、ウファー郡はどこにも属さなかったが、三一～三七年には再びカザン県に、その後四四年まではオレンブルク委員会の管轄下に置かれた。一七四四年三月一五日付け元老院布告によりオレンブルク県が正式に形成されたが、そのなかにウファー郡も入ることになった。(15)

一八世紀後半にはより大きな変化がみられた。一七八一年一二月二三日付けの元老院布告はオレンブルク県の廃止、ならびにその代わりとしてウファーを中心にしたウファー総督管区(наместничество)の創設をうたっている。総督管区には二つの州(область)、すなわちオレンブルク州とウファー州が入った。ウファー州は八郡(уезд)から構成された。ウファー郡、ビルスク郡、メンゼリーンスク郡、ブグリマー郡、ブグルスラーン郡、ベレベーイ郡、ステルリタマーク郡、そしてペルミ総督管区から分かれたチェリャービンスク郡である。(16)一七八四年五月二日付けの元老院布告によって、ウファー総督管区にさらにいま一つトロイツク郡が加わった。そこはトロイツク要塞に接していたヴェルフネ・ウラリスク郡、チェリャービンスク郡、およびその他の郡の住民から成り立っていた。[17] 二つの州からなるウファー総督管区は一七九六年まで存続する。

一七九六年一二月、元老院布告「国家を県に新たに区分することについて(О новом разделении государства на губернии)」によって、ウファー総督管区はオレンブルク県と改称し、同県は一〇の郡に区分されることになる。ベレベーイ市、ブグルスラーン市、セルギエフ市はそれからもれ、「定員外の(заштатные)」都市すなわち郡の中心ではない(бузуездные)都市となった。[18] 一七九七年三月二三日、県の中心はウファーからオレンブルクへ移った。[19] 一八〇二年三月五日付けの布告によって、オレンブルク県の中心は再びウファーに移り、一八六五年までそれが続いた。[20]

一八六五年五月五日付けの布告によりオレンブルク県がオレンブルク県とウファー県との二つに分割されることになった。後者の中心はウファーであるが、ウファー県のなかにはベレベーイ郡、ビルスク郡、メンゼリーンスク郡、ステルリタマーク郡、ウファー郡、ズラトウスト郡が入った。ズラトウスト郡はオレンブルク県に所属しているトロイツク郡から分かれたものである。[21] 一八六五年に画定されたウファー県の行政・領域的な区分は一九一九年まで存続した。

4 社会構造

一七~一九世紀の社会の構造に関して、現代バシコルトスタンの民族学者Р・Г・クゼーエフの長年の研究がそれを明らかにしている。バシキール人社会は他の中央アジアやカザフスタンなどのチュルク語系の種族＝氏族構造と類似しているという。「種族(племя)」およびその下位区分としての「氏族(род)」を理解するためには、

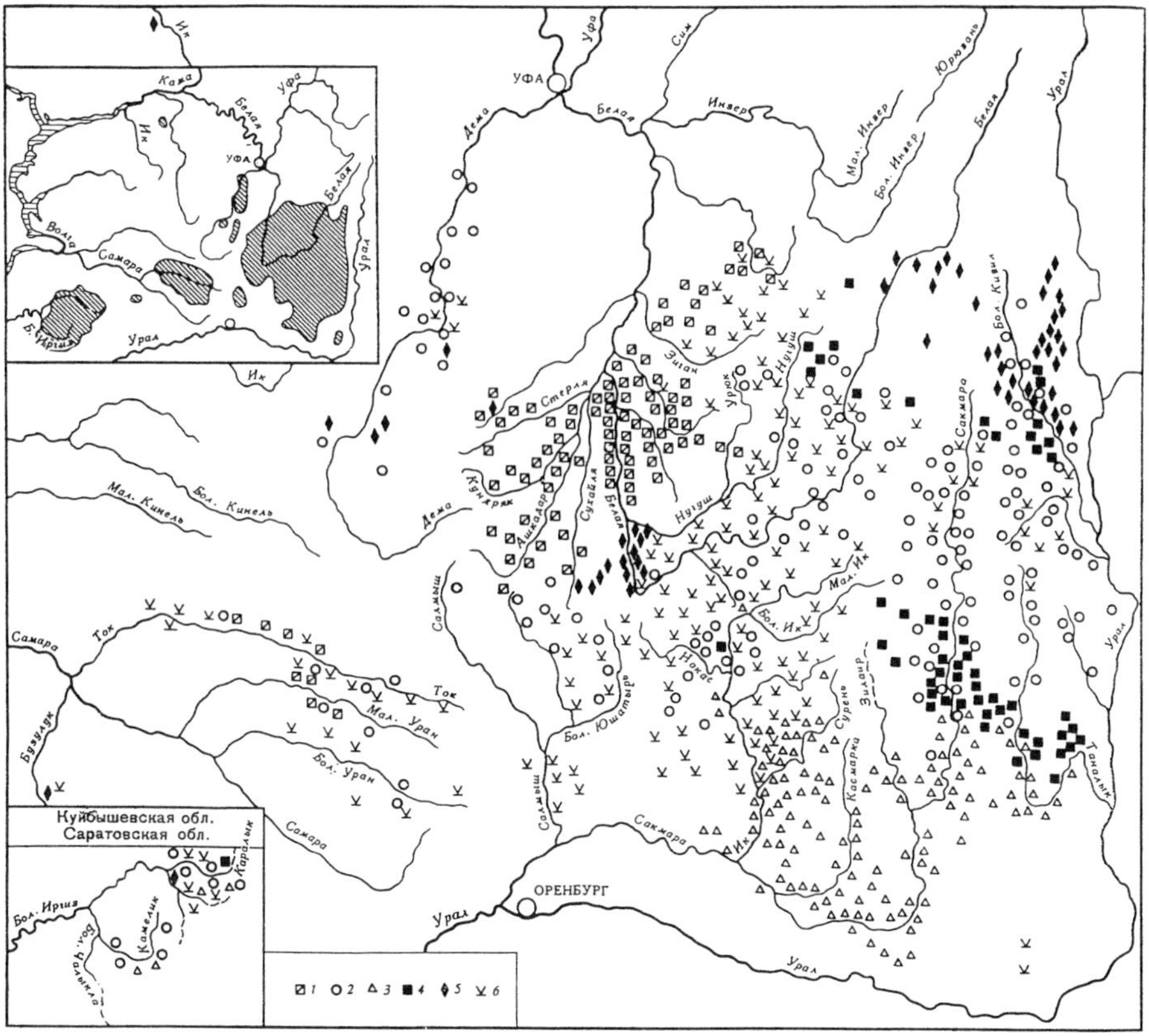

地図 3-1　17～19 世紀の南東バシキール人の種族構成と分布

1 ユルマト(ユルマティン)族　2 ブルズヤン族　3 ウセルガン族　4 タンガウル族
5 タミヤン族　6 キプサク族

出典：*Кузеев Р. Г.* Происхождение башкирского народа. М., 1974. С. 514.

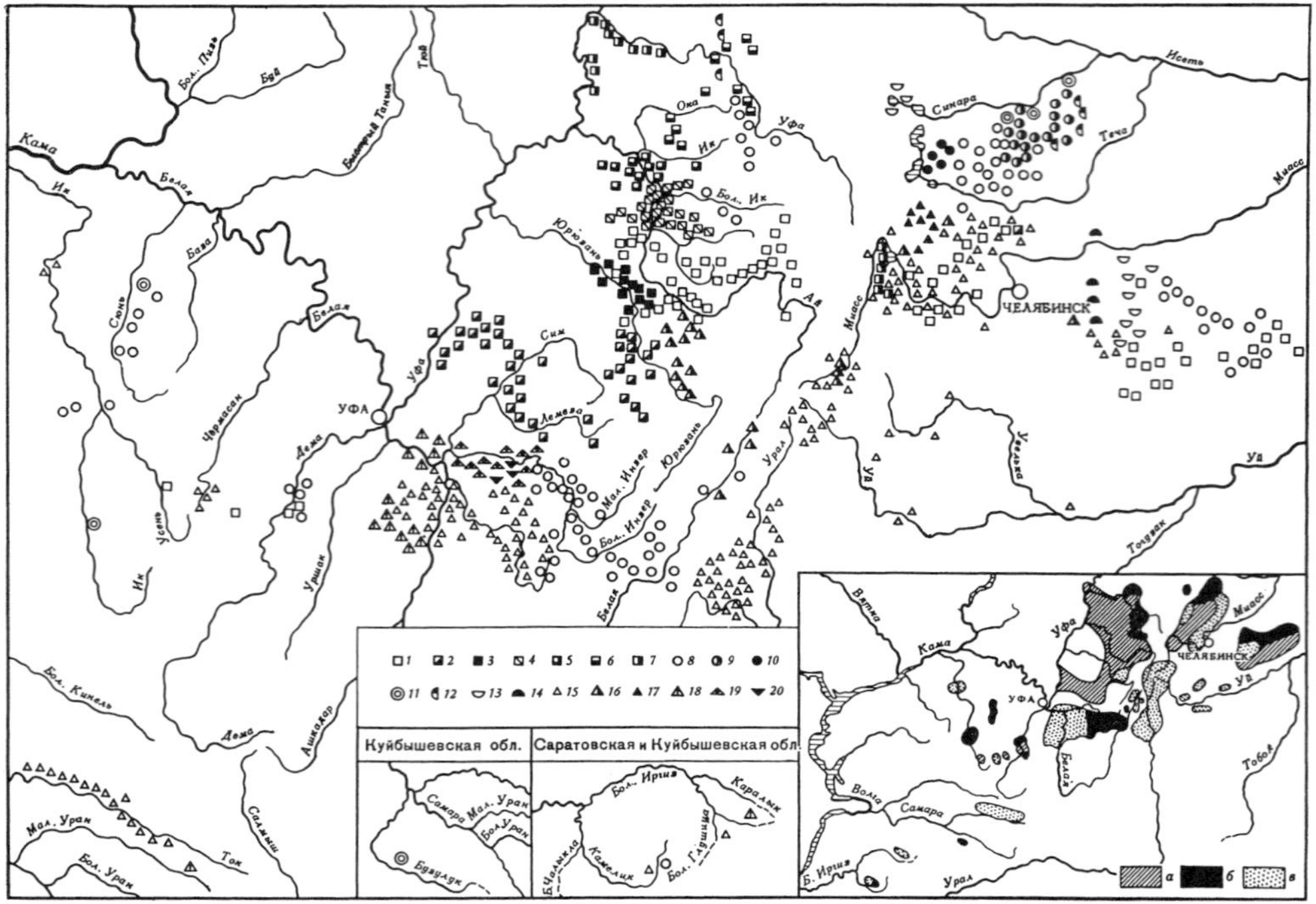

地図 3-2　17〜19 世紀の北東バシキール人の種族構成と分布

1 アイ族　2 クデイ族　3 ムルザラル族　4 ドゥヴァン族　5 コシュシ族　6 ウペイ族　7 スィグジ族　8 カタイ族　9 サリュート族　10 ビクチン族　11 スィンリャン族　12 テウシャク族　13 カルマク族　14 バシキール・カザーク族　15 タブィン族　16 クヴァカン族　17 スィルジ族　18 ビシュル族　19 クムルク族　20 バドラク族

出典：Там же. С. 519.

その経済的側面だけではなく社会構造そのものにも注目しなければならないのは当然であるが、この時代にバシキール人の社会的諸関係の根幹である氏族的家父長制的な家族関係が失われつつあった。(22)

他方、隣接する中央アジアやカザーフなどの諸民族は幾世紀もの間、政治経済的諸関係を保持していた。一七

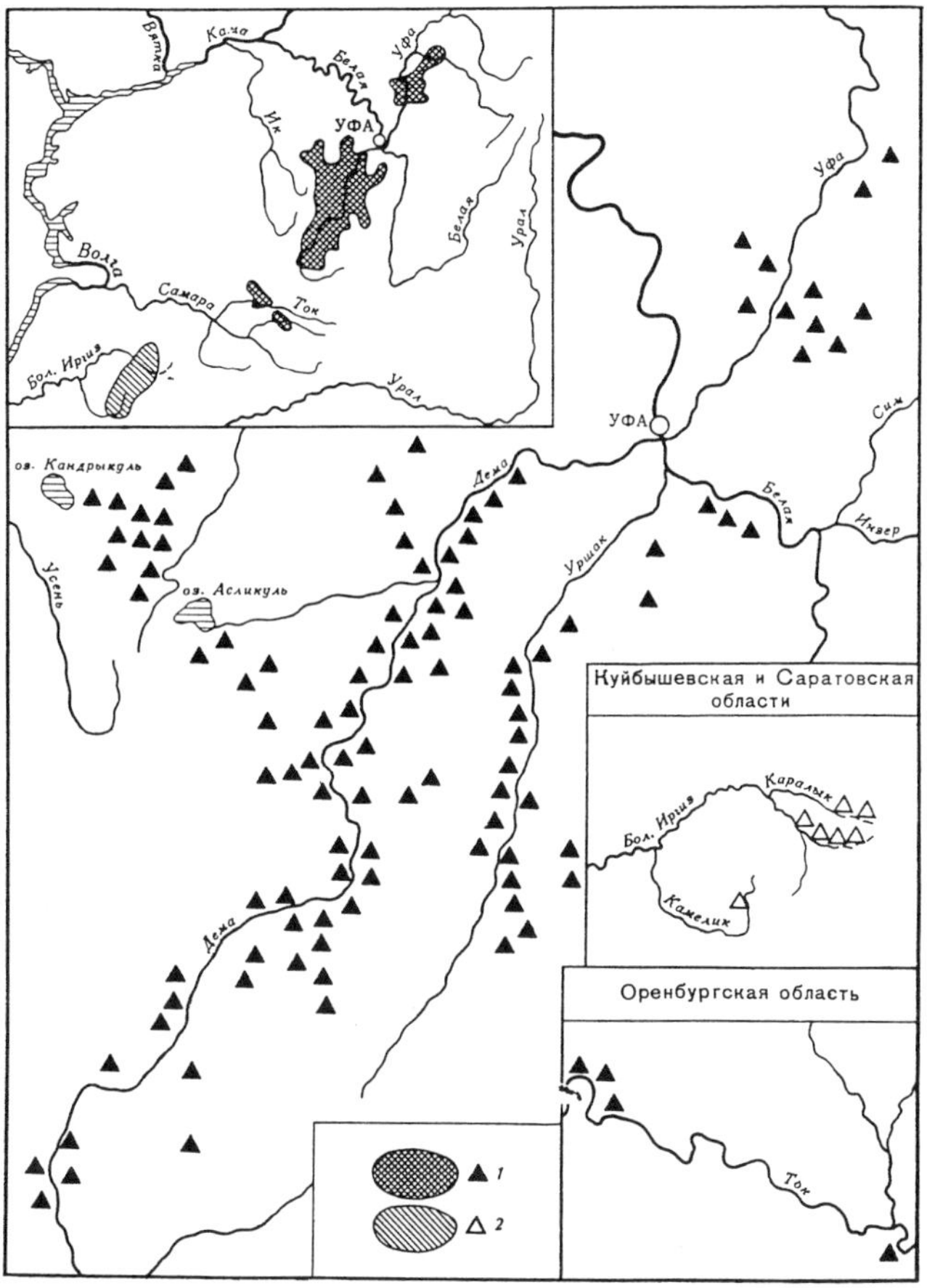

地図 3-3　17～19 世紀の南西バシキール人の種族構成と分布
1 ミン族　2 ユルギゾ＝カメリンスキー族
出典：Там же. С. 522.

〜一九世紀におけるそうした諸民族の社会組織の主要な特質の一つが重層的な種族＝氏族構造からなる多層構造性(многоступенчатость)である。これは、カザーフ人、キルギス人、カラカルパク人、トゥルクメン人およびバシキール人の民族学や歴史学に関する研究からもそのことが認められる(23)。

まず、バシキール人の種族＝氏族構造の原則について述べると、その根幹となる氏族構造は通常「ウル(ырыу)」と呼ばれている。この用語はしばしば種族を意味する場合にも使用される。南東バシキーリアでは「より大きな(あるいはより上位の)種族(Θлкен ырыу)」と呼ばれることもある。北東のバシキール人は「ウル」という用語を「イリ(иль)」という語で置き換えている。しかし本来「イリ」という用語は広い意味を持ち、氏族というだけでなく種族あるいは総体的に地方という語として用いられている。バシキーリアの南東および南の種族をバシキール人は「チューバ(тyб, тyбə)」という語で表している。他方、北東地方では「アイマク(аймак)」という語で表現しているが、南東のバシキール人は「アイマク」という語を知らなかった。それは、稀な例外を除いて、「チューバ」という用語を知らない北東バシキール人と同様であった。これに対して、バシキーリア西方では、両者の語が知られていた。総括すると、ベーラヤ川から南にかけては「チューバ」、北では「アイマク」という用語が支配的であったといえる。バシキーリア全体では、種族構造は氏族と同じように「イリ」あるいは「ウル」と呼ばれていたのである(24)。

一五〜一六世紀前半のバシキール人社会は上記の如き種族＝氏族制社会であり、時には種族間や氏族間で同盟を結ぶことさえあった。そのことについては、現在に至るまで、ブルズヤン、ウセルガン、キプサク(キプチャク)、タミヤンおよびタンガウル諸種族の伝承のなかに残っている。それによると、種族の下にある氏族社会の指導者はその族長であり(25)、一六世紀になって彼らは「封建領主化」していったとされる(26)。

社会の重要な特徴の一つに民会があげられるが、旧ソ連史学はこの民会の役割をあまり高く評価してこなかった。歴史家A・H・ウスマーノフはその理由として次の二点をあげて説明している。一つには、民会ではノガイのムルザ(мурза)やカザンのハンたちが容易に影響力を持ちえたし、彼らは民会の決定を拒否することもできたこと。いま一つには、遊牧民の有力者である族長、タルハン、長老あるいはバトゥィール(батырь、勇士)、およびイスラームの聖職者が民会で大きな発言権を有したからである。(27) たしかに民会は氏族共同体構成員の意見を平等に反映する民主的な機関とはいいがたかったが、民会の構造と機能を評価することなしにバシキール人社会を正当に理解することはできない。後述するように、フランスの歴史家R・ポルタルはこれに注目し、民会は一七世紀以来多発するバシキール人蜂起において重要な役割を果たし、もし民会が存在しなければバシキール人は立ち上がることはなかったと主張したほどである(本編、第六章を参照)。

土地は形式的には氏族共同体の所有とみなされ、共同体の共有とされた。こうした制度はロシア国家に臣従した後も存続した。その際、重要なことは、ツァーリより「賜与された」土地の代償としてバシキール人は貂や狐など毛皮獣の毛皮によるヤサークの納入と軍役奉仕という義務をツァーリおよびロシア国家に対して遂行していたということである。(28)

このようにバシキール人は氏族を核とする共同体を基盤にして半遊牧・牧畜等を営みながら、同一氏族としての帰属意識を示す様々な印を持っていた。ウラン(уран)と呼ばれる戦いの時にあげる叫び声、三五〇〇ほど知られている氏族に固有のタムガ(тамга、紋章・標識・印章)(表1を参照)、先祖伝来のトーテム信仰の影響、氏族を象徴する鳥や木、等がそうであった。(29) しかし注目すべきことに、彼らはバシキール人として固有の民族的(エスニック)な意識を持たず、またそれを形成するための契機もなく、しかも実に二〇世紀初頭の革命期までそういう状況が続いたのである。(30) これは帰属意識の重層性という点からいま少し慎重に考えなくてはならない。氏族に帰属する意識が強く、逆に民族としての意識が希薄でも、帝政時代には国境や辺境の警備勤務を求められ、また騎馬隊として海外遠征に利用された事実は、ロシア側だけが彼らをバシキール人として認識していたのではなく、バシキール人自身の方でもある程度の民族的な意識を醸成することになったと考えられるからである。そこでは幾段階もの帰属意識——すなわち民族、種族、氏族といった重層的な帰属意識——が状況に応じて立ち現れるの

表1 バシキール諸氏族のタムガ(紋章・標識・印章)の例

№	Род	Основные или наиболее распространенные тамги и их название	
1	Тальтим (Тәлтем)	Y └┐ ┌┬┐	Вилы (һәнәк) Гребенка (тараk)
2	Татигас (Тәтәгәс) отделился в XVI – XVII вв. от рода Тальтим	└┐	
3	Кармыш (Кармыш); другое название Макар (Маkар)	Y	Гусиные лапки (kаҙаяk)
4	Юрматы (Юрматы)	└┐ ├┬┤ ┌┴┐ Y	Ребро (kабырға) Ведро на нарах (һикә өстендә биҙрә)
5	Ногай-Юрматы (Нуғай-Юрматы); другое название (предположительно) Ар или Арлар	Y └┐	
6	Мишар-Юрматы (Мишәр-Юрматы); другое название Карагай-Мишар (Карағай-Мишәр)	| ʅ	Прут (сыбыk) Крюк (ырғаk)

出典：Там же. С. 188.

である。しかし、帝政時代、バシキール人にとって最も重要で基本的な帰属意識は民族の構成員として自らを認識することではなく、共同体の基本単位である種族や氏族の構成員としてのそれであった。

宗教についても未解決の問題が存在する。いつバシキール人がイスラームに帰依するようになったのか――それは、いつアラビア語の書き言葉の借用を始めたのかという問題と表裏一体である――ということもはっきりしているわけではない。少なくとも一〇世紀にはバシキール人たちはいまだムスリムではなかった(31)。現存する史料から判断すると、バシキール人社会におけるイスラームの普及は数世紀ほどかかり、ほぼすべての人が信仰するようになったのは一四～一五世紀より早いことはなかったであろうとされている(32)。

5　社会的状況

ロシア国家への加入以前、すでに述べたように、バシキール人社会の共同体構成員は原則的には土地や他の収益地を等しく所有していたが、実質的に土地は族長やタルハンおよびムルザなど上層の人々の手に帰していた。また様々な税や賦役に関しても、彼らバシキール人上層はそれらの義務から解放され、他方、諸義務から逃れられない共同体構成員には堪えがたい重圧となって担わされていた。上層に免税特権を与えるというハンのヤルリィクは、逆に人々が担わねばならない負担がいかに重かったかをわれわれに教えてくれる(33)。その義務の遂行は「狐、ビーバー、貂」などのヤサーク納入で行い、「そのため、彼らはすっかり消耗し果て、貧困に陥った(34)」、という。

バシキール人の負担はそれに尽きるものではなかった。彼らを一層疲弊させることになったのは軍役奉仕の義務である。人々はカザン・ハン国、シビル・ハン国およびノガイ・オルダの歴代のハンやムルザたちによって度々組織され、軍事遠征や襲撃への従軍が求められた。その際、彼らは遊牧民としての特長を生かして騎馬隊を編成することが義務付けられていた[35]。支配者の代わった一六世紀中葉以降も、勇猛で名を馳せたバシキール人騎馬隊はロシア国家の軍隊のなかで大いに利用され海外派遣の対象になった。

諸ハン国によるバシキーリアの分割、および間断なく続くノガイ人領主やシベリアのハンたちによる襲来が同地域社会を疲弊させ、全氏族による連帯形成を阻害したことも事実である。また、南部や南東部のバシキール人の一部は、その上層部やノガイ人領主の宣伝と強制によって南方(カフカースおよびクバン・ステップ)に移住させられさえしたのである[36]。さらにはバシキール人氏族間の内訌も発生した。それは社会に大きな影響を及ぼしただけでなく、彼ら自身が中央アジアやヴォルガ流域の諸市場で奴隷(paб)として売られることになった[37]。

以上の如く、バシキール人社会は共同体上層と諸ハン国という内外二重の抑圧を被っていたが、そうした状況は実に一六世紀中葉まで続いたのである[38]。

II　ノガイ・オルダ、カザン・ハン国およびシビル・ハン国支配下のバシキーリア

1　ノガイ・オルダ支配下の南東バシキーリア

キプチャク・ハン国の崩壊と並んですでに南東で始まっていた種族連合は、一五世紀初め、ノガイ・オルダの形成へと向かった。その支配領域は広大で、西はヴォルガ川から東はイルティシ川上流域にまで及んだ。ノガイ人の遊牧地域はヴォルガ川とヤイーク川の流域、またカスピ海にまで広がっていた。住民は様々なチュルク語系

の諸種族から成り立っていた。遊牧と牧畜が主な生業であり、商業関係はあまり発達していなかった。同時代人の報告によると、「ノガイ人たちは金銭を使わずに家畜を服や他の必要な品と交換していた」[39]、という[40]。

一六世紀前半、ノガイ・オルダは三つの大きなオルダに分割されていた。第一のオルダはヴォルガ川とヤイーク川に挟まれ、その中心はヤイーク川沿いにあるサライチクである。ここは全ノガイ・オルダの筆頭公の滞在地であった。第二のオルダはヴォルガ川とクマ川の間にあり、第三のそれはウラル以東とシベリアの一部を含んでいる。ノガイ・オルダの政治組織は長として公が支配しており、その下に各地方を支配するムルザあるいはハンがいた。

南と南東のバシキーリアのバシキール人諸種族はバスマン・ハンに従っていた。史料によると、バスマン・ハンのキビトカ(本営)は、「遊牧地をヤイーク川および他のステップの諸河川、すなわちビョールダ川、サクマラ川、サルムイシュ川、ユシャトゥイラ川、オリ川、タナルィク川、キジル川、その他の川の上流と下流を占めていた。冬にはそれらのキビトカはウラルの山々を越えてベーラヤ川、ソカラ川、アシカダル川、クガナク川、シカドル川およびジョーマ川に沿って遊牧していた。そこは森林が多く温暖な場所であった」[41]。

ジョーマ川下流域であるバシキーリアの中央地帯はチュリャ・ハンの支配下に入っていた。彼は「まさにその場所に住んでいたが、〔そこが〕現在のウファー市である」。ハンの支配は、「ジョーマ川河口からカザン道に沿って、ベーラヤ川、カルスラサン〔カルマサン〕川、チェレムシャン〔チェルマサン〕川、クユシチャ川、バザ川の下流およびアユ川上流に及んでいた」[42]。

チュリャ・ハンのキビトカはウファー川の峻厳な岸にあった。そこは後にバシキール人によって「悪魔の町(чертво городище)」と呼ばれることになるが、一九世紀の郷土史家Р・Г・イグナーチエフは次のように述べる。ハンは「都市に住み、その臣下は現在のウファーに住んでいた。現在の都市〔ウファー〕の丘陵地区で、それはいまや旧市街と呼ばれている」[43]。
バスマン・ハンとチュリャ・ハンの支配下にはムルザや他の封建領主出身の様々なノガイの領主もいた。激しい戦争にまで至る絶え間ないノガイ人領主の不和や内訌の結果、両ハンは殺害され、全ノガイ人の上にムルザのアルタカルが君臨することとなった。アルタカルの支配下にバシキーリアの南部と中央部が入った。

権力を狙うもう一人の人物アクナザル＝サルタン――П・И・ルィチコーフによると、アキナザル――がいた。彼は「同地における昔からのハン一門の出身であり」[44]、彼の時代に新興勢力との戦いが生じた。戦いは数十年続き、一六世紀第二・四半期より早くは終わらず、アクナザル＝サルタンが勝利した。史料はアクナザルを勢力のある領主とし、カザン・ハン国、シビル・ハン国、アストラハン・ハン国、ブハラ、ヒヴァ、タシケント、そして他の地方に出陣した「このアクナザルはノガイやバシキーリアを従えただけではなく、多くの都市を自らの権力のもとに服従させ、それらから貢租（дань）を徴収した」[45]、という。

アクナザルの死後、バシキール人の土地は七年間にわたりイスマイル・ハンの手に帰し、その後、アクナザルの息子アフメト＝ギレイがここを支配下に収めた。バシキール人の「シェジェレ」はアフメト＝ギレイをバシキーリアにおける最後のノガイ・ムルザの筆頭と呼んでいる[46]。他の史料によると、最後のノガイの代官はバーバ＝トゥクリャスであった。代々のノガイ・ハンの本営が現在のウファーにあったことからルィチコーフは「この都市〔ウファー〕の最後の領主はノガイ・ハン、チュリャ＝ババトゥ＝クリュソフ〔チュリャ＝バーバ＝トゥクリャス〕であった」[47]、という。

伝承としてバシキール人に伝わるキトリャス（キドラス）・ムッラカーエフの物語を引用しながら、ルィチコーフはアクナザル支配時代のノガイ人領主によって搾取されたバシキール人の貧困や窮乏の様子を描き出している。ハンは、「あらゆる方法で彼ら〔バシキール人〕を疲弊させ無力にさせた。なぜなら、僅かに三戸で一つの共同炊事場のみ持つことを許し、家畜と家財道具、さらには彼らの子供たちさえも自分のもとに取り上げたからである。土地を占有し、ベーラヤ川を渡ることを許さなかった。一方、〔バシキール人は〕獣猟(звероловство)に従事し、彼〔ハン〕にヤサークを各人狐の毛皮一枚、ビーバーの毛皮一枚、そして貂の毛皮一枚を納めなければならなかった」[48]。

2　カザン・ハン国支配下の西・北西バシキーリア

一五世紀第二・四半期、キプチャク・ハン国の分裂の結果、カザン・ハン国が形成された。その領域は沿ヴォルガと沿ウラルのかなりの部分を占めたが、ノガイ・オルダとシビル・ハン国の領土と同様、明確な境界を持っていなかった。ハン国の東の境はヴャトカ川とカマ川に沿っており、ベーラヤ川の河口に達していた。時にはカザン・ハン国の権力はベーラヤ川の流域地方で、ウファー川がベーラヤ川と合流する地帯にまで広がっていた。例えばバシキーリアの中心地ではカザンの公カラ＝クリンベトが支配していた。そのことはムハメット＝エミンが彼を外交上の任務でモスクワに派遣したことによって知られている。後に、ノガイのハンである――その権力がバシキーリアの中央部に及んでいた――アクナザルはカザン・ハン国の境界を侵犯し、西バシキーリアを服属させた[49]。

カザン・ハン国は民族的には甚だ複雑であった。イヴァン四世時代に幾度もカザンを訪れたことがあるA・M・クループスキー公(一五二八～八三年)によると、「タタール人を除いて、その国(царство)には五つの異なる民族(язык)がいる。すなわちモルドヴァ人、チュヴァーシ人、チェレミス人、ヴォイテツキー人あるいはアールスク人、第五番目にバシキール人である」[50]、という。

住民の基本的経営は農業とりわけ農耕であった。その一部は牧畜業を営んでいた。カザン・ハン国の有利な地理的状況は交易の発展を促進した。一五世紀末からハン国の首都はカザンとなり、そこを経由して水路を通るキャラヴァンや陸路を通るキャラヴァンの道ができた。つまりカザンはロシア国家と東方諸国家との間の通商路の中継地点となった。[51]

最上層の土地所有者は実は封建国家(феодальное государство)そのものである。その政府は農民から相続的賦税徴収(наследственное взимание)を課すという条件で土地を領主たちに分与した。封建的土地所有の特別なカテゴリーはワクフ(不動産などの寄進財産)による土地で、これはムスリム聖職者の所有であった。[52]タタールの封建領主(公、ハン、エミール、ムルザなど)は他の沿ヴォルガと沿ウラル諸民族の封建的=家父長的名門(феодально-патриархальная знать)と同様にカザン・ハン国の住民を搾取した。ハンのためだけに一〇種類以上に及ぶ税が課せられた。[53]ヤサーク住民は数多くの税金を家畜・蜂蜜などの生産物および毛皮用の獣皮で支払った。ヤサークと他の税の徴収にあたって、特別な徴税官たちの巨大な機構がこれに携わったが、徴税官たちは裁判と体刑という恐怖を植え付けながら税徴収の遂行を図ったのである。

ハンによって任命された称号を有する名門の代表者たちがカザン・ハン国に服属する種族や氏族を監督していた。バシキール人の口伝史料「シェジェレ」はタタール人の公やムルザ出身のそのような代官たち(наместники)を「ハン」と呼んでいる。たとえば、カラ=タビン種族のアイマクに伝わる「シェジェレ」は「カラ=タビン人は以前の場所を離れて、チュルマン川(=カマ川)へと遊牧地を変えた」が、その際、バシキール人はブィストリー・タヌィプ川流域に住み、カザン・ハンであるチュルトマクに従ったという。[54]

カザンのハンたちはその勤務に対し地方領主にヤルリィクを与えてタルハンの位を授けた。バシキール人の名門はカザン政府から特権を得たが、民衆はカザン・ハンからの絶えざる略奪や抑圧を被っていたのである。つまりバシキール人はハンに対してヤサークを毛皮と蜂蜜で納めていたが、ハンの代官やその配下の者たちは人々から税を徴収し、労役や軍役の義務の遂行を監督するだけではなく、地方住民を犠牲にして自ら「生計を立て(кормились)」、豊かになっていった。他方、バシキール人は軍役や労役の遂行にあたり自弁で装備を整えたり、馬を供給しなければならなかったのである。

カザン・ハン国は西隣のロシア国家とほとんど止むことのない戦争を展開していた。時には、その軍事行動がバシキーリア内で行われることさえあった。一四六八年、モスクワ大公イヴァン三世(在位一四六二〜一五〇五年)は軍司令官のИ・ルノとИ・ズヴェンツェーフを指揮官にカマ川沿岸に軍隊を派遣した。ロシア軍の動きは速かった。カザンの軍隊は虚を突かれ、「ベロヴォロクの土地に隠れようとした」。追跡したロシア軍は「カマ川でベーラヤ・ヴォロシカへと向きを変えた」。ベーラヤ川に沿って進みバシキール人の地に達したロシア軍は、「武装したカザン人たち」に追い付き、彼らを敗北させたのである。(55) 史料はロシアの軍隊とタタールの軍隊がカマ川に接する地帯で幾度も矛を交えたこと、また翌年にはそのことがバシキール人に知れ渡ったことを伝えている。

3　シビル・ハン国支配下の北東(ウラル以東の)バシキーリア

キプチャク・ハン国崩壊後の一五世紀前半に発生した政治勢力がシビル・ハン国であった。その領域はウラルからイルティシ川まで伸びていた。ハン国の中心は最初はチンガ゠トゥーラ(チュメニ)であり、一六世紀初頭、そこは商業の中心地となっていた。シビル・ハン国の領域は小さなウルス(領域)に分けられていた。

住民はシベリア・タタール人、ノガイ人、バシキール人、ハンティ人(旧称オスチャーク人)、マンシ人(旧称ヴォグール人)、等から成り立っていた。住民の主要な産業は遊牧・牧畜、毛皮獣を獲るための狩猟、および漁撈であり、西シベリアでは積極的に商業が営まれていた。住民の多くはいわゆる「担税民(черные люди)」と呼ばれるヤサーク民であった。ここにはイルティシまで、バラビンスカヤ・ステップを横切り中央アジアからウラルを通ってカマ川を経て中央沿ヴォルガへと至る古いキャラヴァンの道が通じていた。(56)

一五世紀末、イバク＝イブラギムの時代、シビル・ハン国は強大となり影響力のある国家的な統一体(государственное объединение)を成していた。イバクはクリム・ハン国のメングリ＝ギレイ、ノガイ・オルダおよびカザン・ハン国と同盟してロシア国家に対抗した。しかし、シビル・ハン国をめぐる内訌や闘争がハン国を政治的に弱体化させていった。

シビル・ハン国のなかにはウラル東斜面に沿って流れるイセト川、ミアス川、ウイ川の流域にバシキール人の土地があった。そこにはアイリン、タビン、ミャコティン、スインリャン、サルジャン、カタイ、タミヤンの種族・氏族・アイマクがいた。彼らについての史料はほとんどない。シベリア年代記や他のロシア側の記述ではバシキール人は必ずしもタタール人やノガイ人と区別されているわけではなく、しばしば「タタール人」と呼ばれていた。

バシキーリアについて調査した一八世紀のП・И・ルィチコーフは、キプチャク・ハン国崩壊後、「彼ら〔バシキール人〕は最初はカザン・ハンとシビル・ハンのもとでかくも貧しい状態のなかにいた。ハンたちは彼ら〔バシキール人〕を一層の荒廃に陥れ、堪えがたい税を課したのである」(57)と述べている。また、シベリアでのヤサークは負担が重かった。というのも、ヤサークは利用している収益地から取り立てられるのではなく、成人男性一人あたりから徴収されていたからである。これ以外にも、バシキール人およびその他の住民はハンやベク、様々な領主や徴税人のために補足的な税を納め、義務を遂行しなければならなかった。

抑圧から逃れるためにバシキール人アイマクのなかには生まれ故郷を捨て、そこが良い土地でなくともウラルの西方へと逃亡せざるを得ない者も出てきた。タビン族の「シェジェレ」によると、一五世紀後半、チンガ＝トゥーラ(チュメニ)のハンたちはタビン族とそのビイたちを完全に服属させる方針をとり、タビン族のアイマクは屈し、他のアイマクはミン族の地であるバシキーリアの中央部に集団移住したというのである。[58]

以上のように、一五世紀後半から一六世紀前半にかけて、バシキール人はノガイ・オルダ、カザン・ハン国、シビル・ハン国という三つの勢力のもとに置かれ、自らの領主と他所の領主のために行う数多くの納税義務、終わることなき内訌や戦いに苦しんでいたのである。

(1) *Усманов А. Н.* Присоединение Башкирии к Русскому государству. Уфа, 1960. С. 25; *Он же.* Добровольное присоединение Башкирии к Русскому государству. Уфа, 1982. С. 40.

(2) Там же. С. 41; *Он же.* Присоединение... 1960. С. 25. なお、同時代人の手になる一八世紀オレンブルク地方の地誌については次の研究を参照されたい。*Рычков П. И.* Топография Оренбургской губернии. Оренбург, 1887. С. 197–211.

(3) *Усманов А. Н.* Присоединение... 1960. С. 26; *Он же.* Добровольное присоединение... С. 41.

(4) Там же. С. 41–42; *Усманов А. Н.* Присоединение... 1960. С. 26.

(5) *Акманов И. Г.* Башкортостан и Россия; взаимоотношения в середине XVI–первой половине XVII вв.//Alton S. Donnelly (перевод с английского языка Л. Р. Бикбаевой). Завоевание Башкирии Россией 1552–1740. Страницы истории империализма. Уфа, 1995. С. 17; *Тоган З. В.* История башкир. История тюрков и татар. Уфа, 1994. С. 9; *Он же.* Воспоминания. Кн. 1. Уфа, 1994. С. 8.

(6) *Акманов И. Г.* Башкортостан... С. 17; *Тоган З. В.* История башкир. С. 10.

(7) *Акманов И. Г.* Башкортостан... С. 17.

(8) Там же. С. 18.

(9) *Греков Б. и Якубовский А.* Золотая Орда и ее падение. М.-Л., 1950. С. 130.

(10) *Радлов В. В.* Опыт словаря тюркских наречий. Т. III. СПб., 1905. Стб. 1629.

(11) *Усманов А. Н.* Присоединение... 1960. С. 30; *Он же.* Добровольное присоединение... С. 46.

（12） Там же; *Он же.* Присоединение... 1960, С. 30; Очерки истории СССР. Период феодализма. IX–X вв. Ч. 2. М., 1953. С. 424.

（13） 四道の行政的地理区分については Материалы по истории Башкирской АССР. Ч. 1. М.-Л., 1936. док. №28. С. 135–140 を参照。また、地図2以外にも、本編、第六章に掲げた地図も参照されたい。

（14） *Усманов А. Н.* Присоединение... 1960. С. 30; *Он же.* Добровольное присоединение... С. 47.

（15） ПСЗ. Т. XII. №8901.

（16） ПСЗ. Т. XXI. №15307.

（17） ПСЗ. Т. XXII. №15992.

（18） ПСЗ. Т. XXIV. №17634.

（19） ПСЗ. Т. XXIV. №17388.

（20） ПСЗ. Т. XXVII. №20170.

（21） ПСЗ-II. Т. XI. Отд. I. №42058.

（22） 特に、バシキール人社会内部の歴史については次を参照されたい。*Кузеев Р. Г.* Очерки исторической этнографии башкир. (род-племенные организации башкир в XVII–XX вв.). Ч. 1. Уфа, 1957.

（23） *Он же.* Происхождение Башкирского народа. М., 1974. С. 61–63.

（24） Там же. С. 72. なお、「チューバ」の訳語に関しては、本編、第六章、第I項、および同章、註（4）を参照されたい。

（25） バシキール語で би、ロシア語で бий である。

（26） *Усманов А. Н.* Присоединение... 1960. С. 27; *Он же.* Добровольное присоединение... С. 42.

（27） Там же. С. 45; *Он же.* Присоединение... 1960, С. 29.

（28） Там же. С. 31; *Он же.* Добровольное присоединение... С. 47–48.

（29） *Он же.* Присоединенние... 1960, С. 27; *Он же.* Добровольное присоединение... С. 43–44; *Кузеев Р. Г.* Происхождение... С. 83, 88.

（30） Benningsen, Alexander & Winbush, S. Enders. *Muslims of Soviet Empire, A Guide.* London, 1985, pp. 247–248.

（31） *Ибн-Фадлан* (под ред. Акад. Крачковского И. Ю.) Путешествие Ибун-Фадлана на Волгу. М.-Л., 1939（また、アラビア語原文からの邦語訳として次も参照。家島彦一訳註『イブン・ファドラーンのヴォルガ・ブルガール旅行記』、東京外国語大学アジア・アフリカ言語文化研究所、一九六九年）; *Кузеев Р. Г.* Происхождение... С. 8.

(32) *Бартольд В. В.* Еще о христианстве в Средней Азии//Сочинения. Т. 2. Ч. 2. М., 1964. С. 316; *Он же.* Церемониал при дворе узбекских ханов в XVII в.//Сочинения Т. 2. Ч. 2; *Он же.* Новый труд о половцах//Сочинения Т. 5. М., 1968 С. 494; *Катанов Н. Ф.* Чувашские слова в болгарских и татарских памятниках. Казань, 1920. С. 3; *Вельяминов-Зернов В. В.* Памятники с арабско-татарскою надписью в Башкирии//Труды Восточного отделения Русского археологического общества. Ч. IV. 1859. С. 257-258; *Кузеев Р. Г.* Происхождение... С. 8.

(33) *Усманов А. Н.* Добровольное присоединение... С. 53; *Он же.* Присоединение... 1960. С. 39; См. История Татарии в материалах и документах. М., 1937. С. 57-58.

(34) *Рычков П. И.* История Оренбургская. (1730-1750). Оренбург, 1896. С. 83.

(35) *Усманов А. Н.* Присоединение... 1960. С. 39; *Он же.* Добровольное присоединение... С. 58.

(36) *Кузеев Р. Г.* Происхождение... С. 319-320; Башкирские шежере/Кузеев Р. Г. (составление, перевод текстов, введение и коментарии). Уфа, 1960. С. 145.

(37) *Кузеев Р. Г.* Добровольное присоединения Башкирии к Русскому государству－Поворотный пункт в истории края//Историческое значение добровольного присоединение Башкирии к Русскому государству. Уфа, 1982. С. 9.

(38) *Усманов А. Н.* Присоединение... 1960. С. 39-40; *Он же.* Добровольное присоединение... С. 58-59.

(39) *Перетяткович Г.* Поволжье в XV и XVI веках. Очерки из истории края и его колонизации. М., 1877. С. 170.

(40) この節は主に次の研究に依拠した。История Башкортостана с древнейших времен до 60-х годов XIX в./Усманов Х. Ф. (ответ. ред.) Уфа, 1996. С. 126-134.

(41) *Рычков П. И.* История Оренбургская. С. 69.

(42) Там же.

(43) *Игнатьев Р. Г.* Памятники доисторических древностей Уфимской губернии//Справочная книга Уфимской губернии. Уфа, 1883. Отд. V. С. 336.

(44) *Рыков П. И.* История Оренбургская. С. 69.

(45) Там же.

(46) Там же.

(47) *Он же.* Топография... С. 372-373.

(48) *Он же.* История Оренбургская. С. 69.

(49) Там же. С. 69.

(50) *Курбский А. М.* Царь Иоанн IV Васильевич Грозный. Избранные сочнения. СПб., 1902. С. 31.

(51) История СССР. Первая серия: С древнейших времен до Великой Октябрьской социалистической революции. М., 1966. Т. 2. С. 168-169.

(52) Там же.

(53) Вестник научного общества татароведения. Казань, 1925. №1-2. С. 31-33.

(54) *Мирасов С.* Башкирские шежере//Башкорт аймагы. Уфа, 1927. №4. С. 6 (История Башкортостана с древнейших времен до 60-х годов XIX в. С. 132 より転引用).

(55) *Карамзин Н. М.* История государства Российского. СПб., 1842. Кн. II. Т. VI. Стб. 12.

(56) *Бахрушин С. В.* Научные труды. Т. 3. Ч. 1. М., 1955. С. 72-136.

(57) *Рычков П. И.* Топография Оренбургской губернии. С. 58.

(58) *Уметбаев М.* Ядкар (Памятки). Казань, 1897. С. 51-53 (История Башкортостана с древнейших времен до 60-х годов XIX в. С. 134 より転引用).

第二章　「併合」の実態

I　カザン・ハン国の崩壊

1　一六世紀モスクワ国家をめぐる国際環境

一六世紀のモスクワ国家はオスマン帝国を意識した政策を展開していた。一五世紀末、「タタールの軛」(一二三六〜一四八〇年)を脱したばかりのモスクワ国家は国内的には中央集権化の段階に入った。その傾向に一層拍車がかかったイヴァン四世治世下の一六世紀前半は国際的にみるならばその威信の高揚期であったが、それはいまだ十分とはいえなかった。それでもこの時期、モスクワ国家は西方の動向に配慮しながら、後の「東方政策」を展開するための基礎を築いていったのである。(1)

他方、オスマン帝国は一六世紀前半の世界において最も活力があり、また影響力のある国家として発展していた。特にスレイマーン一世(在位一五二〇〜六六年)時代の同帝国はヨーロッパにおける指導権確立を狙っていたハプスブルグ家の計画を頓挫させ、これに対抗する勢力を助長し、さらにはヨーロッパに勢力均衡をもたらした。たとえばハンガリーにおけるオスマン支配を確立することになった一五二六年八月のモハーチの戦い以後の状況は、ヨーロッパ全域で対オスマン帝国との関係が常に外交の重要課題になることを諸国の君主たちに認識させたのである。(2)

オスマン帝国とモスクワ国家との関係は一六世紀中葉までは通商関係が主であった。しかしモスクワ国家はカザン・ハン国やクリム・ハン国、アストラハン・ハン国そしてノガイ・オルダの背後にいつもオスマン帝国の存在を強く意識し、これらを撃つ時は帝国の牽制を受け、また常にその動向に注意を払わざるを得なかった。(3)旧ソ連史学ではオスマン帝国も極めて宗教色の濃いイデオロギーである「ムスリム・ユルタ(地域)の統一」という旗印を掲げながら、カザン・ハン国、クリム・ハン国、アストラハン・ハン国そしてノガイ・オルダから成る反ロシア包囲網の形成を考えていたとする。(4)また、P・Г・クゼーエフは次のように述べる。「一五四二年にすでにオスマン帝国と公式に主従関係に入っていたカザン・ハン国とロシアとの戦争は、明らかに何よりも防衛の必要を呼び掛けられたロシア国家が沿ヴォルガ地域を併合するという闘いであり、客観的には世界的＝歴史的な意義を有していた」(5)、と。こうした言説は、タタール人歴史家C・X・アーリシェフが批判したように、「トルコの脅威」を誇張する旧ソ連史学の影響下での発言である。(6)

いずれにせよイヴァン四世時代のロシアは対外的な関係を自国に有利な方へと導く努力を続けた。ロシアは草原と森林地帯を獲得して国境線を南方へ広げ、一五五二年にはカマ川とヴォルガ川の接点に位置するカザンを、また一五五六年にはヴォルガ川河口に近い中継貿易の拠点であったアストラハンを占領した。モスクワ―カザン―アストラハンを結ぶ連絡路線の形成は、ロシアにとっては領土と交易の拡大を意味し、他方、黒海北岸・北カフカース・ヴォルガの上・下流域のトルコ＝タタール系種族にとっては彼らがロシアの宗主権下に置かれることを意味したのである。[7]

2　モスクワ国家とカザン・ハン国

一五五二年のカザン占領とそれに続く一連の動きはバシキール人社会の変化を考える上で極めて重要である。[8]一六世紀のモスクワ国家をめぐる国際環境は甚だ複雑であり、そのなかでロシアにとって何よりもまず早急に解決しなければならない問題は、カザン・ハン国との関係であった（地図4を参照）。この両者の関係は周知のように戦争（いわゆる「カザン戦争」）にまで発展し、[9]それは一六世紀第二・四半期のオスマン帝国の影響を強く受けた東ヨーロッパにおける国際関係のなかで最も重要な問題の一つともなっていた。[10]なぜなら、この戦争の結果、モスクワ国家は強大となり、東方に向けて進出の足掛かりを得たからである。

実際、一六世紀中葉のカザン・ハン国は領土拡大と東部国境の保全を図るモスクワ国家にとって極めて危険な存在であった。[11]モスクワの政府がそのように認識していた理由をここでは三つ指摘することができる。第一に、カザン・ハン国が存在するために、ロシアは西方に対して安心して積極策をとることができなかったこと。第二に、東方と南方からロシアに対して攻撃が加えられ、かつ多数のロシア人が捕虜として連行された。それが原因となって都市や村落が荒廃し、さらにロシア人やヴォルガ沿岸とウラル地方の諸民族が貧困に陥ったこと。事実、一五五一年には、カザンで一〇万人以上のロシア人が捕虜となっていた。[12]第三に、カザン・ハン国がヴォルガの商業路を握っていたため、ロシア人は東方との往来に甚だしい支障をきたしたこと、[13]以上の三点である。

しかし次のことも急いで付け加えておかなければならない。一六世紀前半までのモスクワ国家はせいぜいその首都を中心とする一勢力にしか過ぎなかったという事実である。当時はむしろ多くの民族地域や勢力がこの国家と併存し、また競合しているのが常態であった。後の一八世紀にみられるように、東ヨーロッパにおける強大な勢力として統一されたロシア帝国がすでにこの時期に準備されていたとはいえないのである。特に最後の点はロシア史をひとりロシア民族による国家形成史として位置付けようとする歴史家によってなされたいわばその論理を正当化するための理由付けであるといえるが[14]、それはロシア国家への臣従を地方住民の「自由意思」の結果と

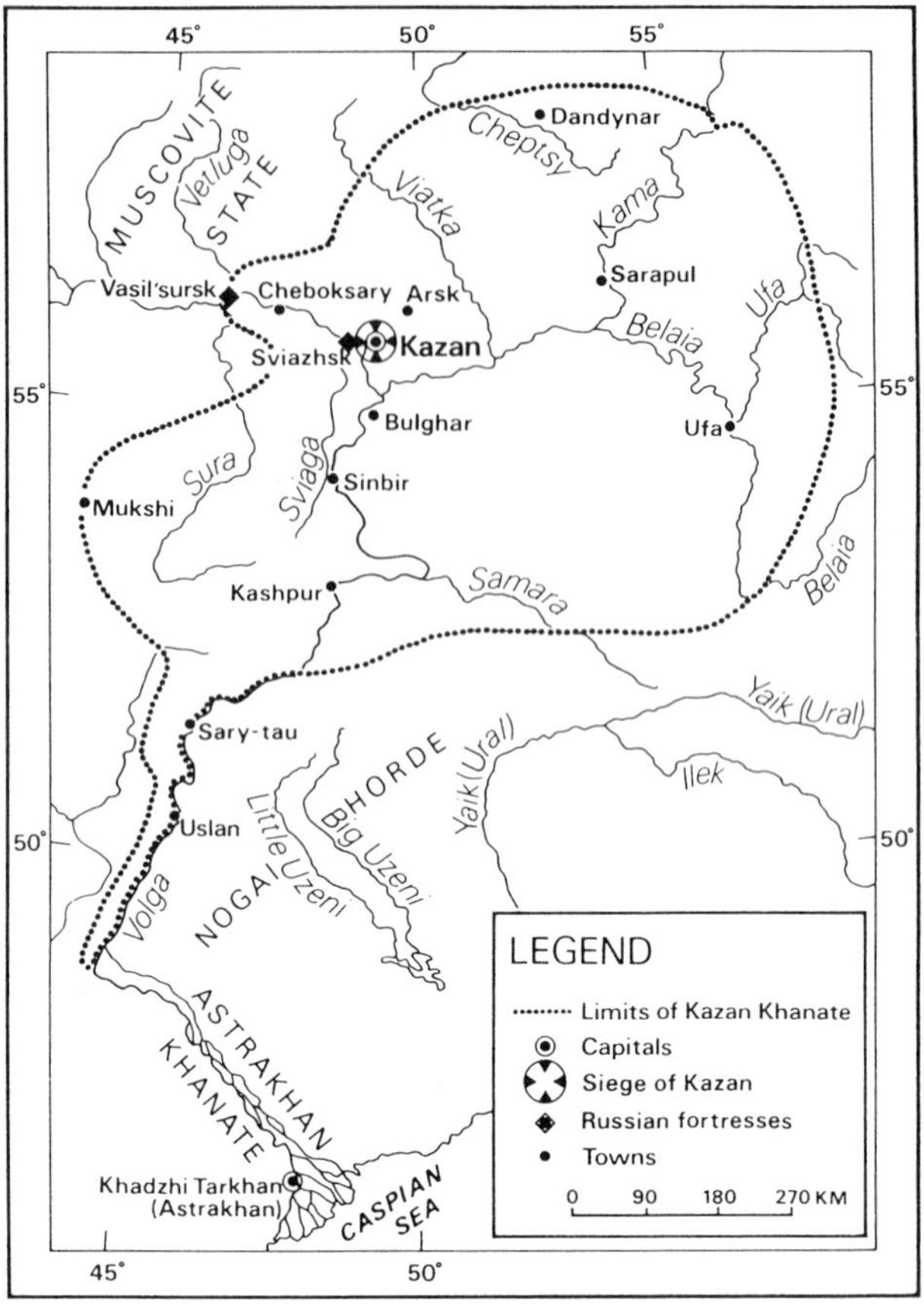

地図4 カザン・ハン国の版図(1437〜1552年)

出典：Rorlich, A. -A. *op. cit.*, p. 7.

みなす考えにも通じている。

3　カザン・ハン国崩壊後の沿ヴォルガと南ウラル

一六世紀中葉までに、イヴァン四世の政府はカザン・ハン国に対して積極的外交と武力による問題解決の道を選んだ。一五四六年末、「山側(Горная сторона、すなわちヴォルガ右岸)」に住んでいたチュヴァーシ人、マリ人、モルドヴァ人は自らを守るためにロシア国家の庇護下に入りたいという請願書を持たせた使者をモスクワに派遣した。これに対し、ツァーリは「山側の人々」にヤサーク納入の義務負担を軽くする「恵与状(жалованная грамота)」を与え、これを受けて人々はロシア軍のカザン遠征に参加した。(15)「山側」のチュヴァーシ人とマリ人のロシアへ帰属する動きが「アールスコエ(原野)側」住民にも影響を与えることになった。(16)

一五五二年六月、一五万名の軍隊、一五〇門の大砲、およびその他の装備を擁したイヴァン四世は進軍を開始した。八月一三日、ツァーリに率いられたロシア軍はスヴィヤシスクに到着した。同月一六～一八日、ヴォルガ川を渡河し、カザンに向かった。軍事行動に移る前にイヴァン四世はカザンに降服するように呼び掛けたが、ヤディカル・ハンは断固としてこれを拒否した。同月二五日、カザンは包囲された。カザンをめぐる戦いは一〇月初めまで続いた。一〇月二日、ついにカザンはロシア軍により占領された。この時からイヴァン四世は自らの称号に「カザンのツァーリ」を加えることになった。この戦争は局面によってかなり複雑に推移していたのは周知の通りである。「カザン戦争」の過程でカザン・ハン国の支配下にあった中央沿ヴォルガ地帯の種々の民族が状況に応じて度々態度を変えたこと、そして最終的にはカザン側ではなくロシア側についたことなどは特筆すべき点である。そこにカザンとモスクワ双方の権謀術数あるいは諸民族による模様眺め的な駆け引きが働いていたの

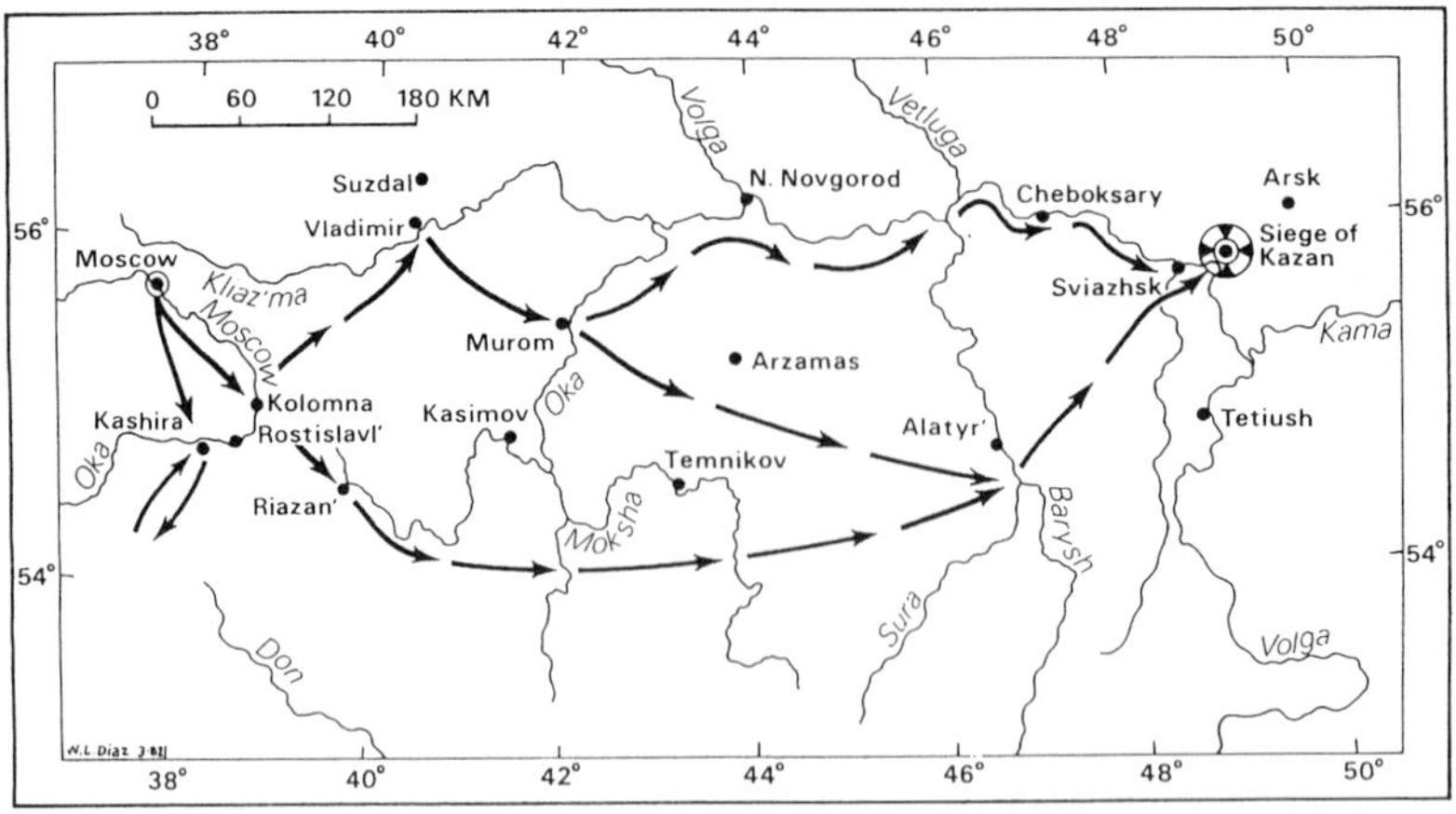

地図5　1552年のイヴァン四世のカザン遠征

出典：Rorlich, A. -A. *op. cit.*, p. 33.

はいうまでもない。このカザン征服以降、ロシアによる東方諸民族併合の動きが始まるのである（地図5・6を参照）[17]。

カザン・ハン国の崩壊はアストラハン・ハン国の運命をも決した。一五五六年八月、軍事力によりアストラハンはロシアの手に落ちた。ここに至ってロシアはヴォルガの商業路の全行程を支配することになった。カザン・ハン国とアストラハン・ハン国の征服はノガイ・オルダがロシア国家に臣従する時期を早めたが、その状況についてノガイ人は次のように述べた。「アストラハン、ヴォルガおよびヤイークを所有する者が全ノガイ・オルダをも所有することになろう[18]」、と。

バシキール人、モルドヴァ人、チュヴァーシ人、マリ人およびウドムルト人がイヴァン四世のもとにやって来るのをみて、ツァーリはモスクワに帰還した。モスクワへ戻る前にイヴァンは、「全ウルスのヤサーク民に対し、何も恐れることなく君主のもとにやって来るようにという重要な恵与状を与えた。悪事をなした者に神は復讐した。君主は彼らを許し、彼らが以前カザンのハンたちに支払っていたヤサークを納めるように[19]」、と述べた。沿ヴォルガの諸民族は恵与状の約束に惹かれツァーリの呼び掛けに応じてロシアへ臣従する意向を示し、ヤサークを納める用意があることを表明した。[20]

しかし、沿ヴォルガ地方のロシア国家への臣従には数年かかった。一五五二年冬、以前のハン国を再興しようとしてタタール人が戦いを始めたのである。この動きは一部のマリ人とチュヴァーシ人の上層の支持を得て間歇的ながら一五五七年春まで続いた。一五五三年三月一〇日、イヴァン四世の最も勇敢な軍司令官の一人であるA・Б・ゴルバティー公はカザンからモスクワに宛てて次のように報告している。「草原地方（Луговой）のカザン人たちは裏切った。ヤサークを納めず、草原地方でヤサーク徴収官のミシュリ・リホレフとイヴァン・スクラートフとを殺害し、アールスコエにやって来て、全員が一丸となって逆茂木のある高い山に陣取ったのである」。[21]蜂起した者たちは必死に戦いながら強力な拠点をも創設した。年代記は次のように続ける。「アールスコエの人々も、川沿いや草原地帯の人々もメーシャに砦を建設した。そこで彼らは身を隠すために土を盛り上げて壁を造った」。[22]

蜂起鎮圧のため、イヴァン四世は強力な軍隊をカザン地方に派遣しなければならなかった。[23]この蜂起は一五五三年秋には一層広範囲な領域にまで波及し、そのためロシア政府はさらに多くの軍隊を投入することを余儀なくされた。年代記は蜂起の結末について次のように語る。ロシア軍は「メーシャの砦を焼き、そこで若干の人々を捕らえ殺害した。他の人々は走り去ってしまった。その近郊の村落もことごとく焼き、人々を追い出し、砦をすっかり破壊したのである」。[24]

しかし蜂起はこれで収まらず、それは一五五五年と翌五六年にも発生した。特に一五五六年には大きな動きが「草原地方」と「山側の地方」で、すなわちチェレミス人とチュヴァーシ人住民の間で生じた。運動の内部でも鋭い対立が生じ、そのことが蜂起軍自体を弱体化させた。最終的には一五五七年春に蜂起は鎮圧され、以前のカザン・ハン国支配下の住民蜂起は終結したのである。[25]

ここで問題となるのはバシキール人と蜂起との関係である。彼らの蜂起参加を示す直接の史料はない。歴史家Ａ・Ｈ・ウスマーノフによると、バシキール人は蜂起軍に参加していたかもしれないが、ロシア人と戦う何らの根拠も動機もなく、またロシアの軍隊もバシキーリアに侵入することはなかったという。なぜならロシア軍にはそのような侵入を行う理由がなかったからであると断定する。[26] たしかに『ニコン年代記』や『リヴォニア年代記』もかつてのカザン・ハン国領内における軍事行動の経緯について記しているが、ロシア軍と戦った諸民族のなかにバシキール人の名は見出されない。[27]

蜂起の地域はカマ川右岸に限定されており、西バシキーリアはその地域に含まれていなかった。当時、軍司令官の一人として活躍し、後にイヴァン四世の迫害を恐れてリトアニアに亡命することになるＡ・Ｍ・クループスキー公の報告によれば、ロシアの前哨部隊は敵対する者を追跡して「バシキール民族」のところまで、すなわちバシキーリアの北西の境界となるカマ川左岸までやって来たが、結局、ロシア軍はカマ川を渡ることなくバシキーリアの境界沿いに移動していったという。[28]

バシキール人自身の具体的行動について史料がほとんどないため、われわれは蜂起とバシキール人の関係について明確な結論を導き出すことはできない。ただ後の一五七二年と八一年、大商人にして企業家のストローガノフ家がバシキーリア領内に定住地を建設することに反対して立ち上がった諸民族のなかには、チェレミス人やオスチャーク人たちと並んでバシキール人の名がみえるのも事実である。[29]

II　モスクワ国家への「併合」過程

1　イヴァン四世の「恵与状」

モスクワ国家のヴォルガ・ウラル地方住民に対する軍事経済的援助、カザン・ハン国の崩壊、それに続く旧カザン・ハン国領内におけるロシア軍による行動にもかかわらず、状況は混沌としていた。ノガイのハンやムルザ、およびその影響下にある民衆は四部族を除いていまだその地域から立ち去ってはいなかったし[30]、他の諸勢力も完全には一掃できなかった[31]。では一体、バシキーリアはどのような経緯でロシア国家の一員となったのだろうか。

カザン占領後、イヴァン四世政府の関心はもっぱら西方に向けられることになったが[32]、東方においては諸民族の「併合」を貫徹すること、しかもできる限り平和裡にそれを行うことが課題とされた。当初、ツァーリの側近たちの間ではカザン地方のさらなる征服の方法について意見が分かれていたが、最終的にはモスクワ国家への諸民族の平和的な服属を主張する見解が勝利を収めた。それゆえ、前節ですでに述べたように、イヴァン四世は全ウルスに住む人々に恵与状を送ったのである。

「シェジェレ」によると、バシキーリアへは軍隊の代わりに「恵与状を持った使節が派遣された。彼らは次のことを〔バシキール人に〕報せた。すなわち誰も逃げることなく各々自らの信仰を守って〔その地に〕留まり、自らの習慣を遵守するように[33]」、と。またH・M・カラムジーンは史料に即して以下のように述べる。「灰と墓で満ちているこの不幸な土地にイオアン〔すなわちイヴァン四世〕は小姓(стряпчий)のセミョーン・ヤールツェフを派遣した。その際、彼には戦いの恐怖は過ぎ去り、人々は白きツァーリの忠実な臣下として平穏のうちに幸福でいることができる、と宣言させたのである」[34]。

イヴァン四世の恵与状を受け取った後に、バシキール人諸種族は臣従(подданство)することを「白きツァーリ」に伝えることにした。「シェジェレ」は、平和と安寧、習慣、宗教、およびハンによる専制的支配の撤廃とヤサークの軽減を約束したツァーリの恵与状がいかにバシキール人に強い印象を与えたかを強調している[35]。

2　経　過

イ　西バシキーリアの臣従

結局、上で述べたツァーリの恵与状の内容をバシキール人は受け容れることになった。

最初にロシア国家に臣従したのは、以前カザン・ハン国の支配下にあった西バシキーリア諸種族である。しかし、その状況を正確に示す史料は残っていない。諸般の状況から、おそらく一五五四～五五年初頭に西方のバシキール人諸種族がロシア国家に臣従したと考えられる。話し合いはカザンで行われた。カザンの代官(намест-ник)がビイに率いられたバシキール人使節をカザンで迎えた。伝承によると、「バシキール人からはガイナ族より、ガイナ族の種族長たるアイズヤク・ビイが使節としてカザンにいるロシアのツァーリの代官のもとに赴いた」[36]。なお、ビイとは氏族や種族、あるいは部族の長を指す。一五～一六世紀においては、史料から判断する限り[37]、形式上バシキール人諸種族のビイは民会(йыйын)で選出されていたが、実際にはその職は世襲的なものとなっていた。

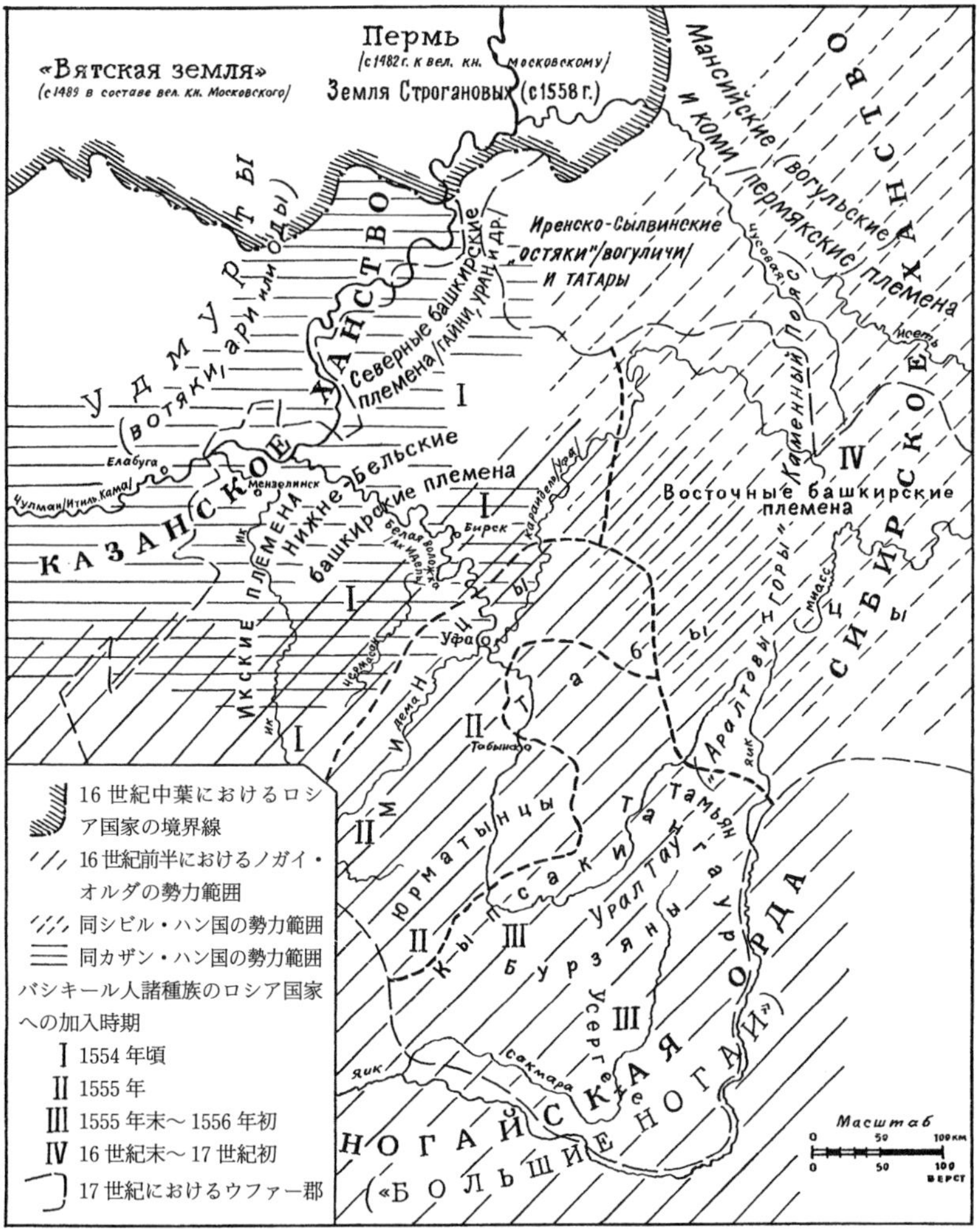

地図 6　バシキーリアのロシア国家への「併合」過程

出典：История Башкортостана с древнейших времен до 60-х годов XIX в./Усманов Х. Ф.（ответ. ред.）Уфа, 1996. С. 127.

ガイナ族以外にも多くの種族の代表者がカザンにやって来た。後にこうしたバシキール人の子孫たちは一七〇九年に書かれた史料で次のように述べている。

カザンでシガレイ・ハンの時代、またトボリスクでクチュム・ハンの時代にそうであったように、彼らの祖父や父たちは昔から彼らの支配のもとで(под раментом)勤務し、かつ〔ハンに〕ヤサークを納めていた。そして同じく彼らの祖父や父たちはウファー郡で相続地(вотчина)を領有していた。カザン・ハン国の崩壊後、ロシアのツァーリに宛てた嘆願書のなかで指摘していることであるが、彼らの祖父と父たちは戦うことなく頭を垂れて自らの意思でやって来て服従したのである。(38)

このように、後世の史料では「自らの意思で」ロシアのツァーリのもとに服属すべくやって来たことが強調されている。

また同じ地方のロシアへの臣従とバシキール人による恵与状の受け取りについては、П・И・ルィチコーフによって公刊された既述のキトリャス(キドラス)・ムッラカーエフに関する記録のなかでも触れられている。

彼ら〔バシキール人〕が以前〔カザン・ハン国の〕臣民として住んでいた地方はいまだ人口が稀薄で甚だ貧しかった。しかし、カマ川以東とベーラヤ・ヴォロシカ付近(それは後にベーラヤ川と呼ばれた)の土地について、それは彼らバシキール人のものと認められた。その土地だけではなく他の多くの土地もそのように〔=バシキール人の土地として〕認められた。いま、多くの者たちが持っている恵与状が証明しているように、現在、そこに彼らは住み、その土地を与えられたのである。(39)

右の史料はバシキール人に土地の相続的な所有が認められていたことをよく示している。この土地所有権をめぐって後世バシキール人は争うことになる。

ロ 中央・南バシキーリアの臣従

a 危機に瀕するノガイ・オルダ

西バシキーリアのロシア国家への臣従の後には、中央と南のバシキール人諸種族が臣従した。しかしながら、たとえ西部のバシキール人諸種族がカザン・ハン国の崩壊とともに新たな宗主国を受け容れたとしても、ノガイ人のムルザと公の支配下にあったバシキール人はただちには彼らの支配から脱したわけではなかった。バシキール人諸種族が様々な――時には敵対する――ノガイ人封建領主たちに服しており、彼らの内訌に巻き込まれ、それによって状況はより複雑なものとなっていたのである。

一六世紀中葉、ノガイ・オルダは崩壊の淵にあった。主なオルダからその支配下にあったウルスは脱した。ノガイのムルザの間にはロシア側につく者とクリム・ハン国側につく者とがいた。モスクワの政府は彼らを靡かせるため一度ならず使者をノガイ人のもとに派遣した。一五五七年、長い外交努力の末、大オルダを指導してきたイスマイルはモスクワのツァーリの臣下になることに決めた。しかし、クリム・ハン国と結んでヴォルガ川を渡り、クバン川沿いに後に小ノガイ・オルダと呼ばれるようになる自らのオルダを樹立するノガイ人もいた。大オルダの状況は一五五四年に自然災害がヴォルガ沿岸やウラル地方に大規模な飢饉をもたらし、その結果がカタストロフとなったことにより一層深刻なものとなった。数年にわたり、旱魃、ペスト、飢饉が襲い、数万の人々が犠牲になった。「これらの地方では、そのような疫病による死をいまだかつてみたことがなかった」[40]、とイギリスの商人にして外交官A・ジェンキンソン(一五三〇?～一六一〇あるいは一六一一年、一五五七年以降、度々ロシアを訪れる)は記したほどである。

b ミン族

バシキール人に対して権力をふるっていたノガイ人との戦いのなかで、一五五五年、ミン族がロシア側についた。彼らはジョーマ川の谷間に沿った広大な領域を占めていた。その北の境はベーラヤ川右岸(山側)とウファー川下流を含むベーラヤ川の中流域にまで達していた。南はほとんどジョーマ川とウルシャク川の上流域にまで、西はカルマサン川、チェルマサン川、イセト川およびイク川の支流にまで達していた。

カザン崩壊までの数年間、ミン族はノガイのハン・チュリャ＝バーバ＝トゥクリャスに服属していた。彼の本営は現在のウファーの地域にあった。同時にノガイ人のムルザ、アクサク＝キレムベトとカラ＝キレムベトにも従っていた。ロシアの東方への進軍とカザン征服とともに、ハンとそのムルザたちはクバンへ逃れた。彼らは己に従うバシキール人を力ずくで連れていこうとしたがバシキール人の頑強な抵抗にあった。

ミン族のノガイ権力者に対する戦いを指導したのはバシキール人ビイのカンザファールである。史料は彼を勇猛で意思強固な指導者としている。「シェジェレ」の一つは、カンザファールは「とても若く、己の土地を〔手元に〕残す必要はなかった」、と伝えている[41]。しかし他方で、「〔彼は同郷人に呼び掛けて〕われわれはもしここから出て行くならば生きていくことはできない。これと同じ土地をどこにわれわれは見つけることができるのか[42]」と述べ、ノガイ人と行動をともにすることを拒否した。ミン族はその指導者に向かって声を一つにして答えた。「おお、カンザファールよ、もし死ぬならば、〔同じく〕ここで。〔さもなくば〕貧しい者も富める者も生きていくことはできない。生きよう、〔さもなくば〕死のう。そして神を信じよう[43]」、と。

結局、ノガイ人ムルザはミン族すべてを連れて行くことはできなかった。ノガイ人と行動をともにしたのはバシキール人の一部に過ぎなかったのである。「シェジェレ」は次のように伝えている。「カンザファール・ビイとともに〔他に〕三名が残った。一人はチュブリュクでカンザファールの親戚であった。そして、ウルマンとトゥマンであった。カラマンとウルマンとは実の兄弟であったが、このカラマンはキルメトとともに去ってしまった。カラマンの息子のテネイもここに残った」。残った者のなかに「ムルザの出身である」アクマンという名もみえる。「これら五名は各人名門の出であった」。すなわちバシキール人の族長である[44]。ノガイ人ムルザは、バシキール人がその意に従い領域の外に出ることを拒んだのをみて怒りに駆られ、バシキール人の村を襲撃・略奪し家畜を盗み、バシキー人の妻子を奪った。「ノガイ人たちは残っているバシキール人〔の村落〕を徹底的に破壊した[45]」、と史料は伝えている。

しかしノガイ人すべてが一度にバシキーリアから立ち去ったわけではなかった。その一部は数年にわたり依然もとの場所に留まっていた。ノガイ人ムルザのキレムベトの移動(кочевка)の後、スルタンのブケイが現れ、ミン族を治めようとした。これに対し、ミン族はロシア人や他のバシキール人と連携し、ブケイを捕まえてロシア側に引き渡した[46]。かくしてノガイ人ムルザとミン族の戦いの結果、イヴァン四世に帰順することを願い出るための好都合な状況が生まれた。ミン族は「ロシア人によるカザン占領、ならびに服従した者たちに対する公正な行動について聞いていたので」、使節をロシアのツァーリのもとに派遣した[47]。「シェジェレ」は伝えている。「その後、イヴァン・カリタ[48]がカザンを占領した。慈悲深きツァーリに〔ミン族は〕服属した。九六一年〔ヘジラ暦、一五五三／五四年〕、ネズミの年であった。カザンをロシア人が征服したのである[49]」。

ミン族のバシキール人使節はカザンに赴いた。「一〇〇〇名からなる軍勢を率いたウルダス・ビイ」について史料は次のように述べている。すなわち、「カザンはツァーリのイヴァンによって占領された。この後、〔バシキール人は〕ツァーリに服した。これは九六一年のことであった」。「便利な交通路がないので〔現代風にいえば〕スキーを履いて」カザンに赴いたバシキール人使節は、モスクワ政府によって「非常に好意的に」迎えられた。ミン族の使節のなかにはビイたるカンザファール、チェブリュク、ウルマンおよびトゥマンがいた[50]。「シェジェレ」

によると、ツァーリは使節から、「彼らの土地が何において富んでいるのかを知り、バシキール人たちに楽な軽いヤサークを課した。すなわち、ある者には狐で、ある者には貂で、またある者には蜂蜜といった具合にである。そして彼らに土地を下賜したのである」[51]。ツァーリへのヤサーク貢納に加えて、バシキール人は軍役奉仕の義務を担うことになった。

c　ユルマティン族

ミン族に続いて彼らの東隣りに位置するユルマティン族もモスクワ国家に臣従した。ユルマティン族はベーラヤ川中流域とその支流に至るバシキーリア中央のかなりの部分を占めていた。その種族は氏族長の指揮のもとに連合した四氏族から成り立っていた。クバンに移り住んだノガイ人たちはバシキーリアの厳しい冬の寒さについて語り、またロシア人によってバシキール人は脅されていると述べ、ユルマティン族に自分たちに従うように求めた。「寒さと比較して〔さえ〕、北からの不誠実なロシア人の移動は〔より危険である〕」、とノガイのムルザは語った[52]。これに対し、ユルマティン族のビイであるブルナクはバシキール人に故郷の土地を放棄しないよう呼び掛けた。ユルマティン族は彼を支持した。

ユルマティン族の「シェジェレ」はモスクワ国家への臣従について詳細に伝えている数少ない貴重な史料である。まず自種族の起源をチンギス・ハーンに求め、その子孫の一人トゥハル・シャガリ・ビイを自らの長としたという伝承から始まり、古くからこの地をノガイ人たちが支配していたというのである。ブルナク・ビイの時代、飢饉に見舞われ、また北方からこの地にロシア人が多くやって来た。ノガイ人は逃げ出し、ブルナク・ビイは同地に留まることに決めた[53]。その後、次のような記述が続く。

ブルナク・ビイが死去すると、ビイの地位はタチガチに委ねられた[54]。タチガチがビイになったのは九五九

〔年。ヘジラ暦。西暦一五五一／五二年〕、ネズミの年であった。[55] さそり座の二日目〔一〇月二日〕、ロシア人は都邑カザンを占領した。その後、白きビイが王(бaшah)〔すなわちここではロシアのツァーリを指す〕となった。九六一年〔ヘジラ暦。西暦一五五三／五四年〕のことであった。その年、あらゆる地方に次のことを知らせる恵与状を持った使者たちが派遣された。いわく、「たとえ、何ぴとも逃げ隠れすることなく、各人己の宗教〔イスラーム〕に従い、また己の慣習を守ることができるように」、と。この使者たちが〔バシキール人の土地を〕くまなくめぐり、知らせたのは九六一年であった。かくしてタチガチ・ビイである私は何か別のことを考え出す余裕もなく三チューバの人々から三名を、すなわちまず何よりもアズナ・バーバ、第二にイルチクティメル・バーバ、第三にカルムィシ・バーバ、〔そして私を含めた〕総勢四名で、さらに何人かの友人である仲間と連れだって都邑カザンへ赴き、白きビイたる王に臣従した。〔これに対して、われわれは〕王から褒美と繻子を受け取った。[56] 王に対し、「われわれは三〇〇戸の〔バシキール人の〕代表である」ことを伝えた。逃げ去ったノガイ人たちが打ち捨てた土地〔の下賜〕を、頭を低くして懇願した後、自分たちのものとして受け取ったのである。〔王は〕境を〔ベーラヤ川の〕上流域のヌグシ〔川から〕、河口付近のククシ下流域〔まで〕として、〔さらに、これらの川に〕その両側から流れ込む川やステップ、山や断崖をも含めて、〔土地を〕下賜した。〔われわれは〕ヤサークを貂の毛皮で納めることを約束した。この後、白きビイである王は、私タチガチにムルザの位を下賜し、アズナを長老とした。その後、故郷に帰り、私はすべての人々を集めて次のように語った。「ああ、同族の者たちよ。私たちは白きビイたる王のところに行き、そのもとに従うことにし〔彼の〕奴隷となった。私タチガチに対し、王はムルザの位を下賜し、アズナは長老となった。頭を低くして王に懇願し、逃げ去ったノガイ人の土地を自分たちのものとして受け取った。貂の毛皮一〇〇枚をヤサークとして納めることに同意した。今後とも、皆の衆は〔これらすべてを〕果たして受け容れるだろうか」、と私は問うた。すると、全民衆は良しと言った。私たちは皆、心から同意したのである。〔中略〕ツァーリが私にムルザ〔の位〕を下賜し、ムルザにはヤサークを課さないのだと私が述べると、人々は次のように答えた。「王の意思を認めよう」。〔中略〕六二年〔九六二年。ヘジラ暦。西暦一五五四／五五年〕に入ると、白きビイたるツァーリのもとから一人の商人がやって来た。私タチガチと長老のアズナ、その後カルムィシとともにイルチュケイ・ティメル〔＝イルチクティメル・バーバ〕に告げ知らせ、私たちは一〇〇匹の貂を〔一字不明〕モスクワに届け、ツァーリに納めた。〔自分たちの間で〕これらの土地を分割することについて記した後、モスクワの台帳のなかで確認された。そしてこの台帳に従って、毎年ヤサークを私たちは支払ったのである。(57)

上述の史料からユルマティン族における対外交渉など重要課題の決定システムをある程度知ることができる。社会の上層である族長や長老たちがリーダーシップを握り、彼らが決定した上でそれを人々が承認する。ロシア国家への臣従方法がまさにそうであった。土地についても境界を明記した上で安堵されたが、同時にヤサークの具体的内容や額も決められそれぞれが台帳に記載された。他方、上層には種々の官位や称号が与えられたのである。(58)

またすでにみたように、「シェジェレ」に記された事件発生の数年前、中央や南のバシキーリアではこの地方を支配していたノガイ人領主たちの間で激しい内訌が生じていた。この争いにノガイ支配からの離脱を望むバシキール人も巻き込まれた。一六世紀中葉、ノガイ人の基本的部分は自らのウルスを率いて南のヤイークやクバンへ向かった。バシキール人諸種族すなわちミン族、ユルマティン族、モンチャク族などはノガイ人の支配に対して積極的に反抗し、その土地を占領していた。モスクワ国家に臣従する際、ユルマティン族やミン族、その他のバシキール人諸種族は占領以前のノガイ人たちの土地を自らのものとして正式に確保し、承認してもらうことを強く望んだ。内乱と略奪的な襲撃が行われたこの時代、モスクワ国家の権力はバシキール人の土地に対する権利の保証となったといえる。(59)

d ブルズヤン族・キプサク族・ウセルガン族・タミヤン族

ユルマティン族より南方および東方に居住するブルズヤン、キプサク（キプチャク）、ウセルガンそしてタミヤン族は南ウラルで種族連合を形成していた。彼らの遊牧範囲は現在のヴェルフネ・ウラリスクからウラル川（ヤイーク川）に沿ってオレンブルクの西方にまで達していた。バシキール人とノガイ人との関係について史料は次のように伝えている。

不幸と抑圧、正義の欠如と数多くの税の取り立て――それらをバシキール人のある者は〔ノガイのムルザである〕ブルサイ・ハンから被り、またある者はこのノガイのムルザあるいは彼のビイたるアクトゥルシュから被った――が堪えがたいものとなったとき、われわれはブルサイ・ハンと彼のビイであるアクトゥルシュを捕らえ、彼らをロシアのハンであるイヴァン・ヴァシーリェヴィチのもとに送った。(60)

他の史料によると、「ブサン〔＝ブルサイ・ハン〕とアクトゥルシュ・ムルザは、この後バシキール人に捕まり、カザンのロシア当局のもとに送られた。そこで彼らは断頭台の露と消えた(61)」、という。

四種族のバシキール人は代表者を選出した上で、ロシアに服属するという請願書を持たせてカザンに派遣した。このことについては「シェジェレ」、恵与状、嘆願書のなかに記されている。「シェジェレ」の多くはこの派遣がカザン・ハン国崩壊の三年後だとして次のように伝えている。

自らのハンたるブサイ〔＝ブルサイ〕と彼のビイたるアク＝トゥルシュ〔＝アクトゥルシュ〕からの抑圧に耐え忍び、自らのなかから四名のビイを選出し、彼らを彼〔ロシアのツァーリ〕のもとに次の諸条件に従い、その臣下になることを懇願すべく派遣した。つまり、蜂蜜、貂の毛皮、ビーバーやカワウソの毛皮でヤサークを納めること。および以前住んでいた己の土地に居住すること。(62)

バシキール人はヤサークを二度納めた。すなわち一五六七年と一五八六年である。しかしヤサークをカザンに運んで納めることは危険であったので、自らの資金でウファーを建設することになった。その辺りの状況も含めて「シェジェレ」は以下のように伝えている。

一五五二年一〇月二日、ロシア人は都邑カザンを占領し、家々を建てた。その後一五六四年[63]、都邑カザンの大公イヴァン・ヴァシーリエヴィチのもとに招かれたのであったが、ロシアのツァーリの公平さ〔を期待してそれ〕に対して、バシキール人四種族〔の使節〕、すなわちウセルガン族からはビクバウ・タドカチェフ公、キプサク〔＝キプチャク〕族からはメシェヴレ・カラ・クゥジャク公、ブルズヤン族からビイであるイスケが、先の四種族を代表して赴いた。〔中略〕大公イヴァン・ヴァシーリエヴィチに臣従することになった。わが土地の資源〔文字通りには、仕事・生業〕から、すなわち蜂蜜や貂の毛皮、その他若干のカワウソの毛皮やビーバーの毛皮を〔ツァーリに対し〕ヤサークとして納めた[64]。しかし、このヤサークをバシキール人の間で、すなわち森に〔住んで〕いる様々の氏族、〔および〕イスラームを奉じている人々の間で分担させることにした。〔中略〕私たちは皆〔お互い〕同意していたので先述のわれわれのヤサークを都邑カザンで納め、ツァーリのイヴァン・ヴァシーリエヴィチはわれわれの同意なしに、〔従来バシキール人を苦しめていた〕他の負担をバシキール人には課さないと約束した。法的な〔すなわち、契約の〕証書が作成された。〔そのなかでは〕特にわれわれの土地と宗教について記され、イスラームを奉ずるバシキール人に決して他の宗教を強制することなく、またわれわれ〔バシキール人〕諸氏族が衷心から勤務するように約束と誓約が与えられた。われわれの間で定められたこの諸条件で〔同意した後〕お互いに署名し、都邑カザンにてわれわれの証文を本〔文字通りには帳面〕に書き留めた。この本に書き留められ定められた〔すなわち契約の〕証書は依然としてわれわれの手元にある。〔中略〕その後、カザン要塞にヤサークを納めるには甚だ〔距離の上で〕遠いため、また国庫の管理責任者が近くにいる方が良いという理由で、われわれの同意を得て、偉大なるツァーリはわれわれの土地に要塞ウファー[65]を建てたのである[66]。

これは一五五五年末〜翌年初より遅いことはなかったであろう。ツァーリのイヴァン四世から南東バシキール人諸種族に対して土地の所有管理に関する恵与状が与えられたということが、南東バシキール人諸種族のロシア国家に対する臣従という結果をもたらした。使節に加わっていた四種族の代表者たちは、「大公の布告に従い、また〔モスクワ国家の〕臣民になることによってタルハンたる地位を賜与された」。(67)

また、四種族のうちの一つであるブルズヤン族の「シェジェレ」は土地の相続所有について明確に述べている。その後〔バシキール人が〕完全に従うということを認め、幾人かの人々にビイや公〔という称号〕を下賜した。〔ウセルガン、キプサク、ブルズヤン、タミヤンから代表をツァーリのもとに派遣した後〕、大公たるツァーリは他の者たちが自らに下賜された土地を受け取った後、彼ら〔すなわちバシキール人〕は彼〔すなわちツァーリ〕により下賜された土地と水〔＝水場〕を測り取る〔すなわち分与する〕ように願い出た。また彼らの願い出に従い、彼の布告によりタルハンと公の位を授けた。さらに彼らに土地を分与すべくノガイ道とシベリア道に手紙を送った。この手紙により、彼らに下賜された牧草地と森、山と川が測り取られた。各人は自分の土地に住みついた。それは彼らの知るところとなった。〔バシキール人は〕将来、子孫が平和に暮らすため、またこの土地のため、狐の毛皮によるヤサークを納めることに同意し、狐の毛皮によるヤサークを納めたのである。(68)

以上のように、モスクワ政府はバシキール人の土地すべてを安堵した上で、土地に対する彼らの相続権を認めた。宗教に関しても、政府はバシキール人の信仰に触れないことを約束した。政府は族長や長老たちにはその権利を保証したのである。以上はバシキール人に対するモスクワ政府の譲歩であり、それらはバシキール人の使節を満足させた。バシキール人上層も、また民衆もともにそれに満足した。特徴的な点は、こうして受け容れることになったロシア国家への臣従が全住民の参加する民会(йыйын)で承認・決定されたということである。それが史料にみえる「全民衆は良しと言った」という表現となった。しかし、「諸氏族が衷心から勤務するように」という文言が示すように、バシキール人の軍役がこの時すでにモスクワ国家によって求められていたのである。

かくしてユルマティン族と同様、ブルズヤン、キプサク(キプチャク)、ウセルガンおよびタミヤンの諸族もロシア国家に対して忠誠を誓った上でカザンにアマナート(人質)を差し出すことを要求され、イヴァン四世に使節を派遣することになった。それはバシキール人によるカザン来訪後一年経ってからのことである。「シェジェレ」によると、大半の使節は一五五七年にモスクワを訪れ、献上品として毛皮の他に最初のヤサークをツァーリに納めたという[69]。上の種族以外にタビン族やクデイ族のような有力種族もロシア国家の一員となった[70]。

『ニコン年代記』は一五五七年春に軍政官の一人П・И・シュイスキー公がモスクワに次のように報告したことを伝えている。旧カザン・ハン国の住民は最終的にロシア国家の権威を認め、一五五七年五月、カザンに駐在している彼のもとに「バシキール人たちがやって来て懇願し(добив челом)、ヤサークを納めたのである[71]」。「彼〔イヴァン四世〕は慈悲深くもモスクワに〔バシキール人〕族長を受け容れ、彼に恵与状を与えた[72]」。バシキール人によると、モスクワで彼らはツァーリの恵与状を得、その「臣民」となり、彼らが遊牧していた土地の相続的所有権を「賜与された」。つまり、バシキール人が占めていた土地の相続的支配・所有を保証されたのである。Р・Г・クゼーエフは一五五七年のモスクワへのバシキール人使節の派遣ならびに彼らに対するツァーリの恵与状の付与がロシア国家によるヨーロッパ部分バシキーリア「併合」の最終段階であったと断定する[73]。

ハ　北東バシキーリアの臣従

a　クチュム・ハンとの闘い

一六世紀末、北東およびウラル以東のバシキール人がロシアに臣従した[74]。実はその時すでにシビル・ハン国の命運も尽きていた(実際には一五九八年の敗北の後、ロシアに併合された)。ここにモスクワ国家へのバシキーリア「併合」は完了したとされるのである。[75]

北東バシキール人諸種族がモスクワ国家に臣従することは、ロシアの西シベリアの「併合」と直接関連している。一六世紀中葉、広大なウラル以東の地の「併合」はロシアの外交政策の最大の課題の一つであった。カザン・ハン国の崩壊後、ロシアはシビル・ハン国と隣国となったが、そこにウラル以東のバシキール人も入っていた。増大するロシアの経済的要求と東部国境の安全に対する利害がモスクワ国家のシベリアへの動きとなって現れた。

一五五五年、エディガル・ハンは自らモスクワ・ツァーリの家臣(вассал)を任じていたが、彼に取って代わったハンのクチュムは、一五八一年、クリム・ハンのダヴレト＝ギレイによるモスクワに対する攻撃の後、朝貢国の関係(данническые отношения)を破棄した。こうしてロシアの東部国境で緊張関係が作り出されることになった。

モスクワ国家に入ったバシキーリアの大部分はシビル・ハン国側からの恒常的な侵入という脅威に晒された。そのため、すでにみたバシキール人の要望によるウファー建設はクチュム・ハンからバシキール人を守る必要を痛感していた政府の考えにも合致したものだった。ノガイの公ウルスの派遣した使節による「何のためにロシアのツァーリはサマーラ川とベーラヤ川の辺に諸都市を建てるのか」という質問に対して、モスクワ政府の代表は次のように答えた。「ベーラヤ・ヴォロシカのウファーの地に都市を建てるように陛下はお命じになったが、それはシビリから逃亡しているクチュム・ハンがカザン郡の陛下の領地に居住するバシキール人のもとにやって来て遊牧することを懸念し、ヤサークを国家の人間たるバシキール人から徴収するためである」[76]、と。実際、クチュムと彼の家臣たちはロシア人集落を襲撃することを目論み、商人やヤサーク徴収官たちを襲った。年代記の伝えるところによると、一五七二・八一年にカマ川沿岸と西ウラルに大行軍を敢行したクチュムの軍隊のなかにはモスクワに服属しなかったバシキール人も存在していた。

クチュムの政策とロシア国家の増大する経済的要求により、政府はシビル・ハン国との戦いは避けて通ることはできないと考えた。シビル・ハン国に対する最初の強烈な一撃はカザークのアタマン、イェルマーク（?～一五八五年）によるものである。彼はクチュムの軍隊と幾度も戦った後、一五八二年一〇月二六日、その首都カシルィク（イスケル）を占領した。シビル・ハン国の住民はイェルマーク軍に寝返り始めた。クチュムは自らの首都を捨てステップに身を隠した。しかしその後、シビル・ハンは勢力を回復し、カザーク部隊は敵の攻撃に晒された。イェルマークもモスクワに援軍を求めたが、その増援部隊の助力にもかかわらず、勝利を確かなものにすることはできなかった。一五八五年八月六日、イェルマークは敵の待ち伏せに遭遇し殺害された。残った彼の部下たちは首都を去り、同年秋、クチュム・ハンは再びハン国の権力を握ったのである。

b　バシキール人の動き

これに先立つ三年前の一五八二年、『シベリア年代記』よると、すでにシベリアの住民はモスクワ国家の臣民となったという。[77] シベリアの諸民族はロシアの勤務人やカザークを、侵入者による略奪からの、またタタール人領主や近隣の国家からの防衛者とみなした。

ウラル以東のバシキール人たちがモスクワ国家に加わっていく時期とその経過について示す史料は僅かしかない。それらによると、ミアス川、イセト川、アイ川およびウファー川の上流域に住んでいたバシキール人たち（カタイ、クデイ、およびその他の諸種族）が一五八五年秋からロシアの臣下となったが、バシキール人諸種族の領域に彼らの遊牧の宿営地が近いこと、ならびにクチュム・ハンの息子たちがそうした種族を攻撃したことがそのことを促進したのである。[78]

『ストローガノフ年代記（スパッスキー写本）』は一五八六年にロシアに臣従した諸民族の住んでいる川を次の

ように伝えている。「カマ川、チュソヴァヤ川、ウスヴァ川、スィルヴァ川、ヤイヴァ川、オブヴァ川、インヴァ川、コスヴァ川、および他の川」[79]である。これらの川の流域にバシキール人も住んでいた。一五七二・八一年、彼らはペルミ地方へのロシア人移住に対するクチュム・ハンの攻撃に加わっていたが、一五八六年にはバシキール人もモスクワ国家に入った。同年、以前のシビル・ハン国の支配下にあったバシキール人たちもロシアに臣従した。例外はクチュム・ハンと彼の息子たちの支持者であり、またタビン族、スィンリャン族そしてミャコティン族であった[80]。

北東のバシキール人は、シベリアの諸民族と同様に、モスクワ国家にヤサークを納めるようになった。ヤサーク徴収地はウファーとヴェルホトゥーリエである。その後、ヤサークはトボリスクとチェルドィンに運ばれた。『シベリア年代記』の一五八六年の項は次のように述べている。「ツァーリにして全ロシアの大公陛下たるフョードル・イヴァノヴィチの命令により、またそのイスラーム教徒たちからのヤサーク徴収が軍政官(воевода)によって、異教徒たち(язышы)が様々な場所に住んでいる都市毎に、チェルドィンやウファー、ヴェルホトゥーリエおよび当の異教徒が近くに住んでいる他のシベリアの町に運ばれた[81]」。

一五八〇年代中葉、モスクワ国家は自らの支配を西シベリアの諸民族の間にまで広げることに成功した。ただしクチュム・ハンの動きに神経を尖らしていた政府はイルティシ川上流域およびタラ川流域に都市を建設することを計画し、遠征隊を組織した。そのなかには「バシキール人三〇〇名」もいた[82]。一五九四年にはタラ市が建設された。これがクチュム・ハンとの戦いの前哨基地の役割を担い、長期にわたってイルティシ川沿いの最南端の拠点となった。ここからタラの軍政官は、一五九五年と翌九六年、さらには九八年、ステップの奥深くにまで遠征したのである。

一五九八年四月四日、タラの軍政官はオビ川河岸でクチュム・ハンと戦った。八月二〇日、軍政官はハンの本営を攻撃した。戦いは「夜明けから」日中まで続き、クチュム・ハンは大敗を喫し、[83]中央アジアへと逃れた。かくしてモスクワ国家の西シベリア「併合」の戦いはシビル・ハン国崩壊で終了した。

クチュム・ハンの死後、彼の長男アレイがハンを名乗った。[84]幾つかのウルスでアレイの息子たちも自ら「ツァーリ」を名乗った。[85]クチュム・ハンの後継者たちには軍事力がないためロシアにとって危険ではなかったが、西シベリアにおける反ロシア勢力の中心となる恐れがあった。彼らはノガイ人やカルムィク人の同盟者となった。アレイは自らの勢力下にタビン族、スィンリャン族およびミャコティン族を引き入れるのに成功した。

トボリスク、チュメニおよびウファーの軍政官たちによる外交努力は功を奏さず、彼らは戦いによって事態の打開を図らざるを得なかった。一六〇八年八月、チュメニから派遣されたロシア軍との戦いでアレイの息子は敗北し、ロシア軍の捕虜となった。[86]これ以降、クチュム・ハンの息子たちの本営にはバシキール人はいなくなった。バシキール人諸種族はクチュムの息子たちのもとを去りロシアに従ったと考えられる。そして一六二〇年代の史料はヴェルホトゥーリエ郡の住民がロシアのツァーリに貢租を納めていたことを伝えている。ここに至りウラル以東のバシキール人がモスクワ国家の構成要素となったのである。

3 「併合」受容の問題点

カザン・ハン国崩壊期にロシア軍とバシキール人との間で直接の武力衝突がなかったこと、また前節で述べてきたことから、旧ソ連史学では、臣従を「併合」とみなし、イヴァン四世によるバシキーリア「征服」の結果とする根拠はないとした。むしろバシキール人側の「自発的」行為ないし「自由意思」によるものとみなされてきた。しかし、果たしてそのように断定することができるのであろうか。

帝政時代の地方の歴史家のなかには、バシキール人がイヴァン四世の恵与状に応じて自らの意思でモスクワ国家に臣従した、ということに疑問を抱く歴史家もいる。たとえば、一九世紀末から二〇世紀初頭にかけて活躍し、ウファー県の貴族で郷土史家でもあったB・A・ノヴィコーフがそうである。彼は本当にバシキール人たちが帰順の意を示す請願書をモスクワに送ったかどうかは不明だとしている。ノヴィコーフがこれ以上に疑問を抱いているのは、バシキール人のモスクワ国家への臣従には何らかの圧力があったのではないか、つまり彼らはロシア軍による自らの地への侵入に対する危惧の念からこれを受け容れざるを得なかったのではないか、という点である。(87)

こうしたノヴィコーフの疑問に対して、A・H・ウスマーノフはそれを批判して次のように反論する。ノヴィコーフは「シェジェレ」の多くのヴァリアントを知らなかったし、厳然たる事実としてバシキール人の間には「併合」受け容れの動きが存在していたという。ウスマーノフはこれらのことを次の三点をあげて説明する。まず第一点は、バシキール人たちはロシア人ツァーリの臣下になることを希望する請願書を持っていたこと。それは、ロシアの使節がやって来て、彼らバシキール人がツァーリの恵与状の内容について知った後のことであった。第二点は、カザン周辺の諸民族にはモスクワ国家への臣従を受け容れる態勢がすでにできあがっていたこと。すなわち、政府からカザンの代官を長とし、バシキール人からは族長を代表とする使節団が形成されていた。(88)第三点は、時代は下るが、一七〇九年の史料は次のように述べている点。いわく、困窮の最中バシキール人は以前にカザンのハンに仕え、またヤサークを何年にもわたって納め続けた。しかし、カザン・ハン国崩壊後、「大君(великий государь)(=イヴァン四世)に対して、祖父も父も絶対的に敬意を表しつつ、自らの意思でやって来て服従した」(89)。以上を通して、ウスマーノフによると、バシキール人は自らの意思でロシアへの「併合」を受け容れる用意ができていたという。(90)

「併合」に関する研究史上の論点については、すでに序論で述べたのでここでは繰り返しを避けるが、ウスマーノフの指摘するように、「併合」受け容れの態勢が事実できあがっていたにせよ、バシキール人とロシア政府はそれぞれ自ら固有の利益を「併合」のなかにみていたと考えられる。それゆえ、少なくとも表面上――あるいは「事実」として――は平和裡に「併合」が進展していたようにみえるのである。それではバシキール人とロシア政府それぞれが「併合」のなかにみていた利益、そして双方にとって「併合」の意味とは何か。これが検討すべき次の問題となろう。

4 「併合」受容の「条件」

当然のことながら、「併合」に対する姿勢はロシア政府とバシキール人とでは異なっていた。何よりも、政府にとっては国家的利益の追求が第一であり、他方バシキール人は政府による自由と従来の諸権利の保護を期待しながら、「バシキール人の土地が豊かな分だけ」毛皮や蜂蜜あるいは金納によるヤサーク貢納と軍役奉仕の義務を負ったのである。(91)

イ モスクワ国家の「条件」

第一に、政府にとっての「併合」の「条件」についてである。カザン占領後のウラルや沿ヴォルガ地域におけるロシアの対外政策は諸民族の内部状況を考慮して行われた。他方、諸民族の間では、カザン占領の影響下、すでにロシアへの接近を図ろうとする動きも強まっていた。モスクワ政府はこれに関する情報を得ており、ロシアにシンパシーを抱く諸民族を味方につけるためあらゆる努力を講じたのはいうまでもない。その点、カザン戦争の時とまったく同様であった。この目的を果たすため、至るところにツァーリの恵与状が送付されたが、それは当該地域の住民にモスクワ国家への帰順あるいは臣従を呼び掛けるものであった。その際、政府は諸民族に対して、「平和と安全（мир и безопасность）」を約束したのである。それは先に引用したツァーリの恵与状に述べられている如く、ヤサークへの多大な関心が特に目を惹くのである。実はこれこそがモスクワ国家最大の眼目であったといっても良い。後述するように、モスクワは経済的な実利を求めたのである。

モスクワ政府はさらに明確な国家的利益の追求を考えていた。政府はカザン・ハン国やアストラハン・ハン国と戦うにあたり、同地方でツァーリに臣従し、その軍隊に自ら進んで参加する勢力を必要としていた。実際にそうした人々――しかも戦闘に長けた騎馬隊――を獲得することになったのであるから、譲歩して彼らに一定の利益を与えても構わないと考えていた。[92] この点について、バシキール人の伝承は次のように語っている。

> 〔カザン崩壊後、バシキール人は〕ツァーリのイヴァン・ヴァシーリェヴィチ〔四世〕の善良さについて色々耳にしていたので、彼らは自分たちの族長を〔モスクワに〕派遣させてくれるように頼んだ。ツァーリは慈悲深く使節たちをもてなし、彼らに称号を与え、色のついたカフタンを賜与した。また、バシキール人たちには、薄い毛皮と蜂蜜によってヤサークを納めるという条件で、彼らが住む土地に対する所有権を与えたのである。[93]

こうした国家的利益の追求と並んで、政府の利益提供がすぐれて階級的立場からなされたという点も見逃すわけにはいかない。利益を得たのはバシキール人の民衆ではなく何よりもその上層であり、そのことによって彼ら上層は社会内における自らの政治経済的な基盤を従来にもまして強固なものとしていった。上記の伝承中に表現されたイヴァン四世に対して抱くバシキール人の好意もこの観点からみなければならないのである。

ロ　バシキール人の「条件」

第二に、バシキール人にとり「併合」受容の「条件」とは何であったのか。彼らはこの「併合」に何よりも自らの自由と諸権利の保護を、つまりその生命の保全、信仰の自由と慣習の保持、および土地に対する相続的所有権の保証をみていた。史料によると、たしかに「イヴァン雷帝はバシキール人を自らのいと高き手のもとに置いた。彼らとその土地を隣接の民衆からの抑圧と占領から守り、かつバシキール人に対し、彼らによるイスラーム伝道の完全な自由を与えた(94)」、という。

しかしより重要な点は、イヴァン四世がバシキール人に土地の相続的所有権の確認を与えたということである。それが述べられた恵与状では、彼らが従来通りに土地の完全な所有者のままであり、政府は常に彼らの土地に対する権利を保護し、その相続地内での勝手な土地占拠および外部から相続地への侵入に対して彼らの権利を保護するという条件がうたわれていた(95)。また彼らには以前タタール人やノガイ人の領主たちによって占拠されていた土地も返還されたのである(96)。以上は、A・カッペラーも認めるように、旧カザン・ハン国領内に住む非ロシア人住民を徒に刺激しないという政府の現状維持を旨とする土地政策であったが(97)、同時にそれは当時の諸民族に対する基本政策でもあった。

こうした土地に対する相続的所有権の保証を主な内容とする証書を受け取ったことから、バシキール人の間にはイヴァン四世に対する人気が高まり、彼らはこの君主を「善良な」あるいは「寛大な」ツァーリと呼ぶこととなった。バシキール人の抱くツァーリに対する好意も実はロシアの国家的利益の追求という観点からみなくてはならないということはすでに述べた通りである。しかしさらに注目しなければならないのは、土地に対する相続的所有権の保証の代わりに、バシキール人はモスクワ国家へのヤサーク貢納と軍役奉仕の義務を負うことになったという点である。[98]この義務はキプチャク・ハン国やカザン・ハン国の支配下ですでに存在していたが、バシキール人との間に臣従関係を打ち立てようとするモスクワ国家が継承したものでもあった。

バシキール人に課されたヤサーク貢納と軍役奉仕について、タタールの年代記は次のように伝えている。

〔バシキール人たちは、ツァーリに〕臣従するという約束を与えた。平和の印を示しながら。また彼らは自分の土地に多くの動物がいると語った。各戸から動物の毛皮をわれわれは与える。われわれのなかのある者は軍役を遂行するであろう。〔中略〕〔そして〕ビーバーの毛皮を与えた。〔中略〕他の森に住む動物の毛皮を〔も与えた〕。またある者たちは軍務に服したのである。[99]

次に、バシキール人の担った諸義務について検討する。

Ⅲ　「併合」後の諸変化

1　モスクワ国家とバシキール人社会——ヤサーク貢納と軍役

イ　ヤサーク貢納とその意義

第一に、ヤサークとその貢納についてである。これに関しては、従来から多くの研究がある。たとえば、研究史を踏まえた上で、特にC・B・バフルーシンの研究に依拠しながら、B・Д・ディミトリエフはその論文で中央沿ヴォルガ地帯のヤサークについて考察している。彼によると、ヤサークはキプチャク・ハン国時代からすでに存在しており、チュヴァーシ人、チェレミス人、ウドムルト人および若干のタタール人が納めていたという。[100] 最後のタタール人もヤサーク貢納の義務を負っていたかどうかについては見解に相違がみられるが、[101] キプチャク・ハン国の継承国家であるカザン・ハン国では、いわば被支配諸民族が納める土地・収入税(十分の一税)としての性格を持つようになった。それゆえ、後のシベリア「併合」後に先住民が毛皮などで納める貢租(дань)とは別の意味を持っていたと考えなくてはならない。カザン・ハン国崩壊前夜の一五五一年、主なヤサークは地方の特産物で納める現物納から金納へと移っていたのである。[102]

一方、「併合」以前のバシキール人たちは共同体毎にその所有する土地や遊牧地の大きさに応じてヤサークを支配者であるハンあるいはその代官たちに納めていた。その際、ヤサークの直接の納入者は全共同体構成員であり、それをバシキール人ないしはタタール人領主が徴収し、その後、土地の最高所有者たるハンのもとに届けたのである。[103] 史料はヤサーク税等が堪えがたいほど重かったこと、またそのためバシキール人が度々蜂起したことを伝えている。

しかし、ここで重要なことはモスクワ政府およびバシキール人社会それぞれにとってのヤサークの持つ意味である。バシキール人にとり、それはカザン・ハン国に取って代わった新たな上部権力への忠誠の印であると同時に、彼らの土地に対する相続所有権を保証するシンボルともなっていた。[104] 他方、イヴァン四世の政府にとっては国庫の補充、贅沢品に対する渇望の充足ということだけではなく、地方支配の一つの手段でもあったのである。一八世紀後半、П・И・ルィチコーフは多くのバシキール人のもとに彼らの相続地所有を保証する証文(грамота)があることを知っていた。後のモスクワ国家はこの方向を推し進めていたといえる。つまりバシキール人の土地所有を保護したのである。この政策は一六四九年の『ウロジェーニエ(会議法典)』の有名な第一六章第四三項のなかに継承されることになった。これはロシア人に対してバシキール人を含めたヴォルガ地方の諸民族の土地を脅し取ることを禁じる一六三五年四月三〇日付けの布告を法源としている。『ウロジェーニエ』は次のように述べている。

都市に居住する公、ムルザ、タタール人、モルドヴァ人、チュヴァーシ人、チェレミス人、ヴォチャーク人、バシキール人のもとから、貴族、宮廷官、ドゥーマ書記官、大膳官、小姓(стряпчие)、モスクワの士族、都市の士族、小士族、〔その他〕あらゆる官位のロシア人は知行地やすべての土地を購入すべきでも取り替えるべきでもなく、〔土地を〕担保に取り上げるべきでもなく、下付された土地とすべきでもなく、また多年にわたって賃借りすべきでもない。(105)

バシキール人を含めた異族人に対する以上の政策はモスクワ国家の政治的というよりは経済的見解を反映したものである。すなわちシビル・ハン国征服とバシキーリア支配の根本的な理由としてヤサークが大きな位置を占めていたことがあげられる。ヤサークはモスクワ国家の収入のなかで最も大きなものの一つであった。スウェーデンに亡命した外交官Г・К・コトシーヒン(一六三〇頃～一六六七年)によると、一七世紀中葉、シビルからヤサークとして送られてくる「軟らかい着用するための道具(мягкая рухлядь)」と称される国家の財である黒貂、貂、狐、黒狐、オコジョ、ビーバー、大山猫、黒・白の北極狐、兎、狼、豹の毛皮、およびカザン宮廷官署管轄下にある諸都市から送られてくる狐、貂、リス、オコジョ、北極狐、兎、狼の毛皮が総額で約六〇万ルーブリにまで達したという。(106)政府にとって莫大な収入源であった。

モスクワのツァーリから土地に関する認可状を得た後、土地はバシキール人諸氏族のものとされたが、その証書のなかには「領域の境とヤサークの額」とが明記されていた。先に示したように、イヴァン四世からユルマティン族に与えられた証書によると、彼らは以前ノガイ人によって占拠されていたアシカダル川沿いの広大な土地を領有するようになったが、そのことに対し、彼らは年間百匹分の貂の毛皮をツァーリに納めたのである。(107)ほとんどすべてのバシキール人村落には同様の伝承が現在でも残されている。[108]

モスクワ国家は、各氏族に土地を「下賜する」際には、当時すでに存在していた氏族毎の土地の境界を守ってそれを行った。バシキール人の方でも土地に対する恵与状の受領を希望する場合には、彼らはその土地を「彼らの祖先や祖父たちが所有していたこと」を証明しなければならなかったが、臣従当初、政府は土地の法的所有者を人々の集団(коллектив людей)たる氏族共同体とみなし、それゆえ一六世紀後半から一七世紀初頭を通じてほとんどすべてのバシキール人の土地は恵与状により氏族共同体の所有となっていた。[109]「下賜された」土地の代わりに、政府はバシキール人に対し、受け取った土地の大きさに応じてヤサークを要求し、それが各家族に均等に課されることになったのである。

こうした状況下で、バシキール人は土地に対する相続所有権とヤサーク貢納との関係について独特な観念を抱くようになった。彼らはこの所有権の拠りどころをあくまで「ヤサーク台帳(ясачная книга)」への登録とみなし、ヤサーク納入の義務を負う者は台帳に登録されているが、土地に対する自らの権利もこの同じ台帳が示していると考えたのである。後の一六九四年、オサ、カザン、シベリアおよびノガイの各道のバシキール人はイヴァン五世(在位一六八二～九六年)と異母弟ピョートル一世の両帝に対して興味深い請願をしている。そのなかで、彼らは土地に対する相続所有権を持つが、「ヤサーク台帳」に登録されていない者はその権利を持たないと主張した。バシキール人はそれを根拠に、外からの流入者が彼らの土地を勝手に占有していることに対し、自らの土地所有権を保護してくれるようにと当局に願い出たのである。[110]同様な例をわれわれは一七二八年五月カザン道グレイスク郷のバシキール人の証言等にもみることができる。[111]

しかし、これらの証言の存在は、逆に彼らの土地に対する相続所有権が流入者によって徐々に侵害されていたことを示している。その顕著な例として、企業心に富むロシア人へのツァーリによる多数の恵与状付与をあげることができる。特にイヴァン四世はロシア人商人で企業家のストローガノフ家にカマ川沿岸に広大な土地を与えた。バシキール人の土地の一部も次第にストローガノフ家の所有に帰していったのである[112]。バシキーリア内における先住民の独占的土地所有は、法的には一七三六年二月一一日付けの布告によって打破され、ロシア人や他の流入者も土地を所有する権利が確認されたが[113]、それ以後も彼らバシキール人は土地に対する相続的所有権を主張し続けた。その例をわれわれは一七六七年の新法典編纂委員会の代表者に対する旧ノガイ人支配下にあった地方のバシキール人の発言[114]、さらには一九世紀に入ってからの史料にもみることができる[115]。

他方、モスクワ政府はこのヤサーク制度を利用しながら、住民の上層と他の一般民衆とを峻別して別々に支配する方法をとったのである。実際のヤサーク貢納は民衆が担い、上層はその負担から解放されるという特権が与えられ、このことによって政府は地方住民の上層が民衆と遊離した存在になるように図った。その際、政府は上層の人々が離反しないようにアマナートを要求することも忘れなかった。バシキール人全体の連帯形成を阻むというその後の帝政時代には伝統的方針となる諸民族ないし地方に対する支配の基本政策(divide et impera)がすでにこの時期にみられたのである[116]。また土地に関しても、共同体の所有であるとして公的にはバシキール人上層に土地の管理権を認めることはなかったものの、実際には政府は彼らをそうした権利等の独占へと向かわせた。そのことも政府の地方支配の政策に沿ったものとみなすことができる[117]。

ロ　軍　役

第二に、軍役奉仕についてである。これも、ヤサーク貢納の制度と同様、バシキール人社会をモスクワ国家に従属させる重要な要因となった。この義務はバシキール人に騎馬隊を編成させてロシア南東国境の防衛に常時あたらせること以外に、彼らに対外遠征への参加をも要求するものであった。一六世紀後半のリヴォニア戦争やクリミア戦争、一七世紀初頭のポーランド＝スウェーデン戦争、さらには一七・一八世紀の種々の戦役に彼らは従軍することを余儀なくされた[118]。彼らの戦功に対して与えられた賞与や官位は、またもや上層には厚く、民衆には薄いものとなったのである。

一方、政府は、上記のような実際の軍役だけではなく、制度としての軍隊組織、および軍役奉仕を通してバシキール人を監視するという意味をもこの義務のなかにみていた。なお組織編成の完成は一八世紀末のカントン制の導入を待たなければならない。

一六世紀後半のロシア政府にとって緊急の課題となったのは、ヤサークの徴収、地方行政の確実な遂行、およびシビル・ハン国に対する軍事行動の拠点をバシキーリア領内に建設することであった[119]。カザン・ハン国崩壊以降もカザンが約三〇年にわたり拠点となっていたが、一五七四年、バシキーリア中央部のベーラヤ川とウファー川の合流点に新たに要塞としてウファーが建設された[120]。この要塞の建設と踵を接するかのように、同地方へのモスクワ国家による植民が開始された。さらにウファーはバシキーリアの境界を越えて東方地域にまでモスクワ国家が勢力を拡大する足掛かりとなった[121]。

以上のように、ヤサーク貢納制度と軍役はともにバシキール人のモスクワ国家への従属を確固たるものにしていった。上記二つの制度を通して、バシキール人社会内部の諸問題に対しても、政府は積極的に関与するようになったのである。

2　バシキール人社会の変化——奴隷制、搾取そして抵抗

バシキール人社会における様々な変化を、すでに存在していた奴隷制と搾取の状況、さらにそうした抑圧に対

する住民の反抗を通して検討しよう。

イ 奴隷制

第一に、奴隷制についてである。南ウラルおよび沿ウラルの諸種族は中央アジアの奴隷制を基盤とする様々な社会と民族的にも経済的にも接触を持ち、そのなかでバシキール人は奴隷制社会の中心部とステップ地帯の遊牧民との橋渡し的存在であった。戦闘に長けていたバシキール人のもとで、奴隷の主な供給源はヤスィーリ（ясырь、戦争捕虜）である。

歴史文献によれば、バシキール人たちは中央アジアの諸市場で彼らを売ったり、奴隷にしたりする目的で北方のハザール族やスラヴ人さえも襲撃した。[122] 一〇世紀初め、アッバース朝カリフのムクタディル（在位九〇八〜九三二年）の使節としてヴォルガ河畔のカザン地方にいたブルガール族の王のもとに使いしたイブン・ファドラーン（生没年不詳、王のもとへは九二二年五月一二日に到着している）は、そうした奴隷制度がすでに当時存在していたことを伝えている。[123] 東洋学の泰斗В・В・バールトリド（一八六九〜一九三〇年）はバシキール人のもとでヤスィーリの売買はかなり広範に普及していた現象であるという。時には自分たちと同種族の者さえ奴隷として売ってしまうこともあった。一四世紀のアラブの著述家エリ＝オマルはバシキール人やブルガール人たちが自分の子供さえも売っていたと記している。[124] また、奴隷化は上記の他に債務関係によって生ずる場合もあった。[125]

モスクワ国家に臣従した後も以上のような状況は止まず、その上永久ないし期限付きホロープ制や折半小作制的な関係さえもバシキール人社会のなかに徐々に発生する場合さえあった。モスクワ国家にとってヤサーク住民の減少に繋がる奴隷制の進展は好ましくなく、そのため政府はこうした関係の進展に歯止めをかけざるを得なかった。[126] Ｐ・Г・クゼーエフによると、バシキール人社会の奴隷制はその社会にとって基本的な生産力とはならなかったという。[127] しかし事実は政府が関心を示さざるを得ないほど重要な問題となっていたのである。

また、上記の奴隷制と関連して、モスクワ国家に対する忠誠の印としてバシキール人がモスクワに差し出す義務としてのアマナートの制度にも注目しなければならない。管見の限りではそれについての史料は少ないが、一八世紀に至るまでバシキール人には大きな負担になっていたのである。[128]

ロ　搾　取

第二に、搾取の状況である。すでに述べたように、旧ソ連史学以来、現代バシコルトスタンの研究者たちを含めた通説的解釈では、「併合」以後のバシキール人の状況はそれ以前と較べて改善されたという。しかし、バシキール人上層と新たにその地域に派遣されたロシア人軍政官たちは、バシキール人に対し従来にもまして重税等を課し、彼らに苦しい生活を強いたことも事実である。この点に関して、前述の歴史家Ｂ・Ａ・ノヴィコーフは、「もちろん、そうした遠隔地域を支配する人々はヤサーク徴収に際して自ら若干の圧力を加えたり、また現物納義務のなかに政府によって要求されていない多くのものを付加したりした」[129]、と断定する。実際、史料にはこのようなバシキール人上層とロシア人役人双方による搾取の例が少なからずみられる。特に、中央から地方へ派遣された役人による圧力や汚職は甚だしかった。軍政官、ヤサーク徴収官およびその他の役人は自らの役職や地位を利用して私腹を肥やし、その結果、地方住民の財産は奪われ、甚だしい場合にはヤサーク貢納者たちの妻や子供も奴隷とされたりしたのである。一六六三年の史料のなかで、あるバシキール人は次のように訴えている。「イヴァン・パブロフとイヴァン・クラコフとは、彼ら〔バシキール人〕のところから良質の馬と側対歩のできる馬、ビーバーの毛皮そしてあらゆる種類の家財道具を奪い、自分のものとした。そして彼らの妻や子供も強奪した。その上、彼らの衣服も剝ぎ取り、その妻たちを下着一枚だけにしたのである」[130]。これは地方住民に対する官僚による搾取の一例に過ぎなかった。

ハ　抵　抗

第三に、種々の抑圧に対するバシキール人の抵抗についてである。「併合」以降、特に一七世紀以後、バシキール人は法外なヤサーク徴収や搾取に対して度々立ち上がったが、蜂起した多くのバシキール人はその上層やロシア人官憲による残酷な報復、そして一層の専横に苦しまなければならなかった。それゆえ彼らはカザーフ・ステップへと逃亡を図ったが、その多くは逮捕され、殺害され、あるいは奴隷として売られたりしたのである。こうした状況について述べた史料は、上層の人々などの収奪に対する直接的ないし間接的な糾弾が主たる内容となっている。(131)

蜂起について検討するにあたり、バシキール人は蜂起という行為そのものをどのように認識していたのかをみることも、彼らがあまりにも容易と思えるほど頻繁に立ち上がった理由を考える上で示唆を与えてくれる。もちろんバシキール人は様々な抑圧に抗すべく蜂起したのであるが、以下に述べるように、蜂起や叛乱に対する彼ら自身の特徴的な考えもまた立ち上がる上で大きな役割を果たしたといえる。

ロシア政府にとって一度忠誠を誓った者が蜂起を起こすことは「反逆」であるが、バシキール人にとって蜂起は譲ることのできない「権利」であった。たしかに一六世紀中葉、彼らはモスクワの宗主権を受け容れたが、自身は自由で自発的に臣従したと考えた。それゆえ自らの意思でそれらを捨て去ることもできると考えていたのである。(132)こうした考えがこの地方の遊牧民の間における習慣的観念であった。もちろん、政府が事態を違った角度からみていたのはいうまでもない。当局は政府を支持する人々を「忠実なバシキール人」と呼び、他方、反対する人々を「反逆者」と規定した。しかし「忠実なバシキール人」は、仲間たちによって今度は逆に裏切り者とみなされたのである。[133]

バシキール人の蜂起は他所からの侵入者に対する抵抗という色合いが濃い。臣従後、史料に現れた蜂起のうちで最初のものは、既述した如く、ストローガノフ家による入植地の形成に反対するものであった。一五七二年、バシキール人は同地域に居住していたチェレミス人、ウドムルト人、オスチャーク人およびノガイ人等とともに、この有名な企業家によるカマ川沿岸での定住地建設に反対して立ち上がった。[134]一五八一年には、再び同地にストローガノフ家によって建てられた町がバシキール人を含めた一団によって攻撃され灰塵に帰した。一五八六年、ノガイ道のバシキール人とノガイ人たちはすでに七四年に開基されていた要塞都市ウファーの造営に反対した。一五八九年のロシア人定住者に対する攻撃はことに激しいものであった。[135]これ以後、一七世紀初頭の「動乱時代(Смута)」を経てもなおバシキール人による流入者に対する戦いは衰えをみせなかった。なぜなら、外からの侵入に反対するという彼らの行動は、同地方のタタール人、チュヴァーシ人、チェレミス人、ウドムルト人およびカルムィク人らの共感と支援を得て、時にはともに立ち上がることさえあったからである。[138]とはいえ、徐々にこの地方に対するモスクワ政府の政策にも変化がみられるようになっていった。

(1) *Кузеев Р. Г.* Добровольное присоединение Башкирии к Русскому государству—Поворотный пункт в истории края//Историческое значение добровольного присоединения Башкирии к Русскому государству. Уфа, 1982. С. 8. なお、西方との関係については、さしあたり浅野明「一六世紀後半モスクワ国家の西方進出——リヴォニア戦争前夜のロシアとスウェーデン」、佐藤伊久男編『ヨーロッパにおける統合的諸権力の構造と展開』、創文社、一九九五年、所収、を参照されたい。

(2) 三橋冨治男「オスマン帝国とヨーロッパ」、『岩波講座・世界歴史』一五、岩波書店、一九七九年、四二二—四二四頁。新谷英治「スルタン・ジャムの時代のオスマン朝とヨーロッパ」、『西南アジア研究』二四号、一九八五年。稲野強「ハプスブルク帝国とオスマン帝国」、『講座・世界史』第二巻、東京大学出版会、一九九五年。新井政美『オスマンvsヨーロッパ〈トルコの脅威〉とは何だったのか』、講談社、二〇〇二年。

（3） 阿部重雄「一六〜一七世紀の東ヨーロッパ諸国」、『岩波講座・世界歴史』一五、岩波書店、一九七九年、四一四頁。

（4） *Кузеев Р. Г.* Указ. стат. С. 8; Очерки по истории Башкирской АССР. Т. 1. Ч. 1. Уфа, 1956, С. 57; См. *Шмидт С. О.* Предпосылки и первые годы Казанской войны（1545-1549）//Труды Московского гос. Историко-архивного института. М., 1954. Т. 6. С. 192-194.

（5） *Кузеев Р. Г.* Указ. стат. С. 8.

（6） *Алишев С. Х.* Исторические судьбы народов Среднего Поволжья XVI-начало XIX в. М., 1990. С. 15.

（7） 三橋冨治男、前掲論文、四三一頁。なお、連絡路を含む「道」の重要性を認識し、それを通して九世紀から二〇世紀初頭までのロシア史を考察した邦語論文に次のものがある。原暉之「歴史の歩み——道のロシア史」、木村汎編『もっと知りたいロシア』、弘文堂、一九九五年、所収。

（8） カザン・ハン国の崩壊の問題に関して、邦語文献として次のものがある。石戸谷重郎「一六世紀中葉におけるロシアとカザン」、『奈良産業大学紀要』第二集、一九八六年、同「イヴァン四世の東方政策——カザン・アストラハンの併合」、『奈良文化女子短期大学紀要』第一七号、一九八六年、栗生沢猛夫「モスクワ国家のカザン支配——モスクワ国家によるカザン統合の初期段階」、『北海道大学文学部紀要』第四一巻二号、一九九二年。

（9） 栗生沢猛夫、前掲論文を参照。

（10） Очерки истории СССР. Период феодализма. Конец XV- начало XVII вв. М., 1955. С. 350-351.

（11） Там же. С. 354.

（12） Там же. С. 354-355.

（13） *Усманов А. Н.* Присоединение Башкирии к Русскому государству. Уфа, 1960. С. 68; *Он же.* Добровольное присоединение Башкирии к Русскому государству. Уфа, 1982. С. 93. なお、オレンブルクを仲介とする一八世紀のロシアと東方の交易の様子については次の研究がある。*Михалева Г. А.* Торговые и посольские связи России со Средней Азией. Ташкент, 1982.

（14） そのことは、序論でも述べたように、ロシア・旧ソ連史学においてロシア帝国の多民族的性格を包括的に扱った研究がほとんどないという状況とも関連があろう（Pelenski, J. *Russia and Kazan, Conquest and Imperial Ideology, 1438-1560s.* Mouton, 1974, pp. 2-3）。

（15） Полное собрание русских летописей（далее—ПСРЛ）. Т. XIII. первая половина. СПб., 1904. С. 165.

（16） Там же.
（17） *Усманов А. Н.* Присоединение... 1960. С. 64-68; *Он же.* Добровольное присоединение... С. 93-97.
（18） *Соловьев С. М.* История России с древнейших времен. Кн. III. Т. 6. М., 1960. С. 620.
（19） ПСРЛ. Т. XIII. первая половина. С. 221.
（20） История Башкортостана с древнейших времен до 60-х годов XIX в./Усманов Х. Ф. (ответ. ред.) Уфа, 1996. С. 137.
（21） ПСРЛ. Т. XIII. первая половина. С. 230; См. История Татарии в материалах и документах. М., 1937. С. 125-127. なお，アールスコエ地方はカザン・ハン国のなかで農耕を営むタタール人の一大中心地であった(Там же. С. 129, 134, примечание 3, 54)。
（22） ПСРЛ. Т. XIII. первая половина. С. 230.
（23） *Усманов А. Н.* Присоединение... 1960 С. 75; *Он же.* Добровольное присоединение... С. 104.
（24） ПСРЛ. Т. XIII. первая половина. С. 239.
（25） *Усманов А. Н.* Присоединение... 1960. С. 76; *Он же.* Добровольное присоединение... С. 104-105.
（26） Там же. С. 105; *Он же.* Присоединение... 1960, С. 77.
（27） ПСРЛ. Т. XIII. первая половина. С. 229-230, 238-239, 262-266 и др; Там же. Т. XX. Ч. 2. С. 540-547, 552-554.
（28） *Крубский А. М.* Царь Иоанн IV Васильевич Грозный. Избранные сочинения. СПб., 1902. С. 40; История Тататрии в материалах и документах. С. 124.
（29） *Карамзин Н. М.* История государства Российского. Кн. III. Т. IX. СПб., 1842. С. 236-237, прим. С. 671; См. История Татарии в материалах и документах. С. 127.
（30） なお，バシキール人の「シェジェレ」や一八世紀の著述家たち(П・И・ルィチコーフ，И・К・キリーロフ，В・Н・タティーシチェフ等)は，バシキール人をノガイ人と区別していなかったのは注目すべきである(*Рахматуллин У. Х.* Население Башкирии в XVII-XVIII вв. М., 1988. С. 20)。
（31） Там же.
（32） История дипроматии. Т. 1. М., 1941. С. 201.
（33） Башкирские шежере/Кузеев Р. Г. (составление, перевод текстов, введение и коментарии). Уфа, 1960. С. 33, 117. なお「シェジェレ」の翻訳にあたってはロシア語訳とバシキール語訳を基礎にしている。

(34) *Карамзин Н. М.* Указ. соч. С. 135.

(35) *Кузеев Р. Г.* Указ. стат. С. 10–11.

(36) *Кузеев Р. Г. и Юлдашбаев Б. Х.* 400-лет вместе с русскими народами. Уфа, 1957. С. 51.

(37) Башкирские шежере. VIII, XIV.

(38) Материалы по истории Башкирской АССР. Ч. 1. М.-Л., 1936. С. 259.

(39) *Рычков П. И.* История Оренбургская. Оренбург, 1896. С. 3–4.

(40) Английские путешественники в Московском государстве в XVI в. М., 1937. С. 169.

(41) *Юматов В.* Древние предания башкирцев чубиминской волости//Оренбургские губернские ведомости. 1848. №7. Часть неофициальная (История Башкортостана с древнейших времен до 60-х годов XIX в. С. 139 より転引用).

(42) Башкирские шежере. С. 52.

(43) Там же.

(44) Там же.

(45) *Юматов В.* Указ. стат. С. 46 (История Башкортостана с древнейших времен до 60-х годов XIX в. С. 140 より転引用).

(46) Очерки по истории Башкирской АССР. Т. 1. Ч. 1. Уфа, 1956. С. 62.

(47) Там же.

(48) カザンがイヴァン四世によって占領されたということはバシキール人には知られていた。引用文で記したように、バシキール人の「シェジェレ」とタタール人の年代記(История Татарии в материалах и документах. М., 1937 С. 95)には一三二五〜四〇年にモスクワの公であったイヴァン・カリタの名前がみえるが、これは後の写字生たちが誤って記したのであろう。

(49) Башкирские шежере. С. 52.

(50) НА УНЦ РАН. Ф. А-213. Л. 66–67 (История Башкортостана с древнейших времен до 60-х годов XIX в. С. 140 より転引用).

(51) *Юматов В.* Указ. стат. С. 46 (История Башкортостана с древнейших времен до 60-х годов XIX в. С. 140 より転引用).

(52) Башкирские шежере. С. 32; Башкирские родословные. Выпуск первый. Издание на русском языке. Уфа, 2002. С. 56.

(53) Башкирские шежере. С. 27–29, 31–33; Башкирские родословные. С. 56.

(54) タチガチとはおそらくブルナクの息子ではあるまい。そうでなければ「シェジェレ」の作者はタチガチ・ビイについて触れないわけはないであろうから。それゆえ、「ビイの地位はタチガチに委ねられた」とは、タチガチが世襲の権利に基づいてビイとなったのではなく、形式的ではあるが種族指導者の選出の遂行の結果であることを示している（Башкирские шежере. примечание. 21. С. 181）。

（55）ミン族の「シェジェレ」ではヘジュラ暦九六一年が「ネズミの年」となっている。

（56）この箇所はБашкирские шежереの訳では「ヤルリィク、〔贈り物として〕食物および繻子の織物を受け取った」（Там же. С. 33）となっている。

（57）Там же. С. 33; Башкирские родословные. С. 56-57.

（58）Башкирские шежере. С. 33-34; Башкирские родословные. С. 56-57.

（59）Башкирские шежере. примечание. 26. С. 182.

（60）*Кузеев Р. Г. и Юлдашбаев Б.* Указ. соч. С. 59.

（61）*Биков* Башкорды: Материалы по истории башкирского народа//Оренбургская газета. 1889. №773.

（62）*Соколов Д. Н.* Опыт разбора одной башкирской летописи//Труды Оренбургской ученой архивной комиссии. Оренбург, 1898. Вып. 4. С. 48.

（63）これは誤りである。南東バシキーリアにいたブルズヤン、ウセルガン、キプサク、タミヤンの諸族がカザンにやって来たのが一五五五年であることを考えると、写字生による筆写の誤りであろう（Башкирские шежере. С. 196）。

（64）併合後の最初の一〇年間はヤサークを蜂蜜、貂、ビーバー、狐の毛皮で納めたが、一七世紀からは狩猟用の用益地が乏しくなり、ヤサークが金納へと移っていった（Там же. VI. С. 71-73）。

（65）ウファーは要塞として一五七四年に基礎が置かれた。一五八六年、ツァーリの命令によりバシキール人はヤサークをウファーで納めることが認められた。多くの歴史家によって一五八六年にウファーは市としての基礎が置かれたとみなされている（Там же. С. 198）。

（66）Башкирские шежере. С. 73-74, 78-79, 127.

（67）Там же. С. 73.

（68）Там же. XV. С. 127.

（69）*Кузеев Р. Г.* Указ. стат. С. 11.

(70)　*Усманов А. Н.* Добровольное присоединение... С. 153–154.

(71)　ПСРЛ. Т. XIII. первая половина. С. 281–282; См. *Карамзин Н. М.* Указ. соч. Т. VIII. С. 117, 119, 137, 138, примечание. 346, 396 (С. 46, 53).

(72)　Там же. С. 138.

(73)　*Кузеев Р. Г.* Указ. стат. С. 12.

(74)　Там же. С. 12. なお、シベリアに関して、イェルマークの有名な遠征後も、ツァーリ政府および軍隊はさらに長期にわたってシベリアの諸ハンおよび民衆と戦わざるを得なかった。ハンたちは、シビル・ハン国内におけるウラル以東のバシキール人に対する自らの権力を維持し続けようとしていた。しかし、シビル・ハン国の征服とその後の崩壊の過程で、ウラルの北東および以東のバシキール人たち（カラ＝タビン、サリュート、スィブリャン、カタイ、アイおよびクデイの諸種族等）は、モスクワに自分たちの使節を派遣して、ロシアのツァーリの臣下になることを希望する旨を伝えた（*Усманов А. Н.* Добровольное присоединение... С. 155–20）。

(75)　*Асфандияров А. З.* Башкирские источники//Историческое значение добровольного присоединения Башкирии к Русскому государсиву. Уфа, 1982. С. 21.

(76)　*Пекарский П. П.* Когда и для чего основаны города Уфа и Самара//Сборник отделения русского языка и словесности имп. Академии наук. Т. X. СПб., 1872. С. 19–20 (История Башкортостана с древнейших времен до 60-х годов XIX в. С. 143 より転引用).

(77)　Сибирские летописи. СПб., 1907. С. 45, 285–286, 332–333.

(78)　*Миллер Г. Ф.* История Сибири. М. 2000. Т. 2. (Изд. 2-е). Приложения. №№76, 94, 120 (Изд. 1-е. М.-Л., 1941. Кн. II. Приложения. №№76, 94, 120).

(79)　Сибирские летописи. С. 45.

(80)　*Миллер Г. Ф.* Указ. соч. №23.

(81)　Сибирские летописи. С. 45.

(82)　*Миллер Г. Ф.* История Сибири. М., 1999. Т. 1. Приложения. №13.

(83)　Там же.

(84)　Там же. Т. 2. №23.

(85) Там же. №№23, 25.

(86) Там же. №131.

(87) *Новиков В. А.* Сборник материалов для истории Уфимского дворянства. Уфа, 1903. С. 184.

(88) См. *Кузеев Р. Г. и Юлдашбаев Б. Х.* Указ. соч. С. 5.

(89) Материалы по истории Башкирской АССР. Ч. 1. док. №119. С. 259.

(90) *Усманов А. Н.* Добровольное присоединение... С. 111-113.

(91) Там же. С. 113; История Татарии в материалах и документах. С. 123-124.

(92) *Усманов А. Н.* Присоединение... 1960. С. 139.

(93) *Соколов Д. Н.* Оренбургская губерния. М., 1916. С. 85-86.

(94) *Биков* Указ. стат.

(95) *Усманов А. Н.* Присоединение... 1960. С. 138; История Татарии в материалах и документах. С. 123-124. 後年、バシキール人が自分たちの土地に対する権利の拠りどころとしたのが一五五二年および一六九五年のツァーリの恵与状であった(*Асфандияров А. З.* Указ. стат. С. 21)。

(96) *Усманов А. Н.* Присоедиение... 1960, С. 138-139; *Он же.* Добровольное присоединение... С. 114.

(97) Kappeler, A. *Russlands Erste Nationalitäten: Das Zarenreich und die Völker der Mittern Wolga vom 16. bis 19. Jahrhundert*. Köln & Wien, 1982, S. 104-109; 栗生沢猛夫、前掲論文、一一一頁。

(98) Kappeler, A. *a.a.O.*, S. 104-109.

(99) История Татарии в материалах и документах. С. 123-124.

(100) *Димитриев В. Д.* О ясачном обложении в Средрем Поволжье//Вопросы истории. 1956. №12. С. 107-115; *Он же.* К вопросу о ясаке в Среднем Поволжье//Ученые записки научно-исследовательского института при Совете Министеров Чувашской АССР. 1958. Вып. XVI. С. 278-293.

(101) 研究者によっては、キプチャク・ハン国やその継承国家であるカザン・ハン国でヤサークを納めていたのは被支配民族だけであるとする者(*Мухадьяров Ш. Ф.* К вопросу о положении крестьянства в Казанском ханстве//Ученые записки Казанского государственного университета. 1962. №122-2. С. 143-161)や、タタール人の一部もヤサークを収めていたとみなすなど(*Димитриев В.*

Д. О ясачном...С. 108)、意見が分かれている(栗生沢猛夫、前掲論文、一一五頁)。

(102) *Димитриев В. Д.* О ясачном...; *Он же.* К вопросу...

(103) *Кузеев Р. Г.* Очерки исторической этнографии башкир (род-племенные организации башкир в XVII–XVIII вв.). Ч. 1. Уфа, 1957. С. 130–131. ロシア国家へのバシキール人によるヤサーク貢納については、それを重いとみるか軽いとみるかで異なる考え方がある。前者の立場に立つИ・Г・アクマーノフは、ヤサークはバシキー人にとって甚だ辛く、その徴収は徴税官の方からの様々な専横を伴い、また「勤労大衆に対するあからさまな収奪となってしまった」(*Акманов И. Г.* Башкирское восстание 1704–1711//Из истории Башкирии. Ученые записки БГУ. Вып. 35. Уфа, 1968. С. 63–72)と述べる。他方、ヤサークは、ロシア人農民が支払う人頭税に較べて軽いと考える研究者もいる(*Устюгов Н. В.* О характере башкирских восстаний XVII– первой половины XVIII вв.//400-летие присоединения Башкирии к Русскому государству. Уфа, 1958. С. 86–100; *Усманов А. Н.* Присоединение... 1960. С. 145; *Демидова Н. Ф.* Управление Башкирией в первой трети XVIII в.//Исторические записки. Т. 68. М., 1961. С. 214)。また、バシキーリアにおけるヤサークの持つ特殊性については *Рахматуллин У. Х.* О некоторых особенностях ясака в Башкирской общине//Исследования по истории Башкирии. XVII–XVIII вв. Уфа, 1973. С. 3–11を参照。

(104) 本編、第五章で述べるヤサーク税の廃止を含んだ租税政策の変更に対する住民の動揺にそのことがよく現れている。

(105) Полное собрание законов Российской Империи (Далее－ПСЗ) Т. I. Гл. 16. Стат. 43; Соборное Уложение 1649 года. Л., 1987. С. 264.

(106) Pennington, A. E. (ed.) *G. Kotošixin, O Rossii v carstvovanie Alekseja Mixajloviča, Text and Commentary*, Oxford, 1979. Ch. VII. 6, 7, 9, 10(松木栄三編訳『ピョートル前夜のロシア——亡命ロシア人外交官コトシーヒンの手記』、彩流社、二〇〇三年、第七章、第六・七・九・一〇項、一六四、一六七頁).

(107) *Кузеев Р. Г.* Очерки... С. 130–131.

(108) Там же.

(109) Там же. С. 134.

(110) *Усманов А. Н.* Присоединение... 1960. С. 143–144.

(111) Материалы по истории Башкирской АССР. Ч. 1. док. №25. С. 130.

(112) *Кузеев Р. Г.* Очерки... С. 134.

(113) この布告の内容については本編、第五章を参照されたい。

(114) РГАДА. Ф. 342. Оп. 1. Д. 109. Л. 211–233; Наказ башкир Уфимской провинции в Уложению комиссию/Кулбахтин, Н. М. Из истории гайнинских башкир. Уфа, 1996. С. 38–61; *Усманов А. Н.* Присоединение... 1960. С. 140–141.

(115) Там же. С. 141–143.

(116) Там же. С. 147. 政府の民族地域に対する支配の方法としては、民族毎に異なる政策をとり、民族間の連帯を阻止するというのが伝統的な方法であるが、一民族に対してさえその政策は一様ではなかった。そこに政府による民族支配の巧妙さをみることができる。

(117) *Кузеев Р. Г.* Очерки... С. 134.

(118) *Усманов А. Н.* Присоединение... 1960. С. 282.

(119) *Рычков П. И.* Топография Оренбургской губернии. Оренбург, 1887. С. 371–372.

(120) *Усманов А. Н.* Добровольное присоединение... С. 158.

(121) Там же. С. 281–292.

(122) *Кузеев Р. Г.* Очерки... С. 123.

(123) 家島彦一訳註『イブン・ファドラーンのヴォルガ・ブルガール旅行記』、東京外国語大学アジア・アフリカ言語文化研究所、一九六九年、二八—三〇頁。

(124) *Кузеев Р. Г.* Очерки... С. 128–129.

(125) Там же. С. 159.

(126) Там же. С. 160.

(127) Там же. С. 129.

(128) Материалы по истории Башкирской АССР. Ч. 1. док. №24. С. 126.

(129) *Новиков В. А.* Указ. соч. С. 10.

(130) Материалы по истории Башкирской АССР. Ч. 1. док. №48. С. 171; また、一八世紀に関しては次を参照されたい。Материалы по истории Башкирской АССР. Т. III. М., 1949. док. №559. С. 506; док. №566. С. 517–520; док. №567. С. 524; док. №569. С. 536–539.

(131) Материалы по истории Башкирской АССР. Ч. 1. С. 150–494.

(132) См. *Устюгов Н. В.* Указ. соч. С. 44.

(133) Материалы по истории Башкирской АССР. Ч. 1. док. №44. С. 164–165; док. №57. С. 186–187.

(134) *Миллер Г. Ф.* История Сибири. Т. 1. М.-Л., 1937. С. 211; док. №4. С. 338.

(135) Donnelly, A. S. *The Russian Conquest of Bashkiria, 1552–1740, A Case Study in Imperialism*. New Haven & London, Yale University Press, 1968, pp. 20–21.

(136) Материалы по истории Башкирской АССР. Ч. 1. док. №37. С. 155–156.

第三章　一七〜一八世紀初頭の諸蜂起

I　「併合」後のバシキーリア行政

一七世紀のロシア政府は辺境での政策を防衛線の構築から始めることになった。カルムィク人がアルタイ山脈からヴォルガ川沿いの地域にかけて住んでいたロシア人の活動を妨害したのが発端である。ノガイ人の多くもカルムィク人に吸収され、その一部は北方に逃れたが、残りはそのまま南方に残留し続けた。そのカルムィク人とノガイ人とが連帯してロシア人の居住する辺境都市を攻撃したため、政府はカザンの南東に新たな防衛線を築く必要に迫られた。それがカマ川以東に造られた防衛線(Закамская линия)である。規模としてはとるに足りないこの防衛線が、ウファー要塞の建設(一五七四年)と並んで、モスクワ国家によるバシキーリア植民のより強固な礎石となった(1)。

一六五二〜五七年、この防衛線はさらに強固な防衛線に取って代わられた。それはヴォルガ川に端を発し、バシキーリア内のベーラヤ川河口にほとんど達せんとする長さであった。その主要な要塞は、ベールイ・ヤール、エリクリンスク、ティインスク、ゼリヤルスク、ノヴォシェミンスク、キチュエフスク、ザインスクおよびメンゼリーンスクである(2)。

この地方に足場を築き勢力を拡大しようとするモスクワ政府の動きと、それに対する住民の抵抗は、一六六二〜六四年の大「辺境」戦争となって現れた。その原因として主に三つ考えられる。第一には、ポーランドやクリム・ハン国との戦争遂行による国内経済の破綻、ならびにこれに起因する国庫増収を図るべくあらゆる地方の住民に対して課された貢租の増大であった(3)。第二には、貢租やヤサーク徴収に際してロシア人官僚が圧迫を加えたこと、およびその地位を利用した職権濫用に対する反発があげられる(4)。第三には、農奴制を逃れてやって来た多数のロシア人農民および中央ヴォルガ地域やカマ川下流域からの非ロシア人の流入であったが、それが特にバシキール人蜂起の直接的原因となった。彼らはバシキール人の放牧用地を占拠したため、地方住民の間から不平の声が上がった。すでに一五八一年、カザン道とオサ道のバシキール人はタタール人、マンシ人、ウドムルト人らとともにカマ川沿いにあるストローガノフ家の新しい入植地を破壊した。一六一六年、彼らは中央沿ヴォルガ地帯での蜂起に参加した。蜂起した者たちはカザンや建設されたばかりの要塞サラプルとオサを包囲した。さらに三〇年後の一六四五年、カザン道のバシキール人は彼らの土地にメンゼリーンスク要塞が建設されたことに不満を抱き、立ち上がったのである。後のピョートル一世に宛てた嘆願書(一六九四年)はそのことを明瞭に示している。

これらの移住したロシア人、タタール人、チュヴァーシ人およびヴォチャーク人〔現称ウドムルト人〕たちは、彼ら〔バシキール人〕の多くの村が存在する古くからの先祖代々の領地に定住してしまいました。彼ら〔移住者たち〕は土地を耕し、干草を刈り、養蜂に役立つ木々を含んだ森林を伐り、また標識〔タムガ〕のついた木も伐採しました。彼ら先祖代々の土地に住む住民の数が多いため、あらゆる野生の動物たち、すなわち、へら鹿、熊、狐、貂、リスは逃げ去り、ビーバーは絶えてしまったのです。彼らは動物たちを殺したり、魚を獲ったりし始めました。さらには、馬群や家畜のための放牧の場所がなくなってしまいました。わが大君よ、それゆえ彼ら〔バシキール人〕はヤサークとすべての賦税を納めることができないのであります。[5]

旧カザン・ハン国支配地域の行政を司るカザン宮廷官署（Приказ Казанского дворца）[6]は、ウファーの軍政官（воевода）Д・Н・ゴロヴィーンに対してバシキール人の抱く上記の不満を引用し、移住者をその領域の外に出すように命じた。

以下では、一七～一八世紀初頭に生じたバシキール人諸蜂起の志向と結果を考察する。[7]

II　一六六二～六四年の蜂起

1　経　過

一六六二年、バシキーリアで蜂起が発生した。その基本的要因についてはすでに述べたので繰り返しは避けるが、あえて付言するならばロシア人による城市（городок）近郊の土地の接収（一六五〇年代以降のカマ川以東防衛線の建設による）、カルムィク人の南西バシキーリアの遊牧地占有に対するモスクワ政府による援助、住民の税負担の増大、およびウファー軍政官の専横に対する住民の不満、これらがその根底にあった。

蜂起はシベリア道とオサ道の領域でほぼ同時に始まった。一六六二年七月後半、サリ・メルゲンに率いられたシベリア道バシキール人大部隊はカタイスキー柵（острог）とダルマトフ修道院に接近した。そのなかにはマリ人とタタール人も含まれていた。叛乱軍は数度にわたり攻撃を加えたが、このロシアの拠点を占領することはできなかった。そのため周辺の村落を破壊した後、バシキール人は彼らの家族がいるイルチャシ湖へ退却した(8)。

八月初旬、蜂起軍は再びシベリア道の柵と村を攻撃した。この様子についてチュバロフスカヤ村の領地管理人(приказчик)は次のように記している。

一七〇〇年八月現在(9)、イセト川周辺にいる兵士で裏切り者のバシキール人とチェレミス人が数多の数に上っています。さらにタタール人も来ています。〔中略〕パブロフ荒野修道院(пустыня)、ウトカ川沿いの村々、カタイスキー柵、ダルマトフ修道院、プィシマ川沿いの新しいオシチェプコヴァ要塞とネヴィヤンスク修道院をめぐって戦いが繰り広げられました。人々を打ち据え、家畜を奪い去り、家・屋敷を焼き払ったのです。〔中略〕その数は凡そ二〇〇〇人でした。かくして、すべての村で、現在、追い出された人々は今か今かと軍隊の到来を待っているのです。

またオシチェプコヴァ村の領地管理人は、チュメニの当局へ宛てた報告書のなかで、蜂起軍は「約二〇〇〇人以上」から成り立っていたと伝えている(10)。

八月〜九月、蜂起した者たちはイセト川、チュソヴァヤ川およびプィシマ川の広大な沿岸地帯で活動し、ムルジンスカヤ村、ベロスルツカヤ村、ウスチ＝イルビト村を占領した。政府軍との戦いはイルビト村で繰り広げられた。

北部のクングール郡でも戦端が開かれた。七月後半、シベリア道とオサ道のバシキール人部隊は地方の拠点である要塞、修道院および「大村」へと向かった。同月末、彼らはクングール市、ステパノフスキー柵、ヴォズドヴィジェンスキー修道院およびロジェストヴェンスキー修道院を占領して破壊した。しかし、これらの拠点のうち、住民が隠れていたスパッスキー修道院だけは破壊を免れた。バシキール人はそれらの戦いでクングール・タタール人、ヴャトカ・タタール人およびウルジェムスク・タタール人を援助していたのである。[11] 史料はバシキール人のもとに大砲が存在していたことを示している。[12]

一六六二年冬、政府は叛乱鎮圧のため迅速に対応し、チュメニから歩兵と騎兵の部隊が派遣された。トボリスクからは連隊長Д・ポルエクトフに率いられた歩兵と龍騎兵各々一個連隊からなる軍隊が進軍してきた。イルチャシ湖畔で大会戦が開かれた。この戦いの後、鎮圧隊が近郊のバシキール人の村を破壊し、ポルエクトフはシベリア道へと向かった。[13]

ウラル以東のバシキール人の間にも動揺が起こった。サリ・メルゲンに率いられた部隊は戦いを継続すべく、サリ・メルゲン自身がカルムィク人のタイシャ（тайша、族長）ダイチンに兵力の派遣などの助力を求めた。しかし、カルムィク人はウラル以東のバシキール人に援助の手を差し伸べることを拒み、[14] 他の勢力は政府側についた。彼らはトボリスクへ会談のために使節を派遣したが話し合いは一致をみず、そのためウラル以東の大部分の住民は再び武器を手にすることになったのである。[15]

一方、北部バシキーリア特にクングール地方においては、地方当局だけでは叛乱勢力を制圧できず、[16] そのため鎮圧にはモスクワ政府自体が乗り出さねばならなかった。カザンの軍政官の一人で大膳官（стольник）であったA・M・ヤズィコーフは軍隊を率いて叛乱地域へと向かった。近隣諸都市の軍政官たちもその兵力をヤズィコーフに提供した。たとえばペルミの軍政官は一一〇四名の徴集兵（даточные люди）をそこに派遣した。しかし実際にこの部隊がどのような行動に出たのか史料は語っていない。おそらく、一六六二年秋には、この地域での運動は鎮圧されることはなかったであろう。[17]

カザン道とノガイ道の境界における叛乱の動きについても大まかな内容を示す史料しか残っていない。そうしたなかで、ウファー軍政官にして宮廷官（окольничий）[18] A・M・ヴォルコーンスキーによるイツキー諸郷住民宛ての恵与状には、この運動の性格が明確に記されている。「すでに一七〇年、あなた方すなわち全道のバシキール人たちは裏切りとあらゆる盗賊行為をなし、ウファーとカザンの諸郡を攻め、神の教会を辱め、燃やし、村(села)や部落(деревни)、穀物や干草を焼き払った。バシキール人々を殺し、捕虜にもした」[19]。また別の恵与状では、バシキール人を非難して次のように述べている。バシキール人が「都市ウファーにやって来て、郷内の諸都市近郊の人々多数を殺害し、捕虜にした。諸郷にある神の教会を辱め、燃やした。同様に村や部落を焼き払ったのである」[20]。同様に、この時期、叛乱軍はビリ川沿いにある御料地アルハンゲリスコエ村を占領し、そこを破壊している[21]。つまりロシア人の村落のみならず教会をも攻撃の対象としているのであるが、このことはロシアの植民活動に対する反抗を示していると考えられる。蜂起後、このイツキー諸郷には新しい要塞ビルスクが造営された。

バシキール人上層は蜂起に反対の立場であった。たとえば、ノガイ道のタルハン、ダブレトバーエフ兄弟、およびカザン道のタルハン、カラバシュ・ウテーエフは蜂起に参加せず、政府軍と一緒になって蜂起軍に対して立ち向かった[22]。

これらノガイとカザン二道の蜂起指導者に関する史料は少ないが、間接的な史料によると、蜂起者たちの首領の地位にはガウル・アクブラートフとクリヴォヴァ(「片目」)と綽名されたウレケイが就き、一六六二年秋、彼らは上層の「封建領主」の裏切りによって政府に引き渡され処刑された。シベリア道ではウファーに近い諸郷の叛徒たちをアズナグール・ウルスクーロフとベクズヤン・トクタムィシェフが指揮した[23]。これら指導者の出自や社会的地位は不明である。

ウファー当局の力だけで叛乱の鎮圧はできず、それゆえ軍政官Ф・И・ソーモフは蜂起軍の説得にあたった。しかし、これも成功しなかったのである。当時、政府は叛乱勢力鎮圧の統括指揮権をカザン軍政官の一人Ф・Ф・ヴォルコーンスキー公に委ね、同時にウファー軍政官を更迭した。その地位に就いたのはФ・Ф・ヴォル

コーンスキーの補佐官であった先述のＡ・Ｍ・ヴォルコーンスキー公である。(24)

司令官たちは軍隊を率いてメンゼリーンスクに到着し、その後ウファーに向かった。この軍事的示威行動以外に、彼らは恵与状を発給し、そのなかで蜂起者たちに運動を止めて投降することを勧めている。これに応じて司令官たちのところに最初にやって来たのはバシキール人上層の人々であった。彼らは最初から蜂起に加わっていなかったが、いま一度当局に自らの忠誠を表すことにしたのである。そのなかにはノガイ道のタルハンで有力者イシムハメト・ダヴレトバーエフがいた。彼はФ・Ф・ヴォルコーンスキーの呼び掛けに応じてメンゼリーンスクに来て、さらにウファーまでヴォルコーンスキーに同行している。彼に続いてカザン道とノガイ道の蜂起者の一部も恭順の意を示すためにやって来た。ヴォルコーンスキーのウファーにおける最初の仕事は、蜂起の指導者「ゴウルカと片目のウレケイならびにその仲間たちを」処刑することであった。(25)

しかし、西部バシキーリアにおけるすべての蜂起参加者が当局に恭順の意を示したわけではなかった。そのためヴォルコーンスキー公たちは鎮圧遠征の準備に取り掛かった。一六六二年秋、彼らはウファーからシベリア道の西部諸郷へ進軍し、クィル＝クデイスク、アイスク、バルィクチンスク各郷におけるバシキール人地域を荒らし回ったが、これらの村の住民たちすべてが公に従ったわけではなく、その目的を完全には達成することはできなかった。それでも、Ａ・Ｍ・ヴォルコーンスキー公の要求に従い、バシキール人はアマナートとして四〇名の「良き人々（добрые люди）」を差し出さざるを得なかったのである。(26)

アストラハンの軍政官Г・С・チェルカッスキー公もこの蜂起鎮圧に参加した。一六六二年九月、彼はドゥーマ士族（думный дворянин）(27)З・Ф・レヴォーンチエフに率いられた部隊をバシキーリアに派遣すると同時に、投降を促すべく二名のアストラハン・タタール人を蜂起軍のもとに向かわせた。一一月、彼らはウファーにたどり着き、諸郷の代表者三〇〇名が交渉の席に着いた。会談の結果は戦いを中止し、ツァーリに宛てて嘆願書を作成するというものであった。嘆願書のなかでバシキール人は自分たちの不満と蜂起の原因を述べている。チェルカッスキーはレヴォーンチエフのバシキーリア進軍を中止したのである。(28)

バシキーリア西部では幾分状況は落ち着いたかにみえた。蜂起参加者のなかには当局と交渉を始め、政府に対し自らの困窮を訴え出る者もあった。しかし完全な平穏が訪れたわけではなく、降服することを拒否して運動を継続しようとする人々もいた。カザン道およびノガイ道の住民たちも「同調者」を探していた。彼らはカルムィク人タイシャのダイチンならびにアユカ・クチュクと関係を樹立したのである。(29)

一六六三年春、活動が再開した。またしてもシベリア道とオサ道の住民が先陣を切った。オサ道の住民たちはウファー郡とソリカムスク郡にある要塞、村落および部落を攻撃した。彼らにチュソヴァヤ川沿いのマンシ人、ヴェルホトゥーリエのロシア人グループが加わった。ヴェルホトゥーリエの銃士兵イヴァン・グロムィハーロフは、「火薬や弾丸」を都市の「商店街で購入して」やって来た。クングールの軍政官によると、同じくロシア人であるA・И・アニキーエフは「仲間とともに」蜂起の準備に加わったという。(30)シベリア道西部の諸郷ではアイ地方のバシキール人アズナグール・ウルスクーロフとベクズヤン・トクタムィシェフが、ウラル以東の諸郷ではウラスランベク・バッキンが運動を指導した。

一六六三年夏、戦いはウラル以東の全域で展開した。六月後半、蜂起軍はレシ川沿いの一連の村(село и слобода)を占領し、その後アラマシェフスカヤ村(слобода)を襲った。ここには叛徒たちが「一〇〇〇名かそれ以上」いたという。彼らに対して、スニッテルン少佐とガラセイキン大尉に率いられた傭騎兵(рейтар)と兵士、ネヴィヤンスク修道院院長に指導された耕作農民たちが立ち向かった。しかし、アラマシェフスカヤ村から三ヴェルスタ(約三・二キロメートル)のところで彼らは蜂起軍に包囲された。七月三日、蜂起軍はネヴィヤンスク柵を攻撃した。以上の状況のもとトボリスク当局はポルエクトフ大佐率いる強力な部隊を派遣した。この軍隊が接近しているとの情報を得て、蜂起軍は包囲を解きステップへ退却した[31]。

秋、蜂起の主要な舞台はイルビト湖近郊とイルビト川流域に移った。一〇月初旬、蜂起部隊はキルギンスカヤ村、イルビト村、ウスチ゠イルビト村、およびその近郊の村落を襲撃した。これらの村の救援にポルエクトフの部隊が駆け付けた。叛徒たちは鎮圧部隊によって大敗を喫した。激戦の過程で、鎮圧軍も「三〇人以上の騎兵と歩兵が戦死し、ポルエクトフを含めた多くの人が負傷した[32]」、という。

一六六四年早春、トボリスクの軍政官はシベリア道のバシキール人諸郷に対し鎮圧軍を組織した。三月中旬から五月中旬まで、上記ポルエクトフ指揮下の大部隊は蜂起軍に大打撃を与えたが、蜂起軍は降伏せず、かえってネヴィヤンスク要塞を破壊し、ネヴィヤンスク修道院を占領し、クラスノポリスキー村、ムルジンスカヤ村およびベリャコフスカヤ村近郊で活動し、メホンスキー柵を包囲した。トボリスク当局は譲歩することによってやっと蜂起の勢いを止めざるを得なかったほどである。一六六五年冬、バシキール人使節は交渉のためトボリスクに到着した。こうしてウラル以東の蜂起は終焉した。

バシキーリア西部ではどうであったろうか。一六六三年春、ノガイ道とカザン道での戦いが再開した。一六六二年の段階では当局側についたタルハンのイシムハメト・ダヴレトバーエフを中心にバシキール人領主たちが蜂起軍に味方した。これに加えて、カルムィク人からの援助もあった。蜂起勢力はバシキーリア中央部へ移動した。つまりウファー近郊とカマ川以東防衛線に沿ってバシキール人は活動したのである。史料はカザン道とノガイ道の蜂起軍が共同で戦った様子を伝えている。一六六三年秋、カザン道の叛徒の一部はノガイ道にいたのである[33]。

興味深いことに、この蜂起の過程でバシキーリアの全地方すなわち四道の勢力を結集しようとする試みがあった。一六六三年一一月前半、クチュムの指揮下にウラル以東の蜂起軍はベーラヤ川中流域のコチェヴァニ湿地近郊に達し、ノガイ道とカザン道のバシキール人と合流するはずであった。そこから叛徒たちは一緒にウファーに向かって進軍し、ウファー軍政官を威嚇して要求を突き付けようとした。もし要求が受け容れられなければウファーの占領を敢行しようとしたのである。しかし理由は不明であるが、ウラル以東のバシキール人たちは決められた場所に到着せず、進軍は成功しなかった。数日間、彼らの到着を待っていたノガイ道のバシキール人は彼らだけで軍政官と交渉することに意を決した。ちょうどこの時、彼らのもとに軍政官の使節がやって来て、蜂起参加に対する赦免と譲歩を叛徒たちに約束したのである。

交渉は延々数か月に及んだ。その結果、ノガイ道のバシキール人たちは戦闘を止め、モスクワに赦免を求めるべく使節を派遣することに決めた。[34] モスクワではバシキール人使節をツァーリ、アレクセイ・ミハイロヴィチ（在位一六四五〜七六年）が受け容れた。一六六四年二月末、彼らはツァーリの恵与状を得てバシキーリアへ帰還した。[35] こうしてノガイ道には平穏が訪れたのである。

カザン道における蜂起は一六六四年夏まで続いた。一六六三年一〇月末から一一月初旬にかけて、メンゼリーンスクから四日の行程のところに大軍が集結した。バシキール人と並んでこの軍にはカルムィク人がいた。一一月後半、蜂起軍は同地方で積極的な行動に出た。ウファー軍政官はカザン道での動きを次のように述べている。「あなた方の兄弟である未熟な人々（молодые люди）は盗賊行為を働き、メンゼリーンスク近郊とカザン郡、および他の場所で人々を追い立て、人々を殺し、捕虜にし、あらゆる盗みを行っている」、と。軍政官により「未熟な人々」と呼ばれたバシキール人民衆の積極的な行動が強調されている点が注目されるが、指導者はカザン道の各郷を指揮したアトゥィゲシ・トカロフ、キレイ・タニケーエフ、メネン・サールトフであった。[36] 彼らの社会的地位や状況について詳しくは分かっていない。

当局は蜂起がカマ川西岸に飛び火することを懸念した。[37] 一一月二二日、カザンの軍政官С・Г・クラーキン公は百人隊長（сотенная голова）Д・А・アーリストフをその部隊とともにカマ川へと向かわせた。その目的は、

「反逆者たるバシキール人、およびカルムィク人とノガイ人の〔蜂起した〕兵士たちに対して頑強に抵抗すること。〔中略〕そして兵士たちがカマ川を渡河してカザン郡に行くことのないようにすること」、であった。当局は再三カザン道の蜂起した民衆に対し、蜂起を止め、話し合いに応じるように呼び掛けた(38)。

話し合いに入った蜂起軍はウファー軍政官の専横を非難した。それに応えて政府側も軍政官A・M・ヴォルコーンスキーの職を解き、代わりに宮廷官にして大膳官Ф・И・ソーモフ公を任命した。しかし、より本質的な譲歩は土地問題に関するものであった。新しい軍政官ソーモフは公式にバシキール人の土地に対する相続的所有権を確認した上で、この問題に関してバシキール人の苦情を検討して彼らの要求を満足させねばならなかった。徴税官はヤサークを力ずくでは徴収せず、また略奪も行わないと約束した(39)。

幾度かの中断を経て、蜂起は一六六二年から一六六四年まで続いた。しかし蜂起が一体いつ終わったのかは明確ではない。というのも人々の積極的な活動は一六六四年秋に終焉したが、話し合いはすぐには終わらなかったからである。

蜂起は全バシキーリアを覆い、イセト川中流域からカマ川まで、ヤイーク上流域からイルビト川とチュソヴァヤ川の流域まで、実に広大な範囲に及んだ。特徴的なことに、蜂起の主要な舞台はバシキーリアの東部、北部および北西部であり、そこは広大な土地がロシア人によって占有され、要塞、柵、修道院、御料地が建設されたところでもあった。主な勢力はバシキール人民衆であったが、これにマリ人、タタール人、マンシ人が参加し、さらにカルムィク人、およびシベリアのハンの息子たちが加わった。

2 蜂起の成果

蜂起は四道すべてを巻き込みながら断続的に続いた。ウラル以東、北部と北西部のバシキーリアで蜂起が集中して発生した点は注目されねばならない。このことは、一七世紀中葉以来、特に同地方においてロシア人による土地占有が進み、それと並行して政府側の要塞、柵、修道院、村落が建設されたことが大いに影響していると考えられる。蜂起した者たちはロシア政府の拠点とみなされる地域に激しい攻撃を加えたが、ここに彼らが一定の成功を収めた原因がある。

鎮圧後も住民の一部は戦いを続けることを支持した。特にシベリア道のバシキール人は積極的な行動に出た。蜂起の再開を決めた後、彼らはウラル以東の非ロシア人と以前の関係を保持・強化しながら新たな同調者を捜し求めた。カルムィク人のタイシャでシビル・ハンであるクチュムの曾孫、皇子アユカ・クチュクと関係を樹立したのである。旧シビル・ハン国の土地を要求していたクチュクはこのとき反ロシア闘争を組織する方法を探っていた。その結果、彼の観点からすると、バシキーリアにおける蜂起はこの上もなく絶好の機会であった。一六六二年の蜂起に直接クチュクは参加しなかったが、翌年初頭、バシキール人指導者サリ・メルゲンが死んだ後、シベリア道のバシキール人陣営に彼はいた。(40) しかし、クチュクは軍事の面では大部隊を提供することはなかった。他方、蜂起勢力が彼を必要とした理由は、この皇子がウラル以東の非ロシア人を糾合することのできる人物として利用する価値があると考えたからである。彼らはより実質的な援助を受けるべくカルムィク人たちと話し合いに入ったのである。

III　一六八一〜八四年の蜂起

1　経過

一六六二〜六四年の蜂起は当局から重要な譲歩を含む約束を引き出した。しかし蜂起が終結すると、約束は完遂される前に反故にされた。それゆえ、一六六七年夏、タタール人、カルムィク人およびバシキール人がチュメニ市に迫った。同年、他のバシキール人部隊がバシキーリアの南西地域、イレク川およびコンドゥルチャ川の沿岸地域に現れた。一六六八年、ウファー軍政官はそこに兵力を派遣しなければならなかった。(41)

一六七〇年代中葉以降、住民の多くは動揺していた。史料はバシキール人が集まった場所とその集会の様子について伝えている。一六七五年のクングールの軍政官報告は、すでに前年秋、「アユ川上流のバシキール人のもとで、クングールを強奪するための秘密の会合が持たれた」という。同年、幾つかの村の領地管理人たちはクングール当局にバシキール人たちが頻繁にチュソフカヤ村のマンシ人のところへやって来ていることについて報告し、彼らが村落を襲撃するのではないかと恐れていた。翌年五月、ザインスクからカザンへの報告によると、キネリ地方で「多数の軍人たちがカマ川以東の地域に向かっていることが目撃された」という。一六七八年一二月、クングール郡にあるタタール人村の一つに滞在した領地管理人は他所からやって来たバシキール人の話を聞いている。彼らバシキール人は次のように述べた。「夏には、クングール、シベリアの諸村落を攻めるのだ。〔中略〕タタール人とバシキール人は馬を飼育し、弓矢を作っている」、と。(42)

かくして一六六〇～七〇年代のバシキーリアは非常に緊張した状態にあった。

一六七〇年代に入っても当局はバシキーリアで従来の政策を継続し、土地を占領し続け、一方で軍政官は権力を濫用していた。一六八〇年代の蜂起の直接的な原因は、中央ヴォルガ沿岸とウラル地方のムスリムをキリスト教に改宗することを内容とした一六八一年五月一五日付けの布告の発布である。この布告に従って、軍政官とキリスト教聖職者はバシキール人に改宗を迫っただけでなく力ずくでこれを強制した。(43) これに対してバシキール人は蜂起をもって応えたのである。

しかし、史料は少なく、蜂起の始まりについては概ねその特徴を描き出すことができる程度である。たとえば、一六八一年五月以来、バシキーリアの多くの場所で民会(йыйын)が開催されたことが知られている。おそらくすでに始まっていた運動の様々な問題がそこで議論されたのであろう。郷の住民は蜂起部隊に加わったため諸道の蜂起軍は相互の関係が樹立されていた。六～七月初め、シベリア道のバシキール人はノガイ道との境界へと向かい、両道の住民の間にも連携が生まれた。これより先、ウラル以東にはノガイ・バシキール人の使者が派遣されていた。かくして、これらの諸道の蜂起参加者たちが一体となり、七月末～八月初めには、バシキーリア中央部の蜂起に積極的に参加した。(44)

翌一六八二年早春、運動が始まった。四月初頭、蜂起軍はカマ川以東の要塞線を破壊した。モスクワへ宛てた地方当局の四月付け報告は、「裏切り者(изменники)たるバシキール人たちがカマ川以東および他のウファー地域に現れたことについて」述べている。(45)

同年六月末、ウファーにしばらく滞在したチュソフカヤ村の農民たちは次のような情報をもたらした。「ウフィンスコイ市はモルドヴァ人、チェレミス人およびバシキール人によって包囲されています。また彼らは長期にわたりウファーに迫っています。その兵たちは三万名に上り、カザンの隷属都市(пригороды)のうち七つの隷属都市を征服しました。さらに、カマ川流域にはどれだけいるのか想像がつかないほどのバシキール人がいます。〔中略〕バシキール人は槍を作」っているという。[46]

カマ川以東にある諸要塞の北方では蜂起軍がカマ川にまで達していた。バシキール人の土地に建設された修道院、教会、貴族所有の村や皇室領の村落を焼き払った。彼らはピヤンヌィ・ボル村（「酔っ払いの松林村」と訳せようか）を占領し、教会を焼き、教会からその財産（聖具・福音書・十字架・鐘など）を持ち出した。戦闘はカマ川を越えてエネイ郷の領域にまで及んだ。蜂起軍は御料地カラクリノ村を襲い、そこを包囲した。[47]

運動の中心はオサ道であった。主な攻撃はクングール市に向けられた。六月一五日、クラスノポリスキー柵の管理人は混乱のなか次のように述べている。「クングール市はモルドヴァ人、バシキール人およびタタール人により包囲されている。クングールの農民たちはすべて都市のなかにいる。スィルヴァにあるストローガノフ家のキシェルスキー柵も包囲されている。チュソヴァ〔村〕の領地管理人たちは全農民とともに各柵のなかで生活している。村からすべての人々が柵にやって来た。郷では柵が強化され防護されている」。[48]

バシキーリアの西部と中央部でも騒擾が発生した。蜂起軍はサマーラ市にも襲い掛かった。一六八二年五月中旬、叛徒たちはウファー近郊に現れた。都市ウファーの周辺でロシア人貴族所有の村が彼らによって占領された。ウファー市そのものも包囲され、再三攻撃に晒された。指導者はセイト・サフィールカである。彼についての確かな情報は残っていないが、彼は聖職者で「封建領主」でもあったと推定できる。[49]

蜂起軍はサマーラ市へも向かった。軍政官のモスクワへ宛てた報告書がこの様子についてよく示している。「現君主の一九〇年〔一六八二年〕五月、サマーラ市にウファーのバシキール人がやって来て多くの者を連れ去り、人々を捕虜にしました」[50]、と。

蜂起はバシキーリアと隣接する諸地方の非ロシア人をも刺激した。彼らは己の地方にバシキール人が出現することを期待し、彼らに合流したのである。蜂起発生についての情報に接した住民は地方当局の指示に従わず、蜂起軍へと走った。同年六月初旬、クングールの軍政官は次のように中央政府に報告している。「ヴェルホトゥーリエ郷ヴェルフ゠ビセルツキーのタタール人とチェレミス人のすべてが妻と子を伴ってウファーのバシキール人の軍隊に入るため去っていってしまいました(51)」、と。

蜂起は急速な勢いでバシキーリア全土を巻き込んでいった。五月、蜂起軍は西バシキーリア一帯で活動していたが、六月には近隣のカザン地方、クングール地方およびヴェルホトゥーリエ地方に広がった。

蜂起の指導者とその参加者はバシキール人であり、彼らを他の非ロシア人であるマリ人、モルドヴァ人、タタール人およびミシャーリ人が支援した。運動の指導者たちに関する史料は乏しく、蜂起の中心的人物のみが知られている。より正確にいうと、その名前が判明しているだけである。そのなかの一人に先述のセイトがいた。

ウファーとカザンの軍政官はモスクワに援助を求めた。一六八二年五月中旬、政府は大砲を擁してカザンの軍政官П・В・シェレメーチエフの指揮下にモスクワと地方の貴族、新編成の騎兵と歩兵からなる大部隊を派遣することに決定した。援軍として彼にモスクワから宮廷官Д・А・バリャチーンスキー公と大膳官П・И・バリャチーンスキー公が派遣された。鎮圧軍の士気を高揚させるために当局は宗教的方法を利用し、六月一一日、「陛下と皇女ソフィアはいと清き生神女のイコンと旗をカザンへと送り出した(52)」。

蜂起は日毎に勢力を増していった。これに対してウファー軍政官で大膳官のアンドレイ・コルコディーノフ公はモスクワからの援軍の到来を待たずに、ウファーの貴族、銃士兵、カザークおよびその他の勤務人を結集し、五月二八日、蜂起軍に挑んだ。ここでも詳しい史料は残っていない。分かっているのは双方ともに大きな損害を被ったということだけである。六月初め、カマ川以東の要塞地帯とイク川沿いで大会戦があり、セイトはその戦いで負傷したが、結局のところどちらが勝ったのかは不明である(53)。しかし実際には、ウファー軍政官は蜂起軍を退却させることはできたが撃破することはできなかった。

セイトと彼の仲間は戦いを続けた。史料は彼らが蜂起軍の補充を行っていたと伝えている。たとえば、ミシャーリ人カイビス・ウゼーエフとアユカイ・ケメーエフはシベリア道をめぐり、「バシキール人と他の異教徒たちに、彼らが盗人セイトのもと、ともに戦うために盗賊に加わるように」呼び掛けた、と政府側の史料は述べている[54]。

一方で蜂起軍の行動をバシキーリアの外に拡大しないように止めておきながら、他方で政府は平和的な方法で運動を鎮めようとした。一六八二年七月八日、政府は新帝イヴァンとピョートルという二人のアレクセイヴィチの名による証書(грамота)をバシキール人に示した。

盗賊たちが、誤った判断に基づいてあなた方バシキール人、チュヴァーシ人およびチェレミス人すべて、そしてあたかもムスリムたちに強制的に洗礼を施すことが命じられ、あなた方をあらゆる悪事に陥らせ、あなた方すべてに大いなる侮辱と不和をもたらしているとしている。しかし、あなた方はすべてを承知し、また兄弟たちもあらゆることを話している。すなわち、洗礼に関するわが大君の布告、洗礼を強制すること、以上のことはかつてなく、また現在もない。それについて悲しむことは何もないのである[55]。

彼らのうちの一部は戦いを止めて政府に嘆願書を提出した。それはバシキーリア四道の住民の名前で作成され、「総代」としてバシキール人クチュク・ユラーエフが「その仲間」とともに嘆願書を携えてモスクワに上った。その嘆願書の内容は、一六八二年八月一七日付けツァーリの証書から判断すると、蜂起参加を詫び、政府への忠誠を誓うというものである。さらにバシキール人たちはセイト逮捕とその引き渡しを約束した[56]。政府との話し合いに傾いたのである。ノガイ道のタルハンであるイシムハメト・ダヴレトバーエフはウファー軍政官に対し蜂起軍を鎮めるため部隊の形成を提案した[57]。

セイトを指導者とするグループは当局と妥協せずに戦いを続けた。セイトたちのもとには彼らが助力を求めたカルムィク人たちも合流するためにやって来た。七月初旬、カルムィク人はカザン道のイク川とスニ川の一帯に現れた。蜂起軍は再びカマ川以東の要塞を攻撃した。七月二七日、彼らはメンゼリーンスクを包囲し、続いて御料地ニコロ＝ベリョーゾフカ村とバシキーリア北西部の村落を占領した。八月から一〇月にかけてノガイ道で活発に展開し、蜂起軍はウファーに再び接近した。タイシャのザムサ指揮下のカルムィク人がバシキール人とともに活動していたのである。(58)

カルムィク人はどのような経緯でバシキール人を支援することになったのか。カルムィク人の間にはモスクワの政府に対する不満があったが、それ以外に、カルムィク人タイシャたちはバシキール人を自らの影響下に置くことを長い間願ってきた。『カルムィク自治共和国史概観』(59)の著者たちも、同様にアユカ・クチュクはバシキール人を自らの権力のもとに従わせようとしたと考えている。カルムィク人アサノフは捕縛後の尋問で次のように述べた。「彼らバシキール人たちのところに、〔タイシャである〕アユカ配下のカルムィク人、ノガイ人、エディサン人たちがやって来た。〔中略〕そして彼アユカのところにイツキーとベリスキー地方の半数にも上るバシキール人とチュヴァーシ人が妻子を連れてやって来たのである」(60)。これはカルムィク人側からみた史料である。いずれにせよ以上の点から、蜂起軍はその援助を願い、また戦略的な考えからカルムィク人タイシャに従うことを表明したと考えられる。(61)しかしながら、上記の事実は、同調者とのいわゆる「共同遊牧」に過ぎないとみなすこともできるのである。

バシキーリアにカルムィク人が出現したことは地方当局の行動を限定的なものとした。ウファー軍政官のもとにはカルムィク＝バシキール共同部隊に立ち向かうほど十分な戦力がなかった。カザンには五四七八名の貴族、小士族、騎兵、歩兵しかいず、それだけでは総司令官のシェレメーチエフはバシキーリアへの進軍には不十分だと考え、政府に再度援軍派遣を要請した。しかしこの要請はかなえられなかった。というのもモスクワの銃士兵連隊はバシキーリア進軍の命令を拒否したからであった。加えて一六八二年に発生したモスクワ蜂起のために、中央政府の権力基盤が揺らいでいたのである。そのことがシェレメーチエフを筆頭とする軍政官たちの行動の自由を奪い、彼らの決断を鈍らせていた。その結果、一六八二年、当局は叛乱軍に対して大規模な軍事行動をとることができなかったのである。(62)

政府はバシキール人とカルムィク人の連携を阻むべく個々別々に対応する計画を立てた。カルムィク人に対しては、ドン・カザークとヤイーク・カザークが派遣された。同時に、アストラハンの軍政官はバシキール人との連携を断ち切るために、カルムィク人タイシャのアユカ・クチュクを筆頭とする上層部との話し合いを始めた。一六八三年初め、贈り物と約束によってアストラハン軍政官は目的を達成した。カルムィク人は戦いから後退していったのである。(63)

他方、バシキール人が恭順の意を示さなかったのをみて、一六八二年一〇月、政府はいま一度バシキール人の土地問題を俎上に載せ、バシキール人に新たな譲歩を約束しなければならなかった。この年、ツァーリは恵与状のなかで、ロシア人によるバシキール人の土地占有を公式に非難し、基幹住民に対しこうした事態を招かないようにすることを約束した。ウファー軍政官アンドレイ・コルコディーノフは職を解かれ、代わりにП・B・シェレメーチエフ公の補佐官であるモスクワの宮廷官Д・A・バリャチーンスキー公が任命された。こうして政府はバシキール人に不満を抱かせたものすべてを取り除くことを約束したのである。(64)

しかし上述の方策にもかかわらず、一六八三年春、蜂起が再び始まった。ノガイ道で始まった運動はヴォズネセンスキー修道院を占領し燃やし尽くした。その後、ソレヴァーリヌィ・ゴロドークへ向かい、ウファーへも押し寄せたが、幾度かの戦いの後、バシキール人はステップへと後退した。カザン道ではバシキール人たちがカマ川以東の要塞を襲撃した。特に激しい戦いはビリャルスクをめぐって展開されたものである。[65]

五月、政府は新しいカザン軍政官としてЮ・С・ウルーソフ公を派遣し、その補佐官として宮廷官Ф・Ф・ヴォルコーンスキー公とドゥーマ士族Н・И・アキーンフォフを任命した。彼らはモスクワからカザン、さらにはメンゼリーンスクへと進軍した。六月末、鎮圧軍は反撃に出た。メンゼリーンスクと隣接する要塞における一連の戦いで蜂起軍は敗北を喫した。この敗北は運動に大きな打撃を与え、一六八三年秋、西バシキーリアでの蜂起は終息に向かっていった。実際には、蜂起軍はウラル以東でさらに戦いを続けようとしたが、鎮圧軍の攻撃、さらにはバシキール人とこの地域に出現したカルムィク人部隊との関係悪化が運動の進展を阻害していたのである。[66]

一六八四年になっても平穏は訪れなかった。同年夏、蜂起軍はウファー総攻撃を敢行しようと試みたが、ウファーの貴族В・И・ロパーチンの部隊が彼らの行く手を阻んだのである。一大決戦がボゴロドスコエ村近郊のウファー川を越えた浅瀬で行われた。戦闘についての具体的史料は残されていないが、蜂起軍は渡河できず、またこの戦いが最後の動きとなった。

2　蜂起の成果

つまるところ、バシキール人たちは政府の強圧的なキリスト教化に反対して立ち上がったといえる。この蜂起で人々は政府の軍隊と戦い、当初は要塞や村落を占領したのである。

それまでの蜂起と同様に、蜂起軍は戦いのためにあらゆる手段をとった。戦闘、ウファーその他の要塞の包囲、キリスト教を体現しその源泉であるとみなされた教会や修道院の占領と破壊、強制的に接収された土地の上に建てられた村への攻撃、家畜の強奪、捕虜の捕捉、以上が蜂起軍の基本的闘争方法であった[67]。

バシキール人は同地にやって来た非ロシア人住民を運動に巻き込むことにも成功した。隣接して住んでいるカルムィク人からの支援も受けたが、しかし決定的な戦力はバシキール人自身であった。政府は蜂起を軍事力だけで鎮圧できず、様々な方策を利用することにし、蜂起した住民に真剣な譲歩をも約束せざるを得なかった。政府は強制的なキリスト教化について、布告のなかでそうしたことは「かつてなく、また現在もない」と述べた上で、バシキール人に対する力による改宗政策を公式に断念した。これは蜂起側の勝利であった。政府は蜂起者たちの赦免と彼らに様々な「恩恵(милость)」を約束した。と同時に、これが蜂起を分裂させる上で効果があったのも事実である。

Ⅳ　一七〇四〜一一年の蜂起

1　第一段階(一七〇四〜〇六年)

ウファー政庁の有した一定の自治、この都市が首都から僻遠にあること、バシキール人の無権利状態、等が官吏たちに甚だしい専横を許した。さらには徴税官(сборщики)や「利得者たち(прибыльщики)」によってもバシキール人たちは攻撃に晒されることになった。特に後者の「利得者たち」はすでに一七世紀から存在していたが、ピョートル時代になると彼らは新しい財源をみつけて当局に提案する役割を担うようになったのである。

一七〇四年八月、書記、通訳および兵士を引き連れて「利得者」であるA・ジーハレフとM・ドーホフがウファーにやって来た。訓令を携えた急使がウファーに「選出された人々(=総代)」を集めるべくバシキーリア全域に派遣された。一〇月五日、ウファー近郊のベーラヤ川の辺で、バシキール人を前にしたジーハレフたち「利得者」は、同地最大の漁場を国庫の管理下に移管し多くの新たな税を導入すること、そのための人口調査を行うこと、また同地方の非ロシア人住民の信仰に関する一連の方策を遂行することなどを内容とするカザン宮廷官署の文書(грамота)を読み上げたのである。(68)

新しい布告は何よりもバシキール人の土地に対する権利を侵害するものであった。すなわち、国庫はバシキール人の土地に隣接する一大漁場を管理することになり、バシキール人には七二項目にも上る新たな税がかけられ、税額が増大した。次のものにさえ税が課せられたのは驚くべきことである。自家用の蜜蜂用巣箱、風呂、結婚、新郎側から新婦の両親に贈られる嫁代(калым)、馬の皮と子馬の皮、馬の頸木(дуга)、馬の首輪(хомут)、竈、フェルト(валка)、製粉機、釣りのため氷面に開けた穴(прорубь)、門扉(ворота)、窓、倉(погреб)である。また都市のバザールにやって来た人、イスラーム寺院(мечеть)およびそこで祈る人、そしてイスラーム聖職者(абыз)に対してであった。養蜂のための森にも税が課された。「利得者たち」は熱心にも新たな税の項目を考案し、「目の色」に対してさえ課税したのである。(69)

以上のような税金の追加徴収と並び、ムスリムの宗教心を逆なでする次のような要求はその後のバシキール人の動向を考えると重大な意味があった。たとえば、モスクはキリスト教の教会と同じような様式で建設しなければならず、また結婚式を行う時にはムッラーだけでなくロシア人のキリスト教聖職者も同席しなければならない、等である。

一七〇五年初頭、バシキール人はカザンからバシキーリアに同地の状況を説明するために派遣されたД・ウラーコフ公に次のように訴えている。

調査官たち（переписщики）は彼ら〔バシキール人〕の寺院を不法にも奪取すべく包囲するように命じたのです。その垣で囲まれたところにある寺院にはバシキール人の死者を埋葬するところもあります。彼らの信仰によって寺院の付近には死者が埋葬されず、彼らに〔キリスト教の〕洗礼を施しているのです。(70)

バシキール人たちは怒りを露わにし、その宗教的信念を傷付けるような要求をツァーリから発せられた命令とは信じず、次のような行動に出たほどである。

彼ら〔バシキール人〕は己に対するそうした利得行為に反駁して〔命令を〕受け容れず、彼アンドレイ〔・ジーハレフ〕に向かって盗人と呼び、その利得行為については大君（великий государь）もご存知ないと言った。〔中略〕過ぎし歳、彼ら〔バシキール人〕に対して、いかなる税も新たには課さず、先祖伝来の土地を取り上げず、また生きている限り彼らの信仰を侵さない、という大君の証書が送られたのである。(71)

こうしたバシキール人側の対応に対して、「利得者」たちは厳しい対応で臨んだ。憤慨したバシキール人は「利得者たち」を皆殺しにし、ベーラヤ川沿岸に掲示された布告を粉々に切り刻み、川に投げ捨てた。(72)かくしてここに最大級のバシキール人蜂起が始まった。

バシキール人たちは部隊を集め、馬・武器・物資を準備し始めた。バシキーリアの西部の境では、鎮圧部隊が展開していた。蜂起の準備のなかで重要なことは沿ヴォルガや北カフカースの諸民族と関係を打ち立てることであった。そこはロシアによる抑圧の結果、状況は緊張していたのである。「利得者」のИ・モルスコーイはチェボクサールィから次のように報告している。「ヤサーク民たちは彼〔＝モルスコーイ〕にあらゆる点で敵対し、課されたものを納めることを望んでいません」、と。カザン郡のタタール人たちは、すでに一七〇四年九月、「調査官たち（переписщики）に対して反対している」、と報告されていた。アストラハン・タタール人たちも動揺していた。ツァリーズムに対するあからさまな敵意をチェチェン人、ノガイ人、クバン・タタール人、クムィーク人（ダゲスタンのチュルク語系民族)、タブリン人(ダゲスタンの山岳民族)、およびその他の民族も抱いていた。[73]
それより前の一七〇四年秋、バシキール人はカザン・タタール人およびアストラハン・タタール人と関係を樹立することに成功し、このことは政府の知るところとなった。早くも同年一〇月末、政府は「盗人たるバシキール人とカザン・タタール人たちがアストラハンの人々と協定を締結することを望んでいる[74]」、との情報を得ていた。

特に政府はこれらの地方で非ロシア人と並んでロシア人も不満を露わにしているという事実に懸念を抱いた。世俗と聖界の双方による植民の攻勢は政府をさらに南へと向かわせたが、租税負担の増大、逃亡した農民・兵士・龍騎兵に対する捜索、および旧儀派(分離派)に対する非妥協、これらすべてが民衆の抵抗を呼び起こさないわけがなかった。反政府的雰囲気は、とりわけドンのカザークと農民層を蜂起軍に引き付けた。また、アストラハンのポサード民(都市内の商工地区住民)、兵士と銃士兵、カザーク、そしてアグラン川、テレク川、クバン川沿いの旧儀派(分離派)教徒もそうした雰囲気のなかにいた。[75]

ウファーの守備隊兵士も同様であり、しかも不満の内容は明白であった。[76]当局に対してウラルの住民、ヴォルガ中・下流域の住民、北カフカースの住民の間で、反ツァリーズムを掲げた多民族から成る共同闘争の可能性が生まれたのである。

政府はバシキーリアにおける事態の推移を注意深く見守っていた。バシキール人が「利得者」に対して攻撃を加えたという報せを受けて、当局はバシキーリアに再度Д・ウラーコフ公率いるカザン貴族の一団をバシキール人との話し合いのために派遣した。それは彼らにいかなる譲歩を約束してでも蜂起を思い止まらせ、また同地方における政府の立場を説明するためであった。バシキール人たちは蜂起の準備を伏せていた。一七〇六年の嘆願書のなかでウラーコフ公は、彼らバシキール人のもとには「いかなる悪い企てや準備」を見出すこともできなかったが、彼自身同地方の状況を判断して適切な報告をしたと述べている。しかし政府はバシキーリアで事態が緊迫しているとみなしていた(77)。

当局はバシキール人に対し武力を行使することに決定した。一七〇四年一一月以降、ヴォルガ沿岸の全「下流域の都市」とヤサーク民はA・Д・メンシコーフの管轄下に入っており、同地方を鎮めるために「いと栄えある公」自身がカザンの当局者たちとともに行動した(78)。

蜂起鎮圧を目的として、バシキーリアに軍隊が派遣された。一七〇五年二月、騎兵二個連隊と歩兵四個連隊がカザンにいた政府軍全権司令官A・セルゲーエフの指揮下メンゼリーンスクを経由してウファーに向かった。道中、近郊のバシキール人を追い立て、彼らに厳しい懲罰を科すと脅しながら大砲を発射し、さらに追跡の途上にあるバシキール人の村落を破壊していったのである(79)。

セルゲーエフは四道すべてのバシキール人の「総代」を召集し、軍隊のために各道からそれぞれ五千頭ずつ合わせて二万頭の馬の供出を求めた。自分たちには力量不相応としてバシキール人が拒否すると、セルゲーエフは「総代たち」に容赦ない報復を加えた。殴打によって死ぬ者、また身障者になる者が続出した。「総代たち」は各道一三〇〇頭ずつの馬の供出に応じざるを得なかったのである。この「約束された」馬の徴集は役人と兵士による住民に対する実質的な略奪とみなすことができる(80)。

かかる状況のもと、バシキール人たちは租税支払いおよび当局への服従を拒否した。一七〇五年春、カザン道とノガイ道の住民は戦いを開始した。カザン道の住民はデュメイ・イシケーエフを首領にカマ川以東の要塞地帯で活動し懲罰部隊と戦った。ノガイ道のバシキール人たちはバトゥィールであるイマンを首領としてソレヴァーリヌィ・ゴロドークに攻撃をかけた。

他のバシキーリアでは、以前と同様、C・アーリストフの部隊が荒らし回っていた。バシキール人たちはこのことについて嘆願書のなかで次のように書いている。「現在、君主であるシードル・アーリストフはウファー郡にあるわれわれの父祖伝来の土地や村をことごとく破壊し、全ヤサーク民を荒廃させています。〔中略〕ザインスク近郊で破壊を行い、たけり狂って多くの村を襲い、かつ妻子を捕まえたのです」[81]。

他方、政府は再三にわたり、A・セルゲーエフの行動を認めている。一七〇五年九月五日、A・Д・メンシコーフは指令を発した。「〔ヴォルガ川〕下流域諸都市の問題のため、官房から派遣された人々と、アレクサンドル・セルゲーエフに従っている人々はその指示なしには何も行っていなかった」が、バシキーリアにおけるセルゲーエフの「勲功(подвиг)」に対して、一七〇六年四月には、彼にサランスク郡における封地(поместья)が与えられた。すでに同年初頭、カザン衛戍司令官H・A・クドリャーフツェフとA・セルゲーエフはさらに確かな政府の「お墨付き」をもらっていた。ピョートル一世が彼らにヴォルガ沿岸とウラル地方における全権を委ねたのである[82]。

以上のような破壊を伴う行動にもかかわらず、政府は依然として目的を達成することができなかった。たしかに鎮圧軍の行動によってバシキール人は甚だしい人的被害と物質的な損害を被ったが、彼らのプロテストは止まなかった。当局の行動や強制的な政策に、バシキール人は至るところで新税のみならず従来の税を納めることさえ、また賦役の遂行を拒否し、命令に従うことも拒んだ。カザン当局は彼らの「不法行為」をなじりながらモスクワに報告した。「ウファーの人たちは彼らに課された昨年以前の従来のヤサークを納めていません。カザンの私たちのもとより派遣された人々に対し反抗している始末です。以前の布告に従って荷馬車を供出してもいません。〔中略〕〔ヴォルガ川〕上流の諸都市からの逃亡異教徒を受け容れています。彼らのところにやって来たそうした人々を引き渡さないのです」[83]、と。

蜂起は中央ヴォルガ地帯を席巻したが、一七〇五年七月三〇日、ついにアストラハンでも蜂起が始まった。新

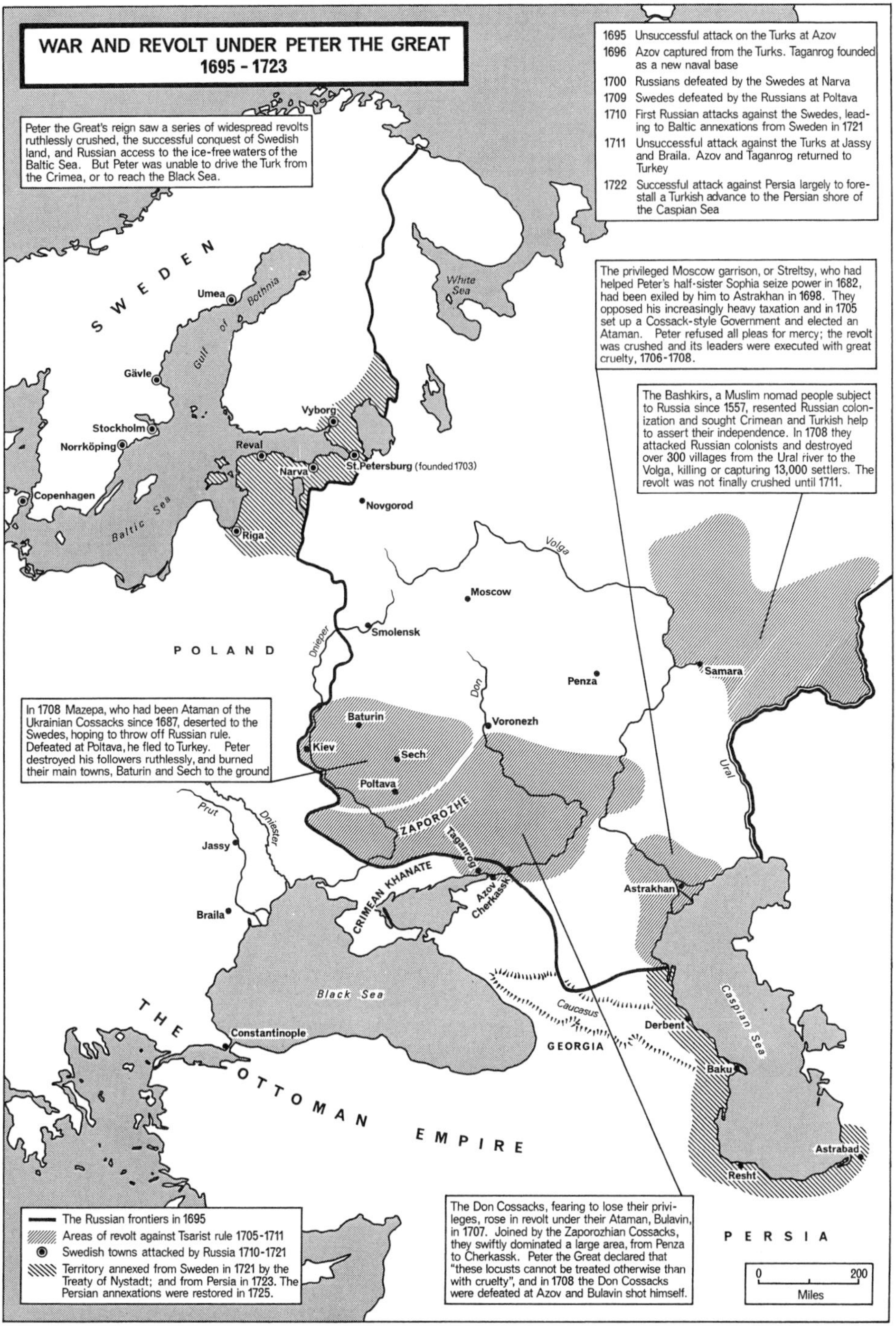

地図 7　17〜18 世紀ロシアと蜂起

出典：Gilbert M. *Imperial Russian History Atlas*. London, 1972, p. 37.

税の導入とアストラハン軍政官ティモフェイ・ルジェフスキーの専横を背景に、ピョートル一世の口ひげと顎ひげのそり落としの強制に端を発したこの蜂起はヴォルガとドンに飛び火し、モスクワをも危機に陥れる可能性が生じた[84]。バシキール人たちはこの事情に通じ、アストラハンの民衆に共感を抱き、運動そのものを支持した。アストラハンにおける蜂起は単にロシア人住民たるポサード民、労役夫、そして兵士と銃士兵だけの運動ではなかった。これはヴォルガ下流域の全住民の運動という性格を有していた。その上叛徒たちにはヴォルガ下流域を越えて他の非ロシア人とも連携しようとする意思があった。蜂起しているバシキール人やカラカルパク人たちとの連帯である。

一七〇五年一二月、テレクの軍政官モロストヴォーフはピョートル一世に報告している。「一七〇五年八月、アストラハンからテレクに赴いたロシア人たちは十字架に接吻し、また異教徒たちはコーランに接吻しました。アストラハンの人々と連帯するために、自分たちの挨拶を送りました[85]」。翌年初頭の報告で、彼は再びテレクの住民がクリミア・ハン、アストラハン住民、バシキール人そしてカラカルパク人と関係を持っていると述べている。「現在、盗人で裏切り者であるティモフェイ・ソペガとその仲間たちは拷問され、死を前にして次のように語ったのです。春までに〔蜂起に人々を〕誘うという欺瞞を遂行すべくアストラハン住民は嘆願書を書きました[86]」。これを裏付けるために一七〇六年三月一八日付けのБ・П・シェレメーチエフ報告も付け加えることができる。それによると、「〔叛徒たちは〕クバン人やカラカルパク人と連帯しようという企図を持っていた[87]」、という。

アストラハンとバシキール人の関係について次のような事実もある。一七〇六年春、バシキール人のもとに派遣されたカザンのタタール人ムッラー、イシブラートはН・А・クドリャーフツェフに「彼らバシキール人はアストラハンを是が非でも占領すると語りました」、と報告した。これに苛立って、クドリャーフツェフは捕虜にしたアストラハンの人たちを「信仰薄き盗人たちや他の人々に記憶されるように、カザン、ウファーおよび他の

適当な諸都市で公開死刑に処すよう」、ピョートル一世に懇願したのである。(88)

以上を背景にしてロシアの南東地域でロシアを震撼させる運動が発生した。そのなかで最も重要なことは、地域的に孤立し民族的にも別々の民衆がお互い連帯するために種々の工作を行ったという点である。バシキール人が戦う様子をみて、中央沿ヴォルガの住民たちは税を支払うことを拒否した。アストラハンの人たちはカザンやヴォルガ沿岸の他の都市における民衆運動と連帯することを願い、またバシキール人や北カフカースの諸民族とも連携することを目指したが、このことは偶然ではなかった。なぜならロシア人および中央沿ヴォルガとウラルの非ロシア人住民の上に重くのしかかったツァリーズムの抑圧は、あれこれの人々に同様のプロテストへと向かう気運を呼び起こし、現に彼らを戦いへと駆り立てたからである。それゆえバシキール人蜂起は実際には孤立したものではなく、ロシア政府による民族抑圧の強化に反対する全ロシア的規模での闘争の様相を示していたと考えるべきなのである。(89)

こうした状況のもと、立ち上がったバシキール人を鎮めるために政府は譲歩を余儀なくされた。ピョートル一世は蜂起鎮圧のためにБ・П・シェレメーチエフ元帥をアストラハンに派遣し、「もし彼ら〔バシキール人〕に負わせられていたものが重荷となっていたならば、君主の慈悲によって〔バシキール人に〕希望を抱かせるべく見守るよう、いと慈悲深き君主は命じている」、と伝えさせたのである。(90)

一七〇五年一二月、カザン滞在中に元帥はА・セルゲーエフによって拘束されたバシキール人を監獄から解放した上で、ウファー軍政官を更迭した。彼はバシキール人の嘆願に従い、新たな軍政官にウファーの貴族А・アニーチコフを任命した。これによりシェレメーチエフはバシキール人の信頼を勝ち得ることとなった。バシキール人の多くはカザン道の蜂起指導者であるデュメイ・イシケーエフを含め、シェレメーチエフ元帥の忠告に従い、自らの窮状を述べた書状を持ってツァーリに嘆願することにした。翌年二月、八名の総代はイシケーエフを筆頭にモスクワに嘆願書を提出することにしたのである[91]。

バシキール人が嘆願書のなかで訴えたのは、漁場の国庫接収という新たな土地占有、彼らが「七二項目に上る利益(72 статьями прибыли)」と呼んだ新税、そしてA・セルゲーエフを指揮官とする鎮圧軍の悪行の撤廃や中止であった。これはバシキール人のツァリーズムに対する明らかな告発状であり、それには七五名のバシキール人代表が署名していた[92]。

しかしバシキーリアにおける完全な鎮静化はいまだもたらされなかった。蜂起軍の多くは政府を信頼していなかったのである。さらにシェレメーチエフがアストラハンに出発した後、カザン当局は衛戍司令官クドリャーフツェフを指揮官に、シェレメーチエフ元帥の命令・指図の内容を再検討し始めた。その結果、クドリャーフツェフはA・アニーチコフの代わりにウファー軍政官の地位にカザンの貴族Л・アーリストフを就任させるという決定を下したが、それはバシキール人を憤慨させただけであった。カザン道の住民はカマ川以東の要塞近くで活動を再開し、ノガイ道の住民たちはサマーラとサラトフの近郊で活動した[93]。バシキール人有力者イマンの部隊はソレヴァーリヌィ・ゴロドーク地方で戦闘を繰り広げていた。一七〇六年五月、話し合いのためにバシキール人のもとを訪れたタタール人ムルザたちはカザンにこのことを報告している。ノガイ道ミンスク郷のバシキール人ユマグーロフは彼らに、「当郷のバシキール人バトゥィールであるイマンとその仲間たちは盗みを働き、村々を荒廃させている[94]」と伝えている。同年夏、シベリア道で動きがあった。バシキーリア北部の住民たちはクングール郡の村落に襲い掛かったのである。

すでに同年三月、アストラハンでの蜂起は鎮圧された。しかし中央沿ヴォルガの住民の蜂起へと向かう動きは止まなかった。これはかなりの程度蜂起軍の要求に対する政府の対応を規定することとなった。

ピョートル一世は彼らの不満を審理する代わりに、反対にバシキール人が告発の対象とした人々の手にバシキール人嘆願者を引き渡したのである。一七〇六年七月八日、ピョートルはФ・А・ゴロヴィーン宛ての手紙でそのことに触れて次のように述べている。「〔Б・П・〕シェレメーチエフ元帥閣下がヴォルガ下流域から使節官署(Посольский приказ)[95]に送ってきた盗人たるバシキール人デュメイ・イシケーエフとその仲間たちを確実な審問のためにカザンのニキータ・クドリャーフツェフのもとに送った」[96]、と。同月一八日、嘆願者たちは囚人として二〇名の兵士と銃士兵の護衛のもとカザンに送られ、八月三日到着した。[97]カザン当局は「確実で本当の」審理を行った。すなわち幾度も拷問が用いられた後、デュメイ・イシケーエフは絞首刑に処せられ、残りの「仲間たち」は獄に繋がれた。判決内容についてはあらかじめモスクワと合意していたのである。[98]

一七〇四年一〇月、叛乱の第一段階は「利得者たち」の活動に反対するプロテストとして始まり、翌年以降、武力闘争に発展した。このことは地方当局に対する賦役遂行、税支払い、その他の義務遂行の拒否と結び付いていた。政府はこの運動に対して武力で鎮圧することはできず、譲歩することを余儀なくされた。その譲歩は蜂起者たちの間にある程度の分裂を招いた。しかし、アストラハン蜂起鎮圧後のバシキール人に対する政策は以前の厳しさを復活させ、そのことが同地の状況を一層先鋭化することになったのである。[99]

2　第二段階(一七〇七〜〇八年)

一七〇六年の秋から翌年の秋まで、バシキーリアは平穏にみえた。しかし実際には、バシキール人嘆願者に対する苛酷な処罰にバシキール人は不満を抱き、新たな運動を準備していた。当局は民衆蜂起を予防する方策をとろうとしていたが、バシキール人は道毎、郷毎に民会を開き武力を用いることを決定したのである。

バシキーリアの至るところで蜂起のための部隊が形成され、それらの間に密接な関係が打ち立てられた。次の事実がその様子の一端を示している。一七〇七年一〇月一二日、ベロヤルスカヤ村の領地管理人であるウグリューモフ少佐の報告である。「カーメニ雲母採掘場から」やって来た農民たちによると、「彼らはメシチェリャーク人のイブライから次のような話を聞きました。ベロヤルスカヤ村と諸村落のロシア人は戦士たるバシキール人によって危険のなかで生活しており、彼らは草原でいかなる家畜を養うこともできません。バシキール人イケンベト・ベケティンは自分たちの仲間によってバシキール人を集結させ、ロシア人村落と戦うためにミアス川沿いに上流まで出掛けて行ったのです(100)」。

重要なことは蜂起軍の物理的な準備状況である。鎮圧部隊がやって来ると妻や子を安全な場所に隠すことに注意を払いながら、住民は弓、矢、槍を作り、食糧を準備した。バシキール人たちは火器も所有していた。一七〇八年一月に拘束された蜂起参加者のイリケイによると、シベリア道のバシキール人は「銃や火薬を、過ぎし歳に、ウファー郡の有名なストローガノフの領地の農民とウファーの住民から購入した」、と述べた(101)。

部隊の形成とその集結の様子をツァーリ当局から完全に隠すことは不可能であったが、バシキール人は巧妙に運動を展開した。一七〇七年八月、ヤルトロフスカヤ村にバシキール人によって派遣されたチュヴァーシ人はウラル以東の龍騎兵隊長に次のように語った。「ノガイ道のトボール山の頂上に一人のバシキール人がやって来て、その頂上に四人のカルムィク人が妻子を連れて来ているのをみました(102)」。これはバシキール人とカルムィク人とが連帯して行動を起そうとしていることを報せる内容であった。

一七〇七年秋、動きは顕在化した。一〇月末~一一月初頭にかけて、ノガイとカザン両道の蜂起部隊はタルハンのアルダル・イシャンギリジンと長老のクシュム・チュレケーエフの指揮下、ソレヴァーリヌィ・ゴロドーク近郊でウファーから派遣された当局の増援部隊を襲撃した。この大勝利の後、蜂起は全バシキーリアを覆った。蜂起軍にはタタール人、マリ人、チュヴァーシ人およびミシャーリ人が含まれていた。この時、蜂起指導者の一人でユルマティン郷出身のバシキール人ハジ・アックスカロフは自らハンであると宣言した。蜂起軍を鎮圧するために、カザンから常備軍二個連隊が派遣されたが成功しなかったのである。

一二月までにウファー、カマ川以東の要塞および防衛施設を備えた地点が包囲された。蜂起軍はザインスクを占領した。一七〇八年初頭、彼らはカマ川を渡河し、カザン郡で活動を展開した。戦いはカラクリノ、エラブガそしてサラプルの各都市をめぐって行われた。オサ道のバシキール人たちはオサ市近郊で活動した。シベリア道諸郷の住民たちはクングールの南方で活動した(103)。カザン郡の非ロシア人住民の間には分裂が始まった。民衆は蜂起軍に加わったが、上層は政府に対して忠実で政府軍にも加わり、蜂起軍と戦うことになったのである(104)。

一七〇八年一月末〜二月初め、蜂起軍の大勢力はカザンに向けて攻撃を開始した。二月中旬、彼らは都市から三〇〜四〇ヴェルスタ(約三二・一〜四二・八キロメートル)の距離にあった(105)。カザン道諸郷はパニックに陥った。諸郷はツァーリ、ピョートル一世に援助を求め、政府も緊急措置を講ずるに至った。常備軍五個連隊が派遣され、中央沿ヴォルガの貴族が動員された。П・И・ホヴァーンスキー公が司令官として遣わされた。さらにピョートル一世はカルムイク人、ヤイーク・カザーク、ロシア人農民に対し、叛徒との戦いに参加するよう呼び掛けた。その際、戦いの過程で奪った家畜、財産、捕虜を戦利品として彼らに与えるとまで約束したのである(106)。

しかし政府によって割り当てられた兵士の徴集はなかなか行われず、そのためホヴァーンスキー公はツァーリの名によって譲歩を約束しながら、蜂起者たちを話し合いの場に引き出そうとした。会談は実りをもたらさなかったが、時間を稼ぐという目的は達成された。またこの間カザンに約九〇〇〇名の兵士と龍騎兵を集結させることに成功したのである。二月二二日、ホヴァーンスキーは全軍を指揮して進軍を開始し、その勢いに押された蜂起軍はカマ川以東へ退却を余儀なくされた。

三月一七日、ホヴァーンスキーはエラブガに到着し、蜂起軍と話し合いを再開した。ここにカザン道西方諸郷の住民たちが改悛の情を示すためにやって来たが、蜂起者の大多数は運動を継続していた。五月、ノガイ道のバシキール人はソレヴァーリヌィ・ゴロドークを占領した。カザン道の蜂起者はビリヤルスクとセルギエフスクの地域で戦っていたが、このとき戦いはシベリア道ウラル以東諸郷のバシキール人をも巻き込んでいた。彼らはチュムリャクスカヤ村、チュソヴァヤ村およびウトキンスカヤ村を襲撃し、また幾つかの村を占領したのである。(107)

3　第三段階(一七〇八〜一一年)——ブラーヴィンの乱とバシキール人

一七〇七年秋に始まったK・A・ブラーヴィン率いる農民とカザークによる大叛乱はロシア国家の南東および南部の広大な領域を席巻した。歴史家は蜂起したブラーヴィン一党とバシキール人の間に緊密な関係があったことを一致して認めている。(108)一七〇八年中旬、И・ネクラーソフ率いるブラーヴィン軍の一隊はサラトフ占領のために派遣された。同時に、バシキール人はサマーラとサラトフに隣接する地方で活発に活動していた。これはブラーヴィンとバシキール人側双方の国家に対する共同戦線の試みと考えることができる。

そもそもブラーヴィン軍はサラトフで蜂起した多くの民族(バシキール人、タタール人、マリ人、ウドムルト人)と連絡をとりながら当地のロシア人領主に対して立ち上がった。この点について史料は次のように記している。ヤイーツキー・ゴロドークへやって来た三名のバシキール人とタタール人のチェレスボトは、「民会でその数は大勢となり、カザーク、カラカルパク人、ドンの盗賊たち(воровские люди)およびクバン人との間で、お互い裏切らず、すべて一丸となって行動するという協定が成立した」(109)、と述べた。一七〇八年六月、イギリス大使チャールズ・ウィットワースは本国へ宛てて「ブラーヴィン指揮下の三万六〇〇〇名は、彼〔ブラーヴィン〕の表現によると、神の助力によりバシキールの守備隊タタール人と同盟を打ち立てた」(110)、と報告したほどである。しかし最終的にはサラトフ近郊でのネクラーソフの敗北によって目論まれた計画の芽は摘み取られた。

五月末、ホヴァーンスキーの連隊はカマ川を渡河し、その勢いに押されてバシキール人は後退・投降し始めた。ホヴァーンスキーは政府の名によって蜂起参加者全員に赦免を約束し、「利得者たち」によって課された新しい税を撤廃すべくカザンやウファーの行政機関に提出されたバシキール人の請願を検討することを「君主の慈悲によって保証し〔バシキール人を〕安心させた」。政府は譲歩したのである。これに対しバシキール人は戦いを止めること、かつての税額でヤサークと他の税を納めること、荷馬車輸送の義務を遂行することに同意した。(111) 一七〇八年夏、バシキーリアに平穏が訪れようとしていた。

しかし、すでに秋にはバシキール人の間に再び蜂起へと発展する火種が生じていた。戦いの再燃は、当局が叛徒たちに約束した内容を反故にしたことによるものであった。バシキール人とメシチェリャーク人（現称ミシャーリ人）に新たな義務を課さないことを内容とした先の政府の約束とは反対に、一七〇八年夏、政府は一〇〇〇名のバシキール人にペテルブルクでの軍事勤務を求めたのである。(112) バシキール人はそれを断固として拒否した。再びホヴァーンスキーとの話し合いが持たれた。人々はカザン衛戍司令官Н・А・クドリャーフツェフ、司令官А・セルゲーエフ、同С・ヴァラークシン、ウファー軍政官Л・アーリストフおよび龍騎兵連隊司令官С・アーリストフたちの専横と残忍さを指摘した嘆願書を政府に提出し、彼らの処罰を求めたのである。しかし名指しされた人々は責任を問われることなく、また自らその地位を退くこともなかった。(113)

ブラーヴィン蜂起の鎮圧の後、当局にはカザンに強大な軍事力を集中する余力が生じた。部隊は必要があればバシキーリアに移動することができた。カザン県知事П・М・アプラークシンはバシキール人の上層に宛てて特別書簡を送り、そのなかでツァーリの慈悲を約束しながら、彼らに忠誠を尽くすように呼び掛けた。これに上層の大半は応じた。(114) とはいえ、蜂起軍にとって状況は不利であったにもかかわらず、運動は鎮静化しなかった。

蜂起軍の指導者アルダル・イシャンギリジンとウラカイ・ユルダシバーエフはカラカルパク人に援助を求めた。カラカルパクのハンは支援を約束し、一七〇九年早春、カラカルパク・ハンの甥が五〇名の護衛とともにバシキーリアに現れた。住民の間には、夏に一万名の軍隊を率いたハン本人がやって来るだろうという噂が広まった[115]。しかし、現存する史料からではハンがどの程度バシキール人を支援することを約束したのか不明である。

四月初旬、アルダルとカラカルパク・ハンの代理である甥に率いられたノガイ道のバシキール人四〇〇〇名がウラル以東へと向かった。チェバリクーリ湖付近で彼らはシベリア道の人々と連携し、勢力は八〇〇〇人に膨れ上がった。同月後半、彼らはチュムリャクスカヤ村とベロヤルスカヤ村を襲い、また府主教管轄下のヴォスクレセンスコエ村を占領した。五月、蜂起はウラル以東全域にまで及んだ。立ち上がった者、および彼らのもとにやって来たカラカルパク人の部隊はこの夏を通じ、イセト川、ミアス川およびテチャ川流域のバシキール人の土地に建てられた柵、集落、修道院、工場、村を攻撃した。さらにクングール郡の南部でも蜂起が発生した。四月、柵と村落の防衛のため、トボリスク当局はシベリア龍騎兵連隊を派遣した。翌五月には、連隊長トルブジンの部隊も派遣された[116]。この時、村落の領地管理人によって組織された農民による「流民（вольницы）」部隊が形成されたのである。

秋になっても戦いは続き、収まる気配はなかった。カラカルパク人は蜂起勢力から離脱したが、そのことは蜂起には影響を及ぼさず、バシキール人部隊はすでにトボール川流域で活動していた。イコフスカヤ村、ウスチ＝スエルスカヤ村およびツァレヴォ・ゴロディーシチェが攻撃された。運動は寒気の到来とともにやっと一二月になって終焉した。

一七一〇年三～四月、当局はバシキール人に対する鎮圧部隊を組織した。連隊長パルフェーンチエフは「兵士とともに、盗賊行為に対する捜査をし、それを行ったバシキール人を打ち据え、捕虜にし、ユルタを破壊した[117]」、と報告している。しかし、五月、再び蜂起が発生した。一七一〇年の運動で、バシキール人たちは一つになって行動した。ただ原因は明確ではないが、カラカルパク人との連携は終わったのである。

新たな戦いはバシキール人の住むウラル以東、特にイセト川の上・中流域、ミアスとテチャ両川の流域に広がった。以前同様、蜂起した者たちは防備の固められた地点を襲い、政府軍と交戦し、村を破壊した。七月末、カルムィク人五〇〇〇名が蜂起軍と戦うために派遣された。一七一〇年秋、鎮圧連合軍の猛攻を受けて蜂起勢力は戦いを中止せざるを得なくなった。彼らは恭順の意を表わし、人質を差し出した(118)。蜂起の指導者が人質となって要塞に拘禁され、蜂起が再び起こる場合には死刑に処せられることになったのである。

しかし運動を完全に抑えることはできなかった。一七一一年夏、ノガイ道とカザン道のバシキール人はウファー進軍を組織しようとし、実際に幾つかの大部隊がウファーに迫った(119)。ウファー近郊で戦闘が行われたかどうかについて述べている史料はない。秋、この地方に平穏が訪れた。

4　蜂起の成果

一七〇四～一一年蜂起のイニシアチブをとり中核となったのはバシキール人民衆である。彼らをタタール人、マリ人、チュヴァーシ人、ミシャーリ人、ウドムルト人およびモルドヴァ人が支援した。しかしバシキール人上層の立場はこれとは異なっていた。一七〇四～〇六年、彼らの大部分は請願書を提出することによりツァーリ政府から譲歩を得ようとしながら、同時に地方当局に対する反抗も示していた。バシキール人のなかから「選出された人々(＝総代)」に対する苛酷な対応が彼ら上層に武器をとらせることになったが、一七〇九～一〇年、上層の大部分は当局の側に寝返った。

蜂起の各段階で「ハン」たちが現れ、運動に参加しているのがこの時期の特徴である。一七〇八年二月、蜂起軍の本営ではノガイ道のバシキール人ハジ・アックスカロフをハンとした。[120] 一七〇九年夏、蜂起軍の間にカラカルパク・ハンの親類がいた。前者の蜂起において、「ハン」はバシキール人のハンその人として出現し、その周囲に民衆が集まった。後者の場合では、カラカルパク・ハンから軍事的支援を得る目的があった。このように、「ハン」が突然出現し、また急速に姿を消すということは、「ハン」の戦略的役割の重要性を証明するものである。

また、蜂起軍の要求は、一七〇八年二月のП・И・ホヴァーンスキーとの話し合いに最も明瞭に表れている。バシキール人はなぜ立ち上がったのかというホヴァーンスキーの質問に対し、彼らは次のように答えた。

以前、モスクワの大君のもとに、自分たちはあらゆる困窮に関する利得者たちのことで、ヤサーク民自身の兄弟を請願者として派遣しました。しかしその請願者たちは次々と捕まえられ鞭打たれ、また他の者たちは絞首刑にされましたが、それに対していかなる非難もなされませんでした。大君が彼らを庇護し、また彼らバシキール人、タタール人、ヴォチャーク人(現称ウドムルト人)、チェレミス人から、彼らの貧困のため、彼らに新たに負わせられた増加分(прибыль)を取り除くことをお命じになりますように。そうすれば彼らバシキール人とタタール人は退却し、自らの家に帰り、いかなる破壊も行わないでありましょう。[121]

ここに蜂起の趣旨が明確に表現されている。しかも重要なことは、たとえ蜂起は厳しく鎮圧されたにせよ、要求の幾つかはたしかに実現されていったということである。

一七〜一八世紀初頭のバシキール人蜂起の引き金となったのはロシアによる植民と改宗という政策であった。それはかつてイヴァン四世の政府との間で結ばれた契約に対する明白な違反とバシキール人に認識されたのである。蜂起はトボール川からヴォルガ川まで、ヤイーク中流域からカマ川までの広大な領域を覆った。これらの運動の基本勢力はバシキール人民衆であったが、政策に不満を抱くバシキール人上層も運動に参加していった。これ以外にも、ウファー郡やクングール郡、そして部分的にはカザン郡に住むタタール人、マリ人、チュヴァーシ人、ミシャーリ人、ウドムルト人、モルドヴァ人も参加した。そして運動の過程で実際に「ハン」が出現し、近隣諸民族と叛徒たちとの連携が実現したことは諸民族間で共同戦線が成立した良い証しであろう。

闘争の形態はロシアの要塞や拠点に対する攻撃、ロシア軍との戦闘、貴族や行政の代表者たちに対する圧迫、彼らの村の破壊、家畜の略奪等となって現れた。叛徒たちの活動にロシア人農民も苦しんだ。そうしたバシキール人とロシア人農民の相互理解を困難にする客観的・主観的原因にもかかわらず、必ずしも運動はロシア人を排除するものではなかった。地方では両者の友好的な関係が保たれていたのである。一六六二～六四年の蜂起時、ロシア人民衆はバシキール人叛徒を助け、一七〇五～〇六年には、バシキール人は蜂起したアストラハンの人々にシンパシーを抱き、戦いに参加する準備をしていたのは偶然ではなかった。ブラーヴィンの叛乱では、バシキール人とブラーヴィン軍の間には連帯が形成され、共通の敵であるロシア政府に対する戦いに向けて実際の一歩が踏み出された。

他方、政府は蜂起の最中に幾度か歩み寄りをみせはしたが、しばらくすると従来の政策を復活させたのである。それは蜂起した者たちの眼にはイヴァン四世により彼らの先祖に与えられた恵与内容違反と映った。臣従の条件を守ることは戦いの基本的な主張であった。以上の蜂起に続く一八世紀の諸叛乱のなかで、バシキール人はロシア国家の構成員として自らの置かれた状況改善のために立ち上がることになるが、バシキール人嘆願者に対するピョートル一世政府による裁判の後、彼らはロシア国家との臣従関係を断ち切ってより明確な形での自治的なあるいは自立的なバシキール人社会創設への道を歩もうとしていたようにもみえるのである。

（1） Donnelly, A. S. *The Russian Conquest of Bashkiria, 1552-1740, A Case Study in Imperialism*. New Haven & London,

Yale University Press, 1968, pp. 20-21.

（2） *Ibid.*

（3） *Устюгов Н. В.* Башкирское восстание 1662-1664 гг.//Исторические записки. 1949. Т. 24. С. 55-58; Donnelly, A. S. *op. cit.*, pp. 22-23.

（4） *Ibid.*

（5） Материалы по истории Башкирской АССР (Далее－Материалы). Ч. 1. М.-Л., 1936. док. №13. С. 82.

（6） この官庁の機構については次を参照されたい。Pennington, A. E. (ed.), *G. Kotošixin, O Rossii v carstvovanie Alekseja Mixajloviča, Text and Commentary*. Oxford, 1980, pp. 104-105（松木栄三編訳「グリゴーリイ・カルポヴィチ・コトシーヒン『アレクセイ・ミハイロヴィチ帝治下のロシアについて』――試訳と註(6)」、『静岡大学人文学部論集』第五〇号の一、一〇一―一〇三頁。後に松木栄三編訳『ピョートル前夜のロシア――亡命ロシア外交官コトシーヒンの手記』、彩流社、二〇〇三年、一六四―一六七頁に再録）.

（7） 本章で扱うバシキール叛乱について、主に次の文献およびそのなかで利用されているアルヒーフ史料に拠った。*Акманов И. Г.* Башкирские восстания XVII- начала XVIII вв. Уфа, 1993; История Башкортостана с древнейших времен до 60-х годов XIXв./Усманов Х. Ф. (ответ. ред.) Уфа, 1996. С. 205-220; Donnelly, A. S. *op. cit.*, pp. 54-138.

（8） Материалы. Ч. 1. док. №42.

（9） 一七〇年とは天地開闢歴七一七〇年のことである。これを現在の暦に直すには五五〇八年を引くとよい。すなわち七一七〇年は一六六二年である。西ヨーロッパの諸国ではすでに一五八二年、ローマ法王グレゴリウス一三世によって作成された暦が採用されていたが、ロシアではローマ法王に対する敵愾心からこの暦を採用するには至らず、ピョートル一世は一六九九年一二月二〇日付けの布告により新しくユリウス暦を採用した。このユリウス暦の採用が、ロシアと西ヨーロッパの日付の換算を面倒なものとしていた。それゆえ、凡例で示したような西欧との暦の換算上の差異が生ずるのである。一九一八年一月二六日（旧ロシア暦）、ソ連政府はグレゴリウス暦を採用すると宣言し、翌二月一日（新しい暦では二月一四日）から採用された。

（10） Пермская летопись. Третий период. Пермь, 1884. С. 85, 691.

（11） Там же. С. 679, 683, 688; *Устюгов Н. В.* Указ. стат. С. 73.

（12） Пермская летопись. Третий период. С. 629-693.

（13）Материалы. Ч. 1. док. №41. С. 160; док. №42. С. 162.
（14）Там же. №42. С. 163.
（15）*Акманов И. Г.* Указ. соч. С. 98.
（16）この職の内容については次を参照されたい。Pennington, A. E. (ed.) *op. cit.*, p. 39（松木栄三編訳「グリゴーリイ・カルポヴィチ・コトシーヒン……(2)」『静岡大学人文学部人文論集』第四六号の一、一九九五年、九〇頁。また松木栄三、前掲編訳書、六五頁）.
（17）Там же.
（18）この職の内容については次を参照されたい。Pennington, A. E. (ed.) *op. cit.*, p. 37（松木栄三編訳「グリゴーリイ・カルポヴィチ・コトシーヒン……(2)」『静岡大学人文学部人文論集』第四六号の一、八八頁。また松木栄三、前掲編訳書、六二頁）.
（19）Материалы. Ч. 1. док. №51. С. 175.
（20）Там же. док. №56. С. 184.
（21）Там же.
（22）*Акманов И. Г.* Указ. соч. С. 98.
（23）Материалы. Ч. 1. док. №44, 55, 57. С. 164–165, 184, 186.
（24）*Акманов И. Г.* Указ. соч. С. 99.
（25）Материалы. Ч. 1. док. №44. С. 164.
（26）Там же. док. №60. С. 189–191.
（27）この職の内容については次を参照されたい。Pennington, A. E. (ed.) *op. cit.*, p. 37（松木栄三編訳「グリゴーリイ・カルポヴィチ・コトシーヒン……(2)」『静岡大学人文学部人文論集』第四六号の一、八八頁。また松木栄三、前掲編訳書、六二—六三頁）.
（28）*Устюгов В. Н.* Указ. стат. С. 85–87; *Акманов И. Г.* Указ. соч. С. 100.
（29）Там же. С. 82, 90–91.
（30）Пермская летопись. Третий период. С. 699, 700, 701; Материалы. Ч. 1. док. №43. С. 163.

（31） Пермская летопись. Третий период. С. 699-702.

（32） *Акманов И. Г.* Указ. соч. С. 104.

（33） Материалы. Ч. 1. С. 164-173.

（34） Там же. док. №44, 45, 46.

（35） Там же. док. №55. С. 183.

（36） Пермская летопись. Третий период. С. 170; Материалы. Ч. 1. док. №51. С. 176-177.

（37） この職については次を参照されたい。Pennington, A. E. (ed.) *op. cit.*, p. 143（松木栄三編訳「グリゴーリイ・カルポヴィチ・コトシーヒン……(8)」『静岡大学人文学部人文論集』第五三号の一、二〇〇一年、一一五頁。また松木栄三、前掲編訳書、二三四―二三五頁）.

（38） Пермская летопись. Третий период. С. 170; Материалы. Ч. 1. С. 176-177, 181-183, 188-193.

（39） *Устюгов Н. В.* Указ. стат. С. 105-107.

（40） Там же. С. 82.

（41） *Акманов И. Г.* Указ. соч. С. 110.

（42） Пермская летопись. Третий период. С. 1080-1081; *Акманов И. Г.* Указ. соч. С. 110.

（43） Полное собрание законов Российской Империи. (Далее－ПСЗ). Т. II. №№867, 899.

（44） *Акманов И. Г.* Указ. соч. С. 111; История Башкортостана с древнейших времен до 60-х годов XIX в. С. 212.

（45） *Акманов И. Г.* Указ. соч. С. 111.

（46） Там же. С. 112.

（47） *Пекарский П. П.* Известия об уфимских дворянах Пекарских//Справочная книга Уфимской губернии. Уфа, 1883. С. 301（*Акманов И. Г.* Указ. соч. С. 112 より転引用）.

（48） Материалы. Ч. 1. док. №73. С. 206.

（49） *Рычков П. И.* Топография Оренбургской губернии. Оренбург, 1887. С. 88; *Акманов И. Г.* Указ. соч. С. 113.

（50） *Лобов Н. Г.* Краткая заметка о старшинстве Оренбургского казачьего войска. Оренбург, 1911. С. 5; Очерки по истории Башкирской АССР. Т. 1. Ч. 1. Уфа, 1956. С. 119; *Акманов И. Г.* Указ. соч. С. 112.

(51) Там же. С. 112–113.
(52) Там же. С. 112.
(53) Материалы. Ч. 1. док. №74. С. 208.
(54) *Акманов И. Г.* Указ. соч. С. 114.
(55) РГАДА. Ф. 248. Оп. 3. Кн. 132. Л. 37–38об.
(56) Материалы. Ч. 1. док. №74. С. 207–208; *Акманов И. Г.* Указ. соч. С. 115.
(57) История Башкортостана с древнейших времен до 60-х годов XIX в. С. 213.
(58) *Акманов И. Г.* Указ. соч. С. 116; История Башкортостана с древнейших времен до 60-х годов XIX в. С. 213.
(59) Очерки истории Калмыцкой АССР. Дооктябрьский период. М., 1967. С. 142–143.
(60) *Акманов И. Г.* Указ. соч. С. 117.
(61) Там же.
(62) Там же.
(63) ПСЗ. Т. II. №990; *Акманов И. Г.* Указ. соч. С. 119.
(64) Там же.
(65) История Башкортостана с древнейших времен до 60-х годов XIX в. С. 214.
(66) Там же. С. 214–215.
(67) Там же. С. 113.
(68) РГАДА. Ф. 108. Оп. 1. Д. 2. Л. 3–11.
(69) Материалы. Ч. 1. док. №21. С. 110.
(70) Там же. С. 119.
(71) Там же. док. №119. С. 259.
(72) Там же. док. №21. С. 111.
(73) РГАДА. Ф. 6. Д. 17. Л. 91об.; Материалы. Ч. 1. док. №21. С. 118.
(74) Там же.

(75) Булавинское восстание. М., 1935. док. №№1, 2, 4, 5, 7; *Чаев Н. С. и Бибикова К. М.* Взаимоотношения Москва и Дона накануне Булавинского восстания//Там же. С. 5-32.
(76) РГАДА. Ф. 6. Оп. 1. Д. 17. Л. 138.
(77) Там же.
(78) Там же.
(79) Материалы. Ч. 1. док. №21. С. 119; док. №119. С. 260, 262.
(80) Там же. док. №21. С. 108-122.
(81) РГАДА. Ф. 108. Оп. 1. Д. 2. Л. 9об.-10.
(82) РГАДА. Ф. 158. Д. 12. Л. 1-2（*Акманов И. Г.* Указ. соч. С. 129 より転引用）.
(83) РГАДА. Ф. 77. Д. 3. Л. 134-134об.（*Акманов И. Г.* Указ. соч. С. 130 より転引用）.
(84) アストラハン蜂起については次を参照されたい。*Голькова Н. Б.* Астраханское восстание 1705-1706 гг. М., 1976. またそれをもとに要領よくまとめた邦語文献に次がある。土肥恒之「(研究動向)ピョートル改革期の社会と民衆」、『社会史研究』一、一九八二年、二三八―二五九頁。
(85) РГАДА. Ф. 6. Оп. 1. Д. 17. Л. 136-137 и 147об.
(86) Там же. Л. 154.
(87) РГАДА. Ф. 77. Д. 3. Л. 127（*Акманов И. Г.* Указ. соч. С. 133 より転引用）.
(88) РГАДА. Ф. 9. Оп. 3. Отд. 2. Ч. 1. Кн. 5. Л. 243.
(89) *Акманов И. Г.* Указ. соч. С. 134-135.
(90) РГАДА. Ф. 77. Д. 3. Л. 148об.（*Акманов И. Г.* Указ. соч. С. 135 より転引用）.
(91) Там же. С. 135-136.
(92) РГАДА. Ф. 108. Оп. 1. Д. 2. Л. 3-12об.
(93) Там же. С. 139.
(94) РГАДА. Ф. 158. Д. 12. Л. 15об.（*Акманов И. Г.* Указ.соч. С. 140 より転引用）.
(95) この官庁の機構については次を参照されたい。Pennington, A. E.（ed.）*op. cit.*, pp. 99-100（松木栄三編訳「グリゴーリイ・カルポヴィチ・コトシーヒン……(5)」、『静岡大学人文学部人文論集』第四九号の一、一九九八年、九五―九六頁。また松木栄三、前掲編訳書、一五七―一五九頁）.

(96) Письма и бумаги Петра Великого. Пг., 1918. Т. 4. С. 290.

(97) Архив Внешей политики России. Ф. Башкирские дела. 1723г. Оп. 108/11. Д. 4. Л. 16об.-19 (*Акманов И. Г.* Указ. соч. С. 142 より転引用。なお、現在、ロシア外交史料館の一八世紀部門は閉鎖中である).

(98) *Акманов И. Г.* Указ. соч. С. 142.

(99) Там же. С. 142-143.

(100) *Акманов И. Г.* Указ. соч. С. 143.

(101) РГАДА. Ф. 214. Оп. 5. Д. 1297. Л. 34-35.

(102) *Акманов И. Г.* Указ. соч. С. 144.

(103) Материалы Ч. 1. С. 212-216, 229-230; РГАДА. Ф. 214. Оп. 5. Д. 1297.

(104) Письма и бумаги Петра Великого. Пг., 1918. Т. 7. Вып. I. С. 628-629; РГАДА. Ф. 248. Кн. 101. Л. 584-588.

(105) Материалы. Ч. 1. С. 216-217, 222-224.

(106) РГАДА. Ф. 119. Карт. 28. Д. 1. Л. 1; Письма и бумаги Петра Великого. Т. 7. Вып. 1. С. 611; Булавинское восстание. С. 404.

(107) Материалы. Ч. 1. док. №№105, 106, 107, С. 243-246; Памятники Сибирской истории XVIII в. СПб., 1882. Кн. 1. №80.

(108) *Соловьев С. М.* История России с древнейших времен. Кн. VIII. Т. 15. М., 1962. С. 175; *Лебедев В. И.* Башкирское восстание 1705-1711 гг.//Исторические записки. Т. 1. 1937. С. 90; *Подъяпольская Е. И.* Восстание Булавина. М., 1962. С. 7.

(109) *Лебедев В.* Крестьянское движение в метрополии в годы Булавинского восстания//Булавинское восстание. С. 60.

(110) Донесения и другие бумаги чрезвычайного посланника английского при русском дворе, Чарльза Витворта, и секретаря его Вейсброда с 1708 г. по 1711 г.//Сборник императорского русского исторического общества. Т. 50. 1886. С. 16. なお、「バシキールの守備隊タタール人(the bashkir garrison tartars)」という表現のなかに、バシキール人とタタール人との混同がみられる。

(111) Материалы. Ч. 1. док. №131. С. 285-298.

(112) Письма и бумаги Петра Великого. М.-Л., 1946, Т. 7. Вып. 2. С. 889.

(113) Там же.

(114) Материалы. Ч. 1. С. 252–256, 258–268.

(115) РГАДА. Ф. 214. Оп. 5. Д. 1674. Л. 2–3; Материалы. Ч. 1. С. 258–268.

(116) Памятники Сибирской истории XVIII в. Кн. 1. №89, 93 (История Башкортостана с древнейших времен до 60-х годов XIX в. С. 218 より転引用).

(117) РГАДА. Ф. 214. Оп. 5. Д. 1857. Л. 15об.

(118) Там же. Л. 15–16; Там же. Д. 2006. Л. 1; ПСЗ. Т. 4. №2229.

(119) РГАВМФ. Ф. 233. Д. 16. Л. 159.

(120) Материалы. Ч. 1. С. 222; РГАДА. Ф. 248. Кн. 1183. Л. 167–180 (История Башкортостана с древнейших времен до 60-х годов XIX в. С. 219 より転引用).

(121) Материалы. Ч. 1. док. №83. С. 216–217.

第四章　オレンブルク建設とバシキール人

I　オレンブルクの建設

1　オレンブルク研究

帝政時代から旧ソ連時代を通じて現在に至るまで、都市国家ノヴゴロド、およびモスクワとペテルブルクという両首都を除いた都市研究はあまり進んではいない。本章で取り上げるオレンブルクについて刊行された研究のうち要塞都市(город-крепость)の成立過程ならびにロシア史上における意味について述べたものは僅かしかないのはそのためであるが、なかには史料的な価値を有するものもある。一八世紀ではいまも評価の高い同地方の歴史家П・И・ルィチコーフによる一連の研究、(1)一九世紀の同じくこの地方を研究したB・H・ヴィテフスキーのモノグラフ、(2)そして二〇世紀に入るとП・H・ストルピャンスキーの労作がそれである。(3)これらは同都市およびその周辺の地誌、民族、社会構成および政治状況まで、同時代人の眼を通して丁寧に描かれているのが最大の特長であり、史料としても高い価値を有している。上記の他に概説書や一般的な啓蒙書などはあるものの研究というものではない。しかし近年、多角的な報告集や研究書も刊行されているのは注目すべき傾向である。[4]

以上の都市史研究の他に、僅かながら一八～一九世紀のオレンブルクと中央アジア諸地域との国際関係および商業に関する研究もある。[5] 他方、この都市の成立と同時に創設され、都市と南東ロシアの防衛に大きな役割を果たしたオレンブルク・カザークについての研究はほとんどが革命前のものである。[6]

2　行政都市ウファー

まず、オレンブルクが成立する以前の一六～一八世紀初頭を通じてバシキーリアにおけるロシア人植民の拠点であったウファーについて一瞥しておかなければならない。[7] その理由は、すでに本編の第一章で利用した史料「シェジェレ」のなかにその建設の経緯が示され、その他の都市と同様、ロシア人を他の「異族人」の攻撃から守るため一五七四年に要塞として建設されたウファーが(一五八六年に都市の地位を獲得)、その後一八世紀初頭まで同地方における民族間関係を調整するために重要な役割を果たしたからである。

「異族人」との関係についてみてみよう。一七世紀にウファーはロシア＝カルムィク関係にとって重要な中心の一つになった。この都市でカルムィクの族長たちの代表者は平和、臣従、交易、捕虜の交換などについて話し合った。一六二〇年、ウファーでタイシャのダライ・ウルリュクおよび他のタイシャ名で派遣された使節がロシア政府に忠誠を誓い自らツァーリの臣下であると宣言した。[8] 一八世紀初頭、ウファーはロシアとカザーフの諸オルダ(ジュズ)との関係にとっても際立って重要な都市となった。一七二六年、小オルダのハン、アブル＝ハイル(一六九三～一七四八年)はこの都市に使節を派遣してロシア皇帝の臣下となることを願い出て、五年後の一七三一年にはそれが受け容れられた。

すでにこれより以前、同地方に新たな都市の建設が必要になった。一六六四年、ウファー軍政官で大膳官であったФ・И・ソーモフ（ウファー軍政官位、一六五〇～六四年）に対する訓令は、ビリ川ほとりの御料地アルハンゲリスコエ村に木の柵を張りめぐらし、一六世紀の末に成立したソレヴァーリヌィ・ゴロドーク（「製塩町」と訳せようか）を強化するようにと命じている。このことによって、バシキーリア内の古い居住地域を中心に発展する二つの都市ビルスク（一六六三年に開基）とタビンスクが建設される基礎ができた。その後、ソレヴァーリヌィ・ゴロドークはウファーの住民に塩を供給するなど極めて重要であり、そこを強化防衛するため、タビンスクがウファー市の管轄下に入ることになった。一八世紀前半のバシキール人蜂起の際にタビンスクは破壊されたが、後に再びウファー当局の命令によって再建されたのである。(9)

ロシアの中央部から遠隔にあるため、ウファーは流刑者の送り先としても重要な役割を担った。一六〇二年、ペルミの監獄からここに、ツァーリのボリス・ゴドゥノフ（在位一五八九～一六〇五年）によってロマノフ家の全貴族とともに将来のツァーリ、ミハイール・フョードロヴィチ・ロマノフ（在位一六一三～四五年）の叔父И・Н・ロマノフが流刑された。一六〇六年には軍政官の管轄地域にドゥーマ書記官（думный дьяк）のА・ヴラーシェフが流された。彼はウファーで死去し、市内のスモレンスキー寺院に埋葬された。ピョートル一世による一六九八年の銃士兵の叛乱鎮圧後、都市にはその家族とともに危険視されたモスクワの銃士兵、および摂政ソフィア（一六五七～一七〇四年、摂政位一六八二～八九年）の寵臣Ф・Л・シャクロヴィートゥィー（?～一六八九年）の弟Л・Л・シャクロヴィートゥィーが配流された。

エカチェリーナ二世時代の一七七二年における第一次ポーランド分割後、ウファーに約一〇〇名のバール連盟党員（конфедераты）が流刑された。一八世紀末には、カザーフ人族長会議によって権力を奪われた小オルダのヌラリ・ハンがここで晩年を過ごした。[10] またすでに前章でみたように、ウファーの特殊性のためにバシキール人たちは徴税者や「利得者たち」からの攻撃に晒されることになったのである。

行政都市ウファーの重要性はその後一八世紀中葉に建設されるオレンブルクに取って代わられることになる。この点をオレンブルク建設の過程とその後の地方支配の状況からみることにする。

3 И・К・キリーロフの「草案」とオレンブルク建設

イ ロシアの南東政策とキリーロフ

一七世紀、モスクワ国家はインドとその間に広がる中央アジアに着目した。これは英国モスクワ会社代表にして女王エリザベス一世(在位一五五八〜一六〇三年)のイヴァン四世への使節でもあるA・ジェンキンソンの中央アジア通商路開拓の事業を推進しようとする方針に沿うものであった。ジェンキンソンの後には、ウズベクの王侯たちがロシアの辺境都市やモスクワへ使節を遣わし、またロシア側も使節をブハラやヒヴァへと派遣した。[11]

一八世紀初頭、重商主義的な考え方も手伝って、ピョートル一世は積極的な対外政策を推し進めた。ロシアにとって、西方ではバルト海沿岸に強固な足場を築くことが主要な課題だとするならば、東方における課題は中国、インド、イランそしてカザーフの諸オルダや中央アジア諸地域と経済的に幅広くかつ緊密な関係を樹立することであった。[12] そのためピョートルはアム・ダリア下流右岸にあるウルゲンチ・カラの金鉱を占領すること、ならびにアム・ダリアに通ずる幾つかの要塞建設を計画していたが、それは中央アジアやインドとの貿易を安全かつ迅速に行うためのものでもあった。こうしたロシアの政策は、一七一六年のA・ベコヴィチ゠チェルカッスキー公

(?〜一七一七年。洗礼を受ける前の名前はデヴレト＝キズデン＝ムルザ、カバルダ族の出身といわれる)によるアム・ダリア遠征によって実行に移された。しかし翌年、この遠征隊はヒヴァにおいて殲滅の悲劇に見舞われた。政府の計画は頓挫したかにみえたが、実際には、ピョートルはさらにヒヴァやブハラの諸ハン国に対し、ロシアへの服属を促した(13)。またその前年、政府は陸軍中尉Н・Н・コージンに命じて、カスピ海を視察し中央アジアよりインドに達する水路があるかどうかを調査させている(14)。バシキーリアはロシア南東政策を遂行する上で重要な拠点であるとの認識が明確になった。

一七三〇年代、新たな要塞がバシキーリアに造られようとしていた。ウファーがそのための要塞建設の基地となった。ウファーを経由してオリ川上流へ特別遠征隊が移動していった。一八世紀後半、バシキーリアの地に多くの拠点となる町(要塞)が作られたが、最終的にステルリタマーク(ステルリタマーク波止場にそれが建てられる)、ベレベーイ、およびその他の町(要塞)が建設されることとなった。

以上のような状況下で、一七三四年五月一日、聖職者の家に生まれた学者であり当時元老院の秘書官長(обер-секретарь)を務めていたИ・К・キリーロフ(一六九五〜一七三七年)が、政府に南東地域におけるロシアの課題に関する「草案」(15)を提出した。その内容は、カザーフ、バシキーリア、カラカルパキアなどの南東地域の豊かな天然資源の利用と経済開発、カザーフ人とバシキール人の境界地域における要塞の造営、およびオリ川河口における要塞都市の建設に関する提案であった。これについては前述の小オルダのハン、アブル＝ハイルも同様の請願をしていた。キリーロフは新しい都市を経由するロシアによる広範囲な商業が単にカザーフとの間だけでなく、ブハラなどの中央アジアやはるかインドとの間でも行われうると考えたのである(16)。ここで重要なのは、「草案」で展開されることになる彼の考えがその後のロシアにおける植民・民族政策の上で大きな画期をなしたという点である。なお、当時のカザーフは大・中・小の三つのオルダ(ジュズ)によって分断されおり、アンナ女帝(在位一七三〇～四〇年）の時代から続くエリザヴェータ女帝治下の一七四〇年代までに、アブル＝ハイルの指導のもと大オルダを除いたカザーフがロシア国家に服属する。(17)

ロ 「草案」の目的

В・Н・タティーシチェフやИ・И・ネプリューエフたちと並んで、「ピョートルの巣の雛鳥たち（птенцы гнезда Петра）」（А・С・プーシキン）(18)の一人であったИ・К・キリーロフの提出した「草案」とはどういうものであったのか。彼はその目的を端的に次のように述べている。

わが女帝陛下〔アンナ女帝〕の現在の恵まれた専制体制のもとで、神の慈悲と裁きにより、また女帝陛下の幸運により、偉大で不朽の二つの事業は、それが栄光であるのみならず、帝国の拡大および計り知れない富への扉を開くものでありましょう。すなわち、第一の事業はシベリア遠征とカムチャトカ遠征であります。第二のものはいまだ扉を開けていないのですが、キルギス・カイサク〔すなわちカザーフ〕とカラカルパクに関する事業であります。神のご加護を懇願し、それらが成就するなら、ロシアの版図は一層拡大し、そこからの収入が臣民の負担の軽減をもたらすでありましょう。(19)

以上の文面のなかにキリーロフの「草案」の全般的な方向性を窺うことができる。すなわち、何よりもまず国家の領土的拡大であり、またそれに伴う新たな富の獲得であった。では、ロシアは果たしていかなる領土を保有しなければならないのか、とキリーロフは問い、特にカザーフについては次のように論じているのである。

現在、第一の原則に対して、〔われわれは〕キルギス・カイサク〔カザーフ〕のアブル＝ハイル・ハンのもとでかつて使節を務めていたテフケリョーフを通して最初の魅力的な情報を入手しました。それは、己の臣下とともにこのハンが全民衆を引き連れていま一人のカラカルパクのハンともどもロシアに帰順するというものであり、そのことについてはすでに記されていました。かくしてここに、まさにアラル海までの道が開かれたのであります。[20]

このように、キリーロフはロシア南東への拡大の手始めとしてカラカルパクをロシア帝国に帰順させることを考えていた。彼は「草案」のなかで何度もそのことを繰り返し述べている。[21] さらに彼はカザーフの大オルダをロシア帝国に帰順させることも考えていたが、この支配のあり方は当時のロシア帝国の中央アジアへの対応を示すものとして注目すべきである。

大キルギス・カイサク・オルダ〔カザーフの大オルダ〕、それは現在、女帝陛下のもとに臣民として受け容れるよう願い出ていますが、そのことを拒むべきではありません。むしろあらゆる方法をもってしてでも順撫すべきものなのです。[22]

また、キリーロフは大オルダがまもなくロシアに臣従するものとみなしていた。[23] かくして、これらのことから、彼はロシア政府に対しカザーフの全オルダおよびカラカルパク人を臣従させるように取り計らうことを進言することになる。彼の意見によると、まずアラル・ハン国を、後にカザーフとカラカルパクをロシア帝国に帰順するように仕向けなければならないというものであった。[24]

ハ　中央アジアへの進出計画

カザーフや中央アジアについて、キリーロフはそこでは商業が盛んであることを次のように強調しながら、同地方の魅力およびその地域との交易によりロシアが受ける利益について述べている。

ブハラのハンたちが住んでいる首都ブハラには、当地〔カザーフと中央アジア〕の商人や、ペルシア、インド、アルメニア、アストラハン、バルフおよびその他の地から商人たちがやって来ており、商品やブハラの金を求めて豊富な商いがバーター取引によって行われています。またここには有色のルビーやエメラルドが相当量あり、またその地からロシアへは主要な商品としてブハラ産の羊の毛皮が運ばれています、それらをこのウズベク人たちがもたらしているのです。(25)

なかでもパミール山中のバダフシャン地方は重要であった。そこでは、「住民は多くの富を保有し、上記の宝石や金を商っている」(26)という。また都市バルフも繁栄し、豊かな商業都市となっていた。(27)

続いてキリーロフが問題にするのは、カスピ海の東から伸びる広大なステップ地方に住むトルクメン人、および中央アジアのヒヴァ・ハン国とすでに述べたブハラ・ハン国についてである。キリーロフは再三再四これらの地域獲得の必要性を説き、「女帝陛下に対し、各地に分散しているブハラの領土が次々と〔ロシアに〕帰順する」よう促すことが肝要であると訴えている。(28)そこで、彼は中央アジアの征服のために遠征を行うことさえ考え、次のように述べるのである。

> 都市の基礎を置くこと、キルギス・カイサクやカラカルパクの民衆をしっかりと順撫すること、バシキール人のタルハンやメシチェリャーク人〔現称ミシャーリ人〕を秩序立たせ鼓舞すること、以上三点がなしえると、彼らとともに行動することも当てにできるようになります。また何よりもアブル＝ハイル・ハンをヒヴァ人に対して立ち上がらせることが可能でありましょう。〔中略〕彼〔アブル＝ハイル・ハン〕は彼ら〔ヒヴァ人〕に対し、わが〔ロシアの〕軍勢の手助けがなくとも強力であり、また彼ら〔ヒヴァ人〕に対して敵意を抱いているのです。(29)

さらに、キリーロフは次のようにも指摘する。

> 今年の夏、前大尉ドゥブローヴィンがブハラ、バルフおよびヴォドクシャン〔＝バダフシャン〕へ赴いた後、私に語ったように、コンタイシャ〔カルムィク人のタイシャ〕の領土を通過してシベリアに戻るなら、そのことからヴォドクシャンまでの通行について私は確信を得ることができるのであります。また上述の密偵たちの情

報により、当のアブル＝ハイル・ハンをブハラに、そこからヴォドクシャンへと向けさせることができましょう。そこにはバシキール人たちが五〇〇〇名にまで膨れ上がっていますが、カザークも一〇〇〇名、さらに一個連隊の兵士がいます。馬や駱駝もいるのです。というのも、女帝陛下の幸福がそこ〔ブハラやそこからヴォドクシャン〕にまで至るならば、ブハラとヴォドクシャンに拠点を置き、かつ特別な人々の部隊によって道を清めなければならないからなのです。そうすれば、そこにいるすべての捕虜たちがわれわれのもとに加わることができるのです(30)。

それにしてもキリーロフはカザーフや中央アジアのどのような点に惹き付けられたのであろうか。端的にいえば、それは何よりも同地方の計り知れないほどの富、すなわち金や貴金属の存在である。すでにその点はピョートルの時代から知られていた。キリーロフはこの地域を次のように特徴付けている。彼の得た情報によれば、この地方は先の鉱物の豊かな産地・鉱床を有しているという。前述のように、ブハラにはルビー、エメラルド等の鉱石が豊富である。同地からロシアへの主要な商品はブハラ産の羊の毛皮であり、それをウズベク人たちは大量に持ってくる。さらには、「ホジャン・ハン国とホジャンの都市は……サマルカンドおよび他の都市と隣り合っています。〔中略〕ホジャン川の源流では金が採れる」という。アラル・ハン国にも金の鉱石があり、「雲母の山」もある。また「コンドゥス川沿いでは……金が採取される(31)」という。しかし、最も豊かなのはバダフシャンの地で、そこには「レジェヴェルトと呼ばれるラピス・ラズーリ、ルビー鉱石、緑の大理石が豊富に採掘される山々があります。山々でも、また二つの川でも金が大量に採取されました。以前〔ブハラの支配下にあった時代〕、それらはブハラに運ばれたのです。資源の上で第一に重要なのがこうした山々でありました(32)」。かくして、「ブハラによる支配の時代に、宝石を除いて金だけで約五〇〇プード〔約八・二トン〕ないしはそれ以上……ブハラ・ハンに届けられたのであります(33)」。

ここで、キリーロフは視点を変えて新大陸からスペイン人やポルトガル人たちが奪い取った富と比較する。「もし思いがけない事態が発生することもなく、またこれまで以上のロシア軍を動員する必要がなければ、ここから良き原則と十分な配慮をもって、スペイン人やポルトガル人がアメリカから受け取ったように、上で述べた他所の軍隊をもって富を得ることができるでありましょう[34]」、と。

キリーロフは同様に、カザーフの様々な地域、トルケスタン、タシケント、サイラム、カラカルパキヤ、およびシル・ダリア川に沿ってアラル海に注ぐ他の地域に金が存在することを指摘する。これらの地域においてさらに、銀、鉛、他の鉱物を発見する可能性があることにも言及する[35]。また、彼はロシアの騎兵隊にとりカザーフやバシキール産の馬が利用価値のあることを見出し、中央アジア諸地域における農業や軽工業の生産の充実にも注意を払った[36]。

二　進出の政治的意味

キリーロフは以上の地域住民を臣従させるため、いま一つ少なからず重要な論点を提供している。すなわち、新たに獲得する領土はこの地方におけるロシアの軍事＝政治的な意味での勢力強化に繋がるとともに、東方の強大な国家であるジュンガル（カルムィク）やペルシアとロシアが争う可能性も増大するが、しかもそのことがロシアにとって有利に働くというのである。「草案」のなかで、彼はジュンガルを攻撃的な封建国家と規定する。さらに、この国家がカザーフの広大な地方同様、「ヒヴァの支配下にある」一連の領土を占領し、いまや金や他の宝石が大量に採取される豊かなバダフシャンの地に突き進んでいることを指摘しながら、ジュンガルの強大化はロシアの利益にならないと断言する。ジュンガルは「シベリア諸都市や近くの領土と接しており、それを自らの領土であると称しながら、ロシアが領有している多くの土地を狙っている[37]」、とロシアにとっての危険性を論じた。それゆえ、「ロシアは、〔ジュンガルが〕何にもまして強大にならないように、また〔ロシアにとって〕いま以上の敵とならないようにすべきであります」、と警告を発するのである。[38]

キリーロフは南のペルシアの潜在的な脅威についても指摘する。ペルシア人は「トルコとの戦争を終え、その方向が変わり、これらの土地を領有するに至ったまさにその時、この国と隣人であることは一層危険となるでありましょう」。[39] だからロシアはカザーフ、中央アジアの地でその勢力を強化しなければならず、よってオリ川河口に新たな都市を建設すべきであると主張した。この建設によって帝国南東の境界を防衛し、カザーフ人や他の遊牧民がロシアの境界内に侵入することを防ぎ、彼らカザーフ人や他の遊牧民が睦ましく和合することを妨げることができる、[40] と論を展開するのである。

ホ　「バシキール問題」

しかし、「草案」はバシキーリアの統治問題を考慮の外に置いていたのではなく、むしろバシキーリアにおけるロシア帝国の果たすべき課題に充てられていた。政府は絶え間なく発生するバシキール人蜂起および当該地方の諸民族がそれを支持していることに大いなる危惧を抱いていた。バシキール人蜂起勃発の理由はそれぞれ異なるが、すでに前章で述べたように、一七世紀後半からこの「草案」が提出される時点までで、大規模なものだけでも一六六二〜六四年、八一〜八四年、一七〇四〜一一年、と発生していた。その後も一七三五〜四〇年、五五年そしてプガチョーフ叛乱時の一七七三〜七五年、と跡を絶たなかったのである。特にこの不安は一八世紀におけるバシキーリア内の鉱山開発および工場建設の開始と踵を接するかのように増大したが、キリーロフは新しい都市の主要な役割の一つを次の点にみていた。すなわち、「以前から自らの支配下にあったバシキール人とヴォルガ・カルムィク人たちが陰謀を企て、合体すること(バシキール人とカルムィク人とがそうすることにわれわれは用心していなければならない)を抑えることは、大軍を動員しまたそれを失うことなく可能であります[41]」。ましてや、「要塞を建設することをハン〔アブル゠ハイル・ハン〕が望んでいる(ヤイーク川に流れ込む)オリ川河口地点は、バシキール人とキルギス・カイサクのオルダの真中に位置し、ヴォルガ・カルムィク人とバシキール人が和合しないように遠く分け隔てておく」のに最適の場所だ[42]、というのである。

カザーフ人は時にはバシキール人とともに行動したので、それを恐れたキリーロフは、この地方において諸民族が共同・連帯して行動しないように図り、さらにはツァリーズムの政策を推進する上で拠点となる都市を建設するよう政府に訴えたのである。ここに「分割して統治せよ(divide et impera)」の原則が適用されることとなった。

キルギス人〔＝カザーフ人〕がバシキール人とともにロシアの支配下に入ると、彼らはしばしばバシキール人とともに団結したとしても、〔ロシアにとって〕共通の敵とはなりません。そのことに関する証拠もあります。〔中略〕彼ら〔カザーフ人とバシキール人〕の間にはロシアの都市はなく、ロシアの軍隊さえも存在しないのです。さらにはキルギス・カイサクのハン〔アブル゠ハイル〕は自ら進んで〔ロシアに〕臣従したわけではありません。〔中略〕それらのうちいずれか一つの民族が蜂起するならば、ロシアの軍隊を派遣することなくもう一方の民族を利用することにより鎮圧することは容易なのです。〔都市建設に起因する〕襲撃に対し、開かれたステップが広がり都市が存在しない現在よりは〔都市が建設されると〕恒常的に安全が確保されることになりましょう[43]。

キリーロフはバシキール人が蜂起するのを防ぐために、上記のような「分割して統治」すべく都市を建設するという方法とは別の手段をも模索していた。その方法として彼が考えたのは、「以前に暴動や叛乱を起こしたバシキール人のなかから兵士や労役夫」として彼らを利用して新たな都市の建設とその防備、予想される中央アジアやジュンガリアへの遠征、交易隊商の防衛などに勤務させることであった[44]。

さらにキリーロフはバシキール人上層の取り込みやその利用も視野に入れていた。そうした上層の人々から妥協を引き出すために、勤務者ではあるがヤサークを納める義務のないタルハンとしての彼らの権利や特権を再確認しようとしたのである。[45]キリーロフはこの点に関して、次のような興味深い見解を開陳する。

かくして、バシキール人の間には、昔から、つまり彼らがロシアに臣従した時から、特権を付与されたタルハン（жалованные тарханы）たる功労のあった人々が存在しています。彼らはまったくヤサークを納めていません。〔中略〕一方、昔からのその習慣に従って、その特権〔の内容〕はタルハンが自らの仲間のうちにあってはどこにおいても自由であるという点にあります。すなわち、養蜂用の森とビーバー猟用の川を除いて、土地を耕し、干草を刈り、役畜や馬を放牧し、水辺で魚を獲ることができるのです。また、彼がたとえ以前のそのような収益地を所有していたとしても、誰も彼に対しその所有権について争うことはありません。何となれば、そうしたタルハンあるいは勤務バシキール人はツァーリのイヴァン・ヴァシーリエヴィチ〔＝イヴァン四世〕の治世下でカザン占領に際し多大の忠勤を示し、またロシア軍とともにリフリャンディア遠征に加わり、ツァーリのアレクセイ・ミハイロヴィチの時代にはポーランドに、後にはその他の遠征に従軍したからです。しかし、現在いかなる軍務にも服していません。それについて私は彼らバトゥィールたちと次のことを話し合うことになりました。すなわち、彼らは何に対して責任を負うのか。また、その〔現在の〕不幸は、何処でも彼らが〔ロシア軍の〕軍務に就くことを求められず、なぜそのままにして放置されるのか知らされていない点にある、と。そのような体験に基づき、彼ら良きバトゥィールたちに厚情を与えると、彼らはいまやすべてのタルハンに関する名簿を提出するでありましょう。〔中略〕いまもし各人に対する彼ら古来のタルハンとしての習慣や特権が確認され、彼らに保証を与えて安心させるならば、タルハンたちは喜ぶでありましょう。それでなくともそうした習慣や特権が奪われることはあってはならないからなのです。[46]

キリーロフは自然の富に関しても種々の鉱物資源を具体的にあげ、「バシキール人の領有地には、多くの豊かな銅鉱や他の鉱石、そして良質の雲母があり、それらは入手可能で、ロシアやペルシアに供給できる」という。[47]また、ロシアの塩生産の中心となるイレツク産の塩についても注目している。「すばらしいイレツクの塩は、新しい都市から遠くないところにあり、その塩にすべてのバシキール人たちは満足している。今後、彼らからそれを奪い取ることは必要ない。ただ需要がある分だけそこからロシアにもたらすことが可能であります」。[48]従来、バシキール人は塩を自らが必要とする分だけ只で直に採取していた。しかし、この「草案」が提出された後、ヤサーク税の廃止を伴う塩の国家専売制の導入によって状況は大きく変化した。バシキール人はこれに抗議して立ち上がることになる。また、キリーロフは農業と安価で良質なバシキール馬の獲得を含め、ロシアにとって利益となる様々な資源についても考えている。

〔北緯〕五二度に位置する気候の穏やかな場所に最良の清水があり、そこでは健康的なもの、耕作によって実りをもたらす土地、黒土、森林、草地、および魚や野生の動物が十分にある。バシキーリアからは農業用の家畜が駆り集められる。バシキール人はウファーのものほどは高価ではない穀物や他の食用品を運んでくる。なぜなら、それらは彼らの近くにあるからである。またちょうどそこにあるイレツク産の地中の塩〔岩塩〕は最良の塩である。バシキール人はそれに満足しているのです。[49]

以上のことを踏まえ、ロシア南東地方に植民の拠点としての新たな都市を建設することについて、キリーロフは自らの考えを次のように展開する。

件の〔これから建設されるべき〕都市について、アブル＝ハイル・ハンとバシキール人たちはオリ川河口に建設するようにと請願しました。それは単にキルギス人〔すなわちカザーフ人〕を居住させる〔あるいは扶養する〕ためだけでなく、ブハラ、ヴォドクシャン、ヴァルフおよびインドへ商品を自由に運ぶためにも甚だ必要であるとうたっています。（それについて、皇帝ピョートル大帝は大いに意を傾け、官金も人材も惜しまず、アレクサンドル・チェルカッスキー公〔すなわちA・ベコヴィチ＝チェルカッスキー公〕をアストラハンから派遣しました。しかし、彼は自らの不注意により、ヒヴァにて破滅したのです。）件の都市に相応しい地点は最も便利な場所で、北緯約五二度に位置し、すべてにおいて豊かです。当地からアラル海まで陸の道と川を下って僅か五〇〇ヴェルスタ〔約五三五キロメートル〕のところにあります。アストラハンから〔船で〕行けるほどとても近く、また安全なのです。アラル海とアム川とによってブハラとヴォドクシャンまで、またインドとの国境までも船によって〔行くことができるのです〕[50]。

キリーロフの提案は、彼自身によると、東方の富の獲得および交易の拡大を旨とするピョートル一世の考えや政策の本質を体現するものであった。ピョートルはその実現に向けて着手し、一七一七年にはA・ベコヴィチ＝チェルカッスキー公を全権大使として「ヒヴァ、ブハラ、ヴァルフ、そしてまさにインドにまで」派遣したが、「本当のところは、それらの地について、またその軍事力、交易、および黄金について調べることであった」[51]。しかし、すでに述べた如く、公はこの遠征の途上、その部隊とともにヒヴァにて殲滅されたのである。

アンナ女帝の一七三四年五月一日付け指令によりキリーロフの提案は承認された[52]。都市建設のための遠征隊が組織され、キリーロフがその長官に任じられ、次席にはタタール出身のA・И・テフケリョーフが就いた。オレンブルク遠征隊は多くの専門家や官僚一三〇名から構成されていた。具体的には、測地学者、鉱山技師、アラル海に将来港を建設するための海軍士官等、実に様々であった。その他に、兵士、龍騎兵も三五〇〇名が加わった[53]。この計画を促進するため将来の都市に対して種々の「特権」付与を内容とする恵与状(грамота)が発せられたが、そこには住民への負担軽減措置たる「特典(льготы)」が明記されていた。恵与状は次のようにうたっている。

都市オレンブルクに対し、賜与された特権を印刷した上で[54]……オレンブルクにおける交易に関する無税の期間を全部でさらに六年まで延長し、これを公にすること。[55]

キリーロフの提案した多岐にわたる計画のうち実際に遂行されたのは、僅かに「キルギス・カイサク・ステップ」(「カザーフ・ステップ」)の北西の境に沿った防衛線を造ることだけであった。一七三四年六月一五日、ペテルブルクを出発した遠征隊はモスクワ、カザンを経由し、一一月一〇日にはウファーに着いた。一七三五年春には、遠征隊は常備軍一六個中隊と約一〇〇〇名のバシキール人、ミシャーリ人ならびに勤務タタール人から構成されていた。同年八月六日、遠征隊はオリ川河口に達した。同月一五日、ここバシキーリアとカザーフの境界である現在のスタールィ・オルスク市の場所にキリーロフは木造の要塞を築き、同月三一日には石の礎を置いて都市オレンブルクを開基した[56](地図8を参照)。三年後の一七三八年、この都市の壁の外に木造の交易所(Меновой двор)が建てられた。交易それ自体は以前からかなり行われていたが、この場所でロシア人とカザーフ人、ヒヴァ人およびタシケントから来た商人たちとの間で恒常的な取引が開始されたのである。

またヒヴァ人によってヤンギ゠カラ(「新要塞」)と名付けられた[57]オレンブルクには守備隊が配備され、さらにこの都市への安全な通行を保障するために(すなわち、ヤイーク川中流域とサクマラ川全流域の防衛のため)、キリーロフは一七三六年ヤイーク川沿いに小規模ながら要塞を建設した。それがグベルリンスク、オーゼルナヤ、ベルドスク、カムィシュ゠サマーラの各要塞である。[58]

4　オレンブルクの移転——B・H・タティーシチェフとИ・И・ネプリューエフ

一七三七年、病気がちであったオレンブルク遠征隊長官キリーロフが死んだ。その地位には歴史家で政治家、および枢密参事官でもあったB・H・タティーシチェフ(一六八六〜一七五〇年)が就き[59]、オレンブルク遠征隊も名

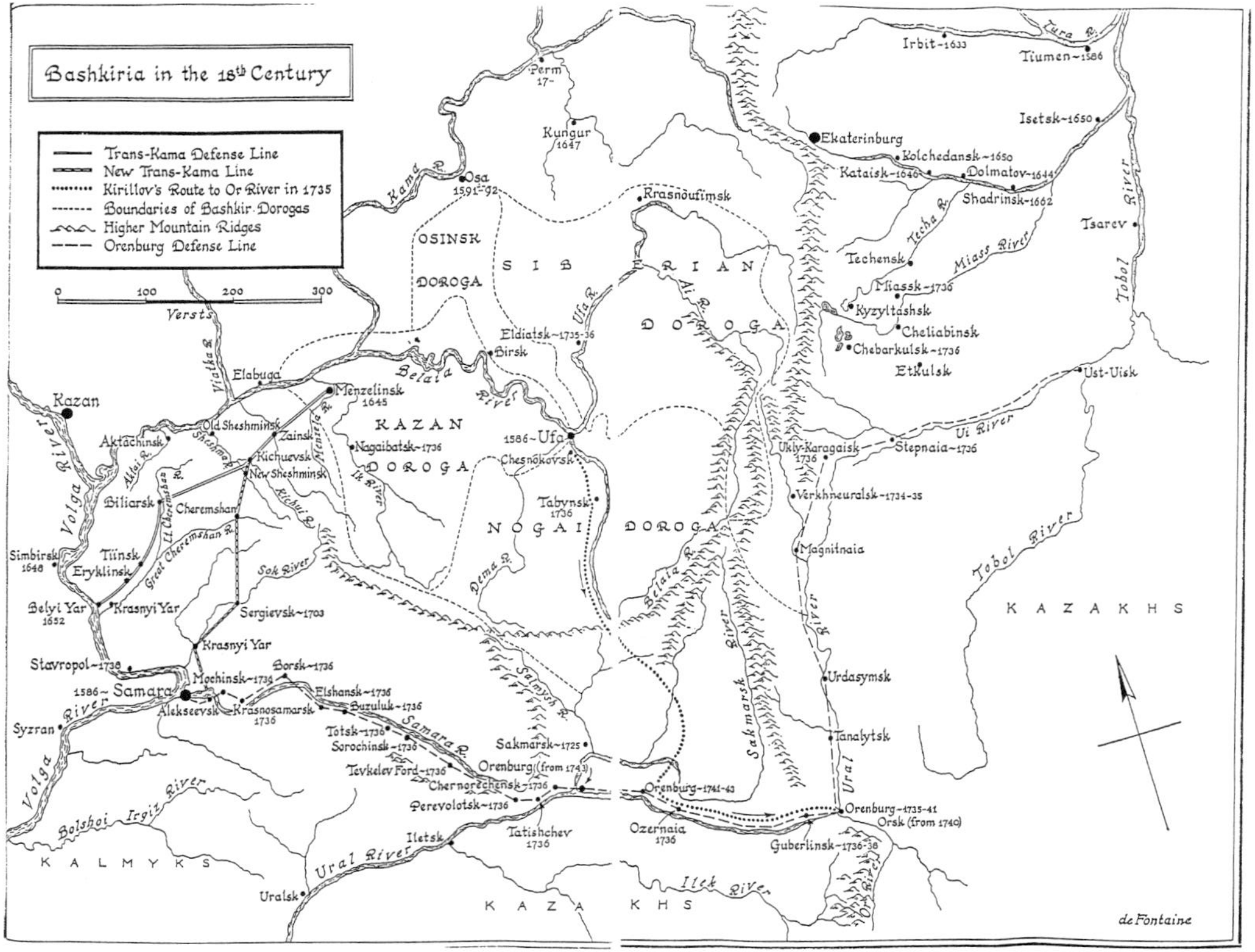

地図８　18世紀のバシキーリア

出典：Donnelly, A. S. *The Russian Conquest of Bashkiria 1552–1740, A Case Study in Imperialism*. New Haven & London, Yale University Press, 1968.

称をオレンブルク委員会(Оренбургская комиссия)に改めていた。翌年八月、彼はオレンブルクを視察した後、この都市を現在のサクタシスキー地区クラスノゴール村に移さなければならない、との結論に達した。オリ川河口の地は他の都市から遠く離れ、春のオリ川とヤイーク川の氾濫時ともなると洪水により冠水する。その上同地には十分な道もなく、また近くには森さえもなかったからである。政府はタティーシチェフの上申を受け容れた。一七三九年八月二九日付け布告は次のようにいう。

都市オレンブルクは、新たに調査されたクラースナヤ・ガラー(美しき丘)の近くに建てられるべきこと。〔中略〕以前のオレンブルクはオリ要塞と改称する。[60]

表 2　歴代のオレンブルク遠征隊長官(後に委員会委員長)および県知事

オレンブルク遠征隊長官(後に委員会委員長)		
1	И. К. キリーロフ	(1734〜37 年)
2	В. Н. タティーシチェフ	(1737〜39 年)
3	В. А. ウルーソフ	(1739〜41 年)
4	И. И. ネプリューエフ	(1742〜44 年)
オレンブルク県知事		
1	И. И. ネプリューエフ	(1744〜58 年)
2	А. П. ダヴィードフ	(1758〜62 年)
3	Д. В. ヴォルコフ	(1762〜64 年)
4	А. А. プチャーチン	(1764〜68 年)
5	И. А. レインスドルプ	(1768〜81 年)

新しい要塞はヤイーク川に沿って西方一八〇ヴェルスタ(約一九二・六キロメートル)下流に建てられた。一七四一年八月、この地点が新しいオレンブルクとなり、先の要塞がオリ要塞となった。[61]しかし、新要塞は再度移転することになった。一七四二年一〇月一五日、オレンブルク委員会の長に二等文官のИ・И・ネプリューエフ(一六九三〜一七七三年)が任命されたが、[62]その年の一二月二八日、彼は元老院に対し、ヤイーク川とサクマラ川に最も近い場所であるビョールダ要塞近郊に新たなオレンブルク要塞を建設することについて報告している。[63]エリザヴェータ・ペトローヴナはこの報告を聞き容れ、[64]翌年四月一九日、ネプリューエフによってオレンブルクは現在の位置に建設されたのである。[65]

当初、オレンブルクは要塞として建設された。要塞は一〇の堡塁と二つの半堡塁を備えた高い土塁(земляной вал)によって囲まれ、さらに土塁の外壁には深い堀がめぐらされていた。オレンブルクの建設と同時に、その土

図2　オレンブルク市遠景(手前の川はヤイーク川——後にウラル川と改称される)

出典：*Веселая Г. А. и Левочкин И. В.* Крестьянская война 1773-1775 годов под предводительством Е. И. Пугачева в памятниках Государственного ордена Ленина Исторического музея. Внешторгиздат.

塁の東側には特別街区(форштадт)——現在のクラースヌィ・ポサート——が広がり、そこにカザークたちが移り住んだのである。

ウファー郡官房通訳官ウラーコフの一七四六年の報告によると、同地方のバシキール人と非ロシア人は「毎年、五〇〇〇名以上の人々がオレンブルク市建設ならびに前哨(форпосты)の維持のために使役されていた[66]」。オレンブルクは急速に発展していったのである。

一七四四年三月一五日、この都市を首府として要塞都市チェリャービンスクをも含んだオレンブルク県が形成された。県知事(губернатор)は戦時・平時の別を問わず全権力を掌握していた。このロシア帝国の僻遠の地で知事はツァリーズムの代弁者として政策を遂行するだけでなく、あらゆる意味において地方の「専制君主」であった。裁判や行政的課題が彼によって執行・処理され、さらには中央アジアの諸ハン国との関係も県知事個人の意見に大きく左右された。オレンブルク県知事はいわば県レヴェルにおける最高の権力者・統治者であると同時に同地方の軍隊を統括する独立オレンブルク軍団（Отдел оренбургского корпуса）の司令官であった。また軍政官として県知事には「キルギス人〔＝カザーフ人〕および当地の国境問題を管理すること」も委任されていた。[67]

オレンブルクにおける軍事・行政的意義は次第にこの都市が本来期待されていた経済的意義を凌駕していった。都市は民間の商人や手工業者のためのものではなく、軍人や役人たちの拠点となった。それでもオレンブルクは村落によって囲まれた集中的で進んだ商工地区を持っており、中央アジアの商人も多数居住していた。それゆえこの都市はアストラハンと並んでアジア諸地域とロシアを結ぶ貿易の重要拠点ともなったのである。[68]

オレンブルク遠征隊および委員会の活動も一七三四～四四年の一〇年間に大いに拡大した。その主要課題は、キリーロフが考えたように、一つにはカザーフ・ステップの政治経済的な開発であり、いま一つには中央アジア諸ハン国との、またその地域を経由してインドとの商業関係の樹立と調整であった。オレンブルクがその拠点となった。すでに前世紀の一六四六年にはニキータ・スィロージンが、また一六五一年にはロディオン・プシェニコフとイヴァン・デレヴィンスキーがインド探検に出発していたが目的は達せられなかった。そして一六六三年、ロシアはインド・ムガール帝国の皇帝オーランゼーブ（アウランゼーブ）〔在位一六五八～一七〇七年〕のもとにアメト・イスプ・カシモフに贈り物を持たせて派遣している。親書には次のように記されていた。

最高の支配者たる己の兄弟にして大君主、至高なる王アウランゼーブ〔オーランゼーブ〕、インド皇帝陛下と使節の交換を行うことはロシア皇帝にとって切望に堪えないところである。[69]

使節派遣の成果については知られていない。その後、一六九五～九六年に商人セミョーン・アーレニツキーはイラン経由でインドに入り、デリーで皇帝オーランゼーブに謁見している。彼は帰途病死し、その使命の成果はこれもまた不明であるが、インドとの直接の通商関係を樹立しようとしたロシア側の目的は結局のところ成功しなかったのである。[70]

佐口透は、インドとの商業関係について考察した論考で、モスクワ国家とインドとの交渉はトヴェーリの商人アファナーシー・ニキーティン(?〜一四七二年)のインドへの旅行(一四六九〜七二年)に始まるが、インド貿易に強い関心を持ち始めたのは一七世紀になってからであった、と述べている。[71]当時、ブハラからインドへの隊商路はバルフ(ヴァルフ)、カーブル、ジェララバード、アットラを経てデリーに達しており、インド商人がブハラへも通商し、さらに彼らはイラン、カフカースへも移住し、やがてアストラハン、次いでカザンを経てモスクワへも通商路を拡大していった。一七世紀を通してインド商人は主としてアストラハンを中心に、宝石、高級インド織物、ペルシア織物、香脂、薬草などをアストラハンとヴォルガ上流域へ輸出し、ロシアの毛皮、銅、鉄、針、ピンなどをイラン方面へ売り、中継商業を営み、インド本国では黒貂・鷹の毛皮といったロシアの物産が求められた。ロシア領内で通商するインド商人に対してロシア政府は多額の関税を課し国庫収入を得たが、一六八九年にインド商人がアストラハン以遠に通商することを禁止したのである。[72]

上記の点とともに、すでに触れた「辺境」の防衛を目的とする要塞線の建設が計画され、実行に移された。それはバシキーリアにおける生産力の発展、とりわけ農耕の普及と地下資源の利用という遠大なプランを実行するためにも必要であった。[73]一七三五〜三六年、バシキーリアの様々な地点に二六の要塞が建設されたが、そのなかには、エルジャクスク、クラスノウフィムスク、ナガイバク、チェバリクリスク、チェリャービンスク、ミアス、ウイ、グベルリンスク、ヴェルフネオーゼルスク、クラスノサマルスク、ボルスク、ブズルク、の各要塞が含まれていた。[74]しかし、要塞の建設は地方に様々な軋轢をもたらしたのである。

II　バシキール人の抵抗

1　オレンブルク遠征隊とバシキール人

多数のオレンブルク地方の住民が要塞およびオレンブルク防衛線の建設に駆り出され、その負担が住民の肩に重くのしかかった。なかでもバシキール人の場合、それが甚だしかった。キリーロフ時代の一七三五年、バシキール人は蜂起した。[75] この蜂起の直接的な原因はオレンブルク遠征隊(委員会)の活動、すなわちオレンブルクとバシキーリア領内における要塞の建設、さらにそのために使役されたバシキール人労役夫に対する労働の過酷さであった。要塞建設のためにバシキール人は労働力を提供するだけでなく、自らの土地さえも没収された。これに対して、バシキール人は激しく抵抗したが、結局、彼らの蜂起は厳しく鎮圧された。[76] 後世に至るまで、そのことがバシキール人のロシアおよびロシア人への敵愾心を培うことになった。

一七三五年六月中旬、キリーロフを長とするオレンブルク遠征隊はウファーを出発して都市建設のためオリ川に向かった。すでに一七三四年末~翌年春に開催された一連の集会で四道の郷の代表者たちはオリ川沿岸における都市建設の妨害を決定していた。ノガイ道とカザン道の不満を抱く約五〇〇名のバシキール人はノガイ道ユルマティン郷のキリミャーク・ヌルシェフとカザン道タミヤン郷のアカイ・クシューモフに率いられてウファー近郊に集結し、遠征隊のバシキーリア到来の目的を知ろうとした。しかし、当局はそれをバシキール人に事前に報せることもなく、また彼らとの話し合いも持たなかった。ウファーに帰ったキリーロフのもとに会合のために派遣されたバシキール人代表は鞭打たれ獄に繋がれた。そこでバシキール人たちはウファーに再び代表を派遣して首都へ請願に出掛けるためパスポートの交付を願い出た。彼らを待っていたのは一層厳しい処罰であった。[77] キリーロフを長とするウファー当局の行動に堪えかねたバシキール人は堪忍袋の緒を切り、武器を手にすることになったのである。

一七三五年七月二日、キリミャークに率いられた三〇〇〇名のノガイ道のバシキール人はジルガン山（現サラヴァト市の南方）の近郊で、キリーロフと合流するために派遣されたヴォロゴド連隊を急襲した。キリーロフと遠征隊はすでにブグリチャンに達していた。不意を衝かれた連隊は六〇名以上の龍騎兵とカザークを失うという大損害を被った。戦いは同月六日まで続いた。蜂起軍はヴォロゴド連隊を包囲し、彼らの前進を阻んだが、キリーロフは包囲下の連隊に強力な援軍を派遣した。キリミャークは包囲を解いて退却を余儀なくされた。七月九日、政府軍はアカイに率いられたカザン道のバシキール人から攻撃を受けたが、ヴォロゴド連隊は遠征隊主力軍と合流することに成功した。[78]

この一七三五年夏、運動はノガイ道の別の地域にも広まった。攻撃の矛先は当局に「忠実な」バシキール人とミシャーリ人にも向けられ、彼らの集落（аулы）が破壊された。攻撃はウファー近郊のロシア人貴族所有の村落にも及んだ。ユルマティン郷、メルキツク郷、タビンスク郷、クシ＝タビンスク郷のバシキール人たちは新たに建設されたタビンスク要塞を襲撃し、また製塩所をも破壊した。[79]

同様な状況は他の地域でも発生した。カザン道のバシキール人たちはアカイ・クシューモフに率いられてメンゼリーンスク、ノヴォシェミンスク、ザインスク、キチュエフスクおよび他の要塞を襲撃した。八月、彼らはカマ川沿岸で活動し、御料地の村および屋敷持ち農民（однодворцы）の村、さらには修道院領を破壊した。[80]

すでに六月、キリーロフはウラル以東の要塞に食糧を調達し、オリ川河口にそれを輸送するようにと命令を発していた。八月初旬、シベリア道キルギス＝タビンスク郷のバシキール人でバトゥィールのユスプ・アルィコーフと同道チュベリャスク郷のバシキール人に率いられた人々は、ヴェルフネ・ヤイーツク要塞近郊でチェチェン村からオレンブルクへ向かう糧秣輸送隊を襲撃し、要塞への到着を阻んだ。同時にヴェルフネ・ヤイーツクをも包囲した。[81]包囲された人々のもとに援軍として連隊長のアルセーニエフに率いられたシベリア龍騎兵連隊およびオレンブルクからテフケリョーフの部隊が到着した。蜂起軍は退却を余儀なくされた。

遠征隊はさらに南下を続けた。すでに述べたように、八月一五日、遠征隊はオリ川河口に達し、オレンブルク市(現在のオルスク市である)が建設された。九月初旬、キリーロフを司令官とする遠征隊主力軍は蜂起鎮圧のためにウファーへ向かい、ノガイ道とカザン道で積極的な行動に出た。彼はサクマルスキー・ゴロドークで捕虜にした九名の叛徒に対する「裁判」を執行した。一名を杭刺し刑、一名を四つ裂き刑、五名を絞首刑に処し、残りの二名は「対審のために(для очиной ставки)」生かしておいた。僅か一〇日間でその部隊は二一のバシキール人集落を破壊した。[82]蜂起軍に対して戦いを挑んだなかには「忠実な」バシキール人やミシャーリ人が含まれていた。バシキーリア内の政府軍だけでは運動を鎮圧できなかったのである。

九月、キリミャークとアカイを指導者とする蜂起軍の大勢力はウファー近郊に集結した。彼らは修道院領のヴォズネセンスコエ村を占領し、また蜂起に参加しなかったミシャーリ人、タタール人、バシキール人の村をも占領した。史料は存在しないが、状況から判断すると、このとき蜂起軍はウファーを攻撃することを計画していたと考えられる。

すでに七月末、首都では蜂起の開始と初期の状況について情報を得ていた。八月一三日、政府はバシキーリアに蜂起鎮圧のためA・И・ルミヤンツェフ中将を派遣することに決定した。その配下には常備軍三個連隊と五〇〇名のヤイーク・カザーク、三〇〇〇名のカルムィク人がいた。バシキーリアで活動しているすべての官僚と軍人が彼の指揮下に入った。そのなかには、もちろんオレンブルク遠征隊長官キリーロフ、およびウファーとカザンの当局者も含まれていた。九月一九日、ルミヤンツェフはメンゼリーンスクに到着し、蜂起軍に話し合いに応じるように呼び掛けた。

キリーロフの進軍を知ったアカイ率いる蜂起軍は鎮圧軍に挑むべく軍を進めた。九月初旬、鎮圧軍がアシカダル川に達した時、蜂起軍は一斉に彼らに襲い掛かった。戦いは延々一週間続いた。キリーロフは大砲を使用しながら粘り強く前進し、ついに一〇月六日、タビンスクに達した。ここで彼は蜂起勢力を食い止めるために平和的手段を使うべしというルミヤンツェフの命令を受け取ったのである。アカイたちの蜂起軍はルミヤンツェフの呼び掛けに応じることにした。彼らは積極的な行動をしばらくの間中止し、ルミヤンツェフに嘆願書を提出することにしたのである。このなかでアカイたちは要塞や教会の建設に反対し、キリーロフ、テフケリョーフ、および政府側のいう「忠実な」バシキール人とミシャーリ人の残忍さについて弾劾し、オレンブルク遠征隊が首都に帰還することを求めた。この嘆願書にはカザン道とノガイ道二七郷のバシキール人代表が署名をした。一七三五年秋、バシキーリア西部に静寂が訪れようとしていた。(83)

2　一七三五〜三六年の蜂起

ノガイ道のバシキール人は、蜂起開始後、政府がバシキーリアにおける要塞建設を放棄することに期待をかけたが、その希望はかなえられず、逆にオレンブルクと他の要塞は増強された。かくしてシベリア道で運動が再燃したのである。

一七三五年一二月、シベリア道ではバトゥィールのユスプ・アルィコーフ指揮下「一〇〇〇名以上」のバシキール人たちがヴェルフネ・ヤイーツク近郊でシベリア道からオレンブルクへ食糧を運んでいた大輸送隊を襲撃した。しかし彼らはシベリアの龍騎兵連隊に逆に包囲され、退却を余儀なくされたのである。蜂起軍は「忠実な」バシキール人の部隊にも攻撃をかけた。その結果、食糧隊はまたしてもチェチェン村に戻り、ヴェルフネ・ヤイーツクとオレンブルクで食糧不足の状況が発生した。

ユスプ・アルィコーフとその仲間の成功に鼓舞されたバシキール人は要塞攻撃に出た。すでに一七三五年一一月末、蜂起軍の主力はヴェルフネ・ヤイーツクを包囲し、守備隊が要塞を放棄せざるを得ない状況に陥った。これとともに、彼らは「忠実な」バシキール人やミシャーリ人に対する報復として彼らの村を破壊したのである。

一七三六年一月、ビルスクからテフケリョーフ軍がウラル以東の地に入った。ユスプ・アルィコーフとシベリア道クデイスク郷のチュリクチューラ・アルダギーロフに率いられた蜂起軍はバルィクチンスク郷とムラザラルスク郷の境にある山間の狭隘な道でその軍隊を襲撃しようとした。一月一九日、テフケリョーフはバルィクチンスク郷のセヤントゥサ村に達した。たまたま蜂起の計画を知ったテフケリョーフは村人に制裁を加えた。事件の目撃者でもあるП・И・ルィチコーフはその凄惨さについて証言している。「この村の約一〇〇〇名の人々がその妻や子も含めて銃殺され、龍騎兵の銃剣や忠実なるバシキール人とメシチェリャーク人〔ミシャーリ人〕の槍によって刺し殺された。この上さらに一五名が一つの倉庫に集められ火を放たれ焼け死んだのである」[84]。

セヤントゥサ村での事件の後、テフケリョーフは至るところでこの時の自分の「経験」を生かすことになった。二月中旬、彼のもとにマルタコーフ大佐の軍隊が到着した。短期間のうちに彼らはシベリア道のバルィクチンスク郷、ウンラルスク郷、カルト＝タヌィプスク郷などの五一にも上る村を破壊し、二〇〇〇名以上の老若男女を殺害した[85]。

以上の事態に関する報せは地方住民を震撼させかつその憤りを爆発させた。鎮圧軍の残忍さに抗して、ウラル以東では蜂起参加者による、政府軍、「忠実な」バシキール人とミシャーリ人、および他の政府支持者への直接行動は破壊的な性格を帯びた。ボグダン・コシ村近郊で蜂起軍は龍騎兵部隊を全滅させた。幾度かの緊張した戦いがテフケリョーフを釘付けにした。バシキール人はその活動の地域を拡大した。たとえば四〇〇〇名から成るチュリクチューラの部隊はウファー近郊で活動することに成功した。二月一四日、チュリクチューラは四五〇名のウファー貴族とカザークから成る軍隊を撃破し、その際一〇〇名以上の鎮圧軍を殲滅したのである。(86)

ウラル以東における運動の成功はルミヤンツェフを不安に陥れた。彼はテフケリョーフ、マルタコーフ、アルセーニエフたちにバシキール人の動きを断固として阻止するように命じた。ルミヤンツェフは一七三六年二月一日以降、ウラル以東の蜂起鎮圧の指揮をカザン・シベリア地方官営工場監督長(начальник Главного правления Казанского и Сибирского казенных заводов)であったВ・Н・タティーシチェフに委ねると同時に、タティーシチェフに全面的に協力するようシベリア県知事に依頼している。(87)

住民の不満と蜂起にもかかわらず、政府はバシキーリアで従来の政策を変更することなくそれを継承していた。オレンブルク遠征隊に関するバシキール人の要求は拒否されたのである。これについては一七三六年二月一一日付け布告のなかで明確に述べられている。政府は蜂起を「炎と剣」で押さえ付けることに決定し、バシキーリアに常備軍連隊が派遣された。

一七三六年春、ルミヤンツェフとキリーロフ、タティーシチェフは二万二〇〇〇名の兵士、龍騎兵、カザークを擁して蜂起軍との戦いに入った。蜂起軍側は三〇四二名を失い、五〇三か村にも上る集落が焼き尽くされるという大損害を被った。鎮圧軍によって多数の家畜が殺され、追い立てられ、さらには播種地が踏み荒らされたのである。それにもかかわらず、この度も政府軍はバシキール人の動きを鎮めることはできなかった。(88)

一七三六年春以降も蜂起は続いた。五月中旬から六月中旬にかけて、シベリア道のバシキール人はイセト川、ミアス川、テチャ川流域の広範な地域で活動し、時にはその範囲はツァレヴォ・ゴロディーシチェ地域のトボール川にまで達した。蜂起軍は村落、柵、工場を襲撃してそれらの周囲の村々を破壊し、家畜を追い立てた。戦いはバシキール人上層をも巻き込んで展開したが、その多くは政府側についたのである。

一七三五年と三六年の戦いの過程における違いは、バシキール人が政府軍との戦闘にあたって要塞襲撃を繰り返すことと並んで、ロシア人農村を破壊したことにある。これを即座にロシア人農民に対する敵意の表れであると考えることは性急に過ぎるが、テフケリョーフやアルセーニエフの軍隊、さらにはロシア人「流民」部隊の残忍さに対するバシキール人の応えであったとみなすことは間違いないであろう。史料によると、蜂起軍は五つの大村(слобода)、二つの集村(село)、三二の部落(деревня)を攻撃し、一五二名のロシア人を殺害し、六七名を負傷させ、一二名を捕虜にし、一一四一頭の馬を奪ったという。(89)

四~五月、シベリア道の北西部ではチュリクチューラ・アルダギーロフに率いられた一五〇〇名の蜂起部隊が活動した。彼らは「忠実な」バシキール人、マリ人、チュヴァーシ人、ミシャーリ人の部落を襲い、ヤクプ・チンムルジンとムスリュム・クダベルジン率いる「忠実な」バシキール人とミシャーリ人部隊を破った。六月中旬、チュリクチューラはクラースヌィ・ヤール要塞付近でマルタコーフ大佐の部隊を粉砕した。

オサ道ではバシキール人の大勢力がオサ市北方で戦いを繰り広げ、自分たちの土地を占有していたストローガノフ家所領にまで達した。蜂起軍の主力は「オサの住民約八〇〇名を武器で」追い出し、一五〇〇名の農民から成る「流民」部隊をも打ち負かした。(90)

戦いはノガイ道とカザン道の領域にまで拡大した。一七三六年早春、ノガイ道の蜂起したバシキール人はタビンスクからオレンブルクへ向かう輸送隊を攻撃した。六月下旬、キリミャーク・ヌルシェフに率いられた八〇〇〇名にも上る蜂起者たちはベーラヤ川中流域からイク川にかけて奇襲した。六月二九日夜半、彼らは二〇〇〇名から成るルミヤンツェフの軍隊に突如襲い掛かった。激しい戦闘で鎮圧軍は一八〇名が戦死し、六〇名以上が負傷するという甚大な損害を被った[91]。しかし、バシキール人はルミヤンツェフ軍を撃破できず、またすでにその軍に捕まっているアカイ・クシューモフおよび他の人々を解放することも不首尾に終わった。とはいえ、この行動は一七三六年の戦闘のなかで蜂起軍に戦闘意欲を掻き立てるという意味で重要であった。むしろ当惑したのはルミヤンツェフの方で、彼は至急モスクワに支援部隊の要請をしたほどである。事実、蜂起軍はメンゼリーンスクやカマ川以東の要塞を脅かすことになる。政府は運動の広がりを危惧し、八〜一〇月、モスクワからこの地域に支援のため龍騎兵三個連隊を派遣した[92]。

六月中旬、エカチェリンブルクからタティーシチェフ率いる一七〇〇名の軍が出動した。クィズィルタシ湖近くに到着し、彼はバシキール人に投降を呼び掛けた。「忠実な」バシキール人領主がその動きを助けるのに力があった。その結果、七〜八月、バトゥィールのクトゥカイを長とするシベリアに近いバシキール人が恭順の意を表すためにやって来た[93]。

ノガイ道ではオレンブルク遠征隊長官И・К・キリーロフ自らが蜂起軍鎮圧の行動に出た。七月、彼はタビンスク南方で二九にも上るバシキール人部落を破壊したのである[94]。

一七三六年九月、司令官が交代した。ルミヤンツェフに代わって旅団長M・C・フルシチョーフが就いたのである。これを知ったキリミャークは蜂起軍の名で新司令官に鎮圧行為を止めるよう求め、その代わり、罰金を払わず、また要塞へ馬や人的資源を供出することもしないが投降すると述べた。しかし蜂起軍の希望はかなえられなかった。フルシチョーフはいかなる譲歩もしなかった。戦いの継続のため同調者を見つけるべくバシキール人はともに立ち上がるようカザーフ人に呼び掛けたが、彼らは蜂起者たちに支援することを拒否した。司令官は叛徒に対する軍事活動を拡大したのである。

当局の軍事行動はバシキール人の勢力を弱めていった。これに加えて多くの郷で鎮圧軍による家畜殺害のために飢饉が始まった。一七三六年秋、大きな動きはみられなくなったが、すべての蜂起部隊が屈したわけではなかった。当局の条件に基づいて投降することを拒否した人々は、カザン道ではスルタンムラト・デュスケフとアカイ・クシューモフの息子アブドゥッラー・アカーエフの周りに、ノガイ道ではキリミャークの周りに、シベリア道ではチュリクチューラ・アルダギーロフとベッペン・トロプベルディンの周囲にそれぞれ集まった。

当時、ロシア帝国はアゾフをめぐってオスマン帝国と交戦中であり、そのため政府は司令官に蜂起を即時鎮圧するよう命じていた。海軍参議会参事Ａ・Φ・フルシチョーフとキリーロフは一七三七年春、残存する蜂起軍に対して一万八〇〇〇名に上る兵士、龍騎兵およびカザークをもって鎮圧のため進軍することを計画した。一七三六年末、アカイ・クシューモフ、ユスプ・アルィコーフ他、多数の指導者たちが政府軍の手に落ちた。一七三七年二月、キリミャーク・ヌルシェフが投降した。当局は状況が完全に鎮静化すると考えた。

成功を確かなものにするためにも政府は秘密の布告を発して主だった指導者を処刑する決定を下した。一七三七年二月、タティーシチェフはウラル以東の蜂起指導者サバン・セヴェルグーロフを車裂き刑に、ノガイ道出身のボクシュルガ・ナザーロフを四つ裂きの刑に、イスヤングル・マムベートフを斬首刑に処した。彼らはシベリア道の戦いで名を馳せた指導者である。Ａ・Φ・フルシチョーフは同様の厳しい処罰を他の八名の蜂起指導者たちにも用意していた。そのなかにはキリミャーク、アカイそしてユスプも含まれていた。彼らはフルシチョーフによって杭刺し刑にされる予定であったが、彼の転勤のためフルシチョーフが目論んでいたこの刑は実現しなかった。[95]

3　一七三七〜三八年の蜂起

オレンブルク遠征隊の活動、一七三五〜三六年蜂起に対する苛酷な鎮圧、投降した蜂起参加者に対する厳しい処罰、「忠実な」バシキール人領主による強圧的態度、これらすべてが新たな運動を発生させた。その上、鎮圧行動がバシキーリア内での飢饉を加速し、このことが緊迫の度を一層増大させることになった。

第一段階はシベリア道住民の蜂起である。蜂起の第二段階においては、バシキール人社会内部の亀裂が深まった。上層の大多数が政府軍の鎮圧行動に参加し、住民と戦闘に入った。そのため蜂起軍はまず「忠実な」タルハン、イスラーム神学者(ахун)、および他のバシキール人で当局に「味方する者たち(доброжелатели)」に攻撃を加えた。彼らは一七三七年四月以降、チュリクチューラ・アルダギーロフ、シベリア道ドゥヴァンスク郷出身のバトゥィールであるマンダル・カラバーエフ、およびベッペン・トロプベルディンの指導下、「忠実な」バシキール人の率いる部隊を粉砕した。七月後半には、ベッペン・トロプベルディンとシベリア道アイリンスク郷のアッラジアングール・クトルグージンを指導者とする蜂起軍は「忠実な」バシキール人やミシャーリ人が隠れているシベリア道の柵や村を襲撃した(96)。

その間の六月、オサ道の住民も戦闘に入った。彼らを援助するためにシベリア道からチュリクチューラ、マンダルおよびベッペン指揮下の部隊がやって来た。叛徒たちは「忠実な」バシキール人、ミシャーリ人およびチュヴァーシ人と戦った。彼らはボグダノフスカヤ要塞を包囲し、政府軍に襲い掛かった。シベリア道とオサ道の人々は一七三七年九月末まで活発な行動を続けた。戦いの範囲はトボール川からオサ市およびクングール市にまで及んだ。すでに一七三七年春にはカザン道とノガイ道の住民たちが武器を手にとっていた。四月末以来、セイトバイ・アルカリン、バトゥィールのクシャプ・スルタングーロフおよびルィサイ（あるいはルィサイバク）・イゲンベートフに率いられた人々は「忠実な」バシキール人、ミシャーリ人そしてタタール人との戦いに入った。タルハンのバルデグル・トレフケーエフ、同じくタルハンのアルダル・イシャンギリジン、「より良い（лучшие）」バシキール人アブドラク、ラバイ、その他の人々のいる村を破壊した。[97] 七月、ノガイ道の叛徒たちはクシャプを指導者にカザン道との境界へ向けて進軍した。途中、地方住民と合流し、「忠実な」バシキール人や他の政府支持者を破った。叛乱軍の最大の軍事行動はクシャプ率いる千人隊によるЛ・Я・ソイモーノフ将軍に対する攻撃であった。[98] 実際にはソイモーノフはこの攻撃を撃退している。

一七三七年春、バシキール人はまたしてもカザーフ人に援助を求めた。人々は蜂起時の軍事的援助と安全な背後を必要としていた。これ以外にも彼らはカザーフ人に対し当局による鎮圧行動の際の避難所を求める上で期待をかけていた。しかし小オルダのハン、アブル＝ハイルはバシキール人を援助することを拒否しただけでなく、彼らが小オルダで避難所を探すことも禁じたのである。中オルダの領主たちもバシキール人を支援することはなかった。たとえばスルタンのバルクは軍隊を送ることを約束したが、それを履行しなかった。かえって同年秋、政府の呼び掛けに従ってカザーフの領主たちは鎮圧に加わったほどである。それにひきかえ、民衆はバシキール人に対して上層とは異なる態度をとった。ハンやスルタンたちの禁止にもかかわらず、カザーフ人は部隊を組織し積極的に蜂起に参加した。九月、カザーフ人部隊がノガイ道のバシキール人とともにジョーマ川流域とウファー近郊で共同戦線を展開したのである。[99]

一七三七年春のバシキール委員会とオレンブルク遠征隊の長たちの交替が鎮圧軍の形成をしばし遅らせることになった。そのため、鎮圧は「忠実な」バシキール人とミシャーリ人の部隊が行い、その後、蜂起軍に対してカザークと農民による「流民」諸部隊が加わったのである。

すでに述べたように、オレンブルク遠征隊の新しい長官にВ・Н・タティーシチェフが就き、バシキール委員会の委員長にЛ・Я・ソイモーノフ陸軍少将が就いた。一七三七年七月、二人はメンゼリーンスクで地方当局者の代表たちと会談を持った。ルィチコーフによると、「バシキーリアの混乱を終息すべく計画を立てただけでなく、バシキール人をしかるべく服従させるため満足のいく制度を打ち立てた」のである[100]。

彼らはバシキーリアをあらゆる方面から軍隊によって包囲し、蜂起参加者を撃滅する作戦を計画した。最初の段階ではバシキール人とともに戦っていたタタール人、マリ人、チュヴァーシ人、ウドムルト人およびモルドヴァ人を反目させた上で彼らを味方につけるため、当局はタタール人たちにバシキール人の土地を与えると約束した。またバシキーリアにやって来てバシキール人住民に受け容れられたミシャーリ人にも一七三六年二月一一日付け布告の発布を通して土地の下賜を約束した[101]。このことは一七三八年三月一七日付けの布告ならびに三九年八月二〇日付けの布告によって再確認されている[102]。当局はカザーフ人領主から支持を得ることにも成功した。

その結果、一七三七年秋には蜂起軍の立場は苦しくなり、政府との話し合いに応じざるを得ない状況になった。しかしこの話し合いも民衆を鎮めることはできず、翌年一月に運動が再燃した。シベリア道のバシキール人が大部隊を組織し、「忠実な」バシキール人やミシャーリ人の村落を破壊した。二月、オサ道のバシキール人もこの戦いに加わったが、彼らも政府に「味方する」バシキール人やミシャーリ人を襲撃した。四月から五月にかけて、シベリア道の叛徒たちはチェバリクリスク、チェリャービンスク、クラスノウフィムスクの各要塞ならびにレヴディンスキー工場を攻撃した。六月には政府軍との間で激しい戦いが繰り広げられた。二五〇〇名からなるアルセーニエフ指揮下の政府軍は撤退を余儀なくされた。同月末、ソイモーノフによってタビンスクから派遣されたリュートキン少佐の軍隊が叛徒との戦闘に入ったが[103]、その活動は成功しなかった。

バシキーリア西部での戦いの進展はウラル以東でのそれに較べると際立って遅い。これはカザーフのハン、アブル＝ハイルの干渉によるものと考えられる。すでに一七三七年秋、ハンはバシキール人に蜂起を止めるよう助言した。一二月、彼は僅かばかりの手勢を引き連れてノガイ道にやって来た[104]。しかしバシキール人はハンの助言に従わなかった。この時、アブル＝ハイルは政府と叛徒の間を巧みに立ち回っていた。当局に対してアブル＝ハイルは叛徒を宥めることを約束し、他方でバシキール人には彼らのために当局から譲歩を引き出すと請け合っていた。実際には約束を与えることにより、ハンはバシキール人を戦いから遠ざけようとしただけであった[105]。彼を信じたバシキール人指導者が当局の手に落ちた。たとえば、アブル＝ハイルを伴ってオレンブルクにやって来たノガイ道の指導者クシャプ・スルタングーロフの場合がそうである。スルタングーロフは拘束され、一七三八年九月にオレンブルク遠征隊長官タティーシチェフの命令により処刑された[106]。

ノガイ道の蜂起は一七三八年四月に再び燃え上がり、ウファー近郊の「忠実な」バシキール人とウファー貴族の村を襲った。カザン道でも散発的な動きがあった[107]。しかし鎮圧軍の動きもあり、ウラル山脈沿いでの運動は大きなものとはならなかった。五月一〇日、メンゼリーンスクからのЛ・Я・ソイモーノフの軍隊が強力な反撃に出たのである。六月一九日、その軍隊はノガイ道の中心に位置するタビンスクに到着した。ここにおいてようやく蜂起は鎮まった。七月から秋までの短期間に、ソイモーノフはバシキール人部落三二か村を焼き払い、多数の人々を戦闘で殺害し、逮捕者に対しては厳しく処刑したり、流刑に処したり、さらには八八一名を要塞奴隷（крепостное рабство）とした[108]。ノガイ道における運動を指揮していた者のうちセイトバイ・アルカリンやルィサイ・イゲンベートフなど幾人かは投降を余儀なくされたのである。

ウラル以東での活動は徐々に鎮静化に向かっていた。一七三八年八月中旬、シベリア道のバシキール人指導者チュリクチューラ・アルダギーロフやユルダシ・スヤレンベトフたちはタビンスクにいたソイモーノフのもとに現れて投降した。同じベッペン・トロプベルディンやアッラジアングール・クトルグージンたちは戦いを継続すべく軍事的支援を求めて中オルダのカザーフ人に使者を派遣したが、カザーフ人はこれを拒否した。もはや戦いの継続は不可能であった。九月、指導者は投降し、秋には平穏が訪れた。

4　一七三九～四〇年の蜂起あるいはカラサカルの叛乱

イ　原　因——人口統計調査

一七三七～三八年の蜂起を粉砕した後、司令官たちはバシキーリアが完全に鎮まったと考えた。オレンブルク遠征隊長官B・H・タティーシチェフは当時の状況を次のように述べている。

二つの最も危険な道であるカザン道とノガイ道はどうにかその半分が残っているほど激しく破壊されました。残りのオサ道とシベリア道ではそれほど多くの人を失ったのではありませんが、すべての人の馬や家畜が姿を消しました。また村は焼き尽くされなかったのですが、食糧もなく、多くの人々は飢えによって死んでしまいました。(109)

タティーシチェフは、バシキール人が以後再び蜂起を起こすことは決してないと信じて疑わなかったほどである。これに引き続き、当局はバシキーリアにおけるツァリーズムの立場をより一層強化するために人口統計調査(перепись)を行った。この調査は一七三六年二月一一日付け布告の方針に基づき、バシキール人の土地のさらなる接収と税負担の強化を目的として一七三九年一月に始まった。全四道に兵士とカザークを引き連れた将校たちが住民の人口調査のために派遣された。バシキール人は調査の目的を正しく理解していた。同年三月、シベリア道で人口調査拒否および当局の命令をサボタージュすることを一連の集会で決議し、調査官を追い出した。ウラル以東のバシキール人はЛ・Я・ソイモーノフ将軍にペテルブルクへ嘆願書を持って上ることを許可するように訴えた。同様な事態はノガイ道でもみられた。人々はセイトバイ・アルカリンおよびルィサイ・イゲンベートフの周りに集まった。蜂起に向けて彼らは中オルダのカザーフ人に協力を求めたのである。(110)

状況は切迫していた。一七三九年五月、バシキール人の間で騒動(волнения)が発生したという情報を得た政府は人口調査の中止を決定せざるを得なかった。しかし調査中止は不満を抱くバシキール人を鎮めるには至らなかった。なぜなら当局はこれとは相反する行動をとっていたからである。たとえば、郷毎に兵士を伴った将校たちが訪ね、一七三七～三八年蜂起参加者から懲罰として馬を徴集し続けていたのである。政府軍およびそれに参加した「忠実な」バシキール人とミシャーリ人は住民を略奪し人々の憤りをかっていた。

ロ　蜂　起——カラサカルの「ハン僭称」

一七三九年八月、チュリクチューラ・アルダギーロフの部隊がストリジェフスキー大尉とウラズリン少尉補の部隊を撃滅すべく進軍したが、その試みは失敗に終わった。反対にチュリクチューラの部隊は包囲され粉砕された。チュリクチューラ自身は捕らえられ、ソイモーノフに引き渡されたのである。(111)

一七三九年の夏から秋にかけてバシキール人は広範囲な蜂起を始めることができなかった。これには幾つかの理由がある。第一に、一七三七～三八年の戦いの過程で蜂起軍が大損害を被っていた。多くの指導者は戦闘の最中に命を落としたり、鎮圧軍によって処刑されたりしていた。第二に、バシキーリア全域に政府の軍隊が配備されていた。同地方の至るところで要塞建設が急ピッチで行われていたのである。第三に、間断なく発生する蜂起と当局の懲罰行動が経済的混乱を招いた。特に住民の間には飢餓が始まっていた。第四に、多くのバシキール人領主と他所からやって来た住民の一部はツァーリ政府の側につき、新たな蜂起発生をあらゆる方法で阻止しようとした。

以上のような状況にもかかわらず、バシキール人はロシア政府の厳しい政策を堪え忍んでいるばかりではなかった。新たな闘争の組織者となったのは、ノガイ道ユルマティン郷のバトゥィールで綽名をカラサカルというミンディグール・ユラーエフ、アッラジアングール・クトルグージン、バトゥィールのマンダル・カラバーエフ、カラ＝タビンスク郷出身で同じくバトゥィールのイスラムグール・ユルダーシェフたちであった。

ミンディグール・ユラーエフ（カラサカル）は自ら叛乱の指導者にしてバシキール人の「ハン」であると名乗った。[112]蜂起を目の当たりにしたП・И・ルィチコーフはミンディグールについて、「聡明で魅惑的、また根拠を持って語り、非の打ちどころがない生活を送り、狂信的なほどに信心深かった。こうしたことすべてはカラサカルを皆から尊敬の対象とした」[113]、と述べている。また一九世紀の歴史家Ｐ・Г・イグナーチエフによると、ミンディグールは勇敢な騎手で戦士であった。アラブ語やチュルク語に通じ、コーランを見事に解釈し、ムスリムの聖地メッカやメディナにも行ったことがあった。それゆえ彼は「ハジ」と呼ばれたという。[114]これらのことはミンディグールを蜂起指導者に相応しい人物としたのである。

しかしミンディグールはバシキール人の間でその本当の名前で自らを「ハン」と名乗ることはできなかった。なぜなら当時の人々の考え方に従うと、もっぱらハンの家系に生まれた者のみがハンの地位に上ることができたからである。それゆえミンディグールはジュンガリア・ハンの息子の一人でハン、スルタンギレイと呼ばれた。人々にはスルタンギレイがその兄によって正当なハン位を奪われ、国を追われたのだと説明した。追放されて彼はカラサカルという名を得たが、一七四〇年初頭、スルタンギレイという名でバシキール人のハンを宣言したのである。

なぜ蜂起の指導者の一人がハンを名乗ったのか。またそれはバシキール人の行動にどのような影響を及ぼしたのか。オレンブルク遠征隊の形成とその派遣は、カザン・ハン国崩壊後、バシキール人と政府の間で交わした臣従をめぐる条件に対する明白な違反である、とバシキール人の目に映った。一七三五～三八年蜂起の過程で、バシキール人はこの政策を変えるよう求めた。しかし政府はバシキーリアに対する自らの対応を変更しなかっただけでなく、後に述べるように、鎮圧行動によって不満を抱くバシキール人の根絶を図った(本編、第六章を参照)。そのために蜂起の組織者たちはバシキール人のいわば「ツァーリ幻想」を利用して、彼らを運動へと駆り立てていった。その際、指導者たちは「全共同体構成員の合意を得て(со общего согласия)」ミンディグールをハンとして立ち上がった。[115] 人々を動員する目的で、ハンのもとには多くの支持者がジュンガルだけではなく、カザーフのステップにもおり、その八万二〇〇〇人の軍隊がアストラハンの海にいる、との噂を広めたのである。[116]

一七四〇年一月末からミンディグールはシベリア道諸郷に公然と現れて活動を始めた。二月、攻撃の対象は当局の代表者および「忠実な」バシキール人とミシャーリ人に向けられた。蜂起軍を攻撃しようという鎮圧軍のウラズリンを始めとする政府側の呼び掛けに応じて、バシキール人族長クジャシュ・ラフマングーロフ、メンディアル・アルカーエフ、シガナイ・ブルチャコーフたちが戦いを挑んだが、それを撃破することはできなかった。[117] 三月中旬になると、蜂起はシベリア道のかなりの部分を占めるまでになり、ウラズリンの部隊は逃走しなければならなかったほどである。[118] ちなみにブルチャコーフはあまりの権力濫用により一七四三年に郷長を更迭され、その職責をプガチョーフ叛乱で活躍することになるサラヴァトの父ユライ・アズナリンに譲っている(本編、第八章を参照)。

三月後半、Л・Я・ソイモーノフ将軍は叛乱に対して強力な軍隊を差し向けた。東方からは連隊長のアルセーニエフ大佐とA・A・パヴルツキー中佐の軍勢が、北のクラスノウフィムスク地方からはプチャーチン中佐の軍が、西のタビンスクからはクブリツキー大尉の部隊が攻撃に向かった。これ以外にも、シベリア道、ノガイ道さらにはカザン道の「忠実な」バシキール人、ミシャーリ人およびタタール人が動員された。三月二二日、ソイモーノフ自身メンゼリーンスクからウファーへ到着した。(119)

蜂起軍はシベリア道内で行われた戦いで大損害を被り、五月末には山麓地帯へと後退せざるを得なかったのである。それより以前の四月一日、クジャシュ・ラフマングーロフとザイサン・カラバーシェフに率いられた「忠実な」バシキール人がアッラジアングール・クトルグージンの部隊を粉砕した。アッラジアングール本人は拘束され、そのことが蜂起にとって大いなる痛手となった。(120)

ミンディグール(カラサカル)は自分の部下とともにノガイ道へと転進していった。ノガイ道におけるミンディグールの出現は蜂起しようと考えていたバシキール人にとって一つのシグナルであった。最初の一撃は、まず「忠実な」バシキール人に対して向けられた。彼らはブラト・ジリケーエフの大部隊を撃破した。ミンディグールは彼を追跡しようとしたクジャシュ・ラフマングーロフに率いられたシベリア道の「忠実な」バシキール人の攻撃を反対に撃退した。四月中旬になると運動はノガイ道の南東部にまで及び、蜂起部隊は一五〇〇名以上の人々が戦っていた。指導者のなかにはカタイ郷のトレフケイ・ウラテミーロフ、ドゥヴァン＝タビンスク郷のスルタン・アラスランベーコフ等がおり、彼らはミンディグールによって「公」の位を授けられ、幾人かの叛徒たちはエサウール(副官)となったのである。(121)

四月末、ミンディグールの部隊はシベリア道へ戻った。そこで蜂起は新たな勢力を得て一気に燃え上がった。五月初め、二〇〇名からなるミンディグールの部隊は「忠実な」バシキール人タルハンのバイム・キドリャーエフの村を破壊した。その後、蜂起軍はウラズリンの部隊を襲い、ウラル以東に現れた。政府側の史料によると、叛徒は「手紙を持ったロシア軍を通さないようにするため、一〇〇名のバシキール人盗賊の哨兵を」出動させてヴェルフネ・ヤイーツクへの道を塞いだ。(122)アズナバイを首領とするクヴァキンスク郷、アイリンスク郷、およびその他のバシキール人部隊はクィル＝クデイスク郷とブレケイ＝クデイスク郷の「忠実な」バシキール人に襲い掛かった。タルハンのイスマギル・ムンドゥーロフの家、ならびにシム川およびユリュザン川沿いの多くの「忠実な」バシキール人とミシャーリ人の村を破壊した。[123]

ウラル以東では蜂起勢力は急速に増加し、五月中旬にはミンディグール・ユラーエフの部隊だけで「シベリア道から六〇〇名がやって来て、バシキール人盗賊の総数は三〇〇〇名に達した」。[124]

五月中旬以降、当局は蜂起軍に対し攻撃に転じた。鎮圧軍には七〇〇〇名以上の兵士、龍騎兵、カザーク、動員された農民、および「忠実な」バシキール人とミシャーリ人がいた。これ以外にも、バシキーリアの様々な都市と各要塞に配備されていた一万一三一二名の兵士やカザークが蜂起軍に対し攻撃の態勢を整えていた。[125]

ミンディグールとその仲間たちが率いる蜂起の主力部隊は南方へ退却することを余儀なくされた。五月、彼らはクィズィル川沿岸流域に陣取った。五月二〇日、ここで蜂起軍とパヴルツキー中佐率いる政府軍の間で激しい戦闘が繰り広げられた。戦いの最中、ヤズィコーフ二等少佐率いる部隊がパヴルツキー軍支援のため到着した。必死の抵抗にもかかわらず、蜂起軍は粉砕された。彼らは約四〇〇名を失ったのである。五月二九日、パヴルツキーとヤズィコーフはヤイーク川のミンディグール・ユラーエフ率いる一五〇〇名の部隊を攻撃した。部隊の大部分はヤイーク川を渡河したが、川の左岸に残った一五〇名は鎮圧軍によって殲滅された。[126]鎮圧軍は追撃の手を緩めず、ヤイーク川を越えて蜂起軍に迫った。六月三日、政府軍はトボール川を渡り、川向こうに陣取っていたミンディグールの部隊に追い付いた。激しい戦いの末、叛徒たちは三〇〇名以上の死者を出した。そのなかには指導者のマンダル・カラバーエフ、ヤルムハメット・ハジーエフ、イスラムグール・ユルダーシェフがいた。負傷したミンディグール・ユラーエフに率いられた部隊はやっとの思いでカザーフ・ステップに逃げ込むことができたのである。[127]

六月中旬から九月末まで、政府軍はシベリア道およびノガイ道内の容易には近付くことのできない山や森に隠れている蜂起勢力の掃討作戦に乗り出した。この作戦は直接の蜂起参加者のみではなく、たとえ成人していても いなくても構わずその家族に対しても向けられた。家畜と財産は没収され、播種用の種だけでなく村そのものさえも焼き尽くされたのである。とりわけバシキール委員会委員長ソイモーノフ将軍の軍団に入っていたアルセーニエフ大佐、パヴルツキー中佐、同じくA・A・プチャーチン中佐、ヤズィコーフ二等少佐およびクブリツキー大尉の部隊が残忍を極めた。

現在のバシコルトスタンの歴史学では、タティーシチェフもバシキール人に関して、その前任者の政策を継承しながら計画されていた課題を遂行しており、厳しくバシキール人に対処したという。しかし筆者は、キリーロフも、またその後継者であったタティーシチェフもともに絶望の淵に陥りながらも立ち上がったバシキール人に対し、武力を用いて徹底的に弾圧することは避けようとしたと考えている。たしかに蜂起したバシキール人に対する鎮圧とその後の処罰は厳しかったが、特にタティーシチェフは宥和政策をとろうとさえした。[128]

ハ　鎮圧と蜂起の志向

一七三九年六月、タティーシチェフの対応を「手ぬるい」と不満を抱いたロシア政府はオレンブルク委員会委員長にB・A・ウルーソフ将軍（一六九〇頃～一七四一年）を任命し、より厳しい措置を講ずる方針を打ち出した。ウルーソフは北方戦争に従軍し、H・H・コージンやФ・И・ソイモーノフとともにカスピ海の海図作成のための遠征隊を指揮し（一七一八～二一年）、ペルシア遠征（一七二二～二三年）にも従軍した経歴を持っていた。将軍の委員長就任は、バシキーリアにおけるツァリーズムの民族政策の方向性を一層明確にするという政府の意図の現れであった。ウルーソフにはバシキール人蜂起を早期に終焉させるべくいわゆる「炎と剣」による政策を遂行する

笞打ち刑の図

車裂き刑の図

図3　18世紀の刑罰　ツァーリ政府による叛徒たちに対する懲罰。

出典：*Гвоздикова И. М.* Салават Юлаев. Уфа, 2004（Изд. 3-е）.

ことが求められた。カザーフ・ステップとバシキーリアとの境界に新たに要塞を建設することも命じられたが、それらは遥かウラルに沿って延々ウイ川とトボール川沿いに西シベリアの境にまで至る防衛線の形成に連なるものであった[129]。

　蜂起は異様なまでの残酷さをもって鎮圧された。同地方に赴任したウルーソフは強大な軍事力を利用してバシキール人の蜂起をことごとく鎮圧した。ネプリューエフとその活動について大著を著した一九世紀の歴史家В・Н・ヴィテフスキーの記すところによれば、ウルーソフは「暴徒たちを石の杭にくくりつけて鉄の車輪で刺し貫き」、肋骨のところに鉄のフックを引っ掛け、彼らの頭を切り落としたという。ウルーソフとソイモーノフは、その言葉によると、「親代々の恐怖（потомственный страх）」をバシキール人に植え付けるべきだとした。この目的に従って、オレンブルク（現オルスク市）近郊で約六〇〇〇名の叛徒とその家族が集められた。ウルーソフは一七四〇年八月二五日、公衆の面前でバシキール人の体刑と処刑を執行した。五名は机に据えられたまま、一一

「生き埋め」および「絞首台」にあばらの所を鉄のフックで吊り下げられている図（図3続き）

名は肋骨のところを吊るされ、八五名は絞首刑、二一名は斬首刑であった。九月一七日、サクマルスキー・ゴロドークで一二五名のバシキール人の首が切り落とされ、五〇名が絞首刑に、三〇一名が耳や鼻を削がれた。処刑された人々の妻子は鎮圧軍参加者に要塞奴隷として配分された[130]。

オレンブルク委員会とバシキール委員会の史料によると、一七三五～四〇年の間に、一万六〇〇〇名以上の人々が処刑され、多数の人々が水兵として流刑となり、九〇〇〇名以上の女性と子供がロシア人領主のもとに農奴として分与された。他方、約七〇〇のロシア人村落もバシキール人によって破壊された[131]。この数にはカザーフ・ステップに逃れたり、飢饉で死んだりした者は含まれていない。また物質的な損失も甚大であった。一七四〇年六～九月だけで、シベリア道とノガイ道の蜂起の発生した諸郷で鎮圧軍は七二五か村を焼き、貯蔵されていた干草や取り入れてあった穀物も燃やされた。様々な穀物一三九四区画分(загон)が踏みにじられ、五二九八頭の馬と五七三六頭の牛、その他の財産が没収された[132]。

一七三五～四〇年の蜂起は一七～一八世紀のバシキール人抵抗運動のなかで最大のものであったと同時に、ツァリーズムにとっても最も危険な蜂起であった。それというのも、「ハン」の出現がそれを明確に示しているように、蜂起したバシキール人はロシア国家に臣従した時の条件に違反するという理由で政府を弾劾し、戦いの最終段階では声を限りに自立的なバシキール人社会の形成とロシアからの分離をさえ宣言したからである。当局によってそれが比類なき残酷さで鎮圧されたのは当然であった。ロシア政府はバシキール人に対し、もはや緩やかな臣従関係ではなく、より確固たる支配＝被支配の関係を求めることになった。しかし戦いは無駄ではなかった。政府はバシキール人に人頭税を課し、彼らの土地に対する相続的権利を奪おうとする計画を諦めざるを得なかったからである。

III　オレンブルクと諸民族

1　民族政策

一七四二年、すでに述べたように、オレンブルク委員会の長にネプリューエフが任命された。彼は当時のオレンブルク地方について状況を十分に検討した上で、甚だ暗澹たる印象を受けた。「ここにはしかるべき行政制度はなく、地方住民はその不満をあからさまにしている」[133]、と述べたほどである。当時、たしかにこの地方の「異族人」およびロシア人移住者の状況は非常に厳しいものであった。多くの村落は破壊されて荒廃しており、肥沃な土地が広がる地域は荒れ果てたまま放置されていた。また広範囲に行う商業活動を守るための防衛力は極めて弱かった。カスピ海からアラル海に至るまで設堡地帯はほとんど存在せず、オレンブルク自体いまだ防衛体制は整備されていなかった。この要塞は土塁がある籬《まがき》で囲まれているだけであり、防衛の任にあたる守備隊もその数が少なかったのである。[134]

こうした行政・防衛上の弱点を補強することと並んで、バシキーリアにおける最終的な鎮撫と懐柔のため、また民族同士を分断するという伝統的政策の一環として「アジアの諸民族」からバシキール人を分離させておくために、オレンブルク・カザーク軍の形成およびヤイーク・カザーク軍の拠点となる村を含めた要塞線の建設が行われた。それによりバシキール人と「キルギス人」はオレンブルク県の創設後も反目し続けることになった。政府は県当局に対し、民族蜂起の鎮圧にあたり、ロシア人の血を流すことなく、他の民族の助けを借りるようにと指示していた。たとえば、一七五〇年代、ネプリューエフが県知事を務めていた時代には、「キルギス人」の手によってバシキール人に対するポグロムが行われた。バシキール人はその被害から容易には立ち直ることができないほどであった。(135)

他方、政府は諸民族の状況を把握するための様々な制度や機関を創設した。一七四〇〜七〇年代、オレンブルクには広大な領域の行政的中心地として同地方の情報が集まるだけでなく、隣接する中央アジアの各地域に関する情報も入ってきた。すでに一七四〇年にはオレンブルクで現地語の通訳養成のためタタール＝カルムィク学校が創設されていた。(136)

同時代人でロシアにおける最初のアカデミー準会員となったピョートル・イヴァーノヴィチ(一七一二〜七七年)とニコライ・ペトローヴィチ(一七四六〜八四年)のルィチコーフ父子は、この地方およびその住民に関する重要な民族・民俗研究と経済・地理・歴史・農政全般にわたる多彩な研究を残している。(137)とりわけ父ピョートルはМ・В・ロモノーソフ(一七一一〜六五年)、Г・Ф・ミルレル(一七〇五〜八三年)、В・Н・タティーシチェフ(一六八六〜一七五〇年)など、当代一流の学者たちと学問的な交流を盛んに行っていた。零落した商人階層出身であるП・И・ルィチコーフは若くして語学と会計学の知識を生かして国家勤務に就き、特に一七三四年以降はオレンブルク市・県と深く関係していた。一七三四〜四三年にはオレンブルク遠征隊で会計官としてキリーロフを助け、四四〜六〇年までは県庁に勤務し、七〇〜七一年にはオレンブルク首席塩管理官として働いた。一七五〇年代からは「県知事補佐官(товарищ при губернаторе)」を六〇年まで務めていた。(138)そして何よりもわれわれの注目を集

B. H. タティーシチェフ

И. И. ネプリューエフ

П. И. ルィチコーフ

アブル＝ハイル・ハン

図4　オレンブルクをめぐる人々

出典：*Матвиевский П. И. и Ефремов А. В.* Петр Иванович Рычков. 1712-1777. М., 1991. С. 45, 49, 60, および表紙。

めるのは、後にA・C・プーシキン(一七九九〜一八三七年)が『プガチョーフ叛乱史』(一八三四年刊行)執筆の際に根本史料とした、一七七三年一〇月から翌年三月までの半年間にわたるプガチョーフ軍によるオレンブルク包囲の状況を詳細に記した彼の日誌である。[139] ルィチコーフは、キリーロフ同様、オレンブルクを拠点に遠くインドを始めとするアジア諸国との貿易拡大を模索しており、[140] その点で彼も一八世紀啓蒙主義の潮流のなかにいたといえる。

2　宗教政策

一方、諸民族側からの動きもあった。タタール人にとってオレンブルクは、カザーフ・ステップに居住する当時いまだムスリムとは名ばかりの諸民族の信仰を強めるための拠点ともなった。しかしその歴史は平坦ではなかった。すでに一七四〇年代、ムスリムにとって厳しい迫害の時代を迎えていた。それは一七四〇年九月一一日付けアンナ女帝の布告によって始まった。既存の制度を改め、宣教師や官吏の他に軍隊をも備えて組織化されたカザンの「新洗礼事務所(Контора Новокрещенных Дел)」は改宗者に対して租税と徴兵の義務から解放し、その免除分を未改宗者に肩代わりさせ、彼らに改宗を強く迫ったのである。[141]

エリザヴェータ女帝時代の一七四二年一一月一九日付けの元老院布告は、ロシア人およびキリスト教への改宗者がいない村でのみイスラーム寺院の存在が認められるという厳しいものであった。一七四〇〜四三年だけで実際にカザンとカザン郡にある五三六の寺院のうち四一八が破壊されたが、全滅を免れることができたのは、寺院破壊の噂を耳にしたムスリムが逆にキリスト教の教会破壊に走り、一層の事態の悪化を当局が望まなかったためである。[142] こうした宗教的迫害は一七五五年のバシキール人蜂起の重要な原因の一つともなっていた。[143]

その後の政府による政策には、若干ではあるが変化の兆しがみられるようになった。一七四四年にはオレンブルクの東方一八ヴェルスタ(約一九・三キロメートル)のところにタタール人商人のセイト・ハヤーリンによってセイトヴァ村(タタール名カルガリ村)の基礎が置かれ、そこに租税や賦役等の義務から解放されたカザン・タタール人二〇〇家族が移り住んだ。その上、前述のП・И・ルィチコーフによると、その村には従来のカザン県にはなかったほど大きく、また立派なイスラーム寺院が建てられたのである。セイトヴァ村はイスラームの学問上の中心でもあった。なお政府によるタタール人に対する改宗が成功しなかった理由に、ムッラーたちが学問を一手に握り、人々から尊敬されていたことと並んで、無学な正教の聖職者たちが改宗者に対してほとんど影響力がなかったという事実が指摘されるのである。(144)

一八世紀後半になってやっと強制的な改宗政策に終止符が打たれた。寛容政策がエカチェリーナ二世によってとられたのである。一七八九年、「オレンブルク・イスラーム聖職者協議会」の創設がそのことをよく示している(本編、第九章を参照)。これは帝国のムスリム住民のための宗教および教育の問題について管理・執行する機能が与えられた組織である。それに先立つ一七七六年、エカチェリーナはまたタタール人による経済活動の禁止を解いたが、このことが一九世紀に発展するタタール人商人階級の活動に道を開くことになった。(145)

Ⅳ　オレンブルクの社会と経済

1　オレンブルク県の住民構成

当時のオレンブルク県は行政上四つの郡(провинция)に区分されていた。すなわちオレンブルク、ウファー、イセトおよびスタヴローポリの四郡である。

プガチョーフ叛乱前夜、オレンブルク・ステップにおいて、一方で住民の遊牧地や狩猟用の土地が広がっていたが、他方でロシア人による移住も始まっていた。ヤイーク川左岸には小オルダのカザーフ人たちが遊牧していた。ヤイーク川とサマーラ川に挟まれる土地、およびサマーラ川から南へ境界もなく果てしなく広がるステップはバシキール人たちの遊牧と狩猟のための用益地であった。(146)

一七九五年の納税人口調査資料(ревизская сказка)によると、オレンブルク地方では一〇万人の住民とその四〇箇所にも上る居住地点が数えられている。プガチョーフ叛乱勃発前夜、この地方の住民人口は希薄であったが、住民はその社会経済的特徴によって次の三つのグループに分けられる。遊牧民(ヤイーク左岸のカザーフ人)、半遊牧民(バシキール人とカルムィク人)、そして定着農耕民(ロシア人、モルドヴァ人、チュヴァーシ人、タタール人)である。産業はイレツカヤ＝ザシータにおける塩採取と多数の鉱山における銅を中心とする鉱石の採掘であった。また、地域内商業はあまり発展しておらず、対外貿易はオレンブルクに集中していた。(147)

農民がロシア人・非ロシア人ともに基幹的住民である。貴族すなわち領主や所領を持たない勤務貴族、商人および聖職者の数は少なかった。また、オレンブルク地方では次の二点も特徴的であった。一つには、流刑囚により、数的にも、さらには産業の面でも補充が行われていること。いま一つには、オレンブルク地方の国境にある諸要塞には駐屯軍が配備されていた、という以上二点である。(148)

なおオレンブルク地方の農民は三つの範疇に区分される。第一に、国有地農民とヤサーク農民。第二に、領主農民であるいわゆる農奴。第三に、軍役勤務者でオレンブルク国境の防衛等の義務を負う人々である。

第一の国有地農民あるいはヤサーク農民の数は、他のカテゴリーに属する農民の数に較べて僅かであった。そのなかには、第三回納税人口調査(一七六二〜六三年)によると、四つのロシア人居住地(人口は男性のみで一〇八一名)、チュヴァーシ人の「新たに洗礼された」四つの居住地(同じく四〇〇名以上)、また一定の留保付きではあるがタタール＝チェプチャーリ住民が含まれていた。[149] 彼らはバシキーリア内のカザン道に住み、特にチェプチャーリは国家の様々な租税を納める代わりに宿駅賦役(ямская повинность)を遂行しなければならなかった(男性のみで二〇〇〇名以上)。かくして国有地農民の全体数は約四五〇〇名(男性)であった。[150]

第二の農奴はもっぱらロシア人によって構成されていた。第三回納税人口調査によると、総人口三二〇〇名(男性)以上、五〇の居住地が数えられている。農民居住地のなかから一七四四年には、前節ですでに述べたカザン・タタール人によって建てられたセイトヴァ村(カルガリ村)が分離していった。この村は対中央アジア貿易の一層の発展を図るという役割を担わされていた。一七七〇〜七一年にはそこに二〇〇〇名(男性)以上の人々が住んでいたが、そのうち商業を営んでいたのは僅かな数にしか過ぎず、しかもその大部分は農民であった。この村はオレンブルク地方のなかで人口の上ではオレンブルクに次いで第二位を占めていたのである。[151]

第三の軍役勤務者にはオレンブルクにいるカルムィク人、バシキール人、および一七四八年にオレンブルクの軍事防衛線上にある要塞に居住しているカザークのなかから形成されたオレンブルク・カザークが入る。バシキール人とカルムィク人は夏の間だけその防衛線での軍役義務を果たした。オレンブルク・カザークの最も大きな居住地はオレンブルク市の郊外にあるゲオルギエフスカヤ・カザーク村である。また、同じくオレンブルク近郊のビョールダ村も彼らの居住地に含まれていた。

軍役勤務者のなかにはサマーラとイレクのカザーク住民も含まれるが、彼らはヤイーク・カザーク軍に属していた。プガチョーフ叛乱前夜、このオレンブルク地方に住んでいた軍役勤務身分に属する人々の総数は不明であるが、その数は他のカテゴリーの住民に較べて相当多かったということは確かである。事実、一七七〇〜七一年のオレンブルク県庁の史料に基づくと、その数はオレンブルク・カザークだけで一万四二〇九名(男性)であった。[152]

表3　プガチョーフ叛乱(1773〜75年)前夜のオレンブルク地方の人口

住民カテゴリー		住民人口	
		人数(両性)	%
1	国有地農民，御料地農民および洗礼を受けたヤサーク農民	94,000	18.5
2	領主農民(農奴)，工場農民，聖界領監督官庁下の農民	60,000	11.8
3	退役兵士	10,000	2.0
4	オレンブルクおよびヤイークのカザーク	49,000	9.6
5	商人，交易を営むタタール人および手工業者	5,860	1.1
6	バシキール人	195,000	38.2
7	ミシャーリ人	12,685	2.4
8	勤務およびカンダウールのタタール人	2,456	0.5
9	チェプチャーリとボブィーリ	78,000	15.3
10	流刑囚と外国人	2,086	0.4
11	領主，将校	640	0.1
12	県庁および税関職員	504	0.1
合　計		510,231	100.0

出典：*Кулбахтин Н. М.* Участие башкирского народа в Крестьянской войне 1773–1775 гг. Уфа, 1984. С. 13 を修正して作成

プガチョーフ叛乱前夜のオレンブルクにおける住民人口中、ツァリーズムを支える官僚、将校および領主が全体の〇・二%と極めて少ないのに対し、退役兵士、カザーク、バシキール人、ミシャーリ人および勤務タタール人などの軍役奉仕者は総人口の五三%に達していた(表3を参照)。以上のことは同地方の有する植民・軍事的特徴をよく示している。

2　農業と工業

一八世紀後半には県の経済においてもまた全国のそれにおいても新たな特徴が現れてきた。すなわち、冶金工業を中心とする重工業が発展し、商業とりわけ対外貿易が拡大したが、そのような状況が徐々に農民の経済を崩壊させていったのである。

一八世紀中葉以来、オレンブルクのステップでは農耕も行われるようになった。しかし、住民数が少なく、住民の遊牧生活による非定着性と彼らの原始的な農具の使用により、同地方の豊かな自然を十分には活用できなかった。一七六二年、農政家でもあったП・И・ルィチコーフは、オレンブルク県

に広がる雄大で耕作可能な土地のうち、「百分の一も耕地として利用されていない」[153]、と述べた。

農業経営において大勢を占めていたのは遊牧と牧畜であった。カザーフ人、バシキール人、カルムィク人そしてカザークたちがそれを営んでいた。カザーフ人たちは遊牧を行いながら牧畜を行い、主に羊や馬を養っていた。バシキール人やカルムィク人は半遊牧の牧畜業を営み、所によっては定着して農耕に従事する人々もいた。ヤイーク・カザークの主要な産業は漁撈と牧畜であった。

現ソリ＝イレツク地区は昔から製塩業で知られていたが、一七五四年以来、塩採掘は国家独占となった。同年、その採掘所には大きくはないが防衛施設も築かれた。それは後にイレツカヤ＝ザシータ（「イレツク防衛所」）と呼ばれるようになり、現在のソリ＝イレツクの基礎となったのである。なお、そこでは塩は素手で直に採取されていた。一七三二年から九九年までの六七年間で、その採取量は約八五〇万プード（約一万三九四〇トン）に達した。また、その採取にあたっては同地の流刑囚たち（ссыльные и каторжники）が多数使役されていたのである[154]。

3 商 業——中央アジアとの交易

植民活動による一八世紀後半のステップへの定住、同地域における産業の発生・発展や農耕の普及、さらに市場の発展は、国内における商業の伸長、ロシア中央市場や中央アジア諸国とオレンブルク県の商業関係の強化・発展を促進した。

地方における冶金工業製品、塩、魚、イクラや魚膠、バシキール産の蜂蜜や蜜蠟、穀物や農業用役畜、毛皮用獣皮などが全ロシア市場に出回り始めていた。

また、オレンブルクを経由して行われるカザーフや中央アジア地域との貿易も大いに拡大した。一七四九〜五四年までの六年間に、オレンブルクから三ヴェルスタ（約三・二キロメートル）ほどヤイーク川左岸に沿った地点に大きな石造りの館が建てられた。それが商業活動を積極的に行うための「交易所（Меновой двор）」である。初めここでは現金取引ではなくバーター取引が行われていた[155]。

この地方特有の遊牧生活に合わせて、商業活動は春に始まり、晩秋には終わった。冬は雪に閉ざされるのである。そこには、ブハラ、ヒヴァ、タシケント、カシュガルおよび他の中央アジア商人たちのキャラヴァン隊が生絹、木綿や絹の織物、種々の既製品、絨毯、ブハラ産の子羊の毛皮、羅紗、果実、金、銀、および様々な宝石をもたらした。さらにカザーフ人たちは家畜を、またロシア人の商人は工業製品を商った。特に後者の商人たちが取り扱った商品は、織物、加工された革、染料、銅製品、木製品、日用生活用品、装飾品、食品（砂糖や穀物）等、多様であった。ただし、カザーフ人やアジアの商人たちへの武器の売り渡しは禁止されており、そこにロシア政府の民族政策の一端を垣間見ることができる。なお一八世紀中葉の重要な交易品は穀物であった[156]。

こうした貿易はカザーフ人とロシア人にとって特に重要であったが、なかでもロシア人は貿易から多大の利益を得たのである。他方、カザーフ人にとっても清や中央アジア地域との交易よりロシアとの交易の方が重要性を増してきた。かつて、佐口透はН・Г・アッポローヴァの研究に依拠しながら、ロシア＝カザーフ貿易の発展によってカザーフ草原の経済が産業資本主義の段階に入った全ロシア市場に次第に組み込まれつつあったと論じた。その例として、カザーフの毛皮原料がヴォルガ中流域へ運ばれ、そこで加工されて再びオレンブルクやトロイツクへ商品としてもたらされたこと、また羊の脂は首都ペテルブルクへ運ばれて外国市場へ輸出されていた事実を指摘した[157]。

しかし商業活動を担ったのは、主にロシア人商人、バシキール人上層やタタール人商人など限られた人々であった。諸民族の民衆は市場と直接的な関係を持たなかった。一七七〇～八〇年代、オレンブルク県全体で第一・第二のギルド――ギルドそれ自体は資産によって区別され、第一・第二ギルドの構成員は人頭税を免除され、体刑の対象からも除外された――のなかには一人として非ロシア人は存在しなかった。またオレンブルクの第三ギルド二三名のなかにも非ロシア人は含まれていなかった。やっとメンゼリーンスクの第三ギルド一一名中一名のタタール人、ブグリミンスクの第三ギルド中僅かに二名のタタール人を数えるのみであった。(158)

ネプリューエフは、当時オレンブルクにいたП・И・ルィチコーフの発議で、できる限りインドとの交易を行う案や、特典を与えて富裕な商人のなかからキャラヴァン隊を組織させる案を作成し、それを政府に提出した。この計画は外務参議会と元老院によっても承認されたが実行に移されることはなかったのである。(159)

アジアとの貿易において金や銀は特別な地位を占めていた。一七四九年、ネプリューエフが元老院に提出した報告書によると、ブハラやヒヴァからやって来た当時のキャラヴァン隊の主な荷はペルシアの銀四一八プード二二フント(約六八一三・四キログラム)であった。(160) 一七四八年から五五年まで、密輸を除いた公式資料によれば、五〇プード(約八一五キログラム)の金、四六〇〇プード(約七四・九八トン)の銀、そして多くの宝石が貿易品のなかに含まれていた。(161) このように、金と銀とは一七七〇年以前までに、アジアからロシアにもたらされた商品のなかで最も重要なものとなった。一七六九年にオレンブルクを訪れたアカデミー会員П・С・パラース(一七四一～一八一一年)は、その様子を、「金や銀は、その大部分をペルシアの貨幣として、またインドのルピーとして、さらに砂金として」同地にもたらされた、(162) と伝えている。

金や銀以外の商品もまた豊富に取り扱われていた。かくして、オレンブルクにおける取引によって、国庫には四～五万ルーブリの関税が納められたのである。その額は、トロイツクのそれに較べると、二～二・五倍であったという。(163)

オレンブルク市内にある現存する石造りの商館(Гостиный двор)は、おそらく当時のロシアにおいて最大のもの

図5　オレンブルクの商館(Гостиный двор)

出典：*Матвиевский П. И. и Ефремов А. В.* Петр Иванович Рычков. 1712-1777. М., 1991. С. 193.

であった。一七七〇年代には、そこに三〇〇の店舗が出て、国庫に毎年五〇〇〇ルーブリに上る金額が納められていた。「店には様々な商品が並べられ、広場では食料、馬および家畜が商われ、さらに露店の市場[164]」があった。これ以外に、すでに述べたように、この都市の近郊にはアジア交易所とブハラ交易所があり、そこでは大砲を装備した守備隊の護衛のもとに商業が営まれていた。また、商業の盛んに行われる夏、ステップには数百人のカザーク部隊がこの取引の護衛をしていた[165]。交易所を通して行われる商業は国庫に莫大な収入をもたらし、それは一七四六〜七六年の三〇年間だけで一二〇万ルーブリに上ったのである[166]。ロシア人商人もアジアとの交易により、当初は一〇〇％かそれ以上、その後は減少するものの、それでも五〇〜七〇％の利益を得ていた[167]。

4　囚　人

このように、オレンブルクでは商業が盛んな一方で、初めここには手工業者がほとんど存在しなかった。それを当局はこの地方に多く流されていた囚人を使役することによって補おうとした。たとえば、ロシアの圧力に反対して立ち上がったポーランドのバール連盟党員の叛乱参加者で、逮捕されてこの地方に流刑されたポーランド人シュラフタのいる牢獄では、陶磁器や煉瓦が生産されていた。年間一万六〇〇〇～一万八〇〇〇個の煉瓦が製造されたのである。[168]

こうしたポーランド人流刑囚以外にも、政府はオレンブルク地方にロシア各地の囚人たちを送り始めた。一七四四年に囚人のオレンブルクへの移送が法制化された。[169] オレンブルク地方が人口希薄なため、そこで「囚人(колодник)」を単純労働に就かせたり、非常勤務者として利用したりするためである。ロシア国内においては囚人とみなされた人間も、オレンブルクにおいては産業の「先駆者」であり、またある意味においては「組織の活動家」となった。このような流刑は、公式には一七七三年まで、すなわちプガチョーフ叛乱への彼らの参加を恐れる――特に、ポーランド人など外国人と叛乱との関わりを恐れる――エカチェリーナ二世の布告によって、「囚人」たちをオレンブルクおよびオレンブルク地方に送ることを禁止するその時まで続いた。しかし、この禁令は単に文書の上だけに過ぎず、実際にはアレクサンドル一世(在位一八〇一～二五年)時代の一八一一年に至るまで上述のような状況は続いたのである。なおこのアレクサンドル一世の時、「囚人」という語も「不道徳な状態にある者たち(люди порочного состояния)」という表現に置き換えられるに至った。[170] ちなみに、ウクライナ出身の詩人・画家にして革命家のT・Γ・シェフチェンコ(一八一四～六一年)も一九世紀の中葉には同地に流され、囚人としての日々を過ごしたのである。[171]

5　市内の状況

一七七〇年代、オレンブルクは大いに繁栄した。その様子は先述のパラースによって「ロシア国家のなかで最も重要な地方都市である」[172]、と表現されたほどである。

オレンブルクは要塞線の要であり、軍事力の集結点でもあった。また三ヴェルスタ(約三・二キロメートル)に上る

図6　オレンブルクにあるП. И. ルィチコーフの家（現在の外観）

出典：*Матвиевский П. И. и Ефремов А. В.* Петр Иванович Рычков. 1712-1777. М., 1991. С. 107.

堡塁と水の入っていない石造りの堀は、川に沿って半周ほど都市を囲んでいた。都市のなかには大砲を装備した四個大隊と砲兵隊で構成される守備隊が駐屯していた[173]。オレンブルクのヤイーク川沿いの上流には教会を有するカザークの村があり、その下流にはロシア人の村が存在していた。また、オレンブルク市内には入り口に四つの門（サクマラ門、オレンブルク門、ヤイーク門、サマーラ門）、六つの石造りの教会と三つの木造教会、および四つの井戸があった。ブハラの商人がもたらす銀の検査所を始め、県の役所も幾棟か建っており、一軒を除いて住民の家屋はすべて木造であったが、一七七〇年までには多くが石造りになった。しかし、真っ直ぐに伸びた道路は舗装されておらず、そのため当時のロシアにおける道路の例にもれず、春の雪解けの季節ともなるとぬかるんで泥だらけとなり、夏には凄まじい土埃が舞うのであった。また街の端には囚人を収容する木造の牢屋もあった[174]。

　住民人口について、ともに同時代人であったП・И・ルィチコーフとИ・П・ファリクの掲げる数字には相違がみられるもののそれを示しておく。ルィチコーフは、一七六〇年の人口調査表（переписка）により、都市の外にある土小屋

(землянки)を除いて二八六六戸の人口をオレンブルクは抱えていたという。なお、勤務者である軍人や他の武官の大部分は都市の内外に住んでいた[175]。また、彼は別の箇所で次のようにも述べている。

すべての官位に就いている人々――その大部分がタタール人官僚出身の軍人である――の家々は都市の内外に建てられ、一七七七年現在、人口登録簿(метрическая книга)によると二〇〇〇戸以上である(都市の外にある土小屋を除く)[176]。

他方、ファリクは以下のようにいう。

住民人口は一七七〇年には一五五三戸であった。守備隊を除けば多くはカザークで、その数は七二一戸であり、他にロシア人家族も五五四戸を数えた。さらにロシア人商人、タタール人、アルメニア人、民警(милиция)に属しプロテスタント宣教団の牧師や教会を有する若干のドイツ人がいた。一七六八年の人口登録簿によれば、オレンブルクにはギリシア=ロシアの信仰〔すなわちロシア正教〕を守る者は民警を除けば男性で二二二〇名、女性は二五八七名であった。〔その年〕彼らのところには二〇七名が生まれ、二七二名が死亡した。この他に、当地には多くの流刑囚がいたが、ここの警察(полиция)と消防団は非常によく訓練され、そのため罪人が多いにもかかわらず市内では秩序と平静さとが保たれていた[177]。

科学アカデミー外国人教授ファリクの見方は、ロシア人のそれと比較して、その表現と内容ともに興味深い。オレンブルク地方の風土についても次のような記録を残している。

オレンブルク近郊の地方は粘土質で丘陵の多いステップである。気候は厳しいが、大気は澄んでいて健康に良いといわれている。しかし、寒さ(морозы)は厳しく、吹雪ともなると耐えがたい。夏は雨が少なく、それゆえ土地は肥沃ではない。西瓜や他の栽培作物は稀にしか成熟しない。実を結ぶ木は成育しない。あまり人の住んでいない地方は開墾されていなかった。要塞を除けば、ここには若干の村、すなわちカルガリ村やビョールダ村、そして幾つかの部落(хутор)があった[178]。

これは、И・К・キリーロフがオレンブルク建設にあたり、「そこでは健康的なもの、耕作によって実りをもたらす土地、黒土、森林、草地、および魚や野生の動物が十分にある」、と同地の利点だけを述べたのとは異なっている。

表4　オレンブルク市内の商品価格(1770年)

品目	価格
ライ麦(1プード)	30～35カペイカ
小　麦(　〃　)	50～55　〃
そば挽き割り(〃)	60～70　〃
牛　肉(　〃　)	30　〃
豚　肉(　〃　)	夏10　〃 冬15～20　〃
大きいキルギス羊の肉(　〃　)	1ルーブリ～1ルーブリ20カペイカ
ラード(　〃　)	1ルーブリ50カペイカ
バター(1フント)	4～6カペイカ
鳥　肉(　〃　)	3～5カペイカ
うさぎの肉(〃)	7～8カペイカ
やま鳥(2　羽)	4～8カペイカ
ホップ(1フント)	3カペイカ
クルミ油(1プード)	12～16ルーブリ
砂　糖(　〃　)	16ルーブリ
コーヒー(1フント)	50カペイカ
標準的なフランスワイン(1　瓶)	1ルーブリ50カペイカ

出典：*Фальк П. И.* Записки путешествия. СПб., Т. 6. Ч. 2. 1824. С. 244-245.

さらに、この地方の生活の具体的な様子を知るために一七七〇年当時の商品とその価格を示した表4をみておこう。たとえば、主食となるライ麦と小麦粉、そばの挽き割りは、それぞれ一プード(一六・四キログラム)あたり三〇～三五カペイカ、五〇～五五カペイカ、および六〇～七〇カペイカであった。また、肉類も種類によってかなり価格に隔たりがある。一プードあたりの牛肉、豚肉、「大きいキルギス羊の肉」は、それぞれ三〇カペイカ、一〇(夏)～一五ないし二〇(冬)カペイカ、そして一～一ルーブリ二〇カペイカであった[179]。夏季と冬季とでは同じ品物でも価格に大きな隔たりがあることが分かる。

南東ロシアの防衛と商業の発展という目的から一八世紀前半に建てられたオレンブルクはその世紀に大いに発展した。特に中央アジア諸地域との交易において重要な役割を果たし、またロシア南東地方の防衛や侵略に大きな拠点を提供した。さらにロシア諸都市のなかでもその繁栄を誇るに至った。しかし何よりも重要なのは、この都市の形成がロシア帝国により明確な意図を持ってなされたということである。従来のウファーが諸民族間の調整的な行政都市という性格を有していたのに対し、このオレンブルクにはロシアの南東地方での植民と支配、ならびに中央アジア進出の拠点という性格があったのである。そのことは一八世紀前半のロシア政府がバシキーリアのあるウラル地方（そしてヴォルガ地方もそうである）に対して新たな認識を得たことによるものであった。

他方では、この都市が地域住民にとって大きな脅威となったのも事実である。牧畜と半遊牧を営んでいたバシキール人には新たな植民の拠点として認識された。実際、ロシア帝国はオレンブルク建設と後の政策を展開させる上で多くの負担をバシキール人に課した。そのため一七三〇年代に幾度も彼らを中心に蜂起が発生したが、それらはいずれも厳しく政府によって鎮圧された。蜂起鎮圧後、ロシア政府はオレンブルクを中央アジアとの交易の拠点とするだけではなく、民族や宗教に関する政策を展開する上でも重要な都市とみなすようになったのである。

（1） *Рычков П. И.* История Оренбургская. (1730–1750). Оренбург, 1896 (Изд. 1-е, СПб., 1759); *Он же.* Топография Оренбургской губернии. Оренбург, 1887 (Изд. 1-е, СПб., 1767).

（2） *Витевский В. Н.* Неплюев и Оренбургский край в прежнем его составе до 1758 г. 2Т. Казань, 1889–1897.

（3） *Столпянский П. Н.* Город Оренбург: Материалы к истории и топографии города. Оренбург, 1908.

（4） Исследования и исследователи Оренбургского края XVIII-начала XX вв.: Материалы региональной научной конференции. 12–14 мая 1983 г. г. Оренбург. Свердловск, 1983; *Буканова Р. Г.* Города и городское население Башкирии в XVII–XVIII вв. Уфа, 1993; *Она же.* Города-крепости юго-востока России в XVIII веке: История становления городов на территории Башкирии. Уфа, 1997.

（5）*Михалева Г. А.* Торговые и дипломатические связи России с Бухарским ханством через Оренбург в конце XVIII-начале XX в. Автреф. Ташкент, 1963; *Она же.* Торговые и посольские связи России со Средней Азией. Ташкент, 1982.

（6）オレンブルク・カザークの研究史については、拙稿「一八世紀ロシアの地方社会——プガチョーフ叛乱前夜におけるオレンブルクとオレンブルク・カザーク」、山本俊朗編『スラヴ世界とその周辺——歴史論集』、ナウカ、一九九二年、所収、九一—九二頁、註(2)（また、拙著 Оренбург и оренбургское казачество во время восстания Пугачева 1773-1774 гг. М., 1996. С. 23-37 も参照されたい）。

（7）ウファーに関する研究は古くからある。たとえば、*Гурвич Н. А.* Уфимский юбилейный сборник в память празднования трехсотлетнего юбилея города Уфы. Уфа, 1887 は重要である。また、同じ著者による次のような研究も参照されたい。*Он же.* Взгляд на статистику ярмарок вообще и статистическую перепись Уфимской ярмарки 1871 г. Уфа, 1872.

（8）РГАДА. Ф. 248. Оп. 3 Кн. 132. Л. 122; История Уфы. Краткий очерк. Уфа, 1976. С. 52.

（9）РГАДА. Ф. 248. Оп. 3. Кн. 132. Л. 121-145; История Уфы. С. 53.

（10）Там же. С. 53-54.

（11）佐口透「国際商業の発展」、『岩波講座・世界歴史』一三、岩波書店、一九七九年、一五七頁。

（12）ПСЗ. Т. IX. №№6571, 6576, 6584.

（13）Очерки истории СССР. Период феодализма. Первая четверть XVIII в. М., 1954. С. 601-602; *Илерицкий В.* Экспедиция князя Черкасского в Хиву//Исторический журнал. 1940. №7. С. 46. ピョートル大帝の意図した政策については本章、註(19)に掲げた史料に散見される。

（14）ПСЗ. Т. V. №2994; *Щеглов И. В.* Хронологический перечень важнейших данных из истории Сибири. 1032-1882 гг. М., 1993, С. 113 (Изд. 1-е. Иркутск, 1883)（吉村柳里訳『シベリア年代記』、原書房、一九七五年（復刻版、一九四三年初版）、二三三頁）.

（15）「草案」に関する概要とその史料的性格については、拙稿「一八世紀ロシアの南東植民政策とオレンブルクの建設——I・K・キリーロフのいわゆる『草案』について」、松里公孝編『ロシア・イスラム世界へのいざない』、スラブ研究センター研究報告シリーズ七四号、二〇〇〇年、一一—一四頁を参照されたい。また、キリーロフについて邦語では次の論考がある。三上正利「キリーロフの生涯とその著『全ロシア国の繁栄状態』」、『窓』三〇、一九七九年。

（16）История Казахской ССР. С древнейших времен до наших дней. Алма-Ата, 1979. Т. 3. С. 45; Nolde, B. *La Formation de*

L'Empire Russe. T. 1, Paris, 1952, p. 219; Bartlet, R. P. *Human Capital, The Settlement of Foreigners in Russia, 1762-1804*. Cambridge University Press, 1979, pp. 6-7.

(17) История Казахской АССР. С. 35-45.

(18) プーシキンは叙事詩『ポルタワ』のなかで、ピョートル一世の寵臣たちを「ピョートルの巣の雛鳥たち」と呼んでいる（*Пушкин А. С.* Полное собрание сочинений Т. 5. М., 1948. С. 57. また、*Павленко Н. И.* Птенцы Гнезда Петрова. М., 1984 および土肥恒之『ピョートル大帝とその時代——サンクト・ペテルブルグ誕生』、中公新書、一九九二年、一五〇—一五四頁も参照）。プーシキンは「ピョートルの巣の雛鳥たち」として、メンシコーフ、シェレメーチエフ、ブリュース、ボウルおよびレープニンをあげている。しかし、旧ソ連やロシアの歴史家が述べるように、筆者はピョートル時代に彼の手足となって活躍した軍人や官僚をもそのなかに入れて考えている。たとえば、パヴレンコは『ピョートルの巣の雛鳥たち』と題する本のなかで、Б・П・シェレメーチエフ、П・А・トルストイ、А・В・マカーロフを取り上げている（*Павленко Н. И.* Указ. соч.）。

(19) ОР РГБ. Ф. 222. Карт. XI. Л. 141; Материалы по истории России. Сборник указов и дргих документов, касающихся управления и устройства Оренбургского края. 1734 год. По архивным документам тургайского областного правления（далее-Материалы）/ Добросмыслов А. Н.（сост.）Т. 1. Оренбург, 1900. С. 1.

(20) ОР РГБ. Ф. 222. Карт. XI. Л. 151об.; Материалы. С. 18.

(21) ОР РГБ. Ф. 222. Карт. XI. Л. 156об., 157, 158об. и др.; Материалы. С. 26, 29 и др.

(22) ОР РГБ. Ф. 222. Карт. XI. Л. 167; Материалы. С. 42.

(23) ОР РГБ. Ф. 222. Карт. XI. Л. 163об.; Материалы. С. 34-35.

(24) ОР РГБ. Ф. 222. Карт. XI. Л. 148; Материалы. С. 11-12.

(25) ОР РГБ. Ф. 222. Карт. XI. Л. 148об.-149; Материалы. С. 13.

(26) ОР РГБ. Ф. 222. Карт. XI. Л. 150; Материалы. С. 15.

(27) ОР РГБ. Ф. 222. Карт. XI. Л. 150об.; Материалы. С. 16.

(28) ОР РГБ. Ф. 222. Карт. XI. Л. 167; Материалы. С. 41.

(29) ОР РГБ. Ф. 222. Карт. XI. Л. 157; Материалы. С. 26-27.

(30) ОР РГБ. Ф. 222. Карт. XI. Л. 157об.; Материалы. С. 27. バルフは当時商業と人口の多さによって富み栄えていた中央アジア

における重要な都市であった。同地には、バルフ・ハンを中心に三万を数える軍隊がいたが、それは自衛のためのみであり、隣国を攻めることを目的とはしていなかった(OP РГБ. Ф. 222. Карт. XI. Л. 150об.; Материалы. С. 16)。他方、バダフシャンには専横的なハンは存在していなかった。すでにブハラのハンから分離して以来、共和的な行政を施行していた。すなわち、民衆のなかから選出された長老たち約四〇名が統治していたのである(OP РГБ. Ф. 222. Карт. XI. Л. 150; Материалы. С. 15)。このバダフシャン地方の豊かさについては、ピョートル一世の死の直後からロシアに知られていた(佐口透『ロシアとアジア草原』、吉川弘文館、一九六六年、九八頁)。なお、筆者はロシア語史料中の記述に従ってバダフシャンとせずヴォドクシャンと表記した。

(31) OP РГБ. Ф. 222. Карт. XI. Л. 147об.–148, 148об.–149, 149об.–150 и 150об.; Материалы. С. 11, 13, 14 и 16.

(32) OP РГБ. Ф. 222. Карт. XI. Л. 150; Материалы. С. 15.

(33) OP РГБ. Ф. 222. Карт. XI. Л. 167об.; Материалы. С. 42–43. また、佐口透、前掲書、四三頁。

(34) OP РГБ. Ф. 222. Карт. XI. Л. 167об.–168; Материалы. С. 43.

(35) OP РГБ. Ф. 222. Карт. XI. Л. 163об. и 168; Материалы. С. 35, 43 и 44.

(36) OP РГБ. Ф. 222. Карт. XI. Л. 150, 166об. и 168об.; Материалы. С. 15, 41 и 44.

(37) OP РГБ. Ф. 222. Карт. XI. Л. 145об.–146 и 165об.; Материалы. С. 7, 8, 38 и 39. この点に関して、史料の編者A・H・ドブロスムィスロフは真の情報が元老院や外務参議会にもたらされたとしている(Там же. С. 38)。

(38) OP РГБ. Ф. 222. Карт. XI. Л. 166; Материалы. С. 39.

(39) OP РГБ. Ф. 222. Карт. XI. Л. 170; Материалы. С. 47.

(40) OP РГБ. Ф. 222. Карт. XI. Л. 152об., 154об., 155, 164об., 165 и 165об.; Материалы. С. 19, 22, 23, 37 и 38.

(41) OP РГБ. Ф. 222. Карт. XI. Л. 152–152об.; Материалы. С. 18–19.

(42) OP РГБ. Ф. 222. Карт. XI. Л. 152об.; Материалы. С. 19.

(43) OP РГБ. Ф. 222. Карт. XI. Л. 170об.; Материалы. С. 47–48.

(44) OP РГБ. Ф. 222. Карт. XI. Л. 157–157об.; Материалы. С. 26–27.

(45) *Вельяминов-Зернов В. В.* Источники для изучения тарханства, жалованного башкирам русскими государями//Записки императорской Академии наук. Т. 4. СПб., 1864. С. 47. タルハンはこの言葉の厳密な意味での勤務者ではなかった。彼らはヤサークを支払う異

族人とチャーグロを納める異族人の間の中間的な存在であり、一部はロシア人勤務者と融合し、また一部はモスクワ国家の勤務身分の特別な階級を形成した。ロシア人勤務者と同様に、タルハンは軍役を担わなければならず、その結果、軍務台帳（разрядные книги）においては勤務異族人（инородцы служилые）として記されている。しかし、彼らは勤務に対して決まった扶持を受け取ってはいなかった。すべてのヤサーク民やチャーグロ民と同様、タルハンは一箇所の土地に住み、それぞれの当局の管轄下に属して勤務していたが、彼らと異なるのはヤサークを納めないという点であった。タルハンは個人の身分であるが、世襲されるものであった。タルハンから多くの貴族身分が発生している。また、軍事遠征に際しては、義勇軍部隊を形成・指揮する役割を担っていた（Энциклопедический словарь/Брокгауз Ф. И. и Ефрон И. А. (ред.) Т. III. СПб., 1891. С. 226–227）。

（46） OP РГБ. Ф. 222. Карт. XI. Л. 153–153об.; Материалы. С. 20–21.

（47） OP РГБ. Ф. 222. Карт. XI. Л. 168об.; Материалы. С. 44.

（48） OP РГБ. Ф. 222. Карт. XI. Л. 168об.; Материалы. С. 44.

（49） OP РГБ. Ф. 222. Карт. XI. Л. 155; Материалы. С. 23.

（50） OP РГБ. Ф. 222. Карт. XI. Л. 166–166об.; Материалы. С. 39–40.

（51） OP РГБ. Ф. 222. Карт. XI. Л. 151; Материалы. С. 16.

（52） OP РГБ. Ф. 222. Карт. XI. Л. 172（Материалы にはこの部分が掲載されていない）.

（53） 従来、筆者は Оренбургская экспедиция の訳語に政府の一機関という意味があるとして「オレンブルク局」を充てていた。しかし、ここではそれを改め「オレンブルク遠征隊」とする（См. Очерки истории СССР. Период Феодализма. Россия во второй четверти XVIII в. М., 1957. С. 646）。また、オレンブルク遠征隊およびその後の委員会については次を参照されたい。*Рычков П. И.* История Оренбургская; *Витевский В. Н.* Указ. соч.; *Готье Ю. В.* Из истории передвижении населения в XVIII веке//Чтения Общества истории и древностей Российских. Кн. 1. 1908; *Фирсов Н. Н.* Инородческое население прежнего Казанского царства и колонизация закамских степей. Казань, 1869. なお、最近の研究については次を参照されたい。*Смирнов Ю. Н.* Оренбургская экспедиция (комиссия) и присоединение Заволжья к России в 30-40-е гг. XVIII века. Самара, 1997.

（54） 強調は筆者による。当時、民衆は印刷された書類には権威があると信じていた。

（55） ПСЗ. Т. IX. №6887. С. 738; Там же. №6889. С. 740.

（56） РГАДА. Ф. 248. Оп. 3. Кн. 134. Л. 5–6.

（57）*Столпянский П. Н.* Указ. соч. О Янги-кала; *Бартольд В. В.* История изучения Востока в Европе и России//Сочинения. Т. 9. М., 1977. С. 407.

（58）Очерки истории СССР. Период феодализма. Россия во второй четверти XVIII в. С. 646; *Дэнъ. В. Е.* Населения России по пятой ревизии. Подушная подать в XVIII веке и статистика населения в конце XVIII века. Т. 2. Ч. 2. М., 1902. С. 170.

（59）タティーシチェフについてはさしあたり次の諸研究を参照されたい。*Гордин Я. А.* Хроника одной судьбу. М., 1979; *Юхт А. И.* Государственная деятельность В. Н. Татищева в 20-х - начале 30-х годов XVIII в. М., 1985; *Он же.* В. Н. Татищев в экономическом развитии России в первой половине XVIII в.//История СССР. 1986. №3; *Шакино И. М.* Василий Татищев. Свердловск, 1986; *Он. же.* В. Н. Татищев. М., 1987; *Кузьмин А. Г.* Татищев. (Изд. 2-е) М., 1987. また、阿部重雄『タチーシチェフ研究』、刀水書房、一九九六年（その本に対する私見は『社会経済史学』第六四巻三号、一九九八年に掲載の書評を参照されたい）。

（60）ПСЗ. Т. XI. №8630. С. 673-675.

（61）*Рычков П. И.* История Оренбургская. С. 40, 41; ПСЗ. Т. X. №7876.

（62）ネプリューエフについては次の日記を参照されたい。*Неплюев И. И.* Жизнь Ивановича Неплюева. СПб., 1893. (reprint ed.) Cambridge, Oriental Research Partners, 1974.

（63）РГАДА. Ф. 248. Оп. 3. Кн. 136. Л. 226-229.

（64）ПСЗ. Т. XI. №8630.

（65）*Рычков П. И.* История Оренбургская. С. 57; *Он же.* Топография... С. 1-5, 242; *Витевский В. Н.* Указ. соч. Т. 1, С. 186 и далее.

（66）Материалы по истории Башкирской АССР. Т. III. М., 1949. С. 557.

（67）ПСЗ. Т. XII. №8901.

（68）*Готье Ю. В.* История областного управления в России от Петра I до Екатерины II. Т. 1. М., 1913. С. 114; См. Очерки истории СССР. Период феодализма. Россия во второй четверти XVIII в. С. 189.

（69）*Щеглов, И. М.* Указ. соч. С. 113（吉村柳里訳、前掲訳書、一七二頁）.

（70）佐口透、前掲論文、一五九頁。

（71）アファナーシー・ニキーティンの旅行記は中世ロシア商人のみたインドの風俗が詳細に記されている貴重な史料である。この中世ロシア語で書かれた『アファナーシー・ニキーティンの三海渡航（Хожение за три моря）記』は、現在、中沢敦夫によって詳細な註が付された翻訳作業が進められている（中沢敦夫「『アファナーシイ・ニキーチンの三海渡航記』――翻訳と注釈」(1)・(2)・(3)、『人文科学研究』（新潟大学人文学部）一〇三・一〇五・一〇八輯、二〇〇〇・二〇〇一・二〇〇二年）。

（72） 佐口透、前掲論文、一五八―一五九頁。

（73） Очерки истории СССР. Переод феодализма. Россия во второй четверти XVIII в. С. 646; ПСЗ. Т. IX. №№6571, 6576.

（74） *Рычков П. И.* Топография... С. 240–277.

（75） 本文の諸蜂起についての叙述は История Башкортостана с древнейших времен до 60-х годов XIX в./Усманов Х. Ф. (ответ. ред.) Уфа, 1996. С. 231–248 に依拠した。

（76） Материалы по истории Башкирской АССР. Ч. 1. М.-Л., 1936. док. №№186, 194; *Чулошников А. П.* Восстание 1755 г. в Башкирии. М.-Л., 1940. С. 7; Очерки истории СССР. Период феодализма. Россия во второй четверти XVIII в. С. 646–647; Очерки по истории Башкирской АССР. Т. 1. Ч. 1. Уфа, 1956. С. 173; *Матвиевский П. Е.* Оренбургский край в Отечественной войне 1812//Ученые записки Оренбургского госпединститута. Вып. 17. 1962. С. 136.

（77） キリミャーク・ヌルシェフの活動に関しては次の尋問記録を参照。РГАДА. Ф. 248. Оп. 17. Кн. 1183. Л. 182–194об. また次の史料も参照されたい。НА УНЦ РАН. Ф. 3. Оп. Д. 161. Л. 30–31; Д. 163. Л. 830–831.

（78） История Башкортостана с древнейших времен до 60-х годов XIX в. С. 232.

（79） РГВИА. Ф. 20. Оп. 1/47. Д. 61. Ч. 4. Л. 16, 36; Ч. 5. Л. 25, 33 (История Башкортостана с древнейших времен до 60-х годов XIX в. С. 233 より転引用。なお、軍事史文書館フォンド二〇は現在閉鎖中である)。

（80） РГВИА. Ф. 20. Оп. 1/47. Д. 61. Ч. 2. Л. 26; Ч. 3. Л. 45, 48; Ч. 4. Л. 46–47; Ч. 5. Л. 85; РГАДА. Ф. 248. Кн. 169. Л. 581–582 (История Башкортостана с древнейших времен до 60-х годов XIX в. С. 233 より転引用).

（81） Материалы по истории России. Оренбург, 1900. Т. 2. С. 132, 134 (История Башкортостана с древнейших времен до 60-х годов XIX в. С. 233 より転引用).

（82） Там же. С. 234.

（83） Там же. С. 234–235.

（84） *Рычков П. И.* История Оренбургская. С. 20.

（85） Там же.

(86) Там же. С. 21.
(87) История Башкортостана с древнейших времен до 60-х годов XIX в. С. 236.
(88) Там же. С. 237.
(89) Там же.
(90) Там же. С. 238.
(91) *Рычков П. И.* История Оренбургская. С. 24.
(92) История Башкортостана с древнейших времен до 60-х годов XIX в. С. 238.
(93) Там же. С. 239.
(94) *Рычков П. И.* История Оренбургская. С. 25-26.
(95) История Башкортостана с древнейших времен до 60-х годов XIX в. С. 239-240.
(96) Там же. С. 241.
(97) Материалы по истории Башкирской АССР. Ч. 1. С. 327, 334, 335; *Устюгов Н. В.* Башкирское восстание 1737-1739 гг. М.-Л., 1950. С. 69, 71.
(98) Материалы по истории Башкирской АССР. Ч. 1. С. 335; *Устюгов Н. В.* Башкирское восстание 1737-1739 гг. С. 72.
(99) Материалы по истории Башкирской АССР. Ч. 1. С. 327, 339-340, 345.
(100) *Рычков П. И.* История Оренбургская. С. 30.
(101) ПСЗ. Т. IX. №6890. なお、その具体的内容については本編、第五・六章を参照されたい。
(102) ПСЗ. Т. X. №7542, 7876.
(103) Матриалы по истории Башкирской АССР. Ч. 1. С. 360-361, 369-372; *Устюгов Н. В.* Башкирское восстание 1737-1739 гг. С. 85.
(104) Материалы по истории Башкирской АССР. Ч. 1. С. 348-349.
(105) Там же. С. 360-361; *Устюгов Н. В.* Башкирсое восстание 1737-1739 гг. С. 97.
(106) Там же. С. 116.
(107) Материалы по истории Башкирской АССР. Ч. 1. С. 370-371.
(108) *Устюгов Н. В.* Башкирское восстание 1737-1739 гг. С. 110-114.

(109) История Башкортостана с древнейших времен до 60-х годов XIX в. С. 243.
(110) Материалы по истории Башкирской АССР. Ч. 1. С. 374.
(111) *Устюгов Н. В.* Башкирское восстание 1737–1739 гг. С. 136–137.
(112) РГАДА. Ф. 16. Оп. 1. Д. 985. Л. 17–17об.
(113) *Рычков П. И.* История Оренбургская. С. 50.
(114) *Игнатьев Р. Г.* Карасакал, лжехан Башкирии//Труды научного общества по изучению быта, истории и культуры башкир при Наркомпросе БАССР. Стерлитмак, 1922. Вып. 2. С. 42; История Башкортостана с древнейших времен до 60-х годов XIX в. С. 244.
(115) Материалы по истории Башкирской АССР. Ч. 1. С. 395.
(116) Там же; *Рычков П. И.* История Оренбургская. С. 50.
(117) Материалы по истории Башкирской АССР. Ч. 1. С. 379–382, 385.
(118) Там же. С. 389–391.
(119) Там же. С. 401–403; *Рычков П. И.* История Оренбургская. С. 44.
(120) Материалы по истории Башкирской АССР. Ч. 1. С. 395.
(121) Там же. С. 423–424.
(122) Там же. С. 419–431.
(123) Там же. С. 404–405.
(124) Там же. С. 424. これは政府側による蜂起後の史料であるため、「バシキール人盗賊」という蜂起参加者に対する非難の言葉が常套句として使用されていることに注意しなければならない。
(125) Там же. С. 431–433.
(126) Там же. С. 429–430.
(127) Там же. С. 438–439.
(128) 阿部重雄、前掲書、三七〇—三七一頁。
(129) *Тоекава* К. Указ. соч. С. 59–60.
(130) *Витевский В. Н.* Указ. соч. С. 172; *Тоекава* К. Указ. соч. С. 60–61.

(131) *Рычков П. И.* История Оренбургская. С. 50-55.

(132) Материалы по истории Башкирской АССР. Ч. 1. С. 419-430, 433-435, 447-460.

(133) *Витевский В. Н.* Указ. соч. С. 180.

(134) Там же.

(135) *Бартольд В. В.* История изучения Востока в Европе и России. Соч. Т. IX. М., 1977. С. 407.

(136) РГАДА. Ф. 1274. Оп. 1. Д. 211. Л. 26

(137) П・И・ルィチコーフによる主要な研究は，序論の註(42)および本章の註(1)で掲げた研究の他に次のものがある。Опыт Казанской истории древних и средних времен. СПб., 1767. また，次の文献目録も参照されたい。*Мильков Ф. Н.* П. И. Рычков. М., 1953. С. 142-143 (Литература труды П. И. Рычкова). 息子のニコライによる研究としてさしあたり次の作品がある。*Рычков Н. П.* Продолжение журнала или дневних записок путешествия по разным провинциям всероссийского государства. СПб., 1771.

(138) *Пекарский П. П.* Сношения П. И. Рычкова с Академиею наук в XVIII столетии. Сб. ОРЯС. Т. 1. №3. СПб., 1886; *Он же.* Жизнь и литературная переписка П. И. Рычкова. Сб. ОРЯС. Т. 2. №1. СПб., 1887; *Витевский В. Н.* Указ. соч. Вып. 2; *Каратаев, Н. К.* П. И. Рычков-выдающийся русский экономист XVIII в.//Вестник АН СССР. 1950, №3; *Мильков Ф. Н.* Указ. соч.; *Кулябко Е. С. и Чернышов А. М.* Первый член-корреспондент Академии наук//Вестник АН СССР. 1962. №10; *Суиренко С. А.* П. И. Рычков как историк//Вопросы истории. 1975. №7; *Тоекава К.* А. С. Пушкин и П. И. Рычков. Исторические источники пушкинской《Истории Пугачевского бунта》//Acta Slavica Iaponica. Т. IX. 1991. また，彼についての最近の伝記としては次のものがある。*Матвиевский П. Е. и Ефремо А. В.* Петр Иванович Рычков. 1712-1777. М., 1991. *Уханов И.* Рычков. Жизнь замечательных людей. Серия биографий. М., 1996.

(139) *Пушкин А. С.* Сказания современников (Осада Оренбурга/Летопись Рычкова)//Полное собрание сочинений. Т. 9. Ч. 1. М., 1938. С. 206-345.

(140) ОР РНБ. Ф. 595 (Поленовы В. А. и Д. В.). Ед. хр. №103.

(141) ПСЗ. Т. XI. №8236; *Фирсов Н. Н.* Указ. соч.

(142) *Он же.* Колонизация Волжско-Камского края и связанная с ним политика. Казань, 1930. С. 12; *Аполлова Н. Г.* К вопросу о политике абсолютизма в национальных районах России в XVIII в.//Абсолютизм в России (XVII-XVIII вв.). Сборник статей. М., 1964. С. 373.

(143) ОР РНБ. Ф. IV. 44 (《О Башкирах》 и др.). Л. 11.

(144) *Бартольд В. В.* Указ. соч. С. 409-410.

(145) Isabel de Madariaga. *Russian in the Age of Catherine the Great*. New Haven, Yale University Press, 1981, pp. 508-510.

(146) *Рычков П. И.* Топография... С. 6, 56-71.

(147) *Попов С. А.* Оренбургская губерния накануне крестьянской войны 1773-1775 гг. —численность, национальный и социальный состав населения, социально-экономическое положение//Научная конференция, посвященная 200-летию Крестьянской войны 1773-1775 гг. в России под предводительством Е. И. Пугачева: тезисы докладов. Оренбург, 1973. С. 17.

(148) Там же. С. 18.

(149) その圧倒的部分はヴォルガ中流域出身のタタール人とされるが明確ではない。この点については本編、第五章、註(20)を参照されたい。

(150) *Попов С. А.* Указ. стат. С. 18.

(151) Там же. С. 18-19.

(152) Там же. С. 19.

(153) *Рычков П. И.* Топография... С. 250.

(154) История родоного края. Челябинск, 1976. С. 12. また、ソリ＝イレツク(イレツカヤ＝ザシータ)の役割および塩専売については次を参照されたい。*Шутикова Е. А.* Соль Илецкая во второй половине XVIII в. (1754-1783 гг.). Автореф. канд. дисс. М., 2004; Smith, R. E. F. & Christian, D. *Bread and Salt, A Social and Economic History of Food and Drink in Russia*. Cambridge University Press, 1984, pp. 60, 184-186(鈴木健夫・豊川浩一・斎藤君子・田辺三千広訳『パンと塩——ロシア食生活の社会経済史』、平凡社、一九九九年、八九、二六三—二六七頁)。

(155) История родоного края. С. 22.

(156) *Фальк И. П.* Записки путешествия. Т. 6. Ч. 2. СПб., 1824. С. 243-244.

(157) 佐口透、前掲書、二四三—二四六頁。

(158) Архив СПбИИ РАН. Ф. 36. Оп. 1 (Воронцовы). Д. 495. Л. 57-59об.

(159) *Иофа Л. Е.* Города Урала. М., 1951. С. 207.
(160) *Соловьев С. М.* История России с древнейших времен. Кн. V. Т. 10. М., 1960. С. 629.
(161) *Рычков П. И.* Топография... С. 229.
(162) *Паллас П. С.* Путешествие по разным провинциям Российского государства. Ч. 1. СПб., 1773. С. 349. なお、パラースはペテルブルクで日本の漂流民大黒屋光太夫と会っている(桂川甫周著・亀井高孝校訂『北槎聞略』、岩波文庫、五八、三九九頁)。
(163) *Фальк И. П.* Указ. соч. С. 244.
(164) Там же. С. 240.
(165) Там же. С. 242; *Иофа Л. Е.* Указ. соч. С. 205.
(166) История родного края. С. 22.
(167) *Семенов* А. Изучение исторических сведений о Российской внешней торговле и промышленности с половины XVIII столетия по 1858 г. Ч. 3. СПб., 1859. С. 182–183.
(168) *Фальк И. П.* Указ. соч. С. 241.
(169) ПСЗ. Т. XII. №№8906, 9170, 9553; Т. XIII. №№9875, 9915; Т. XIV. №№10458, 10482, 10764; Т. XVIII. №12555; Т. XVIII. №13097; Т. XIX. №№13957, 14077.
(170) *Столпянский П. Н.* Указ. соч. С. 250.
(171) シェフチェンコは一九世紀中葉のオレンブルクの様子を示す多くのスケッチや県知事夫人から一般庶民に至る肖像画を残している。それらは、絵の師К・П・ブリュローフがその才能を認めたように、写実性に富みかつ人間味に溢れている(拙稿「『現代版プガチョーフ叛乱』遠征――オレンブルク、ウファー、カザン(一九九三年九月)」、『窓』八九、一九九四年、一五頁)。
(172) *Паллас П. С.* Указ. соч. С. 350.
(173) Новый и полный географический словарь Российского государства. Ч. IV. М., 1788. С. 27–28.
(174) *Фальк П. И.* Указ. соч. С. 238–239.
(175) *Рычков П. И.* Топография... С. 245.
(176) Архив СПб ИИРАН. Ф. 36. Оп. 1. Д. 521. Л. 151 об.; См. *Мильков Ф. Н.* Указ. соч. С. 139.

(177) *Фальк П. И.* Указ. соч. С. 240–241.

(178) Там же. С. 244.

(179) Там же. С. 244–245.

第五章　南ウラルへの植民

Ｉ　南ウラルにおける植民過程

1　南ウラルの重要性

旧ソ連の歴史家Ｈ・Г・アッポローヴァはロシア政府の諸民族混在地域に対する政策を次のように要約している。「一八世紀ロシア国家における絶対主義政府が直面する課題は民族的辺境(национальные окраины)の経済開発(хозяйственное освоение)にあった。すなわち、中央ヴォルガ地帯(特に、タタールィアとチュヴァーシア)では農耕と農村産業の発展であり、バシキーリアにおいては農耕と冶金工業の発展である」(1)。女史のこのような見解は、一八世紀ロシア政府の諸民族混住地帯に対する植民政策のはっきりとした方向性を示しているといえる。ちなみに一八世紀以前のロシア国家は同地方に対して明確な関心を示していたという史料は存在しない。

アメリカ合衆国の歴史家Ａ・Ｓ・ドンネリーはバシキーリアのロシアによる征服過程を射程に入れて、一八世紀第一・四半期における南ウラルの重要性——すなわちロシアが同地方に注目する理由——を次の三点によって説明している。第一に、同地方はウラル山脈にまたがり、西シベリアを結ぶ交通の要衝にあるという点。第二に、土地が肥沃であるという点。そして第三に、この時期に同地方はロシアにおける鉱山および冶金工業(銑鉄精錬・銅熔解)の中心地となったという以上三点である。その上で、彼はなぜ当時のロシア政府がこの地方の基幹的住民であるバシキール人を完全に支配することができなかったのかと疑問を呈し、次のような説明を与える。一つには、遊牧と牧畜を営むバシキール人がロシア政府およびロシア人に対して驚くほどの敵対行為を示したこと。いま一つには、北方戦争中であったため、ロシア政府は軍事力を絶えず戦線に供給しなければならず、それゆえ同地方経営のために軍事力を集中できなかった点をあげている。(2) いずれにせよ、一八世紀、南ウラルは交通路上、農業そして工業の面で重要な地点となったのである。

以上の点とは別に、われわれは植民を被った側の民衆——ここでは主にバシキール人——による植民および植民者への対応に目を向ける必要がある。それを考える上でも、次の例は象徴的である。プガチョーフ叛乱期の一七七四年五月、クヴァキンスク郷、クデイスク郷、シャイタン＝クデイスク郷および他の郷の蜂起したバシキール人たちはウスチ＝カタフスキー工場に迫り、工場の施設や農民の家を焼き、さらにロシア人住民にクングール、カザンおよびシベリアの各郡へ退去するように命じた。その際、バシキール人はロシア人工場労働者に次のように語ったのである。

家へ帰れ。お前たち〔すなわちロシア人〕の時代は終わった。われわれの父たちはお前たちにこの土地を貸したが、彼らは死に、われわれはもはやこれ以上〔土地を〕譲ることを望まない。(3)

ロシア人および彼らの工場に対する攻撃はプガチョーフ叛乱時に最も熾烈であったが、(4) それはすでに叛乱以前にも多くみられたのである。(5) またバシキール人は工場やロシア人農村以外に修道院に対しても攻撃を加えた。一六六四年にはダルマトフ修道院が彼らからの攻撃を受けて破壊された。それに先立つこと一〇年以上前の一六五一年、ここはカルムィク人に攻撃されていたが、実は彼ら以外にも「キルギス人」も襲撃を繰り返していたのである。(6)

一方、政府側も攻撃に対して手を拱くばかりではなかった。次項でも述べるように、一七三五年、エカチェリンブルクに対する防衛と新たな拠点構築のため多くの要塞がウラルの地に建てられた。バシキール人たちの攻撃とクングールとを結ぶ幹線道路防衛のためビセルスコエ村が建設された。この村は丸太で編んだ壁で囲まれているだけであったが、銃や大砲を備えていた。翌年には、オレンブルク遠征隊長官И・К・キリーロフによってクラスノウフィムスク要塞が建設された。この要塞は柵や猟槍で外壁を囲まれ、要塞内には塔と教会とがあった。(7)こうした状況のなかで、すでに前章で述べたように、バシキール人を従わせつつ、ロシア人の移住を平穏のうちに進めるために、ロシア政府はキリーロフの指導のもと、同地方に植民の基地としてオレンブルク建設を開始した。しかし、この建設はバシキール人が新たに蜂起を起こす原因となり、(8)南ウラルへの植民はまず「民族問題」で大きな困難を抱えることになった。

2　南ウラルにおける植民

上記のような民族的対立を内包した南ウラルへの植民はどのように進展していったのであろうか。この問題を、入植者の社会的・民族的類型、および植民過程の二つの側面から検討してみよう。

まず、入植者の社会的・民族的類型についてである。植民全般についてЮ・М・タラーソフは次のように述べている。「ロシアは植民の様々な形態を知っていた。つまり政府による〔すなわち政府主導の〕植民、修道院や領主、ポサード住民による植民、産業のための(промысловая)植民および自由民による(вольнонародная)植民、あるいは農民による植民である。最後のものが通常他に較べて圧倒的であった」[9]、という。

そのうちバシキーリアのある南ウラルに最初に入植してきたのはストローガノフ家およびロシア正教の修道院である。事実、バシキール人諸種族のモスクワ国家への臣従直後から企業家所有の村落や修道院がこの地方に建設された。しかしすでにみたように(本編、第二章および本節、第1項)、その大部分はバシキール人によって破壊された。次いで入植したのがロシア人農民たちであった。タラーソフによると、農民たちとは、「最初は逃亡者たち、すなわち農奴制の抑圧から逃れたロシア人農民、政府によって追跡された逃亡中の旧儀派(分離派)教徒たちである。その後、国有地農民が現れたが、彼らに対して政府は『未開の原野(дикие поля)』という名称で知られているバシキーリア内の無主地を分与地として与えた」[10]。同地方への植民は当初農業植民という性格が強かったのである。

ロシア人以外の入植者としては、南ウラルの北東部すなわちシベリアから主にタタール人が移住してきた[11]。ドン・カザークもロシア人農民とほぼ同じ時期に入植してヤイーク・カザークを形成した[12]。彼らは一五九一年に軍団を創設し、近隣のカルムィク人やバシキール人と間断なく戦っていた。政府は徐々にヤイーク・カザークを手なずけ、オレンブルク地方における軍事植民という目的のため彼らを利用した。一方、ヤイーク・カザークの地域はドン・カザークの地域がそうであったのと同様に、自由の砦として逃亡した農奴やロシア国家の農奴体制に不満を持つすべての人々が身を隠すことができる安全な場所[13]、いわば「アジール」(避難所)的な拠点と化していったのである。

次に植民の過程についてである。ロシア人農民による同地方への植民はおよそ三つの段階に分けられる。第一段階は一六世紀後半〜一七世紀初頭である。この段階では、南ウラルの北西部への移住やヤイーク・カザークの形成および農耕を行うにあたり最初の中心地ができた。第二段階は一七世紀中葉から一八世紀三〇～四〇年代にかけてである。当時、すでに南ウラルでは自由な農民による植民(вольная крестьянская колонизация)が始まっていた。そして一八世紀三〇～四〇年代から二〇世紀初頭までが第三段階にあたっている。この時期、植民は広範囲に及び、オレンブルク地方や南ウラル以東のイセト郡へと伸びた。さらに中央ヴォルガ地帯や中央ウラル地帯からロシア人と並んで非ロシア人である多くのヤサーク民(ミシャーリ人、タタール人、モルドヴァ人、チュヴァーシ人、マリ人)の移住がみられた。以上のように、南ウラル一帯では一八世紀後半から翌一九世紀初頭にかけて多民族混住の状況が形成されていったのである。[14]

植民は長期にわたって行われ、しかもそれはステップの遊牧民であるバシキール人たちによる攻撃から入植者や入植地を守るべく軍事要塞の建設と並行して進められた。一六世紀に建設されたウファー(一五七四年)、メンゼリーンスク(一五八四～八六年)およびオサ(一五九一年)、一七世紀に造営されたクングール(一六四八年)、ビルスク(一六六三年)、さらに一八世紀に入って建設されたトロイツク(一七世紀後半～一八世紀初頭)、エカチェリンブルク(一七二一年)、クラスノウフィムスク(一七三六年)などは、すべてロシア人をバシキール人、「キルギス人」および他の「異族人」の攻撃から守るために要塞として建設されたものである。[15] 上記要塞建設は一六～一七世紀と一八世紀の場合とでは大きな差異がみられたが、すでに述べたように、それはこの地方に対するロシア国家の認識の違いによるものでもあった。

3　植民による人口増加

帝政時代以来、旧ソ連を経て現代ロシアに至るまで、歴史家たちはロシア人農民による植民の意義を進歩的で

表5　南ウラル地域(オレンブルク県)の人口

人口調査	実施年	人口(男性)
第1回	1719年	108,518人
第2回	1744年	140,662人
第3回	1762年	236,662人
第4回	1782年	300,096人
第5回	1795年	380,282人

出典：*Кабузан В. М.* Изменения в размещении населения России в XVIII–первой половине XIX в. М., 1971. С. 52–53 より作成。

肯定的なものとして強調してきた。たとえば、先のタラーソフは、移住によって同地方で住民人口の急激な増加が始まり、農耕の進展がみられ、種々の産業が発展したとみるが[16]、こうした考え方は現代ロシアの歴史家Б・Н・ミローノフの基本的姿勢でもある[17]。

以上の考え方を検証するためにも、産業発展の基礎とされた一八世紀南ウラルにおける人口動態をみてみよう。一八世紀に始まる納税人口調査(ревизия)に依拠して、南ウラル地帯の人口を一七一九年から一七九五年まで跡付けると表5のようになる。そこにあがっている数字は資料的な正確さという点では若干問題があり[18]、それぞれを単純に比較することはできないが、一応資料と考えて参考までに一七一九年と一七九五年とを比較すれば、人口は約三・四倍に増えていることが分かる。一方、全ロシアにおける同時期の人口増加率は約二・四倍であった[19]。このことから同地方への入植者がいかに多かったかが明らかとなる。

当時の住民人口は担税民(податное)と非担税民(неподатное)の二種類に大別される。前者の担税民には、商人、町人、屋敷持ち農民(однодворцы)、国有地農民、聖界領の世俗化に伴い経済参議会に移管されたいわゆる「経済農民(экономические крестьяне)」、相続人のいない領主農民、ヤサーク農民、国庫農民(казенные крестьяне)、官営や民間の工場で働く労働者、耕作民(пахотные крестьяне)、兵士、バシキール人[20]、タタール人、ミシャーリ人、モルドヴァ人、チュヴァーシ人および民族的にいろいろ議論のあるチェプチャーリとボブィーリ[21]が含まれていた。後者の非担税民は、聖職者、退役兵士、子供のいる兵士、臨時編成の軍隊に登録されているミシャーリ人、タタール人、バシキール人、カルムィク人、カザーフ人、カラカルパク人および他の民族である[22]。

表6　オレンブルク県内の担税民と非担税民の人口比較

年	担税民(男性)	非担税民(男性)	合計(男性)
1719 第1回納税人口調査	16,380人	92,138人	108,518人
1795 第5回納税人口調査	245,467人	134,815人	380,282人

出典：*Кабузан В. М.* Указ. соч. С. 32, 66, 112, 114より作成。

表7　オレンブルク県の民族別人口比較

年	ロシア人(両性)	年	バシキール人(両性)
1719	約3.5万人		
1744	約12万人	1750年代	10万6176人
1762	約25万人	1761〜67	10万5938人
1782	34万人以上	1782〜84	13万7407人
1795	約43万人	1795	7万7329人(男性) (約15万3000〜 15万4000人)(両性)

出典：*Тарасов Ю. М.* Русская крестьянская колонизация южного Урала. М., 1984. С. 61より作成。

担税民は常に増加する傾向にあり、その基本的部分はロシア人であった。なお次の表6は、先と同じ納税人口調査資料を基に、一八世紀の前半から後半にかけて担税民と非担税民の人口増加の様子を示したものである。非担税民の増加する割合(約一・五倍)に較べて担税民のそれ(約一五倍)がいかに大きいか明白である。

一八世紀中葉、オレンブルク県の住民構成は次のようになっていた。第一位はロシア人、第二位は元来この地方の住民であったバシキール人、第三位にチェプチャーリとボブィーリの両住民である[23]。表7は、ロシア人とバシキール人との住民人口比較のために掲げた。この表から明らかなように、バシキール人の人口増加率(一七五〇年代と一七九五年との比で約一・四倍)に較べ、ロシア人のそれ(一七一九年と一七九五年との比で約一二倍、一七四四年と一七九五年との比で約三・六倍)は実に二・六倍になっている。一八世紀に発生した度重なる蜂起にもかかわらず、バシキール人はロシア人農民の流入を押し止めることはできなかった。その結果、一八世紀中葉までに彼らはロシア人農民に数の上で圧倒され、その世紀の終わりには南ウラル地方の人口中の僅かに二一%にまで下がってしまったのである。[24]

このようなロシア人入植者数の爆発的増加は、ロシア政府による積極的な植民政策といわば相互補完的な関係にあった。特に、一七三六年二月一一日付け布告の発布以後、その傾向はますます強まったといえるのである。一八世紀後半もバシキーリアへの植民は続いた。オレンブルク県の南部と南東部において、新たな要塞と多面堡が建設された。その近郊には村が発生したが、こうした居住地の住民たちはカザーク、兵士、将校といった基本的には軍人であった。一七八一年、軍人と半軍人(военное и полувоенное население)の数は一万四五八七名(男性)に上り、一八〇〇年には三万一六三三名(男性)を数えた。[25]

他方、同地の県制度と郡制度の創設に伴って官僚の数は増える傾向にあった。彼ら貴族はその家族を連れてやって来たのである。中央諸県から領主によって強制的に移住させられた農奴の数も増大した。一七六七年、オレンブルク県には四六二名の貴族(男性)、二万一八四二名の農奴(男性)が、そして一八世紀末には七六六名の貴族(男性)、三万四一四三名の農奴(男性)がいた。[26]

またバシキーリアではロシア本土諸県で購入された農奴を鉱山工場主たちが使用していた。たとえば、一七六〇年代初頭、企業家のE・H・デミードフはカザン、カルーガおよびアレクシンスクの各郡で一九三〇名の農奴(男性)を購入し、彼らをアヴズヤノ゠ペトロフスキー諸工場に移して利用した。H・H・デミードフはカルーガ、ニージニ・ノヴゴロド、トヴェーリ、シンビルスクおよびガリツク郡で八二二名の農奴(男性)を得て、彼らをカスリンスキー工場およびクィシトゥィムスキー諸工場へ移した。H・E・イノゼムツェフはガリツク郡で一六三名の農奴(男性)を購入し、彼らをイシテリャコーフスキー工場に移した。[27] 一八〇〇年、バシキーリアでは二万三二八九名の工場農民が数えられたのである。[28]

II　植民政策とバシキール人社会

1　植民の「合法化」

一七三六年二月一一日付けの布告はオレンブルク建設阻止に起因する前年に発生したバシキール人蜂起の鎮圧に際して発布されたものであり、その後のバシキーリアにおける行政を左右する基本方針をも内容としていたという点で重要である。(29) 特に植民に関して次のような条項が含まれていた。ロシア人の「貴族、将校およびメシチェリャーク人〔現称ミシャーリ人〕がバシキール人所有の土地や収益地(земли и угодья)を購入することの許可について」、具体的に以下のように述べている。

以前に発布された種々の布告および県知事の訓令によれば、ウファー郡におけるバシキール人所有の土地と収益地を購入し、自分のものとすること(крепити)は従来禁じられていた。しかし、現在、彼らバシキール人たちにとって、その禁止令が甚だ有効でないことがはっきりした。それゆえ、今後は彼らのさらに良い利益となるように、余〔=アンナ女帝〕はこの禁止令を破棄し、本布告以後、その地に住む貴族や将校およびメシチェリャーク人たちがバシキール人のもとから土地と収益地を購入し、自らのものとすることを許可する旨布告する。(30)

この一七三六年二月一一日付け布告が発せられる以前、多くのロシア人がバシキーリアに入植していたにもかかわらず、同地方のロシア人はバシキール人の土地を購入し、それを自らの所有とすることは禁じられていた。

それはすでに述べたように、一六四九年の『ウロジェーニエ』によって定められていたが、一七三六年の布告発令を境にロシア人にはこの法的基盤の上に立っていいわば合法的にバシキール人の土地を獲得する道が開かれた。まさに現状を法律によって肯定していったのである。

それではどのようなロシア人が同地方に「合法的」に入植していったのであろうか。その具体的な様子をわれわれは現存する「不動産登記証券（купчая）」のうちにみることができる。次に示すのはその一例に過ぎない。カザン道キプチャク郷のタルハン（тархан）ユマングル・キリマメートフがロシア人女領主A・C・イサーコヴァに対して与えた一七五九年六月二二日付けの「不動産登記証券」は次のように述べている。

私ことユマグル〔ママ〕は、彼女すなわち中佐夫人イサーコヴァに対し、この証券で書かれた〔私の〕相続領地を、落葉松林や野生蜜蜂の巣箱のある場所、またホップの実を取ったり、野獣や鳥および魚を捕らえたりすることを含めて、さらにあらゆる収益地をも以下に示す境界や自然の境に従って〔イサーコヴァの〕永久の所有となるものとして売却する。〔中略〕この売却された土地に対して私ことユマグル〔ママ〕は彼女すなわち中佐夫人アンナ・イサーコヴァから金六〇ルーブリを得た。(31)

土地をめぐるバシキール人とロシア人との関係について、作家のC・T・アクサーコフ（一七九一～一八五九年）はその祖父からの領地であるオレンブルク県やウファー県での暮らしを描いた伝記的小説『家族の記録』（一八五二年刊行）のなかで興味ある二つの状況を記している。その一つは、ロシア人が欺瞞を用いてバシキール人から土地を取得していることである。小説のなかで、作家は次のように書いている。

そこでお祖父さん〔＝小説の主人公ステパン・ミハイロヴィチ〕は、非常に厳正な正義感の強い人であり、人のよいバシキール人たちをペテンにかけるということを好まなかったのではあるが、それは悪いことではない、問題はそのやりかた如何だ、正直にやっても、適当な値段で広大な土地を買い取ることが出来る、そこへ自分の家に代々いる百姓を半分移し、家族を連れて自分も移り住む、とりも直さず、自分の願っている主な目的が達せられる、と彼は考えたのであった。[32]

いま一つは、バシキール人の土地を購入する際の訴訟についての見解である。

彼〔＝ステパン・ミハイロヴィチ〕はバシキール人の土地を買うと必ず果てしない争いごとや訴訟沙汰がおこる、それは当の主人たち自身が自分の権利や相続領地を所有する者の本当の数を知らないからだということを、その場で手短に聞き知ると、〔中略〕疫病のように、この訴訟という言葉を忌みきらっている私のお祖父さんは、すでに他の領主によって買い取られ、署名して確証され、その所有主に代わって遺言で譲られた〔原文強調〕土地を買うことに決心し、こうすれば争いごとなどおこるわけがないと考えたのであった。[33]

上記の引用は伝記的小説という点を考慮に入れても、ロシア側の「ペテン」によってバシキール人との間で発生する土地問題を考える上で大いに参考になるものである。実際には、バシキール人の土地を購入したのはロシア人の領主や貴族に限ったことではなかった。そのなかには先述のH・H・デミードフのようなウラルの大企業家もいた。[34]この地方の鉱物資源等に注目した大企業家が工場建設のため、バシキール人と数多くの土地売買の契約を結ぶことになった。しかもその際、彼らはバシキール人の土地を法外に安い価格で買い叩いたのである。[35]このように、一七三六年二月一一日付け布告の発布によって利益を得たのは、第一に、農奴を多数持ち、同地方への植民を考えていた大貴族や大領主であり、次いでこの地域における工場建設を計画していた大企業家であった。

2　バシキール人社会の変化——「共同体」内の階層化

バシキール人は己の土地を売ることを余儀なくされただけでなく、自らロシア人やタタール人らに貸与したりもしていた。以下はその一例である。

一七五七年一一月二三日付けの「土地証文(запись)」は、ノガイ道ユルマティン郷の百人隊長(сотник)ユスプ・ムシンとその仲間たちがセイトヴァ村(タタール名カルガリ村)で商売も営むタタール人のイスラーム神学者グセイン(あるいはフセイン)・アブドラフマーノフとその仲間たちに、五〇年間にわたり収益地を含めて自らの先祖伝来の所有地を貢租地(оброчное владение)として貸与することを内容としていた。この証文は四二名の共同体構成員の同意を得て、しかも全員の名前を列挙した上で書かれたのである。[36]

翌年三月九日付けの「土地証文」も同様の内容を持っていた。それはカザン道カルシンスク郷の代理人であるバシキール人ナディル・ヤクーポフがドゥヴァネイスク郷の御料地農民А・И・スーハリェフとその親族たちに、貢租地として三〇年間シキヤズ川沿いの相続領地を貸与することをその内容としていた。それによると、「共同体の人々全体の同意を得て(со всего общего мирского согласия)」この証文が与えられ、地代の手付金八ルーブリを徴収したのである。[37]

ここで注意しなければならないのは、証文作成にあたり「共同体」構成員全員の賛同を得ていることである。このことは土地を売却する場合にもみられた。[38] 証文にみえる「共同体」をただちにロシア人農村社会におけるそれと同一視することはできないが、少なくともここで共同体——本編、第二章のモスクワ国家への臣従を示す際にみたように、氏族共同体——構成員による全員一致の原則が一八世紀のバシキール人社会において存在していたことが確認される。それでは、この全員一致の原則はどのように機能していたのであろうか。

まず、当時のバシキール人社会を概観してみよう。帝政末期と革命を生き抜いた旧ソ連時代の民族学者С・И・ルデンコの説明は明快である。

すべてのバシキール人は、タルハンを除き、族長(старшина)を含めて、ヤサークを課されていたが、バシキール人の間では多少なりとも経済的不公平が甚だ顕著になった。つまり、有力で富裕な上層が明らかに抜きん出ていた。問題はすべての先祖代々の所有地(вотчина)が決して家族各々の所有となっていない、ということである。一九世紀末になっても、多くのバシキール人所有地のある山林地区に、共同体所有の共有地が存在していた。しかし、それをまず第一番目には族長を含めた家畜を多く所有するバシキール人が利用した。貧乏人たちは彼らに従属していたのである。一七三六年の末、А・Ф・フルシチョーフ〔ウラル時代からのタティーシチェフの協力者。一七四〇年のА・П・ヴォルイーンスキー事件に連座して逮捕され、処刑される〕は、シベリア道のバシキール人の状況を特徴付けて次のように指摘した。「彼らのうち、皆が皆富んでいて多くの馬を所有しているわけではない。彼らの多くは貧しい。そのような人々は富んでいる人々の食物で生活をしているのである」[39]。

右にみられるごとく、当時のバシキール人社会には貧富の差があり、そのため共有地の使用についても格差があった。また、「不動産登記証券」や「土地証文」を作成したのはタルハンと呼ばれるヤサークを納める義務のない――一部には支払うタルハンも存在した――上層の人々、および共同体の長である族長たちである。彼らはしばしばロシア政府によって懐柔され、その植民政策に協力する存在でもあった[40]。それゆえ、土地売買や貸借の契約締結に際し、タルハンならびに族長たちによる圧力や欺瞞もあったと考えられる。前述のプガチョーフ叛乱に参加したバシキール人がロシア人の土地所有に対して憤慨した背景には以上のような状況があった。この点から、一八世紀において、共同体構成員による全員一致という原則は文字通りには機能していなかったと考えるべきである。

徐々に変質してきたバシキール人社会に対し、より一層の打撃を与えたのがロシア人による工場建設であった。工場の建設に伴い、バシキール人は先祖伝来の土地を離れ、かつ伝統的な半遊牧・牧畜業から林業等へと経営や生活の形態を変えざるを得なかった。[41]

3　租税政策

イ　ヤサークの廃止と塩専売制

バシキール人の抱えた困難は上記のような法制度や社会構造上の変化という問題に止まらなかった。ロシア政府による租税政策も彼らに多大の影響を及ぼすことになったのである。

一六～一七世紀、バシキール人はヤサークを狐や貂およびビーバーの毛皮、あるいは蜂蜜等で国家に納めていた。一七～一八世紀初頭まで続く国家規模での経済危機にあったロシアにとってヤサークは重要な意味を持っていた。政府は輸出増加を図ることで危機を乗り切ろうとし、毛皮等の奢侈品はロシアの輸出品中主要な地位を占めていた。一八世紀前半には現物納も残っていたが、もはやこの地域においては狐や貂の枯渇などによって現物納としてヤサークを徴収することが困難になり、そのために政府は金納へと移行する道を選んだ。[42]これに対し、バシキール人はヤサークをイヴァン四世と結んだ契約に従い、モスクワ国家に臣従する代償として、モスクワ国家が彼らの土地に対する相続的所有権を保証する「証し」であると考えていた。[43]他方、ロシア政府によってヤサークの未納はバシキール人の臣従条件の違反行為とみなされた。なおヤサークの受領所はウファーとカザンにあり、その徴収は毎年九月から始まり五・六か月間続いた。ただしチェプチャーリとボブィーリたちはウファーでのみヤサークを納めた。

一八世紀に入り、ロシア政府はバシキール人をロシア人やカザン・タタール人と同様、人頭税を支払う担税身分に転化しようと図った。しかしキリーロフとその部下で異民族政策では特に厳しかったことで知られているA・И・テフケリョーフ大佐によるこの計画は、一七三〇年代のバシキール人蜂起のため中止せざるを得なかった。(44)

税額の変化をみてみよう。一六三一／三二年に定められた額が一七二〇年になって主税局(камер-коллегия)により全面的に承認された。つまり住民の全グループからの徴収額は年六七二六ルーブリ五〇カペイカ(内訳はバシキール人一五〇八ルーブリ八六・五カペイカ、チェプチャーリとボブィーリは五二一七ルーブリ六三・五カペイカ)であった。一七三四年に新ヤサーク体制が確立され、ヤサークの総額は一万五六〇ルーブリ八六・七五カペイカにまで上昇した。これはこの時期ウファーでの新ヤサーク徴収対象者が大幅に増大したためである(内訳はバシキール人一〇九六戸の登録増加から五四五ルーブリ九二カペイカ、チェプチャーリとボブィーリの三四八七戸の登録増加から三二八八ルーブリ四五カペイカの増収)。主税局の報告によると、ヤサーク徴収額は間断なく増加したのである。(45)

表8　ヤサーク税徴収額の変動

年	徴収額
1725	6439 ルーブリ 70 1/4 カペイカ
1726	6589 〃 46 1/4 〃
1727	6590 〃 92 1/4 〃
1728	6805 〃 19 〃
1729	7120 〃 57 〃
1730	7374 〃 75 1/2 〃
1731	7546 〃 86 〃
1732	7675 〃 17 3/8 〃
1733	7872 〃 3 〃
1734	8487 〃 13 3/4 〃

出典：*Демидова Н. Ф.* Управление Башкирией в первой трети XVIII в.// Исторические записки. Т. 68. 1961. С. 215 の表より作成。

一八世紀第二・四半期における状況を表8に掲げた。表中の数字は前述の一七二〇年および一七三四年の徴収予定額とは必ずしも整合ないしは一致していない。これは、当時、徴税が必ずしも完遂されたとは限らないことを示しているのであろう。いずれにせよ、この表よりヤサーク徴収額が年々増加していることが分かる。その理由は、政府がヤサークの増額を実行したことにあるのではなく、むしろ政府が徴税対象者を着実に増やしていったことにあった。言い換えるならば、このことは徴税対象者とした地方住民をロシア帝国が着実に自らの直接支配に組み込んでいったということを意味している。税制度を通してバシキール人を臣民として支配する方策であった。しかしより重要なのは次の点である。

一七五四年三月一六日、元老院布告によりヤサーク税制が廃止され、代わりに政府は塩の専売制を導入した。住民は一プード(約一六・四キログラム)あたり三五カペイカで塩を購入せざるを得なくなった。実はこの時すでにヤサークは、前に述べたように、全ロシア的規模で枯渇し、その意義を完全に喪失していた。それゆえ政府は新たな税収の方法を模索していた。当時、ウファーおよびイセトの両郡に居住しているすべてのバシキール人、ミシャーリ人、および彼らと一緒に住んでいたタタール人から徴収されたヤサークは一年間で四三九二ルーブリ六五・五カペイカであるのに対し、イレック地方の塩採取産業の独占と塩の専売制によって国庫には毎年少なくとも一万四〇〇〇～一万五〇〇〇ルーブリの収入が約束された。[46]

一七三〇～六〇年代の税と賦役の形態の変更により、ロシア人および非ロシア人にかかる税と賦役が甚だしく増大した。特に塩の国家専売制のおかげで、政府はバシキール人とミシャーリ人からヤサークの一六倍もの国庫収入を得、その結果、全国のあらゆる範疇に属する住民から納められた租税総額は一七四三～五一年の九年間だけで一〇倍に伸びた。[47]

このヤサーク税の廃止ならびに塩の専売制導入が重要な意味を持ったのは、ロシア政府よりもバシキール人社会——上層と民衆の双方——にとってであった。

次の三つの点からそのようにいえるのである。第一に、税制の改革は族長やタルハンのような上層の人々にとっては、特権ないし特権意識の崩壊に繋がったということである。すでに述べたように、一六世紀以来、ヤサーク税の納入はバシキール人にとりロシア国家による己の土地所有に対する安堵という意味があったが、ヤサークの廃止によりそうした権利が失われると上層の人々が危惧したのである。共同体的土地所有が動揺し、族長やタルハンが土地に対して所有権を独占していた当時にあっては、彼ら上層のバシキール人にとってヤサーク税の廃止は大いなる打撃であった。

第二に、上記の問題がバシキール人社会内における族長の地位と役割とに微妙な変化をもたらしたということである。一七三六年二月一一日付け布告の発布まで、ロシア政府はバシキール人氏族共同体の自治には干渉しなかった。政府が直接関係を持ったのは氏族共同体の指導者である族長たちとであった。彼らはヤサーク徴収に対して責任を持ち、そのことによって共同体内で地位が高く、政府は彼らの協力なしにヤサークの徴収を行うことができないほどであった(48)。この点からも、ヤサークの廃止は族長が政府との交渉で得ていた様々な利益、地位、そして役割を脅かすものとなったのである。

第三に、経済的意味においてである。前述の新ヤサーク体制が導入された一七三四年におけるバシキール人一戸あたりのヤサーク税額五〇カペイカ(年額)と較べても、塩の需要の多さを考えるならば、一プードあたり三五カペイカという塩の価格は割高であった。バシキール人たちはロシア政府の新政策に反対し、従来通りのヤサーク税制の維持と塩の無料入手とを要求する運動を展開していった(49)。それが顕著になったのが一七五五年の蜂起であり(50)、一七七三年から始まるプガチョーフ叛乱であった。叛乱の過程で、バシキール人は製塩所襲撃ならびにそこに貯蔵されている塩の無料分配という行動をとって彼らの考えを表現したのである(51)。

以上の税制度以外にも、非ロシア人に対する地方権力者による職権濫用ならびに統計調査時の甚だしい誤りも生じていた。たとえば第二・三回の納税人口調査によって、多くのミシャーリ人と勤務タタール人がヤサーク納税タタール人とされ、カザン道のバシキール人はチェプチャーリとして登録された。第三回納税人口調査でカルムィツクおよびサルツク二郷のバシキール人たちは担税身分として登録されたのである(52)。

さらに地方住民には不当な「重税」が「贈り物」、賄賂、等という形で課されもした。たとえばオレンブルク県庁の通訳であるP・ウラズリンとIII・ボルターエフは、一七四〇年代、その「ペテン師の手（плутовские руки）」のなかに七万九一二三ルーブリ、三一二三頭の馬および四〇九名をかき集めた。(53) 多くの史料はロシア人領主、政府役人、地方行政の代表者および自民族の長老たちによるこのような職権濫用や搾取の様子について語っている。(54)

ロ　チェプチャーリとボブィーリの抵抗

ピョートル一世によって一七二四年に導入された人頭税はロシア国内のあらゆる住民を対象としたものであった。バシキーリア、シベリアそして他のあらゆる地域へ逃亡した農民にもその矛先が向けられようとしていた。一七二〇年代の初め、バシキーリアのチェプチャーリとボブィーリ住民は人頭税対象住民とみなされたが、この税制度に対する地方住民の不満、そして何よりも一七三五〜四〇年のバシキール人蜂起は新税導入の延期を余儀なくさせた。(55) しかし、一七四〇年代中葉、再び政府はこの問題に着手し始めた。(56)

一七四五年六月二一日、元老院はオレンブルク県知事に対し、「異教徒（иноверские）の逃亡民が他の郡からバシキーリアへ逃げ込むことを食い止めるために、チェプチャーリとボブィーリを人頭税額あるいはそれよりも少なくない支払い額〔の身分〕にすることを……検討するように」命じた。(57) 地方当局は、ボブィーリの税滞納額が三万三七六五ルーブリにも上り、それを支払うのが容易ではないにもかかわらず、チェプチャーリとボブィーリに対して人頭税を導入することに同意した。オレンブルク県知事はチェプチャーリとボブィーリに男性一人あたり八〇カペイカの人頭税を課すこと、ならびに従来通り毎年七〇〇名ずつオレンブルクおよびその他の要塞に建設労役夫として供出することを提案した。ミシャーリ人に関しては、彼らに「重荷とならず、また侮辱ともならないように、バシキール人が支払うのと同じ額のヤサークを課すこと。すなわち一戸あたり二五カペイカを課すこる。

と」とした。これらオレンブルク当局の提案は一七四七年五月二二日に元老院ですべて承認された[58]。元老院による決定は住民の間に激しい不満を呼び起こした。なぜならチェプチャーリとボブィーリの税は従来の数倍に跳ね上がり、またいまだ税を払ったことがないミシャーリ人にも税金が課されることになったからである。

動揺が始まった。チェプチャーリとボブィーリは政府の所轄官庁の指示なく地方当局によって人頭税が課されたことを口実に人頭税支払いを拒否したのである。

七月中旬、シベリア道メレゲス村にウファーから騎兵曹長モイセーエフが派遣された。そこに周囲のタタール人の村、チュヴァーシ人の村およびマリ人の村から代表者たちが集まり、彼らを前にモイセーエフは人頭税導入に関する布告を読み上げた。これに対し、集まった人々は新税を受け容れることを拒み、地方当局の代表者たちを鞭で散々に打ち拘束してしまった。捕まった者のなかには百人隊長バフメートフと書記エンベルディン、カザークのポロシン、スタルシナーのシュユシ・アブジャコーフがいた。モイセーエフは村から追い出され、もし彼が再び住民の前に人頭税支払いを要求しに現れたなら今度は殺すとまで脅されたのである[59]。

七月一八日、不満を抱く人々はウファー県知事代理のリュートキン少佐宛てに嘆願書を作成した。そのなかで、彼らはいま一度新たな税の導入に断固たる反対を表明し、嘆願書を携えてペテルブルクへ行くためのパスポートを申請した。この動きに、メレゲス村の住民とならんで、ニミスリャロボ村、ベデェーエヴォ村、オブデェーエヴォ村、シディ村、エナセーエヴォ村、バイギリディノ村およびウカルリノ村の住民も加わった。最も積極的に参加したのはタタール人のイマギル・イスハコフ、ムルザ・カラバーシェフ、マリ人のキンゼバイ・イリバリソフ、イムペルト・テレバーエフ、そしてチュヴァーシ人のチェレバイ・カチケーエフであった[60]。

おそらくこの時期、オサ道のチェプチャーリとボブィーリの行動が決まったのであろう。アルティンバエヴォ村、カゾヴァ村、スホヤズィ村、タズラロヴォ村、タガエヴォ村からマリ人ヌルカ・ボリーソフに率いられた約三〇〇名のタタール人とマリ人がタガエヴォ村に集まり、新税支払い拒否を全員一致で決議した。彼らは人頭税廃止を要求すべくウファー近郊のチェスノコフカ川の辺で同地方の全チェプチャーリとボブィーリ住民代表者会議の開催を決定した。そこは通常全バシキール人民会が開かれるところである。

八月に入っても動きは続いた。それはチェプチャーリとボブィーリのかなりの部分をとらえていた。実際、様々な理由をあげて人頭税支払いを拒否した。ウファーの通訳官シャフェイ・ヤヌィイディーロフが彼らに新税を課すと説明したことに対するシベリア道のチェプチャーリとボブィーリの答えは明快である。「あなたは会談でわれわれを騙しているが、われわれは何も恐れはしない。恐れずに反対する。〔中略〕招かれたわけではなく、名誉を持って来た時と同様に、あなたは携えてきた布告を持って帰るがよい。もしこれ以上話し合いを続けるなら、〔あなたは〕われわれに対して甚だ不誠実となろう(61)」。このように人々は人頭税に明確に反対したのである。

チェプチャーリとボブィーリの間に騒擾が発生しているという報せは政府を不安に陥れた。当局はバシキール人が暴動を支援するのではないかと危惧していたのである。バシキーリアに向けてクブリツキー少佐率いる五五〇名から成る部隊が緊急に派遣された。彼に続いてオレンブルクからウファーに向けてシュトクマン少将率いる一七五〇名の部隊が派遣された。非常事態に至ればオレンブルク県知事ネプリューエフは援軍としてシュトクマンに一五〇〇名のヤイーク・カザークと龍騎兵部隊を派遣する計画であった。同時に、バフメートフ中佐にウイスク要塞とウクルィ＝カラガイスク要塞に龍騎兵連隊とミシャーリ人部隊を集め、戦闘に備えるようにと命令を下していた。他方、チェプチャーリとボブィーリ住民に対して平静を保つことを呼び掛けた。経験豊富なオレンブルク県官房の役人たちが参事官としてウファー、オサおよびチェリャービンスクに派遣された。その間、戦闘に向けて政府は「忠実な」バシキール人およびミシャーリ人の上層を動員した。ウファー県知事は信頼の置ける人々を通して、バシキール人が「チェプチャーリやボブィーリと同意見」であるか否かを調査し始めた[62]。

不満を抱く人々の動きは消極的であった。シベリア道のチェプチャーリとボブィーリは、ツァーリの軍隊が接近するに従い、新しい税を支払うことに同意し始めたのである。オサ道のチェプチャーリ、ボブィーリおよびミシャーリ人に対してはウファーからクブリツキー少佐の軍隊が差し向けられた。その軍隊がビルスクに到着した時、ミシャーリ人、一部のタタール人、チュヴァーシ人およびマリ人は新しい税を支払うことに同意した。しかし、すべての住民が服したわけではなかった。約四〇〇名の武装した人々が政府軍との戦闘に入ったが、敗北を喫したのである。

当局は蜂起した人々に対し厳しい態度で臨んだ。抵抗運動の組織者であったタタール人ムルタザ・ヌルメショフ、マリ人ヌルカ・ボリーソフ、ウドムルト人サバン・ウラーエフとセンカ・セミョーノフ、ミシャーリ人アブドゥール・リュシュエッリエーエフは「無慈悲にも」鞭打たれ、当時流刑地として有名であったエストニアの港町ロゲルヴィク(現エストニア共和国パルディスキ市)に終身懲役のために送られた。逮捕された多くの者は懲役労働を課され、他の者は体刑を受けた後、族長や長老たちのもとに送られ、その監視下に置かれたのである[63]。

4　軍　役

バシキール人およびミシャーリ人の軍事勤務に関する限り、彼らの国境勤務の負担は増える一方であった。一八世紀前半、国境線の勤務に毎年一五〇〇名のバシキール人が派遣された。一七七〇年代には、その数は二五〇〇名にまで上ったのである。八戸毎に一名の割合で供出することを意味していた。ミシャーリ人と勤務タタール人もまた「以前に較べて二倍」に上る勤務者を供出しなければならないと不満を述べていた。軍役を遂行するにあたって、彼らは自分の裁量で「各人一頭の馬」と、その他の必要な装備を整えなければならず、しかも給料を受け取ることなく、しばしば衛戍司令官やロシア人司令官から加えられる侮辱にも耐え忍ばなければならなかったのである。

国境勤務以外に、バシキール人はロシア帝国が繰り広げる絶え間ない戦争や遠征に従軍することを余儀なくされた。一七六八〜七四年の露土戦争だけでも、国内勤務のためバシキーリアにおいて八度もの新兵徴募があった。ポーランドのバール連盟(一七六八〜七二年)の動きを鎮圧するにあたり三〇〇〇名のバシキール人が動員された。新たな徴兵はこの地方の基幹的住民であるバシキール人に強い憤懣の念を呼び起こしたのである。(64)

全体としてみるならば、バシキール人、ミシャーリ人および勤務タタール人にとって軍役は最も辛い義務であったため、彼らは徴兵に対して激しい不満を抱くようになった。しかし一方では、こうした軍役により、彼らはカザークやロシア人兵士と相互往来をしたり、また彼らが知らなかった軍事技術を習得したりしていた。バシキーリアの南方諸郷に居住する多くのバシキール人、ミシャーリ人および勤務タタール人たちはカザークとともに生活し、カザークの軍役を恒常的に遂行し、さらにはヤイーク・カザークの一員ともなっていった。(65)

5　宗教政策

上記の政策と並んで、いわば異民族の「文化的同化」の推進を目的に、政府は宗教政策にも力を入れた。その目的のためロシア正教への改宗により地方住民が将来受けるであろう利益を述べた一連の布告が発布され、キリスト教への改宗が強く求められたのである。(66)

特に、アンナ女帝からエリザヴェータ女帝の一七三〇〜五〇年代には、非ロシア人に対する強制的改宗政策がとられた。新たにキリスト教の洗礼を受けた人々（новокрещенные）は三年間あらゆる賦役から解放されたが、その代わり、免除された分の賦役は洗礼を受けていない人々を改宗させる目的で非キリスト教徒の彼らにさらに課されていったのである。一八世紀の第一・四半期には、改宗者数は一万三三二二名であった。一七五〇年代半ば、ヴォルガ川沿岸地帯において、その数は二六万九二一三名に達した。上記のような方法で改宗した人々は主にモルドヴァ人、マリ人、チュヴァーシ人およびウドムルト人であった。しかしムスリムであるタタール人やバシキール人などは自らの宗教を厳格に守ったためキリスト教への改宗者は少なく、その数は僅かに三六七〇名に過ぎなかった。(67)

他方、強制的な改宗はムスリムのプロテストを呼び起こした。一七五五年、ミシャーリ人のイスラーム聖職者バトゥィルシャ（本編、第六章を参照）の呼び掛けに応じて立ち上がった蜂起にもその要素が認められる。(68)しかし何よりもプガチョーフ叛乱にあってはその傾向が最も顕著であった。叛乱時、カザン地方のみで一三二名のロシア正教の聖職者が殺害され、(69)またプガチョーフがバシキール人や他のムスリムに対して発布した布告のなかに「信仰と汝らの法」あるいは「信仰と祈り」の擁護という言葉を見出すことができる。(70)ムスリムに蜂起への参加を呼び掛けるために、プガチョーフは抑圧されてきた彼らの信仰を擁護する旨を述べた。これは、ムスリムがロシア政府による信仰に対する圧迫をいかに強く感じていたかの証拠となろう。事実、この布告に呼応してバシキール人を始めとするムスリムの多くが叛乱に参加していったのである。

しかし、プガチョーフ叛乱勃発以前にエカチェリーナ二世は強制から懐柔へと政策を転換していた。(71)従来禁じられていたモスク建設の許可を内容とする一七七三年六月一七日付けの宗務院布告は、政府のイスラームに対する寛容の態度を公に表明するものでもあった。(72)さらに叛乱後の一七八八年、女帝はムスリムのための機関を創設した。この創設を定めた九月二二日付けの法令はロシアにおけるムスリムにとって実質上の「寛容令」となり、イスラーム指導者による当該地域における行政が公認され、ここにムスリムの宗教教育の基礎が築かれた。それを受けて一七八九年一二月四日、帝国ムスリム住民の宗教上の問題や教育上の問題を管理・執行するための機関創設の規則が定められた。[73] かくして、ロシアにおいて――しかし地方においてであるが――タタール的要素を多く含んだイスラーム文化が継承・発展する可能性が生じたといえる。[74] これについては章を改めて論じることにする（本編、第九章を参照）。

以上のように、エカチェリーナの政府は少なくとも法制上、地方住民に対する強制的な改宗を行うことを止めた。このことは政府が非ロシア人の改宗を諦めたことを意味するわけでは決してなかった。むしろ政府はより巧妙な手段を講じることになった。ロシア語学校開設がその一例である。そこで非ロシア人の生徒たち――もちろん地方住民のリーダーたちの子弟であるが――はロシア語の読み書きを習いながら、正教キリスト教の法(закон)と世俗の法を習得することになった。[75] アルファベットと綴り字法を覚えた後、ただちに詩篇を読むというのが一九一七年までのロシア語初級教育の正則であったからである。一八世紀末、政府はイスラーム聖職者の全活動を地方政府の監督下に置き、彼らを利用して民衆に対する植民政策を積極的に推進しようと図ったのである。[76]

（1） *Аполлова Н. Г.* К вопросу о политике абсолютизма в национальных районах России в XVIII в.//Абсолютизм в России (XVII–XVIII вв.). Сборник статей. М., 1964. С. 357; См. Материалы по истории Башкирской АССР. Т. IV. Ч. 2. М., 1956. док. №№492–494, 497, 498.

（2） Donnelly, A. S. *The Russian Conquest of Bashkiria, 1552–1740, A Case Study in Imperialism*. New Haven & London, Yale University Press, 1968, p. 49.

（3） *Мартынов М. Н.* Саткинский завод во время восстания Емельяна Пугачева//Исторические записки. Т. 58. 1956. С. 242.

（4）本編、第七・八章を参照されたい。

（5）本編、第四・六章を参照されたい。

（6）Россия. Полное географическое описание нашего отечества. Урaль и Приуралье/Семенов-Тян-Шанский В. П. (ред.). Т. 5. СПб., 1914. С. 436.

（7）Там же. С. 138, 419, 421.

（8）РГАДА. Ф. 248. Оп. 3. Кн. 134. Д. 2. Л. 5-6; Там же. Д. 6. Л. 17-19; Там же. Д. 8. Л. 27-32об.; См. *Добросмыслов А. И.* Башкирский бунт в 1735, 1736 и 1737 гг.//Труды Оренбургской ученой архивной комиссии. Вып. 8. Оренбург, 1900; *Устюгов Н. В.* Башкирское восстание 1737-39 гг. М.-Л., 1950. С. 35.

（9）*Тарасов Ю. М.* Русская крестьянская колонизация южного Урала. Вторая половина XVIII- первая половина XIX в. М., 1984. С. 3.

（10）Там же. С. 37; См. *Новиков В. А.* Очерки колонизации Башкирского края//Историческая библиотека. №12. СПб., 1878.

（11）*Тарасов Ю. М.* Указ. соч. С. 37-38.

（12）ヤイーク・カザーク(プガチョーフ叛乱鎮圧後の一七七五年以降、ウラル・カザークに名称変更)の社会については次を参照されたい。*Бородин Н.* Очерки общественного хозяйства Уральских казаков//Северный вестник. СПб., 1890. №№2, 3, 4, 5. また、プガチョーフ叛乱期およびその前夜のヤイーク・カザークについては、И・Г・ローズネルの諸研究がある。さしあたり、次を参照されたい。*Рознер И. Г.* Яик перед булей (Восстание 1772 года на Яике—предвестник Крестьянской войны под руководством Е. Пугачева). М., 1966.

（13）*Тарасов Ю. М.* Указ. соч. С. 38.

（14）Там же. С. 54-55.

（15）Россия. Полное географическое описание нашего отечества. Урaль и Приуралье. С. 138.

（16）*Тарасов Ю. М.* Указ. соч. С. 59. また、次の文献も参照されたい。*Руденко С. И.* Башкиры. Историко-этнографические очерки. М.-Л., 1955; Очерки по истории Башкирской АССР. Т. 1. Ч. 1. Уфа, 1956.

（17）*Миронов Б. Н.* Социальная история России периода империи (XVIII- начало XX в.). Генезис личности, демократической семьи, гражданского общества и правового государства. Т. 1. СПб., 1999. С. 19-74.

(18) 他の史料によると、一七六六年の全オレンブルク県の男性数は一五万三二九名であり(*Тарасов Ю. М.* Указ. соч. С. 59)、一七六七年の全オレンブルク県の人口は四二万一一一九名(両性)であった(Материалы по истории Башкирской АССР. Т. V. М., 1960. С. 6)。一七八二年に関しては、二八万九一五五名(男性)であり(*Тарасов Ю. М.* Указ. соч. С. 59)、一七八一年のウファー管区のロシア人と非ロシア人の人口は二五万九六八八名(男性)であった(Очерки по истории Башкирской АССР. Т. 1. Ч. 1. С. 256)。一七九五年については、複数の史料が存在している(См. *Тарасов Ю. М* Указ. соч. С. 59-60)。なお、正確さという点からいえば、一九世紀に入って行われた人口調査の方がより信頼することができる。その点については、肥前栄一「《資料》一八三〇年代ロシアの人口構成――ペ・イ・ケッペン『ロシア住民の身分別・県別分布』」、『経済学論集』四八巻三号、一九八二年(後に、同『ドイツとロシア』、未来社、一九八六年に再録)を参照されたい。また最近、より正確な人口史の研究がВ・М・カブザーンによって著された(*Кабузан В. М.* Русские в мире. Динамика численности и расселения (1719-1989). Формирование этнических и политических границ русского народа. СПб., 1996. С. 36-80)。

(19) *Он же.* Изменения в размещении населения России в XVIII- первой половине XIX в. (По материалам ревизии). М., 1971. С. 52, 54.

(20) チェプチャーリは民族的に明確ではなく、種々の民族が混合した人々であろう。革命以前の研究によると、彼らはヴォルガ川沿いのフィン族およびチュヴァーシ人の間から逃亡してきた人々であり、イスラームを信奉していた。バシキール人の間に住み着いた数は約三〇万人で、オレンブルク県、サマーラ県、ペルミ県およびヴャトカ県に住んだ。彼らの歴史はバシキール人の歴史と一体であるという(Энциклопедический словарь/Брокгауз Ф. И. и Ефрон И. А. (ред.). Т. XXXII. СПб., 1901. С. 941-942)。それに対し、第二次世界大戦後の研究によると、チェプチャーリの圧倒的部分(九〇%以上)はタタール人であり、フィン・ウゴール的要素は僅かであったという(*Кузеев Р. Г.* Численность башкир и некоторые этнические процессы в Башкирии в XVI-XX вв.//Археология и этнография Башкирии. Уфа, 1968. С. 349; *Тарасов Ю. М.* Указ. соч. С. 61)。それに対し、一八世紀に書かれた史料では、本章の註(21)に述べるボブィーリとともに、ヤサーク・タタール人と同一視されているのである(РГАДА. Ф. 342. Оп. 1. Д. 109. Л. 219)。

(21) ボブィーリは、通常土地を持たないか、それを耕さない農民を指す。ただし、バシキーリアにあっては特別な意味があった。すなわち、他の地域から逃れてこの地域に住んでいた非ロシア人のグループがこのように呼ばれた。彼らは、バシキール人に対し、貢租を払う者とそうでない者とに分けられた。一七～一八世紀初頭、彼らはバシキーリア内の「受け容れられた人々(припущенники)」の圧倒的多数を形成した。後に、ボブィーリは国有地農民の範疇に入れられた(Материалы по истории Башкирской АССР. Т. IV. Ч. 1. М., 1956. С. 400)。なお、チェプチャーリとボブィーリの社会制度上の相違は次の点にある。すなわち、前者はバシキール人と文書契約を結んでバシキーリアに移り住んでいるのに対し、後者は事前に何の許可も受けずにバシキーリアに住み着いた点である(*Мавродин В. В.* Крестьянская война в России в 1773-1775 гадах: Восстание Пугачева. Т. 1. Л., 1961. С. 494)。

(22) *Тарасов Ю. М.* Указ. соч. С. 60.
(23) Там же. С. 61.
(24) Moon, D. "The Settlement of Russia's Frontiers, 1550-1897," *The Historical Journal*, vol. 40, no. 4, 1997, p. 881.
(25) Материалы по истории Башкирской АССР. Т. V. С. 380-387.
(26) Там же. Т. IV. Ч. 2. С. 10, 12; Т. V. С. 390.
(27) Там же. Т. IV. Ч. 2. С. 218, 219, 246, 249.
(28) Там же. Т. V. С. 390.
(29) 布告全体の内容については本編、第六章を参照されたい。
(30) ПСЗ. Т. IX. №6890.
(31) Материалы по истории Башкирской АССР. Т. IV. Ч. 1. док. №129. С. 177-180.
(32) *Аксаков С. Т.* Собрание сочинений в четырех томах. М., 1955. Т. 1. С. 75(黒田辰男訳『家族の記録』、岩波文庫、一九五一年、一九頁。一部訳語を変えたところがある)。
(33) Там же. С. 79(黒田辰男、前掲訳書、二四―二五頁)。
(34) Материалы по истории Башкирской АССР. Т. IV. Ч. 1. док. №130. С. 178-180.
(35) 本編、第六章を参照されたい。なお、ウラルにおけるデミードフ家の果たした役割については次を参照されたい。Hudson, H. D. Jr. *The Rise of the Demidov Family and the Russian Iron Industry in the Eighteenth Century*. Newtonville, Mass., Oriental Research Partners, 1986.
(36) Материалы по истории Башкирской АССР. Т. IV. Ч. 1. док. №108. С. 157-159.
(37) Там же. док. №117. С. 167.

（38）　Там же. док. №128. С. 176–177. また ОР РГБ. Ф. 364. Карт. 9. Ед. Хр. 2. №11. Л. 25（一七五五年、イヴァン・トヴォルドゥィショフとその共同経営者であるイヴァン・ミャースニコフに対するムドリャス・ムラッカーエフを長老とするシャクル村のバシキール人の場合), Там же. №19. Л. 54, 55 にも「共同体の同意を得て」土地を売却したという文言がみえる。

（39）　*Руденко С. И.* Указ. соч. С. 45.

（40）　Raeff, M. “Pugachev’s Rebellion”, in Forster, R. & Greene, J. P. (eds.) *Preconditions of Revolution in Early Modern Europe*. Baltimore & London, 1970, p. 183. なお、タルハンについては前章の註(45)を参照されたい。

（41）　本編、第六章、第II節、第3・4項、および地図9を参照されたい。

（42）　*Демидова Н. Ф.* Управление Башкирией в первой трети XVIII в.//Исторические записки. Т. 68. 1961. С. 216. また、農耕地帯の住民と牧畜地帯の住民とでは、ヤサークについての考えた方には差異がみられた。たとえば、牧畜地帯の住民であるエニセイ郷のバシキール人は次のように述べている。「われわれはヤサークを森と水場に対して払うが、土地からではない」。つまり、耕地に対して支払うのではないという(Там же)。この点は農耕定住するロシア人と半遊牧・牧畜を営むバシキール人の考え方の違いにも通じているであろう。

（43）　Там же. С. 215.

（44）　Очерки по истории Башкирской АССР. Т. 1. Ч. 1. С. 204.

（45）　*Демидова Н. Ф.* Указ. стат. С. 215.

（46）　*Витевский В. Н.* Неплюев и Оренбургский край в прежнем его составе до 1758 г. Историческая монография. Вып. 4. Казань, 1895. С. 623–625; *Чулошников А. П.* Восстание 1755 г. в Башкирии. М.-Л., 1940. С. 48. また、塩専売については次も参照されたい。Smith, R. E. F. & Christian David. *Bread and Salt, A Social and Economic History of Food and Drink in Russia*. Cambridge University Press, 1984, pp. 184–186（鈴木健夫・豊川浩一・斉藤君子・田辺三千広訳『パンと塩――ロシア食生活の社会経済史』、平凡社、一九九九年、二六一―二六三頁）。イレツカヤ＝ザシータ地域を調査したП・С・パラースはペテルブルクの科学アカデミーに宛てた一七六九年七月二九日付け報告のなかで次のように記している。「以前、バシキール人とカザークたちはここで塩を掘っていた。いま盆地は、小規模の湖であるかのように、重たい製塩用塩水で満たされている」(Научное наследие П. С. Палласа. СПб., 1993. С. 83)。

（47）　*Чулошников А. П.* Указ. соч. С. 47–48; *Кулбахтин Н. М.* Участие башкирского народа в Крестьянской войне 1773–1775 гг. Уфа,

1984. С. 27.

（48） *Руденко С. И.* Указ. соч. С. 44.

（49） Очерки по истории Башкирской АССР. Т. 1. Ч. 1. С. 152–153.

（50） См. *Чулошников А. П.* Указ. соч.

（51） バシキール人のプガチョーフ叛乱への参加状況については、本編、第七・八章を参照されたい。

（52） *Кулбахтин Н. М.* Указ. соч. С. 27.

（53） Материалы по истории Башкирской АССР. Т. IV. Ч. 2. С. 415–416.

（54） *Кулбахтин Н. М.* Указ. соч. С. 27.

（55） ПСЗ. Т. VII. №4535; *Витевский В. Н.* Указ. соч. Вып. 3. С. 422–423.

（56） チェプチャーリとボブィーリの叛乱についてはИстория Башкортостана с древнейших времен до 60-х годов XIX в./Усманов Х. Ф. (ответ. ред.) Уфа, 1996. С. 248–251に依拠した。

（57） *Рычков П. И.* История Оренбургская. (1730–1750). Оренбург, 1896 (Изд. 1-е. СПб., 1759) С. 84.

（58） Материалы по истории Башкирской АССР. Т. IV. Ч. 2. С. 432.

（59） *Витевский В. Н.* Указ. соч. Вып. 3. С. 426–427.

（60） Там же. С. 429; Очерки по истории Башкирской АССР. Т. 1. Ч. 1. С. 187–188.

（61） Там же. С. 189.

（62） *Витевский В. Н.* Указ. соч. Вып. 3. С. 428–433; Очерки по истории Башкирской АССР. Т. 1. Ч. 1. С. 190.

（63） *Витевский В. Н.* Указ. соч. Вып. 3. С. 428–433; Очерки по истории Башкирской АССР. Т. 1. Ч. 1. С. 190.

（64） *Николаенко А. П.* Башкирия перед восстанием Пугачева//Сборник Государственного музея революции СССР. Т. 1. М., 1947. С. 113; *Кулбахтин Н. М.* Указ. соч. С. 28.

（65） Там же.

（66） *Аполлова Н. Г.* Указ. соч. С. 371–372.

（67） *Чулошников А. П.* Указ. соч. С. 65–66.

（68） Там же. С. 82.

(69) Zenkovsky, S. A., *Pan-Turkism and Islam in Russia*. Cambridge, Harvard University Press, 1960, p. 17.

(70) Документы ставки Е. И. Пугачева, повстанческих властей и учреждений. М., 1975. док. №№5, 6, 8.

(71) ПСЗ. Т. XIX. №13996.

(72) Там же. Т. XXII. №16710.

(73) РГАДА. Ф. 16. Д. 934. Ч. 5. Л. 72–74; Материалы по истории Башкирской АССР. Т. V. С. 563.

(74) Zenkovsky, S. A. *op. cit*., pp. 17–18; Fisher, A. W. "Enlightened Despotism and Islam under Catherine II," *Slavic Review*, vol. 27, no. 4, Dec. 1968, pp. 545–546.

(75) Очерки по истории Башкирской АССР. Т. 1. Ч. 1. С. 287.

(76) Там же. С. 270–271.

第六章　南ウラルの「開発」

I　一八世紀バシキーリアの変貌

1　バシキーリアにおける新たな波

農業植民に加えて、バシキーリアではピョートル一世時代に始まったウラルの鉱山開発に刺激されて地方の「開発」が急速に進んだ。こうした事態を受けてアンナ女帝時代の一七三〇年代以降、ロシアの領土拡大とその保全を図るために要塞線が各方面に伸びた。オレンブルクはそうした要塞線の拠点となったばかりではなく、ウラル地方の政治経済的な中心地となった。(1)

一八世紀、バシキーリアは主に特別行政区分であるウファー郡(Уфимская провинция)の一部を構成していた。初めは元老院の管轄下(一七二八年以降)に入り、その後カザン県の管轄となった(一七三〇〜四一年)。最終的には元老院の「特別区」となったのである(一七四一年以降)。(2)一七三八年には全バシキーリアをよりしっかりと掌握するため、いわゆる「シベリアのウラル以東地域(Сибирское Зауралье)」という区分が特別に設けられた。そこはシャドリンスク、イセトおよびオクネスクの三管区によって形成され、それぞれチェバリクリスク要塞、チェチェン村およびチェリャービンスクが行政の中心となった。(3)

バシキーリア内部は行政的にはカザン道、オサ道、シベリア道およびノガイ道から成り、各道はそれぞれ郷、さらにはチューバに細分されていた。史料的にはっきりしている限り、一七五五～五九年には、バシキーリアは四道四二郷一三一チューバに行政区分されていた。なお、郷は領域区分というよりは種族長(старшина)を筆頭とする同一氏族(племя)の集合体であり、チューバはその下位区分でバシキール人氏族共同体によって構成されていた。この地域のバシキール人および他の非ロシア人の数は、一七四〇～五〇年では一八万五〇〇〇～三三万六八九六名(両性)であった。そのうちウファー郡とイセト郡を合わせたバシキール人の数は一〇万六一七六名(一万一八六三戸)であり、残りはタタール人、ミシャーリ人、チュヴァーシ人、マリ人およびモルドヴァ人であった。バシキーリアのなかで、最も人口の多い地方はウファー郡で八万六三八四名(八八九二戸)であり、イセト郡の人口一万九七二二名(二九七一戸)の約四・五倍であった。(4)

一八世紀にはバシキーリアのある南ウラルにも工業発展の波が押し寄せて来た。詳しくは次節で扱うことになるが、一七五〇年代と六〇年代、鉱山が開発され多数の工場が建設されたため(後掲の図7・表9参照)、南ウラルはロシア随一の工業地帯となっただけでなく、世界の産業を担う工業基地となった(後掲の表10・11も参照)。

ロシアのウラルへの進出と踵を接するかのように政府に反対するバシキール人の抵抗は益々激しくなり、それに対する懲罰も地方の社会経済構造をかなりの程度破壊することになったのである。たとえば蜂起中の一七三七～四〇年だけで八八〇のバシキール人村落が燃やされたが、そのなかには七〇〇〇棟以上の家屋、三二〇七棟の百姓屋、物置、倉庫およびその他の建造物が焼き尽され、懲罰隊によって二〇〇〇カパー(一二万束)以上の穀物や三〇万カパー(一八〇〇万束)以上の干草が焼却された。さらにバシキーリア全域から六〇〇〇頭以上の馬が反抗に対する懲罰的賠償として徴集され、オサ道のバシキール人は国庫に二〇三四ルーブリ九六カペイカ分の糧秣を供出しなければならなかった。(5)

2　基本方針としての一七三六年二月一一日付け布告

ここで前章でも触れた一七三六年二月一一日付け布告を別の角度から検討しよう。それは前年に始まったバシキール人蜂起の鎮圧後、同地支配の方向性を明確にすることを骨子としている。旧ソ連時代のバシキール史研究の泰斗であったA・П・チュローシニコフによると、布告の提案者であるИ・К・キリーロフの考えの根底には、バシキール人の「根絶」がバシキーリアにおける植民にとって最善の策であるという信念があったという。(6)歴史家のこの主張は、キリーロフが一八世紀ロシアを代表する「植民主義者」であったことをよく物語っている。布告の冒頭には発布の目的が明確に述べられていた。(7)

陸軍中将ルミヤンツェフおよび五等文官キリーロフに宛てた勅令。逃亡民(беглые)を止めきれないことについて。盗賊行為を働いて逮捕されたバシキール人〔蜂起に参加したバシキール人を指す〕、ロシア人および異教徒(иноверцы)の逃亡民でバシキール人の間にいた人々に対する懲罰について、ウファーの新改宗者(новокрещеныы)をカザーク勤務に就かせること、および彼らからヤサークを徴収することについて。バシキール人とタタール人の結婚について。バシキール人出身の四道のイスラーム神学者(ахун)の生活について。バシキール人所有の土地と収益地(земли и угодья)を購入する将校およびメシチェリャーク〔現称ミシャーリ人〕がバシキール人流刑囚をオレンブルク近郊に居住せしめること、およびその割り当てることの許可について。そしてロシア人流刑囚をオレンブルク近郊に居住せしめること、およびその割り当てについて。[8]

上記布告冒頭の多岐にわたる論点のなかで、バシキーリアにおける要塞と工場の建設がロシア政府にとって焦眉の問題であった。すでにみたように、『ウロジェーニエ』(一六四九年)以来の法令を変更して、政府はロシア人貴族、将校、「メシチェリャーク人」たちにバシキール人の土地を購入することを許可した。このことは土地に対するバシキール人の相続的所有権の直接的な侵害であり、バシキーリアにおける土地政策上の大きな転機を画する布告であった。つまり政府はロシア人やミシャーリ人に土地購入を許可したのである。布告はその土地の保証について次のように述べている。

移住の際、彼ら〔カザークと小貴族、およびミシャーリ人〕に対して、ヴォルガ・カザークとは異なって、家屋建設のために金銭による下賜金を与えるものとする。今後、村落と畑の近郊で彼らを扶養するために、かつてウファーの貴族とカザークがそうであったのとは異なり、土地と他の収益地を割り当てる。[9]

政府は、勤務終了後、オレンブルクに移住・定住することを望んでいる退役兵士にも土地を分与することを計画していた。さらに工場建設に関しても次のようにいう。「第一にはオレンブルクへ、第二にはヤイーク川下流のサクマルスクに、第三にはカザン郡のシェマ川沿い、すなわちヴャトカ川河口の他の地に鉱山工場(горные заводы)を建設することに関して、五等文官のキリーロフに対し、われわれの利益にとってより良き方法を見極めながら、己の判断でそれを行う」よう命じた。[10]

また非ロシア人住民に対する土地の割り当てについても政府は配慮している。特にミシャーリ人はオレンブルク遠征隊とともにオリ川に進み、オレンブルクおよび他の要塞建設に従事し、バシキール人蜂起が始まった時も、彼らはロシアの側に立った。それゆえ政府はミシャーリ人の忠誠に対し、バシキール人の土地の分与という形で報いようとしたのである。

勤務メシチェリャーク人に対し、バシキール人たちのもとから、彼ら〔メシチェリャーク人たち〕が忠勤に励んだことに鑑み、すなわちバシキール人の蜂起者側に走ることなく彼らに立ち向かったことに対し、彼らがバシキール人のもとから借りていた収益地をその〔メシチェリャーク人の〕土地として切り離す。特に、当のバシキール人が盗賊行為や蜂起に加担していれば〔なおのことそうすべきである〕。彼らには、貢租を永久に納めることなく、前述の土地を与えるものとする。まず、族長たちに二〇〇チェートヴェルチ〔約一〇九・二ヘクタール〕ずつ、エサウール、書記、百人隊長には一〇〇チェートヴェルチ〔約五四・六ヘクタール〕ずつ、一般の民衆には五〇チェートヴェルチ〔約二七・三ヘクタール〕ずつ、盗賊であるバシキール人によって被った損失分として与えるものとする。(11)

同様に、布告はチェプチャーリやボブィーリのようないわば他所からの流入者についても次のように規定する。年老いたチェプチャーリやボブィーリをメシチェリャーク人の場合を手本として、バシキール人への服従から解放する。盗賊であるバシキール人から、彼らの被った破壊のために、バシキール人に貢租を納めることを認めない。彼らを国庫に対するかつてのヤサーク支払いの状態にする。一方、盗賊行為に加担した者たちに対しては、その罪ゆえに彼らからバシキール人に支払っていた貢租を廃止した上で、以前納めていたヤサークの他に、穀物すなわちライ麦一チェトヴェリーク〔約二六・二リットル〕ずつ、オート麦一チェトヴェリークずつを徴集する。(12)

以上の布告内容に基づき、バシキール人はチェプチャーリやボブィーリへの土地分与のため所有していた土地を喪失することになったのである。

また蜂起の処罰として彼らバシキール人には国庫への穀物による付加的貢租の納入が課されたが、ここにわれわれは懲罰を口実にしてバシキール人の土地接収を目指す政府の意図を認めることができる。布告では「チェプチャーリとボブィーリには土地を購入する許可を与えねばならない」[13]というように、バシキール人の土地をチェプチャーリとボブィーリに売却するという問題も公然とうたわれ、バシキール人と彼らの社会に「受け容れられた者たち」であるチェプチャーリ・ボブィーリ両者との関係は複雑なものになっていった。

3 「布告」と土地問題

以上のような内容を持つ一七三六年二月一一日付け布告の意図するところは詰まるところ何であったのか。一つには、すでに述べたように、蜂起を起こしたバシキール人の処罰であり、いま一つにはバシキーリア内での叛乱の可能性を絶つということであった。そのため、今後ロシアの政策に反対することがないようにバシキーリア内における社会的諸関係の改編を行うことに注意が向けられたのである。

バシキーリアにおける社会的諸関係の改編とは、第一にバシキール人の相続地所有者(вотчиник)とその社会に「受け容れられた者たち(припущенники、バシキール人からすると『雇われ農民』を意味した)[14]」との相互関係を変更し、第二にバシキーリア内部における統治を建て直し、第三に結局のところオレンブルク地方へのロシア人住民の流入を強化することであった。

第一の点について具体的に述べると、他所からバシキーリアに移転し、その土地を耕していた「受け容れられた者たち」のうちミシャーリ人はほとんどが政府側に加担した。その功に対し、政府は彼らにすでに居住していた土地を分与したのである。しかもそれは土地所有権の永久分与であったため、もはや彼らは貢租をバシキール人に支払う必要はなくなっていた。また蜂起軍に参加した「受け容れられた者たち」も、国庫にその賠償として割り増しの穀物による貢租を納めることを求められはしたが、バシキール人に納める貢租からは解放されたのである。

第二の点についていえば、政府は族長の選出、バシキール人民会の開催、およびイスラーム聖職者たちの活動について制限を定めた。特に民会はバシキール人にとって重要であった。この民会は一年に一度ウファー近郊のチェスノコフカ川の辺で催されたバシキール人諸氏族の代表者会議であり、これがバシキール人民衆の重大な利益をすべて左右したのである。具体的には、一方ではロシアに対する、また他方では「キルギス人」やカルムィク人に関する政策を決定した。[15] フランスの歴史家R・ポルタルはこの集会がなければバシキール人はロシアに、とりわけその植民政策に対して一連の異議申し立てをすることはなかったであろうとさえ述べている。[16] この民会の開催が当局によって規制された。

第三の点に関して、政府はその支配地域を確保し、かつロシア人の入植を促進するための特別な方策を立てた。ロシア人に土地売買の許可を与えたのである。[17] その結果、布告発布後に政府は同地方における植民の強化を目指すことが容易となり、また工場の設立も速やかに行われるようになった。ここに非常に複雑ないわゆる「バシキール問題」が明確な形をとって現れたのである。土地をめぐる法令は政府の対応の変化とともにその後のバシキーリアにおける行政の根幹となった。

かくしてバシキーリアにおける植民・民族政策の基本的理念となる一七三六年二月一一日付け布告は同地方に錯綜した土地問題を引き起こした。政府による「受け容れられた者たち」に分与するための土地没収が蜂起参加者の土地を対象としたためである。同じ郷内に居住する「叛徒」と「忠実なる者」との土地の間に明瞭な境界線を引くことはおよそ不可能なことであった。それゆえバシキール人たちはエカチェリーナ二世が設置した一七六七年の新法典編纂委員会に対し、己の土地に住んでいる他所者から再び貢租徴収を行う権利を懇願したのである。[18]

しかし「受け容れられた者たち」との関係を調整して欲しいというバシキール人の要望に対し、委員会は何ら配慮することはなかった。ロシア政府は、「バシキール人と『受け容れられた者たち』との間の対立が、封建的および民族・植民的抑圧と闘うバシキーリア内の社会的下層民の統一にとって重要なブレーキ」となることを見抜いていた。[19] 政府はむしろこのような状況をそのまま放置しておく方が得策であるとみなした。民族間で反目させるというロシアの伝統的政策がこの時もとられたのである。

バシキール人たちは「受け容れられた者たち」だけでなく、工場主が彼らの父祖伝来の土地を獲得することに制限を設けるように政府に請願した。彼らによると、土地は「必要なだけ(по препорции)」とるべきであり、それ以外の土地はすべて本来の所有者であるバシキール人に戻すべきだ。しかし工場主は勝手に獲得した土地に自らの工場を建設している。したがって、彼らは土地の所有者であるバシキール人に地代として貢租を支払うべきだというのである。[20]

こうした主張にもかかわらず、ロシア政府はもっぱら植民の強化と工場建設の促進を目指した。たとえば新法典編纂委員会に宛てたオレンブルク県知事A・A・プチャーチンによるバシキール人の土地に関する「特別報告書」が政府の考えをよく示している。このなかで彼は、バシキーリアにおける土地問題の解決にとってバシキール人の所有する土地の一層の没収とロシア人による同地方へのさらなる移住が重要であると言い放ったのである。[21]

II　工場建設と植民

1　南ウラルにおける工業発展

バシキーリアのある南ウラルの地に本格的に工場が建設されるのは一八世紀中葉になってからである。しかも同地方はロシアだけでなく世界でも冶金工業および金属加工業の中心地となった。表9から分かるように、一七五一〜六〇年の一〇年間にこの南ウラルでは二一の工場が建てられた。これは一八〇〇年までに同地に建設された工場数の五三・八%にあたっている。したがって、この一〇年間に南ウラルの金属工業地帯の輪郭が形成されたといっても過言ではない[22]。特に一八世紀後半における同地方の銅融解工業は全ロシアのなかで著しい地位を占めるに至った。さらに一八世紀ウラルの銅融解量を示した表10から明白なように、その割合は年々増大する傾向にあった。また製鉄業（特に銑鉄）の発展にも目を見張るものがあった。たとえば一七八一年にはロシアで六四七万五〇〇〇プード（約一〇万六一九〇トン）の銑鉄が精錬されたが、そのうち南ウラルでは一二一万三〇〇〇プード（約一万九八九三・二トン）、すなわち全ロシアにおける生産の一八・七%が精錬されていた。一八〇〇年には南ウラルのそれは一・七

表9　18世紀後半の南ウラルにおける工場数

年代	熔鉱(鉄)工場	銅融解工場	合計
1740-50	4	2	6
51-60	9	12	21
61-70	5	0	5
71-80	1	1	2
81-90	5	0	5
合計	24	15	39

出典：*Павленко Н. И.* К истории южноуральской металлургии в XVIII в.//Материалы научной сессии, посвященной 400-летию присоединения Башкирией к Русскому государству. Уфа, 1958. С. 187.

表10　全ロシア，南ウラルおよびトヴョルドゥィショフとミャースニコフの銅融解量　（単位：プード）

	1769年	1770年	1771年	1772年	1790年
全ロシア	173,625	148,521	166,110	164,334	(101,060)
南ウラル	65,479	57,970	68,353	69,402	(57,482)
トヴョルドゥィショフとミャースニコフ	36,176	32,065	37,252	43,373	
南ウラル／全ロシア	37.7%	39.0%	41.1%	42.2%	(56.9%)

出典：Горнозаводская промышленность Урала на рубеже XVIII–XIX вв. сборник документальных материалов. Свердловск, 1956. С. 112–119; *Павленко Н. И.* Указ. соч. С. 193を修正し作成。

表11　18世紀におけるイギリスとロシアの銑鉄生産量　（単位：千プード）

年	イギリス（スコットランドを含む）	ロシア	
		絶対量	対イギリス(%)
1720	1037	610	59
1725	(1040)	815	78
1730	(1047)	957	92
1740	1058	1530	145
1750	1342	1009	150
1760	1647	3663	222
1770	1952	5106	261
1780	2440	6718	275
1790	4880	7957	163
1800	9516	9908	104

出典：*Струмилин С. Г.* История черной металлургии в СССР. Т. 1. М., 1954. С. 204.

倍に達した。つまり全ロシアにおける生産（九七八万八〇〇〇プード）の二一・五％（二一〇万四〇〇〇プード）を生産するまでに至ったのである。[23] 一八世紀を通してロシアの銑鉄生産高は銅の場合と同様に年毎に増加し、最終的にはイギリスを抜いて世界一になった（表11を参照されたい）。

一七六〇年当時、オレンブルク県には一五の銅融解工場と一三の製鉄工場が存在しており、それらは主に南ウラルであるバシキーリアの領域に広く分布していた。世紀末の一七九七年、県内にあるすべての工場は三万九〇〇〇プード（約六三五・七トン）の銅と八二万二〇〇〇プード(約一万三三九八・六トン)の銑鉄を精錬し、五五万三〇〇〇プード(約九〇一三・九トン)の鉄を鍛えていた。[24]

以上のように、南ウラルでは工業の急速な進展がみられるが、それを推進したのは主にシンビルスク商人出身のИ・B・トヴォルドゥィショフ(一七一〇年頃〜一七八三年)とその共同経営者で親類でもあるИ・C・ミャースニコフ(一七一〇年頃〜一七八〇年)などの民間企業家たちである(表10参照)。彼らの役割は中央ウラルにおいて活動していたデミードフ家の場合とほぼ同じであった。[25]一七六〇年代末までにトヴォルドゥィショフとミャースニコフは当時としては最も大きな熔鉱工場と銅融解工場合わせて一一の工場を建設し所有していた。ヴォスクレセンスキー工場(一七四五年再建)、プレオブラジェーンスキー工場(一七五〇年建設、以下同じ)、ボゴヤブレンスキー工場(一七五二年)、アルハンゲリスキー工場(一七五三年)、カタフ＝イヴァーノフスキー工場(一七五四年)、ヴェルホトゥリスキー工場(一七五七年)、ウスチ＝カタフスキー工場(一七五八年)、ポクロフスキー工場(一七五九年)、シムスキー工場(一七六一年)、ユリュザン＝イヴァーノフスキー工場(一七六二年)そしてベロレツキー工場(一七六七年)である。[26]彼らの所有する工場は銅融解量において、南ウラルだけではなく、全ロシアにおいても民間企業家の間で第一位を占めるに至った。[27]一八世紀におけるこのような南ウラルを含めたウラル地方における工業の発展は、外国への輸出に依存したものである。たとえば一七五二年、首都サンクト・ペテルブルクからの輸出総額四三五万三六九六ルーブリのうち、鉄が七二万九八八六ルーブリで第一位を占め、銅は六万一二八四ルーブリとなっていた。[28]

また、工場建設に関しては、地図9から時代とともに北から南へとその立地場所を移していること、特に一七五〇年代以降はバシキーリア内に多く建設されていることが分かる。こうしたことも一八世紀におけるバシキール人の蜂起を中心とした抵抗運動が激しさを増していったことを推論させてくれるのである。

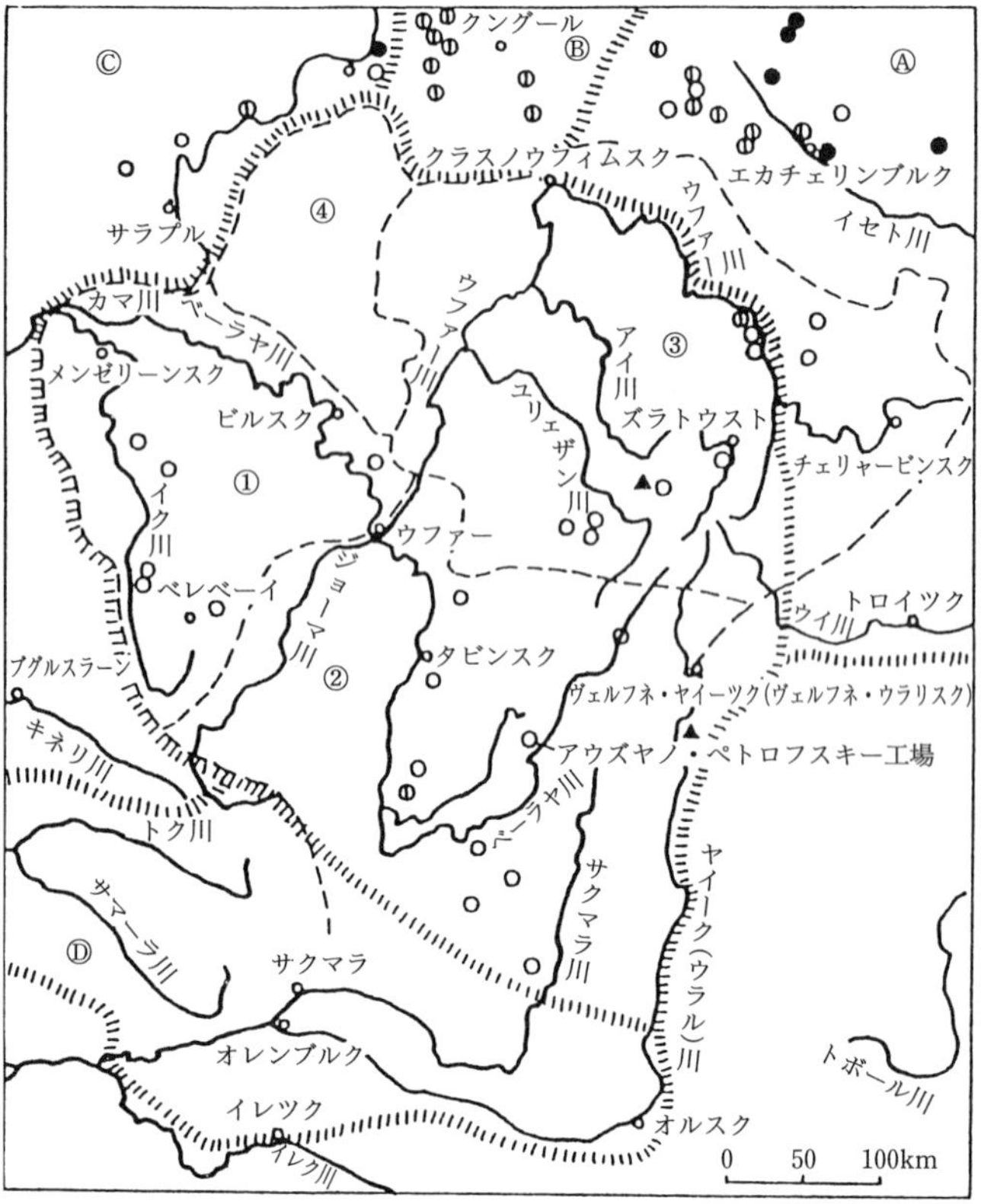

ıııııııııı 1744 年以降のバシキーリヤおよび近隣の境界線

Ⓐイセト地方　Ⓑクングール地方　Ⓒカザン地方　Ⓓオレンブルク地方
①カザン道　②ノガイ道　③シベリヤ道　④オサ道

工場設立年
● 1699 → ⦶ 1725 → ○ 1750→

▲ 銅鉱山

ｏ 都市

地図 9　18 世紀のバシキーリアにおける工場設立状況

出典：拙稿「プガチョーフ叛乱前夜のバシキール人――その社会的変貌」，『社会経済史学』第 49 巻 2 号，1983 年，56 頁。

2　И・B・トヴォルドゥィショフの進出

企業家И・B・トヴォルドゥィショフが南ウラルに工場を建設していく様子について、この分野で博士候補論文を書いたП・A・ヴァーギナの研究を基に詳しくみてみよう。(29)

一七三四年、オレンブルク遠征隊は遠くバシキーリアのステップに移動し、要塞建設と同時にこの地方の調査を開始した。豊かな銅鉱床の存在を知ったキリーロフは元老院に南ウラルの鉱山工場建設に関する計画を提出した。官営工場については、翌年、政府の許可を得たキリーロフはヴォスクレセンスカヤ川沿いにヴォスクレセンスキー銅融解工場の基礎を置いたのである。緒についた工場建設は、前節で指摘したように、一七三六年二月一一日付けの布告によって確認されたが、それらの工場は軍隊によって建設されることになる。

五等文官キリーロフ閣下の軍隊に勤務する龍騎兵ならびに兵士たちを、もしバシキール人との問題がうまく行かない場合には、〔その軍隊から〕幾人か鉱山を〔掘る〕準備する仕事のために、また工場を建てるために利用すべきこと。その仕事に対し、彼らには賃金を日給ではなく、その長所をみながら決まった賃金で、あるいは一プード〔の穀物〕を与えるものとする。(30)

ロシア政府の厳しい植民政策はバシキール人の絶え間ない蜂起を呼び起こし、多くの要塞が破壊された。キリーロフによって基礎が置かれたヴォスクレセンスキー工場は一七三七年に破壊されたため、「活動を開始することはできなかった」のである。(31)こうして南ウラルにおける鉱山工場建設の最初の試みは失敗した。破壊されたヴォスクレセンスキー工場は一七四四年まで打ち捨てられ放置された。

「一七四三年、彼〔トヴォルドゥィショフ〕はタビンスキー銅融解工場が稼動していない状態であることを知り、オレンブルク知事に誓願した」[32]。オレンブルクのための食糧供給に成功したことにより、トヴォルドゥィショフはオレンブルク県知事ネプリューエフの庇護を勝ち得た。知事の斡旋によりトヴォルドゥィショフには破壊された官営工場が売却された。このタビンスクの工場については工場主で塩の企業家でもあるピョートル・オソーキンもその獲得を目指していたが、最終的にオレンブルク委員会はトヴォルドゥィショフに工場の管理を任せたのである[33]。

南ウラル最初の民間工場主となった大商人И・В・トヴォルドゥィショフはオレンブルク委員会で、工場用地、燃料、防衛などを保証する一四項目から成る契約を結んだ。契約条件に従って、鉱山に「長さと幅が二五〇サージェン（約五三三メートル）」、工場の建物には奥行きと幅が五〇〇サージェン（約一〇六五メートル）」の土地が割り当てられた[34]。工場には五〇年所有するという条件で森も分与された。さらに土地と森を工場主はバシキール人から購入すること、「なぜならバシキール人の所有している土地は甚だ安価で、低い価格で賃借りしているからである」、と条件に記されていた[35]。

工場建設の期間は布告発布の日から数えて三年間と定められた。もし工場が定められた期間内に建設できない場合には、工場主は五〇〇ルーブリの罰金を支払わなければならなかった。以上の条件でタビンスキー工場を譲り受けた後、トヴォルドゥィショフはキリーロフによって選ばれた場所が工場にとって相応しくないと考えた。一七四七年、水量が豊かで鉱山に近いトル川沿いに新たな工場の基礎を置いた。新ヴォスクレセンスキー工場は以前の工場より南へ九〇ヴェルスタ（約九六・三キロメートル）離れた地点に建設された。工場と鉱山のために、彼は総額で四〇〇ルーブリしか支払わずに、約五万デシャチーナ（約五万四五〇〇ヘクタール）の土地を、すなわち一デシャチーナ（約一・一ヘクタール）あたり僅かに〇・八カペイカでバシキール人から購入したのである[36]。

ヴォスクレセンスキー工場用地購入に際し、バシキール人百人隊長たちの一人とトヴォルドゥィショフが結ん

工場内の鍛冶場

ポレスキー銅融解工場

図7　ウラルの工場

圧延機(18世紀)

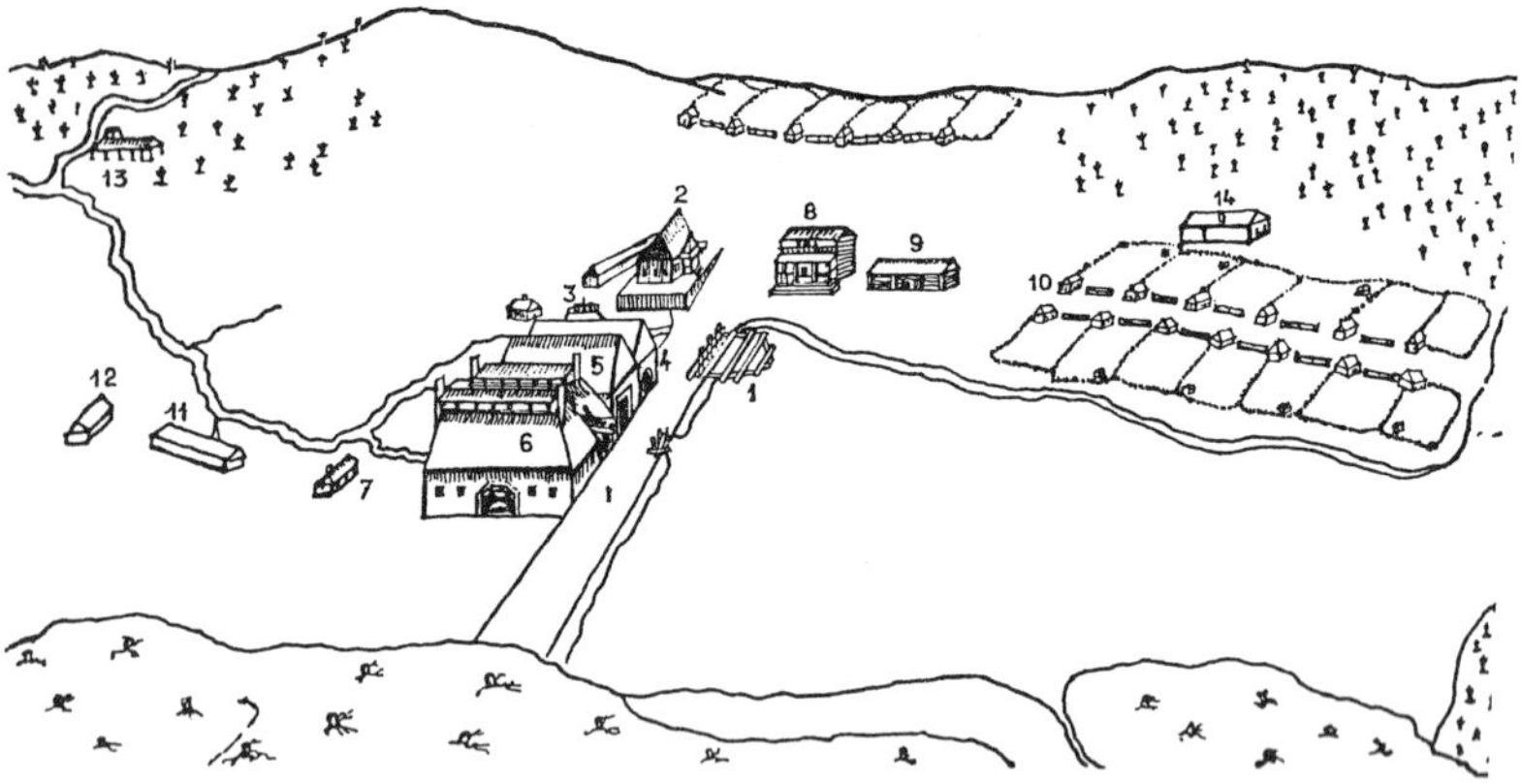

ウトキンスキー工場(アキーンフィー・デミードフ所有，1734年)

1．ダム　2．管理事務所および他の事務所　3．製材所　4．等級分けをし，圧搾して鉱石を取り入れる所　5．溶鉱炉(1734年はまだ建設中)　6．主鍛冶場(4つの槌がある)　7．小鍛冶場　8．穀物倉および材木小屋　9．主材木貯蔵小屋　10．労働者の家とその菜園　11．鉱石貯蔵所　12．鉱山から持ち込まれた鉱石を荷ほどきする所　13．れんが工場　14．ふいご，工具，その他を供給する作業場

図7　ウラルの工場(続)

出典：Portal, R. *Les Slaves, peuples et nations (VIIIe-XXe siècle),* Paris, 1965, pp. 157, 158

だ不動産登記証券(купчая)が残っている。

一七四四年二月二一日、ノガイ道ユルマティン郷の長老ムタップ・クチュコーフの仲間であるバシキール人すなわちメシチョーラという綽名を持つ百人隊長イシャン・アマン・ムシン、および選出された〔＝総代〕チュロカイ・カドゥィルメートフは、工場長イヴァン・トヴョルドゥィショフと彼の共同経営者イヴァン・ミャースニコフに、次のことを内容とする銅工場に関する不動産登記証券を与えた。わが百人隊長イシャン・アマン・ムシンと上記の選出されたバシキール人たち、および共同体の人々(мирские люди)は、その兄弟、子供、甥(племянники)、すべての親類ともども、全員一致して作成された契約に従い、わが百人隊長アシャン〔イシャンの間違い〕・アマン・ムシンと上述の仲間たちは、彼らトヴョルドゥィショフとミャースニコフ、および彼らの相続人たち(наследники)に彼らのヴォスクレセンスキー銅工場に〔土地を〕永久に売却した。[37]トヴョルドゥィショフは共同経営者ミャースニコフとともに甚だゆっくりとではあるが工場建設を始めた。工場はすべて稼動し、すでに一七四五年一一月から銅の融解が始まった。一七四八年二月、工場は完全に建設され、「機能していた」。同年、彼らによってプレオブラジェーンスキー銅融解工場が、また一七五一年にはボゴヤブレンスキー銅融解工場が建設された。

他の商人や企業家たちもトヴョルドゥィショフとミャースニコフの後に続いた。一七四四年四月一六日付け元老院布告は他の「希望者(охотие люди)」にも銅や鉄の工場をバシキーリアに建設することを許可した。この布告の第一六条にはその動機について次のように記されている。

ベーラヤ川と他の川に沿った前述の場所から遠いところに(すなわちトヴョルドゥィショフの工場から遠いということを念頭に置いているが)、すなわちウファー地方の他の場所であるバシキーリアとウラル地方に、鉄、銅、他の鉱山、および何か鉱物があり、〔そこは〕それらの生産と工場建設に相応しいのである。[38]

一七四六年にはトゥーラの商人コロプコーフ、四七年には企業家のピョートル・オソーキン、五二年には同じく企業家のマクシム・マサーロフが工場建設に参画した。一七四四年から五二年まで南ウラルに七つの工場が建設されたが、すべて民間人・商人の手に帰した。一七五三年以降、特に激しい建設ラッシュとなった。

以上のことは法律上明文化されはしなかったが、一七五三年一〇月には、富裕な「私人(партикулярные люди)」にも工場建設の道が開かれることになった。布告は述べている。「〔全オレンブルク県内にある官営の〕製鉄工場および銅工場〔建設〕を、すなわち工場を開くことを望んでいる私人たちにも〔その間口を〕広げることを命ずる」[39]。

一七五四年五月二五日、政府は新たな布告を発布した。それは南ウラルの産業へ「私人」がより容易に加わる道を開き、すべての希望する人に次の事業を許可した。「オレンブルク県の官有・私有の土地で鉱石、顔料、宝石を探し出すこと。支障なく地方の長官との関係に従って工場を建てること」[40]。さらに続けて次のように述べている。

いかなる官位や爵位がなくても、すべての地方で、すなわち己の土地でも、また他の土地でも、あらゆる金属、言い換えれば金、銀、銅、錫、鉛、鉄、同じく硝石(силитра)、硫黄、礬《ばん》(купорос)、明礬《みょうばん》(квасцы)、鉱物やあらゆる顔料の採れる必要な土地と宝石を捜すこと〔を許可する〕[41]。

3　バシキール人の苦難

このようにしてバシキーリア内に建設された工場は二つの意味でバシキール人社会に変化を引き起こした。しかも、この変化はバシキール人の伝統的な生活を破壊し、甚だ困難な状況に彼らを追い込んだのである。

第一に、バシキール人の貧民層が工場での補助的労働に使用されるようになったという点である。その仕事に

表12　ロシア人工場主による土地購入状況

購入年	工場名	購入面積（デシャチーナ）	購入価格（ルーブリ）	1デシャチーナあたりの価格（カペイカ）
1750	プレオブラジェーンスキー	10万0000	100	1/10
1754	ニャゼペトロフスキー	7万0000	30	約1/23
1762	ベロレツキー	30万0000	300	1/10
1767	カムバルスキー	3万6000	120	1/3
1769	アヴズヤノ＝ペトロフスキーとカギンスキー	18万0000（永久貸与）	20（年間）	1/90
不明	プレオブラジェーンスキー	1万0000（伐採用森林）	50ルーブリと数フントの茶	1/2と茶

出典：*Сигов И.* Народ и посессионные владения на Урале//Русское богатство. 1899. №3. C. 195を修正して作成。

就いた彼らは遊牧・牧畜という伝統的で固有の生活から離れ、ロシア人の工場登録農民と同様に、しばしば遠隔地の労働に赴かねばならなくなった。荷物輸送も困難を窮めた。彼らは道もなく水運の便がないところで鉱石などを運ぶことを余儀なくされたのである(42)。

第二には、工場用地売却・購入に伴うバシキール人社会の変化があげられる。ナロードニキの流れをくむ一九世紀の歴史家И・シゴフは、ロシア人工場主による土地購入の面積とその価格を報告している。表12がそれである。たとえば、一七六七年カムバルスキー工場建設のために購入された土地は、一デシャチーナあたり三分の一カペイカという途方もない低価格であった。それでもこの工場用地の価格は他と較べて比較的高い方である。永久貸与とはいえアヴズヤノ＝ペトロフスキーとカギンスキーの工場に至っては一デシャチーナあたり何と九〇分の一カペイカであった。表から法外に安い値段でロシア人が土地を購入していたことが分かる。M・ラーエフがそうした状況を先住アメリカ人の植民者へのマンハッタン島売り渡しに譬えたのはまさに至当であったといえる(43)。

また、土地購入の証文を書く際には、工場主たちは実際とは異なる土地の境界を記入した。その後、現実に土地を入手する時には、契約に反して工場主自身の都合によってより多くの土地を獲得したのである(44)。その時のロシア人の論理は次のようなものであった。

〔彼らロシア人にとって〕バシキール人は野蛮ではないにしても、少なくとも「正当なロシアの権威」に対して再三蜂起する半野蛮人（полудикарь）であった。それゆえ、彼らを騙し、すべてではないにせよ彼らの土地を奪うことは、〔彼らの〕罪を贖わせる代償と考えられたのである。(45)

工場主たちと署名を交わしたのはバシキール人共同体の最上層の人々であり、(46)そのこともバシキール人社会を激しく動揺させることになった。その際に行われた欺瞞は個人的レヴェルのものではなく構造的な問題であった。つまり、工場主がまずバシキール人の共同体全体を騙すだけでなく、バシキール人共同体内部においても多くの族長が自らの仲間を欺き、彼らの承認を得ずに土地をロシア人に売り渡した。(47)かくして本来土地は共同体の全構成員のものであるというバシキール人社会の原則が目にみえる形で崩壊していくことになった。

4　農業の進展と植民政策

一八世紀前半におけるロシア政府の植民政策の基本は遊牧民を定住・農耕へと移行させることでもあった。しかし農耕の導入と進展の状況は地域によってその程度に大きな差異があり、そのためバシキーリアではかなり複雑な様相を呈していた。たとえばロシア本土と接するバシキーリア西部のオサ道とカザン道のバシキール人にとって農耕は住民の基幹的生業となっていたが、東部のノガイ道とシベリア道では農耕は大きな意味を持たなかった。特に南東バシキーリアでは一七三〇年代にすでに農耕は行われていたにもかかわらず、住民の多くは半遊牧の牧畜業に従事していたのである。一七四三年、ウファー郡の副知事であったП・Д・アクサーコフは次のようなメモを残している。

狩人〔＝バシキール人〕たちには耕すべき穀物はない。大部分は肉、ひき割り穀物、牛乳で満足している。道中の用意に彼らは牛乳からクルトと呼ばれる小さなチーズをつくる。それを水のなかに入れ、パンも肉も取らずに食事をする。雌馬や雌牛から醗酵したクムィス（кумыз）と呼ばれる乳を飲む。彼らの村々には、大小の、しかも百を越えないだけの家屋がある。それらは多くの場合いつも良い水と森のあるところに建っている。正確にいうと、一冬を過ごすため、馬に好都合のステップの近くにある。〔彼らは〕蜜蜂〔＝養蜂〕、ホップ採取、および獣、狐、狼、ビーバーの狩猟によって生計を立てている。土地は大いなる満足を〔彼らに〕与えている。[48]

このように牧畜と狩猟・採取業に従事していたバシキール人について、П・И・ルィチコーフも別の角度から次のように述べている。

バシキール人は耕作に心を傾けない。彼らのうち、ある者たちは播種しているが、それは自分の必要のためであり、その数も僅かである。自らの生計を、彼らは大部分、馬の飼育や野生蜜蜂の採取用地から得ている。郡の住民の主要な経済は、特にバシキール人のもとでは、馬牧場、家畜の飼育および野生蜜蜂の採取業である。[49]

それにもかかわらず、一七六〇年代〜七〇年代初頭にかけてこうした地方でも農耕がある程度進展していったことは否定できない。[50]次に掲げる地図10はそのことをよく示す資料である。この地図からバシキーリアの西方では農耕が、東方では牧畜が、そして中央部ではそれに加えて養蜂が主要な産業になっていたことが分かる。

農耕が他の二道に較べて進んでいなかったノガイ道とシベリア道での土地耕作の状況に関して、アカデミー会員で一七七〇年当時バシキーリアを調査したИ・И・レピョーヒン（一七四〇〜一八〇二年）とП・С・パラース（一七四一〜一八一一年）の指摘がある。ノガイ道の様子について、レピョーヒンは次のように指摘する。タビンスク地方のバシキール人は「農耕に理解を示し始め、少なくとも家庭で必要な分だけの穀物を播種することに全力を尽くしている」。彼らは主に大麦、からす麦および大麻を播種していた。[51]パラースによると、ウファー近郊のク

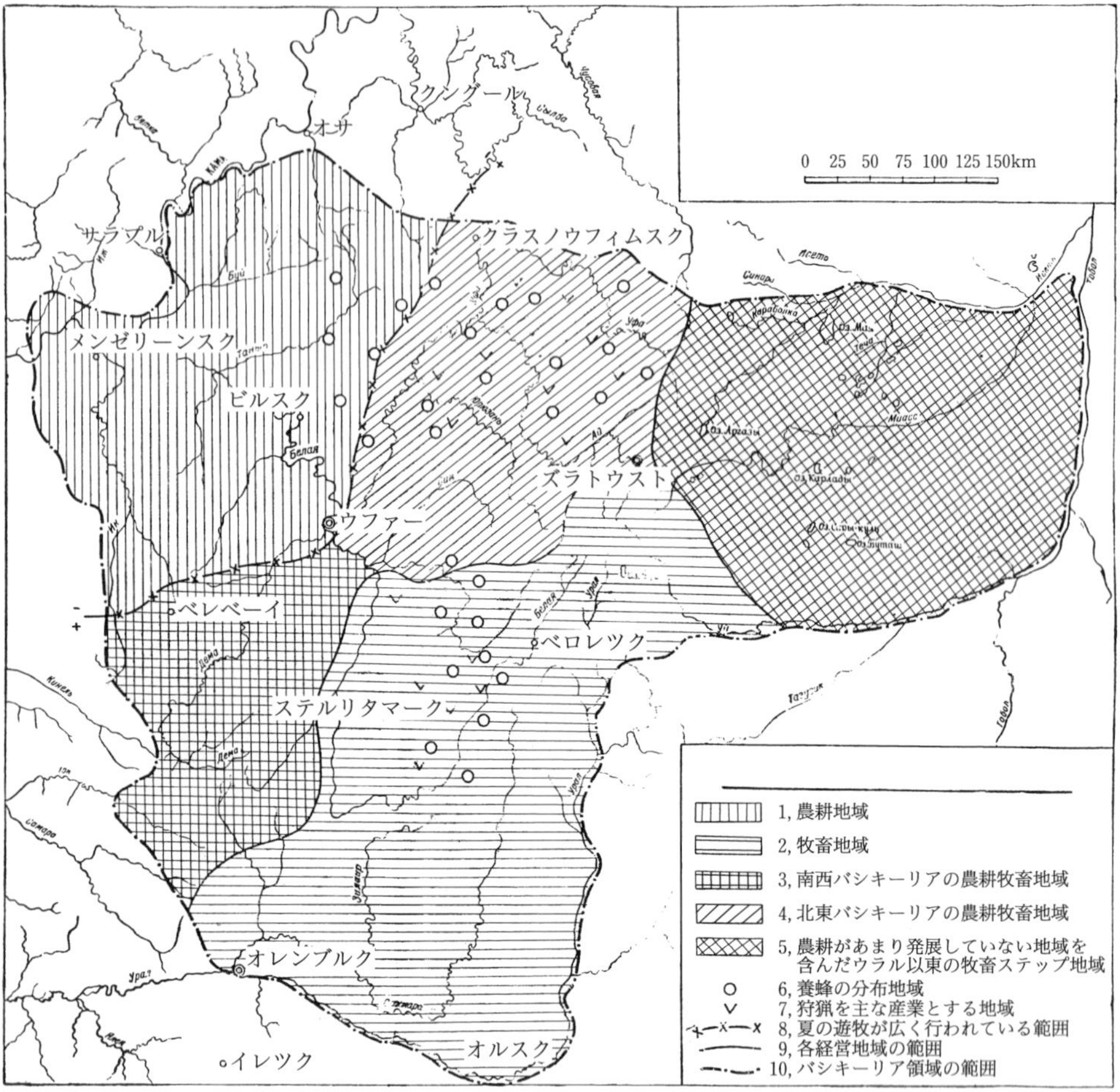

地図10　18世紀後半におけるバシキーリアの種々の農業経営地域

出典：*Кузеев Р. Г.* Очерки исторической этнографии башкир（род-племенные организации башкир в XVII-XVIII вв.）. Ч.1. Уфа, 1957. С. 22 の裏。

バウル（クボヴォ）川のバシキール人は、「夏と冬には自分の村に安住して立派に農耕を行い、すでに自分の穀物を都市に売り出せるようになっていた」という。[52] また、シベリア道について、レピョーヒンは次のように述べる。クラスノウフィムスクからアイ川まで間断なく「農耕民が居住している」。そのなかにはバシキール人も含まれている。「アイ川のバシキール人は根本的に変わった。彼らは自分たちの隣人たちとまったく同様に良き農耕民になったのである」。もちろんアイ川沿いのすべてのバシキール人が農耕に移行したわけではなかった。農耕民となったバシキール人とならんで、遊牧民もまた住んでいたのである。彼らは農耕を行わず、冬に備えて多くの干草を貯蔵していた。[53] パラースもカタヴ川やユリュザン川沿いに住んでいたバシキール人たちは近隣の諸工場に穀物を供給していたと述べている。[54]

こうした農耕の発展には入植してきたロシア人農民から技術の面で多くの援助を受けていたという事実も見逃すことはできない。たとえばバシキール人はロシア人の使用する犂（coxa）、大鎌（коса）、鎌（серп）などの農具を利用していた。[55] それでもなお、レピョーヒンはノガイ道とシベリア道のバシキール人の大多数が依然として遊牧しながら牧畜を生業としていたという。[56]

当時、バシキーリアに入植してきたロシア人は主に国有地農民であった。П・И・ルィチコーフによると、一八世紀中葉にはイセト郡だけで三万二八七九名（男性）の人頭税納入の義務を負うロシア人が住んでいた。その内訳は、第一に、国有地農民が中心で、修道院領農民、高位聖職者所有の農民（архиерейские）、領主農民（すなわち農奴）および工場登録農民、第二に、ポサード住民、そして第三に、一四七六名のカザークである。[57] 先の住民数のなかには大ロシア地方からの逃亡農奴たちも含まれていた。バシキーリア西部ではロシア人は少なく、むしろここにはヴォルガ沿岸地帯からの非ロシア民族出身の逃亡者たちが居住していたのである。[58]

一方、たとえ住民のほとんどが農耕に従事していない地方でも、工場が建設された場所では、バシキール人は伝統的な生業である半遊牧の牧畜業を放棄しなければならなかった。すなわち鉱山・森林地帯（カタイスク郷、タビンスク郷、部分的にはブルズヤン郷、およびユルマティン郷とその他ノガイとシベリアの各道の諸郷）のバシキール人は徐々に林業（タール蒸留・炭焼き・樹脂蠟の採取等）にその生業を移していった。[59] また工場設置に伴い、自らの土地を放棄し、他の土地へ移転することを余儀なくされる場合すらあった。たとえばタビンスク郷とカタイスク郷のバシキール人の一部は自分たちの土地を失った後、南方である現在のクイビシェフ郷とサラトフ郷に移ったのである。[60]

かくしてバシキーリア内における工場設立とロシア政府による植民政策はバシキール人社会を大きく変貌させることになったが、彼らの困難はそれらのみが原因ではなかった。

III　一七五五年の蜂起あるいはバトゥィルシャの叛乱

1　新たな負担

上記の点とともに、エリザヴェータ女帝治世下の一七五四年にロシア政府は塩の国家専売制度を実施した。これは財政収入の増大を図りながら軍事＝官僚制国家を目指したロシア政府の方針であった。具体的にはすでに記したので繰り返しは避けるが（第五章を参照）、それはバシキール人にとってより大きな不安の種となった。

一七五五年の蜂起前夜、バシキーリア全域で人々が反対していたのは塩の専売制だけではなかった。鉱山労働や軍役、荷馬車運搬賦役および新たに導入された駅逓の宿泊や宿場（почтовые станы и ямы）の勤務義務についてもそうであった。特に最後の宿駅制度は住民に重い負担を強いるものであった。一七三五年にウファーと首都との間に確立された定期駅逓通信制度は一七五二年にはオレンブルクとカザンの間にもできた。これ以外に、ウファーとオレンブルクは県内にあるすべての主要な要塞と駅逓宿泊制度で結び付いていた。この勤務はバシキール人に負わせられることになるが、以前の荷馬車運搬賦役と比較しても甚だ重い負担であった。その様子を少将に昇進していたA・И・テフケリョーフは一七五六年に次のように書いている。宿駅制度は「バシキーリアの至るところで……彼らバシキール人に甚だしい出費を強いている。何となれば、オレンブルクからゼライルスク要塞への駅逓馬車道だけで」一年に五〇〇〇ルーブリも支出しなければならなかったからである(61)。ミシャーリ人、チェプチャーリおよびボブィーリも一七四七年に定められた人頭税に不満を抱いていた。

2　契　機

ロシア政府は民族間の結束を恐れ、民族同士を反目させておく政策を伝統的にとっていた。一七三五〜四〇年の蜂起に際しても、あらゆる約束を取り付けて、蜂起したバシキール人に対して、ドン・カザーク、カルムィク人、さらにはカザン・タタール人やカザーフ人を「けしかける」ことに成功した。政府は独断で売ったり、手元に置いたりしても構わないという条件で、彼らに蜂起者の持っていた財産や家畜、さらにはその妻子さえも手に入れることを許したのである(62)。

このような方法を用いて政府は相互に親睦や友好的に生きる可能性を排除しながら、近い関係にある民族を対立させていった。また、一七三六年二月一一日付け布告発布以後、ロシア政府は民族の混合を防ぐ目的でバシキール人と他の非ロシア人との結婚を法的に規制しようとした――その政策は必ずしも目的を達成したわけではなかった——が、それは上の政策の一環である。[63]

政府と聖職者はキリスト教化政策を積極的に推し進めた。強制的洗礼が頻繁に行われるということと並んで、地方住民の宗教に対する制限が一層厳しくなった。バシキール人たちは特別な許可なくしてはモスクや学校を建てることができなくなっていた。県知事や軍政官たちには新たに洗礼を受けた者がかつての信仰に戻らないように厳しく取り締まることが義務付けられた。もしそうした者が出た場合、その者は死刑に処せられた。[64]たとえば、一七三八年、タティーシチェフの命令により、エカチェリンブルクの新たに洗礼を受けた者たちがいる眼前で、イスラームに戻ったシベリア道アイリンスク郷のバシキール人(史料のなかでは「タタール人」として表現されている)トイギリデ・ジュリャコーフが火刑に処せられた。[65]一七四〇年には、この同じ「罪」によって洗礼を受けた後に蜂起したノガイ道タビンスク郷のカザーク、ロマン・イサーエフが処刑された。[66]こうした厳しさは住民の間に不満と不信の雰囲気を作り出した。それにもかかわらず、地方当局はさらに規制を強め、イスラーム神学者(ахун)の数を全道で四名までに限ることとし、彼ら神学者に次のような忠誠を当局に対し誓わせたのである。「あらゆる悪行について〔当局に〕報せ、また他の宗教から自分の宗教には誰であれ引き入れない」、と。[67]

地方当局や郷内の族長たちも住民を困難な状況に陥れた。そうした不満について、一七五五年蜂起の指導者で逮捕されたムッラーのバトゥィルシャは監獄のなかから女帝エリザヴェータ・ペトローヴナに宛てて次のような書簡を送っている。

諸要塞にいる司令官たち(начальники)の圧迫はあらゆる限界を越えました。人々は裁判の裁定や公正な裁判のために要塞に出掛けることに絶望したのです。〔中略〕たとえば、ウファーとチェリャービンスクに司令官として滞在していた二名の公たちの時代には、彼らのもとにやって来た告訴人と検事は次のように審理を終えたものです。すなわち、ある件は一〇ルーブリ、またある件は三〇ルーブリ、そして他の件は五〇ルーブリで〔審理する〕といった具合に。一日で終えることができる訴訟を、彼らは富を得ることを目的に一か月に引き延ばしました。一か月で終えることができる訴訟に関しては一年に引き延ばしたのです。同様に、幾つかの郷の長老たちは、際限なき悪行を重ねて人々の財産を食べ(ели народное добро)〔すなわち、人々から賄賂を受け取る、の意〕、大酒に耽り、剣(шашка)で人に斬り付け、〔彼らの〕手を切り落とし、さらにはこれと同じような数え切れない非道を行いました。しかしながら〔彼らから〕審理の裁定を求められても、当局者たちはこうした悪行に対する公正な裁判をすることに注意を払わないのです。

さらにバトゥィルシャは、女帝に地方住民が郷内の将官や役人によって抑圧されていることを訴えた。その民衆の出口なき絶望的状況を強調して次のように述べている。

悪行はすべての地方であらゆる限界を越えているのです。不幸な住民が信頼し任せることのできる公正な裁判を受けることはできないのです[68]。

このように、バシキーリア内の住民に対する圧迫は限界を越え、不満が人々を包み込んでいたのである。

3　経　過

すでに一七五四年春、最も積極的な人々が蜂起への準備を始めた。イニシアチヴをとったのはノガイ道ブルズヤン郷のバシキール人たちであった。同じノガイ道南方諸郷の住民が彼らを支援した。シベリア道およびオサ道の住民とも連絡をとり、同地方のミシャーリ人とタタール人も戦いに参加することになった。ブルズヤンの人々はカザーフ人に援助を求め[69]、カザーフ人の方でも支援を約束した。おそらくカザンのタタール人との間にも関係があったであろう。

蜂起に向けて準備が進んでいるという噂は全バシキーリアに広まった。それは特に、キリスト教化、モスク建設の禁止、宗教問題に関するロシア政府の行政官やその意を受けたバシキール人上層の干渉に不満を抱いていたイスラーム聖職者の一部を興奮させた。そうした不満を抱く聖職者のなかにムッラーのアブドゥッラー・アレーエフ（ガブドゥッラー・ガリエフ）、通称バトゥィルシャがいた。彼はシベリア道カルィシュ村出身のミシャーリ人であり、教養のある聖職者として人々の尊敬を集めていた。ムッラーとして地方をめぐり、宗教問題に関する住民の状況、とりわけ政府の政策や上層からの抑圧に対する不満を熟知していたのである。

一七五四年秋、ノガイ道の住民たちがシベリア道のバシキール人たちと連合し蜂起に向けて準備しているとの噂がバトゥィルシャに伝わった。翌年三月、彼のもとにノガイ道のカルチル＝タビンスク郷のバシキール人がやって来て、彼に匿名の書簡を手渡した。そこには五月末に蜂起を起こすこと、および「イスラームの蘇生のために助力する」必要について述べられていた[70]。これに応えてバトゥィルシャはムスリム住民に向けてアッピールを書いた[71]。それは住民の状況を記した上で、ツァリーズムの側に立つ者たちにその罪があると断じ、一七五五年七月三日に蜂起を開始することを呼び掛けたのである。弟子たちはその呼び掛けを筆写し、極秘にそれをムスリム住民の間に広めた。その内容は多くの人の知るところとなった。ムスリムであるバシキール人、タタール人、ミシャーリ人およびカザーフ人に対してバトゥィルシャは次のように呼び掛けている。

> ロシア人の不信心者を打ち破り、撃退し、彼らをわれわれの土地から追い出そう。われわれの地にイスラーム寺院（мечеть）やイスラームの神学校（медресе）を建設し、われわれの信仰すなわちイスラームの信仰を強めることに熱心に尽くそう[72]。

しかし、実際の蜂起がキリスト教徒に対するムスリムの戦いとしてではなく、抑圧者に対する被抑圧者の戦いとして展開したのは重要である。われわれの注目を惹くものにバシキーリアにおける工場や要塞建設に対する断固たる反対があるが、一九四〇年にこの蜂起に関する唯一の研究書を著したA・П・チュローシニコフによると、呼び掛けはツァーリ権力からの完全な自由を宣言するものであると述べている[73]。バトゥィルシャはバシキール人やイスラームを信奉する他の民族が生きるための当然の権利を確認しながら、信教の自由を守り、他方でバシキーリアにおけるツァリーズムの植民主義者の無法を非難したのである。

一七五五年五月一五日、ノガイ道ブルズヤン郷(現在のバイメクシー地区)の住民が立ち上がった。ジラン・イトクルとムッラーのフダイベルダを首領とするバシキール人のグループは鉱山探索作業隊隊長ブラーギンと彼を支援している人々との戦闘に突入した。この直前、ブラーギンはノガイ道南部の諸郷に「非鉄鉱石と磁器工場用の粘土を探し採掘するために」ペテルブルクから赴任してブルズヤン郷にあるタルカス湖近郊で活動を始めた。短期間ながらバシキール人に対する専横と略奪により、ブラーギンはバシキール人の激しい嫌悪を呼び起こした。同月一八日、蜂起した人々はイセト街道のサプサリスク宿駅(ямская станция)を襲い、ここにやって来た官吏および宿駅を防衛していた龍騎兵を攻撃し始めたのである。蜂起の開始を知ったバシキール人はイセト街道の宿駅義務を放棄した。そのためオレンブルクからチェリャービンスクに通ずる街道が事実上機能停止に陥った[74]。

ちなみにイセト街道は一八世紀五〇年代前半に造られ、オレンブルク市をヴェルフネ・ヤイーツクさらにイセト地方の諸都市と結び付ける重要な街道であった。この街道はノガイ道のウセルガン、ブシュマン＝キプチャク、ブルズヤン、タンガウルの諸郷、およびシベリア道のバシキール人の土地を通っていた。宿駅は五〇〜六〇ヴェルスタ(約五三・五〜六四・二キロメートル)毎にあった。サプサリスク宿駅はサプサル川がサクマラ川に合流する地点に位置していた。街道はバシキール人によって維持され、彼らは官吏、郵便その他の官有物の移動、輸送のために馬車を提供する義務を負い、道路の補修もしなければならなかった。この義務は甚だ重く、住民にとって不満の種であった。蜂起が始まった時、バシキール人がイセト街道の勤務を放棄したのは当然であった。

しかし、蜂起は一層の展開をみるまでには至らなかった。当局側からの弾圧を恐れた蜂起指導者たちは家族や親戚とともにヤイーク川以南（за Яик）のカザーフ・ステップに逃れたからである。

オレンブルク県当局は迅速に対策を講じた。五月二二日、ブルズヤン郷にイサーコフ中佐の軍隊が派遣された。若干遅れてオレンブルク衛戍司令官で陸軍准将バフメートフ指揮下の一三〇〇名の兵士とカザークが到着した(75)。支援のため、この勢力に「忠実な」バシキール人族長たちが自分の部隊を率いて動員された。叛乱の準備について情報を得、それに参加することを約束していたバシキール人族長たちもイサーコフ中佐に加勢し始めた。しかし、こうした「裏切り」は彼ら族長たちを救いはしなかった。当局はそれまでの彼らと蜂起者との関係を突き止め、族長たちは全員、その家族や親類とともに逮捕され、その家畜や財産も没収されたのである。

鎮圧軍は、「〔蜂起の〕基本的な住民のいる居住地域でそのような人々を見つけ出し、かつそうした人々を根絶すべく、そうした人が一人もいなくなっても悲しむことなく、また当の盗賊集団と関係があると嫌疑をかけられた人々を拘束してここ〔オレンブルク〕に送るべく……悪人たちには〔ロシア側の嫌悪の〕感情を、他の異教徒たちには恐怖を知らしめるべし(76)」、という県知事の指令を遂行した。懲罰は大規模に行われ、ブルズヤン郷の無事に生き残った住民の一部は近隣の諸郷に隠れ、残りはカザーフに逃れざるを得なかった。そのため当局はブルズヤン郷の中心に新しいジライルスク要塞を建設し、蜂起に対する橋頭堡とした。また逮捕された族長やその仲間に代わって、彼らが就いていた職にはツァリーズムに忠実なミシャーリ人たちが任命されたのである。

こうしたオレンブルク当局の政策はバシキール人に一層の不満を呼び起こし、彼らに蜂起を続行させることになった。カザーフ人のもとに隠れていたブルズヤン郷の人々が戻り、政府軍に小規模ながら攻撃をかけた。その他の同調する者たちはアジテーションを行った。

一七五五年八月初頭、ブルズヤン郷のバシキール人たちは再び立ち上がった。八月九日、蜂起した人々はヴォズネセンスキー銅融解工場を攻撃し、工場の馬を追い立てて連れ去り、森に火を放った。ブルズヤンの人々をタンガウル郷、ウセルガン郷、ブシュマン＝キプチャク郷、チャンキン＝キプチャク郷、スヴン＝キプチャク郷、カラガイ＝キプチャク郷、ギレイ＝キプチャク郷、タミヤン郷およびカタイ郷の住民が支援した。蜂起した者たちは宿駅、建設中の工場を含めたすべての工場、政府軍部隊および要塞を攻撃し、工場のために準備されていた薪や森そのものを燃やした。特に彼らはバラカリスクとウラリスクの両宿駅を破壊したのである。(77)

八月九〜一〇日、バシキール人たちはプレオブラジェーンスキー工場を襲撃し、五〇名以上の人々を殺害あるいは負傷を負わせ、工場にあった薪と石炭を燃失させた。積極的に参加したのはブシュマン＝キプチャク郷、チャンキン＝キプチャク郷およびスヴン＝キプチャク郷のバシキール人たちである。同月一二日、バシキール人はヴォズネセンスキー工場を攻撃し、工場所有の馬を追い立ててそれを奪った。数日後、タシュリンスキー鉱山を破壊した。一五日、人々はクチュクバイの指揮下ポクロフスキー工場を壊滅させた。三日後の一八日、ジライルスク要塞から三〇ヴェルスタ（約三二・一キロメートル）のところでクチュクバイの部隊はアヴズヤノ＝ペトロフスキー工場へ向かっていたシカプスキー大尉率いる龍騎兵中隊と五〇名から成るカザーク部隊と遭遇し、それを包囲し殲滅した。蜂起軍も指導者を含めて約四〇名を失った。特にクチュクバイの死は同地方の運動にとって大きな打撃であった。(78)

この八月には蜂起した諸郷の住民がヤイーク川以南のカザーフ・ステップへ大量に「退去（уход）」している。彼らは家族と家畜を連れて集団で逃亡したのである。第一陣は八月一〇日頃、ブルズヤン郷の住民が「一〇〇〇名、妻と子を連れ、さらに大きな行李（кош）を持って」、また同月一一日にはタンガウル郷の多数のバシキール人が「退去した」。次いで、ブシュマン＝キプチャク郷、チャンキン＝キプチャク郷、スヴン＝キプチャク郷およびウセルガン郷の住民たちが故郷を捨てて「退去した」。カザーフ・ステップへの逃亡は一七五五年秋中続いた。

ヤイーク川越えの「退去」は必ずしも蜂起の終息を意味したわけではなかった。バシキール人は家族と家畜を安全な場所に置いてバシキーリアに戻り、再び戦いを続けたのである。九月初め、人々は新たにプレオブラジェーンスキー工場を襲撃し、二〇名以上の工場民(заводские люди)を殺害したり負傷させたりし、またそこにあった薪と石炭に火を放ち、馬を盗んで逃げた。一〇月初旬、一〇〇名から成る蜂起軍部隊はカノニコリスキー工場を占拠すべく奇襲攻撃を試みたが、撃退されて退却を余儀なくされた。数日後、蜂起軍は再び現れて工場攻撃に向かった。一〇月末、攻撃が繰り返された。同月二〇日、ヴォズネセンスキー工場とアヴズヤノ＝ペトロフスキー工場付近でバシキール人は行動したが、彼らは工場を占拠できずに工場民を攻撃し、そこの家畜を盗んだのである。[79]

こうした積極的な闘争は南東バシキーリアで一七五五年末まで続いた。しかし、ノガイ道における蜂起の動向に関する正確な史料は残っておらず、大まかな情報を得ることしかできない。それによると、カザーフ・ステップには五万人のバシキール人が逃れており、このなかにはその妻子が含まれていた。[80]

オサ道とシベリア道でも蜂起が準備されていた。そこでは不満を抱いていた人々がバトゥィルシャの周りに集まってきた。とりわけオサ道ガイニンスク郷のバシキール人たちが積極的な行動を示した。一七五五年六月～七月、彼らは再三バトゥィルシャにすでに蜂起の準備が整っていることを伝えていた。八月、ノガイ道で蜂起が再び発生したとの報せが伝わると、ガイニンスク郷の人々は再びバトゥィルシャのもとに戦いを始める提案を持ってやって来た。バトゥィルシャは弟子たち数名をガイニンスク郷に派遣した。彼らの到来を利用して、ガイニンスク郷チュンガク村のバシキール人チュラグル・ミンリバーエフは蜂起を呼び掛ける情報宣伝活動を行い、チュンガク、バルドゥィ、スルタナエヴォ、サラシェヴォ、アクルシェヴォ、バシャポヴォといったアウルから人を募って蜂起軍を組織した。同時に、クィズィル・ヤール（後のクラースヌィ・ヤール）村のバシキール人たちはアクバシュ・アンドリューシェフとムスタイ・テレベルディンの指導のもとに立ち上がり、自らの族長アブドゥク・コジャグーロフを殺害した。八月二七日、クィズィル・ヤール村にチュラグル・ミンリバーエフが到来した。彼はオサ道とシベリア道で蜂起を起こすべく各地域の人々を糾合し、バトゥィルシャのもとに向かおうと考えていた。(81)

クィズィル・ヤール村の村長トゥクタムィシュ・イシブラートフは以前蜂起側に立っていたが、この度は己の配下にある者たちを集め蜂起に対抗した。不意を衝かれた蜂起部隊は追い散らされ、指導者は捕まり、当局に引き渡された。それでもガイニンスク郷のバシキール人のうち強硬派は蜂起を継続すべくシベリア道カルィシュ村にいたバトゥィルシャのもとに向かった。おそらく九月二日あるいは三日に彼らはカルィシュ村に着いたであろう。しかしバトゥィルシャはすでにそこにはいなかったのである。バシキール人はバトゥィルシャを近隣の森で捜索したが、結局、彼を見つけ出すことはできなかった。一方、バトゥィルシャは八月末にはカルィシュ村にいてガイニンスク郷のバシキール人がやって来るのを心待ちにしていた。しかし、九月一日早暁、彼はその希望を捨て、家族と弟子たちを集め、森に逃げ込んだのである。カルィシュ村とその近隣の住民はバトゥィルシャの最初の呼び掛けで立ち上がる準備ができていた。師が森に向かった時、彼のもとに約一五〇名の武装した人々がやって来た。人々はバトゥィルシャの指示を待っていた。しかし、バトゥィルシャは蜂起に向けて何の指示も出さず、そのため立ち上がった部隊は分裂してしまったのである。(82)

以上のような状況にもかかわらず、バシキール人、ミシャーリ人そしてタタール人が戦いに向けて立ち上がる準備をしていた。県内の政府軍は南東バシキーリアに釘付けにされていたため、この地方は政府の鎮圧行動から自由であった。それゆえ鎮圧軍を送ることができない当局は「忠実な」バシキール人とミシャーリ人の部隊を同地に派遣せざるを得なかった。しかし、蜂起は大きな運動にはならなかった。この地方における蜂起の不成功には理由がある。バシキール人社会内で、上層は蜂起することに反対していた。まったく同じことがミシャーリ人とタタール人の「封建領主」とイスラーム聖職者の多くにもあてはまった。結局のところバシキール人、ミシャーリ人およびタタール人の間に連帯が形成されることもなかったのである。

かくしてオサ道とシベリア道の領域で始まった運動は頓挫したが、一七五五年末の段階で完全な平穏が訪れたわけではなかった。翌年春から夏にかけて、南バシキーリアで積極的な行動があった。小蜂起部隊が要塞や工場の近くに現れ、街道を行き来する商人、鉱山工場の職人や労役夫を襲った。(83) この時バシキール人はロシア政府と自らのハンやスルタンの教唆によって自分たちを背後から攻撃していたカザーフ人と戦うことになった。

4　敗　北

ノガイ道における蜂起の再発、ウラルと中央沿ヴォルガ地帯でのミシャーリ人、カザーフ人、カザン・タタール人、その他の民族とバシキール人との共同蜂起の可能性、オサ道とシベリア道の境界線での戦闘の勃発が政府を悩ますことになった。プロイセンとの戦争(七年戦争)を準備していたということも状況を複雑にした。その後、政府は蜂起鎮圧に全勢力を集中し、中央地帯からオレンブルク県に向けて支援のための軍隊が派遣された。蜂起当初、オレンブルク県内には約二万五〇〇〇名の兵士、龍騎兵およびカザークが駐屯していた。それが一七五五年八月には、県知事И・И・ネプリューエフの要請により、元老院は龍騎兵三個連隊、ドン・カザーク三〇〇〇名およびカザンの勤務ムルザとタタール人五〇〇〇名を割り当てた。県内の軍は約三万六七〇〇名に膨れ上がった。(84) 蜂起軍との戦いにあたって、当局に「忠実な」ミシャーリ人およびバシキール人「領主」が積極的に動員された。

鎮圧は残虐を極めたが、すでに問題となっていた蜂起者と「忠実な」住民の区別にも政府軍は苦慮していた。政府軍のモイセーエフ大尉はブルズヤン郷で二七名のバシキール人を処刑した。逃亡を防ぐため、その妻子を要塞に閉じ込めた。またクィズィリスク要塞の衛戍司令官ナザーロフ少佐は、派遣されていたノガイ道の六七名の「忠実な」バシキール人を理由もなく処刑した。彼らの行為は何ら処罰の対象とはならなかったのである。同時代の人が書いているように、同様な残酷さのために「バシキーリアの至るところですべての人が怯えていた」。南東諸郷の住民たちはその故郷を捨て、山や森、あるいは南のカザーフ・ステップとりわけヤイークを目指した(85)。

蜂起軍との戦いで当局はまたしても「分割して統治せよ」という政策を実践することになる。ネプリューエフはこの地方に植民その他でやって来たロシア人農民をバシキール人に対して「けしかけた」。また、蜂起したバシキール人を奴隷にすることを認めた特別の証書を示しながら、ミシャーリ人とタタール人に政府側に立って蜂起に対抗することを呼び掛けた。さらにはオレンブルクのイスラーム神学者イブラギムによって作成されたとされる書状さえ利用された。そのなかで、イブラギムは蜂起を非難し、人々に投降することを勧めたのである(86)。

立ち上がったバシキール人に対してカザン・タタール人たちを「けしかける」ための一連の政策が打ち出された(87)。一七五五年九月一日、バシキール人に対し譲歩を約束しながら蜂起中止を求める布告を発したエリザヴェータ・ペトローヴナは、そのマニフェストを沿ヴォルガ地帯のタタール人のもとへも発した。女帝は彼らタタール人に政府に忠実な態度をとるようにと呼び掛け、叛乱鎮圧の軍事行動に参加するようにも訴えた。そのなかで、女帝は参加するタタール人にはドン・カザークに対する基準に従って今後二か月間の俸給の給付を約束し、また彼らが戦闘で「蜂起者のもとから」得るであろう財産および捕虜を彼らのものとすることを認めた(88)。さらにカザン県内のムスリム住民が前年に滞納していた総額二五万ルーブリの人頭税を帳消しにすることも約束したのである。また強制的なキリスト教化の政策を緩和し、改宗に熱心であった大主教ルカ・カナシェーヴィチを中央沿ヴォルガ地帯から更迭した。そして最終的に、カザン県、ニジェゴロド県およびシンビルスク県のムスリムに対してイスラーム寺院建立の許可を下した。その結果、カザン・タタール人は蜂起に参加しなかっただけでなく鎮圧軍に加担しさえしたのである。(89)

「分割して統治せよ」という政策はとりわけカザーフ人とバシキール人の間に適用された。蜂起前夜、叛徒たちはカザーフ人と関係を打ち立てていた。ロシアの政策に不満であったカザーフ人がバシキール人を支援すると約束したのである。

一七五五年五月、蜂起の後、ブルズヤン郷の多くの人々は鎮圧軍を恐れてカザーフ人のもとに身を隠した。すでに述べたように、八月には多くの郷でバシキール人の大量逃亡が始まったが、カザーフ人のもとには約五万名のバシキール人が暫定的に移住していた。

オレンブルク県知事は政府の同意を得てバシキール人とカザーフ人の関係に楔を打ち込むことに決めた。彼はカザーフのハンおよび上層の人々に、バシキール人をオレンブルク当局に引き渡すことを条件に、バシキール人から略奪してその所有するすべての財産と家畜を没収することを許可した。この際、当局はカザーフ人上層に気前良く贈り物さえした。エリザヴェータ女帝はカザーフのハンに毎年六〇〇ルーブリの俸給の支給を決定したのである。

以上の政策を遂行すべく、政府はA・И・テフケリョーフをカザーフに派遣した。彼には一万ルーブリがハンや「封建領主」を政府側に「なびかせる」ために渡されていた。また、カザーフ民衆さえも当局につかせる目的で、バシキール人の持っているカフタンの給付が約束された。(90) その結果、カザーフ人は彼らのもとに匿われていたバシキール人を捕らえ、その財産を奪ったのである。

一七五五年末、バシキール人は蜂起の継続についてではなく、カザーフ人のもとで捕虜にある仲間の解放について考えなければならなくなった。翌年初め以降、オレンブルク当局から支援を受けているとみなされたカザーフ人に対する襲撃がバシキール人により広範囲にわたって行われた。

一七五五年秋から蜂起に関係があると疑われたバシキール人の逮捕が始まった。公式には一人の処刑もなかったが、多くの人々が戦闘、およびオレンブルクやウファーの要塞監獄で命を落とした。また少なからぬ蜂起者の家族がカザーフ・ステップのなかに姿を消してしまった。生き残った蜂起参加者は笞刑に処せられ、バルト海沿岸での軍役に兵士や水兵として派遣された。軍役に適さない者たちは同じバルト海に臨む港町ロゲルヴィクへの労働流刑に処せられた。蜂起に加わった者の妻子、親類は中央地帯へ運搬を遂行する者あるいは要塞奴隷として、工場主、商人、役人のもとに分け与えられた(91)。

一七五六年八月八日、バトゥィルシャことガブドゥッラー・ガリエフが当局の手に落ちた。同年一二月、彼に対する判決が下った。彼は笞刑を受けた後、鼻孔を抜かれ、政治犯を収容するシュリッセリブルク要塞に収監された。牢獄内での生活は悲惨を極めた。枷ははずされず、自由に読み書きをすることも許されないという厳しい条件下、それでも女帝エリザヴェータに対して蜂起について詳しく手紙をしたためた。一七六二年七月二四日、バトゥィルシャは要塞からの逃亡を試み、四名の看守を殺害したが、彼自身そこで命を落としたのである(92)。

5　意　義

蜂起の炎は異なる三つの対象に向けられた(93)。第一には地方当局であり、第二にはバシキール人社会の上層であり、第三には工場に対してであった。そのことはこの蜂起が何を目指したのかを明確に物語っている。つまり、バシキール人はロシアによる土地の接収、税や義務の増大、キリスト教化政策、税制の変更、オレンブルクとウファー当局の厳しい政策や専横に反対したのである。そのなかで、バトゥィルシャのアッピールは蜂起を準備する上で大きな役割を果したが、キリスト教に対するイスラームの聖戦という彼の呼び掛けのみが人々を立ち上がらせた理由ではなかった。重要なことは、人々が何よりも植民政策の抑圧的なシステムそのものに反対して立ち上がったという点である。

しかし、この蜂起も敗北した。立ち上がったバシキール人は人的にも物質的にも大きな損失を被った。人々はヤサーク徴収に代わって国庫から塩の購入を義務付けられたのである。それでも戦いには一定の成果があった。バシキール人が貧窮した際には、彼らは国の長たるツァーリに相談する権利を再び手に入れ、バシキーリア南東部の人口希薄な地帯での宿駅制廃止を勝ち取り、オレンブルク県への材木などの運搬義務からも解放された。さらに、当局はバシキーリアの行政を整備すること、およびその土地を勝手に接収しないことを約束したのである。一七五九年九月、元老院はバシキール人代表者の請願に答えて次のように明言した。「今後、バシキール人の誰に対しても決して侮辱を与えず、荒廃の淵に陥れてはならない。また彼らの収益地に強制的に入植させるべきではない。そしてすべてのことから、彼らバシキール人を保護するだけでなく、彼らにあらゆる好意と法令によりしかるべき保護を与えるべきである(94)」、と。

当然のことながら、バシキール人に対する現実の譲歩はとるに足りないものであり、本質的な利益はその隣人たるカザーフ人に与えられた。しかしこの蜂起の重要な歴史的意義は、社会的・民族的な抑圧、そして何よりも植民的抑圧の脅威に堪えているバシキール人や他の諸民族がその不満をいま一度蜂起という形で表明した点にあった。

Ⅳ　新法典編纂委員会

1　主　張

その後、バトゥィルシャの理念はエカチェリーナ二世の設置した新法典編纂委員会(一七六七年)におけるバシキーリア選出代議員であるトゥクタムィシュ・イシブラートフ(ウファー郡代表)とバザルグル・ユナーエフ(イセト郡代表)によって受け継がれた。この二人は対照的な人物である。すでに述べたように、トゥクタムィシュ・イシブラートフはバルドゥィンスク郷(現ペルミ州)の族長でクィズィル・ヤール村の村長であった。プガチョーフ叛乱が発生した当初は叛乱軍側に立ったが、後に運動から離れ、政府側に走った。他方、バザルグル・ユナーエフはシベリア道(イセト郡、現チェリャービンスク州)ミャコティンスク郷の族長で、プガチョーフ叛乱では終始積極的に運動に参加した。その功をプガチョーフに認められて彼は「元帥」の称号を与えられたのである。[95]

なお、バシキール人の民族的覚醒と近年のバシコルトスタンの主権(суверенность)獲得への動きを関連付けて論じた法学者Д・Ж・ヴァレーエフは、「ロシア国立古法文書館」所蔵の古文書(РГАДА. Ф. 342. Оп. 1. Д. 109. Ч. XI-XII)を利用しながら、本来、新法典編纂委員会に提出された地方の代議員の要望書(наказы)は一九世紀後半に刊行された『帝室ロシア歴史協会論集(Сборник императорского Российского исторического общества)』に掲載されるのであるが、ツァリーズムに忠実な官制史学が先の二人の要望書を載せることを恐れたと述べている。[96] しかし、代議員たちの動きを近年のバシコルトスタンにおける「主権」獲得の動きと関連させて論ずるのは的を射ていない。むしろ、それらはバシキール人自らの生存権確保の動きとみなすべきものである。
トゥクタムィシュ・イシブラートフとバザルグル・ユナーエフは、新法典編纂委員会の席上、一度ならずバシキール人の権利を政治的、経済的、法的、宗教的そして道徳的な側面から論じ、バシキール人の民族的利益を擁護したのである。(97)

上記二名の代議員は委員会に要望書を提出した。そのなかで極めて具体的に自民族の発展に関する焦眉の問題を訴えた。要望書は様々な郷のバシキール人の報告や請願を基礎に書かれたものであった。両人とも、エカチェリーナ女帝に対し、かつて諸叛乱に参加したことを理由に、自分たちバシキール人を「盗賊(воры)」ないし「殺人者(убийцы)」呼ばわりしないように、またその他の不快な言葉を投げ掛けないよう懇願した。(98)

要望書提出にはバシキーリアにおけるそれまでの歴史が背景にあった。特に一世代前に発布された叛乱者たちの土地に関する一七三六年二月一一日付け布告によって先鋭化した土地問題に注意が向けられた。すでに述べたように、その発布によって蜂起したバシキール人の土地は鎮圧に参加したミシャーリ人にも分与されることになったが、そのため、第一に、バシキール人の経営的・経済的自立が困難になり、第二に、バシキール人とミシャーリ人は民族的起源が近いにもかかわらず、ロシア政府が両者の関係を害するようになったのである。

バザルグル・ユナーエフによって作成されたイセト郡バシキール人の要望書は端的に次のように述べている。「祝福されたる女帝陛下、バシキール人の相続地が争いがたく、また障害なく〔バシキール人の〕所有であることが確認されることを請い願うものであります」。(99)このように、バシキール人は土地の強制収用に対して異議を唱えた。また、工場建設やその他のために強制収用する際の地方行政官による専横に対処すべく、土地に対するバシキール人の所有権を法的に確認して欲しいという住民側から出された要求は、逆に彼らの置かれた法的な無権利状態をよく示していた。

バザルグル・ユナーエフの要望書は、「不穏な地域(неспокойный край)」であるバシキーリアを政治経済的に弱めようとするツァリーズムの幾つかの試みについても論難する。その一つは、鍛冶屋を持つことの禁止および製粉所に対する課税についてであった。特に、彼は製粉所に対する税金の撤廃を要求した。[100]

裁判制度についても、バザルグル・ユナーエフはその制限の撤廃を求めた。バシキール人やその他の異教徒たち(иноверцы)が、以前と同様に自分たちの習慣に従って裁判にかけられること、また裁判を仲裁裁判所(третейский суд)の助けを借りて長老たちが執行すること、しかし宗教的な問題に関しては、「長老のみが発言するのではなく、われわれの宗教上の法に従って、神学者たち(ахун и мулла)によって判断されるべきである」[101]、とした。

さらにバザルグル・ユナーエフは強制的改宗の問題に関しても発言している。信教の自由を述べた上で、彼は次のように言い放った。「もし人が望まないのであれば、強制によって洗礼を施すべきではないのです」[102]、と。ここに、かつてバトゥィルシャがエリザヴェータ女帝宛ての書簡で述べた点との類似性を指摘できる。[103]

こうしたバシキール人側からの要求にもかかわらず、政府は結局のところ「バシキール問題」に何ら対策を講じなかったのみならず、むしろ従来の苛酷な政策を遂行しさえしていった。そのことが彼らを来るべきプガチョーフ叛乱へと積極的に参加させることになったのである。

2　動　揺

要望書が新法典編纂委員会に提出されるより一〇年も前の一七五五年蜂起で、すでにバシキール人は付近の工場、鉱山さらにロシア人労働者が住んでいる工場付属の村々を攻撃していた。[104]

バシキール人の攻撃対象の主なものに工場があげられるが、そのことはこの蜂起以降も変わることはなかった。

一七五七年、エリザヴェータ女帝の治世に起きた次の事件は工場に対するバシキール人の否定的な態度をよく示している。

オレンブルク地方に、旧来の住民であるバシキール人と同地の鉱物資源採掘にやって来ているロシア人住民との間に不穏な雰囲気がある。工場管理者たちはバシキール人が工場を圧迫し、工場での生産を妨害するといって泣き言を並べた。それだけでなく、工場の周囲に火を放ったり、工場や鉱山に魔法の煙(волшебные пожары)を向けさせたりしている。それが原因で死に至る危険な空気(смертельный воздух)が発生し、アヴズヤノ＝ペトロフスキー工場ではほとんどすべての人が病気に罹り、かなりの数の人々が死んだ。〔中略〕また、工場付近に住む農民たちが所有する馬を何頭も追い出したのである。[105]

上記の工場以外にも数多の工場がバシキール人による襲撃を被った。工場やそれに付属するロシア人村落でも、周囲を柵で囲むなど襲撃を防ぐ努力を払わざるを得なかったほどである。[106]たとえばバシキール人による攻撃から工場を守るための要塞としてエカチェリンブルク（一七二一年建設）が[107]、またその他多くの要塞が同様の目的で建設された。しかし、バシキール人が工場に対してより激しく、しかもバシキーリア全域で攻撃を展開するのはプガチョーフ叛乱の時であった。

（1）その要塞都市の重要性については本編、第三章も参照されたい。
（2）ПСЗ. Т. VIII. №№5316, 5318, Т. IX. №6469; Труды Оренбургской ученой архивной комиссии. Вып. VII. Оренбург, 1900. С. 77.
（3）ПСЗ. Т. X. №7473; *Витевский В. Н.* Неплюев и Оренбургский край в прежнем его составе до 1758 г. Историческая монография. Вып. 3. Казань, 1891. С. 50.
（4）Там же. С. 450; *Чулошников А. П.* Восстание 1755 г. в Башкирии. М.-Л., 1940. С. 7. なお、ここで依拠したВ・Н・ヴィテフスキーのあげる数字によると、ウファー郡とイセト郡を合わせた数がその総数よりも七〇名少なくなっている。筆者は、論旨の展開上、支障がないと判断し、本文に述べた数字を掲げた。なお、С・Т・アクサーコフ『家族の記録』の訳者である黒田辰男はチューバを州と訳している（*Аксаков С. Т.* Собрание сочнений в четырех томах. Т. 1. М., 1955（黒田辰男訳『家族の記録』、岩波文庫、一九五一年、初版、三五一頁））。しかし、郷よりは小さい区分であることからして、それは適切ではないと考え、そのままチューバとした。

（5）Материалы по истории Башкирской АССР. Ч. I. М.-Л., 1936. док. №186. С. 433-434; док. №194. С. 475; Очерки по истории Башкирской АССР. Т. 1. Ч. 1. Уфа, 1956. С. 204.

（6）*Чулошников А. П.* Указ. соч. С. 22.

（7）*Акманов И. Г.* Правительственные указы по земельному вопросу в Башкирии (30-е гг. XVIII- 30-е гг. XIX в.)//Социально-экономическое развитие и народные движения по Южном Урале и Среднем Поволжье (дореволюционный период). Уфа, 1990. С. 25.

（8）ПСЗ. Т. IX. №6890. С. 744.

（9）Там же.

（10）Там же. С. 745.

（11）Там же.

（12）Там же.

（13）Там же.

（14）この語については、小山晧一郎訳・山内昌之訳・註「ゼキ・ヴェリディ・トガン自伝⑴」、『史朋』四号、一九七六年四月、八頁に詳しい。訳者たちによると、「プリプーシチョンニク〔正しくはプリプーシチェンニク〕」とは「共同体（община）へと駆り立てられ、あるいはそこに受け入れられた者で、土着の土地所有者の土地へ移住した者である。もし彼が収穫の半分を納めることで受け入れられたなら、分益小作農（половник）である。メシチェリャークとチェプチャーリは土着の土地所有者ではなく、バシキール人のプリプーシチョンニキ（プリプーシチョンニクの複数形）であった」（Толковый словарь живого великорусского языка Владимира Даля/Бодуэн-де-Куртенэ (ред.) СПб., 1912, Стб. 1144; См. Энциклопедический словарь/Брокгауз Ф. А. и Ефрон И. А. (ред.) Т. XXV, СПб., 1898, С. 240）。また、取り結ばれた契約で一定の期間・一定の賃金で「バシキール人の土地で生活することからプリプーシチョンニキと名づけられた」（Словарь современного русского литературного языка. Т. XI. М., 1967. С. 697）。一方、作家のС・Т・アクサーコフは『家族の記録』のなかで、この語について次のような註を与えている。「プリプーシチェンニク(傭百姓)とは、ある年数の間契約を結んで毎年払いか、一時払いの賃金で、バシキール人たちの土地に居住する者たちをいう。この傭百姓の村(деревня)で、契約の期間を終わってから、その土地をバシキール人に返還するというようなことは殆ど皆無の事である。そのために幾百とも知れぬ裁判(дело)が起こるのであるが、それは通常、この百姓たちが、第五回納税人口調査の時に、調査人口一人あたり一五デシャチーナの土地を分け前に貰って、その土地に定住することになって解決するのである。〔中略〕それで、このようにしてオレンブルク県の広大な土地がタタール人、メシチェリャーク人、チュヴァーシ人、モルドヴァ人、およびその他の国庫の移民たち(農民、казенные поселяне)の所有に移ったのである」(*Аксаков С. Т.* Указ. соч. С. 75.(前掲、黒田辰男訳、三五頁))。一八六〇年、バシキール軍団が廃止された時(このあたりの事情については本編、第九章を参照されたい)まで、バシキール人の相続地所有者(вотчинники)は代々の土地所有権を保有していた。しかしながら、彼らはバシキール人の土地に住む全プリプーシチェンニキに少なくとも男性一人あたり一五デシャチーナの割り当て地の保有を保証することが要求された。一八六九年、ロシア政府はプリプーシチェンニキの間での土地保有が等しく行われるようにという目的から、バシキール人の土地全体の測量を始めた。政府役人たちは男性一人あたり一五デシャチーナ以上の土地を持つプリプーシチェンニキから土地を取り上げ、それを一五デシャチーナ以下の土地保有者に配分するためにとっておいた。しかし、政府は方針を変更し、一八七〇年代末、貯えていた土地の多くを名ばかりの価格(三七万九〇〇〇デシャチーナを少なくとも一デシャチーナあたり二ルーブリ以下)で官僚や将校たちに売却した。購入者の大部分は不在の買い手であったが、購入後、彼らは土地を市場価格(一デシャチーナあたり七〜二五ルーブリ)で売却した。プリプーシチェンニキの手に残ったのは僅かな土地のみであったという(*Усманов Х. Ф.* Размежевание башкирской дач между вотчинниками и припущенниками по правилам 10 февраля 1869 г.//Иванов В. П. и Усманов Х. Ф. Из истории сельского хозяйства Башкирии. Уфа, 1976. С. 25-41; *Усманов Х. Ф.* Развитие капитализма в сельском хозяйстве Башкирии в пореформенный период 60-90-е годы XIX в. М., 1981. С. 39-44)。

(15) *Тхоржевский С. И.* Социальной состав Пугачевщины//Труды в России. М., 1925. С. 93.

(16) Portal, R. "Les Bashkirs et le gouvernement russe au XVIIIe siècle," *Revue des Etudes Slaves.* t. 22. 1946. p. 94.

(17) Очерки по истории Башкирской АССР. Т. 1. Ч. 1. С. 146-148.

(18) Там же. С. 210; См. *Ташкин С. Ф.* Инородцы Поволжско-Приуральского края и Сибири по материалам Екатерининской Законодательной Комиссии. Вып. 1. Оренбург, 1921. С. 192-193.

(19) Очерки по истории Башкирской АССР. Т. 1. Ч. 1. С. 210-211.

（20）Там же. С. 211; *Ташкин С. Ф.* Указ. соч. С. 193-194.

（21）Представление оренбургского губернатора кн. А. А. Путятина о башкирских землях//Сборник императорского Российского исторического общества. Т. 7. СПб., 1871. С. 419-436; Очерки по истории Башкирской АССР. Т. 1. Ч. 1. С. 211-212.

（22）また、チュローシニコフによると、一七五一〜五五年までの間に、バシキーリアには一一の工場（鉄関係二、銅融解九）が建てられたという。地域別の内訳は、ノガイ道六、カザン道二、シベリア道一、メンゼリーンスク地方一、ウラル以東のバシキーリア（イセト郡）一となっていた。彼はこうした点を考慮し、上記の工場のある地方の住民が工場主に対する敵愾心を増大させ、特にバシキーリア南東部で一七五五年の叛乱が激しかったということが容易に理解しうる、と述べている（*Чулошников А. П.* Указ. соч. С. 45-46）。

（23）*Павленко Н. И.* К истории южноуральской металлургии в XVIII в.//Материалы научной сессии, посвященной 400-летию присоединения Башкирии к Русскому государству. Уфа, 1958. С. 193.

（24）*Рычков П. И.* Топография Оренбургской губернии. Оренбург, 1887. С. 399-405.

（25）Hudson, H. D. Jr. *The Rise of the Demidov Family and the Russian Iron Industry in the Eighteenth Century*. Newtonville, Mass., Oriental Research Partners, 1986.

（26）*Павленко Н. И.* История металлургии в России XVIII века. Заводы и заводовладельцы. М., 1962. С. 217, 222, 227, 229, 230, 232-242.

（27）*Он же.* Указ. стат. С. 187.

（28）Portal, R. *Les Slaves, peuples et nations*（*XIII*^{e}-*XX*^{e} *siècle*）. Paris, 1965, p. 154.

（29）*Вагина П. А.* Заводы южного Урала в 50-60-х годах XVIII века. Диссертация на соискание ученой степени кандидата исторических наук. Л., 1950.

（30）ПСЗ. IX. №6890. С. 745.

（31）*Кашинцев Д.* История металлургии Урала. Гонти. 1939. С. 118; *Вагина П. А.* Указ. стат. Л. 4.

（32）Рожков О. Материалы к истории горного промысла в Оренбургском крае//Горный журнал. СПб., 1868. №7. С. 298.

（33）ПСЗ. Т. XII. №8921. С. 79.

（34）Там же. С. 81-83.

（35） Там же. С. 84.

（36） *Прусаак А. В.* Заводы, работавщие на Пугачева//Исторические записки. Т. 8. 1940. С. 194.

（37） РГАДА. Ф. 271. Оп. 1. Д. 743. Л. 278（*Прусаак А. В.* Указ. стат. С. 260 より転引用）.

（38） ПСЗ. Т. XII. №8921. С. 85.

（39） Там же. Т. XIII. №10141. С. 907-908.

（40） Там же. Т. XIV. №10244. С. 169.

（41） Там же.

（42） Очерки по истории Башкирской АССР. Т. 1. Ч. 1. С. 159-160. バシキール人の工場労働者への参加の様子を示す史料は少ない。また、工場労働に従事したのは定住バシキール人であった(*Павленко Н. И.* Указ. соч. С. 233)。

（43） Raeff, M., "Pugachev's Rebellion," in R. Forster & J. P. Greene (eds.) *Preconditions of Revolution in Early Modern Europe*. Baltimore & London, 1970, p. 181. なお、表中のプレオブラジェーンスキー工場用地購入にあたり「茶」が使用されていることに注目すべきである。当時、茶は高級品として貨幣に代わりうる価値を有していた。

（44） *Ташкин С. Ф.* Указ. соч. С. 192-193.

（45） Там же. С. 192.

（46） Материалы по истории Башкирской АССР. Т. IV. Ч. 1. М., 1956. док. №6, С. 43-35 и далее.

（47） *Мавродин В. В.* Крестьянская война в России в 1773-1775 годах: Восстание Пугачева. Т. 1. Л., 1961. С. 495.

（48） Материалы по истории Башкирской АССР. Т. III. М., 1949. С. 527.

（49） *Рычков П. И.* Топография... С. 201.

（50） Очерки по истории Башкирской АССР. Т. 1. Ч. 1. С. 205.

（51） *Лепехин И. И.* Продолжение записок путешествия академика Лепехина. Полное собрание ученых путешествии по России. Т. IV. СПб., 1822. С. 27-28.

（52） *Паллас П. С.* Путешествие по разным провинциям Российского государства. Ч. 2. Кн. 1. СПб., 1786. С. 26.

（53） *Лепехин И. И.* Указ. соч. С. 277-278.

（54） *Паллас П. С.* Указ. соч. С. 39-41.

(55) Очерки по истории Башкирской АССР. Т. 1. Ч. 1. С. 206.
(56) *Лепехин И. И.* Указ. соч. С. 41–43, 49–62.
(57) *Рычков П. И.* Топография... С. 161–191.
(58) Там же. С. 46–47.
(59) カタイスク郷だけがシベリア道であり、残りの三郷はノガイ道である。
(60) Очерки по истории Башкирской АССР. Т. 1. Ч. 1. С. 210. バシキーリアは大別すると北の森林地帯と南のステップ地帯とに分かれる。特に、南で馬の飼育や半遊牧を生業とするバシキール人にとって、工場設置は彼らの生活形態の変更を余儀なくさせるものであったと考えられる(cf. Portal, R. "Les Bashkirs...," pp. 94–100)。
(61) Материалы по истории Башкирской АССР. Т. IV. Ч. 2. С. 439–440.
(62) Очерки по истории Башкирской АССР. Т. 1. Ч. 1. С. 199–202.
(63) *Асфандияров А. З.* Башкирская семья в конце XVIII– первой половине XIX века//История СССР. 1984. №4. С. 159.
(64) ПСЗ. Т. XI. №8664; Т. XII. №8875.
(65) *Чупин Н. К.* Сожжение на костре в Екатеринбурге в 1738 г.//Русская старина. 1878. №10. Т. 23. С. 309–313.
(66) ПСЗ. Т. XI. №8125.
(67) ПСЗ. Т. IX. №6890.
(68) Письмо Батырши императрице Елизавете Петровне/Хусаинов Г. Б. (сост.) Уфа, 1993. С. 74–75.
(69) *Рычков П. И.* Топография... С. 259–266; *Чулошников А. П.* Указ. соч. С. 69, 70. バトゥイルシャの指導した叛乱については次の史料を参照されたい。РГАДА. Ф. 7. Оп. 1. Д. 1781. Ч. 1–5.
(70) *Чулошников А. П.* Указ. соч. С. 68.
(71) НА УНЦРАН. Ф. 3. Оп. 2. Д. 139. Л. 4–13.
(72) Там же. Л. 6.
(73) *Чулошников А. П.* Указ. соч. С. 55–56.
(74) История Башкортостана с древнейших времен до 60-х годов XIX в./Усманов Х. Ф. (ответ. ред.) Уфа, 1996. С. 254.
(75) *Витевский В. Н.* Указ. соч. Вып. 5. С. 860; *Чулошников А. П.* Указ. соч. С. 71–72.

(76) Очерки по истории Башкирской АССР. Т. 1. Ч. 1. С. 196.

(77) Там же. С. 196-197.

(78) *Чулошников А. П.* Указ. соч. С. 79-84.

(79) История Башкортостана с древнейших времен до 60-х годов XIX в. С. 256.

(80) *Витевский В. Н.* Указ. соч. Вып. 5. С. 872.

(81) История Башкортостана с древнейших времен до 60-х годов XIX в. С. 256.

(82) *Чулошников А. П.* Указ. соч. С. 84-88.

(83) *Чулошников А. П.* Указ. соч. С. 98-99, 102-106.

(84) История Башкортостана с древнейших времен до 60-х годов XIX в. С. 257.

(85) Там же.

(86) *Неплюев И. И.* Жизнь Ивана Ивановича Неплюева. СПб., 1893 (reprint ed., Cambridge, Oriental Research Partners, 1974). С. 152, 154.

(87) Сенатский архив. СПб., Т. IX. С. 411; История Башкортостана с древнейших времен до 60-х годов XIX в. С. 258.

(88) ПСЗ. Т. XIV. №10469; *Витевский В. Н.* Указ. соч. Вып. 5. С. 869.

(89) ПСЗ. Т. XIV. №10597; *Витевский В. Н.* Указ. соч. Вып. 5. С. 868-870; *Чулошников А. П.* Указ. соч. С. 88-91.

(90) *Чулошников А. П.* Указ. соч. С. 96.

(91) Там же. С. 106-108.

(92) НА УНЦ РАН. Ф. 3. Оп. 2. Д. 139. Л. 315-316.

(93) Очерки по истории Башкирской АССР. Т. 1. Ч. 1. С. 198.

(94) Материалы по истории Башкирской АССР. Т. IV. Ч. 2. С. 26, 439-443.

(95) *Валеев Д. Ж.* Национальный суверенитет и национальное возрождение: из истории борьбы башкирского народа за самоопределение. Уфа, 1994. С. 39.

(96) Там же. С. 38.

(97) Там же.

（98）Там же.

（99）РГАДА. Ф. 342. Оп. 1. Д. 109. Ч. XI. Л. 263.

（100）РГАДА. Ф. 342. Оп. 1. Д. 109. Ч. XII. Л. 265об.

（101）Там же.

（102）Там же. Л. 266об.

（103）バトゥィルシャのエリザヴェータ女帝宛ての手紙は註（68）の刊行史料を参照。

（104）*Витевский В. Н.* Указ. соч. Вып. 3. Приложение... С. 95; *Чулошников А. П.* Указ. соч. С. 82.

（105）*Соловьев С. М.* История России с древнейших времен. Кн. V. Т. 10. М., Стб. 1028; Русская старина. Т. 23. 1878. С. 313-315.

（106）たとえば、サトキンスキー工場とその付属の村はバシキール人や遊牧していたカザーフ人たちの襲撃に備えてその周囲に柵を設けた（*Ушаков И. Ф.* Работные люди Белорецкого завода в Крестьянской войне//История СССР. 1960. №6. С. 131）。

（107）Россия. Полное географическое описание нашего отечества. Урал и Приуралье/Семенов-Тян-Шанский В. П. (ред.) Т. 5. СПб., 1914. С. 422.

第七章　プガチョーフ叛乱(上)

I　叛乱参加の背景

1　植民・民族政策

一七七三年九月一七日、プガチョーフ最初の布告がオレンブルク近郊のトルカチョーフ部落で読み上げられた。早朝、ここに六〇名のヤイーク・カザーク、カルムィク人およびタタール人が集まった。その部落で読み上げられた布告には多様な社会的範疇の民衆が参加する要素があった。

プガチョーフ叛乱が発生し展開した地域は、南はカスピ海から北はイルビト市、東はトボール川から西はオカやドンの両河川に至る約六〇万平方キロメートルである。(1) そこには、農民や工場民として働くロシア人の他に、各地のカザーク、バシキール人、カルムィク人、タタール人、チェレミス人およびチュヴァーシ人などの非ロシア人が多数居住していた(地図11を参照)。旧ソ連史学ではプガチョーフ叛乱を次の三つの時期に区分した。第一期

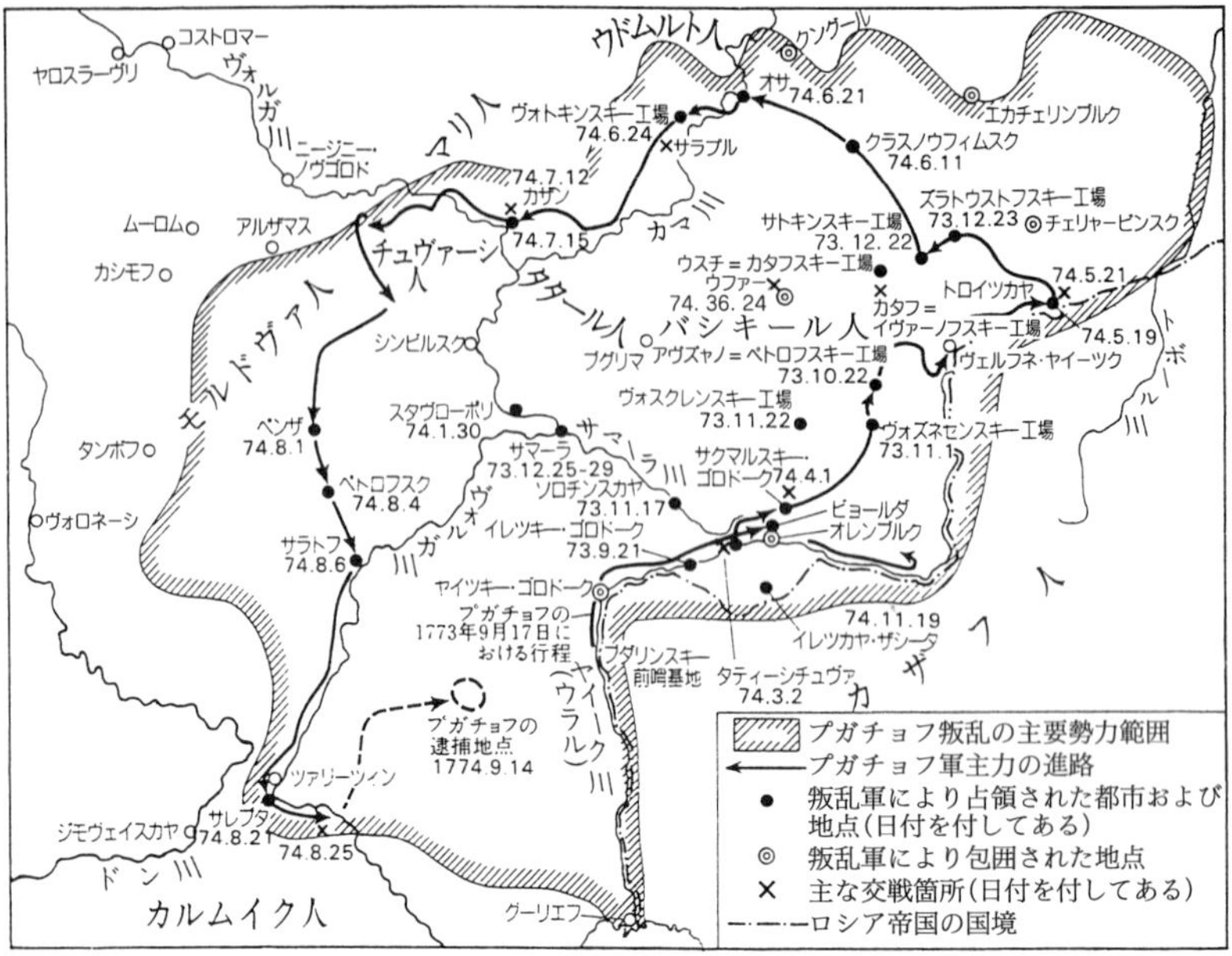

地図11　プガチョーフ叛乱関係地図

出典：拙稿「プガチョーフ反乱」，野崎直治編『反乱と革命』，山川出版社所収，1992年，193頁に加筆・訂正。

は一七七三年九月から翌年三月までの約半年間で、主にカザーク、バシキール人、カザーフ人およびタタール人等が参加した。第二期は一七七四年三月から同年七月までで、ウラル諸工場の労働者が叛乱に加わっていった。第三期は一七七四年七月から叛乱終了――一応、プガチョーフの処刑された一七七五年一月が区切りであるが、その後も各地で小規模な蜂起が続いていた――までの期間で、ヴォルガ川流域地帯に住む領主農民(農奴)の多くが参加したのが特徴である[2]。叛乱参加者の延べ人数は実に約三〇〇万人にも上り、そのうち約四〇%が領主農民すなわち農奴であったという[3]。

非ロシア人の叛乱参加は、前章までで述べたように、ロシア政府の同地方に対する植民・民族政策、ピョートル時代の一八世紀初頭に始まる工業化、および叛乱前夜の非ロシア人に対する課税方法の変更、宗教政策、等と密接な関係があった。いま一度その点について確認しておく。

第一に指摘しなければならないのは、遊牧民を定住・農耕へと移行させる政策である。バシキール人は元来、半遊牧の牧畜業に従事していた。生活の糧は、狩猟、羊や牛などの家畜の飼育、養蜂などによって得ていた。特に、バシキーリアの北方では蜂蜜採取や狩猟が、南方では遊牧が盛んであった(4)。バシキール人たちは徐々に彼らの夏の遊牧地をウラル山脈南方のなだらかな斜面に移し、そこに落ち着いていった。それと同時に、遊牧民たちのなかには農耕に従事する者も現れた。その結果、多くのロシア人が隣接する遊牧民の襲来を受けずに、新たな耕作地へ進むことが可能となった(5)。一七六〇年代に入ると、ヴォルガ川流域の非ロシア人人口はこの地域の居住民全体の三〇%以下にまで下がってしまったのである(6)。

第二に、異教徒に対する改宗政策があげられる。ロシア政府は使節の派遣および種々の免税などの宥和政策をとる一方で、正教キリスト教への改宗を迫る際にイスラームのモスクの破壊や住民に対する武力による脅迫という強硬策をも用いた(7)。改宗政策は上で述べた第一の政策と同様、バシキール人だけに限らず、他の非ロシア人たちに対しても実施された。たとえばペンザ地方ではモルドヴァ人を強制的にキリスト教に改宗させた事例がある。当局は改宗反対者を逮捕し、鞭打ち、強制労働に就かせ、さらにはシベリア送りにした。また土地を領主である聖職者のために取り上げたりもしている。他方では、新たに洗礼を受けた人々に三年間の徴兵免除や税を納めなくても済む特権が与えられたのである(8)。

第三に、一八世紀初頭のピョートル一世によって始められた工業化の政策である。彼が推し進めた産業の発展に伴い、工場がバシキール人の土地に建設された。何よりもウラル地方は鉄鉱石や銅鉱石が豊富であったからである。この工場の建設によってバシキール人はヤサーク貢納以外に、工場の燃料となる木材や工場所有の馬に対する秣の供給、そして何よりも労働力の提供が強要された(9)。一八世紀後半、工場がウラル山脈南方へ延びるに従い、バシキール人たちは従来の放牧地や農地、さらにはその居住地から追い出された。その際、彼らは自らの土地を脅迫によって、また途方もなく安価な値段で工場主に譲渡することを余儀なくされたのである[10]。

2　オレンブルクとバシキール人

かかる状況のもと、アンナ女帝の時代にオレンブルク建設が開始されたことは重要な意味を持っていた。この要塞都市の建設にあたり、バシキール人たちはその計画者であるИ・К・キリーロフに対して不平を並べ立て、ロシア人植民の新たな拠点となるオレンブルクの建設阻止のために立ち上がった。そのとき彼らは次のように述べた。ロシア人は「全土を自分のものとしたいのだ」。そしてもしオレンブルクが建設されるならば、自分たちには「もはや自由はない[11]」、と。

エリザヴェータ女帝治世下の一七五五年、再びオレンブルクが攻撃された。その都市は略奪され、南ウラルのバシキーリアにある鉱山や工場が破壊された。そして多くのロシア人移住者が虐殺された[12]。以後、オレンブルクはバシキール人にとって反ロシア感情の象徴となったのである。

緊張関係は何もバシキール人とロシア人の間にだけ存在したのではなかった。バシキール人社会内部にもそれが発生していた。政府は、バシキール人族長たちが、もし彼らの部下たちをロシアの植民政策に協力させるならば、彼らに一定の地位・金・贈物・メダルなどをその報酬として与えることを約束した。政府の企図は成功し、幾つかの氏族は定住して農耕を始めていたのである[13]。

このように、ロシア帝国の植民と改宗、および工業化政策はバシキール人社会内部の分裂を引き起こし、さらには叛乱を発生させる原因ともなったが、ロシア帝国はバシキール人に対するさらなる支配の強化を目指したのである。すでに述べたように、一七五四年三月一六日付けの元老院布告により、地方で産出される塩を只で採取することが禁止され、国庫から一プードあたり三五カペイカで購入することが義務付けられた。塩の国家専売制度はロシア政府のバシキール人およびミシャーリ人からのヤサーク貢納の廃止を意味したが、実質的にそれは国庫の増収をもたらしたのである。ここで重要なことは、ヤサーク貢納の持つ意味であり、またその廃止によって生じる問題であった。一七五五年の蜂起においては、この課税手段の変更もその原因の一つであった。[14]

一七五五年蜂起は厳しく鎮圧され、バシキール人たちはロシア人を含めた他の不満を持ったグループとの連帯形成に期待をかけるようになった。プガチョーフ叛乱時、ピョートル三世(すなわちプガチョーフによるツァーリ僭称)[15]の噂が流れると、「プガチョーフが真のツァーリであろうとなかろうと、私たちには興味がない。プガチョーフは将校や将軍、そして貴族に反対している。それで私たちには十分なのだ[16]」、と彼らは語っていた。この言葉にこそバシキール人たちの苦難と闘う歴史のなかで培われた想いやこの叛乱にかける気持ちが込められていたのである。

II　バシキール人の叛乱参加過程

1　バシキール人への「布告」

果たしてバシキール人はプガチョーフ陣営のなかでどれだけの数を占めたのであろうか。この点について、オレンブルク県知事И・A・レインスドルプによるペテルブルクに宛てた報告(一七七三年一一月一九日付け)は明確に述べている。それによると、当時、叛乱軍は総勢約一万名であり、その内訳は、ヤイーク・カザーク一〇〇〇名、イレツキー・カザーク四〇〇名、バシキール人五〇〇〇名、スタヴローポリのカルムィク人七〇〇名、兵士およびオレンブルク近郊のカザーク、タタール人、工場農民が約三〇〇〇名となっていた。[17] バシキール人は総勢の実に半数を占めており、それはさらに増える傾向にあった。

かくも多くのバシキール人が叛乱に参加することになったが、彼らとプガチョーフとの最初の出会いは一七七三年九月三〇日であった。その日、プガチョーフはオレンブルクの北二〇ヴェルスタ(約二一・四キロメートル)のところにあるタタール人のカルガリ村(ロシア名セイトヴァ村)に陣を張っていた。ここに、ノガイ道[18]にあるブシュマン=キプチャク郷二一〇戸のバシキール人族長(一七六三年以降)であるキンジヤ・アルスラーノフ(生没年不詳)配下の六名がやって来た。キンジヤは一七〇六～一一年の蜂起参加者でタルハンにしてバトゥィールのアラスラン・アックロフの息子であった。またキンジヤの息子もプガチョーフ軍に参加し「連隊長」となっている。先の六名はプガチョーフに衷心から仕える旨を述べ、バシキールの全「オルダ」(орда、ここでは「氏族」ないし「種族」、さらには「民衆」の意味)がプガチョーフからの布告を受けるなら、即座に彼に従うであろうと語った。これに対し、プガチョーフは書記役で部下のボルタイ・イドルキンにキンジヤ・アルスラーノフたちが自分に仕えることを命ずる布告を書かせた。「その代償として、オルダすべてに土地、水場およびあらゆる自由を賜与することを約束した」。[19] 一〇月一日、この布告はバシキール人の一人に持たせてキンジヤ・アルスラーノフのもとに届けられたのである。

これに呼応して、キンジヤは部下を引き連れ、プガチョーフの陣営にやって来た。その様子について、ボルタイ・イドルキンは逮捕後の尋問で次のように述べている。

〔プガチョーフが〕この陣営にいたとき〔プガチョーフはカルガリ村からその陣営をサクマラ河岸に移していたが〕、他日述べた族長のキンジヤが彼のところにバシキール人三六〇名を連れてやって来た。彼らの後から他の多くの人々〔すなわちバシキール人〕が到着した。バシキール人たちはこの陣営に約七〇〇名が集まった。以後、日増しに彼らは大人数になっていったのである[20]。

実は、バシキール人が叛乱に参加する契機となった当の一〇月一日付け布告は三通ある。一通は先にボルタイ・イドルキンが述べた布告である。それが対象としているのはオレンブルク県内に居住するバシキール人であった[21]。他の布告二通のうち、一つはやはりもっぱらオレンブルク県のバシキール人に宛てたものである。そのなかで、プガチョーフは自らに忠実に仕えることをバシキール人たちに命じ、その代償として彼らに「土地、水場、森林、漁場、居住地、草刈場、海さえも、さらには穀物、信仰と法、種、身体(тело)、食糧、ルバーシカ、俸給、鉛弾、火薬、そして糧秣(провиант)、要するに汝らが永久に己自身に望むすべてのものを、余はあなた方に賜与する。また、〔汝らは〕ステップの野獣のようにあれ[22]」、とうたっている。いま一つは同県のノガイ道とシベリア道のバシキール人宛ての布告[23]である[24]。この三番目の布告は他のムスリムおよび仏教徒であるカルムィク人もその内容の対象としていた。そのなかで、特にバシキール人について言及し、彼らを支配者や監獄など束縛するものから解放することが述べられていた。

これら三通の布告からバシキール人に対するプガチョーフの賜与内容を次のように分類することができる。第一に、牧畜、遊牧、農耕、そして日常の生活に欠かせない必需品である。土地・耕地・水場・森林・漁場・海・居住地・牧場・草・川・穀物・食糧(食糧一般と糧秣)・種子・ルバーシカ・俸給・鉛弾・火薬・塩である。第二に、信仰と地方の慣習である。信仰とはイスラームのことである。第三に、「自由」であった。これは、布告のなかでは、「ステップの野獣のようにあれ」、あるいは支配者や監獄など「不自由からの解放」という言葉で表現されていた。特に「ステップの野獣のようにあれ」という言葉はどれほどバシキール人の耳に心地良く響いたことであろう。彼らはこの言葉をロシア帝国による様々な軛からの解放を意味するものと理解していたに違いない。

2　バシキール人の積極的参加

このようにバシキール人に対して布告が発布されたが、彼らの社会はその構成と志向において一様ではなく、それゆえ布告への対応も実に様々であった。族長のなかにはプガチョーフ側につく者、叛徒に対する闘いを準備する者、状況によって自らの立場を幾度も変える者がいた[25]。そうした様子を政府側とプガチョーフ側の双方がバシキール人をどのように各陣営に取り込んでいったのかという側面から次に検討する。

当局はあらゆる方策を通してバシキール人をプガチョーフ軍と戦わせようとした。叛乱の報せが届いて間もない一七七三年九月二二日、すでにオレンブルク県知事И・A・レインスドルプはプガチョーフ逮捕のためにバシキール人を利用することを決めた。九月二五日、知事はノガイ道諸郷に駅逓署長で部下のM・トゥペーエフと完全武装した一〇〇〇名のバシキール人とを派遣した。その上で彼らがプガチョーフを逮捕すれば報償を与えると約束したのである[26]。しかし、以上の方針は後の事態がそのことをよく示しているように、バシキール人の苦難の歴史を考えると浅慮であることは明らかであった。

当時、県当局は叛乱勢力をまだ過小評価していた。他方、多くのバシキール人族長たちはいまだどちらにつくべきか躊躇していたが、有力者であるキンジヤ・アルスラーノフらが叛乱軍についたという報せは、ノガイ道における他のバシキール人をプガチョーフ陣営に引き入れる上で大きな要因となった[27]。さらにキンジヤ・アルスラーノフ自身が作成に関わった布告の影響も大きかった。プガチョーフ陣営のなかで先のボルタイ・イドルキンが唯一人書記役を務めていたが、彼はバシキール人の生活についてあまり知らなかった。その点、読み書きができ、自らバシキール人であるキンジヤ・アルスラーノフが布告の作成に関与していたということは、バシキール人の社会的要求を布告に盛り込むことができたという観点からも非常に大きな意味があった。[28] 先にあげたプガチョーフの発した三つの一〇月一日付け布告以外にも、こうした状況下で九月末から一〇月初めにかけて多くの布告や宣言(マニフェスト)がバシキール人に向けて発布されたのである。[29] プガチョーフの証言によると、キンジヤ・アルスラーノフの叛乱参加および布告作成への参与などにより、すでに一〇月四日で彼の陣営には二四六〇名のバシキール人がいたという。[30] このなかには次に述べるレインスドルプの命令に従い、オレンブルクにやって来て、一〇月二日にはプガチョーフ軍に加わることになる四〇〇名のバシキール人は含まれていない。

政府側についたバシキール人もいたが、その数は比較的少なかった。一〇月五日から始まるオレンブルク包囲の前夜、不安に駆られた県知事レインスドルプはウファー郡庁に援軍として「良質の馬に乗り」、「装備の整った」五〇〇〇名のバシキール人をオレンブルクに派遣するよう要請した。しかし彼の努力は功を奏しなかった。一〇月四日付けの県知事の報告によると、バシキール人はサクマルスキー・ゴロドーク近郊の四〇〇名しか集まらず、しかも彼らはほどなくしてプガチョーフ軍に掌握されてしまったのである。他方、プガチョーフ側には五〇〇〇名にも上るバシキール人が集まっており、それはプガチョーフが彼らに「かつての自由やあらゆるものからの解放」を約束していたからであった。[31] このことはバシキール人民衆の側からするならば、ロシア主導の近代化に対する全面的なプロテストとみなすことができる。

政府側についたバシキール人が少なかったという報告をいま一つ示そう。一〇月一四日、政府の軍事参議会(Военная коллегия)の発した布告により、B・A・カール少将が鎮圧部隊の司令官に任命された。しかし、彼の軍隊には騎兵が存在せず、また援軍を要請したバシキール人の参加がなかったことにより、一一月八〜九日の戦闘で敗北を喫したのである。実際にはバシキール人の徴集は行われていたにもかかわらず、それは非常に緩慢に行われたばかりでなく、その任にあたっていたウファー軍司令官によって徴集された約一五〇〇名のバシキール人がカール少将のもとに到着したのは予定の期日を大幅に遅れ、彼の軍隊の敗北後であった。[32]

一方、叛乱軍側には、前項冒頭で述べたように、一一月後半、五〇〇〇名ものバシキール人が集まっていた。一一月一九日付け県知事レインスドルプのペテルブルク宛て報告書は、叛乱軍内でバシキール人がいかに多かったかを示している。叛乱軍総勢約一万名のうちその半数をバシキール人が占めていたが、これはプガチョーフがバシキール人に対し、「かつての自由やあらゆるものからの解放」を約束していたからである。

史料によると、バシキール人は政府軍から叛乱軍へと立場を大きく変えていったことが分かる。カール少将の敗北後、自ら政府軍を率いることになったФ・Ю・フレーイマン少将の軍隊中、いまだ一二三六名のバシキール人とミシャーリ人、すなわちその軍の四〇%を異民族が占めていた。[33] 一一月末には、そこにただちにポーランドから帰還したバシキール人部隊七二六名が加わった。[34] 以下で紹介するカチキン（あるいはカシキン）・サマーロフは当初政府軍に加わっていたが、一七〇〇名のバシキール人を連れて叛乱軍側についたのである。[35]

一一月一八日、バシキール人たちはベーラヤ川とステルリタマーク波止場に攻撃を加えた。さらに同月二四日には五〇〇〇名のバシキール人部隊を率いた「軍団長」を名乗るバシキール人カチキン・サマーロフとグバーノフがウファーから南に一〇ヴェルスタ（約一〇・七キロメートル）離れたウファー川左岸のチェスノコフカ村に現れた。遠来の客人を「パンと塩」で暖かく迎える伝統的なロシアの風習に従い、[36] 村人たちは焼いたパンを四台の荷馬車に乗せてバシキール人を恭しく迎えた。周辺の他の村もこれにならった。[37] カチキン・サマーロフは、キンジヤ・アルスラーノフがプガチョーフ側につけた有力なノガイ道タミヤンスク郷の族長であった。チェスノコフカの陣営は間もなく叛乱勢力の中心地となり、プガチョーフの側近の一人でヤイーク・カザークのИ・Н・ザルービン＝チーカ（一七三六～七五年）がそこで指揮するために派遣された。

表13　バシキーリア内における住民の叛乱参加状況(1774年末ウファー郡の資料から)

道 ＼ 住民のカテゴリー	バシキール人(戸数)	ミシャーリ人(戸数)	勤務タタール人(戸数)	ヤサーク・タタール人、マリ人、ウドムルト人(人数)	スホーツィ(人数)*						
					ヤサーク・タタール人	勤務タタール人	マリ人	ウドムルト人	ムルザ	チュヴァーシ人	非キリスト教徒の家内奴僕
カザン道	4,340	534	180	15,660	3,363	865	188	18	13	23	——
オサ道	1,373	263	——	9,435	159	——	97	——	4	——	——
シベリア道	2,225	770	——	2,866	226	5	409	2	——	——	——
ノガイ道	6,100	785	——	3,120	303	84	——	——	——	12	24
合計	14,038	2,352	180	31,081	4,051	954	687	20	17	35	24

*彼らは，1747年，ヤサーク税(80銀カペイカ)導入の布告の後，バシキーリアへ移住した実質的には国有地農民である。

出典：Ведомости об участии нерусского населения Башкирии. Материалы по истории СССР. T. V. C. 581-600. №3; Крестьянская война в России в 1773-1775 гг.: Восстание Пугачева/Мавродин В. В. (ответ. ред.) Л., 1966. T. 2. C. 214.

また、この一一月には、カザン道とノガイ道のバシキール人、タタール人、マリ人およびロシア人の御料地農民がプガチョーフ軍に加わる用意のあることを伝えてきた。[38]

以上のように、バシキール人たちやその他の民衆はプガチョーフ陣営に走ったが、それでもなおプガチョーフ側は兵員の増強を図った。一七七三年一二月三日までに発布されたと推定されるザルービン＝チーカの「布告」は、バシキール人、チェレミス人、タタール人およびロシア人住民から部隊を構成することを、長老にして叛乱軍の「軍団長」であったБ・カンカーエフに命じている。それによると、二戸から一名の割で兵士として徴集すべく彼に指示し、命令に服さない者がいる場合には強制的な手段を使用しても構わないと述べている。[39] この点から、民衆のプガチョーフ陣営への参加には、彼らの自発的な意思によるだけではなく、力による強制的な場合もあったことが分かる。

かくして一七七三年末までには、全バシキーリアでほとんどのバシキール人が叛乱軍に参加していった。その状況について、一七七一年からシベリア国境線司令官を務めていたИ・A・デコロング中将（一七一六〜七八年以降）は次のように政府の軍事参議会に報告している。「ウラルのバシキール人たちはすべて悪者〔プガチョーフ〕の徒党に入りました。自分たちの部隊をほったらかしにしたままです。またゼライルスク要塞の幹線道路にあった宿場を焼き払いました」[40]、と。実際、同年末には、イセト郡の南西部にある諸郷――たとえばクテレツク、テレフスク、カラ＝タビンスク、クンドラヴィンスクの諸郷――のバシキール人たちはすでにプガチョーフ軍に参加していた[41]。ちなみにデコロングはかつて北カフカースのキズリャール国境地域での要塞建設に従事し、一七五七〜六三年の七年戦争に参加した後、一七六三年以降、イシムスクおよびトボリスク地方の司令官に就任し、一七六八〜七一年にはポーランドの連盟党員蜂起の鎮圧に加わった歴戦の将軍であった[42]。この点、次章で述べるサラヴァト・ユラーエフの父ユライ・アズナリンの経歴と重なるところがある。

バシキーリアではバシキール人を先頭に非ロシア人がプガチョーフ軍へ積極的に参加していった。ここに、全バシキーリア内において、非ロシア人とヤイーク・カザークを中核にした叛徒たちの連帯が形成されたとみてよいであろう。この形成については、彼ら非ロシア人に向けて発せられた布告とヤイーク・カザークへの布告が内容面で多くの共通点を持つという点から考えて、それが容易であったのかもしれない。両者の社会的な希望や志向といったものがほぼ同じであり、その目標達成を目指す蜂起という行動において同一歩調をとることができたと考えられるのである。しかし、叛乱が拡大し、本質的に別個の歴史的体験を有するそれぞれの民衆を叛乱に包摂するようになると、連帯のあり方は複雑になっていった。その点を以下にみることにする。

3　オレンブルク包囲戦

オレンブルクをめぐる戦いは叛乱の第一段階(一七七三年九月〜七四年三月)における最も重要な攻防戦となった。当時、オレンブルクは軍事行政的観点からするならば、第一に、バシキーリアという広範な地域の軍事と行政の中心で、ロシアの南東ヨーロッパ部分におけるツァリーズムの基盤をなす権力と軍隊が集中している拠点であった。ここから「絶大な権力を持つ」知事の布告が発せられたのである。第二に、この都市は南東からロシアの中央へと向かうすべての道が開いている軍事・戦略上の重要地点であると同時に(43)、そこはオスマン帝国に対する戦略的基地でもあった。

オレンブルクは以上のような軍事行政的意義の他に、すでに述べたように同地方における植民の拠点ならびに民族政策の前哨基地という重要性を有していた。またオレンブルクおよびそこに基点を置く要塞線は諸民族を分断する分界嶺の役割を果たしていたのである。ここはバシキール人と当時ロシア人からは「キルギス人」と称されていたカザーフ人との領域を分かつ要塞線(オレンブルク要塞線)の中心であった。オレンブルクの西にあるサマーラの要塞線はバシキール人と、ヤイーク川とヴォルガ川との間のステップに遊牧していたカルムィク人とを分けていた。その他、オレンブルクの南、東および北へ要塞線が伸びていた(44)。

いま一つ、オレンブルクの重要性を指摘しておく。本編の第四章で述べたように、この都市でロシア人、バシキール人、その他の中央アジアの人々、さらには遠く西ヨーロッパからの商人たちが活発に商取引を行っていた(45)。つまり、ロシアと中央アジアの交易の中継点である。

以上の理由から、オレンブルクはロシア帝国にとって重要な都市であった。と同時に、プガチョーフ側にとっ

図8　ヤイーク・カザーク

出典：*Веселая Г. А. и Левочкин И. В.* Указ. соч.

てもその都市の掌握は焦眉の問題であった。なぜなら、もしこの都市を占領することができれば、それはモスクワへ進軍する足掛かりを得ることを意味したからである。

オレンブルク包囲戦は一七七四年三月までの半年間続いた。旧ソ連史学では、その包囲戦に六か月も費やしたことはプガチョーフの誤りで、それは「この要塞が己の完全な自由にとって主要な障害であると考えていたヤイク〔ママ〕・カザークにそのかされたためであった(46)」、という見解が一般的である。

たしかにプガチョーフ叛乱において指導的役割を果たしたヤイーク・カザークはプガチョーフが真のピョートル三世ではないことを知っており、彼を自分たちのために利用しようと考えた。叛乱の指導者の一人であるザルービン＝チーカや同じくそうであったカラヴァーエフたちの考えによると、全ヤイーク軍団にとって重要なことは、プガチョーフが自らの目標達成に役立つということであった(47)。また、プガチョーフの二度目の妻となるウスチーニャ・クズネツォーヴァの父で同じくヤイーク・カザークのИ・И・ウリヤーノフにとっては、プガチョーフが「皇帝になることであり」、彼自身も「偉大な人間」になることであった。[48] 他のヤイーク・カザークたちもプガチョーフの本当の名前・地位・身分を知っていた。しかし、彼らは「抑圧され、ほとんど衰えてしまっている自分たちの儀式や習慣」の再興を目指して、彼の素姓を問題にしなかったのである。[49] カザークにとって、オレンブルク攻撃はロシア政府によって奪われた己の権利を回復する試みであった。

一方のバシキール人にしてもオレンブルクに対し、その建設の当初からすでに述べた理由で嫌悪感を抱いていた。オレンブルクがもし現実に叛乱軍によって占領されるならば、バシキール人はロシア帝国による様々な抑圧から解放されると考えたに違いない。こうした点から、筆者はオレンブルク包囲が単にヤイーク・カザークによって「そそのかされた」結果であるというよりは、バシキール人全体の意向に沿うものであり、彼らの積極的な支援を受けたものであると考えている。それゆえ先の一一月一九日付け県知事И・A・レインスドルプの報告にみえるように、叛乱軍中バシキール人は実にその半数にも上っていたのである。

また、同じ報告から、この時期にはヤイーク・カザークやバシキール人だけでなく、他の非ロシア人およびロシア人である工場農民が多く叛乱に参加していたことが分かる。布告に反映されているように、彼らの期待や志向といったものがほぼ同じであり、その目標達成のために彼らは立ち上がったと考えられる。以上のことより、当時、非ロシア人とロシア人工場民の間にはともに行動を起こすための連携が形成されていたとみてよいであろう。

Ⅲ　バシキール人の行動

1　バシキール人の攻撃対象

イ　農　村

ここでバシキール人の攻撃対象を検討しよう。まず、ロシア人の農村に対する攻撃である。バシキール人たちはロシア人の農村を破壊するだけではなく、農民自身にも危害を加えていた。ザルービン＝チーカ宛て一七七三年一二月二〇日付け叛乱軍の「軍事参議会」[50]の布告はウファー近郊のロシア人村落をバシキール人およびミシャーリ人の叛乱部隊による破壊活動から守るようにと命じている。というのもその部隊が「領主だけでなく、皇帝陛下〔すなわちプガチョーフ〕に大いに役立つ人々〔すなわち農民〕をもすっかり殺害してしまっている」からである、と報じている。さらに彼らは「ウファー市近郊にあった国家の塩貯蔵所の扉を破り、数え切れないほど多くの塩を運び去った。いまではいつでも取りに来ている有り様である」という。「軍事参議会」は上記の人々を罰するようチーカに命じているのである。[51]

同様なことが、行軍アタマン（頭目）でヴォスクレセンスキー工場の農民であったГ・トゥマーノフがカザーク騎兵少尉Ф・マクシーモフに宛てた一七七四年三月二〇日付けの「訓令」からも窺うことができる。すなわち、ペルイナ村、カザンツォヴァ村およびコイシャツカヤ村の住民をバシキール人部隊による侮辱から守るべく、バシキール人の部隊を村から連れ出すことを命じている。[52]

こうしたロシア人の農村や農民に対する攻撃には、史料が語っているように、バシキール人以外にミシャーリ人やカルムィク人も参加していた。一七七四年八月一四日付け叛乱軍の「軍事参議会」布告は、ヴォルガ左岸の中・下流域地方のニコラエフスカヤ村の様子について報せている。それは叛乱軍側に立つカルムィク人たちによるロシア人への「無礼」や「迫害」から彼らを保護するようにとアタマンのM・モルチャーノフに指令を発している。[53] こうしたロシア人の村落や農民以外にも、バシキール人たちはロシア正教の教会をも攻撃の対象としていたのである。

ロ　工　場

しかし何よりも工場に対する攻撃が特徴的であった。当時の工場破壊の状況について、旧ソ連の工業史家Н・И・パヴレーンコは、「叛徒が生活していた工場五二のうち一三の民間工場が破壊されたが、それら〔五二の工場〕のうち一二〔の工場〕はバシキーリアの外にあった」[54] という。具体的にみると、一七七四年、プガチョーフ軍によって破壊され炎上したトゥーラの商人Л・И・ルギーニン所有のズラトウストフスキーとトロイツェ＝サトキンスキーの両工場の様子について史料は次のように伝えている。

〔それら二つの工場は〕完全に空虚となっています。それが存在した場所は今ではただ荒涼さ以外は何も残っていません。なぜなら、工場だけでなく、住居や最後に残った小屋さえも灰燼に帰してしまったからです。[55]

前章で述べたように、ウラル地方ではピョートル一世治世以降多くの工場が設立された。プガチョーフ叛乱以前、ウラルの諸工場、たとえばサトキンスキー工場(一七六七年操業開始)およびそこで働く人々が住んでいた村をバシキール人や遊牧を営むカザーフ人たちが攻撃していた。それに対し住民は工場や村を柵で囲むなど襲撃を防ぐ努力をした。[56]

なおウラルの工場で働く人々は様々な社会的グループから成り立っていた。それは主に次の二つのグループに大別できる。第一に、登録農民である。彼らは元来国有地農民であるが、官営あるいは民間の工場に登録（あるいは編入）され、一年のうちのある一定期間そこで働かなければならなかった。またウラル地方にあっては登録農民が工場を維持するための基本的な労働力でもある。たとえば、アヴズヤノ＝ペトロフスキー諸工場においては、職工の九六％が登録農民であった。第二には、工場に緊縛された占有農民である。彼らは工場主の所有である農奴であり、しばしば「労働人（работные люди）」と呼ばれた。その他に、補助的労働に使役されていた自由雇用（вольнонаемные）の「労働人」、および乞食・逃亡民・私生児・兵士の子供などが工場で働いていた。[57]

一八世紀のバシキール人蜂起が示しているように、工場は以前からの攻撃目標であったが、プガチョーフ叛乱時には攻撃は一層激しさを増したのである。

クングール郡の工場管理人がペルミ地方の採鉱責任者に宛てた報告をみてみよう。デミードフ家の所有するアシャプスキー工場の管理人によると、工場に「トゥルヴェン地方のバシキール人、カリエスフスク地方のタタール人が四名……オソーキン（所有の）のユゴフスキー工場（付属）の……シェルミャイツコエやウインスコエといった……各村やクングール郡の村から……多くのロシア人が」現れた。バシキール人たちは工場事務所を占拠して金銭を略奪し、布告や「主人の命令書、入金や支出の内訳帳簿および日雇い仕事に関するあらゆる工場の記録すべてを奪い去り、倉庫のなかの融解された銅、鍛鉄、仕事用の工場の用具」、果てはロウソクの油、「鍛冶場のなかにあった手製のフイゴ、金敷、ヤットコ」を破壊したのである。[58]

また、オソーキン（П. и Г.）所有のイルギンスキー工場では、ロシア人ゴルジェイ・イヴァーノフを首領としたバシキール人、タタール人、ミシャーリ人の一団が工場の事務所や工場主の家で書類を焼却するなど破壊活動を行った。[59]まさに産業革命期イギリスでみられる「ラッダイト運動」がこの時期のロシアにも現れたのである。

一七七四年一月、百人隊長Г・Т・シトニコフの報告は前年一二月に発生したバシキール人部隊によるユゴフスキー工場破壊の状況報告および工場主オソーキンの所有する製粉機を住民に譲り渡すことを内容とするものであるが、そのなかの一部を引用しよう。

一七七三年二月〔一二月の誤りである〕二七日、ユゴフスキー工場に皇帝陛下〔すなわちプガチョーフ〕から勅書がわれわれに対し、陛下に服するようわれわれを諭すために送られた。また、行軍隊長(старшина)からマニフェストを持った九名のバシキール人が派遣された。自分たちとミールの人々はピョートル・フョードロヴィッチ〔すなわちプガチョーフ〕に服し、血の最後の一滴まで命ぜられた義務を果たした。しかし、彼ら行軍隊長のバトゥィルカイ・イトキニンとその仲間および他のバシキール人たちは、われわれが服従したにもかかわらず、二月〔一二月の誤りである〕二八日の早朝に多くの軍勢で上記の工場にやって来て略奪を始めた。第一に、二つの事務所を。そのなかにあった限りの工場の文書が破棄され、工場すべてが荒廃した。また、工場住民たちの馬や金、および多くの人々の衣服をも奪った。(60)

この工場に限らず、多くの工場でバシキール人が破壊活動を行った。

一七七四年一月一日、ヴェルフネ・ムロ村の管理人が、モスクワのМ・М・ゴリーツィンの家屋管理事務所(домовая контора)、およびブリヤエフスコエ村、クルタエヴォ村、テルカノヴォ村およびユーゴ゠カムスキー、イジェフスキー、その他の工場へ宛てて、プガチョーフ軍部隊が到来したことについて報告した内容の手紙が残っている。それによるとユーゴ゠カムスキー工場を破壊した叛乱部隊には三〇〇名のバシキール人がいたが、クルィロフスキーとベリャエフスキーの農民もそのなかに含まれていたという。(61)

一月十日には、管理人セリヴァーノフとА・ソバーキンが工場所有者Б・Г・シチャホフスキーへ宛てて次のように報告している。一二月二七日、トゥルヴィンスキーとクルタエフスキーの両地方のバシキール人から成る部隊がユーゴ＝カムスキー工場にやって来た。そこで彼らは「すべての物資、穀物や他の資材も同様に、また管理人の所持金、聖職者や勤務者たちの所有物を略奪した」のである。(62)

ヴォズネセンスキー工場に関しては以下のようであった。この工場が燃やされる以前、エサウール(副官)であるマンスルに率いられたバシキール人部隊は農民たちと協定を結んだ。それにより、バシキール人たちは「一人も残すことなく、男も女も住民をこの工場から追い出し」た後、工場を焼いた。(63)それればかりか工場住民には移動の自由が与えられた。その結果、バシキール人の部落に連れて行かれた者、自らウファーに行った者、バシキール人部隊に留まった者など様々であったという。(64)

ウラル以東のバシキーリアでも叛乱が展開した。一七七四年四月末、鎮圧軍の接近に伴い、バシキール人とロシア人から成る部隊は権力の象徴とみなした要塞とその他の村を包囲し、さらにИ・А・デコロング中将率いる軍隊の行く手を阻んだ。デコロングは自軍を分割せざるを得ず、前章で述べたバザルグル・ユナーエフの部隊が陣取っていたカスリンスキー工場、チェバリクリスク要塞、チェリャービンスク工場、およびクィシトゥィムスキー工場の間の地域へ向かった。そこではプガチョーフの「連隊長」にしてイセト・カザークのB・ミハイロフスキーとバラカタイ郷のバシキール人族長が蜂起軍を指揮していた。(65)ウラル以東の部隊がプガチョーフ軍に食糧と武器を供給し、さらに騎馬隊を派遣したのである。五月五日、蜂起軍はベロレツキー工場から山道に沿って「命令通り、バシキール人の一団の中心にあって森を通り」、マグニトナヤ要塞に達した。翌日、プガチョーフ軍は要塞を占領し、同要塞にあった大砲、カスリンスキー工場から族長バザルグル・ユナーエフの部隊によって運ばれてきた火薬を据えたのである。(66)

以上のような工場破壊というバシキール人の行動について、プガチョーフ叛乱に関する史料学の泰斗であるP・B・オフチーンニコフは次のように述べている。いわく、「カマ川沿岸地帯、中央および南ウラルの諸工場のバシキール人叛徒による破壊と焼却は、農民戦争の期間においては非ロシア人の全ロシア人に対する民族的敵意の表れではない」。「第一に、こうした行動は、ロシア人の労働者および農民と同様に、非ロシア人である先住民を搾取した工場主に向けられたものであった。〔中略〕この地方において、一七七四年の工場破壊および焼却には、ロシア人も非ロシア人叛乱部隊も参加した」、と結んでいる。[67] このように、旧ソ連・ロシア史学では、バシキール人とロシア人との間には、民族的な敵意はなかったとする考え方が支配的であった。他方、欧米の歴史家の間では、バシキール人の行動の原因をロシア人に対する反抗——すなわち「民族的」敵対——とする傾向にある。[68]

それでは果たしてオフチーンニコフが述べるように、工場破壊を「非ロシア人の全ロシア人に対する民族的敵意の表れではない」とみるのが妥当であろうか。たしかに工場破壊のような行動は基本的には工場主に向けられたものであった。しかしバシキール人による工場破壊はプガチョーフ叛乱以前にもすでに行われており、しかも彼らが攻撃したのは工場に止まらず、すでに述べたように、そこで働くロシア人が住んでいた村もその対象であった。このような点から、バシキール人の工場破壊という行動は、一種の民族問題に根ざしながらも遊牧生活やその経済・経営を浸食する植民運動に対するプロテストであったと考えるべきであろう。

ハ　製　塩　所

バシキール人たちは、ウラルを世界の工場地帯にまで発展せしめた種々の金属工場だけでなく、製塩所も破壊活動の対象とした。魚の保存や運搬のため、また生活全般にわたって塩を必要としていたバシキール人——ヤイーク・カザーク、カルムィク人などもそうである——は製塩所を攻撃したが、そうした行動は客観的にみるならばロシア政府による塩の専売制に反対し、それを廃止するということを意味していた。

М・М・ゴリーツィンが領地管理人И・ナウーモフとИ・ヴァロキンへ宛てた一七七四年二月一〇日付けの命令書が残っている。そのなかで、ゴリーツィンはバシキール人から己の領地と工場を守るためヴェルホムリンスコエ村に火薬を保管しておくことを命じ、さらに次のように述べている。「私が所有している他の半分(の火薬)のうちから二〇フント(約八・二キログラム)ずつそれぞれの製塩所で保管し、その他の残り全部を、盗人たるバシキール人たちから(己の)相続領地と工場を守るべくヴェルホムリンスコエ村に保管しておくこと」を命じている。[69]

二月一三日、ペルミの筆頭塩管理官モソローフは先の領地管理人ナウーモフに宛てた製塩所防衛の処置に関する指図を出した。そのなかで、すでに二月九日には、「ペルミのすべての製塩所を、あの騒動および悪人である攪乱者から防ぐこと」について提案がなされたという。[70]

ナウーモフがその主人であるゴリーツィンに宛てたクングール、クラスノウフィムスクおよびオサ各市に関する三月四日付けの状況報告も同様の内容である。それによると、「同僚のヴァロキン」の記した二月二七日付け報告書は、クングール付近にいた多くの蜂起参加者がクングール市側からの攻撃によりクラスノウフィムスク市にまで追い立てられている様子を伝え、さらに二月一九日には、叛乱軍の手にあったクラスノウフィムスク要塞を撃破して八門の大砲を奪い、一五〇名を捕虜にし、さらに多数の死者を出すという損害を叛乱軍に与えた。[71] また、その報告の最後で、「当地の製塩」に関して述べながら、製塩所の防衛強化について触れているのである。

旧ソ連史学はこうした動きをプガチョーフによる塩の国家専売制の全廃であると断定する。[72] しかし、本編の筆者はプガチョーフたち指導層が塩——さらには酒類——の専売制廃止を目指していたとは考えてない。理由は、塩の販売がアタマンやエサウール(副官)の監視のもとで行われ、売上金は指導部に納められ、当面の指揮の必要に応じて支出されているからであり、[73] またすでに記したように、叛乱軍は塩を恣意的に分配することを禁止しているからでもある。この点についていえば、むしろ叛乱の持つモラル・エコノミー的な秩序回復機能という側面が強かったと考えるべきである。ここにバシキール人とヤイーク・カザークを中心とする叛乱軍主力の蜂起に対する考え方の違いがはっきりとしてくる。

2　バシキール人、工場登録農民そして「工場労働人」——連帯の形成

工場に対する攻撃は工場民の間に様々な動きを生じさせた。その点を中心に、バシキール人と工場内で働く人々との関係についていま少し詳しく検討してみよう。M・M・ゴリーツィンが彼の領地管理人И・ナウーモフに宛てた三月一五日付けの指令書は領地および工場を防衛するよう命じているが、その理由を次のように述べている。

悪いバシキール人やロシア人の盗人どもが根絶やしにされないのみならず、大部隊によって官営および民間の諸工場に登録されている農民たちを煽動し、彼らと一緒に多くの工場を破壊・略奪し、さらに諸要塞を占領してエカチェリンブルクまで迫っており……それゆえ、私の数々の相続領地や工場も甚だ危険な状況にある。(74)

この史料で注目しなければならないのは、バシキール人と「ロシア人の盗人ども〔すなわちロシア人農民〕」、および登録農民たちとが同じ工場破壊という行動に走っている点である。バシキール人はすでに述べたように、工場やそこで働くロシア人に対して露骨に敵意を示していたが、ロシア人の農民や工場で働く人々がもし自らも工場破壊に向かうならば、彼らと行動をともにしたのである。特に、本来農民で、強制的に一年の一定期間を工場で働かざるを得なかった登録農民には工場破壊へと走る要因は大いにあった。

ウラルの工場に登録された農民に課せられた最も厄介な負担が、義務遂行のため工場までかなりの距離を旅し

なければならないということである。数百ヴェルスタを移動しなければならないということは何も稀なことではなかった。時にはこうした旅行は一年に幾度もしなければならず、そのために多くの時間と金銭を費やした。ちなみに、一七六九年まで、その旅行費用は農民自身が負わねばならなかったのである。(75)

叛乱鎮圧後、拘束された叛徒たちに対して開かれたオレンブルクでの査問委員会の報告によると、工場登録農民たちはプガチョーフへの忠勤を励んだという。

> なぜなら……〔工場での〕労働が重い負担であり、また〔労働のために〕遠くから移動しなければならなかったからである。そして彼らに対し、彼〔プガチョーフ〕から彼らが嫌悪していた全工場の廃止と自由が約束されていたからであった。(76)

また叛乱発生の当初から自分の村に帰郷する登録農民も多く存在した。(77) プガチョーフ自身、彼らを故郷の村に帰らせるように取り計らっていたのである。(78)

以上のことより、登録農民たちが叛乱に求めていたものは自らの枷となっていた鎖を断ち切るべく工場そのものを全廃し、しかる後に故郷の村に帰り、本来の生業である農業に従事することであったといえる。何よりもプガチョーフの出現は、彼を皇帝ピョートル三世と信じて立ち上がった登録農民にとり、工場や鉱山を去って、己の村に帰郷することが許されるという確信を与えた。貴族の国家勤務からの解放をうたったピョートル三世の布告(一七六二年)は、全ロシア人農民層に農奴制からの解放を期待させるのに十分であった。さらに、同皇帝の一七六二年二月二日付け布告は、農民たちを新しい法典が彼らの地位を明確に規定するまで工場に登録することを禁止した。プガチョーフという新たな「ピョートル三世」の出現は、登録農民たちの間に、自分たちが自由になる日が間近に迫り、故郷の家に帰ることが許されるという期待を抱かせたのである。

他方、工場労働により賃金を得、工場の近郊に住みながら工場付属の小さな畑を耕し、その上もはや帰るべき村がない「工場労働人」となったかつての農奴や専属の職工たちの場合は事情が異なっていた。彼らのなかにも登録農民と同様に工場労働の辛苦から逃れるためにプガチョーフ軍に参加する者もいた[79]。そうした動機とは別に、彼らが叛乱に加わったもう一つの理由があった。すなわち、バシキール人の攻撃から自らの働き場所であり生活の拠点でもある工場や自分たちの村を防衛すべく蜂起軍から助力を得るために幾つかの工場が叛乱に参加したのである。プガチョーフ側もバシキール人の攻撃から彼らを守ることを約束した[80]。

しかし他方では、プガチョーフ軍に抵抗した工場で働く人々もいた。それは工場主や工場を防衛するために戦う兵士だけではなく、熟練工もそうであった[81]。彼らは生活面でも心性の上でも「工場労働人」に近い存在であったのである。

以上のように、工場で働く人々の間には、出自や生活・労働形態の違い――その多くは工場といかに関わっているかによる――に起因して叛乱に対する関わり方に差異があった[82]。そのことはバシキール人の工場破壊を契機としてより鮮明になっていった。

3　叛乱からの後退

一七七四年三月二二日、プガチョーフによって占領されていたタティーシチェヴァ要塞で、プガチョーフおよび彼の戦友にして指揮官でもあったA・A・オフチーンニコフの軍とΠ・M・ゴリーツィン率いる政府軍との間で雌雄をかけた戦闘が繰り広げられた。延々六時間にも上る戦いの末に勝利を収めたのは政府軍であった。プガチョーフ側は多大の損害を被っただけでなく、その後の叛乱の動きをも決したのである[83]。

タティーシチェヴァ要塞での敗北後、プガチョーフは本営のあるビョールダ村に帰還した。プガチョーフ軍は当時ゴリーツィン軍とオレンブルク守備隊の間に挟まれていたので、これ以上オレンブルク包囲を続けること、ならびに本営のビョールダ村に留まっていることは不可能であった。そこでプガチョーフはオレンブルク包囲を解き、サクマルスキー・ゴロドークへ移動することに決定した。ここに半年にも及ぶ包囲戦が終わりを告げたのである。

この頃からプガチョーフのもとにいる叛乱軍兵士の数は急速に減少していった。それには次の三つの理由が考えられる。第一には、打ち続く戦闘による戦死者の増加である。第二には、旧ソ連の歴史家たちが指摘したように、バシキール人族長のうち状況によってその立場を変える人々が叛乱から離脱していったためである。(84) それとも関連するが、しかしさらに重要な点として次の第三の理由があげられる。すなわちM・ラーエフが指摘しているように、オレンブルク包囲の失敗がバシキール人たちにこの叛乱に対する興味を喪失させたということである。(85) かくして叛乱の第二期(一七七四年三月~同年七月)に入り、彼らの領域であるバシキーリアから外に叛乱の中心が移動すると、プガチョーフ軍からバシキール人が後退したのである。これは近世における共同体を中心に形成される民衆の自己完結的なコスモロジーと大いに関係があろう。

この時期以後、プガチョーフ側はバシキール人の召集に苦労するようになった。一七七四年春以降にプガチョーフ側が発したバシキール人召集に関する指令書(86)がそのことをよく示している。指令書のなかでは、バシキール人だけでなく、ミシャーリ人およびチェレミス人の召集についても言及されているが、指令書はこの時点でバシキール人たちを叛乱に参加させることが非常に困難になったことをわれわれに教えてくれるのである。

興味深いことに、蜂起の中心勢力が再びバシキーリアに戻った時、プガチョーフ軍は多くのバシキール人を叛乱軍に召集することに成功した。すなわち、一七七四年四月一~二日、サクマルスキー・ゴロドークとカルガリ村における戦闘での敗北後、プガチョーフは彼の戦友たちとともに、キンジヤ・アルスラーノフの助言により、バシキーリアへ向かった。この時、キンジヤは、「もし、あなた〔プガチョーフ〕がそこへ行くなら、私は同地で一〇日のうちに一〇〇〇名のわがバシキール人を調達しましょう」、と述べた。実際、彼がプガチョーフという新たな「ピョートル三世」到来の噂を流すと、多数のバシキール人がこの僭称者のもとに集まって来た(87)。バシキール人以外にも、彼の力であらゆる地方からウラルの工場労働者、ロシア人農民およびタタール人らがやって来たのである(88)。プガチョーフがバシキーリア内に留まっている間、キンジヤ・アルスラーノフは大きな役割を果たした。

第三期(一七七四年七月以降)に入って叛乱の中心はヴォルガ川沿岸地帯に移り、バシキール人は一部(キンジヤ・アルスラーノフやサラヴァト・ユラーエフたち)を除いてプガチョーフの軍から後退していった。

一七七四年秋、恒常的な軍事前哨線がアヴズヤノ゠ペトロフスキー、ヴォズネセンスキー、イルニャンスキー、カタフ゠イヴァーノフスキーおよびプレオブラジェーンスキーの各工場に置かれた。状況に応じて、他の工場防衛のために鎮圧軍が派遣された(89)。その支援を得て、叛乱中機能が麻痺していた工場当局が再建された。政府は全工場民および叛乱に参加したため各地で体刑を受けた者さえも工場主に与えた。一一月末、Я・Б・トヴョルドゥィショフは八〇〇〇名の職工と労働者を一〇の工場から集めた。一七七五年夏までに南ウラル諸工場の工場民の多くは自らの出身工場に戻ったのである。

以上の経過がみられたプガチョーフ叛乱に対し、バシキール人の参加は地域により違いがみられた。ノガイ道、シベリア道および一部カザン道のバシキール人の参加が他の地域に較べて顕著であった。そこは、多くが遊牧・牧畜地帯であり、しかも工場進出により自らの土地を奪われ、生活の拠点を失った人々が多くいたのである(90)。また本文中でみた叛乱時に明確に現れたバシキール人のロシアやロシア人に対する敵対感情は、その後も存在し続けることになったのである(91)。

(1) *Индова Е.И. Преображенский А.А. и Тихонов Ю.А.* Народные движения в России XVII-XVIII вв. и абсолютизм// Абсолютизм в России (XVII-XVIII вв.). Сборник статей. М., 1964. С. 77（林基訳「一七・一八世紀ロシアの民衆運動と絶対主義」、『専修人文論集』一七、一九七七年）.

(2) ソビエト科学アカデミー版（江口朴郎他訳）『世界史（近代3）』、東京図書、一九六一年、九五四頁、Очерки истории СССР. Период феодализма. Россия во второй половине XVIII в. М., 1956. С. 207-208.

(3) *Индова Е.И. Преображенский А.А. и Тихонов Ю.А.* Указ. стат. С. 77.

(4) Portal, R. "Les Bashkirs et le gouvernement russe au XVIIIe siècle," *Revue des Etudes Slaves*, t. 22, Paris, 1946, p. 82.

(5) Raeff, M. "Pugachev's Rebellion," in R. Forster& J. P. Greene (eds.), *Preconditions of Revolution in Early Modern Europe*. Baltimore & London, 1970, p. 183.

(6) 前掲ソビエト科学アカデミー版（江口朴郎他訳）『世界史（近代3）』、九三一頁。

(7) Avrich, P. *Russian Rebels, 1600-1800*. New York, 1976, p. 196（白石治朗訳『ロシア民衆反乱史』、彩流社、二〇〇二年、二〇八頁）.

(8) *Петров С.* Пугачев в Пензенском крае. Пенза, 1956. С. 29.

(9) Avrich, P. *op. cit.*, p. 196（白石治朗、前掲訳書、二〇八頁）。

(10) Raeff, M. *op. cit.*, p. 181; Очерки по истории Башкирской АССР. Т. 1. Ч. 1. Уфа, 1956. С. 209.

(11) Там же. С. 173.

(12) Там же. С. 195-202; *Чулошников А.П.* Восстание 1755 г. в Башкирии. М.-Л., 1940.

(13) Raeff, M. *op. cit.*, p. 183.

(14) 本編、第四章、第三節を参照されたい。

(15) 日本におけるプガチョーフのツァーリ僭称に関しては次の諸研究がある。阿部重雄『帝政ロシアの農民戦争』、吉川弘文館、一九六九年。和田春樹『農民革命の世界――エセーニンとマフノ』、東京大学出版会、一九七八年。田中陽児「『ロシア農民戦争』論の再検討――ソビエト史学の新動向をめぐって――」、『ロシア史研究』二二号、一九七四年。八重樫喬任「プガチョーフ農民戦争における僭称問題によせて」（上）・（下）、『岩手史学研究』六一・六二号、一九七七年。中村仁志「プガチョーフの乱におけるツァーリ幻想」、『待兼山論叢』一四号、一九八一年。同『プガチョーフの乱――良きツァーリはよみがえる』、平凡社、一九八七年(なお、この本に対する筆者の私見は『ロシア史研究』四六号、一九八八年を参照されたい)。

(16) *Дубровин Н. Ф.* Пугачев и его сообщники. Т. 2. СПб., 1884. С. 272; Avrich, P. *op. cit.*, p. 198(白石治朗、前掲訳書、二一〇頁)。

(17) РГВИА. Ф. 249. Оп. 1. Д. 1. Л. 17об.

(18) すでに本編で述べたように、キプチャク・ハン国時代から、バシキーリアは次の四つの地域に区分されていた。すなわち、カザン道、シベリア道、ノガイ道およびオサ道である。カザン道はバシキーリアの西の部分、シベリア道はウラル山脈から東方および北東の部分、ノガイ道はバシキーリアの中央および南方の部分、そしてオサ道はウファーから北へカザン道とシベリア道との間の狭い地域である。この「道」という区分は一八世紀八〇年代に至り、郡(уезд)という新たな行政区分の導入によって廃止された。

(19) Сподвижники Пугачева свидетельствуют... (Вступительная статья Р. В. Овчинникова)//Вопросы истории. 1973. №8. С. 110; Крестьянская война в России в 1773–1775 годах: Восстание Пугачева/Мавродин В. В. (ответ. ред.) Т. 2. Л., 1966. С. 138; *Овчинников Р. В.* Манифесты и указы Е. И. Пугачева. Источниковедческое исследование. М., 1980. С. 42; *Усманов А. Н.* Кинзя Арсланов—выдающийся сподвижник Пугачева//Исторические записки. Т. 71. 1962. С. 115–116.

(20) Там же. С. 116.

(21) Пугачевщина. Т. 1, М.-Л., 1926. док. №4. С. 27–29; Документы ставки Е. И. Пугачева, повстанческих властей и учреждений. М., 1975. док. №6. С. 25–26.

(22) РГАДА. Ф. 6. Д. 415. Л. 16–17(タタール語からのロシア語訳); Пугачевщина. Т. 1. док. №5. С. 29–30; Документы ставки Е. И. Пугачева... док. №7. С. 26–27.

(23) РГАДА. Ф. 6. Д. 415. Л. 13(タタール語からのロシア語訳); Пугачевщина. Т. 1. док. №6. С. 30–31; Документы ставки Е. И. Пугачева... док. №8. С. 28.

(24) 三つの布告とも原文はタタール語である。註(21)、(22)、(23)で筆者の引用した史料集には、ロシア語への翻訳(プガチョーフ叛乱時に作成された)のみが掲載されている。

(25) Очерки по истории Башкирской АССР. Т. 1. Ч. 1. С. 223; *Усманов А. Н.* Указ. стат. С. 217.

(26) Там же.
(27) Там же.
(28) 実際に、布告のなかにキンジヤ・アルスラーノフの署名を見出すことができる(РГАДА. Ф. 6. Д. 416. Ч. 1. Л. 64, 76 и др.; Пугачевщина. Т. 1. док. №№167, 168 и др.)。
(29) РГАДА. Ф. 6. Ч. 1. Д. 416. Ч. 1. Л. 64, 67, 76, 164об., 182; Д. 415. Л. 2, 33; Д. 420. Л. 6, 19; Д. 416. Ч. 1. Л. 164об., 182; Д. 416. Ч. 1. Л. 64, 67, 76 и др.; Пугачевщина. Т. 1. док. №№9, 13, 16, 45, 55, 56, 167, 168, 170, 172 и др.
(30) Крестьянская война в России в 1773–1775 годах: Восстание Пугачева. Т. 2. С. 125.
(31) なお、オレンブルク包囲については拙著 Оренбург и оренбургское казачество во время восстания Пугачева. 1773–1774 гг. М., 1996 の第三・五章を参照されたい。
(32) Пугачевщина. Т. 2. М.-Л., 1929. док. №85, С. 257; С. 409–410; Очерки по истории Башкирской АССР. Т. 1. Ч. 1. С. 226.
(33) РГВИА. Ф. 20. Д. 1231. Л. 3 (История Башкортостана с древнейших времен до 60-х годов XIX в./Усманов Х. Ф. (ответ. ред.) Уфа, 1996. С. 299 より転引用。РГВИА. ф. 20 は現在「閉鎖されている」).
(34) РГВИА. Ф. 20. Д. 1231. Л. 3 (История Башкортостана с древнейших времен до 60-х годов XIX в. С. 299 より転引用).
(35) РГВИА. Ф. 20. Д. 1231. Л. 16–17; РГАДА. Ф. 1100. Д. 5. Л. 68 (История Башкортостана с древнейших времен до 60-х годов XIX в. С. 299 より転引用).
(36) 「パンと塩」の習慣については次を参照されたい。Smith, R. E. F. & Christian, D. *Bread and Salt, A Social and Economic History of Food and Drink in Russia*. Cambridge University Press, 1984 (鈴木健夫・豊川浩一・斎藤君子・田辺三千広訳『パンと塩』、平凡社、一九九九年).
(37) *Дубровин Н. Ф.* Указ. соч. Т. 2. С. 122–123.
(38) РГАДА. Ф. 6. Д. 416. Ч. 1. Л. 68; Пугачевщина. Т. 1. док. №169. С. 114–115; Документы ставки Е. И. Пугачева... док. №130. С. 112.
(39) РГАДА. Ф. 6. Д. 416. Ч. 1. Л. 71–72; Пугачевщина. Т. 1. док. №173. С. 147–148; Документы ставки Е. И. Пугачева... док. №155. С. 126.
(40) Крестьянская война в России в 1773–1775 годах: Восстание Пугачева. Т. 2. С. 238.

(41) Там же.

(42) Формулярный список И. А. Деколонга за 1772-РГВИА. Ф. 490. Оп. 3. Д. 127 (Оренбургская Пушкинская энциклопедия. Оренбург, 1997. С. 114-115 より転引用。なお現在РГВИА. Ф. 490 は「閉鎖中」である)。

(43) Там же. С. 119.

(44) РГАДА. Ф. 192. Оп. 1. Д. 5; *Гайснович А. И.* Пугачев. Жизнь замечательных людей. Серия биографий. М., 1937. С. 127-128.

(45) 本編、第四章以外に次も参照されたい。Там же. С. 126; Portal, R. *op. cit.*, pp. 87-89.

(46) 前掲ソビエト科学アカデミー版(江口朴郎他監訳)『世界史(近代3)』、九五七頁。

(47) См. РГАДА. Ф. 6. Д. 506. Л. 355-356; Пугачевщина. Т. 2. док. №41. С. 131.

(48) Там же, док. №40, С. 127. この「カザークの妻」の存在はロシア正教信者(とりわけ旧儀派教徒)の多い蜂起軍にプガチョーフの「ツァーリ」としての正統性に疑念を抱かせる原因となった。

(49) *Андрущенко А. И.* О самозванстве Е. И. Пугачева и его отношениях с яицкими казаками//Вопросы социально-экономической истории и источниковедения периода феодализма в России. М., 1961. С. 150.

(50) 政府の軍事参議会を真似て組織された制度である。これは、一七七三年一一月六日、ビョールダ村に設立され、司法、軍事および軍資金の調達やその運用など多方面にわたる役割を担っていた(Крестьянская война в России в 1773-1775 годах: Восстание Пугачева. Т. 2. С. 444-465)。

(51) РГАДА. Ф. 6. Д. 512. Ч. II. Л. 7-а; Пугачевщина. Т. 1. док. №25. С. 45; Документы ставки Е. И. Пугачева... док. №50. С. 55.

(52) Пугачевщина. Т. 1. док. №189. С. 159; Документы ставки Е. И. Пугачева... док. №406. С. 281.

(53) РГАДА. Ф. 6. Д. 490. Ч. I. Л. 271; Документы ставки Е. И. Пугачева... док. №91. С. 77-78.

(54) *Павленко Н. И.* К истории южноуральской металлургии в XVIII в.//Материалы научной сессии, посвященной 400-летию присоединения Башкирии к Русскому государству. Уфа, 1958. С. 189.

(55) Там же.

(56) *Ушаков И. Ф.* Работные люди Белорецкого завода в Крестьянской войне//История СССР. 1960. №6. С. 131.

(57) *Буганов В. И.* Крестьянские войны в России XVII-XVIII вв. М., 1976. С. 156-157.

(58) Крестьянская война в России в 1773-1775 годах: Восстание Пугачева Т. 2. С. 334-335.

(59) Там же. С. 335.

(60) Пугачевщина. Т. 1. док. №250. С. 202-203; Документы ставки Е. И. Пугачева... док. №291. С. 199-200.

(61) Крестьянская война 1773-1775 гг. в России: Документы из собрания Государственного исторического музея. М., 1973. док. №10. С. 41.

(62) Там же. док. №9. С. 38-39.

(63) Русская старина. Т. 12. 1875. С. 393.

(64) Там же.

(65) РГАДА. Ф. 6. Д. 627. Ч. 9. Л. 109, 152, 182-183, 267, 276, 333-334; Документы ставки Е. И. Пугачева... док. №416, 417. С. 104, 286-288.

(66) РГАДА. Ф. 6. Д. 467. Ч. 1. Л. 316; Ч. 6. Л. 169; Документы ставки Е. И. Пугачева... док. №419. С. 288.

(67) Там же. С. 424 (примечание).

(68) Portal, R. "Pugačev: une révolution manquée," *Etudes d'histoire moderne et contemporaine*, t. 1, Paris, 1947（山本俊朗訳「ロシア農民一揆に関する一考察――プガチョーフの乱とロシア社会」、『ソ連・東欧社会の発展』、亜紀書房、一九七〇年）; Raeff, M. *op. cit.*; Sumner, B. N. *A Short History of Russia*. New York, 1949.

(69) Крестьянская война 1773-1775 гг. в России. док. №20. С. 65.

(70) Там же. док. №22. С. 68.

(71) Там же. док. №23. С. 72-73.

(72) Крестьянская война в России в 1773-1775 годах: Восстание Пугачева. Т. 2. С. 140.

(73) РГАДА. Ф. 6. Д. 416. Ч. 1. Л. 31, 208, 210, 211; Пугачевщина. Т. 1. док. №122, С. 117; док. №123. С. 117-118; док. №№227 и 228. С. 187-188.

(74) Крестьянская война 1773-1775 гг. в России. док. №24. С. 73.

(75) *Семевский В. И.* Крестьяне в царствование императрицы Екатерины II. Т. 2. СПб., 1901. xix, xxi-xxii; Portal, R. *L'Oural au XVIIIe siècle*. Paris, 1950, p. 271; Blum, J. *Lord and Peasant in Russia: From the Ninth to the Nineteenth Century*. Princeton, New Jersey, Princeton University Press, 1972, p. 313.

(76) *Дубровин Н. Ф.* Указ. соч. Т. 2. С. 136.

(77) РГАДА. Ф. 6. Д. 416. Ч. 1. Л. 69; Пугачевщина. Т. 1. док. №212, С. 176–177; Документы ставки Е. И. Пугачева... док. №128. С. 111.

(78) РГАДА. Ф. 6. Д. 416. Ч. 1. Л. 70; Пугачевщина. Т. 1. док. №213. С. 177; Документы ставки Е. И. Пугачева... док. №129. С. 112.

(79) *Мартынов М. Н.* Саткинский завод во время восстания Емельяна Пугачева//Исторические записки. Т. 58. 1956; *Ушаков И. Ф.* Указ. стат.

(80) РГАДА. Ф. 6. Д. 416. Ч. 1. Л. 189–190; Пугачевщина. Т. 1. док. №250. С. 202–204; Т. 2. док. №120. С. 316–317; *Дубровин Н. Ф.* Указ. соч. Т. 2. С. 198; *Дмитриев-Мамонов А. И.* Пугачевский бунт в Зауралье и Сибири. СПб., 1907, С. 65; Raeff, M., *op. cit.*, p. 181. 革命前の研究では、バシキーリアにあった諸工場はバシキール人の襲来や強奪から逃れるためという理由で、プガチョーフ陣営についたとされた(*Дубровин Н. Ф.* Указ. соч. С.198; *Дмитриев-Мамонов А. И.* Указ. соч. С. 64–65)。それに対し、革命後、歴史家のM・H・マルティーノフはサトキンスキー工場の事例を研究し、「バシキール人のサトキンスキー工場付近への出現は、ただ工場労働人たちのプガチョーフ陣営への移行を早めただけであった」と述べている(*Мартынов М. Н.* Указ. соч. С. 243–244)。旧ソ連史学では、後者の説が支配的であった(Крестьянская война в России в 1773–1775 годах: Восстание Пугачева. Т. 2. С. 267–268)。しかし、筆者は革命前の研究にも、また革命以降現在に至るまでの研究にも問題があると考えている。むしろ、本文中で述べたように、「工場労働人」の参加には二つの原因があったと考えるべきであろう。

(81) *Пруссак А. В.* Заводы, работавшие на Пугачеве//Исторические записки. Т. 8. 1940. С. 181; Avrich, P. *op. cit.*, p. 218(白石治朗、前掲訳書、二三二—二三三頁).

(82) 旧ソ連史学では、ラージンの乱とプガチョーフの乱の違いを検討して次のように述べている。いわく、ラージン叛乱時、叛乱者たちは工場を燃やして破壊した。一七世紀、労働者たちの唯一の希望は、工場を焼いて村に帰り、かつての生業である農業に従事することであった。それに対し、プガチョーフの乱の時には、叛乱者は工場を破壊も焼きもしなかった。それどころか、工場は叛乱の拠点として武器や弾薬の供給基地になった。工場農民は逃げず、むしろプガチョーフの発するマニフェストを広める役割さえ果たしたという(*Мавродин В. В. Кадсон И. З. Сергеева Н. И. и Ржаникова Т. И.* Об особенности Крестьянских войн в России//Вопросы истории. 1956. №2. С. 72; *Мавродин В. В.* Основные проблемы Крестьянской войны в России 1773–1775 годов//Вопросы истории. 1964. №8. С. 69; *Индова Е. И. Преображенский А. А. и Тихонов Ю. А.* Указ. стат. С. 78(林基、前掲訳論文、二〇五頁)。しかし、こうした考えは、本文中で述べたように、修正されなければならない。

(83) *Дубровин Н. Ф.* Указ. соч. Т. 2. С. 303.

(84) Ведомости об участии нерусского населения Башкирии в Крестьянской войне 1773–1775 гг.//Материалы по истории СССР. Т. 5. М., 1957. С. 569; *Усманов А. Н.* Указ. соч. С. 130–131.

(85) cf. Raeff, M. *op. cit.*, p. 185; Пугачевщина. Т. 2. С. 415–416.

(86) РГАДА. Ф. 6. Д. 429. Л. 19–20; Пугачевщина. Т. 1. док. №77. С. 84–85; док. №237. С. 194; Документы ставки Е. И. Пугачева... док. №423. С. 290–291; док. №424. С. 291; док. №425. С. 291–292.

(87) Пугачевщина. Т. 2. док. №44. С. 145.

(88) *Ушаков И. Ф.* Указ. стат. С. 128.

(89) *Дмитриев-Мамонов А. И.* Указ. соч. С. 163–164.

(90) Ведомости об участии нерусского населения Башкирии в Крестьянской войне 1773–1775 гг. С. 573–602.

(91) 一九世紀に入り、ロシア政府の政策通り、定住・農耕生活に入ったミシャーリ人と依然として牧畜や半遊牧に従事していたバシキール人との間には争いが発生した。そして、バシキール人たちはミシャーリ人やロシア人に対して敵愾心を抱き続けた(小山晧一郎訳・山内昌之註「ゼキ・ヴェリディ・トガン自伝」(3)、『史朋』北海道大学文学部東洋史談話会六号、一九七七年、一五五頁)。バシキール人のなかには、二〇世紀初頭に入ってもロシア人と交流することを慎み、嫌悪する傾向があったという(同訳、一三頁)。しかし、他方では、バシキール人の間に住みついたロシア人の間には、ロシア人の法に背いても改宗する者も現れ、バシキール人の生活の独創性を認めて著述を行うロシア人もいたという(同訳(2)、『史朋』五号、一九七六年、一五頁)。われわれはこうした諸民族の民衆間の雑居や生活の接触といった相互浸透部分にももっと眼を向けるべきである。

第八章　プガチョーフ叛乱(下)

I　一八世紀バシキール人社会とサラヴァト父子

1　サラヴァト裁判

イ　文献と史料について

本章で依拠するИ・M・グヴォーズジコヴァの著書『サラヴァト・ユラーエフ――文書史料に基づく研究』(初版一九八二年、第三版・増補版二〇〇四年、ウファー)およびサラヴァトとその父ユライに関する裁判資料[1]についてまず述べておきたい。

女史はここで利用するサラヴァトの裁判・尋問記録をも収録している史料集『バシキーリア領内における一七七三～一七七五年の農民戦争』(一九七五年、ウファー)を現代ロシアのプガチョーフ叛乱研究の第一人者にして史料学者でもあるP・B・オフチーンニコフとともに編集した。現在、ロシア連邦科学アカデミー・バシコルトスタン――初版が書かれた当時はソ連邦科学アカデミー・バシキーリア支部――の歴史・言語および文学研究所に在職している歴史学博士候補である。その著書は、女史の史料集編纂の経験を生かし、副題が示す通り史料学的研究である。同書は三つの章で構成されている。第一章では、女史が史料として最も多く依拠したサラヴァト・ユラーエフ裁判の経緯について述べられている。第二章では、その裁判・尋問に関する諸史料の性格付けおよびそれに対する史料批判がなされている。第三章では、バシキーリアにおける叛乱の経過とサラヴァトならびにその父ユライについての伝記の概略が記されている。この著書は先のオフチーンニコフの指導下で鍛えた精緻な実証性を備えているという長所を有する一方で、バシキーリアにおける叛乱敗北の原因の一つを運動の「自然発生性」に帰し[2]、またサラヴァトとイスラームとの関係について記述がほとんどないという欠点もある[3]。

それにもかかわらずわれわれが注目するのは、女史の厳密な史料批判の態度そのものであり、利用史料の豊富さである。史料として、女史は様々な刊行史料の他に[4]、裁判に関する未刊行のアルヒーフ史料も多く利用している。これらは裁判・尋問の調書という文書の性格上、当局側の「傾向」があるという。その上、上記のような記録は、取り調べ官と未決囚(叛乱参加者である)との間の心理的葛藤という状況のもとで記された。つまり、自供を得るためには拷問などが利用されたが、未決囚の方でも自らを無知で未経験な者として叛乱で自らが担った役割を小さなものとし、やむを得ず運動に参加したとする。それゆえ、グヴォーズジコヴァは、こうした史料の利用には、他の史料(状況証拠など)との対比という方法を通して、まず当該史料の真偽を確認することが必要となると述べるのである[5]。

このような厳密な史料批判の態度は、当時の司法・裁判機構についての分析へとわれわれを導く。一八世紀後半、ロシアにおける最高の司法・裁判機関は元老院であった。その下に、一七六二年に創設されたいわゆる国事犯審理――たとえばツァーリ暗殺計画、クーデター計画、僭称、売国行為および旧儀派(分離派)教徒などの問題について――のための機密調査局(Тайная экспедиция)が存在していた。(6)地方における裁判は通常県庁で行われたが、ロシア住民のほぼ半数にも上る領主農民たる農奴は国家の刑事裁判権には服さず、領主がその運命を握っていたのはいうまでもない。(7)

ロ　裁判の経緯

図9　サラヴァト・ユラーエフ
ウファー市にあるサラヴァト・ユラーエフの像(筆者撮影)

サラヴァトの尋問は彼が拘束された日(一七七四年一一月二五日)から数えてちょうど三か月経った一七七五年二月二五日、モスクワの機密調査局で開始された。通訳官はモスクワ在住のバシキール人でキリスト教に改宗していたイヴァン・グリチーヒンである。サラヴァトは言葉少なであったという。サラヴァトの語ったところでは、一七七三年一一月にプガチョーフ軍に加わって一連の戦闘を行い、叛乱に参加していた期間を通じて、戦闘以外で「誰も己の意思で、また自らの手で殺害を行わなかった」。さらに、プガチョーフを「真のロシア皇帝」と認め、同地方のバシキール人は皆彼に身を委ねていたという。(8)

一七七五年五月五日、ユライとサラヴァトはウファーに移送され、審理が継続された。そこでは軍政官А・Н・ボリーソフが通訳官А・ヴァシーリエフの力を借りて尋問を行った。提出された種々の告発(обвинение)に対し、サラヴァトは部分的にあるいはその半分までを認めはしたが、残りをすべて否認した。彼は特に、モスクワでの陳述と同様に、ロシア人の殺害を意図して行ったものではないと主張した。(9)当局は対応に苦慮し、証拠物件を提示し、陸軍少将Ф・Ю・フレーイマンの報告とサラヴァト逮捕の状況について、その任にあたったアルシェネーフスキー中佐の報告(一七七五年五月六日付け)をサラヴァトに突き付けた。しかし、こうしたことも彼の罪状否認を覆すには至らなかったのである。(10)

五月一二日、ウファー郡庁の八等官で通訳官でもあったФ・トレチャコーフに対し、次のような命令が下った。シベリア道とオサ道の諸村落をめぐり、「〔政府に〕忠実な族長や良き人々から」、サラヴァトに関して、「本当はどのように、また、どこで、彼ゆえに悪行や最も非人間的な殺害が生じたか」情報を得ること、そしてウファーにそのような証人のうち幾人かを連れて来るようにというものであった。(11)

しかし、トレチャコーフがその調査から戻る前に、その間中断されていた審理は再開されることになった。当局は獄中のサラヴァトが自らの不利になる証言をしないように故郷にいる自分の親族に宛てた手紙を入手し、そこで発覚した審理妨害という彼の企図を挫くために審理を急いだのである。トレチャコーフが自分の行動に関する情報収集に派遣されたと知ったサラヴァトは、手紙のなかで、尋問で彼が叛乱に参加した親族たちを決して裏切らないことを報せ、同時に彼らも「根拠なく、われわれに対する証言をしないように」と述べていた。さらに、鎮圧部隊に拘束された自分の家族についても配慮してくれるようにと依頼していたのである。(12)この手紙が当局の手に渡り、その内容について尋問を受けた時、サラヴァトは自ら手紙を書いたことを否定している。(13)

一方、トレチャコーフはバシキーリア内の諸地方(シャイタン＝クデイスク、クィル＝クデイスク、チュベリャスク、トゥィルナクリンスクの各郷)の村落で調査し、六月八日にそこで得た情報を上司に報告した。提出された報告書には収集されたバシキール人四八名の証言が添付されていた。(14)

証人や尋問者に答えて、サラヴァトは告発を否認する戦術を繰り返した。[15] 審理によってサラヴァトに「犯行」を認めさせようとする当局の意図は成功しなかった。サラヴァトは政府軍に対する軍事行動、諸要塞の占領や諸工場の占拠への参加を認めはしたが、故意に殺害を行ったと彼に供述させようとする当局の努力は実を結ばなかったのである。[16]

すべての尋問が終了した後、判事たちは収集された資料の総括に取り掛かった。七月六日、尋問資料の抜粋および県知事への報告として作成されたウファー郡当局の裁定がオレンブルクに送られた。七月一五日、当局はそれを基に最終判決を作成し、県知事の署名を得た。しかし、この間、地方と中央政府の判決内容に対する考えの相違が明瞭になっていった。地方当局は死刑(四つ裂き刑、絞首刑、斬首、車裂き)が相当であると考えていたが、モスクワの判断は死刑に処す必要を認めず、通常の刑事犯として彼を処罰することを命じたのである。[17]

七月一五日、判決が下った。オレンブルク県知事И・A・レインスドルプは即座にウファー郡当局に対しサラヴァトとユライの刑の執行を命じた。翌日、県知事は両名をウファーに送った。二二日、刑の執行に関する郡庁の決定がなされたのである。その内容は、サラヴァトとユライは笞刑(各人一七五打)を受けた後、鼻孔を抜かれ、顔(額と頬)には焼印を押されるという苛酷なものであった。実際には、彼らが破壊し焼き払ったとされた工場や村の各所でそれぞれ同様の体刑を受けることになった。[18] その後、二人にはバルト海に臨む港町ロゲルヴィクでの終身強制労働が命じられた。サラヴァトは二五年間監獄で労働を強いられ、一八〇〇年九月二六日に死去した。[19] 父ユライに関する史料は一七九七年のものが最後である。[20]

サラヴァトよりも二か月前に逮捕されたプガチョーフがモスクワの赤の広場で四つ裂きの刑に処せられたのは一七七五年一月一〇日であり、[21] それに較べると異例に長い審理であった。その理由として、民衆から叛乱の記憶を消すためにも首謀者であるプガチョーフの処刑を急ぎたいという政府の思惑が優先したことがまず指摘できる。

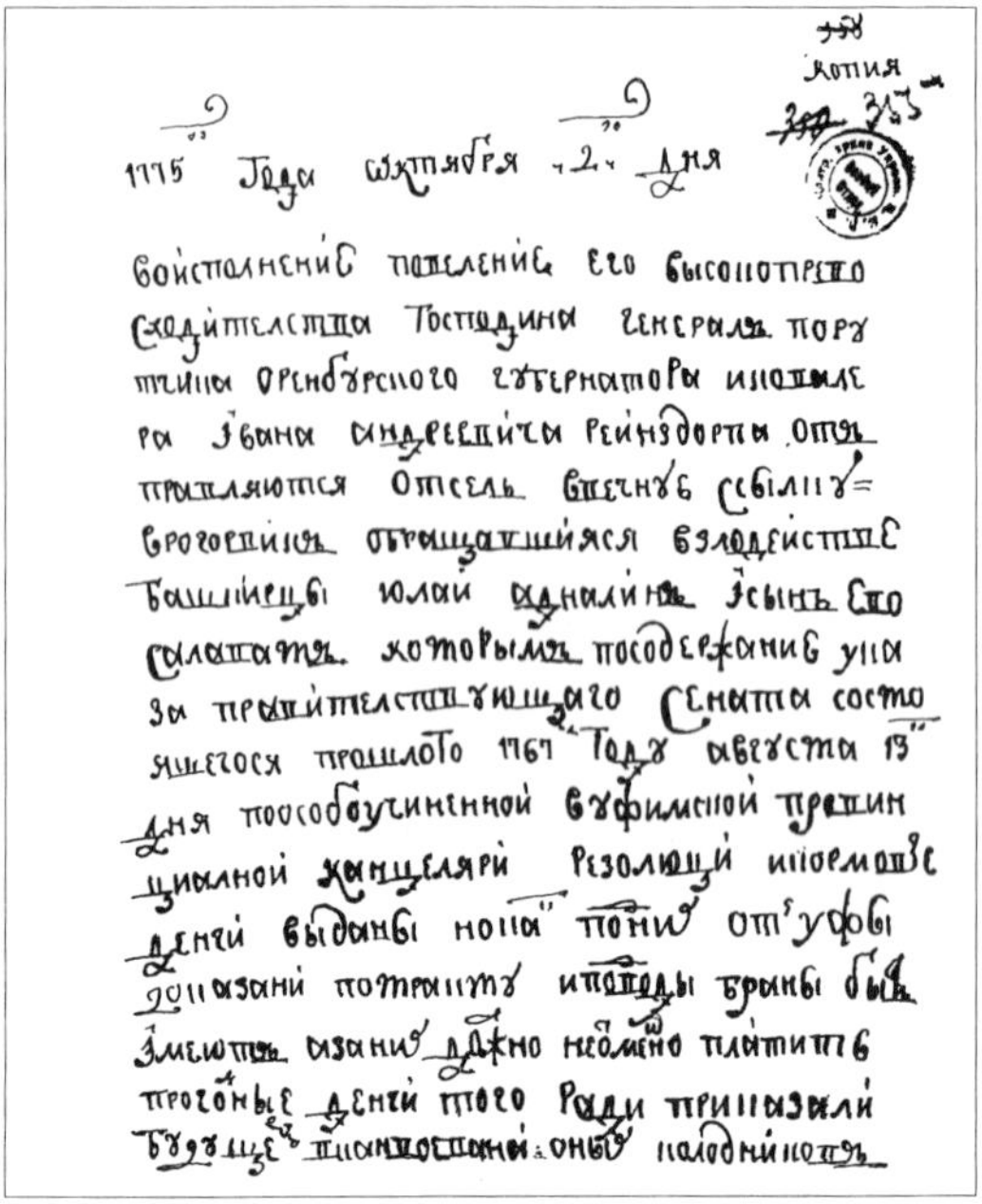

図10　サラヴァト・ユラーエフとユライ・アズナリン父子をウファーからロゲルヴィクへ終身懲役囚として送ることに関するウファー郡官房の決定（1775年10月2日）。（原文はРГАДА. Ф. 6. Д. 593. Л. 355.）

出典：*Гвоздикова И. М.* Салават Юлаев. Уфа, 2004（Изд. 3-е）.

これ以外に、サラヴァトはロシア語を知ってはいたが、尋問にあたってはタタール語の分かる通訳を介して行われたという言葉の問題、さらには当局によって提出された告発内容に対し、彼はそれを一貫して否認し続け、そのため当局はより明白な証言や証拠を得るために役人をバシキーリアに派遣しなければならなかったということと、しかもサラヴァト自身そうした政府の行動を監獄にいながらも察知し妨害しようとしたということがあげられる。とりわけ彼が強く否認した告発内容は、彼自身は決してロシア人の殺害を意図しなかったということである。結局、当局は尋問によってサラヴァトからその意に沿うような供述を得ることができなかった。

2　サラヴァト父子とロシア

イ　父ユライ・アズナリン

ユライとサラヴァトの生年については不明な点が多い。ただ一つ確かなのは、二人ともシベリア道ウファー郡シャイタン゠クデイスク郷テケエヴォ(テコエヴォ)村に生まれ、ユラーエヴァ村で暮らしていたという点である。(22) 父ユライの生年は一七二九／三〇年である。(23) サラヴァトは、尋問記録によると一七五四年三〜一〇月であり、他の史料や文献によると一七五二年、(24) あるいは一七五五年の生まれとなっている。(25) いずれにせよ、叛乱時には、サラヴァトは二〇歳前後の若さであり、その父は四三／四四歳という壮年であった。

すでに述べたように、サラヴァトは尋問に際して当局の告発内容を頑なに否認し、自らについてもあまり多くを語らなかった。他方、父のユライについては、モスクワでの供述記録が多く残っている。それによると、彼はすでに一七六二年には百人隊長となっていた。一七六六年、当時すでに族長であったユライは、時のオレンブルク県知事で、バシキール人所有地の一層の没収とバシキーリアへのロシア人の移住を根幹とする植民政策を積極的に推進していたA・A・プチャーチン(26)により郷長(старшина)に任命された。当時、バシキーリアにおける郷の長たちは県内の官僚機構のなかで最末端の機能を果たしていた。彼らは財政や行政、および警察の機能(課税と徴税、共同体内の諸問題に関わる係争の審理など)を遂行し、共同体が所有する用益地の分割を担当し、軍役奉仕のために郷゠共同体(氏族ないしは種族で構成されている)のなかから人を選んで派遣した。また、政府によるバシキール人社会に対する社会経済的および民族的な抑圧政策の一端を担うことさえあった。(27) なお、当時のバシキーリアの郷は氏族゠種族制度の上に成り立つ行政区分であり、一八世紀末にカントン制度が導入されるまでその制度は存続したのである（本編、第九章を参照）。

ロ　族長＝郷長としてのユライ

ユライは族長および郷長として自分が果たした役割や任務に関し記憶に残っている限り二つの出来事をあげている。一つはカルムィク人追跡であり、いま一つはポーランド遠征（バール連盟の鎮圧）であった。一七七五年二月二五日付けのユライの供述記録によると、ユライは「カルムィク人逮捕のための遠征にも参加し、彼らを追って一年三か月の間追捕した」が、その部隊は「バシキール人三〇〇名から成っていた」という。次いで、「カルムィク人の鎮静化の後に」、彼は「他の一〇名の族長たちとともにバシキール人族長のクレイ・バルタシェフの指揮下ポーランドへ遠征した。三〇〇〇名ものバシキール人がいた。そこからの撤退後、自分の村で暮らした[28]」のである。ちなみに、シベリア道カラ＝タビンスク郷出身のクレイ・バルタシェフはプガチョーフ叛乱時には政府軍に加わり、北バシキーリアで鎮圧にあたっていた[29]。

第一の事件は一七七一年ヴォルガ左岸の中・下流域地方に住んでいたカルムィク人がウブシ・ハンの指揮下ジュンガリアへ逃亡した事件である。オレンブルク県知事はヤイーク・カザーク、バシキール人および龍騎兵をカルムィク人逃亡阻止のために派遣するようにという政府の命令を受け取った。ユライは族長として三〇〇名のバシキール人を率いて追跡に参加した。しかしカルムィク人はЮ・Б・トラウベンベルク将軍指揮下の追跡隊からすでに遠く、トラウベンベルクの軍隊も糧秣や馬草不足のため退却を余儀なくされた。結局、バシキール人部隊はカルムィク人と戦うこともなく済んだのである[30]。

第二のポーランド遠征は一七七一年一一月に行われた。この時、ユライはバシキール人騎兵三〇〇〇名のうち三〇〇名から成る部隊を指揮していた。バシキール人騎兵はワルシャワ近郊、ヴィルノおよび他のポーランド各地を転戦した。彼らの帰郷は一七七二年八月二五日と翌年六月一七日の二度に分けて行われた。[31] ユライは戦闘であげた功績によりロシア政府からメダルを授与されたのである。[32]

これら二つの出来事の他に、ユライは一七五六〜六三年の七年戦争にも従軍し、同郷のバシキール人部隊を率いてプロイセン軍とも戦っている。[33]

以上はユライ・アズナリンの活動の一面を特徴付けるものであり、プガチョーフ叛乱前夜まで、彼がロシア政府に対して忠実に族長＝郷長の職務を果たしていたことを示している。

ハ　バシキール人の利益を守るユライ

しかしここで、われわれはユライの別の側面、すなわちバシキール人の利益を守るため当局に対して立ち上がった二つの事件に注目すべきであろう。一つは彼らの土地への工場建設に反対する行動であり、いま一つは別のバシキール人族長による賄賂授受に抗議する行動であった。

前者の問題について、先の供述のなかでユライは次のように述べている(なお、裁判記録は一人称ではなく三人称で記されている)。

この地方に確立された政府および権力によっては、彼ユライおよびその他すべての隣人たちもいかなる租税も強制されず、また重荷を負わせられもせず、〔負担に〕苦しめられてもいなかった。当地の全バシキール人のうち大部分は何も負担を担うことにはならなかった。それゆえ、彼らはいかなる怒りも抱くことなく平穏に暮らしていた。何かしら自分たちの間で侮辱(обиды)がある場合には、裁判やその地方に創設された統治機構からの指令を常に利用したのである。たとえば、彼は、その地の工場主トヴョルドゥィショフが自分〔ユライ〕の所有する土地を奪い、そのシムスコイ工場〔シムスキー工場のこと〕付近に二つの村が建設されたことに反対し、ウファー郡当局に訴えを起こした。その後、訴訟はオレンブルクの役所に移管されたが、なおも事件は解決されず、彼はただ自分の公正な嘆願に対して真の満足(истинное удовольствие)が下されることをひたすら期待したのである。[34]

一八世紀中葉のバシキーリアでは、すでに第六章で述べたように、農業植民以外に集中的な工場建設が進んでいた。[35] バシキール人の一代表としてユライは工場建設に反対したのである。当時、工場主への土地譲渡は不動産登記証券の作成などを通して行われたが、こうした法的手続きも、証書作成にあたっては工場主側により実際の取り決めとは異なった虚偽の境界が記入される有り様であった。その後、実際に土地を入手する時には、工場主は契約に反して自分の都合の良いように一層多くの土地を獲得していった。[36] その典型的な例が、工場主Я・Б・トヴョルドゥィショフとシャイタン゠クデイスク郷のバシキール人たちとの関係であった。

一七五九年三月一六日、鉱山局はシム川沿いに工場を建設するようにという決定を下した。[37] 二年後の一七六一年、このシムスキー製鉄工場は早くも生産を開始した。しかし、シムスキー工場および近隣のカタフ゠イヴァーノフスキー工場に対する土地証文が正式に作成されたのは、やっと翌年八月二一日になってのことである。この時、オレンブルクではЯ・Б・トヴョルドゥィショフとその共同経営者であるИ・С・ミャースニコフが、シャイタン゠クデイスク郷のバシキール人たちからその先祖代々の所有地のうち工場用地として必要な土地を六〇年間にわたり年二〇ルーブリで借りることとなった。[38] この取り決めの際、ユライ・アズナリンとその郷のバシキール人たちはロシア政府の弾圧と不正を経験することになった。

一七六〇年、工場主トヴョルドゥィショフの要請により、ウファー郡当局はウファーにユライを長とするシャイタン゠クデイスク郷のバシキール人グループを召喚した。一七三九〜四〇年蜂起時に政府側に立った族長シガナイ・ブルチャコーフは数多くの権力濫用により一七四三年に更迭されていた。その職務は事実上ユライが代行していたのである。[39]

トヴォルドゥィショフ配下の工場管理人は、自分の主人にとってその郷内の土地が「必要である」にもかかわらず、バシキール人たちは土地譲渡に応じようとしないと申し立てた。これに対し、ウファー郡の最高責任者である軍政官は、彼らバシキール人たちがトヴォルドゥィショフ自身と交渉するという約束を取り付け、実際に郷の全員に諮らず幾人かと取り決めを結んだ。しかし、話し合いの成果は上がらず、業を煮やした工場主は当局に願い出て、土地の強制的な買収が一部執行できるよう求めたのである。当局はユライにオレンブルク県庁への出頭を要求したが、彼はそれを果たさなかった。ついに一七六二年、軍隊がユライとその仲間たちをトヴォルドゥィショフのいるカタフ＝イヴァーノフスキー工場へ連行した。そこでバシキール人に対し県庁発布の命令が読み上げられ、土地貸与について有無を言わさぬ回答を迫った。ユライは契約締結のためオレンブルクに行くことを当局に約束しなければならなかったのである。[40]当時、シャイタン＝クデイスク郷の共同体では、ユライを中心とするグループと前族長のシガナイ・ブルチャコーフが指導するグループとが対立していた。一七六〇年のウファーでの交渉は、実際にはシガナイ・ブルチャコーフがあたった。彼は工場主の利益を図ると同時に、自らの立場を固めようと考えていたのである。[41]

ユライは工場主たちによる土地獲得の欺瞞的なやり方に憤慨して訴訟を起こしたが、結局は敗北した。しかもユライとともに自分たちの利益・権利を守るために立ち上がったバシキール人たちには、当時のお金で六〇〇ルーブリという莫大な罰金が科されることになった。[42]

ユライに関する特筆すべきいま一つの事件は、彼がバシキール人上層の賄賂授受に対し断固たる反対行動をとったことである。それはバシキール人に課せられた軍役をめぐって発生した。軍役はバシキール人やミシャーリ人たちにとって最も過酷な義務の一つであった。装備のための経費および長期にわたる遠征はその家庭と村落の経済にとって大打撃となった。なお、前述したユライの供述史料では、バシキール人たちは「重荷を負わせられもせず、〔負担に〕苦しめられてもいなかった」とあるが、これは尋問での供述という性格上、ユライが己の罪を軽減させるために、いかに自分がロシア政府に忠実であり、また不満を抱いていなかったかを述べるための戦術と考えてよいであろう。また軍役が多くの人命を奪ったのはいうまでもないことである。たとえば、ポーランド遠征に従軍したバシキール人三〇〇〇名のうち約二五〇〇名が帰還しなかったといわれている(43)。他方、富裕なバシキール人たちはこのような軍役を賄賂によって逃れ、それを貧しい人々に肩代わりさせていたのである。

そうした例をわれわれはシベリア道のバシキール人有力者ヴァリシャ・シャリーポフの行動にみることができる。一七七一年、彼の賄賂授受という行為に憤慨したバシキール人たちは、ユライとトゥィルナクリンスク郷の郷長にして族長であるヤウン・チュヴァショフとを代理人に立て、彼らにヴァリシャに関する訴状を託してウファーに向かわせた。しかし、そこでの審理は最後まで行われなかっただけでなく、ヴァリシャ本人はあろうことか行軍隊長に任命されてシベリア防衛線へ赴くことになった。この時もユライとその仲間たちは敗れた(44)。ちなみに、プガチョーフ叛乱時、ヴァリシャは鎮圧部隊に身を置き、主力叛乱軍やサラヴァト・ユラーエフの軍と再三再四戦闘を繰り広げていた(45)。

このように、ユライは、一方では、バシキール人族長＝郷長として政府側の植民・民族政策遂行の一翼を担いつつも、他方では、ひとたびバシキール人共同体の利益や権利がロシアの政策によって侵害された場合にはそれを守るために立ち上がったのである。

二　サラヴァト・ユラーエフ

自らの部族および民族のために闘ってきた父の影響は、サラヴァトの人間形成にとっても大きな力を持ったであろうことは疑う余地はない。特に父ユライによって挑まれたロシア人による欺瞞および工場や工場主に対する闘いは、プガチョーフ叛乱の際に立ち上がったサラヴァトにとってバシキール人と自らの家族の自由や権利を守るための義務と映じていたことであろう。

逮捕され流刑地ロゲルヴィクに送られた時のサラヴァトについて、当時の記録は次のように伝えている。身長一・六二メートル、黒髪、黒い瞳、左の頬に傷痕があり[46]、身体は決して大きくはないが肩幅が広く、かなりの体力を備えていた。これは少年時代から行っていた様々な肉体的鍛練の賜物と考えられる。それには競馬、曲乗り、民族に固有の伝統的な格闘技、射撃、鷲狩りや鷹狩り、なかでも弓術が大いに役に立ったという[47]。

他方、彼は幼少の頃から自分の家で自民族の苦難の歴史に関する母の哀歌や父の物語を聞いて育った。そのなかにはおそらく一七〜一八世紀のバシキール人蜂起についての物語もあったであろう。夏には遊牧の気儘な生活を通して幸福な時代のバシキール人の英雄たちについての物語や歌そして伝説に耳を傾け、心を躍らせた。また自らも詩を作り、タタール語に通じ、さらにはイスラームの学者たちを驚かせるほどコーランについても詳しかった[48]。

彼は上層のバシキール人たちがその共同体構成員を激しく搾取する状況を己の目で見て知っていたのである。工場で働く様々な人々との交流を通して、トヴォルドゥィショフの諸工場でバシキール人がいかに強制労働に苦しんでいるかをも理解していた。父がポーランド遠征で不在の時に、サラヴァトは父に代わって郷長＝族長としての職務を遂行さえしていたのである[49]。

特に次のことはユライとサラヴァト父子およびロシアとの関係を考える上で極めて重要である。この父子はロシア人の友人を通してロシアについてかなり知識があり、決してロシアについて無知というわけではなかった。サラヴァトが青年に達する頃には、数多くのロシア文化がバシキーリアにも浸透してきた。その仲介者は特に鉱山業に従事するロシア人や調査のために同地方にやって来た学者たちであったが、二人はそれらの人々からロシアについて詳しく知るようになった。たとえば、ロシアで最初の科学アカデミー準会員でオレンブルク県知事の補佐官を務めることになるП・И・ルィチコーフはユライと親交を結び、また彼の二人の息子もユライと一緒に同じロシアの軍隊に勤務していた。ルィチコーフに『オレンブルクの歴史』(一七五九年刊行)や『オレンブルク県地誌』(一七六七年刊行)など、バシキール人ならびに同地方の歴史や地誌に関する記述があるのはこうした交友関係の賜物であったのかもしれない。またロシア人最初の歴史家とされるB・H・タティーシチェフ(50)は、ルィチコーフとともにロシア＝バシキール人学校の開設に力を注ぎ、非ロシア人住民に読み書きの普及を図った。一七七〇年代初頭には、日本の大黒屋光太夫とも交友のあったП・C・パラースがペテルブルクの科学アカデミーからバシキーリアの自然を調査するために派遣された。実際、彼はルィチコーフの息子を伴ってユライを訪問し、また後年、バシキール人の生活や習慣に興味を抱き、シャイタン＝クデイスク郷のバシキール人諸氏族に残っていた伝説を書き留めてもいたのである(51)。

このように、父の強い影響下にあり、ロシアの文化に触れる機会の多かったサラヴァトはいかなる経緯で、そしてまたどのような意図でプガチョーフ叛乱に参加していったのであろうか。

II　叛乱軍におけるサラヴァト

1　叛乱への参加

モスクワの機密調査局でサラヴァトが語ったところによると、叛乱が発生した一七七三年秋、ウファー郡庁からバシキール人村落に「印刷された」政府側のマニフェストが送付されたという。内容は、オレンブルクを包囲し、その地方の村々を攻撃している「悪人プガチョーフ」およびその「徒党」と戦うために援軍を編成し、それを派遣するようにというものであった。これに応じて父のユライは「ポーランドでの名誉の印(знак)をサラヴァトに与えて」、彼と共同体構成員八〇名のバシキール人をステルリタマーク衛戍司令官で「八等官」のパーヴェル・ボグダーノフのもとに遣わした。[52] ユライ自身の供述によると、派遣したバシキール人は八〇名ではなく九五名となっており、[53] こちらの方の信憑性が高い。[54] いずれにせよ政府側が発したマニフェストの方が叛乱軍側のものよりも先に届き、ユライたちは政府側の要請に応じたのである。ここに共同体の利益に反しない限り、政府の命令に忠実である郷長にして族長ユライの態度が表れていたとみることができる。

しかし当局のマニフェストや布告のみが「ヤイークの事件」——当初、ロシア政府は叛乱を過小評価し、また諸外国に大きく報道されることを恐れてこのように呼んだ——についてバシキール人が知りえた唯一の情報源ではなかった。ユライの供述によると、彼らはプガチョーフについてすでに情報を得ていた。「悪人プガチョーフの出現について、彼が故ピョートル三世を名乗り、大いなる破壊と殺害を行っていることを、彼ユライおよび当地のバシキール人たちは〔政府側への部隊の派遣以前に〕すでに聞いて知っていた」のである。[55]

一七七三年一〇月初めにはバシキール人に宛ててタタール語で書かれたプガチョーフの布告が広く流布していた。[56] それには叛乱勃発後ただちにプガチョーフ側についたキンジヤ・アルスラーノフの力があったと考えられる。[57] 政府側もその影響力の大きさを危惧していた。バシキール人は非常に動揺し、ヤイーク川に最も近い諸郷ではプガチョーフ軍への参加がみられた。それに続いて政府の鎮圧軍に援軍を出す予定であったバシキール人ちもプガチョーフ側についた。[58] しかしまだ一〇月初めの段階では大多数のバシキール人部隊（それは、バシキール人の他に、ミシャーリ人、タタール人およびバシキーリア内に住む他の諸民族で構成されていた）はいまだプガチョーフ軍への支持を表明するのをためらっていた。その間、オレンブルク防衛のため、県知事И・А・レインスドルプは五〇〇〇名のバシキール人を派遣するようにという命令を下し、しかもそれが容易に実現すると考えていた。しかし、その目論見も結局は果たせなかったのである。[59]

ユライによって派遣されたサラヴァトが指示された目的地のステルリタマーク要塞に着いたのは、故郷を出発して一五日経った一〇月二八日であった。つまり約四〇〇ヴェルスタ（約四二八キロメートル）の道程を馬に乗りながらも一日平均二六ヴェルスタ（約二七・八キロメートル）の速度で行軍したことになる。同地方がステップとなだらかな丘陵地帯から成り立っていることを考慮するならば甚だゆっくりと進んだことになる。このことから、政府の命令を遂行するにあたって、サラヴァトが強い義務感や使命感を抱いていたとはいいがたく、むしろプガチョーフ軍と戦うことを躊躇する気持ちの方が強かったと考えられる。

こうして到着したステルリタマークではプガチョーフ側の煽動もまた活発であった。プガチョーフやキンジヤ・アルスラーノフにとっても、装備が整い良く訓練された遊牧民であるバシキール人を味方に引き入れることはその後の叛乱の動向を決定する上で極めて重要であった。それゆえ、同地に集まった部隊に対し、政府とプガチョーフ軍の双方から呼び掛けが行われた。そして、結果的にはプガチョーフ側の煽動が功を奏したのである。[60]

次のような状況が良い例である。カール少将指揮下、前述のП・ボグダーノフが実際にバシキール人の召集にあたった。彼はこの目的を果たすためにステルリタマークに向かったが、その召集には非常に手間取り、彼が一五〇〇名のバシキール人をカールへの援軍として送り出したのはやっと一一月初めのことである。しかし結局のところИ・Г・ウラーコフ大尉率いるバシキール人騎兵部隊はカールに一度も助力を与えることができなかった。なぜなら、彼らが到着したのはカールの鎮圧軍がプガチョーフ軍との戦闘で(一一月八~九日)敗北した後であったからである。しかも、その戦いで勝利した叛乱軍の指導者А・А・オフチーンニコフはウラーコフの部隊を味方につけることにも成功した。[61]そのバシキール人部隊のなかにサラヴァト・ユラーエフもいたのである。後の審理のなかでサラヴァトは次のように供述している。

その要塞〔ステルリタマーク〕まで到達するのに一五日かかった。到着後、彼〔サラヴァト〕は自らの部隊とともにボグダーノフのもとにあった。ボグダーノフは、その軍隊とともにさらに他のバシキール人、メシチェリャーク人、総勢一二〇〇名を集め、バシキール人族長のエルビー〔すなわちアリバイ・ムルザグーロフ〕の指揮下ビックロフ村のカール少将のもとに届けるよう彼に任せたのである。しかし、一ヴェルスタ〔約一・〇七キロメートル〕も進まないうちに幾門かの大砲やその他あらゆる装備を備えている二〇〇〇名かそれ以上から成る悪人の一味〔すなわちプガチョーフ軍〕と遭遇した。そこで彼らを攻撃し、夕暮れまで持ちこたえたのである。彼らの族長であるエルビーは、自分たちには大砲もなく、悪者の一味が自軍の二倍以上もいることをみてとり、戦うよりも抵抗することなく悪者の方に屈服したのである〔一一月一〇日のことである〕。悪党の頭目でアタマンと呼ばれていたオフチーンニコフ〔ヤイーク・カザークの行軍アタマンにしてプガチョーフ軍の指導者の一人〕は彼を他の人とともにビョールダにいる悪人その人〔プガチョーフ〕のもとに送った。彼〔プガチョーフ〕はそこの要塞にいたが、彼らに対し自分に仕えることを要求し、もし拒否すれば死刑に処すと脅した。それゆえ彼は死を恐れて悪人に仕えることに同意したのである。[62]

この供述では、自発的・積極的に参加したキンジヤ・アルスラーノフの場合とは異なり、プガチョーフを「悪人」と呼ぶなど、サラヴァト自身の叛乱参加はプガチョーフたちに強要された点の強調が目立っている。しかし、こうしたことは自らの罪状を軽くすることを狙った供述であると考えられる。この点を叛乱軍中における彼の積極的な行動を通して検討してみる。

2　サラヴァトの活動

一七七三年一一月、サラヴァトはオレンブルク包囲を続ける主力軍に参加し、同年一二月初頭までその軍に留まっていた。一二月中葉、一時帰郷したサラヴァトはバシキーリア北東部の諸村落で新たな兵の募集を行っている。その後、彼は叛乱軍による主要な戦闘に参加し、勲功があったとしてプガチョーフ自身から「軍団長(бригадир)」の称号を授けられた。これは戦闘で抜群の勇敢さを発揮した人物や、軍のために自らの部隊を組織した者に対してのみプガチョーフが与える称号であった。実際、彼はプガチョーフの命を受けシベリア道の住民を集めて部隊編成を行い、クラスノウフィムスクやクングール地方へと彼らを率いていったのである。[63]

またサラヴァトは叛乱軍内部の調整にも力があった。バシキール人たちはプガチョーフ側についた工場やその付属の村に対してさえ攻撃を加えたので、そのことに対する工場住民の苦情に応えてサラヴァトは彼らの保護を約束するいわゆる「保護証書」を彼らに与えていた。[64]

なお、バシキール人たちのプガチョーフ＝ツァーリ・ピョートル三世観について、逮捕後の一七七五年二月二五日、サラヴァトは機密調査局での尋問に答えている。それによると、バシキール人たちはプガチョーフを「真のロシア皇帝」とみなし、皆彼に対し忠勤を励んでいたと語っているのである(65)。

いま一つここで指摘しておかなければならないのは、他の多くのバシキール人とは異なり、サラヴァトの行動がバシキーリアという地域にとらわれていなかったという点である。キンジヤ・アルスラーノフ同様、彼はバシキーリアに基盤を置きつつも、同地に固執することなく、プガチョーフ軍とともに転戦を続けた。すでに一七七四年六月、彼はバシキーリアの領域から出て戦っていた。ここにプガチョーフ叛乱全体を通じて抱える「地域性」という問題を打ち破る契機があったといえるのかもしれない。

一〇月に入り、叛乱軍の敗色が濃厚になったため、サラヴァトを支持していたバシキール人の多くはカタフ＝イヴァーノフスキー工場の包囲に失敗するやいなや鎮圧軍に投降し、父ユライも戦いを止めることを考え始め、そのための交渉に入った。サラヴァト自身は鎮圧軍による追跡の手から逃れたが、すでに述べたように、一一月二五日、レスコーフスキー中尉指揮下の鎮圧軍によって森のなかで拘束された。彼は工場包囲の叛乱軍を破ったアルシェネーフスキー中佐のもとに護送され、次いでカザンの秘密委員会に、そして翌七五年初めにはユライとサラヴァトはモスクワの機密調査局に送られた(66)。

以上、サラヴァトのプガチョーフ軍内における活動から、彼は叛乱に積極的に関わり、しかもプガチョーフ軍内においてもかなり大きな役割を果たしていたことが窺える。それは、彼がプガチョーフ自身から「軍団長」の称号を授けられ、叛乱の主力がバシキーリアの外に移動しても叛乱軍と行動をともにしたという事実がよく示している。ではなぜ彼はかくも積極的に叛乱に身を投じていったのであろうか。

3　サラヴァトと工場

叛乱におけるサラヴァトの行動を最もよく特徴付けるのが工場への対応である。ウラル諸工場の労働者が叛乱軍に多数参加するようになった一七七四年五月二三日、「トヴォルドゥィショフの工場や彼〔ユライ〕のユラーエヴァ村の地にトヴォルドゥィショフによって新たに移転させられた諸村落も焼き払われた」[67]。そうしたなかで、彼が最も激しく攻撃した工場の一つにカタフ＝イヴァーノフスキー銑鉄融解・鋳銅工場がある。その工場は、本章ですでに述べたように、ユライの時代にその故郷シャイタン＝クデイスク郷に建設された。なお、工場民の多くを旧儀派(分離派)教徒が占めていたという点は指摘しておかなければならない[68]。当時、中央での弾圧を逃れてやって来た多くの旧儀派(分離派)教徒がウラル地方全域に住んでいたのである。しかもこの工場はウファーからチェリャービンスクへ、またチェリャービンスクからクラスノウフィムスクへ至る途上の便利の良い地にあった。

一七七四年春、プガチョーフ軍接近の報せを受けた工場当局は付属の村の周囲に堀を作り、木製の柵を張りめぐらし、工場で大砲を鋳造する準備を整え、さらにウファーから銃の供給を受けた。六月、バシキール人を主力とするサラヴァト指揮下の部隊が工場に接近した。工場の住民はパニック状態に陥ったが、工場管理人が叛乱軍に対する義勇軍の隊長として指揮した。老人・子供はすべて集められて教会に閉じ籠もり、戦える者は男も女もみな銃・斧・大鎌・槍・炉用の引っ掻き棒・熱湯および灰を手にして戦闘に備えた。要塞のすべての門が閉じられ、番兵が立ち、祈禱が昼も夜も続けられた。皆泣いていた。ついにサラヴァト軍の先遣隊が工場近くに現れた。しかしサラヴァトは住民が自分たちの家を捨てて逃げたものと思い、布陣していた山から工場に向けて進軍した。しかし、その軍勢が門に近づくやいなや銃による一斉射撃と大砲による攻撃を受けることになった。他日、彼の軍隊

は再び工場接近を試みたが、至るところで撃退されたのである。(69)

八月にはユライが工場に使者を派遣し、彼らと「ともに暮らすこと」を提案する呼び掛けを行った。これに対し、工場当局は「良き、そして信頼できるバシキール人のアタマン」を工場に人質として送ることを要求したが、叛乱軍はそれを拒否した。なぜなら、すでに六月に話し合いのために派遣したバシキール人たちを工場管理人たちは拘束しており、バシキール人たちは同じような状況の再発を恐れたからである。(70)

工場管理人たちに宛てた九月一〇日付けのメッセージのなかで、ユライとサラヴァトは自分たちには悪意がなく、友情を育みたいと表明し、ロシア人とともに「平和に暮らすこと」を呼び掛けている。

あなたがたがわれわれに降伏するならば、われわれは〔あなたがたを〕殺害することはしません。反対に自由にさせるでしょう。しかし、もしわれわれ〔の部下〕が降伏するなら、あなたがたは彼を牢獄に繋ぎ、あるいは殺すかもしれません。もしわれわれに奸計があり、神がそれをお望みなら、われわれはあなたがたよりもずっと多く捕まえ、多数の人を殺害することができるのです。とはいえ、あなたがたを脅したりはしません。というのも、われわれには悪意がないからです。〔中略〕われわれはあなたがたと不和のままでいることはできないし、お互いに侮辱し合っていることもできません。なぜなら、われわれは皆ピョートル・フョードロヴィチ陛下の臣民である〔からなのです〕。(71)

サラヴァトとユライはこのアッピールに応じて工場民がすぐにもプガチョーフ軍に参加するものと考えた。しかし、先に述べたように、実際には工場包囲が一一月まで続けられ、結局その包囲戦も失敗に終わったのである。

九月一〇日付けの呼び掛けに基づき、かつてのソ連史学では、ロシア人とバシキール人との間には何ら対立はなく、サラヴァトとユライはプガチョーフたちが目指したロシア人とバシキール人民衆の統合という目標に忠実であったとする考えが支配的であった。(72)バシキール人がロシア人に対して抱く敵対感情をイスラームの影響に由来するものとし、しかもそれが両者の友好関係の促進を妨げたとした。[73] そのことはグヴォーズジコヴァ自身の著書にも受け継がれ、旧ソ連の研究者の多くがそうであるように、女史はプガチョーフ叛乱におけるバシキール人社会内部の階級闘争のみを強調するだけであった。またイスラームとの具体的な関係についてはほとんど言及されてこなかった。しかし、この九月一〇日付けの呼び掛けはロシアの植民およびそれに対するバシキール人の対応という歴史的文脈のなかで考えると明瞭に理解できるのである。

一八世紀のバシキール人社会に多大の影響を及ぼしたロシアの植民の過程を論じたなかで、筆者はバシキール人社会が大きな変貌を遂げ、彼らがいかに苦しんできたかを示した(本編、第四・五・六章)。バシキール人はロシアの植民や民族政策に危機感を抱き、蜂起を繰り返したのである。プガチョーフ叛乱では、彼らの最も激しい攻撃目標は植民の具体的な表れとしての工場であった。この反植民＝反工場という観点から、彼らバシキール人は積極的に叛乱に参加していった。叛乱時、その反植民という意識は単に工場の破壊に止まることなく、工場住民やロシア人村落への攻撃となって現れた。また叛乱軍にとっても工場の持つ戦略的な重要性——大砲や銃の鋳造、兵力の増強、等——は無視できなかった。それゆえ彼らは工場を叛乱側に引き入れるためあらゆる努力をすることになるが、その一環として叛乱軍についた工場民に対してサラヴァトがその安全を保証するための確約を「保護証書」の交付を通して行わなければならなかった。結局のところバシキール人とロシア人の間の共闘は戦術的な側面と同時に、階級的な連帯の素地があったと考えられる。九月一〇日付けの呼び掛けの発布にはそのような背景があったとみるべきである。

民族の共闘を阻害した要因として旧ソ連の歴史家が指摘するイスラームの影響についてはどうか。植民に反対して立ち上がると同時にキリスト教化に反対した一六八一〜八四年の蜂起の例もある。これは、キリスト教徒であるロシア人に対し、タタール人、バシキール人、チェレミス人、チュヴァーシ人等ほとんどすべての民衆を巻き込んだ叛乱であったが、その運動をプガチョーフ叛乱の最中にオレンブルクにいたП・И・ルィチコーフは重視する。(74)また帝政時代末期の地理学者В・П・セミョーノフ゠チェン゠シャンスキーはルィチコーフの考えを受けて次のように述べる。この時に掲げられたムスリムの自主自立の再興という理想は一八世紀に入っても廃れることがなく、理想実現のためオスマン帝国と手を結ぼうとする考えさえ生まれた。この理想は主にバシキール人によって受け継がれ、しかもそれはロシア帝国に対する様々な不満をその内部に培っていた、(75)と。一八世紀に幾度も発生する蜂起、および一七五〇年代に税制の改革・塩の専売制・軍役等に反対するバシキール人がミシャーリ人ムッラーのバトゥィルシャの呼び掛けに応じて立ち上がったのもその反映と考えてよいであろう。

このように考えると、バシキール人とロシア人との間にはもともと反目がなく、イスラームがそれを醸成した、とするのは正しい歴史認識とはいえない。たしかにロシア国家に臣従して以来、自主自立を目指し、反抗の火種を絶やすことなく培ってきた要因の一つにイスラームがあった。しかし何よりもロシアの植民とそれに基づく民族政策こそがバシキール人に工場破壊、さらにはロシア人村落への攻撃へと走らせた直接的な原因なのである。

以上、プガチョーフ叛乱におけるユライ・アズナリンとサラヴァト・ユラーエフ父子の行動を通して、バシキール人社会とロシアとの関係を検討してきた。彼らの行動はバシキール人社会内部の階層間の厳しい軋轢の存在を前提にしながらも、ロシアの植民とそれに対する地方住民の抵抗という関係のなかでこそ十分に理解されうるものなのである。(76)

プガチョーフ叛乱を経験したロシア政府は、以後、地方における叛乱の再発防止に全力を注ぐようになった。その最大の表れが地方行政の充実や強化を図りながら地方の治安維持、およびそのために貴族の地方行政への参加を求めることになった一七七五年の地方行政改革である。これに伴い非ロシア人に対しても新たな方策がとられようとしていたが、それは彼らのロシアへの統合を一層推進することになる政策ともなったのである。

(1) РГАДА. Оп. 2. Д. 2043. Ч. 14. Л. 156–162об.; Крестьянская война 1773–1775 гг. на территории Башкирии. Сборник документов. Уфа, 1975. С. 299–341. サラヴァト裁判については後者の史料集の紹介を兼ねた次の拙稿を参照されたい。「プガチョーフ叛乱に関する一史料――サラヴァト裁判から」、『古代ロシア研究』一六号、一九八六年。

(2) *Гвоздикова И. М.* Салават Юлаев. Исследование документальных источников. Уфа, 1982. С. 181.

(3) *Панеях В. М.* Рецензия на книгу: Гвоздикова И. М. Салават Юлаев//Вопросы истории. 1983. №10 をも参照されたい。

(4) Пугачевщина. ТТ. 3. М.-Л., 1926, 1929, 1931; Крестьянская война 1773–1775 гг. в России: Документы из собрания Государственного исторического музея. М., 1973; Документы ставки Е. И. Пугачева, повстанческих властей и учреждений. М., 1975; Крестьянская война 1773–1775 гг. на территории Башкирии.

(5) *Гвоздикова И. М.* Указ. соч. С. 17.

(6) *Ерошкин Н. П.* История государственных учреждений дореволюционной России. М., 1968. С. 147; Советская историческая энциклопедия. Т. 14. М., 1973. С. 74. これらの犯罪に関する史料はモスクワにある古法文書館の「プレオブラジェーンスキー・プリカース、機密官房および機密局」(РГАДА. Ф. 7. Оп. 1, 2)に収められている。

(7) *Гвоздикова И. М.* Указ. соч. С. 18–26.

(8) Там же. С. 39. なお、以下の裁判の様子は前掲拙稿、五四―五五頁と重複する。

(9) РГАДА. Ф. 6. Д. 593. Л. 328–333об.; Крестьянская война 1773–1775 гг. на территории Башкирии. док. №200. С. 318–320.

(10) РГАДА. Ф. 6. Д. 593. Л. 332 и 332об.; Крестьянская война 1773–1775 гг. на территории Башкирии. док. №201. С. 320–321.

(11) *Гвоздикова И. М.* Указ. соч. С. 52.

(12) РГАДА. Ф. 6. Д. 593. Л. 347 и 347об.; Крестьянская война 1773–1775 гг. на территории Башкирии. док. №202. С. 321–322.

(13) *Гвоздикова И. М.* Указ. соч. С. 54.

(14) РГАДА. Ф. 6. Д. 593. Л. 340 и 340об.; Крестьянская война 1773–1775 гг. на территории Башкирии. док. №205. С. 325–326.

(15) *Гвоздикова И. М.* Указ. соч. С. 55.

(16) Там же. С. 56.

(17) Там же. С. 57–58.

(18) Там же. С. 59.

(19) 一八〇〇年九月二八日、傷痍軍人部隊の指揮官K・И・ディトマールはエストリャントの県庁に宛ててサラヴァト死去について報告している。「今月二六日、懲役兵のサラヴァト・ユラーエフが死去しました」(Крестьянская война 1773-1775 гг. на территории Башкирии. док. №216. С. 341; *Суров В. В.* О судьбе последних пугачевцев-башкир//Вопросы истории. 1974. №1. С. 212-214. また *Галин Г. М.* Сподвижники Е. И. Пугачева в ссылке//История СССР. 1982. №1. С. 133-134 も参照されたい)。四日後の一〇月二日、ディトマールは新たな報告のなかでサラヴァトの死去について繰り返している。「私の管轄下にある懲役兵一二名は皆無事であります。しかし、以前提出した先の報告に対し減少が生じました。九月二六日、サラヴァト・ユラーエフが死去いたしました」(*Овчинников Р. В.* Следствие и суд над Е. И. Пугачевым и его сподвижникам. М., 1995. С. 198)。

(20) *Гвоздикова И. М.* Указ. соч. С. 59-62.

(21) 叛乱の記憶を消し去るために政府は叛乱に関係のある地名を変更している。たとえば、ヤイーク川をウラル川に、またヤイーク・カザークをウラル・カザークに変えた(РГВИА. Ф. ВУА. Оп. 16. Д. 174. Л. 41, 45)。

(22) РГАДА. Ф. 6. Д. 427. Л. 15; Крестьянская война 1773-1775 гг. на территории Башкирии. док. №192. С. 300; док. №193. С. 303; док. №215. С. 340.

(23) РГАДА. Ф. 6. Д. 427. Л. 15; Крестьянская война 1773-1775 гг. на территории Башкирии. док. №192. С. 300; док. №211. С. 336.

(24) Там же. док. №215. С. 340; Салават Юлаев. К 200-летию со дня рождения. Уфа, 1952. С. 8; Советская историческая энциклопедия. М., 1969. Т. 12. С. 482; Большая советская энциклопедия. Изд. 3-е. Т. 22. М., 1975. С. 508.

(25) *Нефедов Ф. Д.* Движение среди башкир перед Пугачевским бунтом. Салават, башкирский батыр//Русское богатство. 1880. октябрь. С. 97.

(26) Очерки по истории Башкирской АССР. Т. 1, Ч. 1. Уфа, 1956. С. 211-212.

(27) *Гвоздикова И. М.* Указ. соч. С. 183 およびその脚注を参照されたい。

(28) РГАДА. Ф. 6. Д. 427. Л. 9-10; Крестьянская война 1773-1775 гг. на территории Башкирии. док. №193. С. 303.

(29) ユライ逮捕後の陳述において、クレイ・バルタシェフはユライとサラヴァトの活動について政府寄りの証言をしている(РГАДА. Ф 7. Оп. 2. Д. 2043. Ч. 14. Л. 156об., 157об.-158, 159об.-160)。

(30) Там же; cf. Khodarkovsky, M. *Where Two Worlds Met: The Russian State and the Kalmyk Nomads, 1600-1771.* Ithaca & London, Cornell University Press, 1992; idem, *Russia's Steppe Frontier., The Making of a Colonial Empire,*

1500-1800. Bloomington & Indianapolis, Indiana University Press, 2001; 中村仁志「ロシア国家とカルムイク(一七―一八世紀)」、『ロシア史研究』四二号、一九八六年。

(31) РГАДА. Ф. 6. Д. 427. Л. 15; Крестьянская война 1773-1775 гг. на территории Башкирии. док. №193. С. 303.

(32) Салават Юлаев. С. 9.

(33) Документы ставки Е. И. Пугачева, повстанческих властей и учреждений. С. 8.

(34) РГАДА. Ф. 6. Д. 427. Л. 15; Крестьянская война 1773-1775 гг. на территории Башкирии. док. №193. С. 303.

(35) 本編、第六章、第II節、第1項を参照されたい。

(36) 本編、第六章、第II節、第3項を参照されたい。

(37) РГИА. Ф. 892. Оп. 1. Д. 384. Л. 1; Материалы по истории Башкирской АССР. Т. IV. Ч. 2. М., 1956. док. №405. С. 166-171.

(38) РГИА. Ф. 892. Оп. 1. Д. 384. Л. 1об.; Материалы по истории Башкирской АССР. Ч. 1. М.-Л., 1936. док. №192. С. 246-248. なお、Я・Б・トヴョルドゥイショフは、本編、第六章、第II節に出てくるИ・В・トヴョルドゥイショフと親族関係にあると思われるが、具体的な関係は不明である。

(39) Там же. Т. IV. Ч. 2. С. 595.

(40) РГИА. Ф. 382. Оп. 1. Д. 384. Л. 1об.-21; *Гвоздикова И. М.* Салават Юлаев. С. 186.

(41) Там же. С. 186-187.

(42) Материалы по истории Башкирской АССР. Т. IV. Ч. 2. С. 595.

(43) *Гвоздикова И. М.* Указ. соч. С. 187.

(44) Там же.

(45) Крестьянская война 1773-1775 гг. в России. док. №91. С. 223.

(46) *Панеях В. М.* Указ. стат. С. 167-168.

(47) Салават Юлаев. С. 9-10.

(48) *Нефедов Ф. Д.* Движение среди башкир перед Пугачевским бунтом. Салават, башкирский батыр. С. 98.

(49) Салават Юлаев. С. 10-11.

(50) タティーシチェフ研究については、本編、第四章、註(59)を参照されたい。

（51）　Салават Юлаев. С. 11.

（52）　РГАДА. Ф. 6. Д. 427. Л. 15 и др; Крестьянская война 1773-1775 гг. на территории Башкирии. док. №192. С. 300.

（53）　РГАДА. Ф. 6. Д. 427. Л. 4-14; Крестьянская война 1773-1775 гг. на территории Башкирии. док. №193. С. 303.

（54）　*Гвоздикова И. М.* Указ. соч. С. 121.

（55）　Крестьянская война 1773-1775 гг. на территории Башкирии. док. №193. С. 303.

（56）　本編、第七章、第II節、第1項を参照されたい。

（57）　同右。

（58）　*Гвоздикова И. М.* Указ. соч. С. 122.

（59）　本編、第七章、第II節、第1項を参照されたい。

（60）　*Гвоздикова И. М.* Указ. соч. С. 123-124.

（61）　Пугачевщина. Т. 2. М.-Л., 1929. док. №85. С. 257, 409-410.

（62）　РГАДА. Ф. 6. Д. 427. Л. 16; Пугачевщина, Т. 2, №100, С. 276-279; Крестьянская война 1773-1775 гг. на территории Башкирии. док. №192, С. 300-302.

（63）　*Гвоздикова И. М.* Указ. соч. С. 128-130.

（64）　Там же. С. 130-131.

（65）　Там же. С. 39.

（66）　Очерки по истории Башкирской АССР. С. 251; *Гвоздикова И. М.* Салават Юлаев. С. 142-181.

（67）　РГАДА. Ф. 6. Д. 427. Л. 9-22; Пугачевщина, Т. 2, док. №100, С. 276-279; Крестьянская война 1773-1775 гг. на территории Башкирии. док. №192. С. 300-302; док. №193. С. 302-304.

（68）　Россия. Полное географическое описание нашего отечества. Урал и Приуралье/Семенов-Тян-Шанский В. П. (ред.) Т. 5. СПб., 1914. С. 476.

（69）　Там же. С. 475-476.

（70）　*Гвоздикова И. М.* Указ. соч. С. 175-176.

（71）　Документы ставки Е. И. Пугачева, повстанческих властей и учреждений. док. №375. С. 256-257; Салават Юлаев. С. 25; Очерки по истории Башкирской АССР. С. 148.

(72) Там же. С. 248; *Руденко С. И.* Башкиры. Историко-этнографические очерки. М.-Л., 1955. С. 38.

(73) Очерки по истории Башкирской АССР. С. 249.

(74) *Рычков П. И.* Топография Оренбургской губернии. Оренбург, 1887. С. 61–62.

(75) Россия. Полное географическое описание нашего отечества. С. 139.

(76) 本編、序章で述べたように、植民や同化政策に対する抵抗運動は近年の研究動向を位置付ける視点の一つである。しかもそれはバシキール人だけに限ったことではなかった。ロシア国内においても、同時期のタターリアなど、また一九世紀および二〇世紀に入ってからのシベリア、カフカース、中央アジア諸地域さらにはウクライナやバルト地域などにも多くみられる。

第九章　バシキーリア行政の確立

Ⅰ　カントン行政システムとは何か

プガチョーフ叛乱鎮圧後、治安維持をも内容とした行政区分としてのカントン制とそれに基づく行政制度(すなわち「カントン行政システム(Кантонная система управления)」)が帝政時代バシキーリアにおける植民・民族政策のいま一つの、そして最後の画期をなした。このテーマに関する唯一の本格的な専門論文を書いた現代バシキール人歴史家A・З・アスファンジヤーロフは、「カントン・システムはバシキーリアにおいてツァリーズムの立場を強化し、かつ東方諸民族をロシアに併合する目的を持った軍事的橋頭堡を創ることを目指した強大な軍事政治的な行為」であると位置付けている。(1)

カントン行政システムは単に行政区画やバシキール人の諸義務の変更を意味するだけではなく、バシキーリアの行政制度全体の変更に関わる問題に一石を投じた。またオレンブルク地方の非ロシア人住民の社会経済生活全般に対しても重大な痕跡を残すこととなった。(2) 端的にいえば、この問題の考察なしには、一八世紀末〜一九世紀のバシキール人社会について正確で完全な認識を得ることは不可能であろうし、帝政ロシアの民族支配の基本的方針についても深い理解を得ることは難しい。

しかし現在に至るまでこの制度に関する公刊された専門研究は少ない。それについては、一九二〇年代、国内戦期のバシキーリアについて研究したM・Л・ムルタージンが一八世紀末から一九一七年革命までのバシキール人の社会状況に関する節のなかで言及し、(3) スターリン批判直後の一九五〇年代末に刊行された『バシキール自治共和国史概説』(第一巻、第二部)の筆者たちがその輪郭をスケッチしただけであった。(4) 一九六八年になってやっと一八～一九世紀のバシキール人社会を研究している先述のアスファンジヤーロフが短編ながらアルヒーフ史料を駆使して初めて体系的に論じた。(5) またアメリカ合衆国の歴史家R・E・バウマンは被支配民族に対する一八六〇年代に行われた軍制改革の一例として考察した。(6) ごく最近になってバシキール人歴史家P・ヤングージンが『一八～一九世紀のバシキール人の経済と社会構造』という著書のなかで、一章をこの問題に割いている。(7) しかし、アスファンジヤーロフを除いた歴史家たちは、近代ロシアの軍制との関わり合いのなかで同制度について触れているに過ぎない。

この分野で先駆的研究を行ったアスファンジヤーロフ自身、本節冒頭で引用したように、「カントン行政システム」にいち早く注目し、一九六九年にこのテーマで博士候補論文(未公刊)を書き、(8) 二〇〇五年にはこれに大幅に手を加えて上梓している。(9) その労作は制度導入によって生じたバシキーリアの具体的な状況(軍役、労役および経済的義務)の変化、および同地域内におけるバシキール人とミシャーリ人との社会経済的諸関係を中央と地方のアルヒーフ史料を豊富に利用して描いているのが特徴である。しかし、旧ソ連史学——中央での研究以外に、バシキーリアにおけるそれを含めて——では、国家による地方住民に対する様々な搾取の状況に関する研究それ自体が体系的になされてはこなかったといってよい。

近年、各民族共和国の主権要求という現在のロシアにおける政治状況の変化とあいまって、先にも触れた通り、バシキーリア——最近のバシコルトスタンという呼称の使用に政治状況の変化をみることができる——とバシキール人のいわば歴史的個性や過去の栄光を確認し、むしろそのことを強調しようとする傾向が現れてきた。そうした動きに呼応するかのように、当該の研究分野においても変化の兆しがみえる。たとえば、近年刊行された『古代から一九世紀六〇年代までのバシコルトスタンの歴史』(ウファー、一九九六年)では、この問題についてアスファンジヤーロフが前掲の論文を基礎に執筆している(第一一章「一九世紀前半のバシコルトスタンにおける社会経済的諸関係」、第二節「カントン行政システム」)。[10]それにもかかわらず、カントン行政システムならびにプガチョーフ叛乱以後その導入に至る過程についての研究が本格的にはなされていない。

以下、アスファンジヤーロフの研究に依拠しながら、カントン制度導入に至る経緯と制度について検討する。

なお本章では、制度史的な側面から検討するため、地方行政に関するアルヒーフ史料を除くと、『ロシア法大全』[11]に収録されている各種法令と『バシキール自治共和国史史料』[12]、および『国務諮問会議議事録』[13]が基本的な史料となる。

II　カントン行政システム導入以前の状況——エカチェリーナ二世の地方行政改革

1　カントン行政システム導入の背景

現代の歴史家Y・X・ラフマトゥーリンはカントン行政システム導入以前のバシキーリア行政の状況について

次のように述べている。「一七〜一八世紀を通して、バシキール人たちはその基本的な部分が長い間にウファー郡の構成員となったが、彼らに対する単一の行政機関というものは存在しなかった。彼らはばらばらの状態であった。一八世紀三〇〜四〇年代を除いて、すべての行政的な変革が全ロシア的改革と踵を接して行われたのである」[14]。かくしてバシキーリアを行政的に統一しようとする制度の設置が図られたのである。

政府にとって制度導入の最大の動機と目的はバシキーリアにおける蜂起発生の危険性を絶つことであった。すでに一七三〇年代にはカザン県知事А・П・ヴォルイーンスキーがバシキール人の段階的な根絶を唱えていたが[15]、そうした考えは彼だけに止まるものではなかった。植民を推進するためにロシアからやって来る役人や軍人たちも同様の見解を持っていたことは本編で指摘した通りである。またオレンブルク遠征隊の創設およびバシキーリアの周囲に要塞を張りめぐらすことも先の問題に対する基本方針であった。しかし一八世紀の第三・四半期まで、計画は十分には達成されず、蜂起や叛乱は頻繁に発生した[16]。そのため一層バシキール人社会の根幹に関わる政策の立案と遂行が求められたのである。

バシキール人の積極的参加がみられたプガチョーフ叛乱の最中(特に一七七四年初頭)から、政府は「バシキール問題」を国務諮問会議(Государственный Совет)で討議することを余儀なくされた。会議では、「武力によってバシキール人を鎮圧する場合」、彼らをロシア人領主に分与することによって、彼らの抱いている「自由と蜂起へ向かう平素からの志向を断ち切るべき」ものとして検討された[17]。しかし、これは実行には移されなかった。なぜなら、強硬策はかえって蜂起の再発を誘引するとみなされたからである。この点に関して、カントン行政システムを導入することになるオレンブルク総督О・А・イゲリストローム(?〜一八一七年、在任一七九六〜九八年)がバシキール人についてエカチェリーナ二世に宛てた上申書のなかで注目すべき発言をしている。「精神的な不安を掻き立てる火花が発生しないで過ごす年はほとんど一年もありませんでした」。「ただ大胆な……指導者さえいれば」、バシキール人は「ただちに暴動あるいは一揆を起こすでありましょう[18]」。以上の言葉のなかに、第二のプガチョーフ叛乱発生を恐れる当局者の気持ちが非常に明瞭に表されていた。

その後、政府はバシキール人に対する日常的で恒常的な支配を完遂すべく、彼らを軍事（カザーク）身分に転化しようと図った。この身分の転化によって担うことになる軍役について述べると、それは、度々蜂起し、またその一方で遊牧と牧畜を営むバシキール人にとっては殊更に新しいものというわけではなく、従来から彼らに負わせられたものであった。すでに遥か一六二九年に、その年の「軍務台帳（Разрядная книга）」のなかではバシキール人がロシア軍に登録された。一六八六年には「クリミア人〔すなわちクリム・ハン国〕」に対する戦いに一〇〇〇名のバシキール人が参加していたし、ピョートル一世時代にもオスマン帝国やスウェーデンに遠征している[19]。さらに、一七四〇年代からは毎年、彼らは南東国境の防衛任務に就き、ロシア政府の軍事遠征にも従軍することが求められたのである。しかしこの時まで、まだ彼らは正規の軍事身分ではなかった[20]。

2　プガチョーフ叛乱直後のバシキーリア行政――「オレンブルク異教・国境局」の設置

プガチョーフ叛乱の終結する一七七五年一月九日、オレンブルク県官房付属の「オレンブルク異教・国境局（Оренбургская иноверческая и пограничная экспедиция）」の設置がП・И・ルィチコーフにより提案された[21]。これは次のように始まる。

オレンブルク県には異教徒が様々いるが、なかでもオレンブルク県と最も国境線を接しているのはキルギス・カイサク〔＝カザーフ人〕の小と大のオルダである。彼らの後背のアラル海近辺にはカラカルパク人がいる（彼らは公にはロシア帝国の臣民となっている）。その〔＝カザーフ人〕大部分はキリスト教の洗礼を受けているヤイーク軍団に入っていないし、アストラハン県の管轄下にある洗礼を受けたヴォルガ・カルムィク人にも含まれない。そして住民の多いバシキール人全体がそれに続く。県内の一部住民、すなわちウファーとイセトの両郡、特にオレンブルクとブグリマー管轄下にある勤務ミシャーリ人、タタール人、チュヴァーシ人、チェレミス人、モルドヴァ人およびヴォチャーク人〔現称ウドムルト人〕は洗礼を受けていないが、聖なる洗礼を受け容れた人々もいる。元来その地方に住み、あるいはブハラ人、ヒヴァ人、タシケント人らのようにたまたまそこに住み着いたようなアジア地域からやって来た人々もいる。この他に、アルメニア人、ギリシア人、ヨーロッパ諸国の人もいる。彼らについては予め指令書で記されたように、オレンブルク県内で商業を行うためにいかにしてここに住み着くようになったか、また再び自らの以前の居住地に戻らなくても良いという自由も含まれる特権を持っている。何となれば、この国境地域は、何にもまして上述の二つの民族すなわちキルギス・カイサク人とバシキール人の平穏な状態、いうなれば彼らのまともな状況如何に拠っているからである。[22]

以上のことから、オレンブルク県官房のもとに「異教と国境問題」を扱う特別局の設置が求められたのである。[23]これに続けて、その活動の主な目的を述べている。「国境局に関して、その主要な任務は、その民族について法令と指令によって記されているキルギス・カイサクとカラカルパクのオルダの支配である。それゆえ、この局は外国の支配者(владельцы)や族長から受ける手紙、ここへ送られる同地の人々からの報告書を吟味する。以上の件に関する指令書に従って、それらの人々に対し責任を持ち、また彼らに命令を下す。彼らの間の、また彼らに隣接する民族との係争を調整する[24]」。

ルィチコーフの提案には「啓蒙主義の精神」が脈打っている。「諸民族にはいかなる是認すべきまた確固として制定された成文法もない。ただ唯一己の意思と若干の慣習に従っているのみである。それによって自らを不快なものから遠ざけ、上位権力者が求める任務を遂行するのである」[25]。彼はバシキール人を評価して次のように述べる。「バシキール人はキルギス人と同じ信仰を持っているが、まったく異なる本性を有している。彼らの風習は粗野で、キルギス人より野蛮で残忍な傾向にある。こうした彼らの粗野は、彼らがすでに二〇〇年以上を経た彼らの〔ロシア国家への〕臣従すなわち世間に引き入れられた(к приведению их в людскость)初めからそうであったし、また彼らに対してその長たちは何ら努力をしてこなかったことによるものである」[26]。

その上で、ルィチコーフは一七三六年二月一一日付け布告の内容を確認する[27]。しかし彼らを厳しく取り締まるだけでは蜂起の再発を防げず、イスラーム聖職者の役割を重要なものとしながらも[28]、バシキール人の行動を監視することを提案する。こうして「オレンブルク異教・国境局」は創設され、その活動を開始することになった[29]。一九世紀に入ると、この機関を通してカザーフやその他中央アジアの情報が集められたのである。

3　総督制の創設

一七七五年一一月七日、プガチョーフ叛乱を鎮圧したエカチェリーナ二世は地方における治安維持を主目的とする「全ロシア帝国の県行政についての基本法令(Учреждения для управления губернии Всероссийской империи)」を発布した[30]。これにより全国は県(губерния)ないしは総督管区(наместничество)に区分され、その長に県知事(губернатор)あるいは総督(генерал-губернатор)が置かれた。県・総督管区はさらに郡(уезд)に分割された[31]。

上記の法令に基づき、新たな制度がバシキーリアにも導入された。一七八一年三月一八日、従来のオレンブルク県に代わりウファー総督管区創設のため、オレンブルク県内で資料調査を行う旨の元老院布告が発せられた。この命令を遂行すべくオレンブルク総督で七等官のИ・В・ヤコービ(総督在任一七八二～八四年)はウファー州

(область)とオレンブルク州の二州から成るウファー総督管区設立を計画し、その中心をウファーに置くことにした。各々の州をさらに郡に分け、ウファー州は七郡、オレンブルク州は四郡に分けられた。ウファー州における郡の中心として、四つの古くからの都市(ウファー、ビルスク、メンゼリーンスクおよびブグリマー)と一七・一八世紀に建設された三つの新しい都市(ブグルスラーン、ベレベーイおよびステルリタマーク)が考えられた。そのうちブグルスラーンはかつての国有地農民の居住するブグルスラーン村がその基礎であり、ベレベーイは新たにキリスト教に改宗させられたチュヴァーシ人の住むベレベエヴォ村が発展したものであり、ステルリタマークはもともと同地産出の塩を積み出し、それを運ぶための波止場であった。一方、オレンブルク州における郡の中心地は、オレンブルク、ヴェルフネ・ウラリスク要塞、ブズルク要塞および付属市(пригород)セルギエフの四箇所であった。[32]

一七八一年一二月二三日、ほぼヤコービの計画通りにウファー総督管区が正式に発足した。ただしウファー州は計画通りの七郡ではなく八郡によって構成されることになる。すなわちチェリャービンスク市を中心とするチェリャービンスク郡がペルミ総督管区から分離されウファー総督管区に加えられた。一七八四年、さらにトロイツク郡がウファー総督管区に入った。[33] 二つの州と一二(一七八四年から一三)の郡を持つことになるウファー総督管区の創設は、地方当局による住民に対する監視の強化と、行政機関や裁判機関の増設とをもたらした。[34] 一七九一年作成の地図をみると、ウファー総督管区が一三の郡から成り立っていることが分かる。すなわちメンゼリーンスク、ブグリマー、セルギエフ、ブグルスラーン、ブズルク、ビルスク、ベレベーイ、ウファー、ステルリタマーク、オレンブルク、トロイツク、ヴェルフネ・ウラリスク、チェリャービンスクの各郡である。[35]

ウファー総督管区の創設は初めて辺境地域に中央ロシアと同様の行政的区分・システムが導入されることを意味した。[36] と同時に、バシキーリアを統治する官僚や軍人の数は増大し、その地位を上昇させた。[37] 総督管区を統括したのは軍務知事(военный губернатор)すなわち総督と彼の指揮下にある文民知事(гражданский губернатор)であった。総督官邸はオレンブルクに、文民知事のそれはウファーにあった。後者は民事問題全般を扱い、総督は全オレンブルク地方の軍事指揮を遂行した。すなわちかつてのオレンブルク県、ウラル・カザーク軍団地域、ロシア領内のカザーフ人地区、沿ウラル遊牧地(いわゆるブケエフスカヤ・オルダ)、「ノヴォ＝リーニャ(新国境線)」(オルスクからウイ川まで)、ノヴォ＝イレツク(ウラル、ベルジャンカとイレク各河川の間)、ペルミ、ヴャトカ、そしてサラトフ各県にあるバシキール・カントンとそのユルタを含む広大な地域である。(38)

以上の行政改革に従い、この時同時に設置された貴族会議の初の選挙が一七八五年に行われ、最初の中等学校も一七九〇年に建設され、一八〇〇年にはウファーに主教区が創設された。またバシキーリアにおける改革に伴って当地にやって来た高位官僚の存在が地方と中央政府との関係を密にさせ、地方が中央ロシアのヨーロッパ的な政治様式と文化的基準を受け容れやすい状況にした。そのため同地方において多くのロシア人貴族の流入をみることになる。バシキール人から欺瞞と法外に低い価格によって広大で人口の疎らな土地を購入した様子については、すでに紹介した作家のC・T・アクサーコフがその伝記的な小説『家族の記録』のなかでも書いているが、彼の祖父は分割相続により貧しくなることを嫌い、シンビルスクからウファー地方へ移ってきた貴族であった。そうした貴族以外に、ヤコービやイゲリストロームのような傑出した高官は地方の文化的レヴェルを向上させた。また地方行政改革によって新たに創設された地位を利用しながら官位や等級を上昇させるための手段である結婚を通じて社会的上昇のチャンスを窺う人もいた。(39)土地獲得と地位向上の機会は一八世紀後半だけでおよそ一五〇家族の貴族をウファー地方に惹き付けることになったのである。(40)

しかし行政改革には限界があった。バシキーリアにおける権力の組織化は辺境地域の状況を反映してはいたが、エカチェリーナ時代の終わりまでに中央ロシアにおける総督の地位は色褪せたものとなり、多くの地域で権威が

表14　ウファー＝オレンブルク総督

О. А. イゲリストローム（1796～98年）
Н. Н. バフメートフ（1798～1803年）
Г. С. ヴォルイーンスキー（1803～17年）
П. К. エッセン（1817～30年）
П. П. スフチェレーン（1830～33年）
В. А. ペローフスキー（1833～42年）
В. А. オーブルチェフ（1842～50年）
В. А. ペローフスキー（1850～57年）
А. А. カテーニン（1857～59年）
А. П. ベゾク（1859～65年）
Н. А. クリジャノフスキー（1865～82年）

再び県知事に集中することになった。すなわち、外国の脅威に対する軍司令官の存在が必要であるとみなされた辺境地域でのみ総督は存続する意味を持ち続けることになったのである。

一七九六年、ウファー総督管区はオレンブルク県と改称した。その正確な時期と理由は不明である。一七九六年一二月一二日発令の布告のなかで、全国の県一覧表にオレンブルク県は「これまでウファー県」と呼ばれていたとある。一七九六年一二月三一日、オレンブルク県は一〇の郡に分割された。ベレベーイ、ブグルスラーンおよびセルギエフは「定員外の」(заштатные)都市、すなわち郡役所が存在しない都市とされた。翌年三月二三日、行政の中心はウファーからオレンブルクに移った[41]。一八〇二年、ウファーは文民的性格を有する知事が居住する県の中心という性格を維持し続けたが、文民知事はオレンブルク総督に従属することになった。つまり、知事の行動を監督し規定しながら、総督は地方の軍事力をコントロールし、さらには中央アジア諸国との外交を指導するに至ったのである。一八五〇年、総督管区に再び改称されるとともに、オレンブルク県から分割したブグリミンスク、ブグルスラーンおよびブズルクの各郡を合わせたサマーラ県が管内に創設された。一八六五年、サマーラ県が分離し、オレンブルク県とウファー県に分割され、後述するカントン行政システムも廃止された。

4　導入以前のバシキール人社会とO・A・イゲリストローム

プガチョーフ叛乱以降のバシキール人社会の状況はどうであったのか。叛乱による中断はあったものの、バシキール人は国境警備などの軍役奉仕の義務を遂行していた。本来は軍事身分ではなかったバシキール人の軍役に関して、まず人員増強に関する問題が存在していた。一七四八年、当時のオレンブルク県知事И・И・ネプリューエフによると、前哨勤務である国境警備には非正規軍一万八〇〇名、うちバシキール人とミシャーリ人五七〇〇名(非正規軍全体の五二・八%に相当する)が勤務に就いていた。一七八六年からこの同じ目的で編成された軍隊一万一五二三名のうち、バシキール人とミシャーリ人は七四四七名(同じく六四・七%)が参加していた。[42]これ以外に、オレンブルク総督O・A・イゲリストロームは、カザーフ人との戦闘のために「歩兵より騎兵がより必要である」と説いた。バシキール人たちはまさにそれに適した人々であり、ロシア側からすれば、こうした軍隊がステップの民に対する戦いには不可欠であった。[43]

バシキール人とミシャーリ人の軍事(カザーク)身分への移行を最も精力的に推し進めた人物が総督オシプ・イゲリストロームである。イゲリストロームはリヴォニア貴族の家に生まれ、オスマン帝国との戦争の時期に功績を残した。Г・A・ポチョームキン(一七三九〜九一年)の庇護下、一七八四年に彼はウファーの総督となる(一七九二年まで)。スウェーデン戦争に従軍し、一七九〇年、ロシアの全権としてヴェレルの講和を結んだ。一七九二年、プスコフの総督(наместник)となり、翌年、「キーエフ・チェルニーゴフ・ノヴゴロド＝セーヴェルスキーの総督」となった。この年の末には、ポーランド駐留のロシア軍総司令官としてワルシャワに派遣された。蜂起発生を危惧して、再三ズーボフ伯に軍隊の増強を要求したが認められず、結局、一七九四年、ワルシャワで蜂起が発生した。イゲリストロームは九死に一生を得たが辞職を余儀なくされてリガに退いた。一七九六年、パーヴェル一世は彼をオレンブルク総督の地位に就かせた(一八〇二年まで)[44]。上記の経験、特にワルシャワでの苦い体験がカントン制度導入をイゲリストロームに発案させる上で大きな役割を担ったであろうことは想像に難くない。

また、一七八三年のクリム・ハン国併合の現地責任者であったイゲリストロームは、ムスリムのリーダーたちが同地方の行政遂行にあたって必要不可欠な存在であるとして彼らに協力を求め、それがある程度成功を収めることができた[45]。一八〜二〇世紀初頭までのバシキーリアにおける支配のあり方について最近博士論文を書いたアメリカ合衆国のC・R・スタインヴェーデルによると、以上のことを経験していたイゲリストロームはクリミアと同じような方法でバシキーリアとカザーフを支配しようとしたという。しかし、実際にはクリミアにおいてはよく発達した宗教支配者層がオスマン帝国の影響を強く受けながらも社会的な秩序形成に役立ったのに対し、ヴォルガ・ウラル地域のムスリム宗教指導者は住民に対し大きな力を持ってはいたが、ムフティー(イスラームの法規定に関する権威ある見解を出す法学者)は存在せず、またワクフもほとんどなかったのでそれに関する規則は発達していなかったのが現状である[46]。それゆえ、ヴォルガ・ウラル地方には従来とは別の新たな制度導入が図られねばならなかった。

5 「オレンブルク・イスラーム聖職者協議会」の創設

一七八〇年代初頭、エカチェリーナ二世の政策はムスリムの宗教制度の容認という政策から、さらに一歩踏み込んでイスラームを辺境地域におけるロシアの影響を浸透させるための手段・方法として積極的に利用・奨励すべきであるという政策へと変化した。この政策に沿ってエカチェリーナはモスクとイスラーム学校の建設を許可し、さらにそれを支援し始めた。女帝は「キルギス人」を「文明化する」手段として、また彼らを帝国の臣民として位置付ける手段としてイスラームを奨励した(47)。

イゲリストロームはその経験を通して帝国の政策に一貫性を持たせるためにバシキーリアのムスリムに注目した。しかしすでに述べたように、クリミアとヴォルガ・ウラルの地域格差から、イゲリストロームはバシキーリアにロシア政府と相互に影響し合う制度の創設を考えなければならなかった。そこで案出されたのが「オレンブルク・イスラーム聖職者協議会」と「カントン行政システム」である。前者の創設はステップ外交と辺境における中央アジア諸国家の影響を排除したいというイゲリストロームの考えに基づくものである。彼はウファー総督に就任した後すぐ、幾人かのムスリム・リーダーとの関係を密にし始めた。

一七八七年九月のロシア帝国に対するオスマン帝国の宣戦布告は、ムスリム・リーダーたちとの協調をより緊密なものとした。翌年五月、イゲリストロームは女帝に報告している。オスマン帝国はロシアとの戦いでその影響下にあるブハラから武力の支援を受けるためにブハラと協定を結び始めた(48)、と。イゲリストロームは「キルギス人」の臣従を勝ち得るためにブハラおよびそのオスマン帝国の同盟国と戦うことを計画した。同年五月三一日、イゲリストロームはムスリムのアザンチ(教師)、宗教指導者であるイマームそして神学者たるアフンの地位を認める必要を国務諮問会議で説き、その資格はウファーに設立される委員会で認められるべきであると提案した(49)。ここからウファーに聖職者協議会創設の動きとなって現れるのである。

しかしすでにプガチョーフ叛乱勃発以前、エカチェリーナ二世は強制から懐柔へと政策を転換していた。従来禁じられていたモスク建設の許可を内容とする一七七三年六月一七日付けの宗務院布告(50)は、政府のイスラームに対する寛容の態度を公に表明するものでもあった。さらにプガチョーフ叛乱後の一七八八年、女帝はムスリムのための機関創設を計画した。それを定めた同年九月二二日付けの法令(51)はロシアにおけるムスリムにとって実質上の「寛容令」となり、イスラーム指導者による当該地域における行政が公認され、ここにムスリムの宗教教育の基礎が築かれた。それを受けて一七八九年一二月四日、帝国ムスリム住民の宗教上の問題や教育上の問題を管理・執行するための機関として「ロシア・ムスリム聖職者協議会(Духовное собрание мусульман России)」の規則が定められた。[52]

この協議会は当時ウファー総督であったイゲリストロームの要請により、宗教的身分の人々の「試験(испытание)」、すなわち彼らのうちから「思想穏健で信の置ける人々(благонадежные)」を選ぶための国家機関として設立された。プガチョーフ叛乱後、宗教寛容という政府の政策転換とともに、当局は公のイスラーム機関を国家の利益のために利用するという計画を立てたのである。[53] この協議会は創設当初「ウファー・イスラーム聖職者協議会(Уфимское Духовное Магометанского закона Собрание)」という名称であった(ウファー総督府の廃止とオレンブルク総督府の創設に伴い名称も変更になり、一七九六年から「オレンブルク・イスラーム聖職者協議会(Оренбургское Духовное Магометанского закона Собрание)」となった)。その全権はウファー総督管区とオレンブルク県の領域に及んだ(後には、タヴリーダ総督管区を除いた全ロシアに及ぶ)。その基本活動からして、「協議会」は中級裁判所に相当し、一八一〇年以降、名称も「中央外国宗教監督局(Главное управление духовных дел иностранных исповедений)」、一八四六年〜一九一七年には「オレンブルク・イスラーム聖職者協議会(Оренбургское Магометанское Духовное Собрание)」となったのである。

「オレンブルク・イスラーム聖職者協議会」の創設の背景には辺境地域における地方宗教エリートに対する外国の影響を排除したいというイゲリストロームとエカチェリーナ二世の思惑があった。エカチェリーナの宗教寛容政策はイスラームの礼拝を合法と認め、地方当局はイスラームを奨励さえしたが、決して正教キリスト教とイスラームを同列に置くものではなかった。すなわち、この宗教者会議はイスラームの信仰に権威を持つムスリム・エリートを制度化する一方で、ムスリム共同体内におけるイスラーム法の管轄権を制限するものであった。一八三七〜四一年、国有地農民の改革を通して、П・Д・キセリョーフがムスリムをより緊密に帝国の秩序に結びつけようとした時、彼はエカチェリーナの上記の実践に回帰したのである。イゲリストロームはさらなる行政制度の創設に動き出した。

III　カントン行政システムの導入と実施

1　一七九八年四月一〇日付け布告

一七八九年四月二二日、О・А・イゲリストロームはバシキール人をユルタ（本来は部落を指すが、ここでは部隊の単位）毎に分け、それをバシキール人支配の根幹とした。バシキール人世帯二万九〇八戸が一〇三のユルタに分けられた。イゲリストロームによって任命された一〇三名の指揮官――全員バシキール人であった――たるユルタ長（старшина）がユルタを監督・管理した。その下に五二名の補佐役がいた。その他に前哨勤務である国境警備を監督する六三名の行軍隊長（старшина）と二一三名の百人隊長（сотник）が任命された。すなわち四八・五戸から一名の割で上記の役職に就く者が出た。また、これによって、民衆の生活や行動に対する監視が容易に行うことができるようになった。(54) これがカントン行政システム導入の先駆けである。

上の制度はバシキーリアにカントン行政システムが施行されるまで九年にわたって存続した。ここで注目すべきは、バシキール人が自らをユルタ（部隊）毎に分けられた「軍民（военный народ）」とみなし、もはや自分たちは民政ではなく軍政の管轄下にあると認識する意識上の変化が生じたという点である。一七九七年一月三〇日、イゲリストロームによってバシキール人はその「勤務上(по службе)」軍事当局(военное ведомство)の下に編入された。しかし、「家屋建築や民事訴訟事件に関して(по домостройтельству и тяжебным делам)」、彼らは民政の管轄下に置かれた。[55] バシキール人住民に対する行政区分は、二月二三日に政府により発布された布告により明確になった。

バシキール人およびミシャーリ人の軍事(カザーク)身分への転化を最終的に示す基本的な史料は、一七九八年一月三日付けイゲリストロームの命令である。そのなかで、彼は任命されたカントン長たち(кантонные начальники)にカントン行政システムの導入と国境での勤務に関する新体制について指令を発している。この指令に基づいて同年四月一〇日付けの政府布告が発せられ、バシキール人とミシャーリ人が軍事(カザーク)身分に移行することになった。これによって、バシキール人は「一般住民(гражданское население)」——一七五四年のヤサーク税廃止以来、政府によって担税民としてそのように認識されていた——から軍事(カザーク)身分へと変更になったが、これはすなわちバシキール人のロシア帝国への「同化」の方向性を明確に打ち出したという点で民族政策が最終段階の過程に入ったといえる。[56]

その後一八三四年にバシキール＝メシチェリャーク軍(Башкиро-мещерякское войско)が創設され、彼らの領域がカントンとユルタに基礎を置く行政区分によって分けられることになった。[57] 一一のバシキール・カントンと五つのミシャーリ・カントンが形成された。その際、異なる郷(волость)に居住しているバシキール人とミシャーリ人が同じ一つのカントンに組み込まれた。後にカントンの数も増えていった。このようにしてバシキール人とミシャーリ人の身分が軍人へと変更され、オレンブルク・カザークと同様の身分になったのである。この行政システムは若干の変更を被りながらその存在価値の喪失する一八六五年まで続くことになる。

ヴォルガ・カザークと「キルギス人」
(19世紀初頭)

バシキール人(1814年)

バシキール・カントンのカザーク

バシキール・カントンの下士官と佐官

図11　ウラル・ヴォルガ地域の諸民族

出典：上2枚：*Веселая Г. А. и Левочкин* И. В. Указ. соч.
　　　下2枚：История Башкортостана с древнейших времен до 60-х годов XIX в./ Усманов Х. Ф. (ответ. ред.) Уфа, 1996. С. 347.

オレンブルク・カザークの五つのカントンを含めて二一のカントンがバシキーリア領内に形成された。この新制度のもと、バシキール人はシビルから南方へトボール川およびウラル川に沿ってカスピ海の出口グーリエフに至る一七八〇ヴェルスタ（約一八九九・三キロメートル）に及ぶいわゆるオレンブルク防衛線を維持するために徴用されたのである。[58] 当初、バシキール人は年間五〇〇〇名以上を軍役義務として提供していたが、[59] 防衛線に対する責任は後にオレンブルク・カザークにのみ負わせられるようになった。一八二五年、オレンブルク総督П・К・エッセン伯（在任一八一七〜三〇年）はカザークの地位向上を決め、バシキール人よりも彼らを信頼することにした。後のバシキール人蜂起とそれに対してオレンブルク・カザークを投入したことが彼の見解を正当化する基礎となった。[60]

すでに述べたように、バシキール人に対する行政の変更ならびに彼らを軍事（カザーク）身分へと転化した目的は、一つには、彼らの「懐柔」とその蜂起再発の防止にあった。さらにいま一つ付け加えるならば、帝国の南東に位置するカザーフ地域の最終的な征服と中央アジア遠征のための拠点をバシキーリアに創ることも身分転化の目的の一つであった。当時、ロシア帝国防衛のため、同地方における主な軍事力をオレンブルク・カザークとウラル・カザークが担っていたが、先の課題を遂行する上でその人数は決して多くはなかった。それゆえバシキール人の軍事（カザーク）身分への転化は焦眉の問題となっていたのである。[61]

2　新たな行政区分と郷の解体

当初、バシキール・カントンの数は一一であったが、一八〇三年には一二に増えた。カントンには特別な名称はなく、単に番号が付されているだけであった。第一カントン（一八三五年には、その宿営地はエルパチハ村に

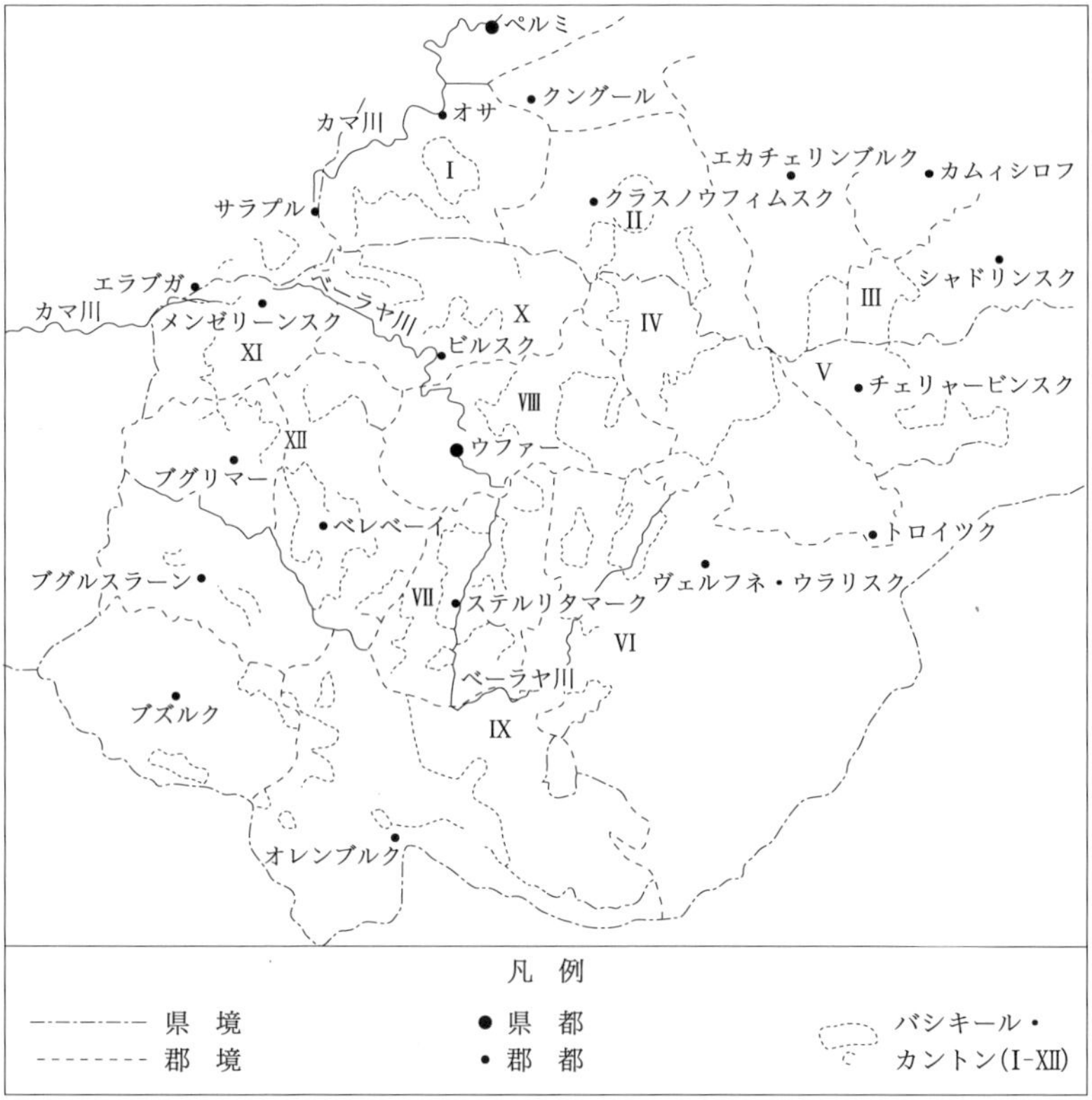

地図 12　カントン行政システム導入後のバシキーリア

出典：Башкротстан. Краткий энциклопедия. Уфа, 1996. С. 322.

あった)はペルミ県のオサとペルミの両郡から構成されていた。第二カントン(宿営地はイブラギーモヴォ村)は同県のエカチェリンブルクとクラスノウフィムスクの両郡、第三カントン(宿営地はクルマノヴォ村)は同県シャドリンスク郡、第四カントン(宿営地はマロ＝ムイナコヴォ村)はオレンブルク県のトロイツク郡、第五カントン(宿営地はイシャギリヂノ村)は同県チェリャービンスク郡、第六カントン(宿営地はハサノヴォ村)は同県ヴェルフネ・ウラリスク郡、第七カントン(宿営地はムリャソヴォ村)は同県ステルリタマーク郡、第八カントン(宿営地はユルマン＝イブラギーモヴォ村）は同県ウファー郡、第九カントン（宿営地はブラングロヴォ村）は同県オレンブルク郡、第一〇カントン（宿営地はカミレヴォ村）は同県ビルスク郡、第一一カントン（宿営地はチェルナナラト村）は同県メンゼリーンスク郡、ヴャトカ県のエラブガおよびサラプル両郡、第一二カントン（宿営地はシュランルィクレヴォ村）はオレンブルク県のベレベーイ、ブグリマーおよびブグルスラーンの各郡から構成されていた(62)。

従来、バシキーリアの行政区画は郷を中心＝核とするものであった（すなわち「道―郷―チューバ」という行政区分である）。郷は郷長＝族長を長とする同一種族ないし氏族連合体であった。それに対して新たに導入されたバシキール・カントンは、かつての郷を成り立たせていた血縁的な氏族制的原理によってではなく、純粋に行政的領域的な区分である郡を基本単位として形成されることになった。カントンのなかにはかつての郷が完全な形で丸ごと組み込まれるものもあったが、郷が幾つかのカントンに分割されることも稀ではなかった。いわばカントン行政システムの導入は種族・氏族制的な原理に基づく郷そのものの解体、さらには土地に対する郷共同体による共同所有という原則の崩壊をも意味したのである(63)。

他方、ミシャーリ・カントンはオレンブルク県内に形成された。第一カントン（宿営地はアドジタロヴォ村）はトロイツクとチェリャービンスクの両郡、第二カントン（宿営地はブゾヴィヤズィ村）はビルスクとメンゼリーンスクの両郡、第三カントン（宿営地は第二カントンと同じくブゾヴィヤズィ村）はステルリタマーク郡、第四カントン（宿営地はボグダノヴォ村）はウファー郡、第五カントン（宿営地はトゥルケーエヴォ村）はブグリマー郡、をそれぞれ含んでいた(64)。

3　「カントン―ユルタ―村」構造

カントン領域の規模と住民の数は一様ではなかった。一八二六年の史料によると、一二のバシキール・カントンでは一八〇四か村、四万七四八〇戸、五つのミシャーリ・カントンでは三五六か村、七六五二戸が数えられた。[66] バシキール・カントンのなかには三〇から六八か村までのもの（第一、二、三カントン）、一〇二から二〇二か村までのもの（第四、五、六、八、一〇、一一カントン）、二四二か村から二八四か村までのもの（第九、一二カントン）があった。これらのカントンにいる住民の数にも幅があり、バシキール・カントンでは四〇〇〇～二万二〇〇〇名（男性）、ミシャーリ・カントンでは一五〇〇～六六〇〇名（男性）であった。[67]

カントンは数か村からなるユルタすなわち部隊に細分されていた。カントン内のユルタの数も様々である。第一、二バシキール・カントンと第一、二、四、五ミシャーリ・カントンは七～一三のユルタを持ち、第三、四、五、六、八、一一、一二バシキール・カントンと第三ミシャーリ・カントンは一九～三一のユルタを抱え、第七、九、一〇バシキール・カントンは三五～四八のユルタを持っていた。一八二六年、バシキール・カントンには三七五のユルタがあり、一方ミシャーリ・カントンには六七のユルタがあった。ユルタ内の住民数は一〇〇～一〇〇〇名を揺れ動いていた。この相違は諸義務遂行の際および税金を支払う時に不満を呼び起こした。それゆえ、一八三三年八月一三日、総督であったB・A・ペローフスキー（在任一八三三～四二、五〇～五七年）はカントン長たちに各ユルタが七五〇名（男性）以下で構成されるべくユルタの人数を均等にするよう命令を下した。こうして一八四六年までに、バシキール・カントンのユルタの数は二四七にまで減少し、ミシャーリ・カントンのユルタの数は四七までになった。それぞれのユルタでは七〇〇～一〇〇〇名（男性）が数えられた。[68] ここに至り、同地において政府が支配をより容易に行いうる条件が整ったのである。

Ⅳ　カントン行政システムによる住民統制

1　移動の制限

軍事(カザーク)身分への転化とともに、バシキール人とミシャーリ人の生活は政府により厳しく規制されることになった。一八〇六年九月二四日付けの布告によって、バシキール人による隣県への自由な転居は禁じられた。(69) この移動の制限は治安を維持し、蜂起を防ぐという目的を持っていたが、伝統的に自由な移動を必要とする粗放的な遊牧と牧畜を営んでいたバシキール人にとり大打撃となった。

一七九八年四月一〇日付けの布告は村から住民の無届け外出の禁止をうたった法令でもある。一八三〇年代にはバシキール人とミシャーリ人の地方当局の許可制による移動に関する規定が立案された。居住している郡の範囲内での移動は、二八日間に限り、ユルタ長の権限下で許された。一〜六か月にわたる村からの他の郡への外出に対する許可証はカントン長が交付した。さらに長期間に及ぶ休暇や他県への出張はバシキール＝メシチェリャーク軍司令官の同意が必要とされた。

出発の許可を得た者は特別な文書である「移動許可証(билеты на увольнение)」と「身分証明書(пракатный паспорт)」などを自らの費用で購入しなければならなかった。こうした文書の手続き料の値上がりは反対に無届けによる移動の増加をもたらした。そのことは行政当局に身分証明書の廃止を余儀なくさせ、また一八三九年以降、バシキール人とミシャーリ人が「副業や労働のため（для промыслов и работ）」軍隊から出掛ける際には価格の安い「移動許可証」の交付を許可することになった。しかし他方で、移動許可証を紛失した場合、当局は三年以内の禁固という厳しい罰則も設けた。

バシキール人とミシャーリ人は、自らの意思による移住あるいは居住地からの外出、およびカントン内の秩序違反に対して厳しく罰せられることになった。たとえば、一七九九～一八三一年までの間に、第三バシキール・カントンでは二二八一名の勤務者のうち一一四九名が体刑を受けた。それは二人に一人の割合である。自らの意思による移住に対する罪を負う者を除いて、「違反者（нарушитель）」を受け容れた村人も処罰された。彼らには罰金が科せられたり、即決で要塞における労役に送られたりしたのである。(70)

2　嘆願と民会の禁止

行政当局はさらにバシキール人とミシャーリ人からの不満の表明や自由で自主的な行動に対してさえも厳しい態度で臨んだ。カントン行政機関の役人たちはバシキール人上層とともに新たな共同体集会を組織し、その長たちに不平や不満を述べる人々を強制的に村から追放した。また当局に反抗的な者や秩序を乱す者に対しても同様な対応をしたのである。

カントン行政システムはバシキール人とミシャーリ人の間に僅かに残っていた自治さえも完全に消滅させてしまった。伝統的なバシキール人の祝日に催される民会は禁止された。すでに本編でみたように、民会はことある毎に共同体構成員の意見を統一すべく各村の代表者たちが集まって意思を表明し、場合によっては当局に反対して蜂起へと向かう重要な場であった。П・К・エッセンとП・П・スフチェレーン（在任一八三〇～三三年）の両総督は数千人のバシキール人やミシャーリ人、タタール人、チェプチャーリたちが集まってくるこのような集会を、地方住民の許しがたい集会であるとみなした。一八二八年二月二九日の国務諮問会議の見解は、国内で「許容できない堕落させるようなあらゆる民会を、形態と名称がどうあれ、それらが存在しないように」廃止すべしというものであった。これに応じて、地方当局は民会の禁止を明確に打ち出し、一八三一年一一月一七日、その見解が公式にカントン長たちに通達された。(71)

3　民族の「隔離」政策

政策の遂行を容易にするため、政府と県当局は様々な手段によってバシキーリアに居住する諸民族を隔離しようと試みた。バシキール人とカザーフ人を常に反目させておくことは伝統的な政策である。たとえばイゲリストロームは、「ネプリューエフによってもたらされたキルギス・カイサク(=カザーフ人)たちに対するバシキール人の敵意を、現在の状況からして、そのままにしておく必要がある」、と考えた。(72)それと関連して、一七四七年から一八四六年までの一〇〇年間にわたり、バシキール人とカザーフ人との結婚は禁止された。すでに述べた点であるが(第六章、第Ⅲ節、第2項)、アスファンジヤーロフの研究によると、一七三六年二月一一日付けの布告発布以降、ロシア政府は民族の混合を防ぐ目的からバシキール人と他の非ロシア人との結婚を法的に規制しようとしたものの、その政策は必ずしも目的を達成することはできなかったという。(73)

一八五三年以降、総督B・A・ペローフスキーは、読み書きを習うため、また「礼拝のため」、バシキール人がカザーフ人のもとに出掛けることを禁止した。(74)

V　軍事勤務

1　軍事的な特徴

ロシア政府はバシキール人の軍事身分への転化を図りながらも、その一方で、彼らの生活や風習を利用した。政府は「バシキール人が軍事訓練を好む点を」評価し、彼らには戦闘の経験があることを強調する。当時の新聞や雑誌などによると、バシキール人たちは「あらゆる職業に慣れ、戦闘にとって不可欠」であった。というのも、彼らは「巧みに馬に乗り」、「槍、射撃、特に弓の名手であった(75)」からである。

たしかにバシキール人は軍事能力の面で優れていた。一九世紀前半から中葉にかけてオレンブルク総督を勤めたペローフスキーが達した結論は次のようなものである。「戦闘的精神についていえば、彼ら〔バシキール人〕はオレンブルク・カザークにひけをとらない。他の点でもそれ以外の非正規軍より秀でていた(76)」、と。実際、彼らバシキール人は様々な戦いに従軍し、外国遠征にも派遣された。特に一八一二年の対ナポレオン戦争(「祖国戦争」)において、カントン制を基にバシキール人部隊が編成され、彼らは目覚しい活躍をしたのである(77)。

2　軍務内容

バシキール人の基本的な勤務はオレンブルク国境線の警備である。その国境線はトボール川からカスピ海に至り、五つの区域(дистанция)に分けられていた。バシキール人とミシャーリ人は、オレンブルク・カザークとともに、そのすべての区域で国境の警備にあたった。オレンブルク総督の指令によると、一七九八〜一八四八年までの間に、バシキール人とミシャーリ人は毎年国境線に全勤務人の六五%を出していた。各部隊の勤務期間は六か月にも及び、夏期は五月一五日から一一月一六日まで、冬期は一一月一六日から五月一五日までであった。オレンブルク国境線以外にも、彼らは一七四五年以来、シベリア境界線に一年の期限で多くの部隊を派遣した。一八〇〇年、この方面での勤務はシベリア幹線道路沿いでの兵站勤務(этапная служба)にとって代わり、それは一八四〇年代まで続いた。(78) またバシキール人部隊は帝国の西方国境防衛の任務にも駆り出された。たとえば、一八二八〜三三年、プルート川とドナウ川沿いの国境警備のためにベッサラビア方面での勤務に就いた。

政府はバシキール人とミシャーリ人を蜂起鎮圧のためにも利用した。バシキール人は、ウラル・カザークの「蜂起」(一八〇五年)と、カスリンスキーとクゥィシュトゥィスキー両工場の職工たちの騒動(一八二二年)に際しても鎮圧軍として投入された。バシキール人とミシャーリ人自身が起こした蜂起は、チェプチャーリと国有地農民の蜂起(一八三四〜三五年)とともに、オレンブルク・カザーク、さらには第六・九バシキール・カントンの部隊によって鎮圧された。またしてもロシア政府は社会や民族の結合を阻むため、民族同士を常に反目させておく伝統的な政策をとったのである。

なお、勤務に就く者は二〇〜五〇歳までの健康なバシキール人とミシャーリ人であるという原則が存在した。しかし実際には、上記の年齢制限にもかかわらず、「肉体的な能力」のある限り、勤務し続けることが彼らに要求され、やっと一八四七年になって勤務期間が三〇年と規定されたのである。

彼らは通常、平均して四〜五戸から一名の割合で軍役勤務を求められたが、数の多少はその時々の国内状況や国際状況の影響を受けた。たとえば対ナポレオン戦争時の一八一二〜一四年には、バシキール人の三人に一人が勤務に就いた。また一八四〇～五〇年代の中央アジアやカザーフでの植民政策が先鋭化していた時期には、バシキール人は男性五～六名に一名の割合で派遣されたのである。(79)

3　経済的負担

バシキール人による軍役奉仕は政府にとり経済的に大きな利点があった。その理由は彼らが軍役奉仕にあたって自らの経費でそれを賄うことを求められていたからである。歴代のオレンブルク総督はそのことをよく理解していた。とりわけ一八三一年のポーランド蜂起鎮圧に参加し、チェチェン人との戦いにも参加した経験のある侍従武官長でオレンブルク総督A・A・カテーニン(在任一八五七～五九年)の指摘はそのことをよく示している。

他のカザークたちに対する〔バシキール人の〕道徳的優位性は次の点にある。彼らは生活の糧を心配せず、困難な時でも意気消沈することはなかった。他の軍隊とは異なって、戦時にバシキール人に糧秣を供給するために配慮する必要はなかった〔という点である〕。なぜなら、バシキール人たちは甚だ長いこと健康に問題なく粉汁(ボルトゥーシカ)や馬肉を食べることができ、軍隊に破壊的な影響を与える長期間に及ぶ野営生活もバシキール人にはまったくかほとんど影響を与えなかったからである。〔中略〕概していえば、国家にとってバシキール人の義務的勤務は、他のカザーク軍の勤務に較べて、経済的な点において財政的負担が少なくて済んだのである。(80)

政府にとってバシキール＝メシチェリャーク軍とカザーク軍の最大の差異は、前者の軍隊に勤務するバシキール人とミシャーリ人に対し僅かな資金しか支出しなくても済むという経済面にあった。彼らは自らの軍務に対して各人一か月一紙幣ルーブリの俸給を受け取ったが、それはたとえ彼らの居住地と勤務地との距離が一〇〇ヴェルスタ(約一〇七キロメートル)を超える場合でもそうであった。他方、オレンブルク・カザークたちはこれらの俸給以外に、カザーク軍の経済と個人的な経済とを支援するため一年間で総額一三万ルーブリにも上る金銭的援助を受けていたのである。(81)

興味深いのは、軍務の準備にあたりバシキール人共同体が個人を「援助(подмоги)」するという体制がとられたことである。財産がなくそのため軍務の準備もできない貧しい人々のため、共同体は武器、戦闘用および荷駄用の馬を用意した。食糧についても同様であった。国境線勤務に向かうバシキール人一名に対し、共同体から八プード(約一三一・二キログラム)の穀粉と一プードの挽き割り穀物が与えられた。その他に、同じ村の共同体構成員は彼らに支度の度合いや勤務地の距離に応じて「援助」金を支給した。そのための徴収金の額は一人あたり二七〜三五カペイカ、あるいは四〇〜七五カペイカになった。一八三九〜四一年、こうした徴収金による「援助」金は一人あたり一〜一・五ルーブリにも上った。バシキール＝メシチェリャーク軍司令官ベクミーシェフの算定によると、一八五〇年代で一人の兵士が完全に装備し、糧秣を準備するのに四九〜六四銀ルーブリを要した。軍事勤務はバシキール人とミシャーリ人の肩に重くのしかかったのである。(82)

かくして、バシキール人や彼らの上役たちの意見によると、政府は一七九八年の改革で彼ら全員を「慣習や生活様式において固有な軍人身分に」転化したという。

一七九八年の改革に対して、バシキール人やミシャーリ人の強い反対はなかった。むしろ、一八二〇年、第一・五・七・九バシキール・カントンと第二・三ミシャーリ・カントンの代表者による皇帝アレクサンドル一世に対する請願にみられるように、彼らは軍事(カザーク)身分の状態のままであることを希望し、彼らを担税身分にするという政府の意図に反対したほどである。その同じ請願書のなかで、一七九八年のイゲリストロームの布告は一七六七年の新法典編纂委員会に提出されたバシキール人の見解に合致するものであると指摘されていた。(83)

Ⅵ　新たな改革

1　管　区　制

一九世紀三〇〜五〇年代、バシキーリアにおけるカントン行政システムは大きく転換することになった。つまりバシキール人とミシャーリ人の間に軍事的体制を強化し、また彼らに対して軍事・警察的監視を行おうとしたのである。(84)

一八三四年、オレンブルク総督B・A・ペローフスキーの見解に沿って、陸軍省はバシキール＝メシチェリャーク軍を創設した。(85) 一八三七年、バシキール人とミシャーリ人住民に関する問題は、総督による確認を待って軍司令官と軍務事務所（канцелярия）を通して決定された。軍務事務所は正規軍の将校とオレンブルク・カザーク軍の将校から構成されていた。軍司令官のもとには参謀長の資格で彼の補佐官一名、軍事官僚二名および上級副官一名がいた。民事の問題に関して、司令官は主任一名と課長四名から構成される特別の事務所を持っていた。(86) 軍法会議の審理および決定のために、司令官のもとには監査長と六名の監査官がいた。軍の財政は五名の役人から成る特別な課が管理した。(87)

一八三五年、さらに管区制が施行された。当時、一七のカントンから成るバシキール＝メシチェリャーク軍は六つの管区（попечительство）に分けられた。クラスノウフィムスクを中心とする第一管区には第一、二、三バシキール・カントン、チェリャービンスクを中心とする第二管区には第四、五バシキール・カントン、オレンブルクを中心とする第三管区には第六、九バシキール・カントン、ステルリタマークを中心とする第四管区には第七バシキール・カントンと第二、五ミシャーリ・カントン、ウファーを中心とする第五管区には第八、一〇バシキール・カントン、メンゼリーンスクを中心とする第六管区には第一一、一二バシキール・カントンが入ったのである。(88)

2 監督官体制

原則として管区は司令官の直接管轄下にあるロシア人の参謀将校(штаб-офицеры)によって指導された。監督官たちの行動範囲は特別な指示によって決められていた。彼らに、「道徳的にも、また経済的・警察的な面においても、人々を監視すること」が、義務として負わせられた。彼らは県当局の命令の遂行を監督し、総督や司令官に役人たちの違反や命令に対するあからさまな反抗について報告し、一五～三〇銀ルーブリの範囲内の横領に対する審理に決定を下した。(89) これが監督官体制(институт попечителей)である。

軍務に関して、監督官たちは住民による職務遂行にあたって順番制が遵守されているかどうか監視することになった。この目的のため、勤務に就いている部隊で検査が行われた。すなわち、毎年、退職した人や勤務遂行不能の人が調べられたのである。また監督官たちは「まだ軍務に服していない年少のカザーク(малолеток)たち」の医学検査を行い、勤務で出張する人々のための「援助」金の徴収と支出に対して監査し、カントン長とユルタ長の選挙を監視した。これ以外に、監督官たちはバシキール人の「農業(земледельческие занятия)」、店の穀物貯蔵状態、カントン住民に負わせられたあらゆる義務の遂行などに配慮していた。管区制の導入は、カントン行政システムが導入されて以来行われてきたバシキール人とミシャーリ人に対する「監督(опеки)」体制における補足的な(そして、だめ押し的な)政策の一環であった。ロシア語の「オペカ(опека、опеки の単数形)」の原義は「後見」ないしは「保護」という意味であるが、この制度は実際にはバシキール人とミシャーリ人の行動すべてを監督し、法規によりそれを規制し、彼らを当局に対して従順な者に変えることを期待して導入されたのである。[90]

また一八三〇年代には、バシキール゠メシチェリャーク軍内の裁判に関する変更がみられた。一八三四年からすべての刑事上の審理に関する事項は民事訴訟手続きを廃止し、軍法会議の審査に移管された。[91] 非番の時に発生した犯罪に関する審理の実施のみが郡の警察の管轄として残された。刑事上の審理に関する問題は「軍事゠法廷委員会」の所轄に移された。たとえば、軍事勤務からの逃亡に対しては、委員会の検査官が五〇〇～一五〇〇名から成る列の間を走らせるいわゆる列間笞刑――それは死刑を意味した――を犯罪人に科す決定を下した。しかし、こうした委員会においても収賄が横行し、富めるバシキール人は罪を逃れ、貧しい者だけが罰を受けるようになっていたのである。[92]

3　一八三五年の蜂起

一八三四～三五年にかけて、ペルミ県とオレンブルク県の国有地農民、バシキール人およびミシャーリ人による蜂起が発生した。国有地農民の不満の源は、中央諸県の窮乏した皇室領農民(удельные крестьяне)とペルミとオレンブルク両県を含んだ豊かな国有地村落を交換することを命ずる一六三〇年一月一六日付けの布告であった。[93] 他方、労役の負担が極限にまで達していたバシキール人とミシャーリ人は、政府の動きを的確に判断して、自分たちの自由と相続的な土地所有権の剥奪を目指しながら、最終的には担税民に移行させようとしているとみてとったのである。

一八三五年初頭、ウファー地方警察署長(уфимский земский исправник)ティマシェフはバシキール＝メシチェリャーク軍団連隊指揮官T・A・ツォルコフスキーに報告している。バシキール人は自分たちを無償ないしは低い賃金で公営炭酸カリ工場の労働に赴かせたり、荷馬車供出を要求したり、負担を背負わせることに不満を抱きつつ、自由と土地の相続権がなくなることを恐れている、[94]と伝えた。自由喪失についてのバシキール人の不安は、特に一八三五年に創設された「監督官体制」が導入された後さらに強まった。バシキール人がその役人たちを「警察官(полицейские)」と呼んでいたことからもその様子がよく分かるのである。

ニコライ一世(在位一八二五〜五五年)の時代、エカチェリーナ二世の宗教寛容政策が廃され、ムスリム住民に対する宗教的抑圧や強制的キリスト教化も恒常的なものとなった。モスクの建設、その付属の学校開設、聖職者の任命はますます困難になった。聖職者の職務のなかから民事および司法に関する権利が奪われた。[95]ムッラーにも労役遂行が求められ、体刑を科されることさえあった。ムスリムの埋葬に関する一八三〇年五月一三日付け法令が住民の不満に火をつけた。これは、死者は死んだその日のうちに埋葬するという当時のバシキール人社会の習慣を廃止し、死後三日を経て埋葬するということを規定したものである。また孤児や窮乏した人の洗礼が行われるようになった。キリスト教の洗礼を受けたいと希望する者に対しては特典が与えられた代わりに、イスラームに戻ることを考える新キリスト教徒たちには死刑が科されたのである。[96]

一八三四年秋、蜂起はペルミ県の国有地農民から始まった。翌三五年二月にはこれにバシキール人、ミシャーリ人および勤務チェプチャーリが加わった。指導者のなかにはムスリム聖職者がいた。運動はバシキーリア南西部、北部そして北東部を席巻した。総督ペローフスキーによると、当局に反対する地方では「四万人の男性」が立ち上がったという。[97]

蜂起軍に対し、当局は大軍を投入して鎮圧にあたった。ペローフスキーはバシキール人住民が密集した第六・

九カントンの運動を孤立させることに成功し、一〇〇〇名の武装の整ったバシキール人から成る特別義勇部隊を組織した。さらに二つの鎮圧部隊を組織した。指揮官には「不逞の輩をあらゆる方法で根絶すること、……〔まず〕説得という方法で、その後、頑強に抵抗する場合には武力でもって〔根絶すること〕」が命じられた。(98)

八月中旬、ペローフスキーはビルスク郡に着いた。厳しい鎮圧が始まった。二三九名の主要な「チェプチャーリの張本人たち」がビルスク監獄に送られた。八月末、叛乱は最終的に鎮圧された。ニコライ一世は鎮圧行動に対し、「バシキール・カントン内に厳然たる規律と秩序を打ち立てるべく……炎のような情熱」のゆえに「特別の感謝」を表した。(99)

一八三五年蜂起はバシキーリア民衆のロシア国家に対する最後の抵抗であった。これに様々な民族が加わり相互で連帯していった。特にバシキール人第八カントンとメサグートヴォ、ドゥヴァノの国有地村落に住むロシア人農民の間で、またクラスノウフィムスク郡のバシキール人、ミシャーリ人、チェプチャーリの間で形成された連帯がその良い例である。最も猖獗を極めたのはかつてサラヴァト・ユラーエフが活躍した地域であった。

4　カントン行政システムの終焉と新たな政策――労役と担税民化

以上のような政策は総じていえば住民に対する行政的監督の強化を促進することになった。その結果、地方住民を「懐柔（умиротворение）」し、彼らのなかに「恭順や服従の気分（дух покорности повиновения）」を作り出すことを目指したものであった。一八四〇年代には、最後までロシアと敵対していた大オルダのカザーフ人をロシアが併合した。そのため、オレンブルク県のあるバシキーリアはもはやロシアの国境地域ではなくなり、帝国の内部地域の一つとなったのである。(100)

図12　オレンブルクにあるカルヴァン＝サライ（現在）
出典：オレンブルクの絵葉書

帝国の南東地域における軍事政治的課題の解決とともに、カントン行政システムはその存在意義を失い、バシキール＝メシチェリャーク軍による国境線沿いの勤務の必要性も徐々に喪失していった。軍務に代わって、彼らには労役と税金が課されるようになった。

第一の労役についてである。一八四〇年代末、バシキール人たちは基本的には軍事力としてではなく、労働力として使用されるようになった。彼らは国家の労働を遂行すべく無償の労働源として当局には必要とされた。従来のバシキール人の義務をそのままにして、この労役に振り向けられる数は増大し、バシキール人の労働部隊は様々な国家の仕事をこなしていった。たとえば、一八三二～三四年、ヴェルフネ・ウラリスクとステルリタマーク間の「通商（коммерческий）」道路（тракт）の建設に従事した。その道路は後にブグリマーにまで達し、その長さは二五二ヴェルスタ（約二六八・九キロメートル）であった。三年間で二〇万七四三一名のバシキール人が労働に駆り出されたのである。また、国境線の南下に伴って、新たな国境線や要塞の建設を行わなければならず、その土木作業にもバシキール人が利用された。遠征のための荷馬車運搬（特に一八四七年夏のカザーフ遠征の際には三二四〇台の荷馬車が供給させられた）、オレンブルク、ウラリスクおよびオルスクの各都市への薪や材木の供給も彼らの仕事であった。さらには都市整備にも多くのバシキール人が使われた。彼らによってオレンブルクにはニコライ兵舎(一八三八年)、イスラーム寺院を有する宿泊施設カルヴァン゠サライ(「隊商のための館」という意。一八四一年)[101]、都市の水道、ムスリムの墓地(一八五二年)、総督事務所(同年)、が建設されたのである。[102]

第二の課税政策についてはどうであろうか。一八四〇年、ニコライ一世はオレンブルク総督B・A・ペローフスキーに対しバシキール人とミシャーリ人の一部を軍事勤務者の代わりに担税民にするように命じた。これを受けて発せられたペローフスキーの命令により、バシキール人とミシャーリ人六八四九名に税が課せられた。一八四二年、国務諮問会議委員に任命されたペローフスキーの後継者B・A・オーブルチェフ(在任一八四二〜五〇年)は三万七五〇名を担税民に、その二年後にはさらに三万八八〇七名を担税民に転化した。こうして、一八四〇年代、バシキール゠メシチェリャーク軍はカテゴリーの異なる二つのグループに分類された。一つは、従来の軍役の代わりに税金を負わせられる二〇万一九〇名の人々である。いま一つは、一〇万一一二六名の納税義務者を含んだ従来の軍務に就いたままの人々であった。国境警備の軍役に勤務するカントンは四つであり、残りは予備役に回された。これらカントンの各住民から徴収する税額は、バシキール人の軍事勤務のための支度にかかる費用を含めて四銀ルーブリ二〇カペイカであった。当時、予備役に回った人々から徴収された金額は男性一人あたり二銀ルーブリ一一カペイカであった。[103]

5　チェプチャーリとボブィーリの軍隊編入

一八五五年、バシキール人とミシャーリ人を担税民にしようとする政策が一層推進されたが、またその同じ年には、オレンブルク、ペルミおよびヴャトカの諸県に住むチェプチャーリとボブィーリがバシキール゠メシチェリャーク軍に統合されたのである。[104] すでに一七九〇年、チェプチャーリとボブィーリに対して特別な「五〇〇人カザーク連隊」への補充が課せられ、一七九八年には二連隊に分けられた。彼らは自ら馬や制服を調達しなければならず、一八〇四年以降には糧秣もそのようになった。そのため、一八一九年に導入された特別徴収金は二紙幣ルーブリ二一カペイカから三紙幣ルーブリに達した。一八三五年には、連隊は解散したが、チェプチャーリとボブィーリとは新兵供出の責任を負わせられた。連隊給養のため徴収は相変わらず行われていた。この他に、彼らには地方税が課せられた。それらすべてを含めると、チェプチャーリとボブィーリは一年間に一人あたり二銀ルーブリ二四カペイカを徴収されていたことになる。[105]

総督B・A・ペローフスキーの計画によって、一八五五年二月二二日付け大臣委員会規定(Положение Комитета министеров)が公布された。それはオレンブルク、ペルミおよびヴャトカ三県のチェプチャーリとボブィーリのバシキール＝メシチェリャーク軍への編入に関するものであった。[106] 彼らは軍事勤務から解放されたが、その代わりに男性一人あたり六〇カペイカずつ税金を課された。当時、チェプチャーリとボブィーリの人口は二六万六〇六九名(両性)を数えた。バシキール人同様、カントン長や監督官の管理下に入り、また裁判においてもバシキール人と同じ扱いを受けるようになったのである。[107]

チェプチャーリとボブィーリ住民がバシキール＝メシチェリャーク軍に編入されるようになり、軍の名称はバシキール軍と改められた。この軍はまた新たなカントンの区分を設けなければならなかった。バシキール軍は九管区、二八カントンおよび三九四ユルタから成り立っていた。[108] 以前のカントンが多少なりともエスニックな特徴を残して形成されていたとするなら、この新たな制度のもとでは、民族を横断する一繋がりの領土、ならびにバシキール人、ミシャーリ人、チェプチャーリおよびボブィーリの混住地を形成することになった。かくして、政府は諸民族を孤立させる政策から彼らの法的状況の平準化を図る政策へと明確に向かうことになった。すなわちバシキール人と他の住民との行政的・経済的な側面における合同――あえて言うならばロシアへの「同化」ないしは「ロシア化」――を目指したのである。[109]

一八五五年の改革の結果、バシキールの諸郷(волость)が様々なカントンによって分割された。このことは、一七九八年にカントン行政システムの導入後もここかしこに残っていたバシキール人の血縁的な氏族制に基づく地域区分としての郷が、最終的に破壊・清算されることを意味したのである。[110]

一八六一年の農奴解放に始まる大改革はバシキーリアにも影響を及ぼし、カントン行政システムを廃止へと向かわせることになった。一八六三年五月一四日付けの「バシキール人に関する規定(Положение о башкирах)」はカントンを一一にまで減らし、カントンの境界を郡に近づけることになったが、それに従ってバシキール人、ミシャーリ人、チェプチャーリおよびボブィーリも「自由な農村住民」としての権利を獲得した。言うなればバシキール人はあらゆる権利においてロシア人農民と同等な者となり、バシキール人も同じく郷や村落共同体に分けられ、郷裁判所(волостные суды)、村長(сельские старосты)が司法・行政の末端を担い、共同体の全役員は選挙により選ばれ、また彼らは軍役から一〇年間にわたって免除されることになったのである。[111]

アレクサンドル二世(在位一八五五～八一年)の治世下で陸相Д・A・ミリューチン(在任一八六一～八一年)の指導によって行われた軍制改革と当時の国際情勢を機に、一八六五年七月二日、法令「バシキール人統治を軍務当局から民事当局に移管することについて(О передаче управления башкирами из военного в гражданское ведомство)」が発布され、それによりカントン行政システムは廃止されることになった。バシキール人と「受け容れられた者たち」は農民問題に関する県および郡の総括官庁(общие губернские и уездные присутствия)、ならびに調停吏(мировые посредники)の管轄下に入った。同年、さらにオレンブルク県がウファー県とオレンブルク県に分割されることにより全般的なバシキール人統治を管轄するというオレンブルク県の活動は終わりを告げたのである。

（１） *Асфандияров А. З.* Башкирия в период кантонного управления. 1789-1856 гг. Автореф. канд. дисс. М., 1969. С. 3.

（２） この点については、*Валеев Д. Ж.* Очерки истории общественной мысли Башкортостана. Уфа, 1995. С. 92-93. および、そこで引用されている一九世紀の研究者В・М・チェレムシャーンスキーと二〇世紀初頭の郷土史家В・И・フィローネンコの指摘を参照されたい。

（３） *Муртазин М. Л.* Башкирия и башкирские войска в гражданскую войну. М., 1927. С. 43-50.

（４） Очерки по истории Башкирской АССР. Т. 1. Ч. 2. Уфа, 1959. С. 33-48, 54-57.

（５） *Асфандияров А. З.* Введение кантонной сиситемы управления в Башкирии//Из истории Башкирии. дореволюционный период. Уфа, 1968. С. 153-164.

（６） Baumann, R. E. “Subject Nationalities in the Military Service of Imperial Russia: The Case of the Bashkirs,” *Slavic Review*, vol. 46, no. 3/4, fall/winter, 1987, pp. 492-495.

（７） *Янгузин Р.* Хозяйство и социальная структура Башкирского народа в XVIII-XIX вв. Уфа, 1998. С. 196-217.

（８） *Асфандияров А. З.* Башкирия в период кантонного управления. 1798-1865 гг. Диссертация на соискание ученой степени кандидата исторических наук. Уфа, 1969. なお、彼の指導教授はロシア国家によるバシキーリア「併合」研究の専門家А・Н・ウスマーノフであった。ウスマーノフの研究については、本編、序論の註(57)、(70)を参照されたい。

（９） *Он же.* Кантонное управление в Башкирии（1798-1865 гг.）. Уфа, 2005.

（10） История Башкортостана с древнейших времен до 60-х годах XIX в./Усманов Х. Ф.（ответ. ред.）Уфа, 1996. С. 342-364. 記述内容からして、おそらくソ連崩壊以前にこの本の執筆者たちは当該項目の執筆を終えていたのであろう。なお、バシコルトスタンにおける最近の歴史研究の変化については別稿を用意している。

（11） Полное Собрание Законов Российской Империи—ПСЗ と略記。

（12） Материалы по истории Башкирской АССР. Ч. 1. М.-Л., 1936; Т. V. М., 1960.

（13） Архив Государственного Совета, Т. 1. СПб., 1869.

（14） *Рахматуллин У. Х.* Население Башкирии в XVII-XVIII. М., 1988. С. 27.

（15） Материалы по истории Башкирской АССР. Ч. 1. док. №134. С. 302-306.

（16） その状況については、本編、第四章、第Ⅰ節、第３項、ホを参照されたい。

(17) Архив Государственного Совета. Т. 1. С. 232.

(18) Там же. С. 836. これはA・C・プーシキンの『プガチョーフ叛乱史』第一章の最後の文章を想起させる。いわく、「すべてのことが新しい叛乱の前触れであった。足りないのは頭目だけである。そして頭目は見つかった」(Пушкин А.С. Полное собрание сочинений. Т. 9. Ч. 1. М., 1950. С. 12. 米川哲夫訳『プーシキン全集』5、河出書房新社、一九七三年、二一七頁)。

(19) *Муртазин М. Л.* Указ. соч. С. 45.

(20) *Асфандияров А. З.* Введение... С. 154.

(21) РГАДА. Ф. 1274. Оп. 1. Д. 211 (Проект инструкции учрежденной при Оренбургской губернской канцелярии иноверческой и пограничной экспедиции сочинен по повелению его сиятельства графа Петра Ивановича Панина от 9 генваря 1775 году, статским советником Рычковым, к высокому графского сиятельства разсматрению).

(22) Там же. Л. 1-1об.

(23) Там же. Л. 1об.-2.

(24) Там же. Л. 2.

(25) Там же. Л. 4.

(26) Там же. Л. 16.

(27) Там же. Л. 19об.-20.

(28) Там же. Л. 20об.

(29) Там же. Л. 22.

(30) ПСЗ—I. Т. XX. №14392.

(31) この一七七五年の地方行政改革についてはさしあたり次の論文を参照されたい。鳥山成人「エカテリナ二世の地方改革——その動機と背景に関する問題と諸見解」、『スラヴ研究』二〇号、一九七五年(後に同『ロシア・東欧の国家と社会』、恒文社、一九八五年、第八章に再録)。

(32) РГАДА. Ф. 16. Оп. 1. Д. 932. Л. 2-4об.

(33) ПСЗ—I. Т. XXI. №15307.

(34) Очерки по истории Башкирской АССР. Т. 1. Ч. 1. Уфа, 1956. С. 256.

(35) РГАДА. Ф. 192. Оп. 1. Д. 3 (Генеральная карта Уфинского наместничества, разделенная на 13 уезд. Соч. адютантом Федором Черным. Печат. 1791 г.). 本書裏見返し。

(36) Ledonne, J. P. *Ruling Russia, Politics and Administration in the Age of Absolutism, 1762-1796*. Prinston, Prinston University Press, 1984.

(37) なお，以下の総督制についての記述はスタインヴェーデルの未刊行博士論文に拠るところが大である(Steinwedel, C. R. “Invisible Threads of Empire: State, Religion and Ethnicity in Tsarist Bashkiria. 1773-1917,” Unpublished Ph.D. Dissertation, Columbia University, 1999)。

(38) Очерки по истории Башкирской АССР. Т. 1. Ч. 2. С. 9.

(39) *Новиков В. А.* Сборник материалов для истории уфимского дворянства. Уфа, 1879. С. 37-38.

(40) Steinwedel, C. R. *op. cit*., p. 47.

(41) Очерки по истории Башкирской АССР. Т. 1. Ч. 1. С. 256; Урал. Северный, средный, южный. Справочная книга/Доброхотов Ф. П. (сост.) Петроград, 1917. С. 539.

(42) Архив Государственного Совета. Т. 1. С. 834.

(43) *Асфандияров А. З.* Введение... С. 155.

(44) Энциклопедический словарь/Брокгауз Ф. И. и Ефрон И. А (ред.). Т. XII. СПб., 1894. С. 777.

(45) Fisher, A. W. *The Crimean Tatars*. Stanford, 1978, pp. 21, 71-78.

(46) Steinwedel, C. R. *op. cit*., pp. 52-53.

(47) 以下の「オレンブルク・イスラーム聖職者協議会」についてはアザナートフとスタインヴェーデルの研究を参照した(*Азанатов Д. Д.* Оренбургское магометанское собрание в конце XVIII-XIX вв. Уфа, 1999; Steinwedel, C. R. *op. cit*., pp. 51-81)。

(48) РГАДА. Ф. 16. Д. 934. Ч. 4. Л. 7-23.

(49) Архив Государственного Совета. Т. 1. С. 812.

(50) ПСЗ. Т. XIX. №13996.

(51) Там же. Т. XXII. №16710.

(52) РГАДА. Ф. 16. Д. 934. Ч. 5. Л. 72-74; Материалы по истории Башкирской АССР. Т. V. М., 1960. док. №443. С. 563. なお，こ

の「協議会」の創設とその歴史については次の文献を参照されたい。В память столетия Оренбургского магометанского духовного Собрания, учрежденного в городе Уфе. Уфа, 1891.

(53) Материалы по истории Башкирской АССР. Т. V. док. №444.

(54) *Асфандияров А. З.* Введение... С. 155; История Башкортостана. Ч. 1. Уфа, 1991. С. 189.

(55) Материалы по истории Башкирской АССР. Т. V. М., 1960. док. №446.

(56) История Башкортостана. С. 189.

(57) ПСЗ—II. Т. XXV. №18477. С. 189-190.

(58) *Скалон.* Главное управление казачьих войск. Столетие военного министерства. СПб., Т. 11. Ч. 2. 1902. С. 78; Очерки по истории Башкирской АССР. Т. 1. Ч. 2. С. 36.

(59) Башкирское войско//Военная энциклопедия. Т. IV. СПб., 1911. С. 428-429.

(60) *Авдеев П. И.* Историческая записка об оренбургском казачьем войске. Оренбург, 1904. С. 41-43; Baumann, R. E. *op. cit.*, pp. 492-493.

(61) *Асфандияров А. З.* Введение... С. 155-156.

(62) ПСЗ—II, Т. XXV, №18477; ПСЗ—II, Т. XII. №9242-а.

(63) История Башкортостана с древнейших времен до 60-х годах XIX в. С. 343.

(64) ПСЗ—II, Т. XII. №9242-а.

(65) РГВИА. Ф. 414. Оп. 1. Д. 312. Л. 10-33.

(66) Там же. Л. 34-39.

(67) Там же. Л. 10-37. なお，第七カントンについては不明である。

(68) Там же. С. 343-344.

(69) ПСЗ—II Т. XXIX. №22284.

(70) История Башкортостана с древнейших времен до 60-х годах XIX в. С. 344-345.

(71) Там же. С. 345.

(72) Архив Государственного Совета. Т. 1. С. 837; История Башкортостана с древнейших времен до 60-х годах XIX в. С. 345.

(73) *Асфандияров А. З.* Башкирская семья конце XVIII-первой половине XIX века//История СССР. 1984. №4.

(74) История Башкортостана с древнейших времен до 60-х годах XIX в. С. 345. なお，この箇所の執筆者であるアスファンジヤーロフはレーニンの次の言葉を引用している。いわく，「民族性抑圧の政策は諸民族の分離政策である」(*Ленин В. И.* Полн. собр. соч. Т. 25. С. 857)，と。

(75) *Р-н П.* Сведения о башкирцах//Московский телеграф. №21. Ч. 48. 1832. Ноябрь. С. 274–275.

(76) *Асфандияров А. З.* Указ. соч. С. 22.

(77) Труды Оренбургской ученой архивной комиссии. Вып. III. Оренбург, 1897. С. 1–6; Из воевого прошлого русской армии. М., 1944. С. 93.

(78) *Асфандияров А. З.* Введение... С. 159.

(79) Там же.

(80) *Асфандияров А. З.* Указ. соч. С. 22–23.

(81) Там же. С. 23.

(82) *Асфандияров А. З.* Введение... С. 157–158.

(83) *Асфандияров А. З.* Указ. соч. С. 23.

(84) Очерки по истории Башкирской АССР. Т. 1. Ч. 2. С. 37.

(85) ПСЗ—II. Т. XII, №9242-а.

(86) ПСЗ—II. Т. XXX. №30129.

(87) ПСЗ—II.Т. XXV. №24538; История Башкортостана с древнейших времен до 60-х годах XIX в. С. 350.

(88) Там же. С. 351. なお，残りのミシャーリ・カントンについては不明である。

(89) Там же.

(90) *Гвоздикова И. М. Асфандияров А. З.* Публистические работы М. Михаиловна и Альмухамета Кувота о башкирах//Из истории башкирской литератулы XIX в. Уфа, 1989. С. 82–84 (История Башкортостана с древнейших времен до 60-х годах XIX в. С. 351 より転引用).

(91) ПСЗ—II. Т. IX. №6852.

(92) История Башкортостана с древнейших времен до 60-х годах XIX в. С. 351-352.

(93) ПСЗ—II. Т. V. №3427.

(94) ЦГИА РБ. Ф. 6. Оп. 1. Д. 1. Д. 118. Л. 1-11 (История Башкортостана с древнейших времен до 60-х годах XIX в. С. 418 より転引用).

(95) ПСЗ—II. Т. VII. №5500.

(96) ПСЗ. Т. XXXVIII. №28891; Там же. Т. XXXX. №30584.

(97) НА УНЦ РАН. Ф. 3. Оп. 12. Д. 90. Л. 383 (История Башкортостана с древнейших времен до 60-х годах XIX в. С. 423 より転引用).

(98) НА УНЦ РАН. Ф. 3. Оп. 12. Д. 90. Л. 111; ЦГИА РА. Ф. 6. Оп. 1. Д. 111, Л. 140 (История Башкортостана с древнейших времен до 60-х годах XIX в. С. 423 より転引用).

(99) НА УНЦ РАН. Ф. 3. Оп. 12. Д. 90. Л. 214 (История Башкортостана с древнейших времен до 60-х годах XIX в. С. 424 より転引用).

(100) Там же.

(101) カルヴァン＝サライは国家勤務その他でオレンブルクにやって来るバシキール人やミシャーリ人のための無料の宿泊所であり、カントン時代にはバシキール軍の監督者たちの宿舎であった。このカルヴァン＝サライには立派なモスクや広大な庭などの付属施設もあった。建設費用はオレンブルク地方のバシキール人とミシャーリ人に拠った。一八六五年のバシキール軍の廃止後、これは政府機関の管轄下に置かれた。バシキール人はこの建物は彼ら自身の民族的な財産であるとみなし、一九一七年以前には、その返還を求める請願を幾度も行った（*Тоган З. В.* Воспоминания. Кн. 1. Уфа, 1994. С. 199; Schafer, D. E. "Building Nations and Building States: The Tatar-Bashkir Question in Revolutionary Russia, 1917-1920," Unpublished Ph.D. Dissertation, University of Michigan, 1995, p. 113）。

(102) РГВИА. Ф. 38. Оп. 8. Д. 7. Л. 8-9об.; *Асфандияров А. З.* Введение... С. 160.

(103) История Башкортостана с древнейших времен до 60-х годах XIX в. С. 352-353.

(104) Очерки по истории Башкирской АССР. Т. 1. Ч. 2. С. 40.

(105) Там же. С. 44-45.

(106) ПСЗ—II. Т. XXX. №29060.

(107) Там же. №29769; История Башкортостана с древнейших времен до 60-х годах XIX в. С. 354.

(108) ПСЗ—II. Т. XXX. №30008.

(109) История Башкортостана с древнейших времен до 60-х годах XIX в. С. 354.

(110) Там же.

(111) Управление Башкирией. Разделение Башкир на кантоны. Система кантонного управления. Башкирское разорение. Старинная жизнь башкир и некоторые их обычаи. Башкирский народный эпос. Судья Башкирии в будущем//Труды научного общества по изучению быта, истории и культуры башкир при Наркомпросе БССР. Вып. 2. Стерлитамак, 1922. С. 87.

第十章　帝政ロシアにおける植民・民族政策の基本型

I　伝統的な民族政策

1　民族分断化政策

モスクワ国家は一六世紀中葉のカザン・ハン国とアストラハン・ハン国の征服と併合以来、様々な地域を包含しながら拡大してきた。とりわけヴォルガ流域とウラル地方の住民構成は、民族的・社会的・文化的に多様で、また実にユニークであった。言語的には、チュルク語系の民族(タタール人・バシキール人)、アルタイ語系に属する民族(チュヴァーシ人――モンゴル語とチュルク語の「中間」である)、そしてフィン・ウゴール語族の民族(モルドヴァ人・マリ人・ウドムルト人)に分かれていた。宗教的にみるならば、ここには土俗的でアニミズム的な世界に生きる人々(ウドムルト人・マリ人・チュヴァーシ人)が生活している一方で、イスラームに帰依したり(タタール人・バシキール人)、仏教を信じたりする人々(カルムィク人)、さらにロシア正教に改宗した民族(モルドヴァ人)が混住していた。同様に、文化的にも一様ではなかったのである。

民族間の連帯と各民族内部の結束を阻むことを名目とする民族分断化政策は、諸地域を併合して以来、ロシア帝国にとり伝統的な民族政策の一つとなった。ツァーリの行政官たちは、代々地方における民族同士の連帯形成を阻止し、反目を煽ることを目的とする政策をとってきたのである。いわば「分割して統治せよ(divide et impera)」という政策を遂行したのである。

帝政末期から初期のソ連時代を生き抜いた東洋学の泰斗B・B・バールトリドは、一八世紀南ウラルのオレンブルク地方についてではあるが、興味深い指摘をしている。いわく、オレンブルク当局には、民族的蜂起――ここでは、バシキール人の蜂起が念頭にある――発生の際、中央政府から状況に応じてある民族の助力を得て他の民族を鎮圧すべきことが指示されていた。(1) そこでは、後のソ連時代の公式的な基本線である「民族宥和」が所与のものとしてはとらえられてはいない。民族間の不和を助長することによって、行政官たちは民族相互に、また時にはロシア人に対してさえも、憤怒、怨恨、疑念そして不信の念を抱かせることに心を砕いた。ロシア政府が各民族地域で行った同様の政策は、民族各々がロシア帝国に対して抱く間断なき不信と疑念、さらには内訌の源泉ともいえるのである。そうした感情は本来的にはツァーリ政府に対するものであったが、現実にはロシアの農民に向けられたのは特徴的である。とりわけウラル地方においてこそ上記の如き民族対立は顕著であった。遊牧民同士の間では、カルムィク人に対する「キルギス人(=カザーフ人)」、「キルギス人」に対するバシキール人の関係がそうであり、また遊牧民の定着農耕民に対する反感も露骨であった。バシキール人のロシア人に対する態度、さらにはバシキール人社会内部でも遊牧を続ける人々と定着して農耕を行う生活に移行した人々との関係はそうであった。(2)

民族分断化政策は基本的には民族毎の生活様式の違いに依拠するものであったが、政府は同一民族内においても上層に対しては報酬を与えるなど様々な方法によって政府の民族政策や植民政策に協力させ、社会の分断を図っていった。また一八世紀を通じて展開される植民、および農耕技術の地方への導入とその展開により、同じ遊牧民内部でも積極的に定着して農耕に従事する者と依然遊牧生活を営む者との相互不信や反目などの緊張関係が発生したのである。なかでもバシキール人社会ではそれが甚だしかったといえる。(3)

分断化政策を一層推し進めることになるのが、一八世紀以降の近代ロシアにおける県制度に代表される地方行政改革であった。たとえば、一七五五年までにヴォルガ中流域および下流域を含んでいた広大なカザン県の非ロシア人諸民族は、新たにカザン県とニジェゴロド県に分割された。その結果、タタール人はカザン、ヴャトカ、ウファー、サマーラそしてシンビルスクの各県に分断された。チュヴァーシ人とマリ人はカザン、ニジェゴロド、シンビルスクおよびヴャトカの各県に分けられた。諸民族の連帯および各民族内の結束は、同一民族に対する行政的分断によっても完全に阻まれることになったのである。(4)

2　土地問題

バシキーリアがモスクワ国家に入ると、政府はバシキール人に対して彼らの土地に関する相続的所有を認め、バシキール人もそれゆえヤサーク貢納に応じたのである。この関係はロシア国家とバシキール人の関係の基本であった。これが揺らいだ時——あるいは揺らぎそうになった時でさえ——バシキール人はそのことに抵抗した。

一六四九年に発布されたいわゆる『ウロジェーニエ』は、バシキール人をも含めたウラルとヴォルガ中流域の住民に関していえば、彼らに自らの相続地に対する管理権を認めるものであった。しかし、一八世紀の第一・四半期に至り、もはやそうした権利は諸民族の手には存在しなくなっていた。広大な土地を売買したり、抵当に入れたり、長期にわたって貸借することは、『ウロジェーニエ』で禁止されていたにもかかわらず、実際には貧困が原因で、ロシア人の商人や領主に自らの土地を二〇年あるいはそれ以上の期間にわたって賃貸する者が続出したのである。その結果、種族や氏族レヴェルにおける共同体のかなりの土地がロシア人の手に集中することになった。(5)

特に農奴逃亡が著しく増大した一七一九年の第一回納税人口調査以降、中央黒土地帯のロシア人領主たちは自らの農奴たちをモルドヴァ人やチュヴァーシ人の住む土地へと移住させた。そのため、一七二三年には、チュヴァーシ人の五つの郡内にある三九か村(село)のなかに七五のロシア人領主の所領が存在し、二八〇〇名(男性)の農奴が住む結果となった。一七四六年には、そうした所領は八四か村にまで増加し、農奴も三九四〇名(男性)を数えるほどになったのである。(6)

ロシア人領主による諸民族に対する以上の如き土地収奪は住民の反発を招き、彼らは様々な抗議行動を起こした。一八世紀初頭、あるチュヴァーシ人村で、住民はロシア人領主B・Л・エシポフに対し、彼がチュヴァーシ人の土地すべてを自分の所領としたとして幾度も地方当局に訴え出る騒ぎが発生した。これに対し、行政当局は訴えを斥けただけでなく、反対に奪われたチュヴァーシ人の土地はロシア人領主のものであることを確認するに至ったのである。(7) 一八世紀末までに、同様の例はモルドヴァ人、(8) タタール人、バシキール人およびその他の民族の場合にもみられた。(9)

土地収奪に加わったのは何も世俗の権力者たちだけではなかった。ロシアにおける最大の所領経営者である修道院もそうであった。一八世紀中葉、チュヴァーシア内の六つの修道院は総計で一万一八一四デシャチーナ(約一万二九九五・四ヘクタール)の耕作地と三〇七九デシャチーナ(約三三八六・九ヘクタール)の草刈地とを所有していた。そのうち、トロイツェ＝セルギーエフ修道院管轄下のアラトゥィリスキー＝トロイツキー修道院には一〇の村落

(село)と一つの部落(деревня)とがあり、五〇五八名(男性)の住民が住んでいた。一七七〇年代のチュヴァーシアにおいて、所領の拡大によって住民の居住や生活のための領域は八万デシャチーナ(約八万七二〇〇ヘクタール)にまで大幅に減少した。[10]

上記のような結果、ヴォルガ流域の非ロシア人(特に、モルドヴァ人、チュヴァーシ人そしてタタール人)は徐々にではあるが自らの耕作地を失い、その生活の場を南東部および東部の地方とりわけオレンブルク県へと移していかざるを得なかったのである。[11]

他方、ウラル地方で土地収奪を積極的に行っていたのは、聖界・俗界の領主以外にも、同地方の豊かな鉱山資源に注目したデミードフ家やミャースニコフ家のような工場経営者たちであった。[12]

先に述べたように、合法的にこの地方の土地を購入することは禁止されていたが、実際には工場経営者によって幾多の工場が建設され、多数のロシア人農奴や国有地農民が労働力としてこの地に移住させられた。さらには、後述するように、非ロシア人住民も補助的労働力として利用された。こうした状況のなかで、入植者たちと土地を失って移動せざるを得なくなった現地住民とは、解決には多年を要するほどの複雑な土地問題を引き起こしたのである。[13]なかでもバシキール人蜂起鎮圧後に当該地域の統治政策や叛乱者の処罰等を内容として発布された一七三六年二月一一日付けの布告は、土地問題に関して、ロシア人にバシキーリアで合法的に土地を集めることができる権利を与えたものとして注目される。[14]他方、非ロシア人――特にタタール人勤務者[15]――による領地の拡大とロシア人農民を所有する道がロシア正教への改宗以外には閉ざされていたことも重要である。[16]

II　新たな民族政策(上)

1　政策遂行の前提

上述のことに加えて、一八世紀のロシア政府はこの地方に新たな政策を展開した。それが新しい税制度と国家勤務制度の導入であり、これらを通してまさにA・カッペラーのいう「総体的な攻撃」が諸民族に対して加えられたのである。

諸制度導入の前提となる歴史的状況はどうであったのか。まず、『ウロジェーニエ』によって社会階層の区分が明確にされた。軍人や官吏などの勤務者、都市の商工地区住民、農民および聖職者という四つの区分である。しかし、この区分はピョートル一世時代に再編成される必要に迫られた。その狙いは、当時までに、徐々に増加してきたどの階層にも属さないいわゆる中間浮遊層の一掃、ならびに打ち続く戦争――アゾフ遠征(一六九五～九六年)、北方戦争(一七〇〇～二一年)、ペルシア戦争(一七二二～二三年)――遂行のための戦費調達と兵員確保を主目的として国民を徴税と国家勤務の対象とすることであった。[17] なお、中間浮遊層とは、永久的完全農奴、一時的債務奴隷、期限付き長期奉公奴隷、自由浮遊民である解放奴隷、自らの居住地や仕事を放棄し税の支払いを忌避して逃亡した元都市民、農民、封地を捨てたりあるいは封地を元々持たなかったりした流浪勤務者、聖職者の下僕と使丁、教会の「奴隷」、聖職者の子供、など実に様々なのが特徴である。

そしてピョートル一世時代に、ヴォルガ流域の住民は国有地農民と規定され、諸民族も徴税と国家勤務の対象となった。

2　税制改革――人頭税制

北方戦争を始めとする長期間にわたる戦争、および国制改革などのため、ピョートルの軍事＝官僚制的政府が莫大な資金と人的資源とを、単にロシア人だけでなく、非ロシア人にも求めた点は注目されなければならない。そのことは諸民族にとって税負担の増加とさらに新たな税制度および国家勤務制度の導入とを意味していたからである。(18)

事実、租税に関して述べるならば、一八世紀前半、ヴォルガ中流域とウラル地方の非ロシア人ヤサーク民が支払う税額は間断なく上昇していった。

当時、ヴォルガ流域に混住していたチュヴァーシ人、モルドヴァ人、マリ人そしてタタール人は、いわゆる「税額」ヤサークと呼ばれる税を穀物と金銭でロシア帝国の国庫に納めていたが、それは平均すると農家一戸あたり年三ルーブリ五〇カペイカの支出であった。一七世紀のそれと比較すると、これは穀物納ヤサークが二倍に増加したことを示している。(19)その他にも特別の税が課された。とりわけ糧秣や兵士・勤務者の装備および輸送を賄うための税などは彼らにとって重い負担となっていた。また、一七〇四年には養蜂・魚・ビーバー等の狩猟地に対する課税額も上昇し、国有の耕地や草刈地・製粉所・風呂(桶)等に対する税額も上昇した。一八世紀最初の一五年間にヴォルガ流域地方のヤサーク住民の負担は二倍から三倍に跳ね上がったといわれている。(20)こうした状況はウラル地方についてもある程度あてはまるのである。(21)

以上は直接税についてではあるが、政府は間接税の新設による国庫の増収を図ることをも目指した。塩の専売と農民によるウォトカ製造の禁止、およびその製造と販売の国家独占に関する法令は、まさにそうしたことを配慮して発布された[22]。しかし、なおもウドムルト人は伝統的なブランデー造りの権利を保持していたが、その際にも彼らは国庫に対して高額の税を納めねばならなかった[23]。

ロシア帝国によるこうした増税策は、結果的には住民による税の滞納およびその経済の根本的破壊、さらには住民の逃亡を引き起こす原因にもなった[24]。一七一七〜一九年の三年間でヴォルガ住民によるヤサーク税の滞納は本来徴収すべき全ヤサーク税額の実に七七％にも達していた。彼らの多くはしかるべき時に「定められたヤサーク」を支払うことができずに、自分の家を捨ててヴォルガ以東やウラル地方に逃亡していった。そこで彼らは製塩業に従事したり、また採鉱や鉱石運搬の労働に就いたりしたのである。一八世紀最初の一〇年間でヴォルガ流域地方の住民の逃亡はすでに大衆的な社会現象となっていた。一七一七年のチュヴァーシ人に対する統計調査では、打ち捨てられた農戸は全体の約三〇％にも達したといわれている[25]。

一七二四年には、このように上昇したヤサーク税に代わり——しかし、それは完全に消滅したわけではなかったが——、アストラハンやウファーのタタール人およびバシキール人らの遊牧民、南ヴォルガやシベリアのヤサーク民に対しては課されなかったものの、ロシア人農民同様、ヴォルガ流域のヤサーク民にも人頭税制が導入された。なお、本編、第五章でみたように、チェプチャーリとボブィーリはこれに反対してバシキール人たちとともに立ち上がったが敗北し、そのため彼らはこの税制度を受け容れざるを得なかった。これにより、同年以降、男性一人あたり七四カペイカ(一七二六年以降、それは七〇カペイカに減額)および四〇カペイカ相当の貢租を国庫に納めることとなり、その結果、彼らが納めるべき税の総額は一ルーブリ一四カペイカとなった。これは従来のヤサーク税額一ルーブリ二三カペイカ(また、すでに述べたように、一八世紀前半のそれは農家一戸あたり平均三ルーブリ五〇カペイカであった)と比較すれば減少しているようにみえるが、国有地農民にとっては次に示

すように実質的な税負担の増加を意味していたのである。(26)

人頭税制実施のために行われた納税人口調査開始の前年(一七一八年)、ヴォルガ流域のヤサーク民は「国家の人間(государственные люди)」と規定され、一七二四年には初めて農奴と区別される国有地農民(27)という観念が確立し、同地方のヤサーク民は後者の国有地農民というカテゴリーに入れられることになった。国有地農民は、農奴と異なり、人頭税の他に土地賃貸料をも国庫に納めねばならなかった。このことは、本編ですでに述べたように、一六世紀中葉のカザン・ハン国崩壊後、土地に対する相続的所有権、およびそのことに基礎を置く自由や自治の保持という観念をも打ち砕いたのである。しかも一八世紀を通してその額がほぼ一定していた人頭税に較べて、土地賃貸料は上昇する傾向にあった。すなわち露土戦争中(一七三五～三九年)の一七三七年には、上記人頭税の他に、軍隊への食料供給という意味もあって各農戸から一チェトヴェリーク(約二六・三リットル)の穀物徴集が、またタタール人、チュヴァーシ人およびその他の「異教徒たち(иноверцы)」からその二倍以上の徴集が法令で定められた。(28)続くエリザヴェータ女帝即位時の一七四一年には、穀物納貢租は一戸あたり六チェトヴェリーク(約一五七・八リットル)にまで跳ね上がった。(29)農民たちはそうした貢租の廃止を求め、それに対し政府の側でも何らかの対策を講ずることを余儀なくされた。しかし現実にはそうした政策は功を奏さず、彼らの状況は改善されなかったのである。

その理由として新たな重荷が農民たちの肩にのしかかったことがあげられる。一八世紀第二・四半期、製粉機税は法的にはすでに存在しなくなっていたにもかかわらず、県知事を含めた「利得者」たちはそれを徴収し続けた。その上新たに結婚税が課されるようになった。初婚で男性は一一アルティン(三三銅カペイカ)、再婚時にはその二倍、三度目にはその三倍の税金を住民は納めねばならなかった。(30)また、北方戦争で活躍し、カザン県知事を務めたП・М・アプラークシン(在任一七〇八～一三年)は馬税からの解放という名目でチュヴァーシ人農民から自主的に上納金を納めさせた。この方法で彼は二年間で一〇万ルーブリを徴収したといわれる。そのうちの多くはツァーリの国庫に渡ったが、残りはアプラークシン個人の保有する軍隊のための給与等になったのである[31]。県知事在職中、彼はヴォルガ川航行の安全を確保し、造船用の材木や騎兵のための馬を供給した。さらに重要なことは、カルムィク人に対する宗主権を確立したことである。なおその後、彼はペテルブルクに戻り、ピョートル一世の息子であった皇太子アレクセイ（一六九〇〜一七一八年）の喚問に立ち会い、また法務参議会総裁となっている。

エリザヴェータ女帝治世の一七五四年における国内関税廃止に至るまで、商業を営む農民たちは、非ロシア人を含めて、関税の他に様々な通行税を支払っていた。馬税・橋税・筏《いかだ》税・砕氷船税・樽税・荷馬車税、等である[32]。

以上のように、旧税制度下にあったヤサーク民がロシア人農民より本来少ない額の租税を支払っていた点を考慮に入れると、新たに導入された人頭税によって、ヤサーク民もロシア人農民とともに重い負担に喘ぐようになったといえる。他方で、人頭税は国庫の増収をもたらすとともに、ロシア人農民の場合と同様、租税を規則的に納める上で、諸民族の共同体がその責任を集団で負うことも義務付けられたのである[33]。

しかし、人頭税導入の意味が重要なのは、単に税負担が従来以上に民衆に重くのしかかったからではなく、むしろ次の点にあった。ロシア国家によってカザン・ハン国の征服以来進められてきたいわゆる「ロシア化（russification/русификация）」――もちろん当初は明確な意識はなかった――を決定付けるものであった、という点である[34]。既述したように、従来のヤサーク税は単なる貢租という性格ではなく、本来、一方ではロシア国家に対する地方の臣従の、また他方では地方住民に対する土地の（すなわち相続的所有権の）安堵、そして自由と自治を保証する証しであると彼らによってみなされていた。それゆえ住民はヤサーク税の廃止と新たな人頭税の導入をロシア国家と自分たちの関係が緩やかで相互の契約に基づく臣従関係から厳然たる支配＝従属関係への変更、また同時に保持していた土地に対する相続的所有権および自由や自治の喪失、を意味すると認識した[35]。事実、諸民族の状況はロシア人同様に厳しいものとなっていた。バシキール人に関していうと、彼らはすでに詳しく述べたその激しい抵抗運動によって人頭税の導入を拒んだのである。

3　国家勤務——軍役と労役

イ　軍役

次に国家勤務の問題が指摘されるが、それは軍役と労役によって負わせられていた。

ピョートル治世晩年の一七二二年以来、幾多の布告を通してヴォルガ流域の諸民族にも、ロシア人農民と同様に、徴兵制が実施された。一七二二年一月一九日付け布告は、「誰でも、モルドヴァ人およびチェレミス人（現称マリ人）から新兵をロシア人の場合と同様に徴集すべきである。タタール人からは若者たちを一〇～一二年間守備隊に徴集すべきである」[36]、という。この布告は水兵も諸民族から徴集するようにと述べている[37]。

一七三〇年代に入り、バシキール人についても軍事遠征の際には彼らを大いに利用することが当時のカザン県知事Ａ・П・ヴォルイーンスキー（一七一九～二四年アストラハン県知事、後に一時その職から離れるも一七二五～三〇年までカザン県知事を務める）の政策として打ち出された。ちなみに、彼はエカチェリーナ一世（在位一七二五～二七年）によってカザン県知事に任命されたが、この時代の彼は金銭を貯えることに熱心であり、またその性格も矛盾を許さないほど厳しかったという。後に遭遇した政治的危機を乗り越え、ピョートル二世（在位一七二七～三〇年）時代の一七三〇年まで知事を務めることになった。一七三八年にはアンナ女帝の絶大な信任を得て官房長官（кабинет министр）に任命され、官房を中心とする新しい政治を行おうとした。当時、彼は外国出身ながらも勢力を振るっていたA・И・オステルマーン(一六八六〜一七四七年、ウェストファーリア出身)とЭ・И・ビローン(一六九〇〜一七七二年、クールラント出身)らを排除しようとし、逆にこの政敵によって政府転覆の廉で裁判に付されて失脚した。外国人寵臣に対して同じ気持ちを抱いていたヴォルイーンスキーの「腹心の友人たち(конфиденты)」であるA・Ф・フルシチョーフ(一六九一〜一七四〇年)、П・М・エロープキン(?〜一七四〇年)は斬首刑に処され、Ф・И・ソイモーノフ(一六八二〜一七八〇年)はオホーツクへ流刑された。[38] また、В・Н・タティーシチェフ(一六八六〜一七五〇年)は彼と同様に古ルーシに関する文献や年代記に興味を持っていたヴォルイーンスキーに近しい一人であったために、ビローンによってペテルブルクで査問にかけられ、ウラル鉱山局長とオレンブルク遠征隊長官の職を解かれたのである。[39]

バシキール人を軍事目的で利用することが議論されている一方で、軍隊内ではムスリムに対する不信の念が高まっていたことも事実であった。特に一七三五〜三六年のバシキール人蜂起時、全ヴォルガの民衆が「バシキーリア内にかなり逃亡していること」が原因となって、バシキール人のロシアへの忠誠に対する疑問が軍隊内でも湧き起こったのである。そのためバシキール人自身の居住地以外の辺境守備隊への編入や水兵への徴集が行われることになった。[40]

このような軍役は、非ロシア人諸民族にとって、ロシア人農民におけると同様、重い負担となり、そのため彼らは軍役から逃れるために様々な方法をとったのである。一七六〇年、シンビルスク地方のタタール人村の徴兵対象者(すなわちタタール人ヤサーク民 ясашные татары)全員が自らの指や腱、あるいは関節を切断して徴兵を逃れるという事件が発生したのはその一例である。[41]

ロ　労役

人頭税や徴兵の実施と並んで、国家のために種々の労役を遂行することも一八世紀のロシア政府によって諸民族に課せられた新たな義務であり、それは彼らにとって極めて辛い負担であった。

ヴォルガ流域のタタール人、モルドヴァ人、チュヴァーシ人らは、ロシア人とともに、一八世紀初頭から同世紀後半の露土戦争までの間だけでも実に様々な労働に使役されていた。橋・要塞・土塁の建設、カザンにおける軍艦建造、木材の伐採や植林、軍隊や役人の輸送、ヴォルガ川における官船の船曳き、ストローガノフ家やペルミの製塩業者のもとでの、またウラル地方の製鉄や銅融解工場での労働力として、さらには荷馬車運搬や駅逓義務、等に使役された。なかでも一七六八〜七三年の露土戦争においては、軍役以外にも労役義務が諸民族の肩に重くのしかかった。たとえばチュヴァーシ人の多くはアゾフやタガンロークへ戦闘目的以外に要塞修理のために駆り出されたのである。(42)

こうした労役のうち、諸民族にとって特に負担になったのは、ヴォルガ流域やウラル地方の工場への「登録」という事態であった。ピョートル一世治世下における地方の産業開発およびその発展のために、ロシア人と並んで非ロシア人の工場登録が労働力確保の上から必要とされた。しかし問題は、ロシア人や非ロシア人の組織的な工場登録により、労働力を喪失した村落が荒廃し、またそのために住民の生活様式や農業経営の形態が変化し、さらには地方の中央への経済的従属が余儀なくされたということである。いわば一八世紀に急速に発展したロシアの産業・商業資本により、非ロシア人諸民族の営むいまだ脆弱な遊牧や牧畜を中心とする経済が駆逐されたのである。とはいえ、そうした状況は当該の地域において一様にみられたというわけではない。すでに指摘したように、ヴォルガ流域とウラル地方の産業形成にはかなりの相違がみられたからである。

ヴォルガ中流域の南東地域は、早くも一七世紀に重要な炭酸カリの生産を開始し、一八世紀前半までにその生産高は頂点に達していた。アルザマスとサランスクの間には一五～二〇の製造所が建設され、約二万人の農民が就労させられていたが、そのうち少なくとも三分の一はモルドヴァ人であった。これ以外にも、ヴォルガ流域では国営のウォトカ工場や染料工場に多くのヤサーク民が登録されていた。そこで働く登録農民たちは、物資の輸送、木材の伐採や材木工場への供給等、いわば補助的な労働に従事していた。[43]

また、ヴォルガ中流域の工場で、労働内容が民族や宗教により異なっていた点は注目されねばならない。ロシア人やモルドヴァ人がもっぱら工場労働に従事していたのに対し、タタール人、チュヴァーシ人、マリ人およびウドムルト人は通常、鉱石運搬や木材伐採等の補助的な労働に就いたのである。しかし、もしひとたびキリスト教に改宗した場合には、彼らはカザンの海軍工廠に登録され、そこでの労役に従事することになった。[44] それはすなわち、キリスト教に改宗しない異民族はいわば一人前の人間としてみなされなかったことを意味したのである。ここに政府が民族毎に異なる政策をとっていたと同時に、宗教による区分もその民族政策の方向付けに一役買っていたことが分かる。

他方、すでに一七一四年の法令でウファーのバシキール人をシベリア県の新都市建設の労役に就かせることを命じていたが、一八世紀のロシアおよび世界の重工業地帯としてのウラルはどのような状況であったのか。鉄や銅の鉱石に恵まれたウラル地方では、製鉄や銅熔解のための工場が多数建設され、バシキール人などの地方住民も他の登録農民とともに鉱山や工場での補助的労働に従事していた。[45] 第三回納税人口調査中(一七六一～六七年)の一七六三年にはカザン県の国有地農民(ロシア人および非ロシア人を含めて)の全村落(一万八〇〇〇名)がウラルの諸工場や地方の銅融解工場に登録されていたが、[46] 工場建設とその後の同地方における冶金工業の発展はバシキール人の多大な犠牲の上に成り立っていた。多くのバシキール人は自らの土地をロシア人工場経営者に譲り、また半遊牧で牧畜という本来の経営形態と生活様式、およびその生活圏の変更を迫られたのである。[47]

労役には上記のような労働の条件や状況の劣悪さもあって、[48]恒常的に工場から逃亡が発生し、当局への請願、さらには蜂起さえも勃発した。政府は労働者の状況を緩和させる布告を発せざるを得なかったほどである。一七七九年のマニフェストでは、登録農民の労働量が制限され、また彼らの労働賃金を二倍に増額するようにとうたわれている。[49]だが、この措置はカザンの海軍工廠に登録されていたタタール人にのみ適用され、しかもその実効は一七八二年まで待たなければならなかった。[50]

以上のように、ヴォルガ流域やウラル地方における一八世紀ロシアの民族政策の基本的方針は、諸民族から従来の様々な権利を奪い、彼らをロシア人農民と同等の社会的地位や経済状況下に置くことであった。しかし、現実には彼らはそうした社会経済的な変化を被っただけでなく、工場への登録などにみられるように、いわば「工場奴隷」という農奴的状況にまで陥ったのである。種々の蜂起はそうした状況に対する諸民族側からの抵抗であった。

非ロシア人の「ロシア化」を目指す一八世紀ロシアの民族政策は、上述のような税制、および徴兵と労役だけで遂行されたのではなかった。諸民族の精神面での「ロシア化」さえも、改宗政策を通して図られていくことになった。

III　新たな民族政策（下）

1　一七～一八世紀の特殊状況

ヴォルガ＝タタールの歴史についてモノグラフを著したアメリカ合衆国の歴史家A・A・ローリチはカザン・ハン国が崩壊した一五五二年から革命の勃発する一九一七年に至るロシア政府のキリスト教宣教政策を六つの時期に分けて分析しているが[51]、本編の筆者は帝政時代の国家と教会の双方による諸民族に対するキリスト教への本格的改宗が一七世紀末から一八世紀初頭にかけて始まったと考える。実際、ピョートル以前の一七世紀後半にはすでにロシア全土での改宗事業が進められていた。その試みはもっぱらムスリムであるタタール人上層や富裕層に向けられたものであった。

アレクセイ・ミハイロヴィチ帝時代の一六五五年、クリミア・タタールのハンであったカシモフは武力で威嚇されて洗礼を受けることを強要された。そのため、各地で不満が顕在化し、一六八二年にはクリム・ハン国全土が蜂起したのである。なお、同地の併合はエカチェリーナ二世時代の一七八三年まで待たねばならなかった。

フョードル三世（アレクセイヴィチ、在位一六七六～八二年）の時代になると、改宗の照準は東方すなわちヴォルガ中流域に向けられていった。その改宗事業の結果、改宗を嫌ってロマノフ地方やヤロスラーヴリ地方から多数のタタール人のムルザや有力者が同じイスラーム世界であるオスマン帝国内部へ逃亡していった。改宗に対するこのような抵抗に配慮して、政府は改宗した諸民族の上層等に対して様々な特権や報酬を与えた。たとえば三年間にわたる諸義務の免除、彼らに対する土地の下賜、等がそうである。

一六八一年五月一六日付け布告はこの地方での正教キリスト教への強制的改宗をうたった最初のものである。翌八二年五月二九日、摂政ソフィア(アレクセイエヴナ、ピョートル一世の母違いの姉、摂政位一六八二〜九八年)はタタール人の改宗に際し、タタール人勤務者の支援を得ようとし、また同年七月一三日にはイスラーム教徒であるタタール人領主の力を借りて全タタール人民衆のキリスト教への改宗を図るべく次のような布告を発した。洗礼を受けたタタール人勤務者は、その所有している土地を安堵されるだけでなく、さらに封地を加増されることになる、というものであった。[52] そうした土地の大部分は洗礼を拒否した同じタタール人から取り上げられた土地であった。貴族身分出身のタタール人で洗礼を受けた者はロシア人貴族と同等の待遇を受けることになったが、そのなかから軍政官(воевода)に任命される者さえ輩出したのである。[53] しかしまた、先の一六八一年五月一六日付け布告は、タタール人領主による「税と侮辱」からロシア人農民を保護すること、彼らタタール人領主がイスラームへの改宗を強制的に行っていると非難し、キリスト教への改宗を正当化するものであった。[54]

布告発布の動機として、政府はキリスト教徒であるロシア人農民に対する「異教徒」領主による支配を異常な事態とみなし、政府部内ではそうした状況を除去しなければならないという考えが浮上してきたことがあげられる。さらに一六七六〜八一年の露土戦争に対する国内のムスリムとの関わり方も、政府のそうした動きを方向付けたといえる。すなわち、一方ではロシア国内のムスリムのオスマン帝国に対する心情的友誼・支援やキリスト教への反発があった。他方、当時のロシアでは、後のピョートル一世時代とは異なり、ヨーロッパの文化を拒否する傾向が依然強かったが、「モスクワ＝第三ローマ」論に由来するローマ帝国の正統な後継者として、「キリスト教世界の迫害者」であるスルタンを敵視していたのである。[55]

現実にロマノフ地方およびヤロスラーヴリ地方のタタール人勤務者が強制的な洗礼を嫌って逃亡し、ヴォルガ・タタール人がオスマン帝国のスルタンと気脈を通じていた、という報せをツァーリ政府が受け取ったということも上記のような布告を発布する原因ともなった。また、一六八一年一月一三日のバフチサライの休戦により、ロシア政府が国内のムスリムに対する「報復」の機会を得たのだともいえる。(56)

さらに短期間ではあったがフョードル帝治世下の諸民族への対応そのものも、後の民族政策に大きな影響を及ぼすほど重要であった。フョードルの時代に行われた徴税単位を戸(двор)とする新納税制度の導入や門地制(местничество)の廃止など、(57) 諸制度の整備がみられ、それが近代化された軍事＝官僚制国家の建設を目指したピョートル時代のいわば基礎となったのである。その過程のなかで、ロシア政府はムスリムによるロシア人農民に対する支配や影響を排除しようと努めてきた。一七世紀末、ロシアのツァリーズムは、ヴォルガ中流域の「秩序維持」を図るため、もはやタタール人エリートの協力を求めることはせず、むしろ反対にそうした勤務人の軍事的機能を潜在的な脅威とみなすに至った。またタタール人にとっても、彼らのイスラーム世界の「防衛」という感性がもはや従来とは同じ意味を持たなくなっていたといえるかもしれない。(58)

それゆえピョートル一世時代においては、改宗事業が組織的に行われるようになったのである。当時発せられた種々の布告は、政府が改宗を重視していたことを示しているが、改宗政策が強制的な側面だけではなく懐柔的な側面をも併せ持っていた点は注目されねばならない。つまり一方では改宗拒否者および反対者に対して様々な罰則規定が設けられており、他方では改宗の報酬として期限付きながら租税・諸義務からの解放、徴兵の免除、報奨金の支給ということまで定められていた。さらに地方における世俗の学校および神学校の設置、およびその神学校への民族出身子弟の入学も行われた。

一七一三年一一月三日付けの布告では、すでに述べた一六八一年布告と同じ定式でカザン県とアゾフ県に住むムスリムの改宗が半年以内に行われるべきことが定められた。それを拒否した者は所有している土地を没収され、改宗者やロシア人領主に与えることが厳命されている。[59] とはいえ、実際には土地没収は稀にしか行われず、一七一五年になってやっと土地没収の規定細則が定められたのである。[60]

続く一七二二年の布告は租税単位であるチャーグロおよびヤサークを支払う住民に対して向けられたものである。それによると、新たに改宗した者には徴兵義務がなく、また軍役勤務期間中に洗礼を受けた場合には各人の家に帰ることが許されていた。その上、改宗者には賦役と租税の支払いが三年間にわたって免除されるという特権も付与されたのである。[61] たとえばペンザ地方ではモルドヴァ人を強制的に改宗させている例がある。そこでは、改宗を拒否する者は逮捕され、鞭打たれ、強制労働やシベリア流刑の憂き目にあっている。加えて、彼ら改宗拒否者の土地は没収され、ロシア正教の聖職者たちのものとなったが、他方で新たに洗礼を受けたモルドヴァ人には三年間の徴兵免除と免税の特権が与えられたのである。[62]

しかし実際にはこうした政策が完遂されたわけではなく――むしろ完遂されない場合の方が多かったが――、別の負担が諸民族に課せられることになった。エリザヴェータ女帝治世下の一七四三年の布告によると、新たに改宗した人々の免税分の租税と賦役は、同じ村の非改宗者や改宗拒否者の肩に負わせられることになったのである。[63] こうした事態は村落(共同体)が宗教的に異なる(ないしは敵対する)グループに分裂するだけではなく、社会経済的に政府の援助と保護を受けた者とそうでない者との間に格差を生じさせ、このことが社会の不安定要素となり、その結果民族内部で社会的結束が容易に行えない原因となっていったのである。以上のような政策を通して、カザン地方における住民の改宗者は三倍に膨れ上がったが、[64] ムスリムであるタタール人やバシキール人たちの場合にはより複雑な状況が存在していた。

2　対ムスリム改宗政策の特質と諸問題

ロシア政府はムスリムに対し実に様々な改宗策を採用した。それは改宗事業が組織的かつ制度的に行われるようになったピョートル一世時代以降特に顕著になった。

アンナ女帝時代の一七三一年、一五五一年にスヴィヤガ川河口付近に開基されて以来カザンとタタールリアの商業および産業の中心となったスヴィヤシスクに、カザンおよびニジェゴロドの両地方におけるムスリムに対するキリスト教洗礼のための委員会が創設された。この機関設立に対し、ムスリムは激しく抵抗したのである。それは、自らの信仰を守るということ以外に、このヴォルガ流域のムスリム住民の間に次のような危惧が生じたからでもあった。新しくロシア正教に改宗すると、自分たちムスリムは広大な修道院領を抱えるロシア人キリスト教聖職者の権力下に組み込まれ支配されるのではないか、という懸念である。なお、改宗者数は委員会創設以前からすでに伸び悩みの傾向にあり、タタールリアを含んだカザン県では、一七一九年までに改宗したタタール人は三万名であったのに対し、一七一九～三一年の一二年間に改宗した者は僅かに二九九五名に過ぎなかった。[65]

一七四〇年、上記の委員会は「新洗礼事務所(Контора Новокрещенных Дел)」に改組され、住民による改宗への抵抗を強圧的に押さえようとするだけでなく、イスラームの影響を弱めることを方針として打ち出した。この「事務所」およびその政策の性格は、そのスタッフが宣教師だけでなく、役人や軍隊から構成されているということによってもよく示されている。宣教師たちがチュヴァーシ人、モルドヴァ人そしてタタール人の諸村落に入る際、軍隊も彼らに同行したという点は注目されねばならない。さらに一七四二年の法令はモスクの破壊とムスリム共同体の移転をうたっていた。それに従って、自らの宗教に「固執する者」すべてに対し、軍隊は厳しい迫害を加えていったのである。[66]「事務所」創設以来、それを指揮してきたカザンの大主教ルカ・カナシェーヴィチは、一七四〇〜四三年だけでカザンとカザン郡にある五三六のイスラーム寺院のうち実に七八%にあたる四一八の寺院を破壊した、と報告している。[67]ちなみに、破壊は一七四三年に集中して行われたが、このとき当のカナシェーヴィチ自身二九三名のチュヴァーシ人アニミストがキリスト教ではなくイスラームを受け入れたことでより懲罰的・報復的な行動がタタール人に対してとられた、と述べている。[68]史料は次のように伝えている。

彼ら宣教師たちと領主たちは、新たに洗礼を受け容れた人々の居住地をめぐりながら、まだ洗礼を施されていない人々がいれば、それらの人々を神の栄光(слава〔ママ〕)の説教を通して法に導くのではなく、その家のペチカや煙突を壊し、決して容赦することなく彼らを鞭で打ちすえたのである。[69]

かくの如き宣教手段は当然のことながら地方住民の反発を呼び起こした。たとえ表立って反抗することはなくとも、あるいは表面上では正教キリスト教に改宗しながらも、固有の信仰を守り続け、密かに自分たちの礼拝所に通うというい わゆる二重信仰もムスリム以外の人々の間では一般的な現象であった。殊に、モルドヴァ人、マリ人そしてチュヴァーシ人についてそうしたことが指摘される。あるロシア人宣教師は、彼ら非ロシア人をその礼拝所から連れ出そうとしたが無駄であったと伝えている。[70]一七八一年の記録によると、カザン県内で新たに洗礼を受けたタタール人は僅かに一万六三一名であったのに対し、洗礼を受けていないチュヴァーシ人、マリ人およびウドムルト人は全部で一八四三名を残すのみであった。[71]なお、先の一七四二年法令にもかかわらず、[72]バシキーリアだけは唯一モスクの破壊を免れていた。そこではー七四〇年代、ムスリムが住民の大多数を占め、かつ度重なるバシキール人蜂起を経験していたため、地方当局はモスクの破壊によってさらなる蜂起の発生を恐れたためである。

タタール人に対して改宗が捗々しく進まなかった原因について、現代のタタール人歴史家C・X・アーリシェフは次の二点をあげて説明している。一つには、改宗を強要される際にタタール人が民族的宗教的侮辱をロシア人から受けたこと。すなわち、すでに述べたように、改宗がイスラーム寺院の破壊という行動を伴って行われたり、タタール人の墓石が撤去され修道院建設の基礎にされたりするということによって、タタール人としての民族感情が大いに傷付けられたということである。またロシア人領主によって自らの土地が現実に奪い取られていったことも経済的側面のみでなく、精神的にも彼らには打撃であった。いま一つには、タタール人自身、改宗によってキリスト教徒であるロシア人農民や改宗者がそうであったように、キリスト教聖職者や領主のカバラー(кабала、奴隷)にされるのではないかと危惧したことである。(73) 実際、はるか僻遠のカムチャトカにおいて、洗礼を受けたイテリメン人(カムチャダール人)など多くの現地住民がロシア人聖職者、役人そしてカザークの奴隷になっていったのである。(74)

また、すでに述べた改宗の報酬として一定期間にわたる人頭税や兵役の免除は、改宗者の物質的な生活状況の改善には至らなかったことも事実である。凶暴で残酷だということで悪名が高かった先のカナシェーヴィチ時代の洗礼事業は、単に「異教徒」への迫害だけでなく、「新洗礼者」たちに対する略奪をも伴っていた。さらに、改宗に対する報酬を受ける者がいる一方で、人頭税や兵役の肩代わりをさせられる者が同じ村落(共同体)のなかにいたことも状況を一層複雑にした。

一八世紀中葉におけるタタール人の厳しい状況について、その地を訪れた旅行家で民俗・民族学者および歴史家でもあったH・П・ルィチコーフ(一七四六~八四年、ピョートル・イヴァーノヴィチの息子)(75)は次のように記している。カマ川沿岸に住んでいる洗礼を受けたタタール人たちは哀れを催すほど赤貧の見本のようであった。というのも穀物の代わりに彼らは楡や樅の木の樹皮を食用としていたからである。ある者たちはその木を少量のライ麦の穀粉と一緒に混ぜ、また他の者たちは樹皮だけを食べているのである。(76)

こうした状況が、キリスト教に改宗した者も、またそうでない者も、両者の不満を増大させ、キリスト教の聖職者に対する反抗を呼び起こすことになった。

しかし、イスラームが完全にキリスト教に対する洗礼と民衆の生活の防御壁になっていたと言い切ることもできない。なぜならば、イスラーム聖職者は、ロシア正教の司祭同様、民衆の上にその生活の基盤を置いていたからである。タタール人農民はムッラーに対し全収穫の一〇分の一を貢租として納めねばならなかったし、またムッラーは中世スコラ哲学の継承者であると同時に宗教的ファナティズムとスーフィズムの普及に大きな役割を果たしたのも事実であった。

他方、ロシア人農民とタタール人とが相互に援助し合いながら共存する村も存在していた。一八世紀のタターリアをも調査したスウェーデン出身のアカデミー会員И・П・ファリク（?～一七七三年）によると、地域によってはロシア人と改宗者、改宗者と非改宗者とは同一の村でともに生活し、彼らは土地の境界線、搾取や抑圧、その他の問題でお互い争うことはなかったという。[77]例をあげると、チストポーリスキー郡のアリケーエヴォ部落では一五一名のタタール人と六〇名のロシア人が、またマムィコヴォ村では四二名のタタール人と一八二名のロシア人が、それぞれお互いに助け合って生活していたという。彼らは一緒に野良に出て働き、相互に土地を賃借し、借金し合い、道具を貸与し合い、ともに商売し、援助し合った。また、ともに工場に登録もされ、出稼ぎ農民として都市へ出掛けていったのである。[78]

以上の点から、前述のタタール人歴史家アーリシェフは一八世紀のアルヒーフ史料のなかにはロシア人とタタール人との敵対を示す事実はないという。[79]しかし、この点に関して旧ソ連時代の黎明期である――学問的にもそうである――一九二〇～三〇年代に活躍した歴史家С・Ф・タシキンやН・Н・フィルーソフに代表される研究が、アーリシェフの考えとは対照的に、タタール人たちはその困難な状況からいつもロシア国家に対して民族的な敵意を示していたと述べる。[80]

3　教育と洗礼

一八世紀中葉までに、政府はムスリムに対する改宗政策を「ロシア化」の基本的で重要な政策の柱として認識し、政策のより一層の貫徹を目指して諸民族の子弟たちの教育と洗礼へと向かうことになった。

一七一九年、宗務院は非ロシア人諸民族にキリスト教を広めるための活動に関する問題を取り扱った。それを受けて一七二二年にはカザンで改宗者に教育を施すための学校が開設された。そこには、ヴォルガ流域の民族地域から、その出身階層は不明であるが、一五名の非ロシア人児童が連れて来られた。翌二三年、その学校は同年カザンに開校された神学校の特別クラスとして編入された。こうした改宗者のための学校やクラスは、同時に地方の非ロシア人のなかから宣教師を育成することをも目指したから、ここに学んだチュヴァーシ人、モルドヴァ人、マリ人およびタタール人には自らの言語で話すことが許されていたが、他面では同じ学校内のロシア人学生との交流が禁じられていたのは特徴的なことであった。[81]

一七三四年、ラヴレンチー・ゴールカはヴャトカにある主教館に隣接してスラヴ゠ギリシア゠ラテン学校を開設した。それは四半世紀を経た一七五九年に神学校の名称を与えられるに至った。しかし、ここに入学できたのはロシア人を除けば非ロシア人上層のいわばエリートの子弟たちだけであり、非ロシア人民衆の子弟はこの神学校で勉強することはできなかった。[82]

非ロシア人の改宗と彼らへのキリスト教の布教を目的とした神学校の開設については、一七四〇年九月一一日付け布告によってその数的拡大がみられた。[83] そのことにより、一七四四〜六四年の間に、スヴィヤシスク、カザン、エラブガそしてツァリョーヴォコクシャイスク（現称イオシカール・オラ、マリー・エリ共和国の首都）の四都市に学校が創設され、そこで多数の子供たちが学んだのである。なお、当時そこに数多くいた諸民族の子弟中チュヴァーシ人の子供は三二〇名在学していたが、長年にわたって同地方で発生した伝染病、非衛生、兵舎的体制、学習・教育的労働の欠如、等のため、神学校を無事卒業できたチュヴァーシ人の子弟は僅かであった。多数の子供たちが死亡したため、チュヴァーシ人たちはこれらの学校を改宗に対する非難や嫌悪の気持ちをも込めて「死の家」（チュヴァーシ語では вилĕм ҫурчĕ、ロシア語では дом смерти）と呼んだのである。(84)

また、ウラル地方において宣教を目的とした教育は、同地方に開校されたロシア語学校が担っていた。これは、ロシア語教育を通して、「キリストの法」と同時に「世俗の法」とを教えることを目的に、主にバシキール人の子弟を対象として開設されたのである。(85)

4　宗教政策の変更

一八世紀三〇〜四〇年代に政府はチュヴァーシ人・マリ人・ウドムルト人・モルドヴァ人に対する大衆的な洗礼に一定程度の成功を収めた。他方、タタール人やバシキール人らのムスリムは「ロシア化」政策の一環であるキリスト教化に強く抵抗し、固有の宗教や民族文化を守るために闘い、依然イスラーム聖職者の強い影響下にあった。それゆえ、すでに論じたように、ムスリムに対するキリスト教の宣教は、その厳しい手段にもかかわらず芳しい成果を上げることはできなかった。一八世紀中葉から後半にかけて反植民・反改宗を旗印に発生したバシキール人による数々の蜂起、そして特にプガチョーフ叛乱に多くのタタール人やバシキール人が積極的に参加した事実はロシア政府に強制的改宗という宗教政策の変更を迫るものであった。事実、エカチェリーナ二世時代のプガチョーフ叛乱前夜にはその夫であるピョートル三世の治世下ですでに構想されていた宗教的寛容政策が「全信仰の寛容令」(一七七三年)として公布・実施された。こうして従来強圧的であった改宗政策が懐柔に重点を置く政策へと転換されたのである。しかしプガチョーフ叛乱が寛容令以降に勃発したことを考えると、この政策がいまだ十分に功を奏していなかったと考えるべきなのかもしれない。

エカチェリーナ二世の対ムスリム政策については、その変化を三期に分けて論じているアメリカ合衆国の歴史家A・W・フィッシャーならびにA・フランクの研究があり大いに参考になる。[86] 政府は一七六三年の「新洗礼事務所」の廃止を皮切りに、「新法典編纂委員会」へのムスリムの参加を認め、タタール人領主や商人に種々の特典を与え、ムスリムの聖職者会議(「オレンブルク・イスラーム聖職者協議会」)を組織し、さらには聖職者の最高代表者たちに土地を分与していった。このように、一八世紀末から続く一九世紀にかけて、タタール人およびバシキール人等は、その生活全般におけるイスラームの影響がロシア政府によって黙認された。それだけでなく、エカチェリーナ二世時代にはロシア政府はイスラームのリーダーシップを積極的に利用して地方の統治にあたろうとさえした。すでに述べたように、イスラーム社会の上層に特権を与えるなど懐柔しようとしたのはまさにその表れであるといえよう。以上の政策を通して、ロシア政府はヴォルガ流域やウラル地方のムスリムに対して影響力を強め、またその支配を確固たるものにしていったのである。

一八世紀末から一九世紀初頭にかけて、ロシア帝国はヴォルガ流域とウラル地方の非ロシア人諸民族を、その程度は一様ではないにしても、少なくとも表面上はロシア人と同じ社会体制の枠のなかに組み入れていったのである。

Ⅳ　民衆の抵抗

一八世紀全般におけるヴォルガ流域とウラル地方での新たな社会制度の形成を目指す政策は、一面では政府によって強圧的に、また他面では懐柔という形態をとって行われ、諸民族はその政策に従っていたかにみえた。しかし、実際には彼らの間で不満が発生し蓄積され、当局に対して様々な反抗が示されていった。その主な闘争形態として、すでに触れた逃亡、嘆願書提出、蜂起の以上三つの形態があげられる。

逃亡は、ロシア人農民の場合と同じく、少人数で行われた場合もあったが、注目すべきは村をあげての集団逃亡である(87)。その行き先は南ウラルのバシキーリアやいまだロシア政府の手が届いていないシベリアが多かったのである。

一八世紀には、カザン県内の荒廃したヤサーク住民——そのなかにはロシア人、タタール人、マリ人そしてチュヴァーシ人が含まれていた——の戸数は増加傾向にあった。ピョートル一世治世の一七一四年、カザン県知事П・サルティコーフは元老院に宛てて次のように書いている。「大君(великий государь)に対して、その課された租税を納めることを拒否しているヤサーク民」の多くが、彼らを受け入れているバシキーリアへと逃れていった、と(88)。また、一七三〇年当時のカザン県知事А・П・ヴォルイーンスキーも以下のように述べている。〔二〇年前にはバシキーリアの遊牧民は四万名を越えなかった。〕しかし、いまや逃亡民を抱えて一〇万名以上になった。カザン、シンビルスク、テムニコフスキーおよび他の地方の郡(уезд)からタタール人ヤサーク民の半分以上がバシキーリアにやって来た。そこにはまた別の異教徒も入って来た。モルドヴァ人、チュヴァーシ人、チェレミス人、ヴォチャーク人〔現称ウドムルト人〕が村をあげてヤサークを逃れてそこにやって来たのである。

さらに続けて、ヴォルイーンスキーは次のようにもいう。

三〇年前には、〔カザン県に〕ロシア人ヤサーク民の村はどこにもなかった。しかし、いまや異教徒がバシキーリアに逃れてしまい、彼らがいない村が多数存在し、そこでは彼らの代わりに、逃亡して移り住んだロシア人がヤサーク税を徴収されているのである。〔中略〕今ではすでに多数のロシア人逃亡者が人頭税を逃れてバシキール人となった。(89)

上記の史料、特に最後のものはカマ川以東の「自由な地」バシキーリアへロシア人農民がボブィーリ(90)として逃れていった状況について述べている貴重なものである。この史料から、逃亡が地域の社会構成に重大で複雑な変化をもたらしていた様子も窺うことができる。逃亡者はプガチョーフ叛乱の勃発する一七七〇年代になっても増えこそすれ、決して減少することはなかった。

嘆願書提出という行為も民衆の示したプロテストの一形態である。嘆願書は県知事や元老院に宛てて書かれたものであったが、その内容は人頭税の徴収や徴兵によって生ずる社会経済的な貧困、ロシア人領主によって土地を奪われたことや農奴に転化させられたことに対する非難、そして改宗の強引さやその非を訴えるものであった。一七三六年、改宗したバシキール人ムルザ出身で軍人となり、後にオレンブルク遠征隊長官И・К・キリーロフのもとで民族政策を推進した「植民主義者」のА・И・テフケリョーフに宛てて提出されたチシ郷の村民の嘆願書は、「力づくで自分の農民にしないで欲しい」と訴えている。さらに、彼らは元老院にも宛てて次のような請願をした。

代々われわれの父祖たちはヤサークをカザン県庁に納めてきた。(91)また、われわれは御料地農民やヤサーク農民がそうであるように、人頭税を一人あたり一ルーブリ五〇カペイカずつ支払い、徴兵にも応じてきているのである。父祖たちは〔ロシア人〕領主のために生きてきたのではなかった。領主のために人頭税やヤサーク、および他の租税を納めてきたのでもなかった。ところが、一〇年前に〔А・И・〕テフケリョーフの管理人マヴリュケイ・セミョーノフがわれわれの村にやって来て、布告による宣言なしに男六四名と同じく女をも登録してしまった。われわれがまるでテフケリョーフの逃亡農民であるかのように言って、現在までわれわれを力づくで自分の農民としてしまっているのである。[92]

以上のように、カザン県の農民は陳情を繰り返し、また南ウラルのバシキーリアへと大規模な逃亡を行った。同様に、ロシア人官憲や領主の専横と抑圧に対するあからさまな蜂起という形態をとった反抗も現れた。これらの事態は、一七六〇年代、ツァーリ政府がカザン地方に実態調査のための特別委員団を派遣せざるを得ない原因となったのである。[93]

蜂起はカザン県だけに止まらなかった。バシキール人による一七三五～四〇年および一七五五年の蜂起は、すでに述べたように、ロシア政府による植民政策と正教キリスト教への強制的な改宗に反対したものとして注目されなければならない。[94] そして、何よりもプガチョーフ叛乱には非ロシア人による政府の植民政策や民族政策に対する断固たるプロテストという要素が強かったのである。

（1）*Бартольд В. В.* История изучения Востока в Европе и России//Сочинения. Т. 9. М., 1977. С. 407.

（2）*Муравьев Н.* Путешествие в туркмению и Хиву. Ч. 2. М., 1822. С. 142; *Столпянский П. Н.* Город Оренбург: Материалы к истории и топографии города. Оренбург, 1908. О Янги-кала.

（3）たとえば、バシキール人の場合については次を参照されたい。Raeff, M. "Pugachev's Rebellion," in R. Forster & J. P. Greene (eds.) *Preconditions of Revolution in Early Modern Europe*. Baltimore & London, 1970, p. 183.

（4）*Аполлова Н. Г.* К вопросу о политике абсолютизма в национальных районах России в XVII в.//Абсолютизм в России (XVII-

XVIII вв.). Сборник статей. М., 1964. С. 371.

(5) Там же. С. 362.

(6) Там же; История Чувашской АССР. Т. 1. Чебоксары, 1962. (макет). С. 101; Материалы по истории Чувашской АССР. Кн. 1. Чебоксары, 1958. С. 232.

(7) *Аполлова Н. Г.* Указ. стат. С. 362–363.

(8) Документы и материалы по истории Мордовской АССР. Т. 3. Ч. 2. Саранск, 1953. С. 290–293.

(9) См. История Татарской АССР. Т. 1. Казань, 1955. С. 188.

(10) Материалы по истории Чувашской АССР. Кн. 1. С. 238.

(11) *Аполлова Н. Г.* Указ. стат. С. 364.

(12) ウラル、特にバシキーリアにおける工場建設の状況については、本編、第六章、第II節、第1・2項を参照されたい。

(13) Очерки по истории Башкирской АССР. Т. 1. Ч. 1. Уфа, 1956. С. 159–160.

(14) Полное собрание законов (далее—ПСЗ). Т. IX. №6890.

(15) タタール人の身分は主にヤサーク民と勤務者とに分けられる。前者は農民出身で、カザン・ハン国時代のハンや領主である諸侯や豪族にヤサークを納めていた。ハン国崩壊後、イヴァン四世は彼らに対し以前ハンに納めていたヤサークを自分に納めることを命じ、一八世紀までそういう事態が続いた。ピョートル一世は人頭税をもって完全にそれに代えたわけではなかったが、このカテゴリーの農民はヤサーク民と呼ばれた。他方、後者の勤務者はカザン・ハン国崩壊後のハンや諸侯や豪族、および以前のハン国における高位・高官たちであり、後にロシアのツァーリに仕えるようになった者たちである。一六世紀後半～一七世紀に、ロシア政府はヤサーク民のなかから軍役を基礎とする勤務者を募るようになった。一八世紀における「ロシア化」政策の影響のもと、一部を除きハンや諸侯や豪族の子孫たちはキリスト教に改宗し、「ロシア化」していった(*Алишев С. Х.* Татары Среднего Поволжья в Пугачевском восстании. Казань, 1973. С. 16)。

(16) Kappeler, A. *Russlands Erste Nationalitäten: Das Zarenreich und die Völker der Mittern Wolga vom 16. bis 19. Jahrhundert,* Köln & Wien, 1982, S. 247f.

(17) *Ключевский В. О.* Сочинения. Т. 4. М., 1958. С. 99–101(八重樫喬任訳『ロシア史講話』4、恒文社、一九八三年、一二六—一三〇頁).

（18）*Аполлова Н. Г.* Указ. стат. С. 364 и сл.

（19）Материалы по истории Чувашской АССР. Кн. 1. С. 254-255.

（20）Документы и материалы по истории Мордовской АССР. Т. 3. Ч. 2. С. 29-32; Kappeler, A. *a. a. O.*, S. 259f.

（21）См. *Демидова Н. Ф.* Управление Башкирией в первой трети XVIII в.//Исторические записки. Т. 68. 1961. С. 215.

（22）Kappeler, A. *a. a. O.*, S. 260. とりわけ、バシキーリアにおいて塩の国家専売制導入の意味は大きかった(*Витевский В. Н.* Неплюев и Оренбургский край в прежнем его составе до 1758 г. Историческая монография. Вып. 4. Казань, 1895. С. 623-625)。

（23）Kappeler, A. *a. a. O.*, S. 260.

（24）*Ebenda*, S. 261.

（25）*Аполлова Н. Г.* Указ. стат. С. 365-366.

（26）Там же.

（27）国有地農民には、屋敷持ち農民(однодворцы)、自由農民(черносошные крестьяне)、カザン県・アゾフ県・ニジェゴロド県のヤサーク民(すなわちタタール人、チュヴァーシ人、モルドヴァ人、マリ人そしてウドムルト人)、シベリアの耕作勤務人、槍兵、傭騎兵、龍騎兵、他に領主ではない者で人頭税納入者が数えられた(ПСЗ, Т. VII. №4533; *Ключевский В. О.* Указ. соч. С. 101(八重樫喬任、前掲訳書、一三〇頁))。

（28）ПСЗ. Т. X. №№7244, 7480.

（29）ПСЗ. Т. XI. №8368.

（30）Документы и материалы по истории Мордовской АССР. Т. 3. Ч. 2. С. 32.

（31）Материалы по истории Чувашской АССР. Кн. 1. С. 257. また、本編、第三章で度々取り上げた「利得者たち」に関する箇所を参照されたい。

（32）Документы и материалы по истории Мордовской АССР. Т. 3. Ч. 2. С. 24-27.

（33）Kappeler, A. *a. a. O.*, S. 263.

（34）*Ebenda*, S. 262.

（35）特に、本編、第五章、第II節、第3項、イを参照されたい。

（36）ПСЗ. Т. VI. №3884.

(37) Там же.

(38) Энциклопедический словарь/Брокгауз Ф.И. и Ефрон И.А. (ред.) Т. XIII. СПб., 1892. С. 125-127; Ledonne, John P. *The Formation of the Russian Political Order, 1700-1825*. New York & Oxford, Oxford University Press, 1991, p. 161. また、一八世紀ロシア政治の不安定性については次を参照されたい。Raeff, M. *Comprendre l'ancien regime russe*. Etat et societé en Russie impériale. Paris, 1982, pp. 91-99. その英訳 *idem*. (Translated by Goldhammer, A.) *Understanding Imperial Russia*, New York, Columbia University Press, 1984, pp. 79-87、および石井規衛訳『ロシア史を読む』、名古屋大学出版会、二〇〇一年、八一―八九頁、も参照されたい。

(39) 当時のタティーシチェフが抱えた問題については邦語文献として次のものを参照されたい。阿部重雄『タチーシチェフ研究――一八世紀ロシア一官僚=知識人の生涯と業績』、刀水書房、一九九六年、三七四―三八二頁。

(40) ПСЗ. Т. IX. №№6721, 6740, 6913.

(41) *Алишев С. Х.* Указ. соч. С. 45.

(42) *Аполлова Н. Г.* Указ. стат. С. 369.

(43) Kappeler, A. *a. a. O.*, S. 266.

(44) *Ebenda*, S. 267.

(45) Очерки по истории Башкирской АССР. Т. 1. Ч. 1. С. 159-160.

(46) *Аполлова Н. Г.* Указ. стат. С. 370.

(47) 本編、第六章を参照されたい。

(48) См. *Дубровин Н. Ф.* Пугачев и его сообщники. Т. 2. СПб., 1884. С. 136. また、登録農民にとって最大の重荷は、自分の村から工場まで自らの費用でかなりの距離(時には数百ヴェルスタに上る)を旅しなければならなかったということである(本編、第七章、第Ⅲ節、第2項を参照されたい)。

(49) ПСЗ. Т. XX. №14878.

(50) *Аполлова Н. Г.* Указ. стат. С. 371.

(51) Rorlich, A.-A. *The Volga Tatars: A Profile in National Resilience*. Hoover Institution Press, 1986, pp. 37-47.

(52) ПСЗ. Т. II. №923. С. 403; Там же. №944. なお、法令の文言では、タタール人は мурза и татар となっている。

(53) Kappeler, A. *a. a. O.*, S. 247f.
(54) ПСЗ. Т. II. №867.
(55) Kappeler, A. *a. a. O.*, S. 248.
(56) *Забелин И. Е.* Посольские путешествия в Турецию в XVIII столетии//Русская старина. Т. 20. Сентябрь, 1877. С. 27–28; *Смирнов Н. А.* Россия и Турция в 16–17 вв.//Ученные записки МГУ. Т. 2. М., 1946. С. 168; Очерки истории СССР. Период феодализма. XVIII в. М., 1955, С. 518–530.
(57) 門地制の廃止に関する問題については、鳥山成人「一七世紀末ロシアの『門地制』廃止と『代官制』導入計画——『ピョートル改革』前史の一考察」、『紀要』(中央大学文学部)史学科第三三号(通巻第一二八号)、一九八八年を参照されたい。
(58) Kappeler, A. *a. a. O.*, S. 249.
(59) ПСЗ. Т. V. №2734; См. №2471(一七一三年一一月二七日付け布告).
(60) Там же. №2920.
(61) Документы и материалы по истории Мордовской АССР. Т. 3. Ч. 2. С. 201–202.
(62) *Петров* С. Пугачев в Пензенском крае. Пенза, 1956. С. 29.
(63) Документы и материалы по истории Мордовской АССР, Т. 3, Ч. 2. С. 201–202.
(64) История Удмуртской АССР. Т. 1. Ижевск, 1958. С. 82–83.
(65) История Татарской АССР. Т. 1. С. 207.
(66) *Аполлова Н. Г.* Указ. стат. С. 373; Chantal Lemercier-Quelquejay, "Les missions orthodoxes en pays muslmans de moyenne-et basse-volga," *Cahiers du Monde Russe et Soviétique*, VIII, 1967, pp. 367–403.
(67) *Фирсов Н. Н.* Колонизация Волжско-Камского края и связанная с ним политика. Казань, 1930. С. 12. 本編、第四章、第Ⅲ節、第2項も参照。
(68) Rorlich, A.-A. *op. cit.*, p. 41.
(69) Пугачевщина. Т. 2. М.-Л., 1929. С. 5. 本文中の「神の栄光(слава)」は、本来、「神の言葉(слово)」となるべきものであろう。
(70) Документы и материалы по истории Мордовской АССР. Т. 3. Ч. 2. С. 206–210, 222–223.
(71) *Алишев С. Х.* Указ. соч. С. 49.

(72) *Дубровин Н. Ф.* Пугачев и его сообщники. Т. 1. СПб., 1884. С. 251; *Чулошников А. П.* Восстание 1755 г. в Башкирии. М.-Л., 1940. С. 7.

(73) Там же. С. 49–50. アーリシェフは近年の著書においても一八世紀におけるタタール人の改宗拒否によるオスマン帝国への逃亡について言及している（*Алишев С. Х.* Казань и Москва: Межгосударственные отношения в XV–XVI вв. Казань, 1995. С. 21）。

(74) 極東・カムチャトカ地方においてもまったく同様であったが、一段と厳しい状況が続いた。そこでは、洗礼、ヤサーク体制および奴隷制がお互い密接な関連があったのは特筆すべきである（拙稿「ロシアの東方植民と諸民族支配」、山内昌之・原暉之編『講座スラブの世界② 民族』、弘文堂、一九九五年、所収）。

(75) 一七四六〜八四年。ロシア帝国最初のアカデミー準会員П・И・ルィチコーフの子。一七六〇〜六七年、軍役に就く。科学アカデミー会員П・С・パラース指揮下、アカデミー探検隊に参加し、独自に一七六九〜七〇年ヴォルガ以東とウラル地方で地理・歴史・考古学および民族・民俗学的調査を行った。また、一七七一年には「キルギス」のステップを調査している。

(76) *Рычков Н. П.* Продолжение журнала или дневних записок путешествия по разным провинциям всероссийского государства. СПб., 1771. С. 15; *Алишев С. Х.* Татары Среднего Поволжья в Пугачевском восстании. С. 50–51.

(77) История Татарии в материалах и документах. М., 1937. С. 191.

(78) *Алишев С. Х.* Татары Среднего Поволжья в Пугачевском восстании. С. 52.

(79) Там же. この点は、アーリシェフによるモノグラフの文脈のなかで唐突の感がある。しかし、後に彼はタターリアにおけるロシア帝国の民族政策をより厳しく批判的に論ずるようになる（*Он же.* Присоединение народов Среднего Поволжья к Русскому государству//Татария в прошлом и настоящем. Сборник статей. Казань, 1975）。

(80) *Алишев С. Х.* Татары Среднего Поволжья в Пугачевском восстании. С. 52–53.

(81) *Аполлова Н. Г.* Указ. стат. С. 373–375.

(82) Там же. С. 375.

(83) ПСЗ. Т. XI. №8236.

(84) Материалы по истории Чувашской АССР. Кн. 1. С. 397.

(85) Очерки по истории Башкирской АССР. Т. 1. Ч. 1. С. 287.

(86) Fisher, A. W. “Enlightened Despotism and Islam under Catherine II,” *Slavic Review*, vol. 27, no. 4, Dec. 1968, p. 543;

Frank, A. J. "Islamic Regional Identity in Imperial Russia: Tatar and Bashkir Historiography in the Eighteenth and Nineteenth Centuries," Unpublished Ph.D. Dissertation. Indiana University, 1994.

(87) ロシア人農民の逃亡に関しては、土肥恒之「逃亡農民に関する諸問題」、『ロシア史研究』三九号、一九八四年、同『ロシア近世農村社会史』、創文社、一九八七年を参照されたい。

(88) Татары Среднего Поволжья и Приуралья/Воловьев Н. И. и Хисамитдинов Г. Д. (ответ. ред.) М., 1967. С. 211.

(89) Там же.

(90) この用語については、本編、第五章、註(21)を参照されたい。

(91) なお、当時の人頭税は七〇カペイカであった(本章、第II節、第2項を参照)。

(92) *Алишев. С. Х.* Татары Среднего Поволжья в Пугачевском восстании. С. 56.

(93) История Татарской АССР. Т. 1. С. 211; *Аполлова Н. Г.* Указ. стат. С. 367–368.

(94) 本編、第四章、第II節、および第六章、第III節を参照されたい。

結論

ロシアの植民・民族政策が始まった一六世紀中葉からそれが終焉する一九世紀中葉までの三〇〇年間にバシキーリアがどのように移り変わっていくのかをみてきた。その際、ロシアの国策上の変化、バシキール人社会の変貌、そして様々なプロテストを含むバシキール人の対応という三つの大きな柱を一つの軸に、土地問題すなわち相続的土地所有権が誰の手に帰すのかという問題を始め、税制の変化、キリスト教への強制的な改宗、軍役と労役という義務を考慮すべき具体的な事例とし、これらをもう一方の軸として検討してきた。なかでもバシキール人にとっては土地問題の推移が最大の関心事であった。政策の最終段階は政治的、社会的そして文化的な「同化」ないし「ロシア化」への道であったが、それはバシキール人社会にとって苛酷な過程でもあった。それに対し、バシキール史の「個性」といえるほど彼らは幾度も蜂起を繰り返した。

一五世紀後半から一六世紀前半にかけてバシキール人社会はノガイ・オルダ、カザン・ハン国、シビル・ハン国という三つの勢力によって分割され、それがバシキーリアの状況を複雑にしていた。彼らは自らの領主と他所の領主のために納税義務を負い、支配勢力の終わることなき内訌や戦いに巻き込まれた。これらのことがバシキール人の社会や経済に大きな痕跡を残したが、バシキール人もいまだ民族としてのまとまりを持たず、地域毎、種族毎(氏族毎)で行動する状態にあり、そうした状況は近代に至るまで続いた。

他方、一五世紀後半に「タタールの軛」を脱したばかりのモスクワ国家は中央集権化の形成期を迎えていた。イヴァン四世治世下の一六世紀前半は、国内的にはその傾向に一層拍車がかかり、また国際的にはその威信の高揚する機会を得た時期でもあった。モスクワ国家は草原地帯と森林地帯を獲得して国境線を南東へ拡大し、一五五二年にはカマ川とヴォルガ川の接点に位置するカザンを、また一五五六年にはヴォルガ河口に近い中継貿易の拠点であったアストラハンを征服した。これによってモスクワ—カザン—アストラハンを結ぶ連絡路線が形成されることになったが、そのことは、モスクワ国家にとって一層の領土また交易の拡大をもたらす一方で、黒海北岸・北カフカース・ヴォルガの上・下流域のタタール系種族にとっては彼らがモスクワ国家の宗主権下に置かれることをも意味した。

カザン・ハン国崩壊後、その領域、ノガイ・オルダそしてシビル・ハン国の状況は混沌としていた。こうしたなか、いち早くバシキール人はイヴァン四世に使節を派遣し、ヤサークを納めることを条件に庇護と土地の安堵を求め、ロシア側もそれを約束した。ここで考えなければならないのは、モスクワ政府とバシキール人社会双方が打ち立てられた臣従関係(вассалътет)のなかに自らの利益をみていたこと、しかも両者の利益が必ずしも一致しないということであった。政府にとっては何よりも国家的利益の追求であり、バシキール人にとっては自由と従来の諸権利の確認とその擁護に対する期待があった。

その後のモスクワ国家とバシキール人社会との関係については、ヤサーク貢納と軍役の二つの側面からみなければならない。特に重要なのは、モスクワ政府とバシキール人それぞれにとってヤサーク貢納の持つ意味である。バシキール人にとってそれは自らの土地に対する相続的所有権を保証する象徴としての意味があり、財源確保を目指すモスクワ国家にとってはこれこそが最大の眼目であると同時に、地方支配の有効な手段ともなった。軍役もヤサーク貢納制度とともにバシキール人のロシア国家への従属を確固たるものにした。これと並んで、バシキール人社会には、以前と同様、ロシア人その他による奴隷制や搾取が続いた。以上の状況に対してバシキール人は度々立ち上がったが、重要なことは、バシキール人が蜂起そのものを譲ることのできない自明の「権利」であるとみなしていた点である。彼らの蜂起の背景にはこのような論理が働いており、こうした考え方そのものが後のバシキール人の行動を規定したといえる。

他方、モスクワ国家も諸地方を併合したとはいえ、いまだ強大ではなかったという事情がある。それゆえ国家の最大の財源となるヤサークに多大の関心を示しながらも、地方社会に一定の自由や自治を与え、住民にはその土地所有権を認めることになった。むしろヤサーク徴収という大前提からして他所からの流入者が先住民の土地を所有することを禁じさえしたのである。『ウロジェーニエ』はそれを法的に確認することになった。こうした点から、住民はモスクワのツァーリに対して自分たちを保護してくれる君主という認識を抱きつつ、ツァーリに自ら臣従していった。旧ソ連史学はこれをロシア国家へのバシキール人の「自由意思による併合」と理論化したが、状況からしてそれは正しい歴史認識とはいえない。むしろ穏やかな臣従関係が両者の間で取り結ばれたと考えるべきである。他方、バシキール人にとってはモスクワ国家に臣従を誓うこと以外に生き残る道はなかったが、そのバシキール人もモスクワのツァーリとの関係を自らの意思に基づく契約関係であると認識していた。それゆえ中央から派遣された官僚たちの横暴と搾取が顕著になり、そのことがかつてのモスクワの君主との関係を揺るがすと考えられた時、人々は当然の権利として立ち上がることになった。一七〜一八世紀初頭にかけて頻繁に発生するバシキール人蜂起はそのことをよく示している。実際に自分たちはモスクワのツァーリと契約を結んだが、それが反故にされた時には臣従関係を破棄することができると人々は考えて蜂起したのである。ここにバシキール人の蜂起に対する明確な考えが表明されており、少なくともそのことは一九世紀前半まで人々の心のなかに生き続けたのである。

一七世紀のロシア政府は地方行政を転換する必要を痛感していた。カルムィク人がアルタイ山脈からヴォルガ川にかけての地域に沿って居住していたロシア人の植民活動を妨害したのが発端である。ノガイ人の多くもカルムィク人に吸収され、一部は北方に逃れ、残りはそのまま南方に残留し続けた。カルムィク人とノガイ人とが連帯してロシア人の居住する辺境都市を攻撃したため、政府は南東に新たな防衛線を築く必要に迫られた。これがカマ川以東に造られた防衛線である。それはウファー建設と並んで、モスクワ国家によるバシキーリアに対する植民のより強固な礎石となった。以上が引き金となって一七～一八世紀初頭にかけてバシキール人の蜂起が発生した。

蜂起の基本勢力はバシキール人民衆であったが、ツァリーズムの政策に不満を抱く上層の人々も運動に加わった。これ以外に、ウファー郡やクングール郡そして部分的にはカザン郡に住むタタール人、マリ人、チュヴァーシ人、ミシャーリ人、ウドムルト人、モルドヴァ人などの参加もみた。そして、運動の過程で「ハン」が出現し、近隣諸民族と叛徒たちと連携したことは、諸民族の間に共同戦線が成立した良い証しである。バシキール人とロシア人農民の関係についても、上記の運動は必ずしもロシア人を排除するものではなく、またロシア人もバシキール人を援助さえした。さらには、蜂起の過程でバシキール人は「自立的」ないしは「自治的」ともいえるバシキール人社会創設の道を歩もうとしていた。

軍事＝官僚制に基づく近代国家を目指したピョートル一世時代になると、政府は地方の重要性・有用性を明確に意識するようになり、積極的な政策を展開する。またその裏付けとなった重商主義を背景に、遠大にもはるかインドとの交易も念頭に入れながら、政府は中央アジアへの遠征を繰り返した。その結果、地方に金・銀のみならず鉄や銅などの有用鉱石が存在することを確認し、採掘と産業の振興へと向かった。これを受けて各地に工場が建設されたが、特にウラルは一八世紀を通して世界の工場地帯へと発展したのである。さらにバシキーリアのある南ウラルにオレンブルクを中心とした要塞線が形成されるようになると、住民には工場労働以外にも要塞建設のための土木作業ならびに要塞線での勤務が義務付けられるようになった。

一七三〇年代に組織されたオレンブルク遠征隊を指揮した行政官たちのなかには地方住民に対し強圧的な態度を示した人物もいたが、ロシアとアジアの交易の確立という大局的な立場から発言し、実際に宥和的な行動をとった人物もいた。たとえば、И・К・キリーロフは政府に対して、カザーフ、バシキーリア、カラカルパキアなどの東方地域の豊かな天然資源の利用と経済開発、カザーフ人とバシキール人の境界地域における要塞の造営、オリ川河口における要塞都市の建設を提案したが、彼の念頭には中央アジアやインドとの交易があった。彼の時期にオレンブルクが建設された。ロシア史上に大きな足跡を残したВ・Н・タティーシチェフとИ・И・ネプリューエフは彼の後継者たちであると同時に、上記の流れのなかにいた行政官でもあった。この二人の時代に先の要塞都市はその地理的状況のために移転が図られ、また現にそれが実行されたのである。

この時形成されたオレンブルク県の住民構成は、同地がロシア南東地方の政策の拠点であることをよく示している。それは国有地農民、ヤサーク農民、領主農民(農奴)に大別される農民と軍役勤務者から構成され、農業に関しては、遊牧と牧畜業が大勢を占めていた。カザーフ人、バシキール人、カルムィク人そしてカザークの農業がそうであった。また製塩業もロシアのなかで重要な地位を占めていた。オレンブルクはロシアの中央と中央アジアの中継交易の基地としての機能を果たすことにもなったのである。

しかし問題は、同地方の基幹的住民が要塞と工場の建設のために土地を接収され、かつ強制的にその建設作業や工場での労働に使役され、己の生活基盤を奪われ、その結果、オレンブルクが新たな植民の拠点になるのではないかと人々が危惧し始めていたということである。こうした状況下で、一七三五年、バシキール人の蜂起が勃発する。歴代のオレンブルク遠征隊長官は宥和政策を考えつつも、バシキール人の「根絶」へと傾き、最終的には弾圧に乗り出すのであるが、ここに「バシキール問題」をより複雑にする契機があったといえる。

植民の問題を考える際、「植民と抵抗」という視点から、植民過程とロシア政府によって導入された様々な植民政策(種々の法律の導入、租税徴収額の変動と徴税方法の変更、軍役・労役義務および宗教政策)、さらには植民を被った先住民の対応を中心に考察するのは不可欠である。重要な転換点となるのが一七三六年二月一一日付け布告であった。これは前年に発生した蜂起鎮圧に際して発布されたものであるが、同時にこの布告により貴族や企業家がバシキール人の土地を合法的に獲得できるようになった。ここに、『ウロジェーニエ』以来、ロシア政府による土地の相続的所有権の法的保証に終止符が打たれた。さらなる問題は、住民と取り交わした契約にもかかわらず、ロシア人企業家たちが様々な方法でより多くのそして法外なほど低価格で土地を獲得したことにある。

一七五四年の塩の専売制もバシキール人や他の地方住民には大打撃であった。塩の国家専売制度の実施はヤサーク貢納制度の意義を根本から変えたからである。その上、軍役、鉱山労働、荷馬車運搬、駅逓の宿泊や宿場の勤務も、バシキール人にとって耐えがたいほどの重荷となっていた。これらを契機に翌年から始まるバトゥィルシャの乱が発生した。このイスラーム聖職者の呼び掛けは激烈で、苦難の淵にいる人々の声をよく反映していた。バシキール人はこの時も工場を中心に激しい攻撃を加えていったが、それは工場がバシキール人にとって植民政策を遂行する全ロシア的なものの象徴と映ったからである。

「啓蒙専制君主」エカチェリーナ二世の時代、地方住民にも「啓蒙」の名のもとに宗教寛容政策令が発布・施行された。とはいえ、現実は「啓蒙」とは程遠く、もはや人々が中央の政策を受け容れるような状況ではなかった。唯一「新法典編纂委員会」がその可能性を残しており、地方の代議員たちはこの委員会でより多くの自由を求める地方社会の声を代弁していた。しかしこの委員会は何も決定することはなかった。そうしたなかプガチョーフ叛乱が発生する。

従来の蜂起以上に、この叛乱にバシキール人の想いがよく表現されていた。バシキール人が叛乱に参加する上で大きな力があったバシキール人宛て一七七三年一〇月一日付けプガチョーフの布告をみると、そこには「ステップの野獣のようにあれ」という文言で表現されている自由への希求が力強くうたわれている。それこそが彼らバシキール人の心に強く訴え、叛乱参加を促す契機となったと考えられる。この布告以後、バシキール人は堰を切ったようにプガチョーフ軍に加わった。その最大の局面が一七七三年一〇月~翌年三月まで六か月間にわたるオレンブルク包囲戦である。これは最終的にはプガチョーフ側の敗北・撤退で終わり、その後の叛乱の推移を決定付けることになるが、バシキール人にとってこの包囲戦に代表される運動の高揚は、彼らがロシア国家によって遂行されてきた植民・民族政策のすべてに反対を表明するという意味で重要であった。

この叛乱はバシキール人だけでなく様々な範疇の民衆や民族の参加を得て広範囲に拡大していくことになる。そのことがまた叛乱を特徴付けたが、他方では自己の領域を中心勢力が離れるとバシキール人も叛乱から離反していくという問題も抱えていた。そうしたなかで、バシキール人指導者キンジヤ・アルスラーノフ、ユライ・アズナリン、サラヴァト・ユラーエフたちの行動はバシキール人の典型的な動きを示していた。叛乱以前、彼らは族長として自らの氏族共同体を守りながらも、他方では政府の命令を遂行していた。そうした彼らだからこそ叛乱には積極的に参加していったのである。特にその攻撃対象はバシキール人のロシア植民に対する否定的な考え方をよく表していた。彼らはロシア人の農村や教会をも攻撃対象にしたが、何よりも工場に対する攻撃が激しかったのである。

叛乱鎮圧後、蜂起の再発を危惧した政府は、騒乱が発生しないようにただちに地方行政改革令を発布する。それを大枠で同地方の実情に合わせて実施に移したものが総督制である。バシキーリアにおいてはオレンブルク県に代わってウファー総督管区が創設された。これにより辺境地域に中央ロシアと同様の行政の区分とシステムが導入されることになった。しかし、より地方に即した具体的な制度の設立が求められた。それが「オレンブルク・イスラーム聖職者協議会」と「カントン行政システム」である。前者はエカチェリーナ二世による宗教寛容政策に従い、イスラームを辺境地域におけるロシアの影響を浸透させるための手段・方法として積極的に利用・奨励するという政策である。実際には政策担当者が考えていたほどには機能しなかったが、ムスリム住民に対する管理・監督という面では効果があった。後者は地方住民を軍事的に編成し直し、地方に残存する伝統的社会制度の一掃を目指したものである。それのみではなく地方住民の統制という面でも大きな力があった。以上の制度導入により地方社会を近代国家へ取り込む準備ができたともいえるのである。

同地方における最終的な植民・民族政策となる「カントン行政システム」は、バシキール人を完全に軍事(カザーク)身分に転化し、その社会を新たに統治し直す制度であった。この導入の契機は、すでに述べたように、バシキール人とミシャーリ人の蜂起の再発を防ぐことであったが、あわせてロシア帝国南東部における一層の領土拡大を視野に入れつつ、彼らを軍事身分として国境警備の任務に就かせること、および彼らの生活全般にわたって統制を加えることも政府の視野に入っていた。そのため、行政区分の変更とともに、彼らをロシア社会に同化・吸収するため様々な規制を設けながら新軍隊が創設された。またバシキーリアにカザーフおよび中央アジア遠征の拠点を打ち立てることもこの制度導入の背景にあった。

しかし、一九世紀中葉にカザーフ(大オルダ)がロシア帝国に完全に「併合」されると、住民統制という側面を除いて「カントン行政システム」の意義が失われ、その制度自体廃止された。バシキール人とミシャーリ人のかなりの部分が労働者ないし担税民として位置付けられていくことになった。「カントン行政システム」は、モスクワ国家時代以来、バシキーリアにおいて展開されてきた植民・民族政策の最終段階であるが、それは何よりも社会生活全般にわたる統制という面において大きな意味があった。さらに重要なことには、バシキーリアが地理的にも政治的にもロシア国家の周辺に位置せず、国内のなかに完全に組み込まれたのである。それに従い、ロシアの国家的課題もバシキーリアからその外に位置する中央アジアの「併合」へと向かうことになった。

以上の検討を通して、ロシアの植民――農業植民と工業植民――を次のように特徴付けることができる。ロシア史における植民はロシア人の地方への拡散・定住を意味し、その過程においてロシア人と諸民族の間で協力的・融和的な状況が生まれる可能性が存在した。しかし、実際の植民は必ずしも平和的なものでもまた融和的なものでもなかった。ましてや以上の植民が地方に進歩的な状況をもたらしたとはいえない。むしろロシア国家が広大な領域を形成する上で大きな役割を果たし、地方に多大な負担を強いることになったのである。この植民政策の遂行にあたって様々な方法がとられることになるが、ロシア政府は基本的には分割統治を採用した。それは民族間についても、また同一民族の間においてもそうであった。地方の住民はそうした植民の政策全体に対して反対していたといえる。これこそがバシキール史の大きな特徴であった。

その後、特に一九世紀後半から革命までの歴史には上で述べた「個性」は表面上みられなくなる。むしろ積極的にロシアへの「同化」を志向するようにさえみえる。おそらくロシア社会の近代化と踵を接するかのようにして、バシキール人社会のロシア化が一層進んだためであろう。しかし同時に、バシキール人は民族的に覚醒しながら種族や氏族の枠を越えて民族(エトノス)として集団を形成し、さらには自らの主権や権利を主張するようになる。それが明確な形をとって現れたのが、頓挫はしたものの、革命期の「タタール＝バシキール共和国」創設の動きである。この点は第九章でも扱った「カントン行政システム」のより詳細な検討を通して、いかに一九世紀のバシキール人社会が変化し、人々は何を目指していたのかに焦点をあてて考える必要がある。そのためには今まで以上に地方アルヒーフでの調査が求められる。[1] それと並んで、本編ではあまり語られることのなかった一八世紀末以降の「地割り画定」の問題も検討されなければならない。[2]

起源と形成過程を異にする二つの世界(文明)の出会いは現在に至るまで延々四〇〇年以上にわたり歴史のなかで紡がれてきた。一方で、ロシア帝国の地方行政担当官たちの考えに代表されるように、バシキール人のような「未開」ないし「半開」の民族を「根絶」しても構わないという見解、他方で、共生を目指そうとする同地方を調査・研究した学者や、同地に定住し生活することになる人々の考えがみられた。しかし、前者の考え方がロシア国家の遂行した植民・民族政策の通奏低音として流れていたのは疑う余地のないことであった。それゆえ、地方は幾度もロシアに対して抵抗を繰り返したのである。

(1) この点は本編、第九章で取り上げたА・З・アスファンジヤーロフやД・Д・アザナートフの研究も明らかにしようとしている。またそのテーマに関する史料については、ウファーにあるだけでも次のものがある。カントン行政については、ЦГИА РБ. Ф. 1 (Оренбургское губернское правление). Оп. 1. Д. 8, 20, 2018; Ф. 2 (Оренбургской военной губернатор). Оп. 1. Д. 11, 25, 276, 556, 597, 806, 1268, 1327, 1359, 1491, 1699, 1712, 1875, 1882, 1970, 2203, 2225, 2373, 2458, 2506, 2518, 2568, 2912, 3032, 3346, 3184, 3759, 3813, 4911, 5059, 5379, 5558, 5652, 5739, 6740, 7018, 7151, 7379, 8711, 8790, 9670, 10063, 10145, 10155, 11272, 12467, 12479, 1272, 15156; Ф. 6 (Канцелярия Оренбургского гражданского губернского губернатора). Оп. 1. Д. 3, 4, 45 があり、「監督官体制」に関しては、Там же. Ф. 1. Д. 1912, 2502, 2510、宗教政策については、Там же. Ф. 1. Д. 435, 1965, 2131, 2209, 2298, 2738 がある。他に、土地係争については、Там же. Ф. 1. Оп. 1. Д. 811、「バシキール＝メシチェリャーク軍」については、Там же. Ф. 1. Оп. 1. Д. 1949, 2171, 2087, 2432 の史料がある。この他にオレンブルクにあるアルヒーフ史料の利用も必要である。

(2) 「地割り画定」の問題については、バシキール人の請願を基に、元老院に報告しているイゲリストロームのレポートの検討が重要である(РГИА. Ф. 1345. Оп. 98. Д. 240)。

おわりに

ロシア連邦バシコルトスタン共和国の首都ウファーにはロシア人とバシキール人の相反する関係を示す二つのモニュメントがある。一つはバシキーリアがロシア国家に「自発的に併合」されて四〇〇年を記念して作られた「民族友好の碑」であり(本書カバー裏の写真)、いま一つは民族の英雄サラヴァト・ユラーエフの馬上姿の像である(同表の写真)。前者はバシキール人が自らの意思でロシア国家の一員となり、両者の関係が常に「友好的」であったことを示そうとしている。後者はプガチョーフ叛乱に積極的に参加してロシアの推進した植民政策に反対した人物である。ともに事実の一面を伝えるモニュメントであるが、記念碑が「友好」と「プロテスト」という内容を持ちながら共存しているのはこの地域の歴史を考える上で示唆的である。筆者はこの二つのモニュメントが意味するものを歴史的な事実に即して考えようとした。

なお、本書は、序論で述べた通り、筆者が一九八二年以来書いてきたバシキール史に関する論文を基にしながらも、それを大幅に加筆・修正し、さらには書き下ろしの部分を加えて一つのモノグラフとしたものである。とはいえ本書が目指したものは明白である。近世から近代にかけてバシキール人がどのような歴史を歩み、とりわけロシアといかなる関係を取り結んでいったのかをみてきた。それゆえできる限り長期間の歴史を史料に即して叙述しようとした。また史学史上の問題にも注意を払うことで複眼的な見方をすることにも心がけた。しかし、そのためにかえって論点が不鮮明になったかもしれないし、ましてや史料の読み方に問題がなかったとはいえまい。

一〇年前に筆者はロシア語による最初のモノグラフ『一七七三～七四年のプガチョーフ叛乱期におけるオレンブルクとオレンブルク・カザーク』(モスクワ：古文献センター、一九九六年)を著した。そこでの叙述の方法と今回のそれとは大きく異なっている。第一に、扱う時期の違いである。もちろん主題そのものも異なるのだが、前著では、プガチョーフ叛乱発生後の数か月の動きについて、筆者はそこに当時のロシア地方社会が抱えるすべての問題が凝縮していると考え、できる限り詳細に事件の推移を叙述することに心を砕いた。これに対し、本書では、一八世紀を中心とはしているものの、まず何よりも対象とする時期を約三世紀に広げている。近代バシキール史像全体の原基的な特徴を明確に示そうとすると、その考察する時間的な枠組みを広げなければならなかったからである。一六世紀中葉から一九世紀中葉の三〇〇年間こそがモスクワ国家とそれに続くロシア帝国がウラル・ヴォルガ地方といった民族混住地域とダイナミックに関係を打ち立てていった時期である。ましてや現代バシキール人の民族意識形成の上で、当時の状況が大きな役割を果たしていることを考えると、この時期の研究がいかに重要であるかが分かる。

前著と異なる第二点目は研究視角である。ロシアの植民政策に対し、バシキール人はどのような対応を迫られたのかという点を様々な角度から検討を加えている点である。ロシア人とバシキール人両者の相互認識の「ずれ」とそこから生まれる問題点を浮き彫りにしながら、事実の掘り起こしとそれの歴史上における位置付けに努めた。とはいえ、やはり不充分な史料で論理を構成してしまった箇所もあり、それは今後の課題として残る。

最後に、本書を執筆するにあたり多くの機関や研究者から学問的な援助を受けたことを記して感謝の意を表したい。まず何よりも山本俊朗早稲田大学名誉教授からは、その講義や研究を通して本書でも利用したフランスの歴史家R・ポルタルの仕事について教わったのみならず、公私にわたり多大の支援を受けた。野崎直治早稲田大学名誉教授には制度上行き場のなかった私を大学院博士後期課程の演習の末席に加えて頂いた。井内敏夫早稲田大学教授からは、「原案」段階の本書を含め様々な論文の原稿を読んで頂き貴重な助言を受けた。故鳥山成人北海道大学名誉教授にはその授業や研究を通して学問における厳密さを教わった。故田中陽兒東洋大学名誉教授と故庄野新国立国会図書館館員からは、刊行毎に送る拙い論文に対して助言と励ましの言葉を幾度となく頂いた。以上は私が現在研究を続ける上で大きな励みとなっている。上記以外の日本および諸外国の歴史家の研究成果と助言にも本研究は多くを負っているが、もはや個人の名前を記すことはできないほど数は多い。また、ロシア連邦やバシコルトスタン共和国の古文書館や図書館をはじめ、フィンランドの図書館などでの研究も私には大いに役立っている。そうした機関で出会った研究者のみならず市井の人たちとの会話にも私は示唆を受けた。そして何よりも現在在職している明治大学文学部の同僚たちにはいろいろな面でお世話になった。また同じく明治大学文学部の学生たちには本書を基にした講義を聴いてもらったことに心から感謝している。彼らの反応を見ながら授業をすすめることができたのは幸せである。とはいえ、ロシア各地の古文書館には私がまだ見たことのない古文書が眠っていることを思う時、研究を一層進展させなければならないと痛感する。

本書を上梓するにあたり、栗生澤猛夫北海道大学教授に感謝したい。同教授の勧めがなければ刊行されることはなかったからである。また北海道大学出版会の編集担当者である前田次郎氏と今中智佳子氏にも大変お世話になった。心から感謝する次第である。

本書は平成一七年度日本学術振興会科学研究費補助金(研究成果公開促進費)の交付により出版される。

二〇〇六年二月

東京田無の寓居にて

豊川浩一

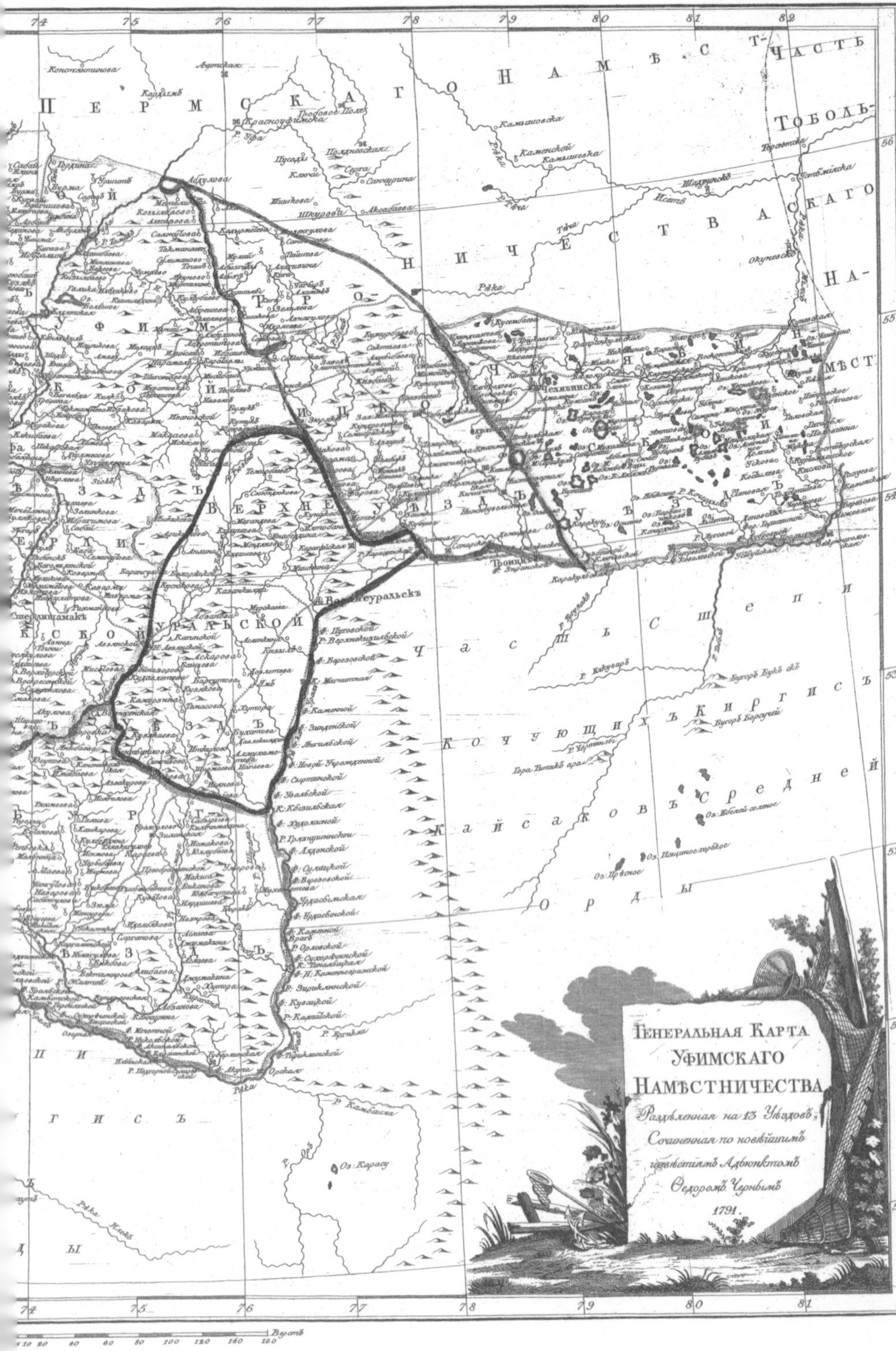

Генеральная Карта
Уфимскаго
Намѣстничества
Раздѣленная на 13 Уѣздовъ,
Сочиненная по новѣйшимъ
извѣстиямъ Адъюнктомъ
Ѳедоромъ Чернымъ
1791.
ЧАСТЬ ТОБОЛЬ-СКАГО НА-МѢСТ-
ПЕРМСКАГО НАМѢСТНИЧЕСТВА
ТРОИЦКОЙ УѢЗДЪ
ЧЕЛЯБИНСКОЙ УѢЗДЪ
ВЕРХНЕУРАЛЬСКОЙ УѢЗДЪ
Челябинскъ
Троицкъ
Верхнеуральскъ
Красноуфимска
Кочующихъ Киргисъ Кайсаковъ Средней Орды
Степь
Верстъ

ロシア革命と東方辺境地域
―「帝国」秩序からの自立を求めて―
西山克典著
A5判・四八四頁
定価七二〇〇円

ソヴィエト農業1917―1991
―集団化と農工複合の帰結―
メドヴェーヂェフ著
佐々木洋訳
A5判・四一二頁
定価六五〇〇円

パステルナーク研究
―詩人の夏―
工藤正広著
菊判・四八六頁
定価四五〇〇円

身体の国民化
―多極化するチェコ社会と体操運動―
福田宏著
A5判・二五六頁
定価四六〇〇円

アメリカ・インディアン史［第3版］
W・T・ヘーガン著
西村・野田・島川訳
四六判・三三八頁
定価二六〇〇円

アメリカ憲法史
M・ベネディクト著
常本照樹訳
四六判・二六四頁
定価二八〇〇円

複数民族社会の微視的制度分析
―リトアニアにおけるミクロストーリア研究―
吉野悦雄著
A4判・一九二頁
定価一二〇〇〇円

ドイツ社会民主党日常活動史
山本佐門著
A5判・三八四頁
定価六四〇〇円

〈定価は消費税を含まず〉
北海道大学出版会

豊川浩一(とよかわ こういち)

1956年，札幌市生まれ。北海道大学文学部卒業，早稲田大学大学院文学研究科博士後期課程単位取得退学。早稲田大学文学部助手，静岡県立大学国際関係学部助教授，明治大学文学部助教授を経て，現在，同教授。

専攻　ロシア近代史

主要論著

Оренбург и оренбургское казачество во время восстания Пугачева 1773-1774 гг. М., 1996.（1773～1774年のプガチョーフ叛乱期におけるオレンブルクとオレンブルク・カザーク）

А. С. Пушкин и П. И. Рычков. Историчесие источники пушкинской «Истории Пугачевского бунта» // Acta Slavica Iaponica. T. IX. 1991.（А. С. プーシキンとП. И. ルィチコーフ：プーシキン作『プガチョーフ叛乱』の歴史史料）

「18世紀ロシアにおける民衆運動とその世界――プガチョーフ叛乱における領主農民を中心にして」，『社会科学討究』97号，1988年，など。

訳　書

R. E. F. スミス，D. クリスチャン(鈴木健夫，斎藤君子，田辺三千広との共訳)『パンと塩――ロシア食生活の社会経済史』，平凡社，1999年。

ロシア帝国民族統合史の研究――植民政策とバシキール人

2006年4月10日　第1刷発行

著　者　豊　川　浩　一

発行者　佐　伯　　浩

発行所　北海道大学出版会

札幌市北区北9条西8丁目 北海道大学構内(〒060-0809)

Tel. 011(747)2308・Fax. 011(736)8605・http://www.hup.gr.jp

アイワード／石田製本

ISBN4-8329-6611-1

人名・地名索引

ア 行

アイ川　110
アヴズヤノ＝ペトロフスキー工場　303, 315-316, 326, 352, 361
アヴリッチ，P.　27
アカイ・クシューモフ　204-205, 211
アキーンフォフ，Н. И.　156
アクサク＝キレムベト　100
アクサーコフ，С. Т.　264, 327, 405
アクサーコフ，П. Д.　304
アク＝トゥルシュ(アクトゥルシュ)　105
アクナザル(アキナザル)＝サルタン　78-79
アクマーノフ，И. Г.　15, 133
アザナートフ，Д. Д.　436
アシカダル川　63
アストラハン　1, 7, 88, 92, 189
アストラハン・ハン国　65, 88, 92, 115
アズナグール・ウルスクーロフ　142, 144
アスファンジヤーロフ，А. З.　397-398
アゾフ　453
アッポローヴァ，Н. Г.　12, 51, 235, 255
アッラジアングール・クトルグージン　219
アブドゥッラー・アレーエフ　→バトゥィルシャ
アフメト＝ギレイ　78
アプラークシン，П. М.　171, 449
アブル＝ハイル・ハン　184, 187-188, 214-215
アム・ダリア　186
アユカ・クチュク　144, 148, 154, 155
アラル海　189
アラル・ハン国　189
アーリシェフ，С. Х.　21, 30, 53, 58, 88, 461, 463, 474
アーリストフ，Д. А.　146
アーリストフ，Л.　171
アーリストフ，С.　161
アルシェネーフスキー中佐　372
「アールスコエ(原野)側」　91
アルタイ山脈　137
アルタカル　78
アルダル・イシャンギリジン　168, 172
アルメニア　189
アレイ　112
アレクサンドル一世　238
アレクサンドル二世　433
アレクセイ・ミハイロヴィチ　146
アレクセイ皇太子　450
アンドルーシチェンコ，А. И.　29
アンナ女帝　187, 451
イヴァン三世　81
イヴァン四世(雷帝)　7, 18, 38, 87-88, 91-93, 95, 101, 105-108, 115-116, 118-119, 121, 129, 174-175, 186, 268, 470
イヴァン五世　120
イェルマーク　110, 131
イオアン　→イヴァン四世
イガイ道　66
イグナーチエフ，Р. Г.　31-32, 77, 219
イゲリストローム，О. А.　41, 400, 407, 411
イシェリコーフ，П. Ф.　14
イシムハメト・ダヴレトバーエフ　145, 153
イスマイル・ハン　78
イスラムグール・ユルダーシェフ　219
イセト川　82, 110
イデリ川(ヴォルガ川の古称)　64
イノゼムツェフ，Н. Е.　262
イバク＝イブラギム　82
イブン・ファドラーン　123
イルチャシ湖　140
イルティシ川　76, 81, 111

イレツカヤ＝ザシータ　231, 282
インド　187, 189, 197, 236
ヴァーギナ，П. А.　297
ヴァラークシン，С.　171
ヴァリシャ・シャリーポフ　380
ヴァルフ　→バルフ
ヴァレーエフ，Д. Ж.　323
ヴァロキン，И.　356
ウイ川　82
ウィットワース，Ch.　170
ヴィテフスキー，В. Н.　13, 19, 183, 224, 326
ヴェイドレ，W.　7
ヴェルフネ・ウラリスク　105
ヴェルフネ・ウラリスク郡　68
ヴェルホトゥーリエ　111
ヴォスクレセンスキー工場　297-298
ヴォズネセンスキー工場　314, 316, 361
ヴォルイーンスキー，А. П.　400, 451-452, 467
ヴォルガ川　63-64, 76-77, 88, 137
ヴォルコーンスキー，А. М.　141, 143, 147
ヴォルコーンスキー，Ф. Ф.　142, 156
ウスチーニャ・クズネツォーヴァ　348
ウスチュゴーフ，Н. В.　15, 19, 51
ウスマーノフ，А. Н.　15, 20, 22, 38, 51, 52, 94, 113, 434
ウファー　67-68, 106, 111, 122, 184-185, 242, 259, 404
ウファー川　77, 79, 110, 122
ウファー郡　67-68, 98, 285
ウファー県　68
ウファー市　77
ウファー州　67
ウファー総督管区　41, 67, 403-404
ウファー要塞　137
ウメトバーエフ，М. И.　13
ヴャトカ川　79
ウラカイ・ユルダシバーエフ　172
ウラーコフ，Д.　158, 160
ヴラーシェフ，А.　185
ウラスランベク・バッキン　144
ウラル以東　77
ウラル川　→ヤイーク川
ウラル山脈　63
ウリヤーノフ，И. И.　349
ウルゲンチ・カラ　186
ウルーソフ，В. А.　223
ウルーソフ，Ю. С.　156
エカチェリーナ一世　451
エカチェリーナ二世　8, 39, 41, 66, 230, 238, 277, 409, 466
エカチェリンブルク　259
エシポフ，В. Л.　444
エッセン，П. К.　419
エディガル・ハン　109
エリクリンスク　138
エリザヴェータ女帝(ペトローヴナ)　8, 39, 188, 200, 310, 319-320
エリザベス一世　186
エロープキン，П. М.　452
エンゲルス，F.　20
オサ　259
オサ道　66, 138, 140, 144
オステルマーン，А. И.　452
オスマン帝国　22, 87-88, 391, 409, 474
オソーキン，П.　298, 302, 352
オビ川　111
オフチーンニコフ，А. А.　359, 385
オフチーンニコフ，Р. В.　25, 354, 370
オーブルチェフ，В. А.　431
オーランゼーブ(アウランゼーブ)　202
オリ川　187
オレンブルク　68, 184, 235, 242
オレンブルク県　67, 201, 261, 280, 294, 403
オレンブルク州　67
オレンブルク要塞　200

カ　行

カヴェーリン，К. Д.　6
カザーフ・ステップ　125, 316
カザン　1, 80, 88, 91, 105-106, 129
カザン県　67
カザン道　66, 138
カザン・ハン国　18, 22, 65, 67, 75, 79, 82, 88-89, 91, 94, 98, 115-116, 118, 122, 132
カシモフ　456
カスピ海　187
カタイスキー柵　139
カタイスク郷　308

カタフ＝イヴァーノフスキー工場　295, 361, 378-379, 388
カチキン(カシキン)・サマーロフ　344
カッペラー，A.　12, 34, 116, 446
カテーニン，А. А.　423
カナシェーヴィチ，Л.　320, 461
ガブドゥッラー・ガリエフ　→バトゥィルシャ
カマ川　63, 79, 88, 94, 151
カラカルパク　188
カラ＝キレムベト　100
カラ＝クリンベト　79
カラサカル　219
カラムジーン，Н. М.　13, 95
カール，В. А.　343
カルガリ村(ロシア名セイトヴァ村)　230, 266, 340
カマ川　121
川端香男里　46
カンカーエフ，Б.　345
カンザファール　100
キセリョーフ，П. Д.　411
キチュエフスク　138
キトリャス(キドラス)・ムッラカーエフ　78, 98
キプチャク・ハン国　65-66, 76, 79, 81, 117, 132
キリミャーク・ヌルシェフ　204, 210, 248
キリーロフ，И. К.　39, 187-188, 211, 241, 287, 297, 338, 468, 481
キルギス・カイサク(カザーフ)　188
キンジヤ・アルスラーノフ　30, 340, 342, 360, 384, 386, 483
グヴォーズジコヴァ，И. М.　30, 58-59, 369, 390
クジャシュ・ラフマングーロフ　220
クシャプ・スルタングーロフ　216
クシュム・チュレケーエフ　168
クゼーエフ，Р. Г.　15, 36, 38, 60, 68, 88, 108, 123
クチュク・ユラーエフ　153
クチュム・ハン　98, 109-111
クドリャーフツェフ，Н. А.　162, 164, 171
クマ川　77
クラーキン，С. Г.　146
グラザートヴァ，Е. И.　28
クラスノウフィムスク　259
倉持俊一　53
クリム・ハン国　82, 88, 99, 138
クリュチェフスキー，В. О.　3-4, 6, 46
クループスキー，А. М.　79, 94
クルマチョーヴァ，М. Д.　30
グレイスク郷　120
クレイ・バルタシェフ　376
黒田辰男　327
クングール　259
クングール郡　140
ゲオルギ，И. Г.　47
ゲオルギエフスカヤ・カザーク村　232
コージン，Н. Н.　187, 223
コトシーヒン，Г. К.　119
ゴリーツィン，М. М.　356
ゴリーツィン，П. М.　359
ゴールカ，Л.　464
ゴルバティー，А. Б.　93

サ　行

サイプ＝ギレイ　66
ザインスク　138
佐口透　203, 235
サクマルスキー・ゴロドーク　360
サムナー，В. Н.　7
サライチク　77
サラヴァト・ユラーエフ　30-32, 346, 370-371, 373, 380, 385-386, 391, 483
サリ・メルゲン　139, 141, 148
サルティコーフ，П.　467
ザルービン＝チーカ，И. Н.　344
シェイファー，D. E.　33
シェフチェンコ，Т. Г.　238, 253
シェレメーチエフ，П. В.　152
シェレメーチエフ，Б. П.　165
ジェンキンソン，A.　99, 186
シガナイ・ブルチャコーフ　220, 379
シガレイ・ハン　98
シゴフ，И.　303
ジーハレフ，А.　157
シビル・ハン国　18, 65, 75, 81, 108, 110, 112, 119, 122
シベリア　77

シベリア道　66, 140-141
シベリアのウラル以東地域（Сибирское Зауралье）　286
シムスキー工場　377-378
シャイタン＝クデイスク郷　378
シャクロヴィートゥィー，Л. Л.　185
シャクロヴィートゥィー，Ф. Л.　185
シュイスキー，П. И.　108
シュプラー，В.　12
ジュンガル（カルムィク）　192
シュンコーフ，В. И.　9
ジョーマ川　63, 77
スヴィヤシスク　91
スヴィヤシスク郡　10
スタインヴェーデル，C. R.　33, 408, 436
ステルリ川　63
ステルリタマーク　187
ステルリタマーク郡　67-68
ステルリタマーク要塞　384
ストルピャンスキー，П. Н.　183
ストローガノフ家　121, 126, 138, 168, 210, 258
スフチェレーン，П. П.　419
ズラトウスト郡　68
スーリコフ，В. И.　7
スレイマーン一世　87
セイトヴァ村　→カルガリ村
セイト・サフィールカ　151-154
セイトバイ・アルカリン　218
セミョーノフ＝チェン＝シャンスキー，В. П.　391
ゼリヤルスク　138
セルギエフ市　68
セルゲーエフ，А.　161-162, 165, 171
ソイモーノフ，Л. Я.　214-215, 218, 220
ソイモーノフ，Ф. И.　223, 452
「草原地方（Луговой）」　93
ソフィア摂政　185, 457
ソーモフ，Ф. И.　147, 185
ソレヴァーリヌィ・ゴロドーク　185
ソロヴィヨーフ，С. М.　3, 13, 18
ゾンネフェルト　8, 46

タ　行

大黒屋光太夫　253, 382
ダイチン　141, 144
ダヴレト＝ギレイ　109
タガンローク　453
タシキン，С. Ф.　463
タターリア　21
タチガチ・ビイ　102-103
タティーシチェフ，В. Н.　188, 198, 209, 215, 217, 227, 382, 452, 472, 481
タビンスク　185
タビンスク郷　308
タミヤン郷　204
ダライ・ウルリュク　184
タラーソフ，Ю. М.　9, 47, 257
ダルマトフ修道院　139
チェスノコフカ川　274
チェリャービンスク郡　67-68
チェルカッスキー，Г. С.　143
チェルドィン　111
チェレプニーン，Л. В.　38
チチェーリン，Б. Н.　6
チホミーロフ，М. Н.　23, 54
中央アジア　184, 187, 242
チュバロフスカヤ村　140
チュリクチューラ・アルダギーロフ　208, 210, 213
チュリャ＝ババトゥ＝クリュソフ（チュリャ＝バーバ＝トゥクリャス）　78, 100
チュリャ・ハン　77
チュローシニコフ，А. П.　15, 19, 41, 287, 313
チュローシニコフ，Н. А.　14
チンガ＝トゥーラ（チュメニ）　81, 83
ティインスク　138
ティペーエフ，Ш. П.　14
ディミトリエフ，В. Д.　117
デコロング，И. А.　346, 354
テフケリョーフ，А. И.　188, 197, 269, 309, 320, 468
デミードヴァ，Н. Ф.　15, 25, 51, 61
デミードフ，Е. Н.　262
デミードフ，Н. Н.　265
デミードフ家　352, 445
デュメイ・イシケーエフ　165
デルベチェフ，Ф. И.　29
トゥクタムィシュ・イシブラートフ　317,

323-324
ドゥブローヴィン，Н.Ф.　31
トヴォルドゥィショフ，И.В.　295, 297-298, 301
トヴォルドゥィショフ，Я.Б.　361, 377-378
トガン(ヴァリドフ)，З.В.　27, 56, 64
ドーホフ，М.　157
トボリスク　111
トボール川　63
トラウベンベルク，Ю.Б.　376
鳥山成人　3
トレチャコーフ，Ф.　372
トロイツク　235, 259
トロイツク郡　67
ドンネリー，A.S.　15, 21, 24, 33, 55, 255

ナ　行

ナウーモフ，И.　356-357
ニコライ一世　428, 431
西山克典　33
ヌラリ・ハン　185
ネクラーソフ，И.　170
ネフョードフ，Ф.Д.　31
ネプリューエフ，И.И.　188, 200, 226, 236, 298, 318-319, 481
ノヴィコーフ，В.А.　13, 124
ノヴォシェミンスク　138
ノヴォセーリツェフ，А.П.　22
ノガイ・オルダ　18, 65, 75-76, 82, 92, 99
ノルド，В.　12

ハ　行

バウマン，R.E.　398
パヴレーンコ，Н.И.　351
バザルグル・ユナーエフ　323-325, 354
ハジ・アックスカロフ　169, 174
バシキーリア　11, 18, 63, 66
バシコルト　65
バシコルトスタン共和国　24
バスマン・ハン　77
バダフシャン　190-191
バトゥィルシャ　39, 41, 277, 310, 312, 316-317, 321, 323, 391
パネヤフ，Б.М.　32
バフルーシン，С.В.　117
パラース，П.С.　47, 236, 238, 253, 282, 305, 382
原暉之　9
バールトリド，В.В.　123, 442
バルフ(ヴァルフ)　189-190, 197
坂内徳明　46
ヒヴァ　186, 197
ヒヴァ・ハン国　190
ピョートル一世　12, 34, 38, 66, 120, 138, 164-165, 169, 175-176, 185-186, 197, 272, 450, 470
ピョートル二世　451
ピョートル三世　339, 358, 466
ビョールダ村　232, 359, 365
ビョールダ要塞　200
ビルスク　185, 259
ビルスク郡　67
ビローン，Э.И.　452
ファリク，И.П.　47, 239-240, 463
フィッシャー，A.W.　466
フィルーソフ，Н.Н.　13, 463
プガチョーフ，Е.И.　32, 323, 335, 339-341, 344, 358, 362, 371, 386
ブグリマー郡　67
ブグルスラーン郡　67
ブグルスラーン市　68
ブケイ　101
ブサイ(ブルサイ)・ハン　105
プーシキン，А.С.　31, 229, 435
プチャーチン，А.А.　292, 375
ブハラ　186, 189, 197, 409
ブハラ・ハン国　190
フョードル・イヴァノヴィチ　111
フョードル三世　456
ブラーヴィン，К.А.　170
ブラーギン　313,
フランク，A.J.　33, 466
フルシチョーフ，А.Ф.　212, 267, 452
フルシチョーフ，М.С.　211
ブルズヤン郷　308
ブルナク・ビイ　102
フレーイマン，Ф.Ю.　344, 372
プレオブラジェーンスキー，А.А.　9

プレオブラジェーンスキー工場　295, 301, 315, 361
ベクズヤン・トクタムィシェフ　142, 144
ベクマハーノヴァ，Н.Е.　51, 54
ベコヴィチ＝チェルカッスキー，А.　186, 197
ベッペン・トロプベルディン　213
ペテルブルク　235
ベラ川　63
ベーラヤ川　79, 122, 137
ベーリコフ，Т.И.　29
ベールイ・ヤール　137
ペルシア　189, 192
ペルミ総督管区　67
ベレベーイ　187
ベレベーイ郡　67
ベレベーイ市　68
ベローフスキー，В.А.　417, 420-421, 425, 428, 431-432
ホヴァーンスキー，П.И.　169, 174
ポチョームキン，Г.А.　407
ポーランド　138
ボリス・ゴドゥノフ　185
ボルタイ・イドルキン　340, 342
ポルタル，R.　24, 26-27, 55, 73, 291

マ　行

マヴロージン，В.В.　25, 28
マルクス，K.　20
マルティーノフ，М.Н.　367
マンダル・カラバーエフ　213, 219
ミアス川　82, 110
三上正利　9
南ウラル　293, 338
ミャースニコフ，И.С.　295, 301, 378
ミャースニコフ家　445
ミリュコーフ，П.Н.　6
ミリューチン，Д.А.　433
ミルレル，Г.Ф.　227
ミローノフ，Б.Н.　48, 260
ミンディグール・ユラーエフ　→カラサカル
ムクタディル　123
ムハメット＝エミン　79
ムルタージン，М.Л.　398
メングリ＝ギレイ　82
メンシコーフ，А.Д.　162
メンゼリーンスク　138, 143, 146, 259
メンゼリーンスク郡　67
メンディアル・アルカーエフ　220
モスクワ国家　22-23, 38, 87-89, 117, 119, 121-122

ヤ　行

ヤイーク川（現ウラル川）　63, 76, 105
ヤウン・チュヴァショフ　380
ヤクボフスキー，А.　65
ヤコービ，И.В.　403
ヤズィコーフ，А.М.　141
ヤディカル・ハン　91
ヤドリンスク郡　10
「山側（Горная сторона）」　91, 93
ヤングージン，Р.　398
ユージン，П.Л.　31
ユスティ　8, 46
ユスプ・アルィコーフ　206, 208
ユライ・アズナリン　30, 32, 220, 346, 370-371, 373, 378, 391, 483
ユルマティン郷　204, 266, 308
吉田悟郎　22
吉田俊則　53

ラ　行

ラーエフ，М.　12, 26, 33, 303, 360
ラードロフ，В.В.　65
ラフマトゥーリン，М.А.　28
ラフマトゥーリン，У.Х.　20, 399
リャザーノフ，А.Ф.　14
リュバーフスキー，М.К.　6, 14, 46
ルィサイ・イゲンベートフ　218
ルィチコーフ，Н.П.　227, 462
ルィチコーフ，П.И.　13, 42, 78, 82, 98, 118, 183, 208, 215, 219, 227, 230, 233, 236, 239, 305, 307, 382, 391, 401
ルジェフスキー，Т.　164
ルデンコ，С.И.　25, 266
ルドン，J.P.　8
ルフェーヴル，G.　26
ルミヤンツェフ，А.И.　206
レインスドルプ，И.А.　339, 342-343, 349, 373, 384

レヴォーンチエフ，З. Ф.　143
レピョーヒン，И. И.　47, 305
レーベヂエフ，В. И.　15
ロゲルヴィク　275, 321, 373, 381
ロッシエフスキー，М. В.　31
ロマノフ，И. Н.　185
ロマノフ, ミハイール・フョードロヴィチ　185
ローリチ，А.-А.　456

事項索引

ア　行

アイマク(аймаk)　72
アイリン族　82
アジール　258
アストラハン蜂起　162, 180
アゾフ遠征　446
アニミズム　441
アマナート(人質)　108, 121, 124, 143
異教徒　449, 462
　——の逃亡民　272
移住　4, 6-7, 9, 292
　——者　3
イスラーム　75, 106, 312, 441
　——教徒　111
　——寺院(мечеть)　312
　——神学者(ахун)　310
　——神学校(медресе)　312
　——・スンナ派　36
　——聖職者　291, 403
　——世界の防衛　458
　——伝道　116
異族住民　1, 52, 184
イテリメン人(カムチャダール人)　462
移動許可証(билеты на увольнение)　418
インド　247
ヴォチャーク人　→ウドムルト人
ウォトカ
　——工場　454
　——製造　448
ヴォルイーンスキー事件　267
ヴォルガの商業路　92
受け容れられた者(припущенники)　290-292, 433
ウズベク人　190-191
ウセルガン族　64, 72, 105-106
ウドムルト人(旧称ヴォチャーク人)　18, 118, 138
ウラン(уран)　73
ウルス(領域)　81
『ウロジェーニエ(会議法典)』　118, 264, 288, 443, 446, 479, 482
駅逓勤務　308
エネイ族　64
「援助(подмоги)」　424
オスチャーク人　→ハンティ人
オルダ(ジュズ)　187
オレンブルク
　——委員会　67, 200, 204, 225, 298
　——異教・国境局　401
　——・イスラーム聖職者協議会　230, 409-410, 466, 484
　——遠征隊　40, 41, 197-198, 204, 246
　——・カザーク　232, 424
　——建設　40, 257
　——包囲戦　348
　——要塞線　41

カ　行

改宗　174, 276, 445, 461
　——拒否　474
　——事業　458
　——政策　337
ガイナ族　64
外務参議会　236
獲得　12
カザーク軍　423
カザン
　——宮廷官署(Приказ Казанского дворца) 119, 139, 158
　——征服　100
　——戦争　89, 91
　——占領　18
　——・タタール人　18
　——・ハン国の崩壊　127
カスピ海遠征　223

『家族の記録』 264
カタイ族 82
「加入(вхождение)」 23
カバラー(кабала) 462
カマ川以東防衛線 137, 139
カラカルパク人 172
カラ＝タビン族 80
カルヴァン＝サライ 431, 439
カルムィク人 137, 139, 141, 145-148, 154
カングリン族 64
間接税 447
監督官体制 426, 428
カントン 66, 412
——行政システム 35, 39, 397, 406, 409, 411, 430, 484
——行政システムの廃止 433
——制 122, 375
帰属意識 73
——の重層性 73
キプサク(キプチャク)族 64, 72, 105-106
機密調査局(Тайная экспедиция) 371, 383, 387
キャラヴァン 80, 82
旧儀派(分離派)教徒 160, 258, 365, 371, 388
旧ソ連史学 20-22, 24-26, 28, 72, 88, 112
強制説 19, 52
強制的改宗(キリスト教化) 35, 156-157, 276, 320, 390, 428, 457, 477
キリスト教
——洗礼のための委員会 460
——の宣教 465
「キリストの法」 278, 465
ギルド 236
金属工業地帯 293
近代国家 480
勤務
——異族人 246
——貴族 231
——者 470
——タタール人 233
空間(プラストール, простор) 6-7, 46
郡(провинция) 230
軍役 122, 308, 451, 477-478, 482
——勤務者 231
——奉仕 73, 102, 116
——奉仕者 233
軍事＝官僚制国家 34
軍事参議会 350, 365
軍務台帳(Разрядная книга) 246, 401
経済農民(экономические крестьяне) 260
啓蒙 482
——主義 14, 229, 402
県制度 66
権利 125
元老院 236, 285
交易所(Меновой двор) 198, 235
工業化 337
鉱山
——開発 193
——労働 308, 482
工場 26, 293, 454, 480
——建設 193
——登録 453
——登録農民 303, 352, 357-358, 454
——奴隷 455
——破壊 351, 354, 357
——民 316
——労働人 359, 367
貢租(дань) 78, 118, 138
鉱物資源 196
国務諮問会議(Государственный Совет) 400
国有地農民 231, 260
国家学派 6, 9, 11
「国家の人間(государственные люди)」 449
国境勤務 276
国庫農民(казенные крестьяне) 260
根絶 287, 400, 429, 482, 486

サ　行

搾取 122
サルジャン族 82
シェジェレ(шежере) 36-37, 80, 95, 100-102, 105-107, 113, 128, 184
塩 196
——採掘 234
——採取産業 270
——の購入 322

――の専売　270, 339, 447, 482
「私人(партикулярные люди)」　302
使節官署(Посольский приказ)　167
氏族制的原理　416
「死の家」　465
支配＝従属関係　34
自発的(自由意思による)併合　15, 23
シベリア征服　7
シベリア・タタール人　18, 81
自由　341
自由意思
――説　19-20, 52
――による併合　479
宗教寛容政策　428, 484
――令　277, 410, 482
重工業　233
重商主義　186
囚人　237
修道院　258
住民統制　484
宿駅賦役(ямская повинность)　232
主従関係(вассальтет)　19
主税局(камер-коллегия)　269
シュラフタ　237
狩猟　337
商館(Гостиный двор)　236
証書　119
商人　231
証文(грамота)　118
植民　7, 174
――運動　7
――者　26
――政策　16
――地　35
――と抵抗　9, 482
――・民族政策　1, 11, 477
――問題　4, 8
――理論　3, 6
自立的民族史観　17
「白きツァーリ」　96
信仰　341
人口調査　217, 239
人口登録簿(метрическая книга)　240
臣従(вассаль, подданство)　23, 96
――関係(вассальтет)　34, 478-479
新洗礼事務所(Контора Новокрещенных Дел)　229, 460, 466
新洗礼者　277, 310, 462
人頭税　226, 236, 272, 470
「真のロシア皇帝」　387
「進歩」　13
新法典編纂委員会　41, 121, 291, 323, 466, 482
スィンリャン族　82, 111-112
スターリン・テーゼ　21
スペイン人　192
スラヴ＝ギリシア＝ラテン学校　464
製塩所破壊　355
聖職者　231
税制　35, 477
製鉄業　293
製鉄工場　294
征服　3, 11-12, 21
――説　19
「征服・獲得→併合→同化」　33
「世界の重工業地帯」　454
「世俗の法」　278, 465
「選出された人々(＝総代)」　158, 161, 173
「全信仰の寛容令」　466
年月日付け布告　263, 287, 290-291
占有農民　352
染料工場　454
「全ロシア帝国の県行政についての基本法令(Учреждения для управления губернии Всероссийской империи)」　403
「草案」　188, 243
相続地(вотчина)　98, 267
――所有者(вотчинник)　290
相続的土地所有権　116, 477
相続的賦税徴収(наследственное взимание)　80
総督　403
――管区　403
――制　484
族長　73, 75, 291
訴訟　265
ソ連邦科学アカデミー歴史研究所　24

タ　行

対外貿易　233

退去(уход)　9, 315
体刑　236
タイシャ(тайша)　141
大ロシア主義　12
大ロシア民族　20
タタール人　18, 22, 82, 118, 138, 140, 147, 152
——エリート　458
タタール＝チェプチャーリ住民　232
「タタールの軛」　87
タビン族　64, 82, 111-112
タミヤン族　64, 72, 82, 105
タムガ(тамга)　73
タルハン(тархан)　66, 73, 75, 80, 107, 245
タンガウル族　72
嘆願書提出　467
担税身分　271
担税民(податное)　82, 260
チェプチャーリ　260, 268, 271-272, 280
チェレミス人　→マリ人
チャーグロ民　246
チュヴァーシ人　10, 18, 93, 118, 153
中央アジア商人　235
「忠実な」バシキール人　125, 208-210, 213-215, 218, 220-221, 274, 314, 317, 319
「忠実な」ミシャーリ人　318
チューバ(туб, тубә)　72, 84
徴兵制　451
長老　73
ツァーリ
——幻想　220
——僭称　339, 362
定着・農耕　64, 231, 304, 337
道(дорога)　65, 67
同化　3, 12-14, 44, 412, 433, 477
「道—郷—チューバ」　416
逃亡　9, 448, 467
——異教徒　162
——民(беглые)　287
銅融解工業　293-294
「動乱時代(Смута)」　126
独立オレンブルク軍団(Отдел оренбургского корпуса)　202
土地証文(запись)　266-267
土地相続権　35, 98, 107, 115, 120-121, 226, 268
土地の没収　292
土地問題　155
トーテム信仰　73
トルクメン人　190
「トルコの脅威」　53, 88
奴隷(раб)　76, 123, 462
——制　122-123
ドン・カザーク　258

ナ　行

二重信仰　461
荷馬車運搬　482
——賦役　308
荷馬車輸送の義務　171
納税人口調査(ревизия)　231, 260, 444, 454
——資料　231
農奴　231
——制　6, 138
——逃亡　6, 444
農民戦争　29-30, 57
——研究　26
——論　56
ノガイ人　76, 81, 92, 137

ハ　行

バシキーリア
——植民　137
——侵略　20
——併合　108
バシキール
——委員会　225
——・カントン　412, 414
——軍　432
——馬　196
——民族　20
——＝メシチェリャーク軍(Башкиро-мещерякское войско)　412, 423, 425, 431-432
——問題　2, 291, 325, 400, 482
バシキール人　18-19, 64, 75, 81, 153
——盗賊　250
バシコルトスタン史学　17
パスポート　273
蜂蜜採取　337

バトゥィール(батырь)　73
バトゥィルシャの乱　19
バール連盟　237, 276
　——の鎮圧　376
ハンティ人(旧称オスチャーク人)　81, 94
半遊牧・牧畜　73
叛乱の記憶　393
ビイ　107
非担税民(неподатное)　260
「ピョートルの巣の雛鳥たち(птенцы гнезда Петра)」　188, 244
プガチョーフ叛乱　1, 28, 30, 39, 238, 277, 367, 465
　——研究　28-29
『プガチョーフ叛乱史』　229
賦税　139
仏教　441
不動産登記証券(купчая)　264, 267, 301
ブラーヴィンの乱　170
プラストール　→空間
ブルガール人　123
ブルズヤン族　64, 72, 105-107
「分割して統治せよ(divide et impera)」　33, 35, 194, 319, 442
文化的同化　276
兵役　35
併合(присоединение)　3, 11-12, 17-18, 20-22
　——受け容れ　113
　——の意味　114
　——の条件　114, 116
　——問題　20
兵士　194
平和と安全(мир и безопасность)　115
ペルシア
　——遠征　223
　——戦争　446
辺境　7, 9, 17, 35
蜂起　467
保護証書　386, 390
ポサード民　160, 164, 258
北方戦争　446
ボブィーリ　260, 268, 272, 280, 468
ポーランド
　——遠征　376
　——人　238
　——＝スウェーデン戦争　122
ポルトガル人　192
ボロートニコフの乱　57

マ　行

マリ人(旧称チェレミス人)　10, 18, 93-94, 118, 139, 147, 152-153
マルクス・レーニン主義　16
マンシ人(旧称ヴォグール人)　81, 138, 147
「未開の原野」　258
ミシャーリ・カントン　412, 416
ミシャーリ人　152
身分証明書(пракатный паспорт)　418
ミャコティン族　82, 111-112
民会(йыйын)　73, 107, 150, 291
民衆運動　16
ミン族　83, 100-101, 104
民族政策　412
　——研究　21
民族分断化政策　→「分割して統治せよ」
民族問題　21, 26, 257
民族宥和　442
ムスリム　153, 277
　——住民　312
　——・ユルタ(地域)の統一　88
ムフティー　408
ムルザ　75
「モスクワ＝第三ローマ」論　38, 61
モルドヴァ人　18, 152
門地制(местничество)の廃止　458
モンチャク族　104

ヤ　行

ヤイーク・カザーク　26, 232, 258, 348
「ヤイークの事件」　383
ヤサーク　64, 66, 79, 81-82, 92, 98, 103, 105-108, 111, 113, 115, 117, 119-120, 124, 132, 138-139, 171, 195, 268, 282, 289, 448, 470
　——貢納　73, 75, 102, 116, 118, 120-121, 133, 339, 478
　——貢納制度　122, 482
　——住民　80
　——税制廃止　270

——台帳(ясачная книга)　104, 120
——の意味　118
——農民　231, 260
——民　10, 82, 92, 159, 174, 246, 259, 449, 452, 454, 470
屋敷持ち農民(однодворцы)　260
ヤスィーリ(ясырь)　123
ヤルリィク(ярлык)　67, 75, 80
遊牧　337
——民　231
宥和政策　337
ユルタ　411-412
ユルマティン(ユルマトゥィ)族　64, 102, 104, 119
要塞都市(город－крепость)　183
要塞の建設　204
「より良い(лучшие)」バシキール人　214

ラ・ワ行

ラージンの乱　10, 367
ラッダイト運動　352
利得者(прибыльщики)　157-160, 167, 171, 174, 186, 449
領主農民　231, 260
流刑囚　231, 234
流民(вольницы)部隊　172
列間笞刑　427
労役　35, 451, 453
——夫　164, 194, 204
労働者　260
「労働人(работные люди)」　352
ロシア化　14, 433, 450, 455, 464-465, 470, 477
ロシア＝カザーフ貿易　235
ロシア＝カルムィク関係　184
ロシア語学校　278
ロシア語教育　465
ロシア史学　11
ロシア正教　441
ロシア中心主義　12
「ロシアの真珠」　64
ロシア＝バシキール人学校　382
ロシア・ムスリム聖職者協議会(Духовное собрание мусульман России)　410
露土戦争　449
ロマン主義　14
ワクフ　80, 408

参考文献一覧

未刊行史料

РГАДА (Российский государственный архив древных актов в Москве)

Ф. 6 (Уголовные дела по государственным преступлениям и событиям особенной важности).

Оп. 1. Д. 17, 415, 416. Ч. 1, 427, 429, 467. Ч. 1, 490. Ч. 1, 512, 593, 627. Ч. 9.

Ф. 7 (Преображенский приказ, Тайная канцелярия и тайная экспедиция)

Оп. 1. Д. 1781. Ч. 1-4.

Оп. 2. Д. 2043. Ч. 14

Ф. 9 (Кабинет Петра I и его продолжение)

Оп. 3. Отд. II. Ч. 1. Кн. 5

Ф. 108 (Посольский приказ; Башкирские дела)

Оп. 1. Д. 2.

Ф. 192 (Картографический отдел МГАМИД)

Оп. 1 (Карты Оренбургской губернии). Д. 3, 4, 5.

Ф. 214 (Сибирский приказ)

Оп. 5. Д. 1297, 1674, 1857, 2006.

Ф. 248 (Сенат и его учреждения. Дело по губерниям).

Оп. 3.

Кн. 132 (Канцелярия Сената. Дело по Уфимской провинции за 1733 г.)

Кн. 133 (Канцелярия Сената. Не ранее 1747 г.).

Кн. 134 (Канцелярия Сената. Дело по Оренбургской экспедиии. Казанской и Сибирской губерниям за 1735-1739 гг.). Д. 2, 6, 8.

Кн. 135 (Канцелярия Сената. Дела по Оренбургской экспедиции, Казанской, Новгородской, и Сибирскому приказу и Военной коллегии за 1735-1736 гг.)

Кн. 136 (Канцелярия Сената. Дело по Оренбургской экспедиции, Казанской, Оренбургской, Астраханской и Сибирской губерниям, Адмиралтейской коллегии, Сибирской приказу, Академии наук, Медицинской канцелярии и Коллегии иностранных дел за 1734-1752 гг.).

Оп. 17. Кн. 1183.

Ф. 271 (Берг-коллегия)

Оп. 1. Д. 743.
Ф. 342 (Новоуложенные комиссии).
Оп. 1. Д. 109. Ч. XI (Наказы депутатам от дворянства градских жителей, Казанских войск, иноверцев и новокрещен разных народ Оренбургской губернии).
Оп. 1. Д. 109. Ч. XII (Наказы депутатам от дворянства, нижных чинов, градских жителей и однодворцев Новороссийской губернии).
Ф. 350. Оп. 2. Д.
РГВИА (Российкий государственный военно-исторический архив в Москве)
Ф. 38 (Деятельности о Оренбургского военного губернатра за время управления Оренбургским краем с 1842 по 1848 и др.). Оп. 8. Д. 7.
Ф. 249 (Дубровин Н. Ф.). Оп. 1. Д. 1.
Ф. 414 (Статистические, экономические, этнографические и военно-топографические сведения). Оп. 1. Д. 312.
Ф. ВУА (Военно-ученый архив). Оп. 16. Д. 143, 153, 174.
РГИА (Российкий государственный исторический архив в С-Петербурге)
Ф. 892 (Балашевы). Оп. 1. Д. 384.
Ф. 1345 (Пятый《Уголовный》департмент Сената). Оп. 98. Д. 240.
РГАВМФ (Российкий государственный архив военно-морского флота в С-Петербурге)
Ф. 233 (Канцелярия графа Апраксина №16). Оп. 1. Д. 16.
Архив СПбИИ РАН (Санкт-Петербургское отделение Института истории Российской Академии наук в С-Петербурге)
Ф. 36. Оп. 1 (Воронцовы).
Д. 438 (Описание о киргиз-кайсацком народе)
Д. 495 (Сведение о народых, под владычеством России находящихся и пограничных с нею)
Д. 521 (Лексикон или словарь топографический Оренбургской губернии. 1776 г. Соч. П. И. Рычковым).
ОР РГБ (Отдел Рукописей Российской Государственной Библиотеки в Москве)
Ф. 222. Карт. XI (П. И. Рычков. Экстракт исторический с приложениями《о киргиз-кайсацком народе》. Л. 142–172: Проекты ст. сов. Кириллова с состоявщеюся на второй проект апробацией Анны Ивановны. 1734. Копии).
Ф. 364 (Любавский М. К.).
Карт. 5. Ед. хр. 1; Карт. 6. Ед. хр. 3 (Очерк башкирских восстаний в XVII и XVIII вв.)
Карт. 7. Ед. хр. 5а–б (Русская помещичья и заводская колонизация Башкирии в XVII, XVIII и первой четверти XIX века. Материальная обработка архивных материалов).
Карт. 9. Ед. хр. 2 (Материалы по дореволюционной истории Башкирии. Тексты документов для сборника.).

ОР РНБ (Отдел Рукописей Российской Национальной Библиотеки в Санкт-Петербурге)
Ф. IV. 44 (《О Башкирах》 и др.).
Ф. 595 (Поленовы В. А. и Д. В.). Ед. хр. 103.
ЦГИА РБ (Центральный государственный исторический архив республики Башкортостана)
Ф. 1 (Оренбургское губернское правление). Оп. 1. Д. 7а, 8, 20, 811, 2087, 2171, 2018, 2432.
Ф. 2 (Оренбургской военной губернатор). Оп. 1. Д. 8, 11, 25, 41, 61, 337, 410, 1875, 2888, 3016, 3346, 4873, 4911, 4523, 5059, 5739, 5652, 6965, 7379, 7151, 11279, 11669, 13028, 15156.
Ф. 6 (Канцелярия Оренбургского гражданского губернского губернатора). Оп. 1. Д. 45.
НА УНЦ РАН (Научный архив Уфимского научного центра Российской Академии наук)
Ф. 3. Оп. 2. Д. 92, 117, 139, 151, 161, 163.

刊行史料

1. *Акманов И. Г.* Допрос вождя восстания 1735-1736 гг. Кильмяка Нурушева// Уникальные источники по истории Башкортостана. Уфа, 2001.
2. Английские путешественники в Московском государстве в XVI в. М., 1937.
3. Архив Государственного Совета. Т. 1. СПб., 1869.
4. Башкирские родословные. Выпуск первый. Издание на русском языке. Уфа, 2002.
5. Башкирские шежере/Кузеев Р. Г. (составление, перевод текстов, введение и коментарии). Уфа, 1960.
6. *Биков* Башкорды: Материалы по истории башкирского народа//Оренбургскрая газета. 1899. №773.
7. Булавинское восстание. М., 1935.
8. Ведомости об участии нерусского населения Башкирии в Крестьянской войне 1773-1775 гг. //Материалы по истории СССР. Т. 5. М., 1957.
9. *Вельяминов-Зернов В. В.* Источники для изучения тарханства, жалованного башкирам русскими государями//Записки императорской Академии наук. Т. 4. СПб., 1864.
10. Горнозаводская промышленность Урала на рубеже XV-XIX вв. Сборник документальных материалов. Свердловск, 1956.
11. Документы и материалы по истории Мордовской АССР. Т. 3. Ч. 2. Саранск, 1953.
12. Документы ставки Е. И. Пугачева, повстанческих властей и учреждений. М., 1975.
13. Донесения и другия бумаги чрезвычайного посланника английского при русском дворе, Чарльза Витворта и секретаря его Вейсброда с 1708 г. по 1711 г.//Сборник императорского Русского исторического общества. Т. 50. 1886.
14. *Ибун-Фадлан* (под ред. Акад. Крачковского И. Ю.) Путешествие Ибун-Фадлана на

Волгу. М.-Л., 1939（また，アラビア語原文からの邦語訳として次も参照。家島彦一訳註『イブン・ファドラーンのヴォルガ・ブルガール旅行記』，東京外国語大学アジア・アフリカ言語文化研究所，1969年）.

15．История Татарии в материалах и документах. М., 1937.

16．Крестьянская война под предводительством Емельяна Пугачева в Чуваши. Сборник документов. Чебоксары, 1972.

17．Крестьянская война 1773-1775 гг. в России: Документы из собрания Государственного исторического музея. М., 1973.

18．*Курбский А. М.* Царь Иоанн IV Васильевич Грозный. Избранные сочинения. СПб., 1902.

19．Крестьянская война 1773-1775 гг. на территории Башкирии. Сборник документов. Уфа, 1975.

20．*Лепехин И. И.* Продолжение записок путешествия академика Лепехина. Полное собрание ученых путешествии по России. Т. IV. СПб., 1822.

21．Материалы по истории Башкирской АССР. Ч. 1. М.-Л., 1936; Т. III, М., 1949; Т. IV. Ч. 1, 2. М., 1956; Т. V. М., 1960; Т. VI. Уфа, 2002（なおこの第6巻のみ表題が Материалы по истории Башкортостана となっている。また，第2巻は刊行準備はされたが刊行には至らなかった）.

22．Материалы по истории России. Сборник указов и других документов, касающихся управления и устройства Оренбургского края. 1734 год. По архивным документам тургайского областного правления/Добросмыслов А. Н. (сост.) Т. 1. Оренбург, 1900.

23．Материалы по истории Чувашской АССР. Кн. 1. Чебоксары, 1958.

24．*Миллер Г. Ф.* История Сибири. ТТ. 2. М., 1999, 2000 (Изд. 1-ое. М.-Л., 1937. 1941. Кн. 2).

25．*Муравьев Н.* Путешествие в туркмению и Хиву. Ч. 2. М., 1822.

26．Наказ башкир Уфимской провинции в Уложению комиссию/Кулбахтин Н. М. (сост.) Из истории гайнинских башкир. Уфа, 1996.

27．*Неплюев И. И.* Жизнь Ивановича Неплюева. СПб., 1893 (reprint ed.), Cambridge, Oriental Reseach Partners, 1974.

28．Новый и полный географический словарь Российского государства. Ч. IV. М., 1788.

29．*Овчинников Р. В.* Следствие и суд над Е. И. Пугачевым и его сподвижникам. М., 1995.

30．*Паллас П. С.* Путешествие по разным провинциям Российского государства. Ч. 1, Ч. 2. Кн. 2. СПб., 1773. 1786.

31．Памятники Сибирской истории XVIII в. СПб., 1882.

32．Пермская летопись. Третий период. Пермь, 1884.

33．Письмо Батырши императрице Елизавете Петровне/Хусаинов, Г. В. (сост.) Уфа, 1993.

34．Письма и бумаги Петра Великого. Пг., 1918.

35．Полное собрание законов Российской Империи. СПб., 1830.серия-I. Т. II. №№867, 923,

924, 990; T. V. №№2471, 2734, 2920, 2994; T. VI. №3884; T. VII. №4533, 4535; T. IX. №№6571, 6576, 6584, 6721, 6740, 6887, 6889, 6890, 6913; T. X. №№7244, 7480, 7542, 7876; T. XI. №№8125, 8236, 8368, 8630, 8664; T. XII. №№8875, 8901, 8906, 8921, 9170, 9553; T. XIII. №№9875, 9915, 10141; T. XIV. №№10244, 10458, 10469, 10482, 10597, 10764; T. XVII. №.12555; T. XVIII. №.13097; T. XIX. №№13957, 13996, 14077; T. XX. №№14392, 14398, 14878; T. XXII. №16710; T. XXV. №№22284; T. XXX. №№29769; T. XXXVIII. №28891; T. XXXX. №30584; серия-II. T. V. №3427; T. XVII. №5500; T. IX. №.6852; T. XII. №.9242-а; T. XIX. №13966; T. XX. №14392; T. XXI. №15307; T. XXII. №16710; T. XXV, №№18477, 24538; T. XXIX. №22284; T. XXX. №№29060, 30008, 30129.

36．Полное собрание русских летописей. Т. XIII. первая половина. СПб., 1904.

37．Представление оренбургского губернатора кн. Путятина о башкирских землях//Сборник императорского Российского исторического общества. Т. 7. СПб., 1871.

38．Пугачевщина. ТТ. 3. М.-Л., 1926. 1929. 1931.

39．*Пушкин А. С.* Сказания современников (Осада Оренбурга/Летопись Рычкова)//Полное собрание сочинений. Т. 9. Ч. 1. М., 1938.

40．*Р-н П.* Сведения о башкирцах//Московский телеграф. №21. Ч. 48. 1832. Ноябрь.

41．*Рожков О.* Материалы к истории горного промысла в Оренбургском крае//Горный журнал. СПб., 1868.

42．*Рычков Н. П.* Продолжение журнала или дневних записок путешествия по разным провинциям всероссийского государства. СПб., 1771.

43．*Рычков П. И.* История Оренбургская. (1730-1750). Оренбург, 1896 (Изд. 1-е. СПб., 1759; Изд. 3-е. Уфа, 2001).

44．*Он же.* Топография Оренбургской губергии. Оренбург, 1887 (Изд. 1-е. СПб, 1767; Изд. 2-е. Оренбург, 1882; Изд. 4-е. Уфа, 1999).

45．Сибирские летописи. СПб., 1907.

46．Собрное Уложение 1649 года. Л., 1987.

47．Сенатский архив. Т. IX· СПб., 1901.

48．*Соколов Д. Н.* Опыт разбора одной башкирской летописи//Труды Оренбургской ученой архивной комиссии. Оренбург, 1898. Вып.4.

49．*Столпянский Н. П.* Город Оренбург. Материалы истории и топографии. Оренбург, 1908.

50．*Тоган З. В.* Воспоминания. Кн. 1, 2. Уфа, 1994, 1997(次のものは，トルコ語からの翻訳である。小山皓一郎・山内昌之・小松久男訳・註「ゼキ・ヴェリディ・トガン自伝(1)−(8)」『史朋』(北海道大学文学部東洋史談話会)，4・5・6・7・9・10・14・19号，1976年4月・1976年10月・1977年4月・1977年10月・1978年10月・1979年4月・1982年1月・1986年2月).

51．*Фальк И. П.* Записки путешествия. Т. 6. Ч. 2. СПб., 1824.

52．*Чупин Н. К.* Сожжение на костре в Екатеринбурге в 1738 г.//Русская старина. 1878. №10. Т. 23.

53．*Щеглов И. В.* Хронологический перечень важнейших данных из истории Сибири. 1032–1882 гг. М., 1993（Изд. 1-е. Иркутск, 1883）(吉村柳里訳『シベリヤ年代記』，原書房，1975年。なお，初版は日本公論社，1943年)．

54．Pennington, A. E.（ed.）*G. Kotošixin, O Rossii v carstvovanie Alekseja Mixajloviča, Text and Commentary*, Oxford, 1980(松木栄三編訳『ピョートル前夜のロシア――亡命ロシア外交官コトシーヒンの手記』，彩流社，2003年)．

学位論文および梗概

1．*Асфандияров А. З.* Башкирия в период кантонного управления. 1798–1865 гг. Диссертация на соискание ученой степени кандидата исторических наук. Уфа, 1969.

2．*Он же.* Башкирия в период кантонного управления. 1798–1865 гг. Автореф. канд. дисс. М., 1969.

3．*Вагина П. А.* Заводы южного Урала в 50–60-х годах XVIII века. Диссертация на соискание ученой степени кандидата исторических наук. Л., 1950.

4．*Кульшарипов М. М.* Политический царизм в Башкирии（1775–1800 гг.）. Автореф. канд. дисс. М., 1972.

5．*Михалева Г. А.* Торговые и дипломатические связи России с Бухарским ханством через Оренбург в канце XVIII-начале XIX в. Автореф. канд. дисс. Ташкент, 1963.

6．*Шутикова Е. А.* Соль Илецкая во второй половине XVIII в（1754–1783 гг.）. Автореф. канд. дисс. М., 2004.

7．Frank, A. J. “Islamic Regional Identity in Imperial Russia: Tatar and Bashkir Historiograhpy in the Eighteenth and Nineteenth Centuries.” Unpublished Ph.D. Dissertation, Indiana University, 1994.

8． Schafer, D. E. “Building Nations and Building States: The Tatar-Bashkir Question in Revolutionary Russia, 1917–1920.” Unpublished Ph.D. Dissertation, University of Michigan, 1995.

9． Steinwedel, C. R. “Invisible Threads of Empire: State, Religion and Ethnicity in Tsarist Bashkiria, 1773–1917.” Unpublished Ph.D. Dissertation, Columbia University, 1999.

専門事典

1．Большая советская энциклопедия. Изд. 3-е. Т. 22. М., 1972.

2．Военная энциклопедия. Т. IV. СПб., 1911.

3. География России. Энциклопедия/Горкин А. П. (глав. ред.) М., 1998.
4. Город России. Энциклопедия/Лаппо Г.М. (глав. ред.) М., 1994.
5. Новый и полный географический словарь Российского государства. Ч. IV. М., 1788.
6. Оренбургская Пушкинская энциклопедия. Оренбург, 1997.
7. Русский биографический словарь. 25 ТТ. СПб., 1896-1905.
8. *Радлов В. В.* Опыт словаря туркских наречий. Т. III. СПб., 1905.
9. Салават Юдаев. Энциклопедия. Уфа, 2004.
10. Словарь современного русского литературного языка. Т. XI. М., 1967.
11. Советская исторческая энциклопедия. Т. 12. 14. М., 1969, 1973.
12. Толковый словарь живого великорусского языка Владимира Даля/Бодуэн-де-Куртенэ (ред.) СПб., 1912.
13. Энциклопедический словарь/Брокгауз Ф. И. и Ефрон И. А. (ред.) ТТ. III, XII, XIII, XXV, XXVIII, XXXII. СПб., 1884, 1890, 1891, 1894, 1898, 1900, 1901.
14. *Encyclopedia of Islam.* New Edition, vol. 1, London, Luzac & Co., 1970.

ロシア語文献

1. *Авдеев П. И.* Историческая записка об оренбургском казачьем войске. Оренбург, 1904.
2. *Азанатов Д. Д.* Оренбургское магометанское собрание в конце XVIII-XIX вв. Уфа, 1999.
3. *Акманов И. Г.* Башкирское и восстания 1704-1711//Из истории Башкирии. Ученые записки БГУ. Вып. 35. Уфа, 1968.
4. *Акманов И. Г.* Башкирские восстания XVII-XVIII вв./Программа спецкурса/Уфа, 1989 (Изд. 1-е), 1992 (Изд. 2-е).
5. *Он же.* Правительственные указы по земельному вопросу в Башкирии (30-е гг. XVIII-30-е гг. XIX в.)//Социально-экономическое развитие и народные движения по Южном Урале и Среднем Поволжье (дореволюционный период). Уфа, 1990.
6. *Он же.* Башкирия в состав Российского государства в XVII- первой половине XVIII в. Свердловск. 1991.
7. *Он же.* Башкирские восстания XVII- начала XVIII вв. Уфа, 1993.
8. *Он же.* За правдивое освещение истории народов. Уфа, 1995.
9. *Он же.* Башкортостан и Россия; взаимоотношения в середине XVI-первой половине XVII вв.//Alston S. Donnelly (перевод с английского языка Л. Р. Бикбаевой) Завоевание Башкирии Россией 1552-1740. Страницы империализма. Уфа, 1995.
10. *Он же.* Еще раз о присоединения башкир к Русскому государству//Ядкяр. 1996. №1.
11. *Аксаков С. Т.* Собрание сочинений в четырех томах. Т. 1. М., 1955(黒田辰男訳『家族の記録』, 岩波文庫, 1951 年, 初版).

12. *Алекторов А. Е.* История Оренбургской губернии. Оренбург, 1883.
13. *Алишев С. Х.* Татары Среднего Поволжья в Пугачевском восстании. Казань, 1973.
14. *Он же.* Присоединение народов Среднего Поволжья к Русскому государству//Татария в прошлом и настоящем. Сборник статей. Казань, 1975.
15. *Он же.* Исторические судьбы народов Среднего Поволжья XVI-начало XIX в. М., 1990.
16. *Он же.* Казань и Москва: Межгосударственные отношения в XV-XVI вв. Казань, 1995.
17. *Андрущенко А. И.* О самозванстве Е. И. Пугачева и его отношениях с яицкими казаками//Вопросы социально-экономической истории и источниковедения периода феодализма в России. М., 1961.
18. *Он же.* Крестьянская война 1773-1775 гг. на Яике, в Приуралье, на Урале и в Сибири. М., 1969.
19. *Аполлова Н. Г.* Присоединение Казахстана к России в 30-х годах XVIII века. Алма-Ата, 1948.
20. *Она же.* К вопросу о политике абсолютизма в национальных районах России в XVIII в.//Абсолютизм в России (XVII-XVIII вв.). Сборник статей. М., 1964.
21. *Асфандияров А. З.* Введение кантонной системы управления в Башкирии//Из истории Башкирии. дореволюционный период. Уфа, 1968.
22. *Он же.* Башкирские источники//Историческое значение добровольного присоединения Башкирии к Русскому государсиву. Уфа, 1982.
23. *Он же.* Башкирская семья в конце XVIII- первой половине XIX века//История СССР. 1984. №4.
24. *Он же.* Еще раз о характере присоединения Башкортостана к России//Востоковедение в Башкортостане: История. Культура. Ч. III. Уфа, 1992.
25. *Он же.* Кантонное управление в Башкирии (1798-1865 гг.). Уфа, 2005.
26. *Багалей Д. И.* Очерки из истории колонизации и быта степей окрайны Московского государства. М., 1887.
27. *Бальтольд В. В.* Еще о християнстве в Средней Азии//Сочинения. Т. 2. Ч. 2. М., 1964.
28. *Он же.* Целемониал при дворе узбекских ханов в XVII в.//Сочинения. Т. 2. Ч. 2. М., 1964.
29. *Он же.* Новый труд о половцах//Сочинения. Т. 5. М., 1968.
30. *Он же.* История изучения Востока в Европе и России//Сочинения. Т. 9. М., 1977.
31. *Бахрушин С. В.* Научные труды. Т. 3. Ч. 1. М., 1955.
32. Башкортостан в XVI-XVIII вв. (Тезисы докладов конференции). Уфа, 1996.
33. *Беликов Т. И.* Участие калмыков в Крестьянской войне под руководством Е. И. Пугачева (1773-1775 гг.). Элиста, 1971.
34. *Он же.* Ф. И. Дербетев—сподвижник Е. И. Пугачева. Элиста, 1978.

35. *Бородин Н.* Очерки общественного хозяйства Уральских казаков//Северный вестник. СПб., 1890. №№2, 3, 4, 5.

36. *Буганов В. И.* Крестьянские войны в России XVII-XVIII вв. М., 1976.

37. *Он же.* Пугачев. М., 1984.

38. *Буканова Р. Г.* Города и городское население Башкирии в XVII-XVIII вв. (Учебное пособие). Уфа, 1993.

39. *Она же.* Города-крепости юго-востока России В XVIII веке: История становления городов на территории Башкирии. Уфа, 1997.

40. *Валеев Д. Ж.* Национальный суверенитет и национальное возрождение: из истории борьбы башкирского народа за самоопределение. Уфа, 1994.

41. *Он же.* Очерки истории общественной мысли в Башкортостане. Уфа, 1995.

42. *Ванаг Н. Н.* Краткий очерк истории народов СССР. Ч. 1. Л., 1932(ワナーグ/ロシア問題研究所・大竹博吉訳『ロシア民族史』第1巻第1分冊，ナウカ，1936年).

43. *Вельяминов-Зернов В. В.* Исторические известия о киргиз-кайсаках и сношениях России с Средней Азией со времени кончины Абул-Хайри-хана. (1748-1765 гг.). Т. 1. Уфа, 1853.

44. *Он же.* Памятники с арабско-татарскою надписью в Башкирии//Труды Восточного отделения Русского археологического общества. Ч. IV. 1859.

45. *Он же.* Источники для изучения тарханства, жалованного башкирам русскими государями//Записки императорской Академии наук. Кн. 2. Т. 4. СПб., 1864.

46. Вестник научного общества татароведения. Казань, 1925. №1-2.

47. *Витевский В. Н.* Неплюев и Оренбургский край в прежнем его составе до 1758 г. Историческая монография. 2ТТ. Вып. 1-4. Казань, 1889-1897.

48. В помять столетия Оренбургского магометанского духовного Собрания, учрежденного в городе Уфа. Уфа, 1891.

49. *Гайснович А. И.* Пугачев. Жизнь замечательных людей. Серия биографий. М., 1937.

50. *Галин Г. М.* Сподвижники Е. И. Пугачева в ссылке//История СССР. 1982. №1.

51. *Гвоздикова И. М.* Салават Юлаев. Исследование документальных источников. Уфа, 1982 (Изд. 3-е. 2004. Рецензия: *Панеях В. М.*//Вопросы истории. 1983. №10).

52. *Она же.* Башкортостан накануне и в годы Крестьянской войны под предводительством Е. И. Пугачева. Уфа, 1999.

53. *Голькова Н. Б.* Астраханское восстание 1705-1706 гг. М., 1976.

54. *Гордин Я. А.* Хроника одоной судьбы. М., 1979.

55. *Готье Ю. В.* Замосковный край в XVII в. Опыт исследования по истории экономического быта. М., 1906.

56. *Он же.* Из истории передвижении населения в XVIII веке//Чтения Общества истории и древностей российских. Кн. 1. 1908.

57. *Он же.* История областного управления в России от Петра I до Екатерины II. Т. 1. М.,

1913.
58. *Греков В. и Якубовский А.* Золотая Орда и ее падение. М.-Л., 1950.
59. *Гурвич Н. А.* Взгляд на статистику ярмарок вообще и статистическую перепись Уфимской ярмарки 1871 г. Уфа, 1872.
60. *Он же.* Уфимский юбилейный сборник в память празднования трехсотлетнего юбилея города Уфы. Уфа, 1887.
61. *Демидова Н. Ф.* Социально-экономическое отношение в Башкирии в первой половине XVIII в.//400-летие присоединения Башкирии к Русскому государству. Уфа, 1958.
62. *Она же.* Управление Башкирией в первой трети XVIII в.//Исторические записки. Т. 68. 1961.
63. *Она же.* Отражение политики русского правительства в Башкирии в гербах и печатях ее города XVII-XVIII вв.//Южноуральский археографический сборник (Далее—ЮАС). Вып. 1. Уфа, 1973.
64. *Димитриев В. Д.* О ясачном обложении в Среднем Поволжье//Вопросы истории. 1956. №12.
65. *Он же.* К вопросу о ясаке в Среднем Поволжье//Ученые записки научно-исследовательского института при Совете Министеров Чувашской АССР. Вып. XVI. 1958.
66. *Дмитриев-Мамонов А. И.* Пугачевский бунт в Зауралье и Сибири. СПб., 1907.
67. *Добросмыслов А. И.* Башкирский бунт в 1735, 1736 и 1737 гг.//Труды Оренбургской ученой архивной комиссии. Вып. 8. Оренбург, 1900.
68. *Доннеллы А. С.* (*Donnelly A. S.*) (перевод с английского языка Л. Р. Бикбаевой). Завоевание Башкирии Россией 1552-1740. Страницы истории империализма. Уфа, 1995.
69. *Дубровин Н. Ф.* Пугачев и его сообщники. 3 ТТ. СПб., 1884.
70. *Дэнъ В. Е.* Население России по пятой ревизии. Подушная подать в XVIII веке и статистика населения в конце XVIII века. Т. 2. Ч. 2. М., 1902.
71. *Ерошкин Н. П.* История государственных учреждений дореволюционной России. М., 1968.
72. *Забелин И. Е.* Посольские путешествия в Турцию в XVIII столетии//Русская старина. Т. 20 (Сентябрь. 1877).
73. *Игнатьев Р. Г.* Памятники доисторических древностей Уфимской губернии//Справочная книга Уфимской губернии. Уфа, 1883. Отд. V.
74. *Он же.* Башкир Салават Юлаев...//Известия общества археологии, историии этнографии при имп. Казанском университете. Т. 11. Вып. 2. 3 иб. Казань, 1893, 1894.
75. *Он же.* Карасакал, лжехан Башкирии//Труды научного общества по изучению быта, истории и культуры башкир при Наркомпросе БАССР. Стерлитамак, 1922. Вып. 2.
76. Известия АН Казахской. ССР. Серия общественных наук. 1982. №3.
77. Из воевого прошлого русской армии. М., 1944.

78. *Иллерицкий В.* Экспедиция князя Черкасского в Хиву//Исторический журнал. 1940. №7.

79. *Имамов В.* Запрятанная история Татар (Национально-освободительная борьба татарского народа в XVI-XVIII веках за создание независимого государства). Казань, 1994.

80. *Индова Е. И., Преображенский А. А. и Тихонов Ю. А.* Народные движения в России XVII-XVIII вв. и абсолютизм//Абсолютизм в России (XVII-XVIII вв.). Сборник статей. М., 1964(林基訳「17・18世紀ロシアの民衆運動と絶対主義」,『専修大学人文論集』17号, 1977年).

81. *Иофа Л. Е.* Города Урала. М., 1951.

82. Исследования и исследователи Оренбургского края XVIII- начала XX вв.//Материалы региональной научной конференции. 12-14 мая 1983 г. г. Оренбург. Свердловск, 1983.

83. Историография истории СССР. М., 1961.

84. История Башкортостана. Ч. 1. Уфа, 1991.

85. История Башкортостана с древнейших времен до 1917 г. Уч. Пособие/Баш. Ун-т. Уфа, 1991.

86. История Башкортостана с древнейших времен до 60-х годов XIX в./Усманов Х. Ф. (ответ. ред.) Уфа, 1996.

87. История дипроматии. Т. 1. М., 1941.

88. История заметка о местности прежней Уфимской провинции, где был центр древней Башкирии. СПб., 1867.

89. История Казахской ССР. С древнейших времен до наших дней. Алма-Ата, 1979.

90. История родоного края. Челябинск, 1976.

91. История СССР. Первая серия: С древнейших времен до Великой Октябрьской социалистической революции. М., 1966. Т. 2.

92. История Татарской АССР. Т. 1. Казань, 1955.

93. История Удмуртской АССР. Т. 1. Ижевск, 1958.

94. История Уфы. Краткий очерк. Уфа, 1976.

95. История Чувашской АССР. Т. 1. Чебоксары, 1962.

96. *Ищериков П. Ф.* Салават Юлаев—вождь башкирского народа и сподвижник Пугачева//Преподавание истории в школе. 1951. №1.

97. *Кабузан В. М.* Изменения в размещении населения России в XVIII- первой половине XIX в. (По материалам равизии). М., 1971.

98. *Он же.* Русские в мире. Динамика численности и расселения (1719-1989). Формирование этнических и политических границ русского народа. СПб., 1996.

99. *Кавелин К. Д.* Собр. соч. Т. 1. СПб., 1897.

100. *Карамзин Н. М.* История государства Российского. Кн. II, III, ТТ. VI, VIII, IX. СПб., 1892.

101．*Каратаев Н. К* П. И. Рычков－выдающийся русский экономист XVIII в.//Вестник АН СССР. 1950. №3.
102．*Катанов Н. Ф.* Чувашские слова в болгарских и татарских памятниках. Казань, 1920.
103．*Кашинцев Д.* История металлургии Урала. Гонти. 1939.
104．*Ключевский В. О.* Сочинения. ТТ. 1, 2, 3, 4. М., 1956, 1957, 1957, 1958(八重樫喬任訳『ロシア史講話』1～4，恒文社，1979，1982，1982，1983年，土肥恒之訳『ロシア農民と農奴制の起源』，未来社(社会科学ゼミナール)，1982年).
105．Крестьянская война в России в 1773-1775 годах: Восстание Пугачева/Мавродин В. В. (ответ. ред.) 3ТТ. Л., 1961, 1966, 1970.
106．*Кузеев Р. Г.* Очерки исторической этнографии башкир. (род-племенные организации башкир в XVII-XVIII вв.). Ч. 1. Уфа, 1957.
107．*Он же.* Башкирские шежере и присоединение Башкирии к Русскому государству// Советская этнография. 1957. №4.
108．*Он же.* Новые источники о присоединении Башкирии к Русскому государству//Материалы научной сессии, посвященной 400-летию присоединения Башкирии к Русскому государству. Уфа, 1958.
109．*Он же.* Численность башкир и некоторые этнические процессы в Башкирии в XVI-XX вв.//Археология и этнография Башкирии (Далее－АЭБ). Т. III. Уфа, 1968.
110．*Он же.* Развитие хозяйства башкир в X-XIX вв. (К истории перехода башкир от кочевого скотоводства к земледелию)//АЭБ. Т. III. Уфа, 1968.
111．*Он же.* Краткий очерк этнической истории башкирского народа//АЭБ. Т. V. Уфа, 1973.
112．*Он же.* Источники по истории Башкирии до XVI в.//ЮАС. Вып. 1. Уфа, 1973.
113．*Он же.* Происхождение башкирского народа. М., 1974.
114．*Он же.* К вопросу об этнографическом источниковедении//ЮАС. Вып. 2. Уфа, 1976.
115．*Он же.* Добровольное присоединение Башкирии к Русскому государству－Поворотный пункт в истории края//Историческое значение добровольного присоединение Башкирии к Русскому государству. Уфа, 1982.
116．*Кузеев Р. Г. и Юлдашбаев Б. Х.* 400-лет вместе с русскими народами. Уфа, 1957.
117．*Кузьмин А. Г.* Татищев. М., 1987 (Изд. 2-е).
118．*Кулбахтин Н. М.* Участие башкирского народа в Крестьянской войне 1773-1775 гг. Уфа, 1984.
119．*Он же.* Из истории гайнинских башкир. Уфа, 1996.
120．*Он же.* Горнозаводская промышленность в Башкортостане. XVIII век. Уфа, 2000.
121．*Кулябко Е. С. и Чернышов А. М.* Первый член-корреспондент Академии наук// Вестник АН СССР. 1962. №10.
122．*Курмачева М. Д.* Крестьянская война 1773-1775 гг. в Нижегородском крае. Горький, 1975.

123. *Она же.* Города Урала и Поволжья в Крестьянской войне 1773–1775 гг. М., 1991.

124. *Лебедев В. И.* Башкирское восстание 1705–1711 гг.//Исторические записки. Т. 1. 1937.

125. *Лобов Н. Г.* Краткая заметка о старшинстве Оренбургского казачьего войска. Оренбург, 1911.

126. *Лоссиевский М. В.* Пугачевский бригадир Салават и Фариза//Газ. Волжско-Камское слово. Казакь, 1882. №221.

127. *Любавский М. К.* Обзор истории русской колонизации. М., 1996.

128. *Мавродин В. В.* Основные проблемы Крестьянской войны в России 1773–1775 годов//Вопросы истории. 1964. №8.

129. *Мавродин В. В., Кадсон И. З. Сергеева Н. И. и Ржаникова Т. И.* Об особенности Крестьянских войн в России//Вопросы истории. 1956. №2.

130. *Маркс К. и Энгельс Ф.* Сочинения. Т. 27. М., 1950 (Изд. 2-е).

131. *Мартынов М. Н.* Саткинский завод во время восстания Емельяна Пугачева//Исторические записки. Т. 58. 1956.

132. *Матвиевский П. Е.* Оренбургский край в Отечественной войне 1812//Ученые записки Оренбургского господинститнута. Вып. 17. 1962.

133. *Матвиевский П. И. и Ефремов А. В.* Петр Иванович Рычков. 1712–1777. М., 1991.

134. *Миллер Г. Ф.* История Сибири. Т. 1, 2. М.-Л., 1937, 1941 (Изд. 2-е. Кн. 1, 2. 1999, 2000).

135. *Мильков Ф. Н.* П. И. Рычков. М., 1953.

136. *Милюков П. Н.* Очерки по истории русской культуры. Ч. 1. СПб., 1904 (Изд. 5-е).

137. *Миронов Б. Н.* Социальная история России периода империи (XVIII– начало XX в.). Генезис личности, демократической семьи, гражданского общества и правового государства. Т. 1. СПб., 1999.

138. *Михалева Г. А.* Торговые и посольские связи России со Средней Азией. Ташкент, 1982.

139. *Моисеев В. А.* Россия—Казахстан: современные мифы и историческая реальность (Сборник научных и публицистических статей). Барнаул, 2001.

140. *Муравьев Н.* Путешествие в туркмению и Хиву. Ч. 2. М., 1822.

141. *Муртазин М. Л.* Башкирия и башкирские войска в гражданскую войну. М., 1927.

142. *Мухадьяров Ш. Ф.* К вопросу о положении крестьянства в Казанском ханстве//Ученые записки Казанского государственного университета. 1962. №122–2.

143. Научное наследие П. С. Палласа. СПб., 1993.

144. *Нефедов Ф. Д.* Движение среди башкир перед Пугачевским бунтом. Салават, башкирский батыр//Русское богатство. 1880. Октябрь.

145. *Николаев А. Н.* Вождь башкирского народа, пугачевский бригадир Салават Юлаев//

Исторический журнал. 1940. №11.
146. *Николаенко А. П.* Башкирия перед восстанием Пугачева//Сборник Государственного музея революции СССР. Т. 1. М., 1947.
147. *Никольский А. И.* (ред. Скалон Д. А.) Столетие военного министерства. 1802-1902. Главное управление казачьих войск. Т. 11. Ч. 2. СПб., 1902.
148. *Новиков В. А.* Очерки колонизации Башкирского края//Историческая библиотека. СПб., 1878. №12.
149. *Он же.* Сборник материалов для истории Уфимского дворянства. Уфа, 1903 (Изд. 1-е. 1879).
150. *Овчинников Р. В.* Манифесты и указы Е. И. Пугачева. Источниковедческое исследование. М., 1980.
151. *Он же.* Следствие и суд над Е. И. Пугачевым и его сподвижникам. М., 1995.
152. Очерки истории исторической науки в СССР. Т. 1. М., 1955.
153. Очерки истории СССР. Период феодализма. IX-X вв. Ч. 2. М., 1953.
154. Очерки истории СССР. Период феодализма. Конец XV- начало XVII вв. М., 1955.
155. Очерки истории СССР. Период феодализма. Конец XVII в. М., 1955.
156. Очерки истории СССР. Период феодализма. XVIII в., М., 1955.
157. Очерки истории СССР. Период феодализма. Первая четверть XVIII в. М., 1954.
158. Очерки истории СССР. Период феодализма. Россия во второй четверти XVIII в. М., 1957.
159. Очерки истории СССР. Период феодализма. Россия во второй половине XVIII в. М., 1956.
160. Очерки по истории Башкирской АССР. Т. 1. Ч. 1, 2. Уфа, 1956, 1959.
161. *Павленко Н. И.* К истории южноуральской металлургии в XVIII в.//Материалы научной сессии, посвященной 400-летию присоединения Башкирии к Русскому государству. Уфа, 1958.
162. *Он же.* История металлургии в России XVIII века. Заводы и заводовладельцы. М., 1962.
163. *Он же.* Птенцы Гнезда Петрова. М., 1984.
164. *Панеях В. М.* Кинзя Арсланов и Салават Юлаев//Лимонов Ю. А. Мавродин В. В. Панеях В. М. Пугачев и пугачевцы. Л., 1974.
165. *Пекарский П. П.* Сношения П. И. Рычкова с Академиею наук в XVIII столетии. Сб. ОРЯС. Т. 1. №3. СПб., 1886.
166. *Он же.* Жизнь и литературная переписка П. И. Рычкова. Сб. ОРЯС. Т. 2. №1. СПб., 1887.
167. *Петров С.* Пугачев в Пензенском крае. Пенза, 1956.
168. *Перетяткович Г.* Поволжье в XV и XVI веках. Очерки из истории края и его

колонизации. М., 1877.

169. *Он же.* Поволжье в XVII и начале XVIII века. Очерки из истории колонизации края. Одесса, 1882.

170. *Подъяпольская Е. И.* Восстание Булавина. М., 1962.

171. *Попов С. А.* Оренбургская губерния накануне Крестьянской войны 1773-1775 гг. -численность, национальный и социальный состав населения социально-экономическое положение//Научная конференция, посвященная 200-лению Крестьянской войны 1773-1775 гг. в России под предводительством Е. И. Пугачева: тезисы докладов. Оренбург, 1973.

172. *Преображенский А. А.* Урал и Западная Сибирь в конце XVI-начале XVIII в., М. 1972.

173. Присоединение Среднего Поволжья к Российскому государству. Взгляд из XXI века. 《Круглый стол》 в Институте российской истории РАН. 14 ноября 2002 г. М., 2003.

174. Проблемы историографии и источниковедения Крестьянской войны 1773-1775 годов в России//История СССР. 1975. №4.

175. *Пруссак А. В.* Заводы, работавшие на Пугачеве//Исторические записки. Т. 8. 1940.

176. *Пушкин А. С.* Полное собрание сочинений. Т. 5. М., 1948.

177. *Радолв В. В.* Опыт словаря тюркских наречий. Т. III. СПб., 1905.

178. *Рахматуллин М. А.* Крестьянская война в России 1773-1775 годов//История СССР. 1973. №6.

179. *Рахматуллин У. Х.* О некоторых особенностях ясака в Башкирской общине//Исследования по истории Башкирии. XVII-XVIII вв. Уфа, 1973.

180. *Он же.* Население Башкирии в XVII-XVIII вв. М., 1988.

181. *Рознер И. Г.* Яик перед бурей (Восстание 1772 года на Яике — предвестник Крестьянской войны под руководством Е. Пугачева). М., 1966.

182. Россия. Полное географическое описание нашего отечества. Ураль и Приуралье/ Семенов-Тян-Шанский В. П. (ред.). Т. 5. СПб., 1914.

183. *Руденко С. И.* Башкиры. Историко-этнографические очерки. М.-Л., 1955.

184. Русская старина. Т. 12, 23. 1875, 1878.

185. *Рычков Н. П.* Продолжение журнала или дневних записок путешествия по разным провинциям всероссийского государства. СПб., 1771.

186. *Рычков П. И.* История Оренбургская. (1730-1750). Оренбург, 1896 (Изд. 1-е. 1759; Изд. 3-е. Уфа, 2001).

187. *Он же.* Опыт Казанской истории древних и средних времен. СПб., 1767.

188. *Он же.* Топография Оренбургской губернии. Оренбург, 1887 (Изд. 1-е. Оренбург, 1767; Изд. 2-е. СПб., 1882; Изд. 4-е. Уфа, 1999).

189. Салават Юлаев, башкирец Шайтан-Кудейской волости//Оренбургские губернские ведо-

мости. 25 января 1847 г. №4.
190. Салават Юлаев. К 200-летию со дня рождения. Уфа, 1952.
191. *Семевский В. И.* Крестьяне в царствование императрицы Екатерины II, Т. 2. СПб., 1901.
192. *Семенов А.* Изучение исторических сведений о Российской внешней торговле и промышленности с половины XVIII столетия по 1858 г. Ч. 3. СПб., 1859.
193. *Сигов И.* Народ и посессионные владения на Урале//Русское богатство. 1899. №3.
194. *Скрынников Р. Г.* Спорные проблемы восстания Болотникова//История СССР. 1989. №5.
195. *Смирнов Н. А.* Россия и Турецкя в 16-17 вв.//Ученные записки МГУ. Т. 2. 1946.
196. *Смирнов Ю. Н.* Оренбургская экспедиция (комиссия) и присоединение Заволжья к России в 30-40-е гг. XVIII века. Самара, 1997.
197. *Соколов Д. Н.* Оренбургская губерния. М., 1916.
198. *Соловьев В. М.* Актуальные вопросы изучения народных движений (Полемические заметки о крестьянских войнах в России)//История СССР. 1991. №3.
199. *Соловьев С. М.* История России с древнейших времен. Кн. II. Т. 4. М., 1960; Кн. III. Т. 6. М., 1960; Кн. V. Т. 10. М., 1960. Кн. VIII, Т. 15. М., 1962.
200. Сподвижники Пугачева свидетельствуют... (Вступительная статья Р. В. Овчиннико-ва)//Вопросы истории. 1973. №8.
201. *Столпянский П. Н.* Город Оренбург: Материалы к истории и топографии города. Оренбург, 1908.
202. *Струмилин С. Г.* История черной металлургии в СССР. Феодальный период (1500-1860 гг.). Т. 1. М., 1954.
203. *Суиренко С. А.* П. И. Рычков как историк//Вопросы истории. 1975. №7.
204. *Суров В. В.* О судьбе последних пугачевацев-башкир//Вопросы истории. 1974. №1.
205. *Таймасов С.* Восстание 1773-1775 гг. в Башкротостане. Уфа, 2000.
206. *Тарасов Ю. М.* Русская крестьянская колонизация южного Урала. Вторая половина XVIII-первая половина XIX в. М., 1984.
207. Татары Среднего Поволжья и Приуралья/Волобьев Н. И. и Хисамутдинов Г. Д. (ответ. ред.) М., 1967.
208. *Ташкин С. Ф.* Инородцы Поволжско-Приуральского края и Сибири по материалам Екатерининской Законодательной Комиссии. Вып. 1. Оренбург, 1921.
209. Татары Среднего Поволжья и Приуралья/Воловьев Н. И. и Хисамитдинов Г. Д. (ответ. ред.). М., 1967.
210. *Типеев Ш.* И. Очерки по истории Башкирии. Уфа, 1930.
211. *Тихомиров М. Н.* Присоединение Чувашии к Русскому государству//Советская этнография. 1950. №3.

212．*Тоган З. В.* История башкир. История тюрков и татар. Уфа, 1994.

213．*Тоёкава К.* А. С. Пушкин и П. И. Рычков. Исторические источники пушкинской《Истории Пугачевского бунта》//Acta Slavica Iaponica, T. IX, 1991.

214．*Он же.* Оренбург и оренбургское казачество во время восстания Пугачева 1773-1774 гг. М., 1996

215．*Трепавлов В. В.* История Ногайской Орды. М., 2001.

216．Труды Оренбургской ученой архивной комиссии. Вып. III. Оренбург, 1897.

217．*Тхоржевский С. И.* Социальной состав Пугачевщины//Труды в России. М., 1925.

218．Управление Башкирией. Разделение Башкир на кантоны. Система кантонного управления. Башкирское разорение. Старинная жизнь башкир и некоторые их обычаи. Башкирский народный эпос. Судья Башкирии в будущем//Труды научного общества по изучению быта, истории и культуры башкир при Наркомпросе БССР. Вып. 2. Стерлитамак, 1922.

219．Урал. Северный, средный, южный. Справочная книга/Доброхотов Ф. П. (сост.) Петроград, 1917.

220．*Усманов А. Н.* Присоединение Башкирии к Русскому государству. Уфа, 1949 (Изд. 2-е, 1960).

221．*Он же.* Кинзя Арсланов—выдающийся сподвижник Пугачева//Исторические записки. Т. 71. 1962.

222．*Он же.* Добровольное присоединение Башкирии к Русскому государству. Уфа, 1982.

223．*Усманов М. А.* Татарские исторические источники XVII-XVIII вв. Казань, 1972.

224．*Усманов Х. Ф.* Развитие капитализма в сельском хозяйстве Башкирии в пореформенный период 60 - 90-е годы XIX в. М., 1981.

225．*Он же.* Размежевание башкирской дач между вотчиниками и припущенниками по правилам 10 февраля 1869 г.//Иванов В. П. и Усманов Х. Ф. Из истории сельского хозяйства Башкирии. Уфа, 1976.

226．*Устюгов Н. В.* Башкирское восстание 1662-1664 гг.//Исторические записки. Т. 24. 1949.

227．*Он же.* Хроника в Институте Истории Академии Наук СССР//Вопросы истории. 1949. №8-9.

228．*Он же.* Башкирское восстание 1737-1739 гг. М.-Л., 1950.

229．*Он же.* О характере башкирских восстаний XVII- первой половины XVIII вв.// 400-летие присоединения Башкирии к Русскому государству. Уфа, 1958.

230．*Он же.* Из истории русской крестьянской колонизации Южного Зауралья в XVIII веке//Ежегодник по аграрной истории Восточной Европы. 1958 г. Таллин, 1959.

231．*Он же.* Основные черты русской крестьянской колонизации Южного Зауралья в XVIII в.//Вопросы истории Сибири и Дальнего Востока. Новосибирск, 1961.

232．*Он же.* Крестьянская колонизация южной части Соликамского уезда//Материалы по

истории сельского хозяйства и крестьянства СССР. Вып. 5. М., 1962.

233. *Уханов И.* Рычков. Жизнь замечательных людей. Серия биографий. М., 1996.

234. *Ушаков И. Ф.* Работные люди Белорецкого завода в Крестьянской войне//История СССР. 1960. №6.

235. *Фирсов Н. Н.* Инородческое население прежнего Казанского царства и колонизация закамских степей. Казань, 1869.

236. *Он же.* Колонизация Волжско-Камского края и связанная с ним политика. Казань, 1930.

237. *Халиков А. Х.* Происхождение татар Поволжья и Приуралья. Казань, 1978.

238. Хронологический указатель материалов для истории инородцев европейской России/ Кеппен П. (ред.) СПб., 1861.

239. *Черепнин Л. В.* Русская историография до XIX века. Курс лекции. М., 1957.

240. *Чулошников А. П.* Феодальные отношения в Башкирии и башкирские восстания XVII и первой половины XVIII вв.//Материалы по истории Башкирской АССР. Ч. 1. М.-Л. 1936.

241. *Он же.* Восстание 1755 г. в Башкирии. М.-Л., 1940.

242. *Шакино И. М.* Василий Татищев. Свердловск, 1986.

243. *Он же.* В. Н. Татищев. М., 1987.

244. *Шмидт С. О.* Предпосылки и первые годы Казанской войны (1545-1549)//Труды Московского гос. Историко-архивного института. М., 1954.

245. *Шунков В. И.* Очерки по истории колонизации Сибири в XVII- начеле XVIII в. М.-Л., 1946.

246. *Шунков В. И.* Очерки по истории земледелия Сибири (XVII век). М., 1956.

247. *Юдин П. Л.* Суд и казны Салаватки (К истории пугачевского бунта)//Исторический вестник. Т. 73. 1883.

248. *Юлдашбаев Б. Х.* Новейшая история Башкортостана. Уфа, 1995.

249. *Юхт А. И.* Государственная деятельность В. Н. Татищева в 20-х - начале 30-х годов XVIII в. М., 1985.

250. *Он же.* В. Н. Татищев в экономическом развитии России в первой половине XVIII в.// История СССР. 1986. №3.

251. *Янгузин Р.* Хозяйство и социальная структура Башкирского народа в XVIII-XIX вв. Уфа, 1998.

その他の外国語文献

1. Abdullah Battal-Taymas. *Kazan Türkleri. Türk tarihinin hazîn yaprakları.* Ankara, 1966. (İst, 1925)

2. Alexander, J. T. *Autocratic Politics in a National Crisis: The Imperial Russian*

Government and Pugachev's Revolt, 1773-1775. Bloomington & London, Indiana University Press, 1969.

3. idem, *Emperor of the Cossacks: Pugachev and the Frontier Jacquerie of 1773-1775.* Lowrence & Kansus, Coronado Press, 1973.
4. Avrich, P. *Russian Rebels, 1600-1800.* New York, 1976(白石治朗訳『ロシア民衆反乱史』, 彩流社, 2002年).
5. Bartlet, R. P. *Human Capital, The Settlement of Foreigners in Russia, 1762-1804.* Cambridge University Press, 1979.
6. Baumann, R. E. "Subject Nationalities in the Military Service of Imperial Russia: The Case of the Bashkirs," *Slavic Review*, vol. 46, No. 3/4, fall/winter, 1987.
7. Benningsen, A. & Winbush, S. E. *Muslims of Soviet Empire, A Guide.* London, 1985.
8. Blum, J. *Lord and Peasant in Russia: From the Ninth to the Nineteenth Century.* Princeton, New Jersey, Princeton University Press, 1972.
9. Chantal Lemercier-Quelquejay, "Les missions orthodoxes en pays muslmans de moyenne-et basse-volga," *Cahiers du Monde Russe et Soviêtique*, VIII, 1967.
10. Donnelly, A. S. *The Russian Conquest of Bashkiria, 1552-1740, A Case Study in Imperialism.* New Haven & London, Yale University Press, 1968(pp. 179-193 に文献紹介がある。またロシア語訳は Завоевание Башкирии Россией. 1552-1740: Страницы истории империализма. Уфа, 1995 である).
11. Fisher, A. W. "Enlightened Despotism and Islam under Catherine II," *Slavic Review*, vol. 27, No. 4, Dec. 1968.
12. Fisher, A. W. *The Crimean Tatars.* Stanford, 1978.
13. Hudson, H. D. Jr. *The Rise of the Demidov Family and the Russian Iron Industry in the Eighteenth Century.* Newtonville, Mass., Oriental Research Partners, 1986.
14. Isabel de Madariaga. *Russian in the Age of Catherine the Great.* New Haven, Yale University Press, 1981.
15. Jones, R. E. *Provincial Development in Russia, Catherine II and Jackob Sievers*. New Jersey. Rutgers University Press, 1984.
16. Kappeler, A. *Russlands Erste Nationalitäten: Das Zarenreich und die Völker der Mittern Wolga vom 16. bis 19. Jahrhundert.* Köln & Wien, 1982.
17. idem (Translated by Clayton, A.), *The Russian Empire: A Multiethnic History*. London, Longman. 2001.
18. Khodarkovsky, M. *Where Two Worlds Mets: The Russian State and the Kalmyk Nomads, 1600-1771*. Ithaca & London, Cornell University Press, 1992.

19. idem, "The Stepan Razin Uprising: Was it a 'Peasant War'?". *Jahrbücher für Geschichte Osteuropas*. 42. 1994, H. 1.
20. idem, *Russia's Steppe Frontier, The Making of a Colonial Empire, 1500-1800*. Bloomington & Indianapolis, Indiana University Press, 2002.
21. Lazzerini E. J. "Tatarovedenie and the 'New Historiography' in the Soviet Union: Rising the Interpretation of the Tatar-Russian Relation," *Slavic Review*, vol. 40, No. 4, 1981.
22. Ledonne, J. P. *Ruling Russia, Politics and Administration in the Age of Absolutism, 1762-1796*. Prinston, Prinston University Press, 1984.
23. Ledonne, J. P. *The Formation of the Russian Political Order, 1700-1825*. New York & Oxford, Oxford University Press, 1991.
24. Moon, D., "The Settlement of Ruusia's Frontiers, 1550-1897," *The Historical Journal*, vol. 40, no. 4, 1997.
25. Nolde, B. *La Formation de L'Empire Russe ; Etudes, notes et documents*. 2 tt., Paris, 1952-53.
26. Pelenski, J. *Russia and Kazan. Conquest and Imperial Ideolog, 1438-1560s*, Mouton, 1974.
27. Peters, D. Politische und gesellschaftlische Vorstellungen in der Aufstandsbewegung unter Pugacev (1773-1775). *Forschungen zur osteuropaschen Geschichte*, Bd. 17, 1973.
28. Portal, R. "Les Bashkirs et le gouvernement russe au XVIIIe siècle," *Revue des Etudes Slaves*, t. 22, 1946.
29. idem, "Pugačëv: une rêvolution manquêe," *Etudes d'histoire moderne et contemporaine*, t. 1, Paris, 1947(山本俊朗訳「ロシア農民一揆に関する一考察——プガチョーフの乱とロシア社会」，早稲田大学社会科学研究所ソ連東欧部会編『ソ連東欧社会の展開』，亜紀書房，1970年，所収).
30. idem, *L'Oural au XVIIIe siècle*, Paris, 1950.
31. idem, *Les Slaves, peuples et nations* (*VIIIe-XXe siècle*). Paris, 1965.
32. Raeff, M. "Pattern of Russian Imperial Policy toward the Nationalities," in Edward Allworth (ed.), *Soviet Nationality Problem*. London & New York, Columbia University Press, 1970.
33. idem, "Pugachev's Rebellion," in R. Forster & J. P. Greene (eds.), *Preconditions of Revolution in Early Modern Europe*. Baltimore & London, 1970.
34. idem, *Comprendre l'ancien régime russe, Etat et société en Russie impériale*. Paris, 1982(英訳：Translated by Goldhammer, A. *Understanding Imperial Russia, State and Society in the Old Regime*. New York, Columbia University Press, 1984；石井規衛訳『ロシア史を読む』，名古屋大学出版会，2001年).

35. Rorlich, A.-A. *The Volga Tatars. A Profile in National Resilience.* Hoover Institution Press, 1986.
36. Smith, R. E. F. & Christian David, *Bread and Salt, A Social and Economic History of Food and Drink in Russia.* Cambridge University Press, 1984(鈴木健夫，豊川浩一，斉藤君子，田辺三千広訳『パンと塩：ロシア食生活の社会経済史』，平凡社，1999年).
37. Sumner, B. H. *Survey of Russian History*, London, 1944.
38. idem, *A Short History of Russia.* New York, 1949.
39. Supler, B. "Die Wolga-Tataren und Bashkiren unter russicher Herrshaft," *Der Islam. Zeitschrift für Geschichte und Kultur des islamishen Orients*, 29, 1949/50.
40. Zenkovsky, S. A. *Pan-Tnrkism and Islam in Russia.* Cambridge, Harvard University Press, 1960.

邦語文献

翻　訳

1. ソビエト科学アカデミー版(江口朴郎他訳)『世界史(近代3)』，東京図書，1961年。
2. バフルーシン，エス・ヴェ(外務省調査局訳)『スラブ民族の東漸』，新時代社，1943年。
3. プーシキン，A. C.(米川哲夫訳)『プーシキン全集5』，河出書房新社，1973年。
4. トガン，З. В.(小山皓一郎・山内昌之・小松久男訳・註)「ゼキ・ヴェリディ・トガン自伝(1)〜(8)」，『史朋』(北海道大学文学部東洋史談話会)，4・5・6・7・9・10・14・19号，1976年4月・1976年10月・1977年4月・1977年10月・1978年10月・1979年4月・1982年1月・1986年2月
5. ヴェイドレ，W.(山本俊朗・野村文保・田代裕共訳)『ロシア文化の運命』，冬樹社，1972年。

研究文献

1. 青木節也「ユーラシア革命の現代史によせて」，『ロシア史研究』31号，1980年。
2. 同「ロシア革命における植民地の運命によせて」，『季節』4，1980年。
3. 浅野明「16世紀後半モスクワ国家の西方進出——リヴォニア戦争前夜のロシアとスウェーデン」，佐藤伊久男編『ヨーロッパにおける統合的諸権力の構造と展開』，創文社，1995年，所収。
4. 阿部重雄『帝政ロシアの農民戦争』，吉川弘文館，1969年(第2版，1984年)。

5. 同「16-17 世紀の東ヨーロッパ諸国」,『岩波講座・世界歴史』15, 岩波書店, 1979 年。
6. 同『タチーシチェフ研究——18 世紀ロシア一官僚＝知識人の生涯と業績』, 刀水書房, 1996 年(なお, この本に対する私見は『社会経済史学』第 64 巻 3 号, 1998 年を参照されたい)。
7. 新井政美『オスマン vs ヨーロッパ〈トルコの脅威〉とはなんだったのか』, 講談社, 2002 年。
8. 石戸谷重郎「17 世紀初頭ロシア農民戦争のクロノロジー」,『歴史学研究』260, 1961 年。
9. 同「16 世紀中葉におけるロシアとカザン」,『奈良産業大学紀要』第 2 集, 1986 年。
10. 同「イヴァン 4 世の東方政策——カザン・アストラハンの併合」,『奈良文化女子短期大学』第 17 号, 1986 年。
11. 稲野強「ハプスブルク帝国とオスマン帝国」,『講座・世界史』第 2 巻, 東京大学出版会, 1995 年。
12. 川端香男里『ロシア——その民族とこころ』, 悠思社, 1991 年(後に講談社学術文庫に再録)。
13. 倉持俊一「辺境地域のロシアへの併合と『ソ連』の歴史叙述」, 田中陽兒, 倉持俊一, 和田春樹編『ロシア史 2』(世界歴史体系), 山川出版社, 1994 年, 所収。
14. 栗生沢猛夫「モスクワ第三ローマ理念考」, 金子幸彦編『ロシアの思想と文学——その伝統と変革の道』, 恒文社, 1977 年, 所収。
15. 同「モスクワ国家のカザン支配——モスクワ国家によるカザン統合の初期段階」,『北海道大学文学部紀要』第 41 巻 2 号, 1992 年。
16. 小山皓一郎「ヴォルガ・タタールまたはカザン・トルコ人について」,『えうゐ(ロシアの文学・思想)』 2 号, 1975 年。
17. 坂井弘紀「バシコルトスタン(バシキール)に伝わる『ノガイ体系』の特徴」,『千葉大学ユーラシア言語文化論集』 5 号, 2002 年。
18. 佐口透『ロシアとアジア草原』, 吉川弘文館, 1966 年。
19. 同「国際商業の発展」,『岩波講座・世界歴史』13, 岩波書店, 1979 年。
20. 鈴木健夫「近代ロシアへのドイツ人入植の開始——ドイツ諸地域からヴォルガ流域へ」, 鈴木健夫編『「ヨーロッパ」の歴史的再検討』, 早稲田大学現代政治経済研究所, 1997 年。
21. 田中陽兒「『ロシア農民戦争』論の再検討——ソビエト史学の新動向をめぐって」,『ロシア史研究』22 号, 1974 年。
22. 土肥恒之「(研究動向)ピョートル改革期の社会と民衆」,『社会史研究』 1, 1982 年。
23. 同「逃亡農民をめぐる若干の問題」,『ロシア史研究』39 号, 1984 年。

24. 同『ロシア近世農村社会史』, 創文社, 1987年。
25. 同『ピョートル大帝とその時代——サンクト・ペテルブルグ誕生』, 中公新書, 1992年。
26. 同「『ブルジョア史学』と『マルクス主義史学』の狭間で」,『一橋大学社会科学古典資料センター』Study Series, No. 34, 1996年。
27. 同『岐路に立つ歴史家たち——20世紀ロシアの歴史学とその周辺』, 山川出版社, 2000年。
28. 鳥山成人「ペ・エヌ・ミリュコーフと『国家学派』」,『スラヴ研究』12号, 1968年(後に『ロシア・東欧の国家と社会』, 恒文社, 1985年, 第9章に収録)。
29. 同「エカテリナ二世の地方改革——その動機と背景に関する問題と諸見解」,『スラヴ研究』20号, 1975年(後に『ロシア・東欧の国家と社会』, 恒文社, 1985年, 第8章に収録)。
30. 同「17世紀末ロシアの『門地制』廃止と『代官制』導入計画——『ピョートル改革』前史の一考察」,『紀要』(中央大学文学部), 史学科第33号(通巻128号), 1988年。
31. 中沢敦夫「『アファナーシー・ニキーチンの三海渡航記』——翻訳と注釈」(1)・(2)・(3),『人文科学研究』(新潟大学人文学部)103・105・108輯, 2000・2001・2002年。
32. 中村仁志「プガチョーフの乱におけるツァーリ幻想」『待兼山論叢』14号, 1981年。
33. 同「ロシア国家とカルムイク(17-18世紀)」,『ロシア史研究』42号, 1986年。
34. 同『プガチョーフの乱——良きツァーリはよみがえる』, 平凡社, 1987年(なお, この本に対する私見は『ロシア史研究』46号, 1988年を参照されたい)。
35. 西山克典『ロシア革命と東方辺境地域——「帝国」秩序からの自立を求めて』, 北海道大学図書刊行会, 2002年(なお, この本に対する私見は『ロシア史研究』71号, 2002年を参照されたい)。
36. 原暉之「シベリアにおける民族的諸関係——南シベリア遊牧民地帯を中心に」,『史苑』42巻1・2号, 1982年。
37. 同「歴史の歩み——道のロシア史」, 木村汎編『もっと知りたいロシア』, 弘文堂, 1995年, 所収。
38. 坂内徳明「アレクサンドル・ラヂーシチェフ『ペテルブルクからモスクワへの旅』の時代」,『一橋大学研究年報　人文科学研究』38号, 2001年。
39. 肥前栄一「《資料》1830年代ロシアの人口構成——ペ・イ・ケッペン『ロシア住民の身分別・県別分布』,『経済学論集』48巻3号, 1982年(後に『ドイツとロシア』, 未来社, 1986年に再録)。
40. 三上正利「17世紀西シベリアの植民と農業開拓」,『史淵』91輯, 1963年。
41. 同「キリーロフの生涯とその著『全ロシア国の繁栄状態』」,『窓』30, 1979年。

42. 三橋冨治男「オスマン帝国とヨーロッパ」,『岩波講座・世界歴史』15, 岩波書店, 1979 年。
43. 八重樫喬任「プガチョーフ農民戦争における僭称問題によせて」(上)・(下),『岩手史学研究』61・62 号, 1977 年。
44. 吉田俊則「シベリア植民初期のロシア人社会について」,『ロシア史研究』47 号, 1989 年。
45. 和田春樹「戦後ソ連における歴史家と歴史学――ソ連史学史ノート(その一)〔1945-49 年〕」,『ロシア史研究』25 号, 1976 年。
46. 同『農民革命の世界――エセーニンとマフノ』, 東京大学出版会, 1978 年。
47. 同「流れの変化に抗する歴史家たち―― 1964-66 年」,『ロシア史研究』32 号, 1980 年。
48. 同「転換するソ連歴史学―― 1968-1970 年」,『社会科学研究』37 巻 5 号, 1985 年。
49. 拙稿「プガチョーフ叛乱におけるバシキール人の参加過程」,『ロシア史研究』35 号, 1982 年。
50. 同「プガチョーフ叛乱前夜のバシキール人――その社会的変貌」,『社会経済史学』49 巻 2 号, 1983 年。
51. 同「ロシアにおける植民問題―― 18 世紀の南ウラルを中心にして」,『史観』112 冊, 1985 年。
52. 同「バシキール人サラヴァト・ユラーエフ――プガチョーフ叛乱研究の最新の動向に寄せて」,『ロシア史研究』42 号, 1986 年。
53. 同「プガチョーフ叛乱に関する一史料――サラヴァト裁判から」,『古代ロシア研究』16 号, 1986 年。
54. 同「ロシア帝国における地方の併合過程――バシキーリア併合の問題をめぐって」,『スラヴ研究』37 号, 1990 年。
55. 同「18 世紀ロシアの地方社会――プガチョーフ叛乱前夜におけるオレンブルグとオレンブルグ・カザーク」, 山本俊朗編『スラヴ世界とその周辺――歴史論集』, ナウカ, 1992 年, 所収。
56. 同「帝政ロシアの民族政策―― 18 世紀のヴォルガ流域とウラル」,『スラヴ研究』39 号, 1992 年。
57. 同「『現代版プガチョーフ叛乱』遠征――オレンブルク, ウファー, カザン(1993 年 9 月)」,『窓』89, 1994 年。
58. 同「ロシアの東方植民と諸民族支配」, 原暉之・山内昌之編『講座　スラブの世界②　民族』, 弘文堂, 1995 年, 所収。
59. 同「バシキーリアにおける軍制――カントン制」,『地域と地域統合の歴史認識――その１：ヴォルガ・ウラル・カザフスタン』(「スラブ・ユーラシアの変動」領域研究報告輯), 1997 年。

60. 同「バシキーリアにおける軍事・行政改革――カントン行政システムの導入とその意義」,『駿台史学』第103号，1998年。
61. 同「18世紀ロシアの南東植民政策とオレンブルクの建設――I.K.キリーロフのいわゆる『草案』について」，松里公孝編『ロシア・イスラム世界へのいざない』(スラブ研究センター研究報告シリーズ74号)，2000年。
62. 同「ロシアとバシキール人――帝政ロシア民族政策の一事例」，豊川浩一編『前近代ロシアにおける都市と地方の社会的結合の諸形態に関する研究』(平成10～13年度科学研究費補助金(基盤研究)(A)(1)研究成果報告書)，2002年。
63. 同「M.K.リュバーフスキー文書とバシキーリア」,『窓』133，2005年。
64. ジョン・P・ルドン(松里公孝訳)「18世紀のロシア(1700-1825)」，和田春樹・家田修・松里公孝編,『講座　スラブの世界③，スラブの歴史』，弘文堂，1995年，所収。

История объединения народов в Российской империи: Русская колонизация и башкиры (XVI-XIX вв.)

ТОЁКАВА, КОИТИ

Введение: Историография по истории русской колонизации и 《башкирских вопросов》

Наша монография посвящена сложной проблеме взаимодействия русского этноса с нерусскими народами. Этот вопрос является определяющим во всей истории России и одной из самых центральных тем в русской историографии. С. М. Соловьев (1820-1879), В. О. Ключевский (1841-1911), М. К. Любавский (1860-1936) и представители 《юридической (государственной) школы》 считают, что 《русская история есть в сущности история непрерывно колонизующей страны》[1). Эта концепция более или менее влияет на формирование русской историографии.

В данной работе мы рассматриваем русскую колонизацию Башкирии в аспекте развития и усиления русской национальной политики, сопротивление башкир русской колонизации, обращаясь при этом к истории присоединения народов Поволжья и Приуралья к Российскому государству. По этой теме существует множество исторических очерков и монографий опубликованных современными русскими и башкирскими историками[2). От них заметно отличается до сих пор неопубликованные работы М.К. Любавского. Он рассматривает историю Башкирии более тщательно и на базе богатых, уникальных источников[3), —— некоторые из которых со временем были утрачены.

Автор данной работы занимается этой темой с 1982 г. и по настоящее время[4). В своих исследованиях автор использует предложенную американским историком М. Раевым периодизацию русской национальной политики. Он выделяет следующие этапы колониальной истории Российской империи: первый этап —— 《завоевание или захват》 земель и народов, второй —— 《присоединение》, третий —— 《ассимиляция》[5). Хотя такое определение является эффективным подходом для изучения колониальной политики, но, безусловно, в

нем не хватает конкретики. Поэтому мы рассмотрим процесс интеграции Башкирии на основе не только фактического материала, но и историографии русской, башкирской, европейской, американской и японской[6].

Башкирский этнолог Р. Г. Кузеев проницательно отмечает: 《Современная эпоха характеризуется сложным сочетанием процессов этнокультурной *интеграции* и *дифференциации*》[7]. Его мнение применимо и к истории русской колонизации Башкирии.

Анализ русской колонизации Башкирии ставит сложные вопросы, —— в первую очередь, земельный вопрос, связанный с нарушением 《вотчинных》 прав народа на свои земли и угодья. В целом мы можем это называть 《башкирским вопросом》. История башкир отличается от истории других народов, населяющих Россию, прежде всего их протестом против такой колониальной политики империи. В XVI и XVII вв. в период начала формирования русской национальной политики, складывется в общих чертах 《традиционная политика》 колонизации Башкирии. Тогда Московское правительство показало проявляло большой интерес к завоеванию новых территорий и присоединению их к своей стране. Мы можем определить фактор 《присоединения》 Башкирии к Московскому государству, исходя из целого ряда событий, и связанных неразделимо с русской — помещичьей и заводской —— колонизацией Башкирии. Последняя ступень русской колониальной политики —— ассимиляция или русификация башкир в XVIII и XIX вв., что явилось, с нашей точки зрения жестоким процессом для них. В конечном счете государственная машина стремилась к их социальной и политической ассимиляции —— через религию и образование, 《просвещение》 —— христианизацию и обучение русскому языку. В своей работе мы обращаем внимание на то, как обстановка в обществе привела к становлению определенной системы управления в последней четверти XVIII в. Этот аспект мало исследован историками. Впоследствии башкирское сопротивление становится мало заметным, и таким образом завершается колонизация Башкирии. Между тем, автор считает, что 《просвещение》 или 《модернизацию》 не всегда можно считать прогрессивным явлением, особенно в регионах России[8].

В введении рассматривается историография по данной проблеме, включая вопросы 《присоединения》 Башкирии, ее национальной политики, 《Крестьянской войны》 (этот термин, который я критикую, пока не скорректирован в русской и башкирской историографии), христианизации, повинности ее жителей, а также земельного вопроса. В башкирских общинах постепенно и решительно складывалось противостояние русской политике, и народ восставал с оружием в руках против имперского национального господства или русской колонизации, —— воплощенной в местной администрации, русских деревнях, монастырях, заводах и т.д., во всем том, что башкиры считали символом колонизации.

Глава 1. Башкиры накануне принятия подданства Московского государства

В Башкирии богатая природа: леса, степи и горы. Текут многоводные реки: Волга, Кама, Тобол и Яик и др. Район богат природными ресурсами, и в нем обитает много разных видов животных[9]. Башкирия, которая называется 《русской жемчужиной》, до сих пор составляет одно из чудес Урала. Поселения башкир расположены по обе стороны Уральских гор. Вначале башкиры занимались кочевым скотоводством.

Народ Башкирии находился под властью трех государственных формирований: Ногайской Орды в юго-восточном Башкирии, Казанскоого ханства в западной и северо-западной Башкирии, и Сибирского ханства в северо-восточной Башкирии (Зауралье). Так сложилось политико-социальное положение Башкирии в конце XV— первой половине XVI вв. Башкиры несли на своих плечах бремя налоговых и военных повинностей, как своих, так и чужих феодалов. Таковой была социально-экономическая ситуация Башкирии. В то время башкиры как народ пока еще не сложились, и вели свое существование разные родовые общины и племены в разных регионах.

В XV— первой половине XVI вв. башкиры заключили союз между родами или племенами, о котором рассказывают 《шежере》 (предания) у Бурзяна, Усергана, Кипсака (Кипчака), Тамяна и Тангаура[10]. По сути дела, башкирская верхушка —— старшины, тарханы и мурзы —— получила вотчинные права на землю, хотя землей и угодьями формально обладали башкирские родовые общины. В свою очереды общины должны были выполнять разнообразные повинности: платить ясак и нести военную службу у ханов, в результате чего они совсем обеднели[11]. Что касается 《йыйына》 (народного собрания), то советская историография давала ему низкую оценку. Так например, А.Н. Усманов отмечает, что не только ногайские мурзы и казанские ханы имели огромное влияние на решения собраний, но и представители башкирской верхушки, а также мусульманские священники[12]. Однако французский историк Р. Порталь (1906-1994) обратил внимание на роль этих собраний в истории Башкирии и дал им высокую оценку. Он считал, что 《йыйын》 имел большое значение для башкирского освободительного движения XVII-XVIII вв.[13] По мнению автора, изучение 《йыйын》 имеет большое значение для более глубокого понимания истории Башкирии.

Глава 2. Реальное состояние подданства Башкирии в Российском государстве

Касаясь вопроса 《присоединения》, мы рассматриваем политику колонизации, проводимую Российским государством, не в рамках времени захвата Казани

(1552 г.) и Астрахани (1556 г.) —— во второй половине XVI в., а как длительный процесс интеграции Башкирии и его коренного населения в состав России. Термин 《присоединение》 по определению советской историографии означает не сам окончательный исторический процесс, а начало внутренней колонизации, проводимой Московским государством. 《Присоединение》 преображало новые включенные региональные общества, приобретенные в процессе колонизации и создавало возможности для их вхождения в административную систему России[14]. Уральский историк В.Н. Витевский (1845–1906) писал, что 《Башкирия не могла быть покорена одним ударом, а постепенно, шаг за шагом, что мы и видим на самом деле》[15]. 《Дорогой ценой приобрела себе этот край коренная Россия: *много, даже очень много* было пролито инородческой и русской крови на этом обширном пространстве, прежде чем оно было включено в состав Русского государства. Более двух веков, с небольшими перерывами, продолжалась упорная борьба Русского правительства с инородческим населением этого края, особенно с главными обитателями его —— башкирами》[16].

Московское государство, которое только что освободилось от 《монгольского ига》 во второй половине XV в., пришло к централизации власти. В первой половине XVI в. —— в царствование Ивана IV —— это направление укрепилось в стране, а государство получило благоприятную возможность повысить свой престиж среди других стран. Россия расширяла границы, захватывая степь и лес, в 1552 г. завоевала Казанское ханство, которое создавалось на месте слияния рек Камы и Волги. В 1556 г. она завоевала Астраханское ханство, которое являлось ключевым местом транзитной торговли близ устья Волги. В результате этих завоеваний сформировалась центральная ось —— магистральная дорога —— 《Москва —— Казань —— Астрахань》, которая увеличила территорию и расширила сферу торговли. С другой стороны, в состав России вошли тюркские народы на северном Кавказе, и в верхней и нижней Волге.

После распада Казанского ханства, положение в Волго-Уральском регионе было крайне нестабильным. Народы 《луговой》 и 《горной стороны》 т.е. черемисы и чуваши встали на борьбу против Московского государства[17]. В сложившихся условиях Иван IV послал всем 《улусам》 т.е. башкирам жалованные грамоты[18], и башкиры (разные роды или племена) отправляли делегации в Москву к царю Ивану Грозному с обещанием платить ясак[19]. Он обещал в свою очередь оказывать им покровительство.

Но дело в том, что интересы обеих сторон не всегда совпадали и приоритеты сторон были различны. Московское правительство и башкиры стремились каждый к своим интересам в этом 《присоединении》. Для первого были важны интересы государственные, а для башкир —— признание своей религии, защита обычаев и свободы, вотчинных прав на земли, принадлежащие им с давнего времени. Московское государство требовало у народов, которые приняли рус-

ское подданство, воинской повинноисти. Башкиры стали платить ясак и нести военную службу.

Что касается отношения между государством и общинами башкир после принятия подданства, то этот вопрос необходимо рассматривать иммено с точки зрения значимости ясака для Московского правительства и для башкир. Для башкир ясак являлся символом обеспечения вотчинных прав на своих землях, а для Московского государства —— главным мерилом своего господства на окраине вместе с военной службой. Интересно то, что башкиры заявляли свои права, опираясь на записи их в《ясашных книгах》. Башкиры Осинской, Казанской и Ногайской дорог подавали прошение Ивану V и Петру I. Они утверждали, что имели вотчинные права на землю, в то время, как у тех людей, которые не были записаны в《ясашной книге》, —— таких прав нет. Поэтому башкиры просили защитить свои права от《припущенников》[20). Кроме того, несмотря на русское подданство, башкиры продолжали испытывать гнет эксплуатации от русских, и соседних других народов, как и раньше. При этом башкиры часто оказывали сопротивление, считая, что《восстание》против несправедливости является их неотъемлемым правом. Эти восстания во многом помогают понять логику действий башкир после вхождения в Московское государство.

Ясак был одною их крупнейших статей государственного дохода Московского государства. По сообщению Г. К. Котошихина,《мягкой рухляди》(т. е. пошлины натурой), привозимой в виде ясака из Сибири (《соболи, меха собольи, куницы, лисицы черные и белые, горностаи, белка в розни и мехами, бобры, рыси, песцы, черные и белые, и зайцы, и волки, бобры, барсы》) и городов, ведомых в приказе Казанского дворца (《лисицы, куницы, белка, горностаи, песцы, зайцы, волки немалое число》), в первой половине XVII века собиралось приблизительно на сумму больше шестисот тысяч рублей[21). Московское государство стало оберегать башкирские землевладения от перехода в иные руки, как оберегало оно землевладения и других ясачников —— инородцев. Эта политика нашла свое выражение в известном《Уложении 1649 года》(глава XVI. стат. 43), гласившей:《А в городах у князей, у мурз, и у татар, и у мордвы, и у чуваши, и у черемисы, и у вотяков, и у башкирцов боярам и окольничим, и думным людям, и стольникам, и стряпчим, и дворянам Московским и из городов (т. е. провинциальным —— К. Т.) дворянам и детям боярским и всяких чинов русским людям, поместных, и всяких земель не покупать и не менять и в заклад, и сдачею, и в наем на многие годы не имать》. Статья заканчивалась предписанием, что у тех людей, которые нарушат закон,《поместные и ясашные земли имать на государя, да им же за то от государя в опале》[22). Поэтому мы можем считать, что башкиры не соглашались на《своевольное присоединение》к Российскому государству, а принимали российское《подданство》по своей воле.

Глава 3. Башкирские восстания в XVII- начале XVIII вв.

Здесь мы рассматриваем, как складывалась жизнь башкир делали после вхождения в российское подданство. Империя в XVIII в. пыталась изменить свою колониазационную политику в связи с сопротивлением калмыков на Алтае и в Поволжье. Калмыки и ногайцы, которые 《присоединились》 к ним, вместе нападали на русские поселения, поэтому правительству необходимо было создавать новую стратегическую линию в юго-восточном районе России. Эта Закамская линия явилась фундаментом колонизации Башкирии.

На рубеже XVII-XVIII вв. русская колонизация постепенно усилилась: правительство понимало важность этого региона (особенно во время царствования Петра I), т. к. он имел ведущее место в снабжении страны сырьевыми ресурсами. Мы рассматриваем причины и ход башкирских восстаний 1662-1664, 1681-1684, 1704-1711 гг. Хотя основной движущей силой этих восстаний были рядовые башкиры, но в них принимали участие также старшины, которые были недовольны политикой Москвы. Кроме того, в восстаниях приняли участие татары, мари, чуваши, мишары, удмурты и мордва, живущие в Уфимском, Кунгурском уездах и в части Казанского уезда. Башкиры объединили силы с другими народами. В 1682 г. восставшие во главе с Сейтом Сафиркой встали на борьбу против насильственной христианизации и присоединились к калмыцким отрядам[23]. В 1704 г. поступки 《прибыльщиков》 возмутили уфимских башкиров и побудили их к восстанию. Они хорошо знали о восстании в Астрахани и испытывали симпатию к Астраханскому населению, которое 30 июля 1705 г. восстало против введения у них нового налог и своеволия Астраханского воеводы Тимофея Лужевского, а также против насильственного бритья усов и бороды. Астраханские восставшие стремились соединиться с народными движениями в Казани и Поволжских городах, и установили отношения с башкирами и северо-кавказскими народами. Таким образом башкирское восстание не представляло собой единичное явление, а стало борьбой в общероссийсих масштабах[24]. В июне 1708 г. английский посол в России Чарльз Витворт сообщил в своем докладе правительству, что восставшие под руководством К. Булавина связались с 《the bashkir garrison tartars》[25].

Большое значение в ходе освободительного движения имело появление 《ханов》 и установления хороших отношений между восставшими и соседними народами, проживавшими рядом с Башкирией. Возможно, что башкиры в освободительных движениях XVII —— начала XVIII вв. хотели создать 《независимое》 башкирское общество на своей земле. Это доказывают следующие факты. В феврале 1707 г. один из восставших руководителей Хази Аккускаров, происходивший из Юлматынской волости Ногайской дорогой, называл себя ханом[26]. Летом 1709 г. среди восставших был родственник кара-

калпакского хана[27]. В первом случае —— хан был представителем башкирского народа, а во втором —— башкирские народы надеялись получить военную поддержку от соседних народов.

Автор считает, что башкирское население неоднократно проявляло готовность признать власть нерусских владык. В 1662–1664 гг. башкирские предводители в первую очередь попытались разорвать《вассальные узы》, связывавшие их с царем, и установили связь с правнуком калмыцкого тайшы и Сибирского хана Кучума царевичем Аюкой Кучюкой, который также искал возможность организовать союз против России[28].

Глава 4. Строительство города Оренбурга и башкиры

В советской историографии мало исследовалась история Оренбурга. Точнее говаря, хотя ряд выдающихся работ был опубликован в дореволюционной историографии[29], но только в 1990-х годах начинается настоящее глубокое изучение Оренбурга[30].

Строительство города-крепости Оренбурга стало ключом к расширению имперской России в юго-восточном регионе в XVIII в. До этого Уфа являлась важным городом в XVI–XVII вв. и даже в XVIII в., будучи столицей Башкирии. Некоторые администраторы, руководившие строительством Оренбурга, плохо относились к коренному населению региога, другие —— В. Н. Татищев, П. И. Рычков, и т.п. —— стремились завязать дружественные отношения, установить торговую связь между Россией и Средней Азией. Это не является исключением, а составляет основу национальной политики России.

В 1734 г. обер-секретарь сената И. К. Кириллов подал правительству обширное《Представление》об интересах России на Востоке. Он предлагал императрице Анне Иоановне эксплуатировать богатые природные ресурсы Казахстана, Башкирии и Каракалпакии, построить пограничные крепости между Башкирией и Казахстаном, и город-крепость в устье реки Ори. Кириллов имел в виду, что Российское государство будет вести торговлю со Средней Азией и даже Индией[31]. В этом он следовал концепции Петра I, который пытался продвигать《меркантилизм》в России.

Кириллов считал, что новый город будет иметь большое значение.《Место, где желает хан быть крепости при устье реки Орь, впадающей в Яик, самая средина между башкирцами и киргиз-кайсацкою ордою, и разделить калмык волжских вдаль от башкирского согласия, к калмыкам же Контайшным присуседимся》[32].《Могут еще противные резоны произойти, что когда киргизский народ будет под одним российским владением с башкирцами, то бы иногда, соединяясь с башкирцами, не учинились общими неприятелями, и на такой резон истинное приношение сие, ежели б входил такой замысел в сии обои народы, то

бы удобнее ныне соглашатся и вред делать, когда между ими российского города и воинских людей еще нет, и хан киргиз-кайсацкий добровольно к подданству не подошел, а после, имея над собою ближнюю команду —— город, никак нельзя, согласясь, в противность подняться —— к тому же легко упокоены быть могут сзади каракалпаками и калмыками, а внутри из города нового, из Уфы и яицкими казаками, так что некуды деватся. Буде же бы один, который их них народ поднялся, то легче другими усмирить без посылки российских полков, и так всегда безопасно пребудет нежели ныне без города, имея отверстую степь к набегам》[33].

Таким образом, Кириллов предлагал осуществлять политику раздельного управления т. е. 《divide et impera》 разными средствами: постройкой нового города, использованием бывших восставших башкиров как солдат для защиты города или в составе экспедиций в Средную Азию или как рабочих для строительства, и т. п.[34] Еще рассматривал возможность использовать башкирскую родовую верхушку[35]. Кириллов занял должность начальника Оренбургской экспедиции.

15 августа 1735 г. Кириллов начал строить деревянную крепость в устье реки Орь и 31 того месяца основал город, а через 2 года начальник Оренбургской экспедиции умер. Во время В. Н. Татищева (1686–1750) и И. И. Неплюева (1693–1773), которые были преемниками Кириллова, из-за неудачного местоположения они перенесли крепость на другое место.

Дело в том, что местное население, в том числе и башкир, вынудили делать тяжелую работу —— строить крепости. В 1735 г. они подняли восстание против тяжелой трудовой повинности и конфискации земель, опасаясь за будущее свое положение и того, что Оренбург станет опорным пунктом российской колонизации Башкирии. Непосредственным поводом к восстанию была деятельность самой Оренбургской экспедиции (постройка Оренбурга и крепостей на территории Башкирии сопровождалась изъятием части башкирских земль). Народное восстание было жестоко подавлено[36], но это осложнило обстановку в Башкирии.

В. Н. Татищев продолжил политику своего предшественника в отношении башкир. По его приказу восставшим отрезали носы и языки, отсекали руки и ноги[37]. Жестоко подавляя их сопротивление, он упорно проводил в жизнь намеченные мероприятия. Так как ни Кириллов, ни Татищев не смогли до конца справиться с восстаниями башкир, доведенных до отчаяния, то российское правительство решило применить более суровые меры, назначив в июне 1739 г. начальником Оренбургской комиссии генерала В. А. Урусова. Назначение боевого генерала определило дальнейшее направление политики империи в Башкирии. Урусову было приказано 《огнем и мечом》 положить конец башкирским волнениям и поставить новые крепости на границе казахской степи с Башкирией, продолжив их линию дальше по Уралу и рекам Ую и Тоболу до границ Западной Сибири[38].

Но появились и люди, которые укрепляли отношения с местными жителями. Одним из них являлся П. И. Рычков, который был активным участником Оренбургской экспедиции, впоследствии стал товарищем при Оренбургском губернаторе и впервые членом-корреспондентом в России. Он также пытался найти возможности для развития торговли со Средней Азией и Индией через Оренбург.

Глава 5. Русская колонизация на Южном Урале в XVIII в.

В XVIII в. Российская империя активно развивает колонизацию на Южном Урале. При рассмотрении вопроса о колонизации в этом регионе мы считаем необходимым выделить следующие моменты: процесс колонизации (введение законов, увеличение суммы и изменение способа взимания налога, военная служба и насильственная христианизация), и сопротивление колонизации со стороны местного населения. Необходимо рассматривать с точки зрения: 《русская колонизация и противодействие коренных жителей в этом направлении》[39]. Ни советская, ни российская историография не подходили к вышеупомянутой проблеме с этой точки зрения[40].

В первой четверти XVIII в. российское правительство осознало важность Южного Урала как опорного пункта для экспансии в Западную Сибирь, плодородная почва, минеральные богатства края позволяли создать в нем новый центр промышленности. Н.Г. Апполова отмечает, что Российское государство в XVIII в. стремилось выполнять 《хозяйственное освоение》《национальных окраин》 т. е. развивать сельское хозяйство и промышленность в Татарии и Чувашии, сельское хозяйство и металлургию в Башкирии[41]. Американский историк А.С. Доннелли также указал важность Южного Урала для развития промышленности России в первой четверти XVIII в.[42]

Русская колонизация Южного Урала постепенно усиливалась. Во-первых, рабочие промышленников Строгановых и монастыри заселяли край. Во-вторых, беглые крестьяне т. е. крепостные и старообрядцы, бежали сюда, а потом приходили и государственные крестьяне. В-третьих, кроме русских, земли заселяли татары и другие народы. В-четвертых, донские казаки боролись за гегемонию с калмыками и башкирами и формировали Яицкое казачество. Таким образом в XVIII в. значительно увеличилось население на Южном Урале. Процесс колонизации продолжался долго, и в то же время велось строительство следующих крепостей для защиты от нападения кочевников —— башкир и 《киргизов》 (казахов): Уфа (1574 г.), Мензелинск (1584–86 гг.), Оса (1591 г.), Кунгул (1648 г.), Бирск (1663 г.), Троицк (во второй половине XVII– начало XVIII в.), Екатеринбург (1721 г.), Красноуфимск (1736 г.).

Численность населения в Оренбургской губернии резко увеличивалась. Население в 1795 г. (пятой ревизии: 380 282 душ м.п.) увеличилось в 3.4 раза

по сравнению с населением в 1719 г. (первой ревизии: 108 518 душ м.п.)[43]. Оно состояло из двух категорий: 《податное》 и 《неподатное》. Первое включало купцов, мещан, однодворцев, государственных, удельных, экономических крестьян, выморочных помещичьих крестьян, ясачных, казенных, заводских, частных заводских, пахотных крестьян, солдат, башкир, татар, мишарей, мордву, чувашей, тептярей и бобылей, платящих подати государству. Второе —— церковнослужителей, отставных солдат и казаков с детьми, мишарей, башкир, татар, записанных в нерегулярные войска, калмыков, казахов, каракалпаков и других народов, освобожденных от податей[44]. В течение XVIII в. увеличивалось население податных сословий: по I ревизии 1719 г., оно исчислялось 16 380 душами м. п.[45] и его основную часть составляли русские крестьяне. Процент роста русского населения с 1719 г. по 1795 г. (35 000 душ в 1719 г. и 430 000 душ в 1795 г.) в 2.6 раза больше по сравнению с процентом роста —— башкир (106 176 чел. в 1744 г. и 153 000 —— 154 000 душ в 1795 г.)[46]. Несмотря на частые восстания, башкиры не смогли сдерживать приток русских крестьян на Южный Урал. В результате этого к концу XVIII в. население башкир на Южном Урале составляло только 21%[47].

Что касается сельского хозяйства, то большинство сельского населения составляли кочевники и скотоводы. Это в основаном были казахи, башкиры, калмыки и казаки. Но Южный Урал все больше становился важным центром производства металла в России и даже во всем мире. Производство соли также являлось значительным промыслом в крае. Этот район играл важную роль, будучи промежуточном звеном между Россией и Средней Азией.

Указ от 11 февраля 1736 г. установил дальнейшее направление колонизации для местного управления, разрешал 《земли и угодья тамошним жителям дворянам и офицерам и мещерякам у башкирцев покупать и за себя крепить》[48]. До провозглашения указа русским запрещалось покупать земли и угодья у башкир на основе 《Уложения》[49], несмотря на то, что русские поселялись в этом районе. После провозглашения нового указа русская помещичья и заводская колонизация Башкирии, воспользовавшись поддержкой указа, развивалась, как говорится, 《законными средствами》. Указ от 11 февраля 1736 г. определил новую эпоху истории Башкирии, положив 《начало свободной колонизации》[50]. Мы покажем конкретные примеры этому в купчих[51], прежде всего в автобиографическом романе С. Т. Аксакова 《Семейная хроника》[52].

Башкиры столкинулись с новыми трудностями, а именно: изменение налоговой системы —— отмена ясака и монополия на продажу соли, увеличение военных повинностей, и христианизация. Сенатским указом от 16 марта 1754 г. провозглашалось изменение налоговой системы. Куницы, белки, и т. п., используемые в виде ясака, постепенно исчезали, вместо этого народы должно были покупать соль по 35 копеек за 1 пуд, хотя раньше приобретали ее бесплатно. Ранее башкиры, мишары, татары жившие в Уфимской и Исетской

провинциях платили ясак в сумме 4 392 рублей 65 1/2 копеек в год. Монополия на производство и продажу соли в Илецке обещала казне получать доход более чем 14 000-15 000 рублей в год (в 3 раза больше)[53].

Изменение налоговой системы имело большое значение для башкирского общества, и по—разному осмыслялось Россией и самими башкирами. Во-первых, башкирские начальники —— старшины и тарханы —— боялись утратить и действительно утрачивали свои привилегии или ощущение превосходства. Во второй половине XVI века, когда башкирские роды входили в Московское государство, они считали, что платеж ясака обеспечивал вотчинное право их на земли, а отмена платежа ясака означала потерю привилегии. Во-вторых, это обстоятельство оказывало большое влияние на положение и роль башкирской верхушки в своих общинах. До провозглашения указа от 11 февраля 1736 г. Российское правительство активно не вмешивалось в автономию башкирских родовых общин. Старшины несли ответственность за сбор ясака, благодаря которому занимали высокую позицию, т.к. государство не могло взимать ясак без их. Поэтому отмена ясака угрожала их интересам, позиции и роли в обществе. В-третьих, ясачная реформа была экономически невыгодна башкирам. Например, они платили ясак по 50 копеек с каждого двора в 1734 г., а когда была введена новая ясачная система, выплаты значительно увеличились, т. к. соль была дорогой, хотя являлась предметом первой необходимости. Сопротивление введению новой налоговой системы послужило поводом для восстания 1755 г. и для последующей активной поддержки башкирами восстания Пугачева.

Глава 6. 《Освоение》 Южного Урала

Накануне восстания Пугачева налицо были значительные изменения в состоянии башкирского общества. Важными причинами этих изменений являлись, во-первых, строительство заводов в этом регионе, во-вторых, трудности с решением 《башкирских вопросов》, особенно земельных вопросов, вызыванных указом от 11 февраля 1736 г. Изъятия башкирских земель русскими заводчиками, захват земель русскими переселенцами и припущенниками привели к тяжелому положению в развитии земледелия и нужде башкирского народа.

В 1750-х и 1760-х годах в связи с открытием железных и медных рудников, строительству заводов, Южный Урал, в том числе Башкирия, развивался как главный промышленный район не только в России, но и во всем мире —— особенно по количеству производства чугуна, где Россия перегоняла в Англию во второй половине XVIII в[54]. В 1751-60 гг. на Южном Урале был построен 21 завод, и это количество состовляет 53,8% заводов, построенных в 1751-1800 гг. Поэтому мы можем сказать, что в течение 10 лет сформировались общие черты

района металлургической промышленности на Южном Урале[55]. Во второй половине XVIII в. количество выплавленной меди занимало 37,7–56,9%[56]. Объем готового железа заметно повышается. В 1781 г. заводы на Южном Урале производили чугуна 1 213 000 пудов, что составляет 18,7% от объема, производимого по России (6 475 000 пудов). В 1800 г. объем производства на Южном Урале составляло 21,5% от объема по России (9 878 000 пудов)[57]. В 1760 г. существовало 15 медеплавильных заводов и 13 заводов по производству железа в Оренбургской губернии, а особенно в Башкирии. В 1797 г. заводы в губернии производили 39 000 пудов меди и 822 000 пудов чугуна[58]. На Южном Урале ускореющую роль в развитии промышленности играли некоторые частные предприятия, например, И. В. Твердышева, И. С. Мясникова и др., значение которых было примерно то же, что и Демидовых на Среднем Урале[59].

Строительство заводов в Башкирии затрудняло жизнь башкир, особенно простого народа. Во-первых, они были обязаны исполнять вспомогательные работы на заводах, из-за чего были вынуждаемы отказываться от своего традиционного образа жизни т.е. кочевого скотоводства и отправляться работать вдалеке[60]. Во-вторых, продажа и покупка земли у башкир приводила к изменениям в башкирском обществе. Заводчики обманывали башкир, покупая их земли по неимоверно низким ценам[61]. Некоторые русские думали так: 《Ведь в глазах пришельцев башкирец был если не дикарем, то, по меньшей мере, полудикарем, который не раз восстал против “законной русской власти”. Обмануть его (башкира —— К. Т.), отнять у него землю меньше всего, поэтому, склонны были счесть за преступление》[62]. М. Раев справедливо сравнивал это с положением американского коренного населения —— индейцев[63]. Мы можем также сравнить это с положением айнов на Хоккайдо и Курильских островах в Японии. Башкирские старшины заключали договоры с заводчиками, и в связи с этим также изменялись формы владения землей в башкирском обществе.

В XVIII в. основной колонизационной политики является перевод кочевников на оседлость и земледелие. В самом деле, обстоятельства введения и развития земледения в Башкирии были очень разнообразны. В западной Башкирии —— на Осинской и Казанской дорогах —— земледелие было основным занятием населения, а в восточной Башкирии —— Ногайской и Сибирской —— земледелие пока не имело большого распространения. Таким образом, развитие земледелической политики волновало башкирские общины, и во многом зависло от региона и было сложным.

Ответом на русскую колонизацию Южного Урала, которой башкиры оказывали яростное сопротивление, были выступления 1705–1711, 1735–1740 и 1755 гг. Восстания и ответные меры правительства разрушили старую, устоявшуюся социально-экономическую структуру Башкирии. Дело в том, что, после подавления восстаний, Российская империя вынуждена была решать 《башкирские

вопросы», стремясь при этом изменять социальную структуру Башкирии в целях полностью ее «уничитожить».

Глава 7. Восстание Батырши в 1755 г.

Самым ярким выступлением было восстание 1755 г. главе с Абдуллой Магздялдином, по прозвищу Батырша, мишаром и муллой[64]. Башкиры атаковали заводы, русские деревни и церкви. Они считали заводы символом России, которая угрожала их жизни. Это восстание было жестоко подавлено. Батырша пытался бежать и был убит в крепости —— Шлиссельбургской тюрьме[65]. Идеи Батырши были подхвачены к Тукутамышем Ижбулатовым и Базаргулом Юнаевым, которые являлись депутатами комиссии по Уложению 1767 года. Они защищали свои национальные интересы, борясь за права башкир с политической, экономической, правовой и религиозной точек зрения[66].

Батырша в своей записке, о причинах восстания 1755 года, поданной правительству, сообщал, между прочим, что по дороге в Оренбург он встретил башкир Бурзянской волости, которые все бежали оттуда. Башкиры говорили: «Злой вор заводский командир имение наше покрал и разграбил, земли и воды наши отнял, жен и дочерей наших перед нашими глазами блудил; волость, не стерпев, заводского командира убила и побежала. Неоднократно народ наш на того заводского командира ездил с жалобою к дьяволу мурзе (генералу А. Тевкелеву), но никакой пользы не получали»[67]. Продолжались, несмотря на все меры, принятые Неплюевым, и злоупотребления местных властей, и насилие воинских команд. Особенно распоясались старшины, наделенные большими полномочиями. Батырша писал в своей записке: «Некоторые злые старшины с народа взятки брали и, напившись пьяны, людей саблями рубили и много обижали, а когда на них суда просили, то не получали». Не отставали от обидчиков и русские. «Во время проезда с делами русских людей битьем, мучением, взятками, воровством неизреченные обиды показаны, излишние подводы требованы, проводников драгуны смертельно бьют. В город ехать суда просить —— бедный народ никакой надежды не имеет: которое дело можно было в один день окончить —— месяц таскали; которое в месяц кончить было можно, ради взяток год продолжал, а пьяные командиры и людей саблями рубили»[68].

Башкиры жаловались на отягощение от самого Неплюева и его помощника Алексея Тевкелева: «Нашим людями, —— говорили башкиры Ногайской дороги, —— всех труднее, ибо генерал и мурза вблизи Оренбурга находяшихся башкирцев мучили все лето, заставляя возить на свои дачи бревна, драны и лубье»[69].

Так постепенно сгущалась атмосфера, в конце концов разразившаяся грозою нового мятежа.

В Уфу был командирован генерал-майор А. Тевкелев уговорить башкир,

чтобы они покупали соль из казны. 《За противные ваши слова и дела бороды ваши уже щипаны, —— говорил им Тевкелев, а дали в чем проговоритесь или в какую вину впадает, то и головы свои потеряет》. Башкиры, хотя и согласились покупать соль из казны, но тайно, в душе, еще более озлобились. Чтобы избавиться от притеснений и довести их до сведения государыни, башкиры решили восстать. 《Нападки и утеснения, —— говорили старики, —— не от государыни, а от командиров и генералов чинится. Видите вы, что сей диавол и злоумышленный генерал (Неплюев —— К. Т.), желая государыне прибыль чинить, в милость придти и великий чин себе получить, под командою своею находящихся всякими мерами пишет и по принуждению тамги прикладывать велит. О нашем народе он государыню в худые размышления приводит и своею глупостью на государыню злое имя налагает. Он воров правыми делает, правых —— ворами, не желающих —— желающими, и так государыне доносит》[70].

Желая наибольшего распространения своего воззвания, Батырша писал в нем: 《Сие письмо кому в руки ни попадает, извольте его отжила дожила немешкая возить, дабы наши правоверные, не ведая, в оплошности не были, и сие письмо и тайность от них, неверных, и верных им наших нечестивцев скрывали》[71]. Срок восстания Батырша назначил 10 июля 1755 г[72].

Задержавшись по случаю болезни в Москве, он написал здесь для подачи императрице записку о том, что побудило его к поднятию мятежа. В ней Батырша перечислял все обиды и несправедливости, которые его единоверцы терпели в последнее время: насильственное или обманное обращение в христианство, запрещение брать соль из 《казны господа бога》, судебную волокиту, насилие поставленных от правительства старшин, насилия от некоторых заводчиков, и 《грозных командиров》[73] и т.д.

Глава 8. Депутаты «Комиссии для составления проекта Нового Уложения»

Башкиры пытались отстаивать свои права и интересы через своих депутатов, избранных в 1767 году в известную 《Комиссию для составления проекта Нового Уложения》. Депутаты Уфимской провинции тархан Туктамыш Ижбулатов и Исетской —— Базаргул Юнаев особенно энергично защищали исконные права башкирского народа на земли и угодья, которыми башкиры владели еще со времени своего подчинения Ногайским ханам, и просили о подтверждении за ними этих земель и угодий. Между прочим они жаловались на несправедливости: почему ясашные татары и тептяри были освобождены от уплаты оброка за арендуемые у башкир земли, а они нет[74].

Закон 1736 г. имел в виду земли, арендовавшиеся у башкир, участвовавших в бунте. Но их нельзя было отделить от земель 《верных》 башкир. Башкирские земли, по словам написанным в наказе, 《состоят во владении по волостям

нераздельно», а не порознь, «и владеют оными всею волостью, сколько в которой волости людей состоит, общественно». И хотя в тех волостях некоторые башкиры и принимали участие в бунтах, при всем том были и такие их родственники (отцы, дети, братья и т. д.), которые оставались верными; виновные получили достойное наказание, но некоторые были прощены. Бесхозных бунтовщических земель, на которые предоставлено было право переселяться тептярям и бобылям, в сущности не было, потому что у бунтовщиков остались родственники их, которые жили на этих землях[75].

Благодаря закону 1736 г. и его позднейшим дополнениям большая часть тептярей и бобылей переехала на новые места на башкирские земли «и ныне оными пользуются без всякого платежа… оброка, а на старых, где живали до бунта очень мало их осталось». Кроме мещеряков и татар, написано в наказе, —— «вновь, видя выгодные места», переехали в недавнее время и поселились на башкирские землях ясашные татары, мещеряки и новокрещенные разных уездов, по добровольному с ними договору и «припуску» с уплатою оброка. Но после того, как они обложены были подушным окладом по месту нового жительства, они перестали платить оброк[76].

Но особенно жаловались башкиры на самовольные захваты земель и угодий заводчиками. «Те заводчики, —— написано было в их наказе, —— объявляют, что они на землях их заводы строить без договору с владельцами вольны (очевидно, в силу закона Петра Великого, предоставлявшего право всем разрабатывать руду, на чьих бы землях ее не разыскали, с платежом только части добычи землевладельцам —— К. Т.), и так некоторые в строение заводов поступают, а потом, хотя и договоры чинят, но только от самых малых людей договоры чинят, а иные, общие тех земель владельцы, тех договоров и совсем остаются незнаемые; да и записи многие пишут обманством, ибо договоры чинят по назначенным межам и урочищам, а при написании записей те заводчики через происки свои включают совсем другие межи, захватывая против договоров больше, из чего народ, будучи безгласный, остается обиженным; а затем, еще не удовольствуясь тем, сверх записей лишней земли захватывают, —— самовольно пашенные земли, луга и бортевые деревья; и около тех заводов жители, видя от тех заводчиков притеснение, оставляя свои жительства, принуждены в другие места переезжать, через что разорение претерпевают»[77].

Депутаты требовали, чтобы правительство вернуло башкирам незаконно захваченные у них земли, так как башкирский народ по прежнему «промышляет звероловством и кочеваньем», для того ему нужны большие земельные пространства, а при данных условиях ему «обитание иметь негде»[78].

Кроме того, через своих депутатов башкиры жаловались на обременение их трудовой повинностью и военною службой. Постройка новых пограничных укреплений в Оренбургской «губернии» потребовала огромного количества рабочих рук, которые ежегодно набирались из среды башкир. По заявлению

башкирских депутатов, с каждых шести дворов у них ежегодно собиралось по одному человеку и по две лошади с телегой и упряжью на работы в Оренбургскую или Сибирскую линию, или Стерлитамакскую пристань, устроенную для перегрузки Илецкой соли с подвод на суда по р. Белой.

Наряду с этим башкиры несли военную службу по охране Оренбургской и Сибирской пограничных линий, причем, не получая ни хлебного, ни денежного жалованья, и были обязаны содержать на собственный счет и себя, и лошадей, если место командировки было не свыше ста верст от их местожительства. 《Претерпеваем мы, —— представляли по этому поводу депутаты, —— крайнюю нужду, так что иные, имея в содержании себя недостаток, принуждены все имеющиеся при себе орудие и лошадей продавать и в домы пешие с великою нуждою в глубокую уже зиму возвращаются, а другие остаются пешие потому, что в великих трудностях бывая —— в подворной гоньбе и разъездах, от худобы лошади падут》, от всего этого народ башкирский приходит 《в несостояние》. Башкиры привлекались не к одной только пограничной службе, но и к дальним походам: они участвовали в Прусском походе в 1756-1763 гг. и в Польском походе в 1772 г. Кроме обременительной трудовой и военной повинности, башкиры жаловались Комиссии на принудительную покупку ими соли по дорогой цене из казенных магазинов (по закону 1754 г.), на мельничный сбор, на денежные сборы для содержания почтовой службы; жаловались на злоупотребления чиновников, которые использовали часто 《безгласный башкирский народ》 не по казенным, а по своим 《партикулярным》 надобностям и услугам, —— проезжая на почтовых лошадях по башкирским трактам, вместо одного перегона гнали их два или три, а платили лишь за один перегон, а иногда и вовсе не платили, иногда отнимали лошадей у ямщиков и гнали их без перемен 《до дух конца》 поездки; проезжая по башкирским деревням брали у населения даром птицу, хлеб, масло и т. д. Крайне недовольны были башкиры и ограничениями своими по части торговли и промышленности. По представлениям купцов башкирам запрещено было продавать скот и продукты своего хозяйства у себя дома, а только на базаре и ярмарках в городах. В силу этого запрещения башкир нуждающийся в покупке лошади, барана или одежды не мог приобрести все это у себя в деревне у односельчан, а должен был ехать в город. Для меновой торговли с киргизами (т.е. казахами) установлено было несколько пунктов в Оренбурге, Орске, Троицке, где устроены были меновые дворы и где торговля находилась в руках купцов и сеитовских татар, а заводское дело находилось в руках дворян и купечества[79)].

Административный и экономический гнет давил на все классы башкирского общества: и родовую аристократию —— старшин, и многочисленных башкирских начальников —— тарханов, и простой народ —— земледельцев да кочевников, и естественно должен был вызвать общий, национальный протест башкирского народа, проявившийся в активном участии, которое они приняли в Пугачевском

движении.

Глава 9. Башкиры в восстании Пугачева

Восстание Пугачева был самым масштабным сопротивлением башкир. Мы рассмотрим три указа от 1 октября 1773 г., данных Пугачевым башкирам, активно участвовавшим в восстании. В этих указах Пугачев жаловал башкир 《землею, водою, солью, верою и молитвою, пожитью и денежным жалованьем》[80). 《И пребывайте так, как степные звери》[81) —— эти слова: быть свободными 《как степные звери》, —— выражение, которое трогало башкир. В самом деле, после получения указов, участие башкир в восстании резко усилилось. Самым высоким пиком восстания была 《осада Оренбурга》, которая продолжалась с сентября 1773 г. до марта 1774 г. и определяла ход событий движения. Для башкир 《осада Оренбурга》, определявшая подъем восстания, обозначала линию борьбы —— четко против русской национальной и колониальной политики.

На это прямо указывают основные объекты нападений башкир. Во-первых, это русские деревни, русские крестьяне и православные церкви. Во-вторых, заводы и деревни, где жили заводские люди. С одной стороны, интересно, что башкиры и русские приписные крестьяне вместе часто нападали на заводы. Именно заводы они считали целями атаки, потому что заводы захватывали основу их жизни. С другой стороны, крепостные и работные люди, которые были вынужденны жить на заводах, старались оборонять свои заводы от нападения башкир, хотя некоторые из них участвовали в восстании для защиты своих деревень и заводов.

После того, как 《осада Оренбурга》 окончилась 《неуспехом》 и основная сила повстанческих отрядов отошла от города, восстание постепенно стали оставлять башкиры, которые не видели интереса в движении вне Башкирии. Они не желали покидать свою родину. Но некоторые башкиры —— особенно, Кинзя Арсланов и Салават Юлаев —— оставались в Пугачевском лагере и продолжали активно воевать с правительством.

Юлай Азналин и Салават Юлаев являлись типичными выразителями интересов башкирского народа в их борьбе против русской колонизации. Отец и сын поддерживали интересы и права башкир, а в конечном счете стремились к освобождению от 《ига》 т. е. от русской колонизации. С одной стороны, до восстания Пугачева старшина Юлай Азналин был верен правительству и исполнял свои обязанности. С другой стороны, он встал на защиту интересов башкир, когда общество начало терпеть невзгоды. Он протестовал против строительства завода в его районе и против получения взяток другим старшиной.

Поступок отца оказал влияние на Салавата Юлаева. Он видел свое призвание в борьбе против русских помещиков и заводчиков, которые обманули

башкир и захватили их земли. Поэтому с ноября 1773 года Салават принимал участие в осадных действиях и воевал с правительственными отрядами до декабря 1773 года. После этого он участвовал почти во всех сражениях и был награжден званием 《бригадира》 за военные заслуги самим Пугачевым.

Нападения Салавата на заводы характеризируют специфику его повстанческой борьбы. Особенного внимания заслуживает его наступление на Катав-Ивановский завод и призыв к заводским людям. Советская историография подчеркивала, что это не был национальный антагонизм между русскими и башкирами: Салават и Юлай ревностно стремились к объединению русских и башкир. Но если рассматривать эту проблему более глубоко, то, с нашей точки зрения, ее надо анализировать в контексте 《русская колонизация и противодействие коренных жителей》.

Салават даже регулировал поведение повстанцев. Башкиры иногда нападали на заводских и русских крестьян, которые примыкали к восставшим. Русские жаловались на нападение, а Салават принимал жалобу и обещал их защищать.

В декабре 1774 г. шансы на успех восстания уменьшились, много башкир, поддерживавших Салавата, являлись с повинной, и он сам начал думать о капитуляции. Мятежник был задержан и через Казань в начале 1775 г. выслан в Москву и отправлен далее в тюрьму города Рогервик (нынешний —— Палдиски в Эстонии) на берегу балтийского моря —— на каторгу.

С поимкою Юлая и Салавата закончилось движение протеста в Башкирии, но долго не затихали вера, надежда и чувства, его породившие. Так 24 июля 1775 г. Оренбургский губернатор разбирал дело башкир Абзая Баймухамедова, Имангула Утагулова и Ижмухамеда Кучукова, обвинявшихся в том, что 《разглашали》 слухи, будто Пугачев жив и стоит с войском под Красным Яром. Все трое башкир повинились, были помилованы, и отпущены по домам, 《ради их невежественного легкомыслия》[82). Через год, т. е. в 1776 году, по доносу муллы Абдулгафара Мансурова (один из раскаявшихся и вернувшихся домой старшин Исетской провинции), был привлечен к допросу старшиной Каратабаевской волости тархан Рясуль Итзямясов, который под строжайшим секретом и под клятвой на коране сообщил мулле, что 《государь не только жив, но ушел в Крым, во главе 12 тыс. войска, где и находится по сей день》. По словам Итзямясова, служилый мещеряк Хобзя Абтышев привез от него распоряжение башкирским старшинам послать уведомление об этом в Киргизскую орду, что он, Итзямясов, и сделает с наступлением весны. В сем 1776 году, говорил Рясуль, в весеннее время, по выступлении зеленой травы, он 《в сорока тысячах будет и чтоб башкиры были готовы》. И уже в 1780 году был арестован и доставлен в Оренбург мещеряк-торговец Таящ Богданов, ветеран Семилетней войны, который уверял башкир, что Пугачев и Петр III одно лицо, так как он прекрасно знал Петра по Прусскому походу, и что 《император и до ныне жив, и мулла Кинзя

бился под Царицыным и с войсками ушел с ним же, государем》[83].

Глава 10. Установление управления в Башкирии после восстания.

1. 《Оренбургская экспедиция пограничных дел》

В конце восстания Пугачева российское правительство составляло проект управления в Башкирии. Им являлся 《Прожект инструкции учрежденной при Оренбургской губернской канцелярии иноверческой и пограничной экспедиции》, который по повелению графа П. И. Панина от 9 января 1775 г. составлял П. И. Рычков[84].

Рычков писал так: 《Под имянем иноверцов в Оренбургской губернии состоят разные народы, из которых на самой пограничности и почти смежно к ней находятся, две многолюдные киргизкайсацкие орды меншая и средняя, а позадь их около Аральскаго моря каракалпаки, принятые уже формально в подданство Российской империи. Небольшая часть не крещеных счисляющихся в корпусе Яицкого войска, не включая тут Волских не крещеных калмык же, в ведомстве Астраханской губернии состоящих. Потом целой не малолюдной же башкирской народ. Частные же жители внутри губернии, то есть в Уфимской, Исетской и Ставропольской провинциях, в особых в Оренбургском и Бугульминском ведомствах суть. Служивые мещеряки, татара, чуваша, черемисы, мордова и вотяки некрещеные, но в том числе есть и возприявшие святое крещение. Выходцы из разных азиатских мест, поселившиеся фундаментально, и случайно приежающие, яко то бухарцы, хивинцы, ташкенцы и сим подобные. Сверх того Армяне, греки, европейские иностранцы, о коих предварительно в Оренбургской привильлегии упомянуто с предписанием, на каком основании сюда им приходить селится торговать, и паки на свои прежние жилища выходить свободно и невозбранно. А понеже спокойство и тишина здешних пограничных мест, наипаче зависит, от спокойнаго пребывания помянутых двух народов то есть, киргизкайсацкого и башкирского, и от порядочного их разположения》[85]. Того ради он предложил: 《учредить при Оренбургской губернской канцелярии под именем иноверческих и пограничных дел на ниже писанном основании особую экспедиции》[86]. Далее Рычков продолжал: 《Пограничной экспедиции главнейшая должность состоять имеет, во управлении киргизкайсацких и каракалпакской орд, поданным о сих народах указам и предписаниям. А потому и разсматривает она получаемые от тамошних владельцов и старшин писма, и репорты от посылаемых туда здешних людей》[87].

Через весь текст проходит 《просвещенный дух XVIII века》. Рычков пишет: 《В народах не имеющих у себя никаких положительных и твердо установленных письменных законов, но единнственно по своей воле, и только по

некоторым своим обыкновениям управляющихся, к поздержанию их от противностей и к приведению в те должности, какие верховная власть требует》[88]. Он оценивает башкир так: 《Башкирский народ хотя и одного закону с киргизцами, но совсем другой натуры свойства. Нравы их самые грубые, к варварству и кровопролитию гораздо они склоннее, нежель киргизцы. Статся может сия грубость их застарела в них от того, что сначала поданнства их, в коем они уже больше двух сот лет находятся, к приведению их в людскость, от бывших над ними начальников никакого старания не было》[89]. Рычков считает, что башкирские 《бывшие бунты по притчине их великаго невеженства и высокомерности о себе бывали, от которых те кои случились больше в обхождении и в торгах с русскими не только удерживались, но и служили против своих однородцов верно, на что в делах Оренбургской экспедиции многие примеры есть》[90].

Рычков принимал участие в работе под влиянием указа от 11 февраля 1736 г. 《для воздержания и обуздания башкирскаго народа положены следующие запрещения》: 《1-е. Всех волостей бывшим в бунте башкирцам оружия носить и с ним ездить и в домех иметь не велено, под штрафом таким, кто поймает тому лошадь пойманного, а другие в казну》. 《2-е. В Уфимском уезде и в башкирских жилищах кузнецов и кузниц не иметь, и из городов кузнецов и насекальщиков не отпускать, а быть только в одних городех》. 《3-е. Из других уездов ружья пороху, свинцу, пансырей, сабель, луков копей, и стрел не возить не продавать и не менять, в чем воеводам крепкое смотрение иметь и винных штрафовать по указам》. 《4-е. Башкирцов, кои пайманы, будут в воровствах по прежнему с наказанием кнутом отнюдь не освобождать, а ссылать всех, хотя кто и в одном малом воровстве явился, не пытав и не наказывая кнутом годным учиня наказание кнутом в Рогервик в работу и в тамошние места на пашню》. 《5-е. О погодных старшинах в предварившем пункте упомянуто》. 《6-е. В Башкирах ахунам быть по одному на дороге и того четырем, которым чинить присяги, дабы им о всяких худых поступках объявлять и не таить и из других вер в свой закон никого не приводить》. 《7-е. Мечетей и школ вновь не строить》. 《8-е. С казанскими татарами башкирцам в сватовство без челобитья и без позволения Казанского губернатора не вступать》[91]. Несмоторя на эти строгости, империя не смогла предотвратить башкирские восстания. Рычков думал, что исламские священники играли важную роль в 《башкирских замешательствах》: 《Я на предь сего отважился уже донесть мое на то слабое мнение. А здесь сие только включаю, чтоб какое ни последовало о том повеление, ахунам в башкирских жилищах признаватся быть несходно. От них по их должности и присягам во все замешательства, ни о каких худых башкирских поступках явок не бывало; но все то таено, а по сему и есть резон к их отрешению. По крайней мере на места нынешних более уже не определять, да и башкирцы хотя и магометанами имянуются; но закон свой следственно и ахунов мало уважают》[92].

Рычков предлагал наблюдать за деятельностью башкир. 《Накрепко

наблюдать чтоб в Башкирии ни какие безпаспортные люди укрываться и пристаница иметь не могли, и торгов как русским людям, так и татарам внутри их жилищь не иметь》[93]. Оренбургская пограничная экспедиция была учреждена и стала действовать.

2. Уфимское наместничество

По отношению к башкирам в целом политика империи после восстания Пугачева характеризуется осторожностью и опасением вызвать новое возмущение. Местная администрация очень тревожно реагировала на всякие слухи о недовольстве башкир. Например, в феврале 1789 г. генерал-губернатор барон О. А. Игельстром представлял рапорт в сенат генерал-прокурору князю А. А. Вяземскому о беспокойствах, происшедших в Башкирии от《легковерия》местных жителей.《По вступившим ко мне (Игельстрому —— К. Т.) донесениям открыл я в недавном времени, что в Челябинской и Троицкой округах и в прочих тамошнего края местах башкирцы приведены в безпокойство и некоторое неудовольствие, от пронесшагося слуха якобы их велено крестить》[94].

Екатерина II стремилась преобразовать местное управление и для того, чтоб предупреждать выступления в регионах. 7 ноября 1775 г. правительство объявило указ об《Учреждении для управления губерний Всероссийской империи》. Этим указом страна разделялась на губернии и наместничества, а последние —— на уезды[95]. В связи с общим планом было введено Уфимское наместничество.

Создание Уфимского наместничества и нового административного аппарата —— губернского и уездного —— усилило правительственный контроль за местным населением, как русским, так и нерусским. Вместе с тем правительство стремилось заручиться поддержкой социальной верхушки башкирского общества —— старшин. Старшины, сохранившие верность власти во время восстания Пугачева и примимавшие участие в подавлении движения, получили правительственные награды. Одним из них были присвоены офицерские звания, другим выдано денежное вознаграждение, третьи получили золотые и серебряные медали, четвертые были освобождены от повинностей и т. д[96].

На основе вышеупомянутого указа 18 мая 1781 г. И.В. Якоби представил проект устройства Уфимского наместничества вместо Оренбургской губернии[97]. 23 декабря того года было официально учреждено Уфимское наместничество, почти в соответствии с проектом Якоби[98]. В 1784 г. к Уфимскому наместничеству был прибавлен еще один уезд —— Троицкий[99]. Создание Уфимского наместничества с двумя областями и с 12-ю, а с 1781 г. —— 13-ю уездами значительно усилило надзор местных административных и судебных учреждений за населением. Уфимское наместничество просуществовало до 1796 г. Когда оно было упразднено, точно не известно. В указе от 12 декабря 1796 г. в списке

губерний названа Оренбургская, 《что до сего было Уфимская》[100]. 31 декабря 1796 г. Оренбургская губерния была разделена на 10 уездов. Города Белебей, Бугуруслан и Сергиевск были перечислены в заштатные, то есть безуездные[101]. 23 марте 1797 г. губернский центр был перенесен из Уфы снова в Оренбург[102]. 10 апреля 1798 г. для устройства Оренбургской линии, разделили башкир и мещеряков по кантонам[103].

3. 《Духовное магометанское собрание》

В начале 1780-х годах Екатерина II изменила политический курс по отношению к мусульманским народам России с целью усиления русского влияния на периферии. Правительство осуществило ряд мероприятий, имевших целью поставить под контроль местной администрации всю деятельность мусульманского духовенства. По этому политическому курсу оно разрешало и начало помогать мусульманам строить мечети и медресе. Императрица поощряла мусульманство цивилизовать 《киргисов (казахов —— К. Т.)》 и приводить в русское подданство. Особенно в сентябре 1787 г. при объявлении войны Оттоманской империи России —— правительство привлекало к сотрудничеству мусульманских руководителей. 7 мая 1788 г. О.А. Игельстром сообщил на основе рапорта 《Оренбургской экспедиции пограничных дел》, что Оттоманская империя заключила договор с Бухарой для того, чтобы получить помощь оттуда[104]. Он планировал воевать с Бухарой и союзниками Оттоманской империи, подчинять 《киргизов》 русскому влиянию. Поэтому 31 мая этого же года он изложил свое мнение в Государственном Совете, утверждая что правительство должно признавать местных мусульманских руководителей —— азантей, имамов и ахунов[105]. Исходя из этих доводов было учреждено 《Духовное собрание》 в Уфе.

Указы от 17 июня 1773 г. и 22 сентября 1788 г. объявляли официально 《великодушную политику》 по отношению к мусульманству[106]. Эта политика была реализована путем создания особого 《Духовного магометанского собрания》 из мулл под предводительством муфтия. 4 декабря 1789 г. определено положение 《Духовного собрания мусульман России》, которое и было учреждено —— для управления религиозными и просвещенными вопросами. На пост муфтия был назначен главный ахун Башкирии Мухамеджан Гусейнов (Хусаинов), зарекомендовавший себя верностью правительству. Муфтию назначалось жалованье в 1500 руб. в год, муллам —— по 120 руб. Духовному магометанскому собранию, которое находилось в Уфе, подчинялось все мусульманское духовенство, кроме духовенства Таврической области, где был особый муфтий. Прокурору верхней расправы вменялось в обязанность контролировать деятельность Духовного магометанского собрания, то есть правительство подчинило деятельность мусульманского духовенства неослабному контролю со

стороны местной администрации. Выбор кандидатов в муллы и их назначение перешло в руки наместнического правления. Духовное собрание только определяло (путем соответствующего《испытания》) пригодность рекомендуемого кандидата к должности[107]. Правительство намеревалось использовать официально признанное мусульманское учреждение в своих целях. Вначале собрание называлось ―― 《Уфимском Духовным Магометанского закона Собранием》. С 1796 г., когда Уфимское наместничество было отменено и было основано Оренбургское наместничество, 《Собрание》 также было переименовано в《Оренбургское Духовное Магометанского закона Собрание》. Оно полностью управляло мусульманами в Уфимском наместничестве и Оренбургской губернии, потом по всей России кроме Таврического наместничества. Основной функцией его являлся《мировой суд》. С 1810 г. оно было переименовано в《Главное управление духовных дел иностранных исповеданий》, а с 1846 г. в《Оренбургское Магометанское Духовное Собрание》.

Как справедливо отмечал Д. Д. Азаматов, имперское правительство получило надеждую социальную опору в лице исламских священников, приобрело весомые аргументы для внешнеполитической пропаганды среды мусульман Средней Азии, учредив Духовное собрание. В тоже время подчинение Духовного собрания центральным и местным властям существенно ограничивало самостоятельность учреждения[108].

4.《Кантонная система управления》

22 апреля 1789 г. Игельстром разделил башкир по юртам, которые он намеревался сделать основой управления народом. 20 908 башкирских дворов разделялись на 103 юрта. 103 юртовых старшины, которых назначал Игельстром, контролировали юрты. Кроме этих начальников были назначены 52 помощника, 63 старшины и 213 сотников. При этой системе наблюдение за народом становилось легким. Башкиры считали себя《военным народом》. 30 января 1797 г. Игельстром зачислил башкир《по службе》по военному ведомству, а по домостроительству и тяжебным делам по гражданскому ведомству[109].

3 января 1798 г. он отдал приказ назначенным кантонным начальникам о введении《кантонной системы управления》и службы на пограничных линиях. 10 апреля того же года именным указом Игельстрому и ордером башкирским и мещерякским начальникам повелено было,《для устройства Оренбургской линии, иметь ведомость о числе Башкирцев и Мещеряков в Пермской и Оренбургской губерниях, разделить их по кантонам и пр.》[110].

Целью реформы являлось усиление эффективности внутренней и внешней политики государства на юго-восточной окраине страны. Вводя новую систему управления, правительство рассчитывало окончательно《умиротворить》башкирский край, предупредить активные выступления народных масс. Вместе с тем

оно стремилось переложить на плечи местного населения охрану восточных границ Российской империи, а в случае необходимости привлекать его к военным действиям на западе; создать в крае плацдарм для завершения присоединения Казахстана и Средней Азии.

Кантонная система управления была введена не сразу. Проект Уфимского наместника генерал-поручика О. А. Игельстрома был узаконен именным указом Павла I от 10 апреля 1798 г. о переводе башкир и мишарей в военное сословие и образовании 11 башкирских и 5 мишарских кантонов. Одновременно было объявлено о создании 5 кантонов оренбургских и 2 кантонов уральских казаков[111].

Башкирские кантоны были образованы на основе территориального (уездного), а не родоплеменного (волостного) принципа. В состав кантонов волости обычно входили полностью, но немало было случаев, когда волость оказывалась разделенной между несколькими кантонами. Это вело к ликвидации родоплеменных волостей и нарушению принципа коллективной собственности вотчинников на волостную землю.

15 декабря 1798 года в Сенате на общем собрании в 4-м департаменте был зачитан 《рапорт бывшаго Оренбургскаго военнаго губернатора генерала Игельстрома》, содержащий мнение его об образе управления обитающими в тамошней губернии башкирами, 《о возвращении некоторых прав их и размежевании земель ими населяемых, и имею честь объявить Правительствующиему Сенату, что Его Императорское Величество сей народ вообще в военный обращать не соизволил》[112].

Заключение

Таким образом, в XVI-XIXв. происходила постепенная колонизация Башкирии, сопутствуемая периодическим сопротивлениям башкир. В конце XVIII в. правительство, отказавшись от насильственной христианизации башкир и подчинив своему контролю всю деятельность мусульманского духовенства, получило возможность влиять через него на народные массы. В лице мусульманского духовенства правительство приобрело верного союзника и опору в колониальном и социальном давлении на народ. Введение кантонной системы управления означало усиление надзора за башкирскими народами.

Примечания:

1) *Любавский М.К.* Обзор истории русской колонизации. М., 1996. С. 73; См. *Соловьев С. М.* История России с древнейших времен. Кн. II. Т. 4. 1960. С. 648; *Ключевский В.О.*

Сочинения, Т. 1. М., 1956. С. 31; *Кавелин К. Д.* Собр. соч. Т. 1. СПб,. 1897. С. 570–571; *Милюков. П.К.* Очерки по истории русской культуры. Ч. 1. СПб., 1905 (5-е изд.). С. 54.

2) См. Очерки по истории Башкирской АССР. Т. 1. Ч. 1, 2. Уфа, 1956, 1959; История Башкортостана: с древнейших времен до 60-х годов XIX в./ Усманов Х.Ф. (ответ. ред.) Уфа, 1996. С. 254.

3) ОР РГБ. Ф. 364. Карт. 5. Ед. хр. 1, Карт. 6. Ед. хр. 3 (*Любавский М.К.* Очерк Башкирских восстаний в XVII и XVIII вв.); ОР РГБ. Ф. 364. Карт. 6. Ед. хр. 1, Карт. 6. Ед. хр. 2 (*Любавский М.К.* Очерки по истории Башкирского землевладения и землепользования в XVII, XVIII и XIX вв.).

4) *Тоекава Коити.* Башкиры в восстании Пугачева // Росия-си Кенъкию (Исследование истории России). №35. Токио, 1982; *Он же.* Башкиры накануне восстания Пугачева: Социальное преобразование башкирского общества // Шакай-Кейзай-Си Гаку (Исследование социально-экономической истории). Vol. 42. №2. Токио, 1983; *Он же.* Русская колонизация на Южном Урале в XVIII в. // Сикан (Взгляд на историю). Университет Васеда (Исторический департамент). №112. Токио, 1985; *Он же.* Башкир Салават Юлаев. К новым направлениям исследований по восстанию Пугачева // Росия-си Кенъкию (Исследование истории России). №42. Токио, 1986; Сообщение. Материалы. Восстание Пугачева и его союзник Салават // Кодай Росия Кенъкию (Исследование древней России). №16. Киото, 1986; *Он же.* Процесс присоединения периферии к Русскому государству: К вопросам о присоединении к Русскому государству Башкирии // Сураву Кенъкию (Исследование славяноведения). Славянский научно-исследовательский институт в Хоккайском государственном университете. №37. Саппоро, 1990; *Он же.* Национальная политика Российской империи в Урало-Поволжском регионе в XVIII в. //Сураву Кенъкию (Исследование славяноведения). Славянский научно-исследовательский институт в Хоккайском государственном университете. №39. Саппоро, 1992; Российские провинции в XVIII в. / Ямамото Тосиро. (сост). Исследование России и Восточных стран. Токио; Наука, 1993; *Он же.* Оренбургское казачество в XVIII в. // Оренбургскому краю - 250 лет: материалы юбил. Науч. Конф., посвященной 250-летию Оренбург. губернии и 60-летию Оренбург. области. Оренбург, 1994; *Он же.* Оренбург и оренбургское казачество во время восстания Пугачева 1773–1774 гг. М.; Археографический центр, 1996; *Он же.* Военная реформа в Башкирии: Кантонная система управления // Исторические понимания по территории и объединению территории. №1. Изменение славянского мира (Славянский научно-исследовательский институт в Хоккайдском государственном университете). №46. Саппоро, 1997; *Он же.* Военно-административная реформа в Башкирии: Кантонная система управления // Сунъдай сигаку (Исследование истории в Сунъдай районе в Токио). Университет Мейджи (Исторический департамент). №103. Токио, 1998; *Он же.* Колонизационная политика в юго-восточной России в XVIII в. и конструкция города Оренбурга: По《Проекту》И.К. Кириллова // Приглашение на мир российского мусьман. Сообщение славянского научно-исследовательского института (Славянский научно-исследовательский институт в Хоккайском государственном университете). №74. Саппоро. 2000; *Он же.* Россия и Башкирия // Изучение по формам общественных объединений в городах и провинциях России. Кагаку Кенъкию Сейка Хококу (Сообщение и исследования по науке). Токио, 2002: *Он же.* История и реальность перекрещения башкир: понимание башкир в《Инородческом обозрении》// Хара Теруюки, Государство, церковь и общество в новейшее время в России: Русская православная церковь и миссионеры. Кагаку Кенъкию Сейка Хококу (Сообщение и исследовании по науке). Саппоро, 2002.

5) Raeff M. "Pattern of Russian Imperial Policy toward the Nationalities", in Edward Allworth (ed.), *Soviet Nationality Problem.* London & New York, Columbia University Press, 1970.

6) Portal R. "Les Bashkirs et le gouvernement russe au XVIIIᵉ siècle ", *Revue des Etudes Slaves*, t. 22, 1946; idem, "Pugačev: une revolution manquée", *Etudes d'histoire moderne et contemporaine*, t. 1, Paris, 1947; Donnelly A. S. *The Russian Conquest of Bashkiria, 1552-1740, A Case Study in Imperialism*. New Haven & London, Yale University Press, 1968.

7) *Кузеев Р. Г.* Этнополитическая история и современность Башкортостана. Уфа, 1997. С. 33.

8) Мы можем отметить историю народа айнов в Японии, в частности, живущих на Хоккайдо и на Курильских островах, где японцы их завоевали, колонизировали и ассимилировали. Они неоднократно восставали против японской колонизации в 1454 г. (восстание Кошамайн), 1669 г. (восстание Шакушайн) и 1789 г. (восстание Кунасири Менаси). В процессе ассимиляции и колонизации после основания правительства Мэйджи (1867-1912 гг.) у айнов нарушились их традиции и жизнь.

9) *Рычков П. И.* Топография Оренбургской губернии. Оренбург, 1887. С. 197-211.

10) *Усманов А. Н.* Присоединение Башкирии к Русскому государству. Уфа, 1960. С. 27; *Он же.* Добровольное присоединение Башкирии к Русскому государству. Уфа, 1982. С. 42.

11) *Рычков П. И.* История Оренбургская. (1730-1750). Оренбург, 1896. С. 83.

12) *Усманов А. Н.* Присоединение... С. 45; *Он же.* Добровольное... С. 29.

13) Portal R. "Les Bashkirs et le gouvernement russe au XVIIIe siècle," p. 94.

14) См. *Кучумов И. В. Сахибгареева Л. Ф. Шакурова Ф. А.* История феодального Башкортостана в научном наследии профессора Роже Порталя // Роже Порталь Башкирия в XVII-XVIII вв. Уфа, 2000. С. 11-16.

15) *Витевский В. Н.* И. И. Неплюев и Оренбургский край в прежнем его составе до 1758. Казань, 1897. Т. 1. С. 127.

16) Там же. С. 118.

17) ПСРЛ. Т. XIII. первая половина. СПб., 1904. С. 230, 239.

18) *Карамзин Н.М.* История государства Российского. Т. VIII. СПб., 1842. С. 117 и 135.

19) *Юматов В.* Древние предания башкирцев чубиминской волости // Оренбургские губернские ведомости. 1847. №7. Часть неофициальная. С. 46 (цит. по: История Башкортостана с древнейших времен до 60-х годов XIX в. Уфа, 1996. С. 139); Башкирские шежере / Кузеев Р. Г. (составление, перевод текстов, введение и коментарии). Уфа, 1960. С. 33-34, 73-74, 78-79, 127; Башкирские родословные. Выпуск первый. Издание на русском языке. Уфа, 2002. С. 56-57; *Соколов Д. Н.* Опыт разбора одной башкирской летописи // Труды Оренбургской ученой архивной комиссии. Вып. 4. Оренбург, 1898. С. 48.

20) Материалы по истории Башкирской АССР. Ч. 1. М.-Л., 1936. док. №25. С. 130; *Усманов А. Н.* Присоединение... С. 143-144.

21) *Котошихин Г. К.* О России в царствование Алексея Михайловича. М., 2000. Глава VII. Стат. 6, 7, 9, 10.

22) ПСЗ. Т. I. Глава XVI. Стат. 43.

23) *Акманов И. Г.* Башкирские восстания XVII-начала XVIII вв. Уфа, 1993. С. 116.

24) Там же. С. 134-135.

25) Доносения и другие бумаги чрезвычайного посланника английского при русском дворе, Чарльза Витворта, и секретаря его Вейсброда с 1708 г. по 1711 г. // Сборник императорского русского исторического общества. Т. 50. 1886. С. 16.

26) РГАДА. Ф. 248. Кн. 1183. Л. 167-180; Материалы по истории Башкирской АССР. Ч. 1. С. 222.

27) РГАДА. Ф. 214. Оп. 5. Д. 1674. Л. 2-3; См. Материалы по истории Башкирской АССР. Ч. 1. С. 258-268

28) *Устюгов Н. В.* Башкирское восстание 1662-1664 гг. // Исторические записки. Т. 24. 1947. С. 110.
29) *Рычков П. И.* История Оренбургская.; *Он же.* Топография...; *Витевский В.Н.* Неплюев и Оренбургский край в прежнем его составе до 1758г. Т. 1-2. Казань, 1889-1897; *Столпянский П. Н.* Город Оренбург. Материалы к истории и топографии города. Оренбург, 1908.
30) *Буканова Р. Г.* Города и городское население Башкирии в XVII-XVIII вв. Уфа, 1993; *Она же.* Города-крепости Юго-востока России XVIII века: История становления городов на территории Башкирии. Уфа, 1997; См. *Тоекава К.* Указ. соч..
31) ОР РГБ. Ф. 222. Карт. XI. Л. 142-172; Материалы по истории России. Сборник указов и других документов, касающихся управления и устройства Оренбургского края. 1834 года. По архивным документам тургайского областного правления/Добросмыслов А.Н. (сост.) Т. 1. Оренбург, 1900 (далее-Материалы).; История Казахской АССР. С древнейших до нашей дней. Алма-Ата, 1979. Т. 3. С. 45; Nolde B. *La Formation de L'Empire Russe,* t. 1, Paris, 1952, p. 219; *Bartlet R. P. Human Capital, The Settlement of Foreigners in Russia. 1762-1804*. Cambridge University Press, 1979, pp.6-7.
32) ОР РГБ. Ф. 222. Карт. XI. Л. 152об.; Материалы. С. 19.
33) ОР РГБ. Ф. 222. Карт. XI. Л. 170об.; Материалы. С. 47-48.
34) ОР РГБ. Ф. 222. Карт. XI. Л. 157-157об.; Материалы. С. 26-27.
35) ОР РГБ. Ф. 222. Карт. XI. Л. 153-153об.; Материалы. С. 20-21.
36) РГАДА. Ф. 248. Оп. 3. Кн. 134. Л. 17-19, 27-32об, 44-51об; Материалы по истории Башкирской АССР. Ч. 1. №№186, 194; *Чулошников А.П.* Восстание 1755 г. в Башкирии. М.-Л., 1940. С. 6-7, 22; Очерки по истории Башкирской АССР. Т. 1. Ч. 1. С. 173; Очерки по истории СССР. Период феодализма. Россия во второй четверти XVIII в. М., 1957. С. 646- 647; См. *Акманов И.Г.* Башкирские восстания. Уфа, 1993.
37) *Рычков П.И.* История Оренбургская. С. 32.
38) *Тоекава Коити.* Указ. соч. С. 59-60.
39) *Аоки Сецуя*. К современной истории в евразийской революции // Росия-си Кенъкию (Исследование истории России). №31. Токио, 1980; *Он же*. К судьбе в 《колониях》 в Русской революции // Кисецу (Сезон). №4. Токио. 1980; *Хара Тэруюки*. Отношения между народами в Сибири // Сиэнъ (Исторический сад). Нихон-Джеси-Даигаку (Японский Женский университет). №42-1/2. Токио. 1982; *Тоекава Коити*. Русская колонизация на Южном Урале в XVIII в.
40) *Тарасов Ю. М.* Русская крестьянская колонизация Южного Урала. Вторая половина XVIII-первая половина XIX в. М., 1984. С. 59; *Миронов Б.Н*. Социальная история России периода империи (XVIII-начало XX в.). Генезис личности, демократической семьи, гражданского общества и правового государства. Т. 1. СПб., 1999. С. 19-74.
41) *Апполова Н. Г.* К вопросу о политике абсолютизма в национальных районах России в XVIII в. // Абсолютизм в России (XVII-XVIII вв.). Сборник статей. М., 1964. С. 357; См. Материалы по истории Башкирской АССР. Т. IV. Ч. 2. М., 1956. №№492-494, 497, 498.
42) Donnelly A. S. *The Russian Conquest of Bashkiria, 1552-1740, A Case Study in the Imperialism.* New Haven & London, Yale University Press, 1968, p. 49.
43) *Кабузан В. М.* Изменения в размещении населения России в XVIII-первой половине XIX в. М., 1971. С. 52-53.
44) *Тарасов Ю. М.* Указ. соч. С. 60.
45) *Кабузан В. Н.* Указ. соч. С. 32.
46) Там же. С. 61.

47) Moon D. “The Settlement of Russia’s Frontiers, 1550-1897,” *The Historical Journal*, 40-4, 1997, p. 881.
48) ПСЗ. Т. IX. №6890. С. 744.
49) Там же. Т. 1. Гл. 16. Стат. 46.
50) *Витевский В. Н.* Указ. соч. С. 393
51) Материалы по истории Башкирской АССР. Т. IV. Ч. 1. док. №129. С. 264.
52) *Аксаков С. Т.* Собрание сочинений в четырех томах. М., 1955. Т. 1. С. 75.
53) *Витевский В. Н.* Указ. соч. С. 623-625; *Чулошников А. П.* Указ. соч. С. 48.
54) *Стурмилин С. Г.* История черной металлургии в СССР. Т. 1. М., 1954. С. 204.
55) *Чулошников А. П.* Указ. соч. С. 45-46.
56) Горнозаводская промышленность Урала на рубеже XVIII-XIX вв. Сборник документальных материалов. Свердловск, 1956. С. 112-119; *Павленко Н.И.* К истории южноуральской металлургии в XVIII в.//Материалы научной сессии, посвященной 400-летию присоединения Башкирии к Русскому государству. Уфа, 1958. С. 193.
57) Там же.
58) *Рычков П. И.* Топография... С. 398-405.
59) *Багина П. А.* Заводы Южного Урала в 50-60-х годах XVIII века. Диссертация на соискание ученой степени кандидата исторических наук. Л., 1950; Hudson, H. D. Jr. *The Rise of the Demidov Family and the Russian Iron Industry in the Eighteenth Century*. Newtonville, Mass., Oriental Research Partners, 1986.
60) Очерки по истории Башкирской АССР. Т. 1. Ч. 1. С. 159-160.
61) *Сигов И.* Народ и поссесионные владения на Урале // Русское богатство. 1899. №3. С. 195.
62) *Ташкин С. Ф.* Инороды Поволжско—Приуральского края и Сибири по материалам Екатерининской Законодательной Комиссии. Вып. 1. Оренбург, 1921. С. 192.
63) Raeff, M. “Pugachev’s Rebellion”, in R. Forster & J. P. Greene (eds.), *Preconditions of Revolution in Early Modern Europe*. Baltimore & London, 1970, p. 181.
64) РГАДА. Ф. 7. Д. 1781. Ч. I-V; *Чулошников А.П.* Восстание 1755 г. в Башкирии. М.-Л., 1940.
65) НА УНЦ РАН. Ф. 3. Оп. 12. Д. 51а. Л. 315-316 (по цит. История Башкортостана С. 254).
66) РГАДА. Ф. 342. Оп. 1. Д. 109. Ч. XI, XII.
67) *Соловьев С.М.* История России с древнейших времен. Кн. XII. Т. 24. М., 1964. С. 389; РГАДА. Ф. 7. Оп. 1. Д. 1781.
68) Там же. С. 970; *Витевский. В. Н. У*каз. соч. С. 850
69) РГАДА. Ф. 7. Оп. 1. Д. 1781; ОР РГБ. Ф. 364. Карт. 5. Ед. хр. 1. Л. 246.
70) РГАДА. Ф. 7. Оп. 1. Д. 1781; ОР РГБ. Ф. 364. Карт. 5. Ед. хр. 1. Л. 247.
71) *Витевкий. В. Н.* Указ. соч. Прилож. С. 100.
72) Там же. С. 857.
73) *Соловьев С. М.* Указ. соч. Кн. XII. Т. 24. С. 386-390.
74) РГАДА. Ф. 342. Оп. 1. Д. 109/11. Ч. 11. Л. 211-233; Из истории Гайнинских башкир/ Кулбахтин Н.М. (ред.) Уфа, 1996; ОР РГБ. Ф. 364. Карт. 5. Ед. хр. 1. Л. 270-271.
75) Там же. Л. 271.
76) Там же.
77) Там же. Л. 272.
78) Там же; *Ташкин С.Ф. У*каз. соч. С. 183-196.
79) ОР РГБ. Ф. 364. Карт. 5. Ед. хр. 1. Л. 273-274; Там же. С. 210-227.
80) РГАДА. Ф. 6. Д. 415. Л. 13; Пугачевщина. Т. 1. М.-Л., 1926. №6. С. 31; Документы ставки Е.И. Пугачева, повстанческих властей и учреждений. М., 1975. №8. С. 28

81) РГАДА. Ф. 6. Д. 415. Л. 16; Пугачевщина. Т. 1. №5. С. 30; Документы ставки. №7. С. 27.
82) *Фирсов Н.Н.* Пугачевщина. С. 113-114.
83) ОР РГБ. Ф. 364. Карт. 5. Ед. хр. 1. Л. 361.
84) РГАДА. Ф. 1274. Оп. 1. Д. 211. Л. 1-29.
85) Там же. Л. 1-1об.
86) Там же. Л. 1об.-2.
87) Там же. Л. 2.
88) Там же. Л. 4.
89) Там же. Л. 15об.-16.
90) Там же.
91) Там же. Л. 19об.-20; См. ПСЗ. Т. IX. №6890. С. 741-745.
92) Там же. Л. 20об.
93) Там же. Л. 22об.
94) РГАДА. Ф. 7. Оп. 2. Д. 2753. Л. 1.
95) ПСЗ-II. Т. XX. №14392.
96) Там же. Т. XX. №14540.
97) РГАДА. Ф. 16. Д. 932. Л. 2-4об.
98) ПСЗ-II. т. XXI. №15307.
99) Там же. Т. XXII. №15992.
100) Там же. Т. XXIII. №17634.
101) Там же. Т. XXIII. №17702.
102) Там же. Т. XXIV. №17888.
103) Там же. Т. XXV. №18477.
104) РГАДА. Ф. 16. Д. 934. Ч. 4. Л. 7-23.
105) Архив Государственного Совета. Т. 1. СПб., 1869. С. 812.
106) Там же. Т. XIX. №13996; Т. XXII. №16710.
107) РГАДА. Ф. 16. Д. 934. Ч. 5. Л. 72-74; ПСЗ-II. т. XXII. №16710; Материалы по истории Башкирской АССР. Т. V. М., 1960. док. №443. С. 563; В память столетия Оренбургского магометанского духовного собрания, учрежденного в городе Уфа. Уфа, 1891; Steinwedel C. R. "Invisible Threads of Empire: States, Religion and Ethnicity in Tsarist Bashkiria. 1773-1917," Unpublished Ph. D. Dissertation, Columbia University, 1999, pp. 51-81. Благодаря его диссертации я замечал значение 《Собрания》.
108) *Азаматов Д. Д.* Оренбургское магометанское духовное собрание в конце XVIII-XIX вв. Уфа, 1999. С. 189-190.
109) Материалы по истории Башкирской АССР. Т. V. М., 1960. док. №446.
110) ПСЗ-II. Т. XXV. №18477. С. 189.
111) Там же.
112) РГИА. Ф. 1345. Оп. 98. Д. 240. Л. 1.